Erschienen
im Jubiläumsjahr 2002
bei Klett-Cotta

Gerhard Schweizer

UNGLÄUBIG SIND IMMER DIE ANDEREN

Weltreligionen zwischen Toleranz und Fanatismus

Zweite, erweiterte und aktualisierte Auflage

Klett-Cotta

Für Brigitte

Klett-Cotta

Printed in Germany
Schutzumschlag: Klett-Cotta-Design
unter Verwendung von Fotografien des Autors
Gesetzt aus der 9,5 Punkt Life
von Offizin Wissenbach, Höchberg bei Würzburg
Auf säure- und holzfreiem Werkdruckpapier gedruckt
und gebunden von Auer GmbH, Donauwörth
ISBN 3-608-94223-8

Zweite, erweiterte und aktualisierte Auflage 2002

Die Deutsche Bibliothek – CIP-Einheitsaufnahme
Ein Titeldatensatz für diese Publikation ist bei
Der Deutschen Bibliothek erhältlich.

Inhalt

HINDUISMUS UND BUDDHISMUS
DER »ÖSTLICHE« UMGANG MIT ANDERSDENKENDEN

Einleitung: Die vernachlässigte Perspektive

Epochale Ereignisse an den Rand gerückt

Dialog. Offenheit. Toleranz.

Spätestens seit den sechziger Jahren gehören solche Begriffe auch zum vertrauten geistigen Inventar der Kirchen, ja sind dort geläufige Mode geworden. Am auffälligsten ist eine derartige Entwicklung im Manifest des Zweiten Vatikanischen Konzils zutage getreten. 1965 wurde im Petersdom von Rom eine Erklärung verlesen, wie sie von offizieller Seite der katholischen Kirche so nie zuvor zu hören war: Glaubensfreiheit sei »gottgewollt«, und daher sollten die Christen den Dialog mit Gläubigen nichtchristlicher Religionen suchen, auch solle die Kirche sich »offen« mit modernen geistigen Strömungen aller Kulturen auseinandersetzen. In anderen Konfessionen haben sich ranghohe Geistliche entsprechend geäußert. So verkündete bereits 1961 der Ökumenische Rat, in dem die protestantischen und orthodoxen Kirchen zusammengeschlossen sind: Die Weltreligionen sollten alte Vorurteile überwinden und vorbehaltlos den Dialog miteinander beginnen, ebenso sollten sie sich endlich unvoreingenommen mit der Moderne auseinandersetzen.

Aber auch außerhalb unseres abendländischen Kulturkreises gibt es seit den sechziger Jahren bedeutsame, nicht mehr zu überhörende Signale. 1965, in eben jenem Jahr, als das Zweite Vatikanische Konzil mit seinem Bekenntnis zum interreligiösen Dialog den krönenden Abschluß fand, sandte der Islamische Weltkongreß an die Kirchen entsprechende Grußbotschaften: Gar zu lange sei das Trennende über das Gemeinsame gestellt worden, die Muslime seien zum Gedankenaustausch mit den Christen wie auch zur konstruktiven Zusammenarbeit mit den kirchlichen Institutionen bereit. Und 1985 tagte in der südindischen Stadt Madras ein interreligiöser Kongreß, wo sich Hindus, Muslime, Buddhisten und Christen zu Glaubensgesprächen trafen und die Erklärung abfaßten: Die Religionen sollten sich weder gegenüber modernen Entwicklungen abkapseln noch sich länger untereinander bekämpfen; vielmehr sollten sie das »Wertvolle« in anderen Glaubensbekenntnissen und Ideologien respektieren. An dieser Konferenz nahm als einer der prominentesten Gäste der 14. Dalai Lama teil, der ein Jahr später eine aufsehenerregende Vortragsreise durch Westeuropa antrat und unter dem Beifall zahlreicher Zuhörer für »mehr Toleranz«, für einen konstruktiven Dialog zwischen den Weltreligionen warb.

Es sind epochale Umwälzungen, die sich in solchen Verlautbarungen ankündigen – epochal deshalb, weil sie bei ranghohen Geistlichen aller Weltreligionen die Bereitschaft erkennen lassen, Schluß zu machen mit langanhaltenden Frontstellungen und Abgrenzungsversuchen. Allerdings fällt auf, daß sich die Weltöffentlichkeit mit solchen Wandlungen nur am Rand beschäftigt. Wenn auch die Medien in westlichen Industriegesellschaften keine Gelegenheit versäumen, spektakuläre Großereignisse innerhalb der religiösen Welt gebührend hervorzuheben, so steht doch meist der Schaueffekt im Vordergrund, gewinnt die Essenz des Geschehens nur blasse Konturen. Jedermann weiß, daß das Zweite Vatikanische Konzil stattgefunden hat, viele wissen auch, daß der Dalai Lama in Europa Vorträge hielt – um nur die medienwirksamsten Veranstaltungen zu nennen –, aber darüber hinaus tun sich oft sogar sonst gut informierte Zeitgenossen schwer, konkretere Angaben über das Geschehene zu machen. Wenig Neigung ist bei uns im sogenannten »christlichen« Abendland noch zu verspüren, Ereignisse zum Thema Religion über die Oberflächeninformation hinaus zu verfolgen und die Vorgänge auf ihren eigentlichen Stellenwert zu hinterfragen.

Dialog. Offenheit. Toleranz. Was derartige Schlagworte betrifft, ist das laue Interesse einer breiteren Öffentlichkeit gerade in modernen Demokratien zu verstehen. Solche Schlagworte, so eindringlich sie inzwischen auch von dem einen oder anderen geistlichen Würdenträger in die Diskussion geworfen werden, sind ja nicht von den Kirchen selber erfunden worden. Der dahinterstehende Wertekatalog ist zuallererst das Produkt einer säkularen, vom Geist der Aufklärung geprägten Gesellschaftsideologie. Zu dieser Art von Fortschritt haben die Kirchen sehr wenig beigetragen, im Gegenteil, sie haben Jahrhunderte hindurch jede Entwicklung zu Demokratie und Meinungspluralismus zu verhindern versucht, sahen sie ja nicht nur ihre machtpolitische Stellung, sondern auch ihren Anspruch auf das geistige Monopol gefährdet. Toleranz gegenüber Andersgläubigen und Andersdenkenden ist im Namen der Aufklärung vielfach gegen den Willen geistlicher Würdenträger durchgesetzt worden. Und gerade deshalb muß es aus unserer heutigen Sicht seltsam verspätet anmuten, wenn nun die Kirchen plötzlich »epochalen Wandel« hin zur Toleranz signalisieren. Es braucht nicht zu wundern, daß viele von uns den lautstark propagierten »Aufbruch« der Religionen »zu neuen Ufern« nur noch skeptisch als eine religiöse Privatangelegenheit einstufen.

Dabei waren die Wegbereiter der Aufklärung während des 17. und 18. Jahrhunderts nicht von vornherein antireligiös eingestellt. Ja, eine ganze Reihe von ihnen hat sich sogar mit ihren Gleichheitsidealen auf das Vorbild Jesu berufen, sie haben demnach, wie sie es teils ausdrücklich betonten, das »eigentlich Christliche« im Christentum aktivieren wollen; ihnen ging es darum, wieder den ethischen Kern hinter allen ideologischen Verschalungen und machtpolitischen Verhärtungen der Kirchen freizulegen. Antikirchlich wurden Aufklärer erst, als sich die Kirchen einer Reform zur »offenen«, pluralistischen Religiosität widersetzten, und antireligiös ein Teil der Aufklärer, je mehr sich auch viele Gläubige nicht von erstarrten Dogmen lösten.

Außerhalb des abendländischen Kulturkreises klafft ebenso ein Widerspruch zwischen universalen Vordenkern und den offiziellen religiösen Instanzen. So besonders im islamischen Orient, teils im östlichen Asien. Auch dort erscheint es mehr oder weniger so, daß maßgebliche geistliche Würdenträger sich verspätet zum Dialog mit anderen Religionen wie mit modernen Philosophien bekennen.

Sie alle, ob Christen, Muslime, Hindus oder Buddhisten, reagieren mit ihren Absichtserklärungen auf die sozialen und geistigen Umwälzungen unserer Moderne, wo fremde Kontinente nicht mehr auf monatelangen Reisen zu erreichen sind, sondern in knappen Flugstunden; wo Nachrichten und Informationen innerhalb eines Tages um die ganze Welt gelangen; wo sich Wirtschaft, Politik und Kultur unterschiedlichster Völker weltweit so intensiv durchdringen wie nie zuvor. In einer solchen Gegenwart muß vollends jenes Bewußtsein zum Anachronismus werden, daß Völker ihre eigene Kultur und Religion als Zentrum der Menschheit betrachten, zu dem es keine ernsthafte geistige Konkurrenz, keine Alternative geben kann. Genau dieses Bewußtsein haben aber alle Weltreligionen mehr oder weniger bis ins 20. Jahrhundert hinein gepflegt und damit eine Gesinnung konserviert, die nur bei weniger zahlreicher Konfrontation mit gegensätzlichen Völkern historisch zu rechtfertigen war. So gesehen muß die jetzt plötzlich eindringliche Forderung nach Toleranz, nach einem Dialog der Religionen und Weltanschauungen als ein Versuch verstanden werden, den Konflikt mit den modernen – pluralistischen – Gesellschaftssystemen besser zu bewältigen.

Wohlwollende Kritiker konstatieren: Dies sei gerade noch rechtzeitig geschehen. Skeptiker meinen: vielleicht noch rechtzeitig. Ablehnende Kritiker: viel zu spät, um für die Zukunft noch weitreichende Folgen zu haben.

Toleranz, ein Widerspruch zur inneren Logik der Religionen?

Religionen, die sich wirklich ernst nehmen, können nicht tolerant sein.

Ein derartiges Urteil scheint mir nicht selten, ich habe es in verschiedenen Varianten immer wieder zu hören bekommen. Auf diese Art können sich Skeptiker äußern wie auch Gläubige; die einen verstehen ihre Meinung als Kritik, die anderen als Rechtfertigung. Beide verweisen in verblüffender Parallelität auf eine angeblich innere Logik jeder Religion. Die Abwehr des Andersartigen sei stabilisierend für den Glauben. Selbst der Fanatismus sei, genau besehen, gar nicht so widersinnig, er bedeute vielmehr das letzte Mittel, um die eigene Religion vor fremden, nicht gemäßen Einflüssen zu schützen. Kein wirklich Gläubiger könne die moderne Forderung nach mehr Toleranz akzeptieren, sonst würde er ja die Konzentration auf das Absolute mit dem Zweifel, mit dem Bedürfnis des Relativierens vertauschen. Und damit käme er in Gefahr, sich ins Bodenlose zu verlieren.

Auf den ersten Blick erscheinen solche Überlegungen logisch zwingend an der Realität orientiert, Schließlich werden gerade in unserer Gegenwart, wo so viel von »Toleranz« und »Dialog« geredet wird, Nachrichten immer zahlreicher über erneut schroffe

Abgrenzungen der Religionen untereinander, ja über äußerst blutige Religionskonflikte. Man könnte aus solchen Vorgängen schließen, die Masse der Gläubigen bleibe völlig unberührt von den Versöhnungsappellen einiger weniger, intellektuell abgehobener Meinungsmacher. Mehr noch: Viele Gläubige bis hin zu höchsten geistlichen Würdenträgern würden sich zum Widerstand gegen Aufweichungstendenzen in den eigenen Reihen formieren und gerade auf diese Weise jener sogenannten inneren Logik der Religionen entsprechen.

Ein solcher Eindruck entsteht bereits im christlichen Bereich. Die katholische Kirche gibt zwar immer wieder zu erkennen, daß ihr an der Verständigung mit anderen Glaubensgemeinschaften gelegen sei. Und an symbolischen Gesten fehlt es nicht; nach außen hin am eindrucksvollsten erscheint wohl jenes Treffen in Assisi, zu dem Papst Johannes Paul II. nicht nur protestantische und orthodoxe, sondern auch jüdische, islamische, hinduistische und buddhistische Würdenträger eingeladen hat. Aber: Derselbe Papst verschärft die Abgrenzung gegen »Ketzer« innerhalb der Kirche; außerdem läßt er die ökumenischen Bemühungen gegenüber anderen Kirchen stagnieren, sofern sie über bloß symbolische Gesten hinausgehen. Ungereimtes auch bei Protestanten: Anhänger einer liberalen Theologie propagieren engagiert die »Öffnung«, Konservative lehnen jedoch einen Dialog mit anderen Religionsgemeinschaften ab, falls die Kontakte letztlich nicht die Bekehrung Andersgläubiger zum Ziel haben. Tief sitzt für viele Christen noch immer der Affekt gegen das »Heidnische«, selbst wenn sie den sehr abwertenden Begriff kaum mehr benützen, und hierbei richtet sich das Hauptgewicht ihrer Abneigung noch immer gegen den Islam als die große, einst das Abendland bedrohende Konkurrenzreligion.

Tief sitzt auch weiterhin der Affekt gegen das Judentum, dem wir in diesem Zusammenhang eine Sonderstellung einzuräumen haben. Diese Glaubensgemeinschaft läßt sich zwar von der Anhängerzahl her nicht als »Welt«religion einstufen (nach einer Statistik von 1976 sind weltweit ungefähr 30 Millionen Mitglieder registriert; das sind kaum doppelt so viel, wie Sikhs in Indien leben), aber sie hat durch ihren umfassenden geistigen Einfluß auf das Christentum wie auf den Islam eben doch bleibende »Welt«geltung erlangt. Die gemeinsame Wurzel der Tradition hat bekanntlich zu keiner größeren Annäherung geführt. Im Gegenteil, gerade die Parallelen im Denken – und hier besonders der Anspruch auf alleinige Wahrheit – haben die Rivalität, haben das Bedürfnis nach Abgrenzung gefördert. Das Zusammenleben mit Juden ist so zu einem herausragenden Prüfstein für die Dialogfähigkeit von Christen geworden. Erschwerend kommt hinzu, daß selbst Atheisten ihren Affekt gegen das »Jüdische« in veränderter, politisch-ideologischer Formation fortsetzen, ja die Gegensätze teils noch verschärft haben. Antisemitismus ist ein säkulares Erbe des kirchlichen Anti-Judaismus. Was uns in diesem Fall vor allem zu denken geben muß: daß ein Affekt, der seinen Ursprung im Religiösen hat, hartnäckig den Zerfall der religiösen Glaubenshorizonte überdauern kann. Ähnliches läßt sich ja angesichts unseres gespannten Verhältnisses zum Islam beobachten: Während die Kirchen bereits zur Versöhnung aufrufen, hält sich heute das stärkste Ressentiment gegen Muslime bei strikt eurozentrisch oder nationalistisch Denkenden, die nur noch in einem sehr losen Verhältnis zu ihrer Glaubensgemeinschaft stehen (oder sich teilweise schon vom Christentum gelöst haben).

Ein Blick über unseren abendländischen Horizont hinaus kann ebenfalls Anlaß zu Pessimismus bieten. Die Muslime, zerrissen in liberale und konservative, gemäßigte und radikale Gruppierungen, tragen gegenwärtig mehr als andere Glaubensgemeinschaften ihre Aggressionen nach außen. Zu explosiven Spannungen kommt es heute im Zusammenleben mit Juden (wenn auch aus anderen Motiven als bei Europäern), darüber hinaus mit den Bahai, Hindus, Buddhisten und – Christen. Für uns als Außenstehende ist hierbei oft schwer auseinanderzuhalten, in welchem Fall der Affekt mehr religiöse oder politische Ursachen hat. Erschrocken bis schockiert (und meist noch immer verständnislos) reagieren wir auf die Aggressionen von Revolutionsführern, die unter dem Jubel der Volksmassen zum Abwehrkampf gegen den »Westen« aufrufen. Irritiert müssen wir zur Kenntnis nehmen, daß radikalisierte Muslime zwar technische Errungenschaften unserer Industriezivilisation ohne Einschränkung akzeptieren, aber um so heftiger gegen den »Geist« eben dieses Abendlandes protestieren. Der bisher letzte kritische Kulminationspunkt einer derartigen Abwehrhaltung ist jener Fanatismus gewesen, mit dem der iranische Revolutionsführer Ayatollah Khomeini im Februar 1989 gegen den britisch-indischen Autor Salman Rushdie das Todesurteil verhängte und sogar »Glaubenskämpfer« dazu aufrief, den »abtrünnigen« Muslim gegen ein Kopfgeld in Millionenhöhe zu ermorden. »Gotteslästerung« lautete die offizielle Begründung der Anklage; der »heilige« Zorn richtete sich aber in erster Linie dagegen, daß Rushdie als ehemaliger Muslim aus der Perspektive eines »westlichen«, religionskritischen Atheisten zum Islam Stellung bezog.

Das Verhalten von Hindus und Buddhisten gibt uns ebenfalls Anlaß zur Skepsis. Beide liegen mit anderen Glaubensgemeinschaften in blutigem Streit, die Hindus in Indien mit den Muslimen und Sikhs, die Buddhisten in Sri Lanka mit den Hindus. Auch ist hier und dort zu beobachten, daß Hindus wie Buddhisten aggressiv gegenüber christlichen Missionaren auftreten, mehr noch: in verschiedenen Ländern den Christen gar strikt jegliche Mission verbieten. Grundsätzlich unterstellen sie den Christen Intoleranz und betrachten ihr eigenes Verhalten nur als Abwehr schädlicher Einflüsse. Zu Recht? Hindus und Buddhisten sehen jeweils in ihrer Lehre mehr »Offenheit« gegenüber Andersdenkenden gewährleistet, als dies jeder anderen Religion von ihren geistigen Voraussetzungen her möglich wäre; zahlreiche Äußerungen gehen in diese Richtung. Aber um so größer wird der Erklärungsnotstand angesichts der hier und dort ausbrechenden Gewalttätigkeiten.

Bei einer derartigen Fülle negativer Eindrücke fällt es schwer, an eine Zukunft religiöser Toleranz und des immer wieder propagierten Dialogs zu glauben. Ja, man könnte mutmaßen, daß die Religionen, falls Intoleranz und strikte Abgrenzung tatsächlich zu ihrer inneren Logik gehören, in der Moderne keine Zukunftschancen mehr haben. Denn unsere krisengeschüttelte Welt verlangt mehr denn je danach, das Zusammenleben verschiedenster Gesellschaftssysteme ohne mörderische Konflikte zu ermöglichen – und für diese schwierige Aufgabe erscheinen heute, auf den ersten Blick, außerreligiöse Kräfte besser gerüstet; zumindest stehen sie weit eher im Mittelpunkt des Interesses. Wenn wir gegenwärtig von der Notwendigkeit eines Dialogs zwischen den verschiedensten Völkern sprechen, denken die meisten von uns nicht an den Dialog der Religionen. Vordringlich erscheint es, daß der »demokratische Westen« und der »kommunistische Ostblock«, auch daß »hochentwickelte« Industriestaaten und »unterentwickelte« Länder der sogenannten Dritten Welt miteinander ins reine kommen. Die Zukunft gehört, so gesehen, einer total verweltlichten, eher unreligiösen Menschheit.

Dem widerspricht allerdings ein Blick auf die Statistik: Noch immer bekennt sich ein Großteil der Menschen in aller Welt, wenn man den Zahlen glauben darf, zu einer Religion.

Aber darf man den Zahlen glauben?

Religionen auf dem Prüfstand

»Religionen der Welt auf dem Vormarsch«.

»Die Zahl der Atheisten wächst«.

Beide Zeitungsmeldungen, mit verblüffender Parallele in den Überschriften, waren 1987 mit nur wenigen Monaten Abstand veröffentlicht worden. Und wie schon die Schlagzeilen verraten, bieten die konkurrierenden Nachrichten denselben – auf den ersten Blick widersprüchlichen – Optimismus: Man könne mit weiteren Anhängern rechnen.

Besonders die Statistik der Weltreligionen vermag mit gewaltigen Zahlen zu beeindrucken. Nach internationalen Berechnungen im Jahr 1987 kam die Christenheit auf 1,6 Milliarden Getaufte. Innerhalb ihrer Reihen bildete die katholische Kirche mit 907 Millionen die größte Glaubensgemeinschaft, ihr folgten die protestantischen Kirchen mit 322 Millionen, die orthodoxen Kirchen mit 173 Millionen. An zweiter Stelle stand der Islam mit 854 Millionen Anhängern. Ihm folgten der Hinduismus mit 658 Millionen und der Buddhismus mit 312 Millionen. Aber die höchste Zuwachsrate innerhalb eines einzigen Jahres wies der Islam auf: 17 Millionen,[1] dies entspricht etwa der Einwohnerzahl von Australien. Gegenüber einer solchen Massierung nahmen sich die Angaben des Internationalen Bundes der Atheisten und Konfessionslosen eher bescheiden aus, wenn auch er selbstbewußt von eine »wachsenden« Anhängerschar sprach: Nach seiner Statistik vom Januar 1988 war weltweit bereits mit 197 Millionen »bewußten Atheisten« zu rechnen.[2]

An der Wende zum 21. Jahrhundert präsentierten sich die Mitgliederzahlen etlicher Weltreligionen noch eindrucksvoller. Während das Christentum insgesamt bei 1,6 bis 1,7 Milliarden auf hohem Niveau stagniert, ist die Anzahl der Muslime innerhalb von dreizehn Jahren weiter auf 1,2 Milliarden gewachsen, die der Hindus auf 811 Millionen, die der Buddhisten auf 360 Millionen. Nur das Judentum bildet nach wie vor eine verschwindend kleine Minderheit: 14 Millionen.[3] Damit lassen sich jüdische Religion und Kultur von der Menge ihrer Mitglieder nicht zu den »Welt«religionen rechnen, wohl aber im übertragenen Sinn wegen ihrer prägenden Kraft auf das Christentum und den Islam.

Was die Erfolgsmeldungen an der statistischen Front betrifft, können in der Tat noch immer die Religionen um vieles mehr brillieren als die Schar bewußter Atheisten. Und doch versäumt es kein engagierter Vertreter einer Weltreligion, besorgt auf den »Vormarsch« des Atheismus hinzuweisen. Mit Grund. Nur gar zu gut wissen die kritischen Geister unter den Religiösen, daß die »eindrucksvollen« Wachstumszahlen in den eigenen Reihen genug Anlaß zur Fehleinschätzung bieten. Die enormen Zuwachsraten – besonders des Islam – entstehen durch das rasche, sich überstürzende Bevölkerungswachstum gerade in den unterentwickeltsten und ärmsten Zonen der Welt, und auf diese Weise setzt sich ein Großteil der Neuzugänge bei Weltreligionen aus Analphabeten, extrem Ungebildeten und sozial Benachteiligten zusammen. Es sind Menschen, die unter dem Druck immer stärkerer Verelendung kaum die Möglichkeit und auch gar nicht das Bedürfnis haben, über den Glauben, in den sie hineingeboren wurden, ernsthaft nachzudenken. Zwar »leben sie in ihrer Religion« – wie wir dies als Außenstehende gerne formulieren –, aber für sie umschließt meist noch immer die religiöse Tradition voll und ganz auch den sozialen Rahmen, und so bleibt ihnen gar keine andere Wahl, als sich in diese vorgegebene Ordnung einzufügen. Ein Glaube, der über die bloße Anpassung an die sozial-religiöse Tradition hinausgeht, eine »tiefe« Religiosität ist damit noch lange nicht selbstverständlich.

Noch wesentlich mehr zum Widerspruch reizen die Zahlenangaben in modernen Industriestaaten. Über 80 Prozent der Bevölkerung waren Ende der achtziger Jahre in Europa und Nordamerika als Mitglied einer Kirche oder sonstigen christlichen Gemeinschaft registriert (Anfang der sechziger Jahre waren es sogar noch über 90 Prozent). Wollte man von solchen Zahlen auf die Religiosität der Einwohner schließen, so würde man hier erst recht einem kraß realitätsfremden Wunschdenken Vorschub leisten. Anders als in vielen Ländern der sogenannten Dritten Welt hat bei uns der Konflikt zwischen religiösem Traditionalismus und Modernität dazu geführt, daß sich die Menschen stärker von Traditionen emanzipieren konnten. Wir haben in diesem Zusammenhang den Entwicklungsschritt von der sozial-religiös gebundenen Gesellschaft zum säkularen Staat getan.

Allerdings müssen wir innerhalb des Kulturraums unserer westlichen, säkularen Industriegesellschaft differenzieren. Obwohl auch die Verfassung der USA die strikte Trennung der Bereiche Religion und Politik vorschreibt, üben dort die Kirchen, vor allem protestantische Freikirchen und Erweckungsbewegungen, einen erheblichen Einfluß auf das öffentliche Leben und nicht zuletzt auf die Politik aus. Jeder amerikanische Präsident legt bei der Ableistung seines Amtseids die Hand auf die Bibel, und viele US-Politiker bis hin zu manchen Präsidenten sprechen bei feierlichen Anlässen so oft von Gott wie in Europa nur noch die Bischöfe. Dagegen gilt bei uns der Verzicht auf ein derartiges Verhalten als religionspolitische Modernität, entsprechend vermeiden es viele europäische Politiker, sich öffentlich demonstrativ zu einer Religion zu bekennen. Der europäische Kulturraum bildet damit global den eigentlichen Schwerpunkt jener Entwicklung, daß Religion aus dem öffentlichen politischen Raum verdrängt ist. Zumindest auf den ersten Blick bedeutet das, daß bei uns das Christentum in seiner herkömmlichen Form erheblich mehr an Bedeutung verloren hat als im säkularen Nordamerika. Ob deshalb auch das Bedürfnis nach Religion im Schwinden ist oder nur seinen Ausdruck wandelt, bleibt zunächst eine offene Frage.

Unaufhaltsam wächst gerade in Deutschland die Zahl derjenigen, die kaum mehr einen Gedanken an Religion verschwenden, weiterhin aber bei zentralen familiären Anlässen wie Taufen, Hochzeiten und Begräbnissen einen Geistlichen in Anspruch nehmen. Sie bleiben Kirchenmitglieder, möglicherweise des »feierlichen« Flairs wegen oder auch nur aus bloßer Bequemlichkeit oder aus einer gewissen Angst heraus über das Gerede der Nachbarn, dies vor allem in kleineren Ortschaften. Außerdem nimmt die Zahl derer zu, die sich immer weniger mit dem »reaktionären« Kurs von Bischöfen und Päpsten identifizieren können. Sie bezeichnen die Kirchen mehr oder weniger als »verlogen«, ja, stufen Religion insgesamt als »problematisch« und »eigentlich nicht mehr zeitgemäß« ein. Und doch scheuen auch viele von ihnen davor zurück, den letzten konsequenten Schritt zum Kirchenaustritt oder gar zu einem offen deklarierten Atheismus zu tun. Sie alle bleiben als Kirchensteuerzahler registriert, sie alle gelten daher in der Religionsstatistik offiziell als »Gläubige«.

Auch die Zahl derer nimmt bei uns zu, die sich zwar weiterhin Christen nennen, aber zentrale Dogmen ihrer Kirche in Frage stellen. So bezweifelt etwa, wie demoskopische Erhebungen von 1988 besagen, ein Drittel aller Christen die Botschaft von der Auferstehung und der Weiterexistenz des Menschen in einem Jenseits, dagegen sind sie bereit, an die Lehre von der Wiedergeburt nach hinduistischem oder buddhistischem Vorbild zu glauben.[4] Alarmierender mutet aber noch jene Untersuchung an, die der evangelische Religionslehrer Klaus Langer 1989 über das weltanschauliche Bewußtsein seiner Berufskollegen in Hamburger Schulen veröffentlichte. Was der Pädagoge bei der Befragung in Hamburg ermittelte, will er in der Grundtendenz als charakteristisch für die ganze Bundesrepublik verstanden wissen. Nur noch etwa 45 Prozent der Religionslehrer fühlen sich mit ihrer Kirche verbunden, nur noch rund 55 Prozent finden in der christlichen Glaubensüberlieferung die »Ausrichtung ihres Lebens«. Und fast alle, ob skeptisch oder kirchentreu, äußern sich frustriert über die immer mehr um sich greifende Gleichgültigkeit der Schüler gegenüber »Christlichem«. Konträr dazu zeigen Lehrer wie der Rest der religiös empfindenden Schüler ein rasch wachsendes Interesse an nichtchristlichen Religionen. Dies hat inzwischen schon zur Folge, daß rund 42 Prozent der Lehrer den Islam, den Hinduismus und den Buddhismus in den Unterricht mit einbeziehen, die Grundwerte von Andersgläubigen freizügig zur Diskussion stellen und daraus Anstöße für die eigene Orientierung nehmen.[5] Mit ähnlichen Problemen hat sich aber auch die katholische Kirche auseinanderzusetzen, wie eine im Januar 1989 von der Deutschen Bischofskonferenz in Auftrag gegebene Untersuchung deutlich macht Dort wird bei katholischen Religionslehrern quer durch die Bundesrepublik »ein schwieriges Verhältnis zur institutionellen Kirche« und bei Oberstufenschülern eine »verbreitete Tendenz zu Desinteresse und Indifferenz« festgestellt.[6] Auf eine ähnliche Situation wird man, mehr oder weniger, in einer Reihe anderer westeuropäischer Staaten schließen können. Was Österreich betrifft, sind mir bereits in meinem Umkreis einige Religionslehrer bekannt, die mit derartigen Identitätsproblemen zu kämpfen haben.

Am beklemmendsten aber bleibt der schon optisch eindeutig wahrnehmbare Eindruck, daß in vielen Ländern die Kirchen sich nur an hohen Festtagen füllen, sonst aber die Reihen beträchtlich gelichtet sind oder fast leer bleiben. In Deutschland besuchen laut Erhebungen von 1989 den sonntäglichen Gottesdienst lediglich noch 20 bis 25 Prozent der Katholiken und 5 bis 6 Prozent der Protestanten; jüngere Leute im Alter zwischen 15 und 20 Jahren fehlen fast ganz.[7]

Erhebungen aus dem Jahr 1998, gemeinsam durchgeführt von der evangelischen und katholischen Kirche Deutschlands, weisen unverändert in dieselbe Richtung: Nur noch 44 Prozent der Deutschen halten sich für religiös, 47 Prozent erklären sich für areligiös, neun Prozent nennen sich weltanschaulich bewußt Atheisten. Und sofern sich Jugendliche als Christen verstehen, spielt für sie die Konfession kaum noch eine Rolle, entsprechend ist ihre Religiosität nur noch zu einem geringen Maß an eine der Amtskirchen gebunden.[8]

Ob denn Religion heutzutage überhaupt noch ein »echtes Thema« sei? So bin ich angesichts einer derartigen Situation gerade von Gebildeten gefragt worden, wenn ich von meiner Absicht sprach, ein Buch über den notwendigen Dialog der Weltreligionen zu schreiben. Eine Reaktion dieser Art habe ich häufiger erlebt, als ich es anfangs für möglich gehalten hätte.

Was den Dialog der Religionen wichtig macht

Religion ist ein Thema. Und wird es auch in Zukunft bleiben. Gerade im 21. Jahrhundert. Denn schon die kommenden Jahrzehnte werden verstärkt von geistigen Kräften außerhalb unseres abendländischen Horizonts mitgeprägt sein – vielleicht mehr, als wir uns dies bis jetzt vorstellen können –, und dann müssen wir uns um so eindringlicher fragen, ob eine stabilere Zukunft für das nächste Jahrhundert nicht wesentlich auch davon abhängt, daß die großen Religionsgemeinschaften in Frieden miteinander leben.

Für die Mehrheit der Muslime, Hindus und Buddhisten etwa bedeutet Religion ja noch immer die geistige Mitte alles gesellschaftlichen Lebens. Hierbei spielt es keine Rolle, ob ein großer Teil der Volksmassen vielen Traditionen relativ gedankenlos verhaftet ist; maßgebend bleibt, daß diese Massen doch weitgehend darauf achten, welche Erklärungen ihre Geistlichen zur Lage der Welt abgeben. In solchen Gesellschaftssystemen hat es eine Minderheit engagierter Gläubiger um vieles leichter als bei uns, geistig den Ton anzugeben. Wenn dann aber religiöse Meinungsmacher dort von der Überzeugung geleitet sind, man müsse sich gegenüber anderen Religionen und den damit verbundenen Gesellschaftssystemen schroff abgrenzen, ja alle fremden Einflüsse seien gar mit Gewalt aus der gewohnten Glaubenswelt zurückzudrängen – so wird schon aus diesem Grund Friede für einen Großteil der Menschen weiterhin ein unerreichbarer Traum bleiben.

Wir gehen am Wesentlichen vorbei, sobald wir die vielen blutigen Konflikte in der Dritten Welt nach den (bis jetzt?) bewährten Denkschablonen unserer Moderne auf das Ökonomische und Politisch-ideologische reduzieren wollen. Unterschlagen wir das Religiöse, so werden wir sogar manche sozialen Konflikte in Asien, Afrika und Lateinamerika nur unzureichend verstehen.

Viele haben nur unsere eigene Zivilisation im Blickfeld, wenn sie dem Religionsfrieden eine untergeordnete Bedeutung in der Hierarchie der Weltprobleme einräumen. Unsere Industriegesellschaft kennt tatsächlich nicht mehr das zentrale, für die meisten verbindliche Glaubensbekenntnis oder eine entsprechend religiös normierte Lebensform, sondern eine Vielfalt an Weltanschauungen, von religiös bis atheistisch. Insofern sprechen wir ja längst nicht mehr vom »christlichen« Abendland, sondern benutzen das Adjektiv eher als historisch zu verstehendes Zitat oder ironisch-provokativ.

Aber da wir weiterhin ohne Zögern vom islamischen Orient, vom hinduistischen und buddhistischen Kulturkreis sprechen – und dies zu Recht –, müssen wir uns vollends mit allen Konsequenzen klar machen, daß in diesen Lebensräumen das Bewußtsein der Menschen tatsächlich mehrheitlich auf andere – eben religiös normierte – Werte ausgerichtet ist.

Doch selbst in unserer säkularisierten, pluralistischen Gesellschaft sollten wir das Religiöse als Kraft nicht unterschätzen.

Unbestreitbar ist zwar, daß die Kirchen auf die Herausforderung der Moderne lange Zeit nicht jene Fähigkeit zum Dialog aufgebracht haben, die sie nun demonstrativ als Zeichen setzen. Zu starr und ausschließlich haben sie vielfach dazu geneigt, ihre gewachsenen Traditionen gegen neue geistige und soziale Strömungen abzugrenzen. Und dieses Fehlverhalten haben sie mit Muslimen, Hindus, Buddhisten und anderen gemeinsam, da auch deren geistliche Würdenträger nur gar zu oft auf Neuerungen unnachgiebig reagiert haben. Unbestreitbar ist auch, daß das analytisch-kritische Denken unseres wissenschaftlichen Zeitalters viele alteingefahrene Glaubensgewohnheiten innerhalb der Religionen bis auf die Grundfesten erschüttern konnte. Seitdem sind die Religionen gezwungen, sich mit den Wissenschaften auseinanderzusetzen; mehr noch: sich in dem Sinn zu rechtfertigen, daß religiöse Wahrheit nicht im Widerspruch zur »Vernunft« stehe. Inzwischen ist jedoch die Moderne mit ihrem strikt wissenschaftlich ausgerichteten Fortschrittsideal selber einer Glaubwürdigkeitskrise ausgesetzt. Und dies, obwohl die Errungenschaften westlicher Zivilisation unsere materiellen Lebensbedingungen entscheidend verbessert und unsere Freiheitsräume wesentlich erweitert haben. Ein Mangel tritt bei säkularen Ideologien immer deutlicher zutage: Ihnen gelingt es nur unzureichend, die Frage nach dem Sinn von Leid, Tod und Vergänglichkeit so umfassend, so den emotionalen Bedürfnissen entsprechend zu beantworten, wie es die Religionen vermochten und teils noch immer vermögen. Auch machen uns die rapid zunehmenden Umweltkatastrophen immer mehr bewußt, daß »Fortschritt« eben nicht bis ins Detail »machbar« ist. Wir müssen vielmehr feststellen, daß sich die Welt als Ganzes unserer planenden, wissenschaftlichen Kontrolle entzieht, wir daher die eigene Schöpferkraft überschätzen.

Dies alles sind Verunsicherungen, die den Religionen die Chance bieten, verlorenes Terrain zurückzugewinnen und – nach einem Prozeß der Erneuerung und Selbstreinigung – gerade dem sogenannten »modernen« Menschen helfen könnten, sein Verhältnis zu dieser Welt neu zu überdenken. Das Bedürfnis nach religiöser Orientierung ist ja nach wie vor vorhanden. Steigendes Interesse ist bereits bei einem Teil der Jugend zu beobachten – nur daß sich eine solche Sinnsuche bisher mehr außerhalb als innerhalb der Kirchen artikuliert. »Gott ist aus der Kirche ausgetreten«, lautet ein bezeichnender Spott, wie man ihn in letzter Zeit immer wieder formuliert findet und manchmal gar provokativ auf Kirchenwände gepinselt sieht.

Heute schon gewinnen die Religionen für alle sichtbar dort an Boden, wo man vor Jahrzehnten ihre Zukunft noch am ehesten in düsteren Farben gemalt hat: in kommunistisch regierten Staaten. Für orthodoxe Verfechter des Atheismus ein irritierender Vorgang. Ihrer Ansicht nach bedeutet es ja eine historische Zwangsläufigkeit, daß die »vor-wissenschaftliche« Denkform des Religiösen über kurz oder lang für alle Menschen durch eine »modernere« Form geistiger Lebensbewältigung ersetzt wird. Aber der Zerfallsprozeß des Religiösen hat sich unter dem Druck einer allgemein verordneten Erziehung zum Atheismus in kommunistischen Staaten nicht beschleunigt. Vielmehr konnten die Kirchen hier und da zu geistigen Kristallisationspunkten des Widerstands werden und haben gerade so neue Vitalität gewonnen. Wenn auch noch offen bleibt, ob eine solche Widerstandskraft unter den Gläubigen eine Neubesinnung auslöst, die eine tragfähige Basis für die Zukunft bilden kann – atheistische Ideologen müssen sich immerhin eingestehen, daß sie in ihrer Prognose zu unkritisch waren und eine Reihe von Faktoren falsch eingeschätzt haben.

Die hier angedeuteten Wandlungen sind zuallererst einmal Perspektiven für den abendländischen Raum. Und alle Erwartungen, die sich mit einer Renaissance des Religiösen verknüpfen, konzentrieren sich von daher auf das Christentum. Führen wir uns jedoch die Situation weltweit vor Augen, muß sich auch ein gläubiger Christ von der Vorstellung lösen, hauptsächlich die eigene Religion könnte richtungsweisende Kräfte der Erneuerung für die Menschheit in Bewegung setzen. Wenn wir endlich akzeptieren, daß unser kultureller Großraum – der »Westen« – nicht die Mitte der Welt darstellt, sondern bestenfalls eine maßgebliche Kraft in der bunten Vielfalt der Weltkulturen bildet, werden die religiös Denkenden konsequenterweise jene Religionen als gleichwertige geistige Partner in einem möglichen Erneuerungsprozeß zu berücksichtigen haben, die wir gerne unter dem Begriff »östlich« summieren und bisher eher herablassend behandelt haben: vor allem Islam, Hinduismus und Buddhismus. Dann aber kann es nicht mehr allein darum gehen, Vorurteile abzubauen. Denn je mehr wir uns »öffnen«, werden wir außerhalb unserer eurozentrischen Grenzen geistige Kräfte entdecken, die wir in unserer eigenen Religion und Kultur vermissen – und: wir könnten uns veranlaßt sehen, Fremdes vermehrt in unser Denken einzugliedern. Umgekehrt könnte dies bei Muslimen, Hindus und Buddhisten einen ähnlichen Prozeß in Bewegung setzen. Der Dialog der Weltreligionen hätte, so verstanden, noch nicht absehbare Folgen.

»Ost« und »West«, »Orient« und »Okzident«... Die Gegensatzbegriffe sind religionsgeschichtlich und ideologisch stark belastet. Hier den verfestigten Klischees entgegenzuwirken wird Voraussetzung überhaupt für jeden tiefergehenden Dialog sein. Zwar gehört es heute schon zum guten Ton eines liberalen Denkens, von »östlicher« Kultur und Religiosität »fasziniert« zu sein – aber Liberale solcher Art argumentieren häufig, »wir« im »Westen« würden zu rationalistisch denken, zu einseitig intellektuell die Welt ausdeuten, während der »Osten« mehr »mystisch« und »intuitiv« die großen Zusammenhänge erfasse; und vom letzteren sollten, könnten wir »viel lernen«. Es wird im vorliegenden Buch zu zeigen sein, daß die Gegensätze so nicht stimmen. Muslimische, hinduistische und buddhistische Denker beweisen in ihren religiösen Gedankengängen oft eben jene Rationalität und intellektuelle Nüchternheit, die wir gerne als das herausragende Merkmal mit allen Licht- und Schattenseiten vornehmlich für uns in Anspruch nehmen. Umgekehrt findet sich im christlichen Denken sehr wohl die Neigung zum Mystischen und Intuitiven – ja gar zu einer bedenklichen Irrationalität, die wir eher in »östlichen« Mysterienkulten wirksam sehen wollen.

Dialog mit dem »Osten« heißt in diesem Fall, falsche Alternativen abzubauen. »Ost« und »West« können auf gleicher Ebene der Rationalität wie des Intuitiven miteinander verkehren. Um dies zu begreifen, braucht man sich nicht einmal auf »östliche« Philosophen von heute zu konzentrieren, die in einer modernen Sprache sprechen, es informiert bereits ein Blick auf das klassische Schrifttum des Islam, Hinduismus und Buddhismus.

Barrieren für die große Begegnung

Je kritischer heute die Gläubigen in aller Welt sind, um so mehr ist bei ihnen das Bewußtsein von der Krise ihrer eigenen Glaubensgemeinschaft vorhanden. Fragt man sie nach den Ursachen dieser Krise, trifft man – so zumindest meine eigene Erfahrung – sowohl bei Christen als auch bei Muslimen, Hindus und Buddhisten in der Substanz auf folgende Erklärung: Die Gläubigen hätten sich schon vor Jahrhunderten von den ursprünglichen Aussagen der heiligen Schriften entfernt und wesensfremde Elemente in die Religion aufgenommen. Verstärkt würde die Krise, indem weltliche wie geistliche Politiker durch ihre handfesten Machtinteressen die Heilsbotschaft teilweise bis zur Unkenntlichkeit umfunktioniert hätten.

Hält man diese These für umfassend genug, dann wäre eine geistige Neuorientierung nur halb so schwierig: Man müßte die historisch bedingte Fehlentwicklung korrigieren und sich auf den Ausgangspunkt, den Kern der religiösen Aussage besinnen. Was aber, wenn die schroffe Abgrenzung gegenüber Andersgläubigen teilweise schon in den heiligen Schriften selber angelegt ist?

Wir haben, um derartige Fragen zu klären, weit in die Geschichte zurückzugehen und hierbei die entsprechenden Texte – ob nun aus der Bibel, dem Koran, den Upanishaden, der Bhagavad Gita, dem Pali Kanon – daraufhin zu überprüfen, inwieweit sie überhaupt das geistige Rüstzeug für Toleranz gegenüber Andersgläubigen liefern. Dann aber kommen wir zu dem heiklen Punkt, ob sich die eine Religion in ihrem Bemühen um »Dialog« schon von ihren Voraussetzungen her schwerer tut als die andere.

Es kann allerdings nicht genügen, nur auf die Dialogfähigkeit der Weltreligionen untereinander abzuheben. Untrennbar hiermit verbunden bleibt das Problem, ob Christen, Muslime, Hindus und Buddhisten die Spannkraft aufbringen, auch die geistige Begegnung mit nichtreligiösen, ja betont atheistischen Ideologien einzuleiten. Gerade die Herausforderung unserer Moderne, die ja zu einem gewichtigen Teil atheistisch ist, könnte die Fronten noch einmal verhärten. Dabei wäre auch hier das Gebot der Stunde, selbstkritisch alteingefahrene Positionen zu überprüfen. Denn ohne Dialog mit nichtreligiösen, ja antireligiösen Kräften wird die weltweite Grabenkampfmentalität niemals wirklich zu beseitigen sein. Grundsätzlich müßte selbst diesem Dialog nichts im Weg stehen, schließlich leben ja die großen Religionen wie die großen Ideologien der Moderne von der Utopie der einen Welt – einer sich über alle Unterschiede hinweg verstehenden Völkerfamilie. Nur sind Religiöse wie Atheisten eben weitgehend mit demselben Hemmnis belastet: Beide stellen sich eine friedliche, harmonische Welt mehr oder weniger einheitlich ausgerichtet nur nach ihren eigenen Maßstäben vor; sie tun sich also schwer dabei, das Zusammenleben verschiedener Wertsysteme zu bejahen.

Eine politische Erblast kommt hinzu. Westliche und östliche Völker haben während der Jahrtausende ihrer gemeinsamen Vergangenheit kaum einmal geistige Errungenschaften frei und ungezwungen austauschen können. Meist war Gewalt dabei. Viel häufiger als durch kulturellen Austausch auf Handelswegen kam fremdes Denken im Gefolge von Heereszügen, von Eroberern in andere Länder. Besonders aktuell sind hier für uns die Auswirkungen der letzten fünf Jahrhunderte. Die Gewalt einer überlegenen Macht ist während dieses Zeitraums in erster Linie von Europa ausgegangen: durch den Kolonialismus. Europäer haben fremde Kontinente nicht nur wirtschaftlich ausgebeutet, sondern ungefragt den dortigen Völkern auch das eigene Wertsystem aufgezwungen. Dieses koloniale Erbe belastet bis heute zutiefst die Beziehungen der Weltreligionen. In Gesprächen mit Muslimen, Hindus und Buddhisten konnte ich immer wieder feststellen, daß der Affekt gegen eine derart aufgezwungene »wesensfremde« Ordnung immer noch lebendig ist. Solange Restbestände dieser kolonialen Strukturen nicht beseitigt sind, bleibt eine tiefere Begegnung zwischen Abendland und Orient von vornherein zum Scheitern verurteilt. Verschärft gesagt: Die koloniale Arroganz des Abendlandes, die sich letztlich auch im Religiösen äußert, müßte endgültig verschwinden.

Wir verdrängen nur gar zu gerne, daß die Europäer und Amerikaner sich auch heute noch fremden Kulturen gegenüber so gebärden, als hätten sie es mit absolut unterlegenen Gesellschaftsformen und Religionen zu tun. In ihrer oft betont zur Schau getragenen Verachtung demonstrieren sie der nichtabendländischen Welt, daß diese für ihr eigenes Heil nichts Besseres zu tun hätte, als sich möglichst rasch zu »verwestlichen«, wenn nicht gar sich zu »christianisieren«. Dieses Verhalten gegenüber den traditionsreichen Hochkulturen des Islam, Hinduismus und Buddhismus hat manchen Affekt gegen die Europäer und Amerikaner erst ins Leben gerufen. Diese Abwehrhaltung legen wir gerne auch als eine verschärfte Feindschaft gegenüber dem Christentum aus. Vor allem die zunehmende Polemik des islamischen Fundamentalismus könnte uns zu einer solchen Erklärung verleiten. Zu Recht? Im vorliegenden Buch werden wir besonders diese den Religionsdialog belastenden Probleme zu erörtern haben.

Das persönliche Problem

Als ich an dem Manuskript dieses Buches arbeitete, ist mir erst in vollem Maß deutlich geworden, wie schwer es ist, Sympathie oder gewisse Bedenken gegenüber den verschiedenen Religionen und

Konfessionen so weit zu zügeln, daß die Stellungnahme fair bleibt. Dies gilt bereits für den eigenen Kulturraum, ja, gerade hier wird der Leser meine Vorlieben und Abneigungen spüren. Aber es wäre verfehlt, diesen persönlichen Standort mit all seinen emotionalen Unwägbarkeiten zu verleugnen und so zu tun, als könne man frei über allen weltanschaulichen Gruppierungen schweben. Toleranz und Bereitschaft zum Dialog will ich mir nicht in dem Sinn bescheinigen lassen, daß mir alle Konfessionen und Religionen gleichermaßen sympathisch sind – »Aufgeschlossenheit« dieser Art würde letztlich alle geistigen Strömungen in die gleiche Ferne rücken und wäre, so meine ich, nur noch Ausdruck einer besonders subtilen Form von Gleichgültigkeit. Von einem bestimmten Punkt an wird uns allen die Frage nicht erspart bleiben, weshalb wir persönlich diese oder jene Weltanschauung bevorzugen und uns nicht ohne weiteres zu einer anderen bekehren lassen wollen.

Erst recht kommen wir nicht darum herum, einen klaren Standpunkt zu beziehen, wenn wir mit Muslimen, Hindus und Buddhisten über Weltanschauung diskutieren. Seit ich als Zwanzigjähriger zum ersten Mal in Nordafrika und während der nächsten Jahre viel in allen Teilen Asiens unterwegs war, habe ich an mir selber beobachten können, wie sehr man in der Auseinandersetzung mit völlig andersartigen Denkweisen – bei aller Sympathie für das »Fremde« – auf die Maßstäbe der eigenen Kultur zurückgeworfen wird. Persönliche Begegnungen und Diskussionen haben mir zwar neue faszinierende Perspektiven eröffnet, aber trotz aller zunehmend »objektiven« Betrachtungsweise durch spätere wissenschaftliche Lektüre bin ich bis heute nicht das Gefühl losgeworden, mich in der Begegnung mit »östlichen« Kulturen auf schwankendem Boden zu bewegen. »Je mehr ich von Indien weiß, um so weniger verstehe ich es.« Diese Bemerkung eines Europäers, der jahrelang in Bombay gelebt hat, berührt sich sehr mit meiner Erfahrung gegenüber allen sogenannten »exotischen« Kulturkreisen. Man bleibt ein Fremder, auch wenn man sich verstehend dem Fremden nähert. Ein vertrauter Umgang vermag bestenfalls mit der einen oder anderen geistigen Strömung entstehen, und dies schon dauert Jahre, vielleicht sogar ein halbes Leben. Wenn also bereits in der eigenen Kultur die Vielfalt geistiger und politischer Entwicklungen eine Orientierung schwierig macht, um wieviel komplizierter ist es, fremden Weltreligionen in ihren mannigfachen, teils gegenläufigen Strömungen gerecht zu werden.

In der Darstellung gehe ich zuerst einmal von meinen persönlichen Erfahrungen und Beobachtungen aus, schildere Gespräche mit Christen, Muslimen, Hindus und Buddhisten. Es sind Konfrontationen, die oft auf beiden Seiten eine gewisse Neigung zu Vorurteilen verraten. Aber gerade der Blickwinkel ganz persönlicher Betroffenheit hilft jene Denkmuster sichtbar machen, an die wir mehr oder weniger noch alle gekettet sind – ein Ballast von jahrhundertelang angehäuftem Mißtrauen und Mißverständnissen. Dies zeigt erst, welcher Weg noch vor uns liegt, Informationen über andere Religionen und Denkgewohnheiten unvoreingenommen zu sammeln und zu analysieren. Genaue Kenntnisse über das Unvertraute bilden aber die unabdingbare Voraussetzung zu eben jenem großen Dialog der Religionen, der wesentlich die Zukunft des 21. Jahrhunderts mitentscheiden wird.

ISLAM – CHRISTENTUM – ABENDLAND

EIN DAUERKONFLIKT

Gegenseitige Vorurteile

Alltagsbeobachtungen im Orient-Tourismus

Die Szene steht für viele:

»He, Mohammed!« Der stämmige Gast im bunten Hawaiihemd winkte jovial dem Kellner, der eilig an ihm vorüberging und anscheinend den Ruf nicht gehört hatte. »Er will nicht hören«, sagte der Deutsche zu mir am Nachbartisch, lächelte dabei aber gutmütig, »es ist immer dasselbe.« Als der Kellner wieder in der Nähe war, rief der Deutsche, indem er sein leeres Glas hochhob: »Mohammed, noch'n Bier!« Der Kellner, ein junger Bursche mit Ringellocken und schwarzem Schnurrbart, zog die Augenbrauen zusammen und antwortete akzentfrei auf deutsch, aber in einem Ton, als hätte er es schon zehnmal gesagt: »Ich heiße Abdullah.« Der Deutsche lachte: »Für mich bist du der Mohammed. Alle Araber heißen Mohammed.« Er lachte jetzt ausdauernd und drehte sich wieder zu mir her, als der Kellner ohne ein weiteres Wort gegangen war: »Der Mohammed weiß schon, wie ich das meine.« Ich schwieg, ich war zu überrascht. Der Kellner, während er das Glas brachte und auf den Tisch stellte, lächelte – er lächelte. Ein kurzes Augenduell mit dem Deutschen, dann: »He, Fritz, dein Bier.« »Ich … heiße nicht Fritz.« »Alle Deutschen heißen Fritz«, antwortete der junge Araber, verbeugte sich kurz und verschwand.

So geschehen im Speisesaal eines Touristenhotels auf der tunesischen Insel Djerba. Überwiegend Deutsche saßen beim Abendessen, Reisegruppen, für die es selbstverständlich erschien, daß das arabische Personal alle Bestellungen auf deutsch entgegennahm. Mit Trinkgeld waren sie, die Badegäste, nicht knausrig, schließlich wußten sie es zu schätzen, daß die »Mohammeds« sich anpassen konnten. Ich bewunderte den Kellner wegen seiner Schlagfertigkeit, mehr noch wegen seines Muts. Übrigens: Der Tourist im Hawaiihemd hat es seitdem vermieden, »seinen« Kellner mit Mohammed anzureden, er hat von nun an überhaupt auf jede Namensnennung verzichtet.

»Non … non … non!« Der Moscheewächter hob abwehrend die Hände und stellte sich breitbeinig vor das Portal, als er vier Touristinnen in Shorts und ärmellosen Blusen nahen sah. »Pourquoi non?« fragte die eine in holprigem Französisch, und die andere äußerte ihr Erstaunen gleich mit einem »Warum denn nicht?« Der Moscheewächter deutete auf die nackten Schenkel und schüttelte dann mißbilligend den Kopf, während die Touristinnen sich neugierig auf die Zehenspitzen stellten, um wenigstens einen Blick in den buntgefliesten Moscheehof zu erhaschen. »Non!« wiederholte der Wächter mit allem Nachdruck. »Typisch«, sagte eine der Touristinnen, »wieder mal typisch.« Dann drehten die vier sich um und gingen schmollend davon. »Typisch … was? … Typisch … wieso typisch?« rief ihnen der Moscheewächter nach, der sich nicht beruhigen konnte. Er sprach gebrochen deutsch und hatte sehr wohl die abfällige Bemerkung verstanden. Sichtlich erregt wandte er sich an mich, der ich neben dem Eingang stehengeblieben war und von dort aus das Basargewimmel betrachtete. Ob er sich denn nicht richtig verhalten habe, fragte er. Oh doch, ich könne ihm da nur zustimmen. Nicht wahr? Viele Europäer hätten keinen Respekt vor den Sitten in Tunesien, erklärte er, und es schien so, als müßte er sich einen lang angestauten Ärger von der Seele reden. Er habe zwei Jahre in Deutschland gearbeitet und wisse, daß man »halbnackt« auch keine Kirche betreten dürfe. Warum denn die Europäer so wenig Respekt vor dem Islam hätten? Er als Muslim habe Respekt vor ihrer Religion, jawohl, und die Christen seien sehr verärgert, wenn er sich in einer Kirche nicht richtig benehme. Er verstehe die Europäer nicht …

So geschehen am Portal der Ölbaummoschee in Tunis.

Zwei Momentaufnahmen aus dem Alltag eines Massentourismus im Orient. Sind es typische, überzeichnete Beispiele? Wer aufmerksam Touristen in islamischen Ländern beobachtet, wird Ähnliches zu berichten wissen, ja kennt vielleicht sogar noch grellere Situationen.

Einseitigkeit in der westlichen Presse und die Folgen

Schlagzeilen der Boulevardpresse entsprechen nur gar zu oft diesem Horizont. Bleiben wir für Momente noch beim Urlauber»paradies« Tunesien, um zu sehen, wie sich politische Ereignisse von dort zeitweise in einer Zeitung mit Millionenauflage niederschlagen können.

Folgender Anlaß: Im November 1987 war der vierundachtzigjährige Staatspräsident Habib Bourguiba von seinem Ministerpräsidenten Ben Ali entmachtet worden; dies erschien als der einzige Ausweg aus der Staatskrise, nachdem es unter dem erstarrten Regime dieses Greises vermehrt zu gefährlichen Unruhen durch radikale Muslime gekommen war. Wenige Tage nach Bourguibas Entmachtung, als sich der Nachfolger Ben Ali als betont »westlich« gesinnter Politiker deklarierte, konnte man in der Wiener *Kronen Zeitung* eine merkwürdige Schlagzeile lesen: »Tunesien will mit Westkurs dem Islamsturm entkommen«.[1]

Begnügt man sich mit der Überschrift, so könnte man meinen, die Tunesier würden den Islam wie eine bedrohliche fremde Gewalt erleben (»Islamsturm« wie Sandsturm), mehr noch, sie würden keinen sehnlicheren Wunsch verspüren, als angesichts dieser unheimlichen Erscheinung politisch das Heil im »westlichen« Denken zu suchen. Erst im folgenden Text erfährt man, von woher wirklich »Sturm« drohen könnte: nicht vom Islam, sondern eben nur vom islamischen Fundamentalismus, und nicht einmal von ihm, sondern eben nur von dessen »radikalem Flügel«. Die Metapher »Sturm« ist hierbei kein Zufall. Sie wirkt vor dem Hintergrund der bei uns weit verbreiteten Furcht, daß die Zahl der Muslime um vieles rascher wächst als die der Christen. Inzwischen hat ja, wie schon erwähnt, der Islam die Milliardengrenze überschritten, während das Christentum bei 1,6 Milliarden Anhängern weitgehend stagniert.

Sind solche Schlagworte ein Sonderfall? Oder eben nur typisch für die sogenannte Boulevardpresse, die es aus Verkaufsgründen darauf anlegt, möglichst den Vorurteilen einer breiten Leserschaft entgegenzukommen?

Manchmal kann man sogar in Nachrichtenmagazinen mit differenziertem Urteilsvermögen Überraschungen erleben. Etwa im *Spiegel*, dem ich selber eine Reihe ausgezeichneter Informationen über Vorgänge in der islamischen Welt verdanke. Aber im November 1985 lautete dort eine Kapitelüberschrift, die sich auf die Krise nach dem Sturz des sudanesischen Diktators Jaafar Al Numeiri bezog: »Weg von Allah«; und im fettgedruckten Einleitungstext hieß es: »Nirgendwo ließen islamische Richter unbarmherziger amputieren, peitschen und köpfen. Jetzt müssen die Glaubenseiferer zurückstecken: Das öffentliche Leben wird entislamisiert.«[2]

Begnügt man sich wiederum mit diesen wenigen Zeilen, so könnte man meinen, ein »unbarmherziges« Strafrecht sei untrennbar mit »Allah« gekoppelt, und die Abwendung von solcher Barbarei bedeute, auf Distanz zum »Islam« zu rücken. Im Artikel liest es sich natürlich differenzierter. Um so bedenklicher muß es stimmen, daß selbst dem anspruchsvollen Journalismus Sprache zeitweilig vorurteilsgeladen entgleisen kann.

Im Nachrichtenmagazin *Profil*, dem österreichischen Pendant zum *Spiegel*, fand ich 1993 die fettgedruckte Überschrift: »Halbmond am dunklen Firmament«. Der Untertitel lautete: »Das Gespenst Islam geht um in Europa. Droht nach der roten die grüne Gefahr?«[3] Mit dem Untertitel war auf den Zusammenbruch des Kommunismus, der »roten Gefahr«, und andererseits auf Grün als die islamische Symbolfarbe angespielt. Entsprechend folgte im Artikel ein Ausspruch des damaligen Oberbefehlshabers der NATO, des Amerikaners John Galvin, aus dem Jahr 1988: »Den Kalten Krieg haben wir gewonnen. Nach einer siebzigjährigen Verirrung kommen wir nun zur eigentlichen Konfliktachse der letzten 1300 Jahre zurück: Das ist die große Auseinandersetzung mit dem Islam«. Jenseits des reißerischen Vorspanns und einiger provokanter Zitate war dann allerdings auch in diesem Fall der Artikel differenziert gehalten, dort wurden die eingangs zitierten Bedrohungsklischees selbstkritisch analysiert.

Während seriöse Zeitungen beim Thema Islam sich nur vereinzelt solcher »Aufreißer« bedienen, um das Leserinteresse zu wecken, ist dies für die Massenpresse doch fast schon die Regel. Je höher die Auflage, um so auffallender diese Tendenz. Besonders gut zu beobachten war ein solcher Vorgang, als Papst Johannes Paul II. in den achtziger Jahren verschiedene islamische Länder besuchte, etwa die Türkei, Pakistan, Marokko. Eine ganze Reihe von Boulevardblättern und Illustrierten in Deutschland wie auch in Österreich stellten angesichts dieses »epochalen« Ereignisses wiederholt polemische Vergleiche zwischen den beiden Weltreligionen an – in der Form: das Christentum missioniere »friedlich«, der Islam »aggressiv«. Ausführlich zitierten sie stets die vielen freundlichen Grußworte des Papstes, mit besonderem Akzent auf seine »Hochachtung« gegenüber der fremden Religion. Weniger ausführlich gingen sie meist auf die freundlichen Antworten seiner muslimischen Gastgeber ein, und hier folgte ab und zu in Varianten der Kommentar, eine solche »Offenheit« sei nicht typisch für alle Muslime, oder gar: eher untypisch.

Zu wundern braucht es da nicht, wenn die geistlichen Titel Imam, Ayatollah und Mullah in unserem Sprachgebrauch immer mehr zum Synonym für »reaktionär« und »fanatisch« absinken. Weil eben so mancher Geistliche des einen oder anderen islamischen Staates eine blutige Diktatur ideologisch absegnet – was uns ja aus der Geschichte des eigenen Kulturkreises ebenfalls nicht unbekannt sein dürfte –, neigen wir nur gar zu gerne dazu, einen ganzen Berufsstand, ja eine ganze Religion zu beargwöhnen und liberale Tendenzen in deren Reihen weitgehend zu ignorieren.

Daß eine derartige Voreingenommenheit nicht nur im deutschen Sprachraum ein Problem darstellt, sondern im gesamten Abendland, versteht sich von selbst. Man braucht nur an die fremdenfeindlichen Unruhen zu erinnern, wie sie sich neben Deutschland in Frankreich und Großbritannien immer wieder gegen Gastarbeiter – hier besonders gegen Muslime – entladen, zudem an die Panikmache europäischer wie amerikanischer Medien gegen »revolutionäre« islamische Staaten, dann wird die Brisanz des Vorurteils auf internationaler Ebene beklemmend.

Nachrichten über die islamische Welt schlagen sich in Europa wie den USA vorwiegend als Katastrophenmeldungen nieder. Man liest über Terroristen, die Flugzeuge entführen, Zeitbomben in Autos plazieren und menschenverachtend den Tod auch von Unschuldigen in Kauf nehmen, dies Untaten »im Namen Allahs«, im Kampf für eine »bessere«, eine »islamische« Gesellschaft. Man liest über Revolutionäre, die schroff allen westlichen Einfluß bekämpfen und an seiner Stelle wieder die »mittelalterlichen« Gesetze ihrer Religion durchsetzen wollen. Man liest von »rückständigen« Verhältnissen, so besonders über die Unterdrückung der Frauen, und sieht sich durch den Hinweis beunruhigt, daß die Krise sich noch zuspitze. Man liest von Politikern, die drohen, uns die Erdölzufuhr zu stoppen und weltweit das Wirtschaftsleben lahmzulegen. Aus dem Übergewicht solcher Nachrichten zu schließen, scheint uns die islamische Welt samt ihrer Religion vorrangig nur so weit zu interessieren, als von ihr Gefahr ausgeht. Konkret: Gefahr für uns, unsere Wirtschaft, unsere abendländische Zivilisation. Mir gegenüber hat einmal ein Ägypter sehr bitter bemerkt: Wenn Europäer oder Amerikaner es für wert fänden, sich überhaupt mit den Muslimen zu beschäftigen, dann begriffen sie letzten Endes immer nur eines wirklich – Erdöl…

Informationen über den Islam besitzen wir genug – fundiert, differenziert, seriös, dies nicht nur in dickleibigen wissenschaftlichen Wälzern, sondern auch in leicht lesbaren Sachbüchern und Nachrichtenmagazinen. So gesehen wären die Barrieren gar nicht so hoch, um der fremden Kultur mit mehr Verständnis zu begegnen. Das Problem ist weniger der Mangel oder gar die Unterdrückung von Information, sondern die fehlende Bereitschaft, sich mit dem vielfältigen Angebot auseinanderzusetzen. Emotionale Sperren gegen den Islam sind in unserem Kulturraum auffallend häufig.

In meinem Bekanntenkreis finden sich etliche – ihre Haltung erscheint aber repräsentativ für eine relativ große Zahl von »Exotik«-Touristen –, die reges Interesse an außereuropäischen Ländern zeigen, sich beispielsweise auf indische oder chinesische Philosophie einlassen, Yoga treiben und von Tempeln im Himalaja schwärmen. Sie alle bezeichnen es als »geistig eng«, wenn man den Blick nicht über das Abendland hinausrichtet; »eurozentrisch« ist für sie ein Schimpfwort. Der Islam aber? Hier zögern sie. Freundlich aufgeschlossen gegenüber seiner Kultur zeigen sie sich gerade so weit, als jene einen grellen Kontrast zur modernen Monotonie unserer Industriegesellschaft bildet; und insofern mögen sie orientalische Basare als »malerisch« empfinden, Turban und Burnus lobend »exotisch« nennen, Moscheekuppeln und Minarette als »schön« deklarieren – doch gleichzeitig sehen sie gerade in dieser äußeren Fremdartigkeit einen Beleg dafür, wie zutiefst »fremd« uns diese islamische Kultur in ihrem Innersten sei. Eine wirkliche Annäherung könne es nicht geben, alle »Verwestlichung« müsse an der Oberfläche bleiben. Denn: Der Islam als Religion sei zu intolerant, zu starr…

Das überraschendste Urteil, das ich in diesem Zusammenhang gehört habe: Keine der Weltreligionen sei unserem Denken so fremd wie der Islam, selbst Hinduismus und Buddhismus hätten noch mehr geistige Gemeinsamkeiten mit uns.

Entsprechende Affekte bei den Muslimen

Viele Muslime schleppen über uns nicht weniger krasse Vorurteile herum, nehmen in ihrer Mehrzahl unsere Realität ebenfalls nur halb oder verzerrt – oder gar nicht – wahr. Dies gilt nicht nur für jene, die niemals ihr Land verlassen haben und allein auf die einheimische Nachrichteneinfärbung angewiesen sind, es gilt teilweise auch für geistig aufgeschlossene Muslime mit Auslandserfahrung. Vor allem in Nordafrika, Vorderasien oder dem Mittleren Osten – in jenen Kulturräumen, die hart mit den Großmachtinteressen westlicher Industriestaaten konfrontiert sind – kann man als Europäer immer wieder variantenreich dasselbe Ressentiment zu spüren bekommen: Man respektiert zwar unsere wirtschaftliche Potenz, unseren »materiellen Fortschritt«, ja, nicht wenige äußern sogar Neid, aber im selben Gespräch fallen dann möglicherweise Bemerkungen über unsere »geistige« und »moralische Krise«, und solche Anspielungen können sich, je nach Kenntnisstand und Affekt, aus unserer Sicht ins Groteske steigern. Die westliche Zivilisation ist dann in ihrem innersten Wesen zutiefst »unmoralisch«, »zersetzend«, »nihilistisch«, »zerstörerisch«, dies sei der Preis, den wir für unsere Abwendung von der Religion zu zahlen hätten.

Als eine Bündelung solcher Ressentiments läßt sich hier so mancher Ausspruch des Ayatollah Khomeini verstehen. Er, im Iran vom geistlichen Rechtsgelehrten zum politischen Agitator und schließlich zum Revolutionsführer eines angeblich einzig wahren »Islam« aufgestiegen – als düster charismatische Führergestalt bis zu seinem Tod am 4. Juni 1989 die bevorzugte Zielscheibe westlicher Affekte –, er antwortete auf alle Anwürfe mit um so schrofferer Gegenbeschuldigung. Und genau für diese seine Affekte hat er viel Beifall bei Muslimen gefunden, auch solchen, die seine politische Linie nicht billigen. Etwa wenn Khomeini sich in seinem berühmt gewordenen Buch *Islamische Regierung* über die wirtschaftliche Überlegenheit der westlichen Industriestaaten und auch des kommunistischen Ostblocks folgendermaßen abfällig äußert: »Aber in meinen Augen sind beide rückständig, weil sie nicht in der Lage sind, in ihrer Gesellschaft die moralischen Tugenden zu verwirklichen. Der materielle Fortschritt, den die beiden errungen haben, ging zu Lasten des seelischen Fortschritts. Sie sind immer noch unfähig, ihre sozialen Probleme zu lösen, weil die Lösung dieser

Probleme und die Beseitigung des Elends der Menschen diese moralischen Tugenden erfordert.«[4]

Der Beifall für Khomeini als moralischen Ankläger hatte zwar schon zu seinen Lebzeiten beträchtlich nachgelassen, ja war während dessen zehnjähriger Herrschaft im Iran von 1979 bis 1989 teilweise sogar unter Gefolgsleuten einer beträchtlichen Ernüchterung gewichen, als die Bilanz von Terror und Massenhinrichtungen gegen Andersdenkende immer drückender wurde. Aber: Durch die äußerst blutige und auch wirtschaftlich ruinöse Herrschaftspraxis hatte Khomeini nach Meinung vieler Muslime nur selber das Recht verloren, als der große Ankläger aufzutreten – am Inhalt seiner Kritik gegenüber der »westlichen Zivilisation« wird viel weniger gezweifelt.

Affekte könnten auch ihre unfreiwillig komische Seite haben. Etwa wenn in türkischen Dörfern folgende Mär Glauben findet: Weil die Christen Schweinefleisch äßen, seien sie unmoralisch und zügellos im Sexuellen, denn das Schwein sei das einzige Tier, das von Natur aus keine Eifersucht kenne.[5]

Vom Konflikt zum Dialog?

All die Beispiele, so subjektiv beeinflußt ihre Auswahl auch erscheinen mag, geben doch Ausblick auf eine wenig erfreuliche, kaum abzuleugnende Realität. Ob Orient, ob Okzident: hier wie dort haben sich Vorurteile tief bis ins Unterbewußtsein eingefressen, und gerade dadurch sind sie durch Argumente so schwierig zu entkräften.

Dies ist die Frucht einer eineinhalbjahrtausendjährigen – gemeinsamen – Vergangenheit. Die Nachbarschaft zweier großer, gleichrangiger und doch recht verschiedener Kulturräume hat unweigerlich zum Zusammenprall, zu ständigen Kriegen, mehr noch zu geistigen Machtkämpfen geführt. Eroberungszüge arabischer und türkischer »Glaubenskrieger« auf europäischem Boden, zuletzt bis vor die Tore Wiens, haben uns den Islam letztendlich als eine stets aggressive, stets ausdehnungssüchtige Macht erscheinen lassen, eine große – existenzbedrohende – Gefahr für das Abendland, politisch wie geistig. Andererseits hat sich bei den Muslimen die Kreuzzugsmentalität der Christen, mehr aber noch der Imperialismus westlicher Industriestaaten zum Trauma verfestigt, und damit haben sie das Abendland als eine nicht minder aggressiv vordringende Macht fürchten gelernt. Da weder indische noch chinesische Macht für uns jemals ernsthaft zur Bedrohung geworden ist, mußte sich während des letzten Jahrtausends vor allem zwischen Abendland und islamischem Orient ein schroffes Entweder-Oder herausbilden: ein Kampf um die absolute Vorherrschaft vor allem auf geistigem, auf religiösem Gebiet, so haben es beide Gegner selber verstanden. Zwei »Welt«religionen hatten sich zum Ziel gesetzt, den ganzen Erdkreis ihrem Missionsanspruch zu unterwerfen, so daß aus der jeweils eigenen Sicht heraus die Menschheit nur noch vor der Alternative stehen konnte: Kreuz oder Halbmond…

Allerdings haben sich im Verlauf der letzten zwei Jahrhunderte die Akzente in der Auseinandersetzung verlagert. Unsere westliche Gesellschaft kennt ja nicht mehr das zentrale, für alle verbindliche Glaubensbekenntnis oder eine entsprechend normierte Lebensform, sondern eine Vielfalt an Weltanschauungen, von religiös bis atheistisch. Insofern sprechen wir längst nicht mehr von »christlichem Abendland«, sondern benutzen das Adjektiv »christlich« eher als historisch zu verstehendes Zitat oder ironisch provokativ. Andere Völker christlich zu missionieren ist zum Anliegen einer religiösen Minderheit geworden, denn selbst viele Christen wünschen heute eher einen »Dialog« mit Andersgläubigen, als daß sie deren Bekehrung wichtig fänden. Inzwischen hat im »Abendland« – oder im »Westen«, wie wir entsprechend sagen – ein sehr weltlicher Missionstrieb die Oberhand gewonnen: Die ganze Welt soll im Zeichen der allein richtigen Zivilisation »verwestlicht« werden.

Zu Recht sprechen wir aber weiterhin vom »islamischen Orient«. In diesem kulturellen Großraum leben die Menschen nämlich noch überwiegend in einer religiös-politisch durchstrukturierten Gesellschaft. Eine Säkularisierung hat in der islamischen Welt nicht stattgefunden. Und gerade dieser Unterschied – entweder die Religion als verpflichtende Mitte der Gesellschaft oder als »Privatsache« jedes einzelnen – bedeutet für viele Muslime heute den hauptsächlichen geistigen Gegensatz zwischen Islam und Abendland. Je mehr bei uns die Kirchen an politischem Einfluß verloren haben, um so weniger sehen die Muslime vom Christentum eine Gefahr für sie ausgehen. Die muslimische Abwehr richtet sich inzwischen vorrangig gegen den »Westen« mit seiner vordringenden »imperialistischen«, »säkularen« Macht. Vielen von uns dagegen erscheint weiterhin der Islam auch als Religion bedrohlich, eben weil im Orient die Verbindung zwischen Religion und Politik erhalten blieb.

Ausweglos ist dieser Konflikt nicht. Es gibt Zeichen der Hoffnung, eines beginnenden Dialogs, und dies nicht nur auf politischer Ebene, sondern auch zwischen den beiden Weltreligionen. Der Vatikan wie die protestantischen Kirchen haben seit den sechziger Jahren deutlich zu erkennen gegeben, daß sie eine weiterdauernde Rivalität zwischen Christentum und Islam, Abendland und Orient für unfruchtbar, ja zerstörerisch halten. Man solle sich in Zukunft statt auf das Trennende mehr auf das »Gemeinsame« besinnen und »gemeinsam« die Weltprobleme wie Hunger, Elend und Unterentwicklung zu beheben versuchen. Muslime haben darauf mit viel Interesse, teilweise mit sehr viel Wohlwollen oder sogar Freude reagiert, wie so manche öffentliche Erklärungen eindrucksvoll verraten.[6]

Ich selber habe in dieser Hinsicht in Wien eine interessante Erfahrung machen können. 1986 wurde ich von einer Künstlervereinigung eingeladen, im Anschluß an eine Ausstellungseröffnung für sakrale Kunst in einer katholischen Kirche aus einem meiner Bücher zu lesen – das Thema: Der Islam in seiner geistigen Verwandtschaft mit dem Christentum. Mich berührte es eigentümlich, in einem Kirchenschiff unter einem Altarbild mit Kruzifix zu sitzen und Textstellen aus dem Koran zu erläutern. Die Zustimmung unter den Hörern war groß; nur manche Christen, denen ich später davon erzählte, empfanden eine derartige Lesung in einer Kirche als »unpassend«. Entscheidend bleibt aber, daß der Pfarrer diese Veranstaltung genehmigen konnte, ohne irgendwelche Schwierigkeiten mit übergeordneten Dienststellen zu bekommen, er saß unter den Zuhörern.

Eine rare Ausnahmeerscheinung vielleicht. Bis jetzt. Es könnte sich ändern, so ist zu hoffen. Die Information über die fremde Nachbarkultur *muß* wachsen. Denn Toleranz wird nur dann eine Chance haben, wenn wir in den Strukturen des Islam ganz konkret das »Gemeinsame« entdecken und so das Trennende überwinden.

Wo aber beginnen die Gemeinsamkeiten?

Von Anfang an sind Christentum, Judentum und Islam geistig miteinander verflochten gewesen, von Anfang an haben sich aus den Gemeinsamkeiten heraus aber auch die entscheidenden Gegensätze entwickelt.

Was Christen und Muslime gemeinsam haben

»Christliches« bei Mohammed?

Mohammed, der Prophet des Islam, wurde um das Jahr 570 unserer Zeitrechnung in der arabischen Handels- und Wallfahrtsstadt Mekka geboren. Die Karawanenwege dieser Stadt liefen aber nicht ins Innere Asiens, sondern in damals christliche Städte wie Alexandria, Damaskus und Jerusalem, entsprechend auch die geistigen Verbindungslinien. Mohammed, im ursprünglichen Beruf Kaufmann, hatte genug Gelegenheit, Gespräche mit durchreisenden christlichen und jüdischen Kaufleuten zu führen, erst recht hatte er Kontakt mit Arabern, die bereits zum Christentum oder Judentum übergetreten waren. Unter ihrem Einfluß lernte er, den Wallfahrtsrummel rund um die Kaaba von Mekka mit ihrer Vielgötterei als »heidnisch« abzulehnen. Seelisch und geistig zutiefst verunsichert, zog sich Mohammed in die Einsamkeit der Wüste zurück und begann über Textstellen aus der Bibel und der Thora nachzudenken, wie er sie in Bruchstücken kennengelernt hatte, und kam zu dem Schluß: Christen und Juden haben recht, es gibt nur *einen* Gott. Er nannte diese allein anbetungswürdige Autorität auf arabisch: Al Lah, *der Gott*.

In islamischer Überlieferung ist dann allerdings nicht von einem geistigen Einfluß durch Christen und Juden die Rede, sondern Mohammed habe die »Botschaft« direkt von einem Engel Gottes empfangen – und in dieser Vision sei alles enthalten, was auch in der Bibel und in der Thora an »Wahrheit« stehe. Entsprechend sind im Koran die großen Vorläufer seines Prophetentums zitiert: Ibrahim (Abraham) als der erste herausragende Verkünder des Eingottglaubens in historisch sehr früher Zeit, Musa (Moses) als der zentrale Erneuerer des Monotheismus, und in seiner Folge Jesaia und Elia als bedeutende Verkünder; am meisten hervorgehoben ist aber Isa (Jesus), denn jener habe die bisher umfassendste Botschaft von Al Lah, *dem* Gott, gepredigt.

Warum aber, so muß man sich angesichts so viel geistiger Gemeinsamkeiten fragen, ist Mohammed nicht einfach Jude oder Christ geworden?

Aus islamischer Sicht heißt es: Mohammed sei von Allah ausersehen, die Botschaft der großen Gottesverkünder – von Abraham bis Jesus – noch einmal zu verkünden, und zwar in ihrer ursprünglichen »Reinheit«. Juden wie Christen hätten ihre Überlieferung, die Thora und die Bibel, »verfälscht«, hätten dort nach eigenem Gutdünken Texte eingefügt oder entfernt; der Koran aber sei die »unverfälschte« Ur-Schrift der Botschaft Gottes, nichts Neues also, sondern das Schon-immer-Dagewesene, Ewige, durch menschliche Unvernunft nur Verschüttete. Den Juden warf Mohammed vor, Jesus als einen Propheten Gottes abzulehnen, und damit würden sie einen gewichtigen Teil der Wahrheit unterschlagen. Die Christen wiederum würden Jesus zu einem »Sohn Gottes« machen und außerdem noch den »Heiligen Geist« zu einer dritten Erscheinungsform des Göttlichen erklären. Gott aber in drei Formen, dies sei der erste Schritt zur Vielgötterei.

Muslime äußern bis heute gegenüber Christen den Verdacht, daß diese sich nicht mit letzter Konsequenz vom Polytheismus gelöst haben. Als Beweis erscheint ihnen bereits die christliche Symbolik, wie sie überall in der bildhaften Gestaltung zutage tritt. Ein Muslim braucht nur in einer illustrierten Bibel zu blättern und dort auf eine Abbildung Gottes als alter Mann mit Bart zu stoßen, und schon steht für ihn die Ähnlichkeit mit der Darstellung einer Götterstatue außer Frage. Falls er gar akademische Spezialkenntnisse in griechischer und römischer Mythologie haben sollte, wird er noch unverblümter als ein entsprechend gebildeter Europäer auf die Parallele zur Abbildung eines Zeus oder Jupiter hinweisen. Wenn ein Muslim dann noch die Gelegenheit hat, in katholischen Gegenden eine Dreifaltigkeitssäule zu betrachten – auf der Säulenspitze Gottvater mit wallendem Bart, Christus als Gottessohn, der Heilige Geist in Gestalt einer Taube –, so erscheint ihm dies vollends als Indiz, daß sich Christen in ihrer sakralen Bilderfreudigkeit nur graduell, nicht aber prinzipiell von »Götzendienern« unterscheiden. Niemals wird man in einer Moschee ein Bildnis Gottes entdecken können, stets nur den arabisch geschriebenen Namenszug »Allah«. Muslime halten sich strikt an jenes Gebot, wie es sich schon im Zweiten Buch Mose unter den Zehn Geboten findet: »Du sollst dir kein Bildnis noch irgendein Gleichnis machen, weder des, das oben im Himmel, noch des, das unten auf Erden […] ist.«[1] Muslime werfen den Christen vor, gegen eine Anweisung ihrer eigenen heiligen Schrift zu verstoßen. In diesem Zusammenhang erscheint es ihnen naheliegend, daß Christen von dem einen Sündenfall den weiteren Schritt zur Fehldeutung des Propheten Jesus tun und aus ihm – ganz im heidnischen Sinn – einen Gott machen.

Es ist eine harte, provozierende Kritik an christlicher Metaphysik. Besonders gegenüber der Deutung Jesu, wie sie einen Großteil der Kirchengeschichte das Bewußtsein der Christen aller Konfessionen geformt hat. Handelt es sich hierbei um ein bloß islamisches Mißverständnis?

Die historisch-kritische Bibelwissenschaft neigt heute nicht mehr dazu, eine derartige Kritik von seiten Mohammeds als völlig »unchristlich« abzuweisen. Der Verkünder des Islam blieb mit seinem Denken streng der jüdischen Tradition verhaftet, in der ein Begriff wie »Sohn Gottes« nur in dem Sinn verstanden werden kann: von Gott auf besondere Weise »erwählt« zu sein. Auf diese Weise jüdisch gedacht haben – wie es heute quellenkritische Forschungen vermuten lassen – aller Wahrscheinlichkeit nach auch noch die ersten Christen, die selber Juden waren: indem sie Jesus durchaus als Menschen begriffen und ihn eben nur durch Gott über alle anderen Propheten hinausgehoben sahen. Daß Jesus als »Sohn« von Gott gezeugt und dem Körper einer »Jungfrau« zur Geburt anvertraut wurde, erinnert an Vorstellungsinhalte der griechisch-römischen Mythologie; dort gehört es ja zu den selbstverständlichen Geschehnissen, wenn Götter mit Menschen einen Sohn oder eine Tochter zeugen. In diesem Sinne könnten die ursprünglichen Bibeltexte durch griechisch und römisch gebildete Autoren an entscheidenden Stellen zumindest umgearbeitet worden sein, denn dann erst erschienen die metaphysischen Vorgänge vom Auftreten Jesu den Christen außerhalb der jüdischen Tradition vertraut genug, um widerspruchslos bejaht zu werden.

Wenn auch die Forschungen zu diesem strittigen, für die etablierten Kirchen heiklen Thema bei weitem noch nicht abgeschlossen sind, so kann immerhin ein Faktum der Kirchengeschichte von niemandem bestritten werden. Die ganzen ersten Jahrhunderte hindurch haben sich die Christen verschiedenster kultureller Herkunft erbittert über die Grundsatzfrage gestritten, ob Jesus »wesensgleich« mit dem

»Vater« sei oder nicht; und erst im 5. Jahrhundert konnte sich das Dogma in der uns heute so vertrauten Form vom »Sohn Gottes« auf Konzilien verbindlich für alle durchsetzen.[2]

So gesehen ist Mohammed auf das engste nicht nur mit jüdischer, sondern eben auch mit christlicher Tradition verflochten. Was ihn aber für Juden wie Christen von Anfang an untragbar machte, ist sein Anspruch, »Erneuerer« beider Religionen zu sein. Mohammed verlängert ja die Traditionskette der »wahren« Propheten von Abraham über Moses noch über Jesus hinaus: zu sich als dem letzten, höchsten Gottesboten. Damit muß er Juden wie Christen als ein Scharlatan erscheinen, der die bereits geoffenbarte »Wahrheit« durch eine eigene (»bloß menschliche«) Botschaft »verfälscht« habe. Dies erklärt, weshalb die meisten Christen den Koran als völlig bedeutungslos abtun, denn dieses Buch kann ja für sie nicht wie das Alte Testament als vorbereitend für die eigene Religion verstanden werden. Andererseits ist es Muslimen möglich, das Neue Testament bis zu einem gewissen Grad zu bejahen, sehen sie doch dort manche Wahrheiten des Koran *vor*geformt.

Von daher muß es nicht wundern, wenn Christen im Durchschnitt weniger über Mohammed wissen als etwa Muslime über Jesus. Unsere Gedankenlosigkeit äußert sich schon in scheinbar nebensächlichen Wortwendungen, beispielsweise wenn wir von einem »Mohammedaner« anstatt von einem »Muslim« sprechen. Vorschnell bilden wir hier eine Analogie zur eigenen Religion.

Für Christen bedeutet Jesus bereits als Person die Mitte aller Offenbarung, »Christus« und »Gott« sind für sie nahezu austauschbare Begriffe geworden, und daher nennen sie sich als Anhänger dieser Religion zu Recht »Christen«. Mohammed aber, der sich als bloß menschlicher Verkünder von Gottes Wort verstand, rückte sich selber in aller »Demut« an den Rand der Betrachtung; die Mitte kommt allein »Allah« zu – deshalb kann man bei einem Anhänger dieses Glaubens, so will es der Koran, nur von einem »Muslim« sprechen, was übersetzt soviel bedeutet wie: »Der sich hingibt (an Gott)«. Sehr verbreitet ist bei uns auch »Moslem«. Hierbei handelt es sich um eine phonetisch ungenaue Wiedergabe von »Muslim«, ist aber von der Sache her ebenfalls korrekt. Abgeleitet ist diese Bezeichnung von »Islam«: »Hingabe (an Gott)«. Ich habe immer wieder erlebt, wie Muslime mit vorwurfsvollem Gesicht oder gar mit unwilligen Bemerkungen reagierten, wenn man sie »Mohammedaner« nannte. Dabei ist dies bis in die jüngste Gegenwart herein auch noch eine Angewohnheit von westlichen Religionswissenschaftlern und Orientalisten gewesen. Dies erst zeigt, wie tief in mancherlei Hinsicht noch immer die geistigen Gräben sind, wie wenig der Dialog zwischen beiden Weltreligionen gediehen ist.

Zurück zu Mohammed, dem »Verkünder«. Bei aller Abgrenzung wahrte der Prophet des Islam seinen Respekt gegenüber Christen und Juden, er räumte ihnen unter den »Ungläubigen« eine Sonderstellung ein. Da sie wie die Muslime an den »einen Gott« glauben, darf man sie nicht mit Gewalt zum Islam bekehren, ja, man hat ihre abweichenden, im Kern nicht falschen Lehren zu dulden. Sie müssen als »Völker des Buches« oder »Leute der Schrift« (»Ahl al-Kitab«) geachtet bleiben. Entsprechend lautet die koranische Anweisung an die Muslime: »Mit den Schriftbesitzern streitet nur auf die anständigste Weise, nur die Frevler unter ihnen seien ausgenommen, und sagt: ›Wir glauben an das, was uns, und an das, was euch offenbart worden ist. Allah, unser Gott und euer Gott, ist nur einer, und ihm sind wir ganz ergeben.‹«[3]

Ausdrücklich gestattet der Islam daher den Männern, sich mit Christinnen oder Jüdinnen zu verheiraten, ohne daß die Frauen unbedingt ihre Religion wechseln müßten. In den eroberten Gebieten ist es immer wieder zu solchen Ehen gekommen, selbst Sultane und Emire neigten dazu. Umgekehrt erschien für jeden Christen ein solches Verhalten bis in das Zeitalter der Aufklärung undenkbar, für viele hat sich daran bis in unsere Gegenwart nichts geändert. Allerdings ist es muslimischen Frauen bis heute verwehrt, einen Christen oder Juden zu heiraten. Daß für sie nicht die gleiche Freizügigkeit wie für einen Mann gilt, hat mit der patriarchalischen Rechtsordnung des Islam zu tun.

Jerusalem: eine heilige Stadt auch für Muslime

Wie bereits die wenigen Beispiele zeigen, ist bei Muslimen das Bewußtsein einer gemeinsamen Wurzel von Islam und Christentum stärker entwickelt als umgekehrt bei Christen. Von daher muß es auch nicht wundern, daß Europäer und Amerikaner teilweise noch immer nicht wissen, in welchem Maß Muslime Jerusalem als »heilige Stadt« verehren.

Zum Archetypus unserer Vorstellungswelt gehört, wenn wir an Jerusalem denken, nicht der sogenannte Felsendom, der mit einer leuchtend goldenen Kuppel und blaugekachelten Fayencewänden das lehmfarbene Häusermeer der Altstadt überragt – sondern der Tempel Salomos, der sich einst an der Stelle dieser Moschee erhob. Dazu kommt die Grabeskirche, die (nach ungesicherter Quellenlage) sowohl das Grab Christi wie die Kreuzigungsstätte Golgatha überwölbt. Gehen wir aber durch die verwinkelten, auch heute noch sehr orientalisch anmutenden Gassen der arabischen Altstadt, so entdecken wir auf weißgetünchten Wänden oder über Haustüren sehr häufig buntgemalt eben diesen Felsendom mit seiner majestätischen Goldkuppel. Was hierbei die Darstellung besonders auffällig macht: Daneben ist stets die Kaaba von Mekka abgebildet. Spätestens dann muß uns klar werden, daß es sich bei der Hauptmoschee von Jerusalem nicht um irgendeine, nur eben besonders schöne Moschee handelt, sondern um ein zentrales Heiligtum. Die Araber nennen den dortigen Bezirk »Haram esch-Scharif« (»Vornehmes Heiligtum«), Jerusalem heißen sie »El Kuds« (»Die Heilige«).

Jerusalem ist nach Mekka und Medina die religiös bedeutendste Stadt des Islam. Ja anfangs, solange Mohammed noch glaubte, er könne die meisten Christen und Juden ohne größere Widerstände von der »reinen« Offenbarung Gottes überzeugen, hat er Jerusalem für Muslime als die heilige Stadt schlechthin gelten lassen. So war noch die erste Moschee in Medina, wo Mohammed nach seiner Flucht aus Mekka als Gesetzgeber wirkte, mit der Stirnseite ihrer Räume nach Jerusalem ausgerichtet, und beim Gebet hatten sich die Gläubigen ausschließlich in diese Richtung verneigt. Erst als die Juden in Medina (noch vor den Christen) den Islam zurückwiesen, verkündete Mohammed seinen Anhängern als neue Eingebung Gottes, daß nun Mekka mit der Heiligen Kaaba anstelle von Jerusalem das Zentrum der Gläubigen sei – um, wie es im Koran heißt, zu unterscheiden »zwischen denen, die dem Propheten folgen, und denen, die ihm den Rücken wenden« (also Juden oder Christen bleiben).[4] Trotzdem sehen sich die Muslime durch wesentliche Elemente ihrer Mythologie mit diesem Jerusalem weiterhin verknüpft. Auf jenem Felsen, wo einst der Tempel Salomos stand, soll Abraham seinen Sohn Isaak zur Opferstelle geführt haben, hierher aber soll auch – und dies ist für Muslime der eigentliche Anknüpfungspunkt ihrer Verehrung – Mohammed auf mysteriöse Weise innerhalb einer Nacht aus Arabien hergeritten sein, um in den Himmel aufzusteigen und dort von Gott eine weitere Offenbarung entgegenzunehmen.

Auch das Kidrontal, das sich außerhalb der Stadtmauern Jerusalems zwischen sanft aufsteigenden Hügeln hinzieht, besitzt eine entsprechend mythische, religiös-heilsgeschichtliche Bedeutung. Dort, in Sichtweite des Felsendoms, des Gartens Gethsemane und des Ölbergs, finden sich Tausende von Grabsteinen: Zu verschiedenen Friedhöfen gruppiert, sind sie entweder mit lateinischen, hebräischen oder arabischen Schriftzeichen versehen; Christen, Juden und Muslime liegen hier, nur jeweils wenige hundert Meter voneinander entfernt, begraben. Im Kidrontal, vor den Mauern des heiligen Jerusalem, so lautet die Legende, soll am Tag des Jüngsten Gerichts die Posaune Gottes geblasen werden, hierher werden die erweckten Toten aus aller Welt kommen müssen, um vor den Thron des Allmächtigen zu treten, und jene, die hier ihre Gräber haben, werden als erste auferstehen. Christen, Juden wie Muslime neigen gleichermaßen dazu, der üppig ausgeschmückten Legende Glauben zu schenken. Nirgends ist daher die geistige Verflochtenheit aller drei »Buch«-Religionen optisch so sinnfällig wie im Kidrontal, wo der Betrachter auf einen Blick die weitausgedehnten Gräberfelder von Gläubigen erfassen kann, die im Tod auf dasselbe Ziel hinstreben – im Leben aber möglicherweise mehr Trennendes als Gemeinsames gegenüber den anderen Religionen wahrgenommen haben.

Gleichermaßen ein Bezugspunkt für Christen, Juden und Muslime ist ein Tor in der Stadtmauer, direkt über dem islamischen Friedhof des Kidrontals gelegen, nahe der majestätisch aufragenden Kuppel des Felsendoms. Einst, als anstelle der Moschee noch der jüdische Tempel stand, hat sich dort der prächtigste Eingang Jerusalems befunden. Heute aber ist das Tor – als einziges der acht Tore in dem noch die ganze Altstadt umschließenden Mauerring – zugemauert. Keine Straße führt mehr dorthin, der Friedhof dehnt sich bis unmittelbar an den steilaufragenden, zinnenbewehrten Vorbau; eine tiefe Melancholie der Verlassenheit liegt über jenem Winkel, wo höchstens Araberjungen ihre Schafe die kargen Grasflächen zwischen den Grabsteinen abweiden lassen, so erlebte ich 1981 die Szenerie. Der Name läßt eine bedeutsame Vergangenheit ahnen: das »Goldene Tor«. Nach jüdischer Prophezeiung soll durch dieses Tor dereinst der Messias Jerusalem betreten und den Beginn des Reiches Gottes verkünden. Nach biblischem Bericht ist Jesus am sogenannten Palmsonntag durch eben dieses Tor in die Stadt eingeritten, mit dem Anspruch, der erwartete Messias zu sein.

Warum ist aber heute der Zugang vermauert?

Die Muslime haben das Tor mit dicken Quadern verschlossen, dies ist ihre Antwort auf die Legendenbildung der »verfälschten« Offenbarungsreligion. Nach islamischer Ansicht hat das Tor alle Bedeutung verloren, weil der endgültige und letzte Prophet in Mohammed erschienen ist – er aber wirkte in Mekka und Medina. So haben die Muslime, die in Jerusalem unter israelischer Herrschaft zumindest noch die unantastbare Oberhoheit über ihren Moscheebezirk mit angrenzender Stadtmauer behalten durften, auf ihre Weise ein Zeichen gesetzt: eine eindeutige Mahnung, wo bei aller Gemeinsamkeit mit Christen und Juden das Trennende liegt.

Jesus und Johannes der Täufer im islamischen Damaskus

Damaskus ist biblischer Boden. Um das Jahr 34 unserer Zeitrechnung war laut Bericht der Apostelgeschichte vor den Toren dieser Stadt dem Pharisäer Saulus in einer Vision Jesus erschienen und hatte ihn gefragt: »Saulus, Saulus, warum verfolgst du mich?« Saulus, der in Damaskus Christen hatte verhaften wollen, war nach dem Schock des visionären Erlebnisses drei Tage lang blind, dann wurde er Christ.[5] Aus Saulus ist Paulus geworden, »der Geringe«, wie sich fortan bescheiden der eigentliche Begründer und Organisator der Kirche nannte. Ein »Damaskus-Erlebnis«. Dieser Begriff ist zum festen Bestandteil unseres Sprachgebrauchs geworden, wenn wir von einem die ganze Persönlichkeit erschütternden Gesinnungswandel eines Menschen reden.

Unter christlicher Herrschaft ist Damaskus eine der blühendsten Handelsstädte des Vorderen Orients geblieben. Und daher braucht es nicht zu wundern, daß Christen dieser syrischen Metropole – die so nahe dem heiligen Jerusalem lag – weitere bedeutsame biblische Ereignisse in volkstümlicher Ausschmückung zuordneten. Auf einer Anhöhe des 1200 Meter hohen, weit sichtbar die Stadt überragenden Bergrückens Kassiun hat angeblich Kain seinen Bruder Abel erschlagen. Und das Haupt Johannes' des Täufers soll nach Damaskus gelangt und im Stadtzentrum begraben worden sein. Die Christen errichteten einen eigenen Schrein für das angebliche Haupt des Heiligen im Innern ihrer großen Basilika. Die Kirche, die sie Johannes-Basilika nannten, hatten sie auf den Grundmauern des zerstörten Jupiter-Tempels als Triumph des »einzig wahren Glaubens« erbaut (ein Tempel, der wiederum auf den Grundmauern eines älteren aramäischen Baal-Tempels gestanden hatte).

Im Jahr 635 eroberten die Muslime Damaskus und machten die Metropole zur Hauptstadt ihres aufstrebenden Großreiches. Wieder stand die uralte Stadt vor einem epochalen Umbruch. Aus christlich-abendländischer Sicht muß es überraschen, in welchem Maß die Muslime an christliche Traditionen anknüpften und sie nur mit neuen Akzenten versahen. Nach unseren Maßstäben wäre zu erwarten gewesen, daß die Muslime als Träger einer neuen Religion und Kultur sehr rasch anstelle der Hauptkirche ihre Hauptmoschee setzten. Sie ließen sich aber mit dieser Entscheidung sieben Jahrzehnte Zeit. Bis dahin genügte es ihnen, den Ostteil der Johannes-Basilika in eine Moschee umzufunktionieren, während sie den Westteil weiterhin den Christen zum Gottesdienst überließen. Die siegreichen Muslime und die militärisch unterlegenen Christen gingen durch dasselbe Portal zu ihren unmittelbar benachbarten Gebetsstätten – eine Situation, wie sie umgekehrt für militärisch siegreiche Christen über Andersgläubige unvorstellbar erschienen wäre. Die Muslime mochten hierbei zwar auch politisch-taktisch gedacht haben (schließlich bildeten sie anfangs nur eine schmale Oberschicht in einem weitgehend christlichen Land), aber auf diese Weise handeln konnten sie trotzdem nur, weil ihnen die eigene Religion entsprechenden Spielraum bot. Indem der Koran den Respekt gegenüber allen »Völkern des Buches« vorschrieb, brauchte es einem Muslim nicht unerträglich zu erscheinen, in Sichtweite eines christlichen Sakralraums zu beten.

Diese Verhältnisse änderten sich erst grundsätzlich, als sich das islamische Großreich von Spanien bis Indien ausdehnte. Nun hatten die Kalifen der Omayaden-Dynastie ihre Macht zur Genüge gefestigt, und damit war für sie der Zeitpunkt gekommen, in ihrer Hauptstadt Damaskus eine für das Großreich repräsentative Moschee zu bauen. Mit einem Mal konnte nicht länger mehr Platz für Muslime und Christen auf beengtem Raum sein, und nun handelten Muslime im Bewußtsein ihrer Überlegenheit: Die prächtigste Moschee des Islam hatte exakt an jenem Platz zu stehen, wo bis dahin die prächtigste Kirche syrischer Christen stand und zuvor der zentrale Jupiter-Tempel sich erhoben hatte. Zwar kaufte Kalif Walid I. als Bauherr den Christen das Gelände ab – und bewies auch noch mit dieser Geste Toleranz gegenüber den Andersgläubigen –, aber er demonstrierte eben doch, daß es herablassende Toleranz war: Da sich nur der Muslim im ganzen Besitz der »unverfälschten Wahrheit« sehen durfte, konnte in letzter Konsequenz allein die Moschee den zentralen Platz einnehmen.

Die Omayaden-Moschee in Damaskus, während der Jahre 705 bis 715 unter ungeheurem finanziellen Aufwand gebaut, gilt nach dem Felsendom von Jerusalem als der älteste erhaltene Kultbau des Islam. Und er zählt auch zu den interessantesten. Kaum eine Moschee von Rang zeigt derart deutlich, in welchem Ausmaß islamische und christliche Überlieferung miteinander verzahnt sind – und wie sehr Muslime diese innere Verwandtschaft auch demonstrieren. Wir sehen die Kuppel im Südosten von einem Minarett überragt, das ursprünglich ein Aussichtsturm der Basilika war und in seiner neuen Funktion als eines der ältesten Minarette überhaupt gilt (so sehr auch in späterer Zeit seine äußere Form verändert wurde). Sein Name: Jesus-Minarett. Nach muslimisch-syrischem Volksglauben soll Jesus am Tag des Jüngsten Gerichts auf diesem Turm erscheinen und das Ende der Welt verkünden. In der Gebetshalle treffen wir an zentraler Stelle auf einen Kuppelbau, der – nicht anders als einst in der Basilika – das angebliche Haupt Johannes' des Täufers aufbewahrt. Muslime verehren diesen Propheten unter dem Namen Yahia, und indem sie die Reliquie am ursprünglichen Platz gelassen haben, geben sie sich ausdrücklich als die Bewahrer der Tradition zu erkennen.

Als ich 1994 die Omayaden-Moschee besuchte, sah ich zu meiner Überraschung vor dem Reliquienschrein in der sunnitischen Kultstätte einen schiitischen Mullah im unverwechselbaren braunen Kaftan und weißen Turban sitzen, er sprach auf Farsi zu iranischen Besuchern, die ihn im Halbkreis umlagerten, und schien ihnen einiges über Yahia als einen bedeutsamen Vorläufer Mohammeds zu erzählen.

Die dreischiffige Gebetshalle mit ihren Galerien korinthischer Säulen und der Holzbalkendecke verweist deutlich auf das Vorbild jener byzantinischen Basilika, die einst an dieser Stelle gestanden hatte und von der sogar Bauelemente in die Moschee eingefügt waren. Nicht minder deutlich zeigt sich der byzantinische Einfluß an den Landschafts- und Städte-Mosaiken der Außenfassaden; auf ihnen fehlen allerdings wegen des arabisch-islamischen Bilderverbots die Menschen. Anders als später die Moscheen nordafrikanisch-maurischen und persischen Stils kann die Omayaden-Moschee in ihrer Erscheinungsform nicht verleugnen, daß Christen maßgeblich am Bau beteiligt waren. Mehr noch: daß der Kalif, dessen Vorfahren aus der Wüste kamen, auf die Sachkenntnis der alteingesessenen christlichen Bildungsschicht von Damaskus nicht verzichten konnte. Christen als Architekten standen der Grundkonzeption einer Moschee ohnehin nicht grundsätzlich entgegen, ist doch der Gebetsraum einer islamischen wie christlichen Kultstätte spirituell auf den »unsichtbaren«, »einen Gott« ausgerichtet.

Das islamisch-orientalische Damaskus hat noch eine weitere Tradition aus christlicher Vergangenheit übernommen und dem eigenen Rahmen eingefügt. Auch viele Muslime halten die legendäre Überlieferung für wahr, daß Kain Abel nahe dem heutigen Damaskus auf dem Berg Kassiun erschlug, und sie glauben, daß die Gräber der feindlichen Brüder sich exakt an der Stelle befinden, wo heute jeweils ein kleiner kuppelüberwölbter Bau zur Kennzeichnung steht.

Christliche Gesandte mußten während des 7. und 8. Jahrhunderts irritierende Nachrichten an ihre Fürstenhöfe nach Europa melden. Etwa, daß es in Damaskus nicht ungewöhnlich war, wenn Christen, das Kreuz auf der Brust, sich vor den Moscheen mit muslimischen Freunden zu Gesprächen trafen. Oder daß Hunderte hochqualifizierte Christen als Staatsbeamte wirkten, ja manche in hohe Ämter aufrückten und von Muslimen um ihre Karriere beneidet wurden. Sergius, der Vater des heiligen Johannes Damascenus, wurde gar Finanzminister des Kalifen Abd Al Malik, und Johannes selber, der letzte griechische Kirchenvater, stand an der Spitze des Rates, welcher Damaskus regierte.[6] Die Christen Syriens empfanden es keineswegs als Verrat, den Muslimen sogar als Verbündete gegen das christlich-byzantinische Kaiserreich zu dienen. Denn unter der Herrschaft der Omayaden genossen die einzelnen christlichen Sekten mehr Glaubensfreiheit als zuvor unter der Ostkirche, die unerbittlich verfolgend gegen Ketzer vorging. Auch hatten die Bürger weniger unter Willkür zu leiden als zuvor unter den byzantinischen Statthaltern.

Syriens Christen hatten bereits durch ihren Widerstand gegen die byzantinische Tyrannei wesentlich dazu beigetragen, daß die Muslime die ohnehin zerrüttete römische Provinz erobern konnten. In der Folge aber half ihre Staatstreue, daß die islamische Herrschaft im Vorderen Orient keine Episode blieb, sondern einen epochalen Umbruch von Dauer bedeutete. Innerhalb von drei bis vier Jahrhunderten trat ein Großteil der Christen freiwillig zum Islam über, der ihnen geistig ohnehin verwandt erschien; zudem bescherte ein Übertritt – und dieses Motiv sollten wir ebenfalls nicht unterschätzen – beträchtliche Steuervorteile. Unter den gleichen Bedingungen konnten sich die muslimischen Eroberer in anderen römischen Provinzen, etwa Ägypten, auf Dauer halten, ja auch im Iran. Wir werden an anderer Stelle noch ausführlich zu erörtern haben, weshalb den Muslimen die Toleranz gegenüber Christen und Juden bald auch zu einem enormen kulturellen Vorsprung gegenüber dem Abendland verhalf.

So sehr sich aber die politischen Bedingungen im Verlauf der Jahrhunderte geändert haben und sich die Lebensmöglichkeiten für Christen zeitweilig verschlechterten, blieb doch eines gleich: Stets haben Christen ihr Wohnrecht unter islamischer Herrschaft behalten können, sofern sie sich loyal gegenüber der Regierung verhielten. Wer heute die Altstadt von Damaskus durchstreift, mag überrascht sein, daß kaum eine halbe Stunde Fußweg von der Omayaden-Moschee entfernt ein ausgedehntes Christenviertel beginnt. Die Gassen sind genauso verwinkelt, die Häuser genauso orientalisch und alt wie im islamischen Teil, aber über den Dächern ragen Kirchtürme anstatt der Minarette auf. In ganz Syrien haben sich derartige Christenviertel während aller Wechselfälle der Geschichte halten können, sie überdauern auch unbehelligt die Diktatur der Baath-Partei seit den sechziger Jahren. Von etlichen der stolzen Besitzer altarabischer und alttürkischer Kaufmannshäuser erfuhr ich, daß ihre Familien schon seit vielen Jahrhunderten hier lebten, zu Wohlstand gekommen sind und Handel sowohl mit muslimischen als auch europäischen Ländern treiben. Ja, es gehe ihnen gut, erklärten sie übereinstimmend, mit Muslimen hätten sie keine

Schwierigkeiten. – Ob sie mit dem einen oder anderen Muslim befreundet seien? Auf diese Frage antworteten sie allerdings einschränkend: Der Kontakt sei rein geschäftlicher Natur.

Weshalb manche Moscheen für Andersgläubige gesperrt bleiben

Die erste Moschee, auf die ich während meiner vielen Reisen traf, durfte ich nicht betreten. Es war in der marokkanischen Stadt Tetuan, noch nahe der spanischen Grenze. Als ich im Gassenlabyrinth der Medina auf das Portal zusteuerte und den Blick bereits auf den buntverfliesten Innenhof mit seinem Springbrunnen gerichtet hatte, da trat aus einer Seitennische ein alter, bärtiger Mann hervor und versperrte mir gebieterisch den Weg. Er sprach kein Wort, aber der Blick war derart abweisend, daß ich ohne irgendwelche Fragen zurückwich. Ich wußte damals (im Herbst 1960 gerade zwanzig Jahre alt) noch wenig über den Islam, und als ich daher während der folgenden Wochen in Marokko immer wieder an den Moscheeportalen zurückgewiesen wurde, war für mich klar, daß Moscheen prinzipiell für »Ungläubige« verboten seien. Christen erschienen da weniger »intolerant«.

Zwei Jahre später war ich in Tunesien. Dort aber stellte ich zu meiner Überraschung fest, daß Moscheen durchaus für Europäer zur Besichtigung freigegeben waren; nur zu Gebetszeiten, wenn die Muslime in Reih und Glied niederknieten, hatte der Tourist das Gelände zu verlassen. Für mich war der Fall wiederum klar: Da Tunesien eine sehr »westlich« orientierte Regierung besaß, hatten sich die Sitten eben schon »liberalisiert«. Dieselben Schlußfolgerungen zog ich 1964 in Ägypten und Pakistan, als dort noch nicht Fundamentalisten aufsehenerregend im Vormarsch waren. Erst recht fühlte ich mich in einer solchen Auffassung bestärkt, als ich im selben Jahr die Türkei besuchte. Dort war es Touristen sogar erlaubt, während der Gebetszeiten und der Predigten in der Moschee zu bleiben; nur das Fotografieren wurde nicht gern gesehen. Aber die Türkei war ja seit den zwanziger Jahren ein Staat mit »westlicher« Verfassung.

Als ich in den Iran weiterreiste, sah ich mich vollends in meinen bisherigen Eindrücken bestätigt. Dort waren Moscheen für »Ungläubige« wiederum geschlossen. Das sollte ja nicht wundern in einem Land, wo kaum ein Einheimischer eine Fremdsprache beherrschte und alle Aufschriften nur in arabisch-persischen Schriftzeichen angebracht waren – wo man sich also wenig darum scherte, ob ein Ausländer und Nichtmuslim von vornherein isoliert blieb. Im Iran wurde ich sogar daran gehindert, die Wallfahrtsmoscheen von Mesched und Ghom in ihrer Gesamtansicht zu fotografieren (eine Ausnahme bildeten nur die buntglasierten, in ihrer Pracht einmaligen Moscheen von Isfahan). Der Iran also: besonders »intolerant«, auch schon lange vor der Herrschaft eines Ayatollah Khomeini...

Als ich anschließend nach Afghanistan weiterreiste, glaubte ich von vornherein schon zu wissen, was mich erwartete. In diesem abgeschiedenen, von der Weltöffentlichkeit damals kaum beachteten Land, wo die Männer selbst noch in den Städten den Krummdolch trugen und manche noch ein Gewehr geschultert hatten, war man den Umgang mit Ausländern überhaupt nicht gewohnt; ich selbst bin damals innerhalb von zwei Wochen nur drei Europäern begegnet. Kaum jemand beherrschte Englisch, geschweige denn eine andere Fremdsprache. Und dort würde ich erst recht nicht die Moscheen betreten dürfen. Doch die Überraschung: Ausgerechnet in Afghanistan verwehrte mir niemand den Eintritt in die Moscheen.

Dasselbe dann eineinhalb Jahrzehnte später im nördlichen Jemen, in den Lehmhochhausstädten Sanaa, Ibb und Jibla. In diesem äußersten Winkel der arabischen Halbinsel, 1978 noch kaum von Europäern besucht, gestattete man mir sogar, daß ich mich in den Wandelhallen der Moscheen neben den Einheimischen zum Mittagsschlaf niederlegte. Warum zeigten sich die Muslime ausgerechnet in einer derart abgelegenen Gegend »tolerant«?

1982, wieder einmal in Tunesien, kam die nächste Überraschung. An den Moscheeportalen der Insel Djerba waren Schilder in französischer, englischer und deutscher Sprache angebracht: Besichtigung durch Touristen verboten! Erklärungen brauchte ich nun hierzu keine mehr, denn was es heißt, wenn Europäer laut schwatzend herumgehen, mit Shorts bekleidet, ungeniert selbst Betende fotografierend, hatte ich inzwischen schon zur Genüge beobachten können. Von daher ist die Abwehr verständlich. Intoleranz? Ein junger Tunesier wollte mich sogar daran hindern, eine Moschee abseits der Hauptstraße von außen zu fotografieren. Er war sehr barsch, anscheinend allergisch gegen alle kamerabehängten Touristen – er aber gehörte keineswegs zu denen, die in betonter Abwehr alles westlichen Einflusses einen langen Bart und arabische Hemdbluse trugen, er war vielmehr glattrasiert, bekleidet mit europäischem Hemd und Bluejeans.

Gab es vielleicht auch im Iran und Marokko einleuchtende Erklärungen für die Abwehr?

Was Marokko betrifft, sollte ich eine präzise Antwort erhalten. 1984 in Fes unterwegs, fragte ich, neugierig geworden, verschiedene Muslime, warum Europäer die Moscheen nicht betreten durften. Zunächst mußte ich allerdings feststellen, daß kaum einer der Gefragten sich je Gedanken darüber gemacht hatte, weshalb nur architektonisch bedeutsame Koranhochschulen (Medresen) als »Museen« zur Besichtigung freigegeben waren. Selbst ein relativ gebildeter, auslandserfahrener und frommer Muslim war auf meine Frage ratlos. Er, mit einer Französin verheiratet, die aber Christin geblieben war (was ja der Koran durchaus erlaubt), bedauerte das ihm unerklärliche Verbot; ja, er gestand, daß er selber darunter zu leiden habe: sogar seine Frau dürfe die Moschee nicht betreten, da nütze es auch nichts, wenn er selber Muslim sei. Die Antwort fand ich endlich bei einem jungen Lehrer. Er erklärte, die Moscheen seien bis ins 20. Jahrhundert herein für alle offen gewesen, das habe sich erst unter dem Kolonialregime der Franzosen gewandelt. Die Franzosen hätten sich zu Beginn ihrer Herrschaft brutal über viele islamische Bräuche hinweggesetzt – so auch über das ungeschriebene Gesetz, daß Moscheen Zufluchtsorte für politisch Verfolgte seien, ja auch für Verbrecher. Keine Polizei dürfe die Schwelle überschreiten, jeder Flüchtling stehe unter dem Schutz der Geistlichkeit und brauche sich nur freiwillig der Obrigkeit zu stellen. Gegen dieses für Machthaber sehr unbequeme Gesetz habe nicht einmal der Sultan zu verstoßen gewagt. Die Franzosen aber hätten unbedenklich die Gebetshallen von Moscheen betreten, um dort nach Flüchtigen zu suchen, die Soldaten hätten beim Eintreten auch niemals ihre Stiefel ausgezogen, wie es Pflicht für alle Besucher sei, und hätten zeitweilig sogar in den Moscheen Asylsucher niedergeschossen. Dieses instinktlose Verhalten habe das Volk zum Aufruhr getrieben, und so hätten die Kolonialbehörden schließlich von solchem Gebaren abgelassen, ja hätten dem Drängen der Marokkaner nachgegeben, zukünftig die Moscheen für Nichtmuslime zu sperren. Vielleicht sei es sinnvoll, dieses Verbot wieder einmal aufzuheben …

Solche Detailerfahrungen – Impressionen aus dem islamischen Alltag von heute – zeigen, wie leicht scheinbar eindeutige Beobachtungen zu Fehlschlüssen führen können. Was wir in einer ersten Reaktion gerne als »typischen« Fanatismus einstufen, wie er den Muslimen nun mal »im Blut liegt«, erweist sich als spätere Entwicklung. Und gerade zu dieser Entwicklung haben wir Europäer beigetragen.

Anders verhält es sich allerdings mit dem strikten Verbot für Nichtmuslime, die »heilige Stadt« Mekka zu betreten. Dieses bis heute geltende Verbot ist so alt wie der Koran selbst. In der 9. Sure lesen wir: »Oh Gläubige, wahrlich die Götzendiener sind als unrein zu betrachten, und sie dürfen daher [...] sich dem heiligen Tempel [in Mekka] nicht mehr nähern. [...] Bekämpft diejenigen der Schriftbesitzer, welche nicht an Allah und den Jüngsten Tag glauben und die das nicht verbieten, was Allah und sein Gesandter verboten haben.«[7] »Götzendiener« werden hier in enge Nachbarschaft zu andersgläubigen »Schriftbesitzern« gerückt, zu Juden wie zu Christen, denen man aus islamischer Sicht zumindest in abgeschwächter Form generell »Unglauben« vorwerfen kann. Mohammed sprach ihnen allen gegenüber sein Verbot im 9. Jahr islamischer Zeitrechnung aus.[8] Damals war schon eine Reihe von Monaten vergangen seit jenem denkwürdigen Ereignis, als er an der Spitze einer großen Pilgerschar triumphal nach Mekka zurückgekehrt war und die Götterstandbilder der Kaaba eigenhändig zerstört hatte. Und sechs Jahre lag damals jene andere Anordnung zurück, mit der Mohammed Jerusalem den Rang der heiligsten, verehrungswürdigsten Stadt abgesprochen hatte.

Auf dem Höhepunkt seiner Laufbahn verlieh der Prophet Mekka vollends den Nimbus des Exklusiven, indem er diese zentrale Pilgerstätte einzig und allein für die »Rechtgläubigen« zugänglich machte. Und damit hat er die Muslime noch einmal über die Geistesverwandten im Glauben, über die anderen, »im Irrtum verharrenden Schriftbesitzer« hinausgehoben. Spätere Generationen zogen aus diesem Beispiel Folgerungen, indem sie auch Medina, Mohammeds Wirkungsstätte, als zweite heilige Stadt für alle Andersgläubigen sperrten. Eine ähnliche Abgeschlossenheit ist dann bis ins 19. oder gar 20. Jahrhundert hinein für weitere bedeutsame Wallfahrtsorte üblich gewesen, so für Moulay Idriss in Marokko, Beni Isguen in Algerien, Kairouan in Tunesien sowie Mesched und Ghom im Iran.

Abgesehen von diesen verschiedenartigen Ausnahmesituationen haben Muslime jedoch niemals ihre Moscheen Andersgläubigen versperrt. Auch nicht zu jenen Zeiten, die wir gerne etwas herablassend als »finsteres Mittelalter« bezeichnen. Muslime haben sich vielmehr bis weit in die Neuzeit herein gegenüber einer Reihe fremder Religionen großzügiger verhalten als etwa Christen, und im Hinblick auf ihre Kultur ist das Mittelalter weniger »finster« gewesen als im Abendland. Vorbedingung für islamische Toleranz war eben nur: Die Andersgläubigen mußten in irgendeiner Form den »einen Gott« verehren. Ob Monotheist oder nicht, an diesem Punkt entscheidet sich für einen Muslim, ob er sich aufgeschlossen gegenüber einem Andersgläubigen verhalten soll.

Aber: Ist nicht schon damit der Toleranzradius in der islamischen Welt weiter gesteckt, als er für Christen über einen Großteil ihrer Geschichte üblich war?

Man würde angesichts einer solchen Frage das Problem unzulässig vereinfachen, wollte man eindeutig für die eine oder andere Religion Partei ergreifen. Sowohl Christen als auch Muslime haben im Verlauf der Jahrhunderte mehrmals ihre Einstellung zu Andersgläubigen und »Ungläubigen« geändert. Hierbei haben sich die einen unter gewandelten kulturellen Bedingungen erneut auf die Bibel berufen und spezifische Textstellen mehr als bisher hervorgehoben, die anderen haben den Koran in immer neuer Interpretation bemüht. Auf diese Weise hat sich die Fähigkeit zur Toleranz zeitweise eher im islamischen Kulturkreis, zeitweise eher im Abendland entfaltet. Zudem haben sich die geistigen Fronten in Fragen der Toleranz innerhalb beider Religionen mehrfach und für den Außenstehenden teilweise unübersichtlich in Liberale und Orthodoxe bis hin zu Radikal-Orthodoxen aufgespalten. Um diese Vorgänge an konkreten, exemplarisch hervorgehobenen Beispielen zu verdeutlichen, betrachten wir in der Folge Christentum und Islam in einem vergleichenden Überblick vom Mittelalter bis zur Moderne.

Doch selbst ein kurzer historischer Abriß wird für das bessere Verständnis nicht genügen. Wir haben zuvor noch bei der Frage anzusetzen, auf welche frühere Traditionen sich christliches wie islamisches Denken mit allen Tendenzen zur Fehlentwicklung gründen. Die Wurzeln reichen zurück bis ins zweite Jahrtausend vor unserer Zeitrechnung.

Zweiteilung der Menschheit in Gläubige und Ungläubige

Die Ursprünge der Zweiteilung bei Moses, Echnaton und Zarathustra

»Zerstöret alle Orte, da die Heiden, die ihr vertreiben werdet, ihren Göttern gedient haben.« So liest es sich im Fünften Buch Mose. »Reißet um ihre Altäre, und zerbrechet ihre Säulen, und verbrennet mit Feuer ihre Haine, und die Bilder ihrer Götter zerschlaget, und vertilget ihren Namen aus demselben Ort.«[1]

Nach unserer heutigen Einschätzung hat Moses als der große jüdische Gesetzgeber und maßgebliche Erneuerer des Jahwe-Glaubens im 13. Jahrhundert vor unserer Zeitrechnung gelebt. Wenn auch die überlieferten und ihm zugeschriebenen Äußerungen erst an die sechs Jahrhunderte später niedergeschrieben worden sind und nur bedingt als die originalen Worte des Propheten gelten können, müssen wir doch in dieser Art von Intoleranz eine weit zurückreichende Tradition jüdischen Denkens annehmen. Uns mutet ein solcher Text keineswegs als historisch längst erledigt an, hat er ja mit allen nur denkbaren Konsequenzen, wenn auch in spezifisch abgewandelter Form, auf das Christentum und den Islam gewirkt.

Eine bedenkliche Aktualität hat für uns auch jene Textstelle aus dem Fünften Buch Mose behalten, in der gegen Abtrünnige aus den eigenen Reihen, selbst gegen Verwandte und liebste Freunde, äußerste Härte gefordert wird: »Wenn dich dein Bruder [...] oder dein Sohn oder deine Tochter oder das Weib in deinen Armen oder dein Freund, der dir ist wie dein Herz, heimlich überreden würde und sagen: Laßt uns gehen und anderen Göttern dienen! – die du nicht kennst noch deine Väter [...] [dann sollst du] dich seiner nicht erbarmen, noch ihn verbergen, sondern sollst ihn erwürgen. Deine Hand soll die erste über ihm sein, daß man ihn töte, und darnach die Hand des ganzen Volkes. Man soll ihn zu Tode steinigen – denn er hat dich wollen verführen von dem Herrn, deinem Gott.«[2]

Solche Sätze schockieren. Christen heute neigen dazu, derartige Äußerungen aus ihrem Wissen zu verdrängen, weil diese nur schwer vereinbar erscheinen mit der tiefen Humanität, wie sie unbezweifelbar aus vielen anderen Bibelstellen spricht. Man löst das Problem allerdings nicht, indem man diese alttestamentarischen Sätze mit dem Argument abtut, sie seien durch das Neue Testament aufgehoben; denn in den Evangelien und den Apostelbriefen finden sich ähnliche harte Worte gegen »Ungläubige« und Abweichler aus den eigenen Reihen. Und die Kirchen sind später oft genug entsprechend hart gegen »Ketzer« vorgegangen, die angeblich von der »Wahrheit« abgefallen sind.

Auf den Islam bezogen gilt dasselbe. Ja, die Aktualität gerade des letzteren Textes hat sich erst in der jüngsten Gegenwart auf beklemmende Weise bewahrheitet, als Ayatollah Khomeini sein Todesurteil gegen den abtrünnigen Muslim Salman Rushdie verhängte. Man könnte meinen, der Ayatollah hätte nicht eine spezielle Auslegung des koranischen Rechts herangezogen, sondern direkt auf die Anweisungen im Fünften Buch Mose zurückgegriffen. Wir werden an anderer Stelle noch ausgiebig gerade auf diese Problematik zu sprechen kommen.

Intoleranz gegenüber Andersgläubigen in solch schroffer Form kennen wir nur bei monotheistischen Religionen – überall dort, wo es neben dem *einen* Gott nicht andere Gottheiten, sondern nur »falsche« Götter, »Götzen«, geben kann; überall dort, wo sich die Logik auf die Art verengt hat, daß neben *der* Wahrheit keine andere Form von Wahrheit denkbar ist, sondern nur »Irrlehren«, mehr oder weniger abweichend ausgebildet.

Für den orthodoxen Christen wie auch für den orthodoxen Muslim ist es selbstverständlich, den Monotheismus auf das Judentum gegründet zu sehen, weisen doch die Evangelien und der Koran auf diese Ursprünge hin. Entsprechend argumentieren heute sogar manche Kirchengegner, indem sie allein diese Überlieferungsstränge linear zurückverfolgen und die Juden zu den Begründern religiöser Intoleranz, zu den ersten Exekutoren einer äußerst schroffen Abgrenzung gegenüber Andersgläubigen machen.

Die Zweiteilung der Welt in »Gläubige« und »Ungläubige« keimte aber in den Jahrtausenden vor unserer Zeitrechnung nicht nur im Judentum, wir finden Ähnliches bei den Ägyptern und Persern.

Die Ägypter, die über weite Strecken ihrer Geschichte an eine Vielzahl von Göttern glaubten, kannten zumindest ein paar Jahrzehnte lang eine uns eindrucksvoll dokumentierte monotheistische Entwicklung. Dies geschah, als Pharao Amenophis IV. im 14. vorchristlichen Jahrhundert dazu überging, Aton zu verehren. Aton, symbolisiert durch die Sonnenscheibe, war als gestaltloses Wesen aufzufassen, dem man kein Bildnis wie dem traditionellen Gott Amun und seinen vielen Untergöttern errichten konnte. »Du einziger Gott, außer dem es keinen anderen gibt«, formulierte der Pharao in seinem berühmt gewordenen Sonnenhymnus. Uns ist der Religionsstifter weniger unter seinem herkömmlichen Herrschernamen Amenophis (»Amun ist gnädig«) als unter seinem selbsterwählten Prophetentitel geläufig: Echnaton (»Dem Aton wohlgefällig«). Er gilt uns als der erste, der – historisch eindeutig nachweisbar – einen strikt monotheistischen Glauben predigte, wobei wir die vielen möglichen Vorläufer eines solchen Denkens nur vage kennen. Selbst Abraham, der von Juden, Christen und Muslimen verehrte Stammvater des Eingottglaubens, bleibt für die Geschichtswissenschaft in mythisches Dunkel getaucht.

Echnaton war der erste, von dem wir auch eindeutig wissen, daß er sämtliche Kultbilder fremder Götter aus dem Tempel verbannte und die eigene Religion als einzige Wahrheit einem Volk aufzwingen wollte. Breitenwirksamer Erfolg blieb seiner Lehre allerdings versagt, weil für eine monotheistische Massenreligion geistig die Zeit noch nicht reif gewesen war. Aber möglicherweise hat Moses, der ein Jahrhundert später in Ägypten heranwuchs, nicht nur an die Lehre seines fernen Vorfahren Abraham angeknüpft, sondern auch von dem noch untergründig nachwirkenden Aton-Glauben Impulse übernommen.

Die Perser lernten den Monotheismus durch die Lehre des Propheten Zarathustra während des 6. vorchristlichen Jahrhunderts kennen. Zarathustra, dessen Einfluß auf das Denken des Judentums, Christentums und des Islam nicht hoch genug veranschlagt werden kann, verkündet nicht nur die Existenz eines einzigen, allein existierenden Gottes (Ahura Mazda), er predigte außerdem als erster Religionsstifter der Weltgeschichte den Dualismus von Gott und Teufel, er lehrte zudem als erster den Glauben an ein Jenseits mit Himmel und Hölle. Aus dieser Haltung heraus verwarf er jeden anderen Götterglauben, empfahl er gar den Glaubenskrieg gegen die »Lügenknechte« und starb, so will es die (ungesicherte) Überlieferung, als Märtyrer in einem solchen Krieg.[3]

Allerdings haben die Perser jahrhundertelang nicht den strengen Monotheismus des Zarathustra gelebt – in ihrer frühen Tradition wurde stets von Ahura Mazda als dem größten der Götter gesprochen –, aber als sie sich schließlich im 3. Jahrhundert unserer Zeitrechnung zu konsequenten Monotheisten wandelten, gingen sie wie ihre Rivalen, die Christen des benachbarten Oströmischen Reiches, dazu über, alle Andersgläubigen als »Feinde des Guten« zu verdammen und schließlich auch zu verfolgen. Die zarathustrischen Priester setzten durch, daß Andersgläubige in Persien mit hohen Sondersteuern belegt und aus allen Staatsämtern ferngehalten wurden, und wer öffentlich Zweifel am »allein richtigen« Glauben anmeldete, mußte mit der Todesstrafe rechnen. Andersgläubige galten als am Tag des Jüngsten Gerichts ausschließlich für das Höllenfeuer bestimmt und konnten daher auch schon im irdischen Dasein mit Geringschätzung behandelt werden, so dachte man in entsprechender Konsequenz. Betroffen waren davon Christen, Juden und Buddhisten, aber auch Ketzer in den eigenen Reihen, die gegen die intolerante Verhärtung der Staatskirche protestierten und »Erneuerung« forderten. Der Druck der Staatskirche wuchs sich zu derartigem Terror aus, daß viele Perser die muslimischen Eroberer im 7. Jahrhundert als Befreier begrüßten und scharenweise zum Islam übertraten.

Die zarathustrische Religion hat sich gegenüber dem Islam nicht behaupten können, trotz der vielen Ähnlichkeiten in der geistigen Struktur – dies aber, weil die Muslime weltoffener und toleranter gegenüber geistesverwandten Monotheisten auftraten. Auch das Christentum mit einer damals ähnlich schroffen Intoleranz verlor in vielen vom Islam eroberten Gebieten einen beträchtlichen Teil seiner Anhänger an die neue Religion aus Arabien, konnte sich jedoch außerhalb des muslimischen Kulturraums, im Unterschied zur Zarathustra-Religion, stabilisieren. Im Iran von heute finden sich noch an die 40 000 Zarathustrier, nicht einmal 1 Prozent der Gesamtbevölkerung, sie sind als religiöse Minderheit von den Muslimen geduldet. In Indien leben rund 130 000 Auswanderer, die wir unter dem Namen Parsen (»Perser«) kennen; angesichts einer Milliarde Inder ist dies nur noch ein verschwindend geringer Anteil, der die einstige Bedeutung dieser monotheistischen Religion nicht mehr ahnen läßt.

Was die Unterdrückung fremder Religionen betrifft, hat sich mit dem Entstehen des Monotheismus eine Tendenz durchgesetzt, die es zuvor in der Religionsgeschichte nicht gegeben hat. Die Polytheisten erscheinen viel toleranter gegenüber anderen Glaubensüberzeugungen. Und in der neueren Literatur ist es populär geworden, diese Überlegung besonders herauszustellen. Grundsätzlich ist der Versuch auch zu bejahen, die sogenannte »Vielgötterei«, das »Heidnische« – wie es viele Christen ja noch immer geringschätzig titulieren – vom Odium des Minderwertigen und Barbarischen zu befreien. Doch sollte man sich vor erneuter, nun umgekehrter Schwarzweißmalerei hüten.

Polytheisten kennen nur in einer Form eine größere Freizügigkeit als Monotheisten: Ihnen würde es niemals einfallen, die eigenen Gottheiten anderen Völkern als verpflichtenden Glauben aufzuzwingen. Ja, die Eroberer sind im antiken Europa und in Vorderasien teilweise sogar so weit gegangen, daß sie den Gottheiten besiegter Völker ihren Respekt bezeugten und vor deren Altären demonstrativ Opfergaben niederlegten. Aus der Sicht eines Polytheisten war das nur folgerichtig, erkannte er doch auch ihm unbekannte Gottheiten als real existierend an, nur daß er sie im Rang niedriger als die eigenen einstufte. Falls sich Eroberer in verletzendem Hochmut von den Unterworfenen abgrenzten, dann eher im Kulturverständnis; Ägypter wie Griechen und Römer neigten dazu, fremde Lebensart als Unkultur, als das Barbarische zu verachten.

Wenn nun die »Heiden« von damals religiös um vieles duldsamer waren als die monotheistischen Juden, Zarathustrier, Christen und Muslime, sollte man ihnen deshalb nicht schon ein Toleranzverständnis in unserem modernen Sinn unterstellen. Sie ließen zwar Andersgläubige nicht um ihrer Religion willen verfolgen, dagegen unterdrückten sie Andersdenkende oft genug wegen ihrer politisch konträren Überzeugung, und in dieser Hinsicht haben die Polytheisten aller Völker und aller Epochen von blutigem Terror ausgiebig Gebrauch gemacht.

So nur ist das brutale Vorgehen der »heidnischen« Römer gegen die Christen zu verstehen. Sie ließen die Christen nicht deshalb zu Tausenden einkerkern oder hinrichten, weil diese einen fremden Gott verehrten, ihnen galten Christen vielmehr deshalb als Gefahr, weil sie der Obrigkeit das rituell vorgeschriebene Tempelopfer als Zeichen ihres bedingungslosen Gehorsams verweigerten. Aus demselben Grund waren Polytheisten auch gegenüber Philosophen mißtrauisch, die etwa atheistisch dachten. An keine Götter zu glauben mußte als Frevel gelten, weil ein Atheist folgerichtig die Herrschaft von Priestern als überflüssig ansah – und eine solche Negation rüttelte ebenfalls an den Grundpfeilern der staatlichen Ordnung.

Die Juden kannten ursprünglich auch nur eine rein politisch begründete und nicht dogmatisch motivierte Abwehr gegenüber fremden Religionen. Denn sie hingen keineswegs seit der Frühzeit ihrer Geschichte, seit den legendären Anfängen unter dem Stammvater Abraham, streng monotheistisch dem Glauben an einen einzigen Gott an, wie das die spätere Textfassung des Alten Testaments vermuten lassen könnte. Wenn die Israeliten in Jahwe ihren Gott anbeteten, so schlossen sie über Jahrhunderte hinweg die Existenz von Göttern bei anderen Völkern nicht aus, darin sind sich heute die Religionswissenschaftler weitgehend einig.[4] Es finden sich sogar im Alten Testament noch Textreste dieser Art, etwa im Fünften Buch Mose, wo es heißt, »Sonne«, »Mond« und »Sterne« seien von dem »Herrn, deinem Gott« den anderen Völkern zur Verehrung »verordnet«.[5] Dies ist eine Textstelle aus genau jenem Buch, wo sich andererseits die schroffe Abgrenzung gegen »Götzendiener« findet. So gesehen ging es den Juden ursprünglich nur darum, die eigene Gefolgschaft gegen die drohenden Nachbarvölker mit ihren andersartigen Kulturen enger zusammenzuschließen.

Erst unter den Propheten Jesaia, Jeremia und Deuterojesaia hatte sich immer mehr der Glaube durchgesetzt, Jahwe sei nicht nur der mächtigste, sondern der *eine*, der *einzige* Gott der Menschheit. Dies geschah acht bis fünf Jahrhunderte vor unserer Zeitrechnung. Damit war der erste Schritt getan, den Blick auf die ganze Menschheit hin zu öffnen. Aber die Juden blieben darauf konzentriert, ihre neue Einsicht innerhalb des eigenen Volkes zu festigen, und hier unterschieden sie sich im Prinzip nicht vom Monotheismus eines Echnaton oder Zarathustra. Gar zu sehr hatten die Juden mit Abweichlern aus den eigenen Reihen zu kämpfen, gar zu sehr – und nicht zu Unrecht – dominierte bei ihnen die Angst, daß sich labile Gläubige im Kontakt mit fremden Völkern auch deren Göttern zuwandten.

An dieser Befangenheit hat sich erst etwas geändert, als Jesus auftrat und dem jüdischen Denken – ja darüber hinaus vielen anderen Kulturen – eine neue Dimension eröffnete.

Das revolutionär Neue an Jesus

Fühlte sich der orthodoxe Jude nicht dazu aufgerufen, mit Andersdenkenden oder gar »Heiden« tiefergehende Gespräche über Religion zu führen, um sie letztendlich zur eigenen Ansicht zu bekehren, so zielten die Christen genau darauf ab. Der entscheidende Unterschied läßt sich an einem Grundsatzgebot beider Religionen deutlich machen: der Nächstenliebe. In der Auslegung der Zehn Gebote des Dritten Buches Mose findet sich der Satz »Du sollst deinen Nächsten lieben wie dich selbst«, aber mit dem »Nächsten« ist dort noch nicht der Mensch unabhängig von Volk und Rasse gemeint, denn bezeichnenderweise geht diesem Gebot folgende Einschränkung voraus: »Du sollst nicht rachgierig sein, noch Zorn halten gegen die Kinder deines Volkes.«[6] Die Betonung liegt auf: deines Volkes. Menschen jenseits des eigenen Kulturraumes interessierten den orthodoxen Juden nicht, sie konnten höchstens als Bedrohung, als mögliche Eroberer des jüdischen Staates empfunden werden. Im Neuen Testament betont Jesus dagegen, daß die Nächstenliebe das wichtigste Gebot überhaupt sei – und zwar für alle Menschen –, damit bricht er die bisher engen Schranken radikal auf.

Im Lukas-Evangelium ist ein Gleichnis Jesu enthalten, das den entscheidenden Umbruch besonders deutlich anzeigt: das Gleichnis vom barmherzigen Samariter.[7] Der aufregende Text beginnt damit, daß ein Schriftgelehrter zu Jesus kommt und ihn fragt: »Meister, was muß ich tun, daß ich das ewige Leben erwerbe?« Jesus antwortet ihm mit dem Kerngebot christlicher Moral, er solle nicht nur Gott, sondern auch seinen Nächsten lieben wie sich selbst. Hierauf fragt der Schriftgelehrte: »Wer ist denn mein Nächster?« Jesus setzt seine Erklärung mit besagtem Gleichnis fort: Ein Jude geht von Jerusalem nach Jericho, wird unterwegs von Räubern überfallen, ausgeraubt und halb totgeschlagen. Verletzt bleibt er am Wegrand liegen. Wenig später kommt ein jüdischer Priester vorbei, erschrickt zwar über den Anblick des furchtbar Zugerichteten, eilt aber weiter, vielleicht aus Angst, vielleicht auch aus der Trägheit heraus, sich ja nicht in eine unangenehme Sache hineinziehen zu lassen. Dem Leser bleibt überlassen, über die Motive dieses Priesters nachzudenken, der in der sozialen Hierarchie orthodoxer Juden ganz oben steht. Daraufhin kommt ein Levit vorbei, auch er im Tempeldienst beschäftigt und daher im Volk hoch angesehen, und auch er geht an dem Verletzten vorüber, ohne auch nur daran zu denken, wenigstens im nächsten Dorf Hilfe zu holen. Dann naht ein Samariter, Angehöriger eines Volksstammes, der von den übrigen Juden nicht geachtet ist, ja, von den orthodox Gläubigen mit äußerster Geringschätzung behandelt wird. Der Samariter aber verbindet dem Schwerverletzten seine Wunden, lädt ihn auf sein Reittier, bringt ihn zu einer Herberge und gibt dem Wirt Geld, damit er ihn vollends gesund pflegt. Jesus schließt sein Gleichnis mit der Frage an den Schriftgelehrten ab: Wer von den dreien – der Priester, der Tempelangestellte oder der Samariter – sei dem Schwerverletzten »der Nächste« gewesen? Widerstrebend muß der Schriftgelehrte, obwohl er naturgemäß auf seiten der orthodoxen Juden und deren Priester steht, antworten: der Samariter.

Dieses Gleichnis ist in vieler Hinsicht revolutionär. Zum einen setzt es eine Tendenz anderer symbolkräftiger Erzählungen Jesu fort, soziale Randgruppen vom Status der Verachteten zu befreien und ihnen moralische Würde zu geben, mehr noch, sie gegenüber Etablierten, Mächtigen, Gebildeten und vor allem gegenüber orthodoxen Tugendwächtern ins Recht zu setzen. Bekannt ist ja die eindrucksvolle Gegenüberstellung vom Pharisäer und dem Zöllner im Tempel. Jesus verurteilt den »frommen« Priester, der sich selbstgerecht erhaben fühlt über den »sündigen«, aber reuigen Mann neben ihm; Jesus kehrt die traditionelle Werthierarchie mit der Bemerkung um: »Denn wer sich selbst erhöht, der wird erniedrigt werden; und wer sich selbst erniedrigt, der wird erhöht werden.«[8] Zur Genüge bekannt ist auch jene provozierende Szene, in der Jesus eine Ehebrecherin vor der Steinigung schützt, indem er der »moralisch« empörten Volksmenge zuruft: »Wer unter Euch ohne Sünde ist, der werfe den ersten Stein auf sie« (worauf sich die Versammelten, »von ihrem Gewissen überführt«, verlegen entfernen).[9] Wir alle kennen auch jenen Satz aus der Bergpredigt, in dem der »Heuchler« darauf hingewiesen wird, daß er nur den »Splitter« im Auge des Bruders sehe, nicht aber den »Balken« im eigenen Auge.[10]

Dies alles sind Sätze, die geeignet sind, Verständnis zu wecken für den scheinbar moralisch Unterlegenen, Brücken zu schlagen zu fremden, beargwöhnten Menschen und sozialen Gruppen – eine wesentliche Voraussetzung für größere Toleranz. Das Gleichnis vom barmherzigen Samariter geht aber noch über solche Schilderungen hinaus, in ihm kommt etwas weiteres, völlig Neues hinzu: Samariter waren zur damaligen Zeit nicht nur sozial verachtet, sie galten auch nicht im orthodoxen Sinn als »Juden«, ja, sie wurden von den »Rechtgläubigen« als fremdes, nicht mehr im eigentlichen Sinn »gläubiges« Volk eingestuft. Denn die Samariter hatten sich geweigert, im Tempel von Jerusalem das religiöse Zentrum der Juden anzuerkennen, sie hatten sich im Norden Judäas auf dem Berg Gazirim ein eigenes Heiligtum gebaut, hatten dort einen besonderen Kult ausgebildet und wichen schließlich auch in manchen Dogmen vom allgemein anerkannten Kodex ab. Sie waren also, um es mit einem heutigen Wort zu sagen, »Ketzer«. Da sie nicht mehr voll und ganz auf dem Boden des »rechten Glaubens« standen, traute man ihnen auch nicht viel Aufrichtigkeit, Güte und Barmherzigkeit zu.

Erst wenn man sich diesen historischen Hintergrund vor Augen führt, begreift man, welch kühnen Schritt Jesus mit seinem Gleichnis wagte: Er verkehrte die scheinbar unauflöslichen Fronten, er ließ die »Rechtgläubigen« aus dem eigenen Volk unmoralisch handeln, aber die »Ketzer« aus dem fremdgewordenen Volksstamm moralisch. Damit riß er die Schranken kleinlichen Dogmenstreits nieder, setzte sich über die Vorbehalte der Orthodoxen hinweg und öffnete den Blick für das Fremde, Beargwöhnte. Vorurteilsloses Schauen ist die Aufforderung.

Bekanntlich reagierten die Orthodoxen unter den Juden auf dieses neue Denken äußerst ablehnend. Besonders in Frage gestellt fühlten sich von einer derartigen Lehre die Pharisäer (»die durch Frömmigkeit Abgesonderten«), eine machtvolle religiöse Gruppierung, die mehr als andere auf der Tradition beharrte und religiöse Neuerungen zu unterdrücken versuchte. Gerade den Pharisäern mußte Jesus als ein gefährlicher Saboteur herkömmlicher Glaubensformen erscheinen, und so ist es nur folgerichtig, daß sie alles daransetzten, die Volksmeinung gegen den »Ketzer« aufzuwiegeln. Diese einflußreiche religiöse Partei, nicht die Mehrheit des Volkes, war intensiv an einer Hinrichtung Jesu interessiert; die Volksmassen haben sich von den intoleranten Fanatikern nur manipulieren lassen.[11]

In den Evangelien finden sich weitere Anhaltspunkte, daß Jesus keine Unterschiede macht zwischen dem eigenen Volk und den Samaritern, wenn es darum geht, Hörer für seine Predigten, die »Wahrheit«, zu finden.[12] Von dort ist es dann nur noch ein kleiner Schritt, sich vollends den »Heiden« zu öffnen und auch sie für würdig zu halten, die »Wahrheit« zu hören. Ein Ereignis der Apostelgeschichte dokumentiert eindrucksvoll diesen Übergang:

Petrus hatte während des Betens eine Vision. Der Himmel über ihm öffnete sich, und ein tuchverhülltes Essensgefäß senkte sich zu ihm herab. Petrus, hungrig, beugte sich über das zurückgeschlagene Tuch und prallte zurück vor dem, was er sah: »allerlei vierfüßige Tiere der Erde und wilde Tiere und Gewürm…« Die Stimme Gottes ertönte und befahl: »Petrus, schlachte und iß.« Der Angeredete aber weigerte sich angewidert, er habe noch nie etwas »Gemeines oder Unreines« gegessen. Die himmlische Stimme antwortete: »Was Gott gereinigt hat, das mache du nicht gemein.« Kaum hatte Petrus diese Vision empfangen, trafen Boten eines römischen Hauptmanns aus Caesarea ein und baten ihn, in dessen Haus zu kommen, weil dieser das »Wort Gottes« zu hören wünsche. Unter dem Eindruck der himmlischen Stimme überwand Petrus seine Scheu, als Jude, Angehöriger des »auserwählten Volkes«, das Haus eines Nichtjuden, eines »Unreinen«, zu betreten. Dort zeigte er sich überwältigt von der frommen Bereitschaft des »Heiden« und mußte erschüttert bekennen: »Nun erfahre ich in der Wahrheit, daß Gott die Person nicht ansieht, sondern allerlei Volk, wer ihn fürchtet und recht tut, der ist ihm angenehm.«[13] Zurück in Jerusalem, mußte er sich vor den erregten Aposteln rechtfertigen, daß er mit einem »Heiden« über Gott gesprochen habe, anstatt sich mit der »Wahrheit« an das verblendete eigene Volk zu wenden. Petrus wies alle Vorwürfe zurück.[14] Endgültig war damit der Schritt vom jüdisch-ethnozentrischen Denken zur Weltmission getan.

Wie tolerant war Jesus?

»Selig sind die Sanftmütigen, denn sie werden das Erdreich besitzen. Selig sind, die da hungert und dürstet nach Gerechtigkeit, denn sie sollen satt werden. Selig sind die Barmherzigen, denn sie werden Barmherzigkeit erlangen.«[15] Das ist der sanfte Jesus, der Jesus der Bergpredigt.

»Wer da glaubt und sich taufen läßt, der wird selig werden, wer aber nicht glaubt, der wird verdammt werden.«[16] Das ist der strenge Jesus, der Jesus des Gerichts.

Kann beides ein und derselbe Religionsstifter gesagt haben?

Auch wenn wir den letzteren Satz nicht in der hier vorgeführten lutherischen Übertragung lesen, sondern in einer neueren Übersetzung, wo die Schroffheit gemildert ist, bleibt die klare Absage an sämtliche Nichtchristen. Dann heißt es beispielsweise: »Wer zum Glauben kommt und sich taufen läßt, wird gerettet. Wer nicht glaubt, den wird Gott verurteilen.«[17] Je entschiedener wir uns zur Toleranz gegenüber fremden Religionen und Weltanschauungen bekennen, um so schwerer tun wir uns mit solchen Aussagen, auch wenn sie moderater gefaßt sind.

Der Evangelist Markus hat Jesus die oben erwähnte »Verdammung« (»Verurteilung«) aussprechen lassen, nachdem der Auferstandene seinen Jüngern erschienen war und ihnen befohlen hatte: »Gehet hin in alle Welt und predigt das Evangelium aller Kreatur.« Die gleiche Szene mit sinngemäß derselben Aufforderung findet sich bei Matthäus, jenem Evangelisten, der die Bergpredigt besonders ausführlich zur Darstellung gebracht hat – bei ihm aber fehlt der schroffe Nachsatz gegenüber den Nichtchristen.[18] Wie das? Hat etwa der eine Evangelist ein Christus-Wort weggelassen, das dem anderen als besonders wichtig erschien? Oder hat gar ein späterer Autor in den Markus-Text ein Wort eingefügt, das so von Jesus niemals gesagt worden ist? Fragen wie diese muten, gemessen am orthodoxen Bibelverständnis, schon ketzerisch an. Aber die Ergebnisse einer quellenkritischen Bibelwissenschaft können die Vermutung bestärken. So hatten Bibelwissenschaftler zahlreiche Abschriften des Markus-Evangeliums aus den ersten fünf Jahrhunderten miteinander verglichen und festgestellt, daß in den ältesten und wichtigsten Texten auch bei Markus der Nachsatz von der »Verdammung« fehlt.[19]

Probleme dieser Art tauchen bei allen Evangelienberichten auf. Nicht nur, daß Jesus selber kein einziges geschriebenes Wort hinterlassen hat. Nicht nur, daß seine mutmaßlichen Aussagen durch vier verschiedene Autoren wiedergegeben sind (wovon allein Matthäus und Johannes den Propheten Jesus persönlich gekannt haben könnten, keinesfalls aber Markus und Lukas). Die vier nicht aufeinander abgestimmten Evangelien bereiten darüber hinaus Deutungsschwierigkeiten. Keiner der Texte ist als Urschrift in aramäischer Sprache (der Sprache Jesu) auf uns gekommen, vielmehr als Übersetzung ins Griechische und Lateinische, und wenn sie gar von vornherein in Griechisch abgefaßt sein mochten (wie etwa das Evangelium des Lukas oder Johannes), so sind sie uns nur als Abschriften von Abschriften aus späteren Jahrhunderten erhalten. Diese Texte wimmeln, wie ein quellenkritischer Vergleich ergibt, von Abschreibfehlern, Wortverdrehungen und Satzentstellungen. Ja, teilweise finden sich sogar bewußte Abänderungen und Zusätze, weil so mancher spätere Autor seine eigene Interpretation vom Wort Gottes zum Ausdruck bringen wollte und hierbei durchaus auf den Fanatismus alttestamentarischer Propheten zurückgriff.

Erst nach Jahrhunderten haben Theologen einer institutionell gefestigten Kirche die schillernde Vielfalt der Handschriftenvarianten gesichtet und in einer Endredaktion jenen Text erstellt, den die meisten Christen heute als unumstößlich und über allem Zweifel erhaben ansehen. Die Schwierigkeiten, eine »reine« Überlieferung herauszuarbeiten, sind demnach größer als beim Koran; denn das heilige Buch der Muslime ging ja bereits zwei Jahrzehnte nach dem Tod Mohammeds unter der Leitung des Kalifen Othman in die Endredaktion.

Der liebende und der schroff verurteilende Jesus... Ein heikles Problem für die Theologie. Die Kirchen von heute haben die quellenkritische Problematik längst akzeptiert. Kein ernstzunehmender Theologe würde noch bestreiten wollen, daß erst Jahrhunderte nach der Niederschrift der Evangelien eine kirchliche Endredaktion »wahre« und »unwahre« Textfassungen voneinander geschieden hat. Was aber – und hier wird es erst wirklich heikel – sind in diesem Fall für kirchliche Instanzen die Kriterien, um über Wahrheit und Irrtum zu befinden?

Man könnte zu der Ansicht gelangen, letztlich sei nicht in allen Punkten Gewißheit über die »ursprüngliche« Lehre Jesu zu gewinnen, weil eben zu viele Menschen an der Niederschrift der Offenbarung mitgewirkt hätten. Andererseits lassen sich solche Einwände beiseite schieben, wenn man davon ausgeht, daß die Theologen bei der endgültigen Kanonisierung der Bibeltexte vom

»Heiligen Geist« geleitet gewesen seien und damit in keinem Punkt geirrt haben könnten. Gott würde es niemals zulassen, daß seine christliche Botschaft die Menschheit verfälscht erreiche. So argumentieren bis heute maßgebliche Vertreter der Kirche. Hier beginnt wirklich der Glaube.

Orthodoxe Gläubige halten sich kaum mit solchen Fragen auf. Sie nehmen die Evangelien in der uns heute vertrauten Form Wort für Wort als »Gottes Offenbarung« und wehren jeden Einwand als »Unglauben« ab.

Wo islamische Toleranz ihre Grenzen findet

Mohammed hat innerhalb der geschlossenen Welt Arabiens die gleiche neue Perspektive eröffnet wie Jesus und die Evangelisten innerhalb des Judentums. Mohammed wandte sich mit seiner Botschaft nicht nur an die Araber. Vor Allah seien alle Menschen gleich, verkündete er, entscheidend sei weder der soziale Rang noch das Volk noch die Rasse, sondern allein die Aufrichtigkeit des Herzens, die Frömmigkeit, der Gehorsam gegenüber Gottes Gebot, dessen höchstes laute: gerecht und mildtätig zu sein. Dieser Botschaft entsprechend zeigten sich die Folgen schon in den Entstehungsjahren des Islam: Der erste »Muslim«, der die Gläubigen mit dem bis heute üblichen Gebetsruf in die Moschee rief, war ein Negersklave, sein Name ist mit Bilal überliefert und wird bis heute von den Muslimen in aller Welt an vorderster Stelle unter den Pionieren des neuen Glaubens genannt. Die Haltung selber ist jedoch nicht neu. Mohammed verleugnete auch nicht, daß er nur die Grundsätze eines anderen Propheten noch einmal verkündete – die Gebote Jesu –, nun aber, im Zeichen des »Islam«, in »gereinigter«, ein für allemal unverrückbarer Form.

Christen und Muslime sind sich demnach einig in ihrem Drang zur weltweiten Mission über Volks- und Rassenschranken hinweg. Einerseits ein enormer Fortschritt. Denn so schufen sie die Chance, bisher hartnäckig bestehende ethnozentrische Barrieren niederzureißen: die zwischen dem eigenen Kulturraum als der angeblichen »Mitte« der Welt und den unkultivierten, »barbarischen« Völkern am »Rand« der Welt. Aber eine derart umfassende Menschenliebe als bahnbrechend neues Ideal beschwor eine neue Gefahr herauf:

Wenn *alle* Menschen würdig sind, von dem *einen* und *einzigen* Gott angenommen zu werden, so kann es folgerichtig auch nur eine *einzige richtige* Offenbarung dieses Gottes geben. Christentum und Islam müssen sich demnach nahezu zwangsläufig den Anspruch streitig machen, im Besitz dieser endgültigen, »ewigen Wahrheit« zu sein; sie missionierten in deutlicher Rivalität. Für beide stellt sich damit die Frage: Wie soll man mit denen umgehen, die auf ihrem »Heidentum« beharren oder sich gar zur Konkurrenzreligion bekehren lassen?

Hier zeigen beide großen Weltreligionen, die ihren Glauben an den *einen* Gott für die ganze Menschheit für verbindlich halten, ein Janusgesicht. Allumfassende, weltumspannende Liebe entfalten sie gegenüber »Heiden«, sofern sie sich der neuen Lehre öffnen. Diese Toleranz kann aber rasch in Intoleranz umschlagen, sobald die »Ungläubigen« den Missionaren nicht das gewünschte Verständnis entgegenbringen.

Ausgiebigen Kontakt zu »Götzendienern« oder »Heiden« darf der Gläubige guten Gewissens nur pflegen, solange er sich als Missionar versteht und die Absicht hat, den Andersgläubigen das leuchtende Beispiel der eigenen Religion vorzuleben – hierin sind sich orthodox denkende Christen und Muslime einig. So hatten schon die Apostel ihren Umgang mit »heidnischen« Syrern, Arabern, Griechen und Römern gerechtfertigt. Ähnlich wie die Bibel lehnt auch der Koran jeglichen Bekehrungszwang ab. Der Koran sagt klar: »Und wenn einer von den Götzendienern Schutz bei dir sucht, so mußt du ihm Schutz gewähren, damit er Allahs Wort höre; und dann mußt du ihn an den Ort seiner Sicherheit gelangen lassen (auch wenn er sich nicht vom Islam überzeugen lassen kann). Dies mußt du deshalb tun, weil sie ja Leute sind, denen die Wahrheit nicht offenbart wurde.«[20]

Muslime haben sich an dieses Gebot nur teilweise gehalten, wie ein Blick in die Geschichte lehrt, sie verstießen in diesem Fall gegen den Koran ähnlich häufig wie die Christen gegen die Bibel: Beide behandelten Andersgläubige immer wieder mit äußerster Intoleranz, und nichts konnte ihren Bekehrungseifer mehr anstacheln, ja zu bloßer Brutalität steigern, als wenn die »Unwissenden« nach allen Missionsbemühungen weiterhin ihrem »irrigen« Glauben treu blieben. Und doch gibt es hier Unterschiede zwischen den Bekennern der beiden Weltreligionen. Christen haben intolerante

Härte Jahrhunderte hindurch sämtlichen Andersgläubigen gegenüber spüren lassen. Muslime neigten dagegen zu Exzessen fast nur bei jenen Völkern, die an Naturgottheiten glaubten, außerdem gegenüber Hindus und Buddhisten, weil diese nicht den *einen* Gott verehren. Solange muslimische Eroberer die Macht dazu besaßen, zerstörten sie hinduistische wie buddhistische Tempel, zerschlugen die Standbilder und verboten die Kulte.

Zwangsbekehrungen großen Stils konnten die Muslime nur dort durchführen, wo sie auf militärisch und politisch weit unterlegene Völker trafen. Dies ist am häufigsten in Schwarzafrika geschehen, teilweise auch in Zentralasien. Ein letztes Beispiel einer derartigen Barbarei boten die Muslime 1895. Damals drangen die Truppen des Emirs von Afghanistan in den Hindukusch ein, wo die Bergstämme noch einer Naturreligion huldigten, zerstörten sämtliche Heiligtümer und stellten die rund 70 000 Besiegten vor die Wahl, entweder zum Islam überzutreten oder niedergemetzelt zu werden. Die Besiegten beugten sich der überlegenen Macht, und seitdem heißt ihr Landstrich, der zuvor von den Muslimen verächtlich »Kafiristan« (Land der Ungläubigen) genannt wurde, »Nuristan« (Land des Lichts); gemeint ist natürlich das »islamische Licht«. Ähnlich brutal und selbstherrlich hatten einst die Christen in Lateinamerika Religion und Kultur indianischer Stämme ausgelöscht.

Indem aber Muslime andersgläubige Monotheisten durchweg toleranter behandelten, als dies die Christen während des Mittelalters bis in die Neuzeit hinein taten, waren sie gegenüber ihren Rivalen im Abendland entscheidend im Vorteil. Die größere Toleranz bescherte den Muslimen größere Weltoffenheit – und damit konnten sie jahrhundertelang die Christen mit kultureller Leistung übertrumpfen. Diese weite Spanne geistigen Höhenflugs zwischen dem 8. und 13. Jahrhundert bezeichnen heute nicht nur die Muslime, sondern auch die westlichen Historiker als das Goldene Zeitalter des Islam.

Als der Islam über das Christentum triumphierte

Die weltoffenen Muslime des Mittelalters: Saladin als Symbol

Nichtmuslime, die den *einen* Gott verehren, galten in islamischen Staaten als »Dhimmi«, »Schutzbefohlene«. Dieser Begriff hat bis ins 20. Jahrhundert hinein seine praktische Bedeutung mit allen rechtlichen und sozialen Konsequenzen gehabt, bevor sich die Politiker teilweise an modernen westlichen Staatsmodellen zu orientieren begannen. Getreu den Korangeboten verpflichteten sich Kalifen, Sultane, Emire und Paschas, »Schutzbefohlene« gegen alle Übergriffe, gegen alle Anfeindung zu schützen und ihre Religion zu respektieren. Als Gegenleistung erwarteten die Muslime nur, daß diese andersgläubigen Minderheiten der Christen und Juden loyal zur islamischen Oberhoheit standen. In diesem Sinne genossen auch die Zarathustrier als Monotheisten die vom Koran vorgeschriebene Toleranz.

»Schutzbefohlene« haben in der Vergangenheit zwar erheblich mehr Steuern als Muslime gezahlt, aber sie mußten nicht Soldaten stellen. Muslime gestatteten den »Schriftbesitzern« eine eigene Rechtsprechung in Fragen des Personenstandsrechts sowie des Erbrechts, auch versperrten sie ihnen kaum einmal den Zugang zu irgendeinem Beruf. Im Gegenteil: Kalifen, Sultane und Emire holten gelehrte Christen und Juden als Ratgeber an ihre Höfe, und so stieg mancher »Schutzbefohlene« gar in den Rang eines Wesirs, eines Ministers auf; andere konnten an Akademien und Universitäten Lehrstühle einnehmen. Gerade während der klassischen Epoche des Islam – vom 8. bis zum 13. Jahrhundert – sind Christen wie Juden in Damaskus, Bagdad, Kairo und Cordoba zu großen Ehren in Regierungsdiensten oder als Wissenschaftler gekommen, auch stellten sie zeitweise den Großteil an Ärzten. Das Osmanische Reich kannte Christen in hohen Verwaltungsstellen bis ins 18. Jahrhundert.

Muslime brauchten von ihrer Religion her keine Scheu davor zu haben, mit »Schriftbesitzern« über wissenschaftliche und philosophische Probleme zu diskutieren, ja selbst theologische Fragen zu erörtern. Der Koran ermahnte sie nur, bei solchen Gesprächen wachsam gegenüber »Irrtümern« in Glaubensfragen zu bleiben. Und so bedeutete es für Muslime grundsätzlich nichts Anstößiges, wenn der eine oder andere geistig aufgeschlossene Fürst an seinen Hof Gelehrte der verschiedensten Glaubensrichtungen zu Diskussionen lud. Manche dieser Herrscher sind sogar in diesem Sinn zu überragendem Ruhm gekommen. So besonders Kalif Abdullah Al Mamun (813–833), Sohn des legendären Kalifen Harun Al Raschid von Bagdad, ein Zeitgenosse Karls des Großen. Er pflegte regelmäßig jede Woche einen mehrstündigen Disput mit Wissenschaftlern, Philosophen und Theologen verschiedenster Religionszugehörigkeit; in dieser erlauchten Runde saßen neben Muslimen auch Christen, Juden und Zarathustrier.

Welch ein Kontrast zum christlichen Abendland. Bis ins 18. Jahrhundert wäre es an europäischen Universitäten unmöglich gewesen, Nichtchristen überhaupt als Zuhörer einer Vorlesung zu dulden, geschweige denn ihnen Lehrstühle zuzubilligen. Ebensowenig hätte es ein Fürst gewagt, Andersgläubige als geistreiche Gesprächspartner zu wählen.

Die historische Tatsache, daß Muslime über viele Jahrhunderte hinweg um vieles toleranter und weltoffener waren als Christen, ist aber bei uns im Westen lange nur einer schmalen Bildungsschicht geläufig gewesen. Kaum eine bedeutende Persönlichkeit der islamischen Geschichte hat in diesem Zusammenhang bei uns breitenwirksam Nachruhm ernten können – mit einer Ausnahme: Nahezu alle wissen wir mehr oder weniger einige Fakten über Sultan Saladin. Im deutschen Sprachraum hat sich der Bekanntheitsgrad dieses muslimischen Herrschers endgültig gefestigt, nachdem Lessing ihn 1779 in seinem Ideendrama »Nathan der Weise« als einen Menschen vorführte, der mit seiner religiösen Toleranz die christlichen Kreuzritter zutiefst beschämte. An der Person dieses Sultans Saladin läßt sich in der Tat viel von jener Weltoffenheit ablesen, auf die sich Muslime gerne im Rückblick auf ihre glanzvolle Vergangenheit berufen. Andererseits zeigt aber gerade das Beispiel Saladin, inwieweit sich die spezifisch islamische Toleranz sogar in ihrer idealsten Ausprägung erheblich vom Toleranzverständnis der westlichen Moderne unterscheidet. Daher lohnt es sich, auf diese historische Persönlichkeit näher einzugehen.

Salah Ad Din, »Ehre der Religion«, so lautete der arabische Beiname des Herrschers, der eigentlich Yusuf Ibn Ayyub hieß (was in der Übersetzung sehr biblisch klingt: Josef, Sohn des Hiob). Saladin, wie wir ihn verballhornt nennen, regierte von 1171 bis 1193 ein Reich, das sich von Ägypten über Palästina bis Syrien erstreckte. Intensiver als viele muslimische Regenten seiner Zeit förderte er Wissenschaftler und Künstler unterschiedlicher Religionszugehörigkeit – neben Muslimen gleichermaßen Christen und Juden – und schuf so in seinem Herrschaftsbereich besonders gute Voraussetzungen für einen intellektuellen Dialog über religiöse Grenzen hinweg. In Kairo wie Damaskus, wo Saladin wechselweise residierte, gab es damals Universitäten, die in vielen Wissensgebieten, besonders der Medizin, weltweit führend waren. Eine der bedeutendsten Mediziner des Mittelalters, der Jude Maimonides, lebte in Kairo und war der Leibarzt Saladins.

Anders als die Christen zur gleichen Zeit bejahten die Muslime wissenschaftliche Neugier. Mohammed selber soll gesagt haben: »Beim Jüngsten Gericht werden die Tinte der Gelehrten und das Blut der Glaubenskämpfer gewogen – und die Tinte der Gelehrten wird mehr wiegen als das Blut der Glaubenskämpfer«.[1] Diese Aussage finden wir zwar nicht im Koran, aber nachdrücklich im Hadith, den mündlichen Überlieferungen des Propheten. Für die islamische Kultur hatte diese Grundhaltung einschneidende Folgen. Überall in den muslimischen Metropolen waren schon während des 9. Jahrhunderts öffentliche Schulen entstanden, wo auch Kinder aus ärmeren Schichten unterrichtet wurden, dazu eine Vielzahl an öffentlichen Bibliotheken und Akademien. Dagegen blieben im christlichen Abendland noch während des 12. Jahrhunderts rund 95 Prozent der Bevölkerung Analphabeten. Und so braucht es nicht zu wundern, daß die Kreuzritter einen Kulturschock erlebten, als sie gegen muslimische Fürsten und schließlich gegen Sultan Saladin als ihren gefährlichsten Gegner kämpften. Sie, die geglaubt hatten, gegen »Barbaren« Krieg zu führen, mußten erschrocken und beschämt zugleich die kulturelle Überlegenheit der »Ungläubigen«, der »Heiden«, anerkennen.

Am nachhaltigsten aber beschämte Sultan Saladin die unduldsamen Christen bekanntlich mit seiner religiösen Toleranz. Als Saladin 1187 die Kreuzritter in der Schlacht von Hattin (nahe dem See Genezareth) besiegte und wenig später auch Jerusalem zurückeroberte, ließ er die meisten Christen nach Bezahlung eines geringen Lösegelds aus der Stadt abziehen. Welch ein Kontrast zum Verhalten der christlichen »Glaubenskämpfer« im Jahr 1099: Damals hatten die Kreuzritter bei der Eroberung Jerusalems gnadenlos alle Muslime und Juden niedergemetzelt, sogar Frauen, Kinder, Greise, denn nur »Christen« sollten in der Stadt Jesu leben, nur »Christen« hatten ihrer Ansicht nach überhaupt Daseinsberechtigung im »Heiligen Land«. Saladin hingegen ließ lediglich etliche prominente Kreuzritter köpfen, weil diese mit ihm geschlossene Verträge gebrochen hatten. Eine derartige Milde gegen Andersgläubige erschien den besiegten Christen so ungewöhnlich, daß sie rückblickend ihren »heidnischen« Gegner zu verklären begannen. Schon zu Beginn des 13. Jahrhunderts fingen etliche christliche Troubadoure an, in ihren Liedern vom »edlen Saladin« zu berichten.

Saladin hatte sich aber nur in besonderer Treue an das Toleranzgebot des Koran gegenüber Christen und Juden gehalten. Mit seinem Verhalten demonstrierte er, daß ein »gerechter« Muslim nicht Krieg gegen das Christentum führte und die Religion ausrotten wollte, sondern Krieg gegen christliche Politiker, besonders gegen Kreuzritter mit ihren aggressiven Herrschaftsansprüchen auf islamisches Gebiet. Entsprechend konnten Christen auch nach der Niederlage der Kreuzritter weiterhin im »Heiligen Land« leben, sofern sie sich nur als Dhimmi, »Schutzbefohlene«, bereitwillig der Regierung des Sultans Saladin und anderer muslimischer Fürsten unterordneten. Daher gehört es bis heute zum selbstverständlichen Erscheinungsbild in Staaten des Nahen Ostens, daß Kirchen und Synagogen in Sichtweite von Moscheen stehen – dies sogar in jenen Kernländern, wo der Kreuzzugsfanatismus mit der Zerstörung von Moscheen besonders gewütet hatte: in Syrien, dem Libanon und Palästina. Rund 12 Prozent der Syrer sind bis heute Christen, ja sogar rund 40 Prozent der Libanesen, ebenso rund 15 Prozent der Palästinenser (die weit zerstreut in den Nahoststaaten leben).

Muslime weisen gerne auf das historische Beispiel des Sultans Saladin hin, um westlichen Beobachtern deutlich zu machen, auf welchen besonderen Grundlagen heutzutage die antiwestliche Haltung vieler ihrer Glaubensbrüder beruht. Es gehe darum, die »westlichen Imperialisten« aus islamischen Ländern zu vertreiben – so wie einst Sultan Saladin die Kreuzritter zurückgedrängt habe. Die heutige Feindschaft von Muslimen richte sich gegen die »modernen Kreuzritter«, nicht gegen den anderen Glauben der Christen. Und wenn die Muslime gegen Israel kämpften, dann weil ihnen Israel als der aggressivste Vorposten dieses »Kreuzrittertums« erscheine; Muslime kämpften aber nicht gegen die Juden als Andersgläubige. Sobald Jerusalem und Palästina wieder unter islamischer Oberhoheit stünden, könnten dort Christen und Juden so unbehelligt leben wie einst unter Saladin. Nur müßten Christen und Juden endlich aufhören, sich in die inneren Angelegenheiten arabischer und anderer islamischer Staaten einzumischen oder sie gar beherrschen zu wollen. Saladin sei historisch so bedeutsam, weil er den politischen Einfluß der Christen im Nahen Osten gebrochen habe, ohne die religiöse Würde des Christentums und seiner Anhänger anzutasten. Politische Abwehr und religiöse Toleranz seien zwei grundverschiedene Dinge.

Muslime sind auf Saladin stolz nicht nur, weil er als erster die Kreuzritter entscheidend besiegen konnte, sondern eben auch, weil er mit seiner Großzügigkeit gegenüber Gegnern beispielgebend war. Trotzdem dürfen wir Saladins Verständnis von Toleranz nicht mit jener Haltung gleichsetzen, wie sie Lessing in seinem Drama »Nathan der Weise« an der Gestalt dieses Herrschers vorführte (ich komme in einem eigenen Kapitel noch ausführlich darauf zurück). Was der historische Saladin tatsächlich an religiöser Weitherzigkeit praktizierte, war und konnte nicht modern im Sinne der Aufklärung sein. Wie alle Muslime seiner Zeit war Saladin voll und ganz von der Überlegenheit des Islam über sämtliche andere Religionen und Kulturen überzeugt, auch für ihn blieb es selbstverständlich, daß letzten Endes einmal die Menschheit insgesamt sich zum Islam bekennen werde. Deshalb konnte auch er sich – unterwegs zu dieser unausweichlichen Endphase – nur einen »islamischen Staat« vorstellen, in dem die Christen und Juden als Minderheiten herablassend toleriert wurden. Das bedeutete zwar einen erheblichen Fortschritt gegenüber der Unduldsamkeit christlicher Staaten, aber völlig unvorstellbar wäre es Saladin erschienen, religiösen Minderheiten etwa im Sinn einer modernen pluralistischen Staatsverfassung völlige Gleichbehandlung zuzubilligen.

Saladin konnte sich sogar äußerst intolerant und politisch brutal verhalten, falls Andersgläubige den Vorrang des Islam und seiner hierarchisch übergeordneten Herrschaft in Frage stellten. Er, ein orthodoxer Sunnit, grenzte sich schroff von den Schiiten ab. Die Schiiten unterdrückte er, ja, ließ eine Reihe von ihnen hinrichten, weil sie die Oberhoheit eines sunnitischen Sultans nur widerwillig ertrugen oder gar offen ablehnten. Damit hatten es politisch unbequeme, erst recht rebellische Muslime unter der »toleranten« Herrschaft des Sultans Saladin schwer – im Gegensatz zu loyalen Christen und Juden.

Was den kulturellen Vorsprung des Islam bedingte

Der kulturelle Vorsprung des Islam im Mittelalter wäre aber nur halb so bedeutsam geworden, hätten die Muslime ihre Toleranz nicht schon während des 8. Jahrhunderts auch noch auf andere fremde Kulturen als die der Christen, Juden und Zarathustrier ausgeweitet. Am folgenreichsten: die Beschäftigung mit der griechischen Antike.

Die Muslime argumentierten nämlich, in der Philosophie eines Platon und Aristoteles wie auch in den Naturwissenschaften eines Archimedes, Pythagoras, Hippokrates und Euklid sei nichts mehr vom Glauben an viele Götter zu spüren, vielmehr verehrten die griechischen Philosophen und Wissenschaftler im Logos, der »höchsten Vernunft«, den einen und einzigen Gott – und daher sei es jedem Gläubigen erlaubt, sich unbeschränkt mit ihrem Denken auseinanderzusetzen. Welche Perspektive eröffnete sich hier den Muslimen! Sie gingen daran, in den eroberten Ländern systematisch die Bibliotheken nach eben jenen Büchern zu durchforsten, die Werke sorgfältig zu sammeln, sie ins Arabische zu übersetzen und an den Akademien zum allgemeinen Studium freizugeben. Mit weitreichenden Folgen. Denn die Muslime bewiesen nicht nur ihre Fähigkeit, sich rasch und flexibel der griechisch-antiken Kultur zu öffnen – sie haben vielmehr das klassische Erbe in all seinen vielfältigen Möglichkeiten schöpferisch weiterentwickelt.

Ganz im Gegensatz zu den Griechen und Römern. Seit jene sich überwiegend zum Christentum bekannten, hatten sie alle Brücken zur vorchristlichen Philosophie abgebrochen und auch zu der damit verbundenen Wissenschaft, sofern jene über den unmittelbar ersichtlichen Alltagsnutzen hinausging. Kaiser Theodosius setzte im

Jahr 391 das Signal zu rabiater Intoleranz, als er das Christentum zur Staatsreligion erhob und sämtliche »heidnischen« Kulte wegen ihrer »Gottlosigkeit« verbieten ließ. Er selbst ermutigte durch seine demonstrativ zur Schau getragene Unduldsamkeit die christlichen Untertanen, vorchristliche Literatur in Philosophie, Wissenschaft und Dichtung zu ignorieren, sie bei schlechter Lagerung in den Bibliotheken verkommen zu lassen oder, schlimmer noch, sie vorsätzlich zu vernichten. Er sah nicht nur tatenlos zu, sondern gestattete sogar ausdrücklich, daß in eben jenem Jahr 391 christliche Fanatiker das Serapeion in Alexandria stürmten und einen Großteil unersetzlicher Werke der bedeutendsten Bibliothek der griechisch-römischen Antike verbrannten. Dies war aber erst der Anfang einer großangelegten Vernichtungsaktion. Zum Abschluß kam sie im Jahr 600. Damals zündeten die Christen die letzte der herausragenden Bibliotheken, die Palatina von Rom, an. Und damit hatten sie endgültig den kulturellen Kahlschlag im Namen des alleinseligmachenden Gottes vollzogen – mit unabsehbaren Folgen: Denn ihr Fanatismus leitete eine geistige Ausdörrung ein, an der das Abendland bis ins späte Mittelalter zu leiden hatte. Unfreiwillig schufen sie gerade so die entscheidende Voraussetzung für den kulturellen Vorsprung des Islam.

Die Entwicklung hätte nicht zwangsläufig so verlaufen müssen. Selbst damals wäre der christlichen Theologie durchaus offengestanden, flexibel auf das geistige Angebot der »heidnischen« Antike zu reagieren. Ein eindrucksvolles Beispiel hierfür liefert der Kirchenvater Justinus, der um die Mitte des 2. Jahrhunderts lebte. Er schrieb, lange bevor es islamische Denker so formuliert haben konnten: »Die Heiden, die mit dem Logos gelebt haben, sind Christen, wie Sokrates und Heraklit.«[2] Solche Mahnungen haben sich aber nicht gegen die zunehmende Abwehrfront, gegen die immer heftiger anschwellende Polemik anderer Kirchenväter durchsetzen können.

Selbst noch in einer der bedeutsamsten Dichtungen des europäischen Mittelalters, in Dantes *Göttlicher Komödie*, sehen wir nahezu alle »heidnischen« Geistesgrößen als »Unerlöste« abgewertet. Dante Alighieri, ein Mann des 14. Jahrhunderts, der die Höllenkreise des Infernos mit sich steigernden Qualen für die Verdammten bis ins Zentrum zur Wohnung des Teufels beschreibt, siedelt im äußersten Kreis der Hölle neben Homer unter anderen Sokrates, Platon und Aristoteles an. Zwar hält er diese »Heiden«

für »gerecht« und stellt sie nicht auf eine Stufe mit den für große Höllenstrafen bestimmten Sündern, ja, er bezeichnet sie im 4. Gesang des Inferno gar als »hohe Meister« (und in dieser Einschätzung kündigt sich schon die Renaissance mit ihrer Umwertung griechischer und römischer Klassik an). Aber, so erklärt er mit der dogmatischen Logik des Mittelalters, trotz ihrer großen Verdienste hätten sie nicht die »Erlösung« durch Christus kennengelernt, und deshalb sei es ihnen bestimmt, im ersten Kreis der Hölle »Schmerzen ohne Marter« zu leiden, von Schwermut geplagt zu sein.

Es gehört zu den Paradoxien der Weltgeschichte, daß griechische Philosophie und Naturwissenschaft nicht etwa, wie es zu erwarten gewesen wäre, durch die Griechen selber oder die Römer für die Nachwelt gerettet wurden – Muslime hatten die geistige Brücke geschlagen, dank ihrer besser entwickelten Toleranz. Die abendländischen Gelehrten sollten erst dann für einen derartigen Dialog mit fremden Kulturen gerüstet sein, wenn sie nicht mehr schroff jedes nichtchristliche Denken als »heidnisch« verdammten. Der Wandel ist, wie wir alle wissen, lang und schmerzlich, vor allem voller Widersprüche gewesen. So mußten Christen während des späten Mittelalters die Entdeckung verarbeiten, daß die »heidnischen Mohammedaner« ihnen kulturell weit überlegen waren, und einen derartigen Schock kaschierten sie mit einer bezeichnenden Heuchelei: Sie stellten zwar nach und nach islamische Werke zur griechischen Wissenschaft samt den Kommentaren in ihre Bibliotheken, leugneten aber nach außen hin weiter die Bedeutung der islamischen Kultur.[3]

Die größere Weltoffenheit zeigten Muslime auch im Wohnverhalten. Sie sonderten »Schutzbefohlene« nicht in Ghettos ab, wie dies Christen bis in die Neuzeit mit Juden taten. Wenn unter islamischer Herrschaft Christen und Juden eben doch teilweise gesonderte Stadtteile bewohnten, dann freiwillig, weil ihre Sippenverbände zusammenhängende Wohnviertel bevorzugten, manchmal auch der gemeinsamen Sprache wegen, die nicht Arabisch, Persisch oder Türkisch war. Prinzipiell aber stand den Muslimen nichts entgegen, Glaubensfremde ins Haus und zum Essen zu laden oder gemeinsam mit ihnen zu arbeiten. Ein solches Zusammenleben konnte nur dann ernsthaft getrübt werden, wenn christliche Eroberer den muslimischen Staat bedrohten; hier aber spaltete dann in erster Linie der politische und nicht der religiöse Gegensatz.

Verstärkte Abgrenzung gegenüber den Christen

Ohne Zweifel bot im Mittelalter und bis weit in die Neuzeit hinein ein islamisches Staatswesen mehr Toleranz und einen besseren Rechtsschutz für religiöse Minderheiten als nur irgendein Staat des christlichen Abendlandes. Trotzdem sollte man die islamische Freizügigkeit nicht überschätzen: Sie unterscheidet sich eben doch erheblich vom Toleranzideal der Moderne, wie ich am exemplarischen Fall des Sultans Saladin schon erläuterte. Undenkbar erscheint den meisten Muslimen bis heute ein weltanschaulich neutraler Staat, der die verschiedensten Religionen und Ideologien unter seiner Oberhoheit gleichberechtigt existieren läßt. Muslime fordern in überwiegender Mehrheit noch immer den »islamischen« Staat, da ja der Überlegenheitsanspruch des Islam unmißverständlich im Koran mit den Worten festgeschrieben ist: »Er [Allah] ist es, der seinen Gesandten [Mohammed] mit der [...] wahren Religion [zu den Menschen] geschickt hat, damit er dieselbe über alle Religionen erhebe.«[4]

Also müssen andersdenkende Minderheiten hierarchisch dem Islam untergeordnet bleiben, sind eben nur »toleriert«. Dementsprechend dürfen Christen und Juden zwar in der Wissenschaft oder im Wirtschaftsleben Karriere machen, aber in der Hierarchie von Staatsbeamten sind ihnen deutliche Grenzen gesetzt – eben weil nach islamischem Selbstverständnis nicht die Situation entstehen darf, daß ein Andersgläubiger Muslime innerhalb ihres eigenen Herrschaftsbereichs politisch bevormundet. Unmißverständlich heißt es auch im Koran gegenüber den »Schutzbefohlenen«, sie hätten »in Demut« ihren Tribut zu entrichten.[5]

Dieses herkömmliche Verständnis hat muslimische Herrscher immer wieder bewogen, die Abstufung von »Rechtgläubigen« und »Schutzbefohlenen« auch in Äußerlichkeiten auffällig zu machen, ja zu vertiefen. Besonders in Krisenzeiten – vor allem wenn islamische Staaten durch andersgläubige Feinde von außen bedroht oder durch Machtkämpfe im Innern erschüttert waren – sind mehrere diskriminierende Gesetze erlassen worden. Sie wurden dann in einer späteren Phase meist wieder gemildert oder von Korangelehrten gar als »unislamisch« kritisiert und daher von den Herrschern wieder aufgehoben. So war es nur zeitweise üblich, daß Andersgläubige sich lediglich in ganz bestimmten Farben kleiden durften; daß sie ihre Häuser nicht höher als die der Muslime bauen durften; daß ihnen als Reittiere Pferde verwehrt und nur Maulesel erlaubt waren; daß sie, die Christen, öffentlich keine Glocke läuten, keine Kreuze tragen und keinen Wein trinken durften.[6]

Die Grenzen islamischer Toleranz zeigen sich auch in der Tatsache, daß Muslime im Verlauf des Spätmittelalters anfingen, Christen als »Ungläubige« zu beschimpfen; auf arabisch »Kafir«, auf türkisch »Giaur« (oder »Gavur«). Solch schroff abwertende Begriffe wandten Araber und Türken schließlich auf »Schriftbesitzer« an, obwohl die Betroffenen doch aus islamischer Sicht bei all ihren »Irrtümern« den *einen* Gott verehrten und damit bis zu einem gewissen Grad am »richtigen Glauben« teilhatten. Muslime sind unter der Herrschaft von Osmanensultanen so weit gegangen, daß sie zwischen Juden und Christen strikt trennten: Nur noch die Juden nannten sie anerkennend »Schriftbesitzer«, bei den Christen zogen sie überwiegend das Schimpfwort »Giaur« vor. »Ungläubige« – diese Kennzeichnung für Christen, fand Eingang in zahlreiche osmanische Urkunden und sogar in den diplomatischen Schriftverkehr mit europäischen Staaten bis ins 19. Jahrhundert hinein; im Sprachgebrauch des einfachen Volkes hat sie sich bis in unsere Gegenwart erhalten.[7]

Einen Großteil des Mittelalters hindurch konnten sich die Muslime unangefochten in dem Gefühl sonnen, Gott belohne sie, die sie im Besitz der umfassendsten Offenbarungsreligion waren, auch mit der höchstentwickelten Kultur. Damals ist es ihnen relativ leichtgefallen, der Konkurrenzreligion herablassend tolerant zu begegnen. Damals neigten Muslime aber zu der verhängnisvollen Fehleinschätzung, die Christen als »irrende Schriftbesitzer« würden gegenüber den »Rechtgläubigen« niemals einen durchschlagenden Erfolg erzielen können, weder militärisch noch politisch noch kulturell. Groß war dann der Schock, als sie feststellen mußten, daß die Hauptgegner aus dem Abendland keineswegs auf die Dauer an Kraft eingebüßt hatten, sondern nach einer anfänglichen Ermattungsphase ihrerseits mit aggressivem Bekehrungsdrang den Weltmissionseifer der »Mohammedaner« beantworteten. Je erfolgreicher christliche Heere in islamische Gebiete vordrangen, um so irritierter reagierten die Muslime. Dies zeigte sich nicht nur im Osmanenreich, ebenso im maurischen Spanien, in Vorderasien.

Überall dort, wo Muslime die Gefahr drohen sahen, vielleicht unter christlicher Herrschaft leben zu müssen, war ihr Selbstverständnis vom unaufhaltsamen Siegeszug des Islam derart gestört, daß sie dazu übergingen, nun in jedem Christen einen zumindest potentiellen Feind zu sehen. Und die auf solche Art Verunsicherten neigten mehr und mehr zu der Logik: Wer Jahrhunderte nach dem Auftreten Mohammeds noch immer die höchste Wahrheit zurückwies, obwohl sie doch unüberhörbar allen Menschen verkündet worden war, konnte nur ein böswillig Verstockter, ein vorsätzlich »Ungläubiger« sein. Allerdings stand auch bei ihnen die politische, nicht die religiöse Ablehnung im Vordergrund.

Den Juden gegenüber blieben Muslime gemäßigter. Selten kam es vor, daß sie diese in derselben Weise herabstuften, denn Juden haben niemals aggressiven Missionseifer demonstriert, auch sind sie bis ins 20. Jahrhundert hinein den Muslimen nicht zur politischen Gefahr geworden. Erst nach der Gründung des Staates Israel 1948 haben Muslime gegenüber Juden ihre Einstellung gewandelt, aber selbst dann erhielt die politische Gegnerschaft Vorrang.[8]

Der »Kaffer« und der »Heide«: Aufschlußreiche Wortwurzeln

Kreuz oder Halbmond! Christentum und Islam verstanden sich schon in einem sehr frühen Stadium ihrer Auseinandersetzung als die beiden großen Religionen, die darum stritten, ob die Welt christianisiert oder islamisiert werden sollte. Dies bedingte die aggressive Schärfe ihrer Rivalität. Dies förderte auch das Ressentiment bei jenen Gläubigen, die sich im Entscheidungskampf in die Defensive gedrängt sahen. Da aber die Muslime durch den Koran daran gehindert sind, Christen und Juden als Gläubige des »einen Gottes« total abzuwerten, konnte es auf ihrer Seite nicht zu denselben haßerfüllten Ausfälligkeiten gegen die fremde Lehre kommen. Und doch: Wie verächtlich der arabische Begriff »Kafir« gemeint ist, zeigt seine Wirkung im europäischen Sprachgebrauch; im Deutschen und Jiddischen ist das Wort verballhornt als »Kaffer«, Dummkopf, primitiver Mensch, übernommen worden, und schließlich, mit den Buren nach Südafrika getragen, wurde es zum Schimpfwort für die Eingeborenen dort. Auch sprechen wir selber gedankenlos von »Kaff«, wenn wir eine Ortschaft als abgelegen, provinziell und unbedeutend einstufen.

Umgekehrt hatten die Christen schon viel früher ein Schimpfwort gefunden, durch das Nichtchristen schroff auf den Stand der Primitivität und Barbarei herabgedrückt sein sollten. Im deutschen Sprachraum wurde »der Heide« zum Synonym für jeden Andersgläubigen (die Juden ausgenommen). Das Wort kommt aus dem Gotischen und leitet sich dort von »haiths«, der Landbewohner, ab. Im Althochdeutschen sprach man von »heidan« und meinte damit geringschätzig den unzivilisierten Bauern, der weitab von Klöstern, Burgen und städtischen Siedlungen noch immer nicht von der Kultur – und das hieß vor allem: der richtigen Religion – erfaßt war. Der Gleichklang zu einem anderen Wort in unserer Sprache ist nicht zufällig: *die* Heide; gemeint ist ursprünglich ein unkultiviertes, völlig wildes Gelände (bevor man »die Heide« während des 19. Jahrhunderts im Zeichen der Romantik schwärmerisch als unberührte »Natur« zu verklären begann). Im Englischen finden wir die Entsprechung: »Heathen« ist *der* Heide, »heath« dagegen *die* Heide.

Aber der letztlich gemeinsame Ursprung einer derartigen Geisteshaltung ist bei den Römern zu suchen. Als das Christentum im Römischen Reich Staatsreligion wurde und vor allem die Städter sich scharenweise zu dem neuen Glauben bekannten, ging man dazu über, jeden Nichtchristen verächtlich »paganus« (Landbewohner) zu nennen, und damit setzte man den Betroffenen mit dem Bauern gleich, der unberührt von städtischer Kultur an »barbarischen« Bräuchen festhält. Dieser Begriff hat sich bis heute in den romanischen Sprachen gehalten: »pagano« nennt man den »Heiden« auf italienisch und spanisch, »païen« auf französisch; als »pagan« ist das Wort auch ins Englische gekommen.

Wenn aber die Christen des Mittelalters nicht nur »ungläubige« Dörfler und »Wilde« am Rand der zivilisierten Welt als »Heiden« bezeichneten, sondern ebenso die Muslime, erwiesen sie sich hier in höchstem Maß als realitätsfremd. Um so tiefer mußte der Schock sein, als die Christen während der Kreuzzüge erstmals in größerer Zahl den islamischen Orient zu sehen bekamen und feststellen mußten, daß die »mohammedanischen Heiden« um das Jahr 1200 eine viel höhere Kultur besaßen als sie selber. Trotzdem haben sich die Begriffe »Heide«, »heathen«, »pagano«, »païen« und »pagan«

hartnäckig bis ins 20. Jahrhundert halten können, und erst in unserer Gegenwart werden sie mehr und mehr als total verfehlt, als veraltet empfunden.

Daß wir unsere Arroganz gegenüber den »Heiden« in Frage stellen, verdanken wir einem geistigen Umbruch, der Ende des 17. Jahrhunderts schrittweise das Abendland in seinen Grundvoraussetzungen zu verändern begann – es ist die Aufklärung.

Die moderne Toleranz und ihre Vorläufer

Die Ringparabel in Lessings »Nathan der Weise«

»Nathan, Nathan! Ihr seid ein Christ! Bei Gott, Ihr seid ein Christ! Ein beßrer Christ war nie!« Dieses Lob kommt von einem Mönch, als er entdecken muß, wie sehr der Jude Nathan mit seiner Güte dem Ideal christlicher Nächstenliebe entspricht. Nathan aber antwortet: »Wohl uns! Denn was mich Euch zum Christen macht, das macht Euch mir zum Juden.«[1] Eine bezeichnende Szene aus Lessings »Nathan der Weise«.

Ein anderer Auftritt. Nathan antwortet dem Tempelherrn, als dieser auf das Freundschaftsangebot des Juden eher zögernd, ja mißtrauisch reagiert: »Verachtet mein Volk, so sehr Ihr wollt. Wir haben beide uns unser Volk nicht auserlesen. Sind wir unser Volk? Was heißt denn Volk? Sind Christ und Jude eher Christ und Jude als Mensch? Ah! wenn ich einen mehr in Euch gefunden hätte, dem es genügt, ein Mensch zu heißen!«[2]

Welch eine Provokation für jeden, der nur die eigene Religion, nur das eigene Volk gelten lassen will. Eine Provokation aber auch für jene, die bloß herablassend andere Kulturen dulden. Güte und Einfühlungsgabe entscheiden über den Wert eines Menschen, nicht die Zugehörigkeit zu einer bestimmten Religion, einem bestimmten Volk.

Gotthold Ephraim Lessing, einer der großen Dichter und Philosophen der Aufklärung, hat diese Aussage künstlerisch überdauernd in seinem 1779 erschienenen Ideendrama formuliert. Die vielschichtige Handlung entfaltet er nicht nur am Gegensatz von Christentum und Judentum, sondern bezieht auch den Islam als die dritte der geistig verwandten Weltreligionen in das Geschehen ein. Lessing läßt sein Drama sinnigerweise zur Zeit der Kreuzzüge spielen, Schauplatz ist Jerusalem, wo Sultan Saladin nach seinem Sieg über die Kreuzritter regiert. Es ist eben jene Stadt, die allen drei Weltreligionen gleichermaßen als »heilig« gilt. Die Kreuzzüge hatten einst die untergründig schlummernde Rivalität der drei Glaubensbekenntnisse gefährlich verschärft, und Kreuzzugsmentalität ist seitdem ein Stichwort für aggressivste Intoleranz geworden – zu Lessings Zeiten so beklemmend aktuell wie auch heute noch.

Viele Szenen bestechen durch ihre brillante Konfrontation von toleranten und intoleranten Charakteren, alle Auftritte münden aber ideell letztlich in der Ringparabel, der wohl berühmtesten und meistzitierten Passage.

Sultan Saladin läßt den reichen jüdischen Kaufmann Nathan in seinen Palast kommen, offiziell, weil er von ihm Geld leihen möchte; tatsächlich aber reizt es den Muslim Saladin, mit einem Andersgläubigen über die Frage der letztlich gültigen »Wahrheit« zu diskutieren. Welche der drei Religionen denn nun die richtige sei, lautet die heikle Frage des Sultans, es könne doch nur eine der Glaubenslehren die Offenbarung Gottes wirklich korrekt wiedergeben.

Nathan antwortet mit der Parabel von den drei Ringen:

Vor langer Zeit lebte ein Mann »im Osten«, der einen Ring von unschätzbarem Wert besaß, einen Ring, der die geheime Kraft hatte, »vor Gott und Menschen angenehm zu machen«. Kurz vor seinem Tod setzte der alte Mann fest, daß der Ring an seinen Lieblingssohn vererbt werden solle, und dieser wiederum habe die kostbare Gabe an dessen Lieblingssohn weiterzugeben. So ging es über Generationen hin. Einmal aber hatte ein Vater seine drei Söhne gleich ins Herz geschlossen, so daß er sich nicht entscheiden konnte, wem er denn nun den Ring vererben solle. Also ließ er von einem äußerst geschickten Goldschmied heimlich zwei weitere Ringe anfertigen, die dem ursprünglichen so ähnlich sahen, daß es selbst für den besten Kenner nicht möglich war, den echten zu erkennen. Auf dem Sterbebett gab er jedem seiner Söhne, ohne daß die anderen davon wußten, einen dieser Ringe. Dann starb er. Die Söhne aber begannen untereinander zu streiten, als sie einen gleich aussehenden Ring auch an der Hand der anderen blitzen sahen, und da niemand die echte Gabe erkennen konnte, brachten sie ihren Zwist vor den Richter. Dieser aber sagte, weil auch er ratlos war: Ein jeder möge seinen Ring für den echten halten, und wenn die drei Ringe in tausend Jahren von Generation zu Generation gewandert seien, dann möge ein weiserer Mann als er selbst darüber entscheiden, welcher Ring der echte sei – nämlich jener, der am meisten Segen gespendet habe.[3]

Diese Art von Toleranz überschreitet alle bisherige Duldsamkeit. Sie bedeutet nicht nur eine Absage an dogmatisch enges Christentum und Judentum, die schroff alle anderen Religionen als »Irrlehren« abkanzeln. Sie hebt sich auch von jener herablassenden Großzügigkeit ab, mit der viele Christen und Juden dem einen oder anderen Glaubensbekenntnis wenigstens eine gewisse Wahrheit zubilligen. Auch übersteigt sie die Grenzen jener Toleranz, wie sie Muslime – herablassend – den »Völkern des Buches« gewähren.

Und doch ist die Ringparabel nicht erst von Lessing erfunden. Sie hatte bereits damals eine jahrhundertealte Tradition, und gerade dies zeigt, wie lange es zuweilen braucht, bis neue Ideen endlich in die Breite zu wirken beginnen.

Ursprünge der Ringparabel im jüdischen und islamischen Mittelalter

»Wisse, daß […] nach der Gesinnung des Herzens die Dinge zu beurteilen sind, und deshalb sagen die Weisen der Wahrheit, unsere Lehrer: Die Frommen unter den Völkern haben Anteil an der jenseitigen Welt, wenn sie erkennen, was von der Gotteserkenntnis zu erkennen angemessen ist, und den Tugenden entsprechend leben.«[4]

Ähnlich religiös übergreifend könnte auch Lessing während der zweiten Hälfte des 18. Jahrhunderts geschrieben haben, aber der, von dem diese Zeilen stammen, wirkte bereits sechs Jahrhunderte früher – im tiefen Mittelalter, jedoch kaum, wie die bisherigen Beispiele ahnen lassen, im christlichen Abendland. Es handelt sich um den jüdischen Philosophen und Arzt Mose Ben Maimon, den wir unter dem griechisch umgeformten Namen Maimonides kennen. Er wurde im Jahr 1135 in Córdoba, der Hauptstadt des maurischen Spanien, geboren, deren Kalifen und Emire über Jahrhunderte berühmt für ihre Toleranz gegenüber Juden und Christen waren. Aber bereits in der Jugend verließ er die Heimat, weil eine Berber-Dynastie aus Marokko Andalusien erobert hatte und sich bei weitem nicht mehr so großzügig gegenüber Andersgläubigen zeigte. Nach unruhigen Wanderjahren erreichte Maimonides Kairo, wo er Arzt am Hof des Sultans Saladin wurde, eben jenes bedeutenden Herrschers, dem Lessing in seinem *Nathan* ein Denkmal gesetzt hat.

Maimonides sah in keiner der drei großen Offenbarungsreligionen Judentum, Islam und Christentum die »Wahrheit« endgültig und alleingültig formuliert. Alle Propheten hätten »Falsches« gelehrt, so argumentierte er, aber ihr Irrtum habe nicht darin bestanden, bestimmte Glaubensinhalte und Dogmen zu vermitteln – sondern abzulehnen sei, daß sie jeweils die Aussagen ihrer Religion als absolut begriffen. Wer dagegen in das »neue Sein« eintrete, der scheide nicht mehr schroff zwischen »Wahrheit« und »Irrtum«, sondern stufe sorgfältig zwischen verschiedenen Annäherungen an die Wahrheit ab und spreche von der »Einigkeit der Vielen«.

So formuliert während der achtziger Jahre des 12. Jahrhunderts! Die heutige Forschung gesteht Maimonides und seinen Schülern einen wesentlichen Anteil an der Ausformung der sogenannten Ringparabel zu.[5] Aber die Wurzeln dieser Parabel weisen noch um Jahrhunderte weiter zurück, ins Bagdad des 9. Jahrhunderts und ins maurische Spanien des 11. Jahrhunderts. Nachweislich hat sich Lessing intensiv mit den Schriften des Maimonides beschäftigt, den er als den maßgebenden »Aufklärer« des Mittelalters einstufte, und er hat sich von ihm entscheidende Anregungen zum *Nathan* geholt.

»Aufklärung« im Mittelalter? Vielen von uns mag diese Bezeichnung als überzogen erscheinen, weil wir von den damaligen Verhältnissen des christlichen Abendlandes ausgehen und den dort üblichen Dogmatismus grundsätzlich mit »Mittelalter« gleichsetzen. Ein Philosoph wie Maimonides war jedoch damals im Orient nicht der einzige freie Geist, der schon viel von den Tendenzen einer europäischen Aufklärung vorweggenommen hat. Es hat auch unter den muslimischen Philosophen eine ganze Reihe solch kühner Denker gegeben. Auf diese »Freidenker« im Islam werden wir im nächsten Kapitel ausführlicher zu sprechen kommen und uns hierbei mit der Frage zu beschäftigen haben, weshalb damals eine »Aufklärung« im Orient nicht jene Früchte trug, wie sie 600 Jahre später das Abendland hervorgebracht hat.

Intoleranz bei Christen im Mittelalter – und die großen Ausnahmen

Einen gewaltigen Sprung nach vorwärts bedeutete die Ringparabel für die Entwicklung der Toleranz – auch schon in der Form, wie sie Maimonides während des 12. Jahrhunderts prägte. Es ist aufschlußreich, im Kontrast dazu die herausragende Literatur des christlichen Mittelalters zu betrachten. Dort sehen wir nur sehr wenige Ansätze zu einer Toleranz über die weltanschaulichen und religiösen Gräben hinweg, weder gegenüber dem Judentum (wovon in einem eigenen Kapitel ausführlich zu berichten sein wird) noch gegenüber dem Islam.

Selbst bedeutende christliche Theologen begriffen damals den Gegensatz von Christentum und Islam als den Entscheidungskampf zwischen »Gottesreich« und »Teufelsreich« – für Korangelehrte umgekehrt kaum denkbar. Und diese radikale Ablehnung ist richtungweisend geworden für Kirchenfürsten wie für Politiker. Und für die meisten Dichter. In fast jeder Heldensage, ja auch in bedeutenden Epen, sofern sie den Kampf mit den »Heiden« zum Thema haben, erscheint der muslimische Glaube als ein Symbol für »Finsternis« oder Vorahnung der »Hölle«. Allen voran im *Rolandslied*, das während des 11. Jahrhunderts in Frankreich – aus der aggressiven Aufbruchstimmung der Kreuzzüge heraus – entstand und zu einem der größten Publikumserfolge des Mittelalters geworden ist. In dieser wie in ähnlichen Dichtungen bleibt dem Menschen nur die Alternative, entweder auf seiten der Christen als Glaubenskämpfer zu den Erwählten oder auf seiten der Muslime zu den Verlorenen zu gehören; und selbstverständlich zieht der Kreuzritter in einen »gerechten Krieg«, wenn es gilt, »Heiden« zu erschlagen.

In dieses Denken reiht sich auch eine der größten und für das Weltbild des christlichen Mittelalters repräsentativsten Dichtungen: die *Göttliche Komödie* von Dante Alighieri (1265–1321). Dabei durchbricht das Epos in wesentlichen Teilen gängige Vorurteile. In seiner grandiosen Beschreibung der drei christlichen Jenseitsreiche Inferno (Hölle), Purgatorio (Fegefeuer) und Paradiso schreckt Dante nicht davor zurück, Päpste und Bischöfe seiner unmittelbaren Gegenwart wie auch vergangener Jahrhunderte in der Hölle als Verdammte anzusiedeln, weil er ihnen religiöse Heuchelei, Ämterkauf und Machtmißbrauch vorwirft, ebenso berühmte Könige und Handelsherren, die nur den Anschein des christlich redlichen Menschen erwecken. Wie Dante die Gewichte von Moral und Unmoral verteilt und damit ein umfassendes Sittenbild seiner Epoche vermittelt, dies macht eine der großen Qualitäten dieser Dichtung aus. Andererseits kann er sich nicht von den verhängnisvollen Vorurteilen seiner Zeit lösen. Gerade was den Islam betrifft. Er ist mit den starren Dogmatikern innerhalb der Kirche einig, daß Mohammed mit jenem »falschen Propheten« gleichzusetzen sei, der in der Johannes-Offenbarung als der große Gegenspieler Gottes angekündigt ist, als einer, der die Menschheit dazu verführen will, das »Tier« anzubeten.[6]

Entsprechend dieser Einschätzung läßt Dante den Verkünder des Islam besondere Höllenqualen leiden: Ein Teufel, so wird im 28. Gesang des Inferno drastisch geschildert, spaltet Mohammed vom Kopf bis zum Bauch, daß die Eingeweide herausquellen; aber der Gepeinigte stirbt nicht an dem Schwerthieb, sondern schleppt sich weiter, bis die gräßliche Wunde beinah verheilt ist, um dann erneut vom Schwert des Teufels aufgerissen zu werden. Diese »Spaltung« sei, so gibt Mohammed klagend zu erkennen, die Strafe für alle, die versucht hätten, durch eine falsche, ketzerische Lehre die Menschen vom rechten Glauben abzubringen und sie zu Kriegen im Namen der Religion anzustiften. Nun büße er am eigenen Leib mit ständiger Spaltung und Zerfleischung.

Milder geht der Dichter nur mit jenen muslimischen Geistesgrößen um, die damals von christlichen Gelehrten bereits als Vermittler der griechischen Philosophie und vor allem Naturwissenschaft geschätzt wurden, so besonders Averroes und Avicenna als die großen Interpreten des Aristoteles, Avicenna außerdem noch als Verfasser eines auch für Christen wegweisenden Handbuchs für Medizin. Muslime von solcher Bedeutung läßt Dante neben Platon, Sokrates und Aristoteles im ersten Kreis der Hölle existieren; dort leiden auch sie, wie es im 4. Gesang heißt, »Schmerzen ohne Marter«, dort dämmern auch sie in Schwermut dahin, weil sie nicht die »Erlösung durch Christus« kennengelernt haben. Ebenfalls im Kreis jener edlen »Unerlösten« siedelt Dante den Sultan Saladin an, hat doch dieser Herrscher schon während des Mittelalters bei den Christen allgemein hohes Ansehen genossen, weil er den Feinden gegenüber stets Fairneß walten ließ.

Unter den großen Dichtern des christlichen Mittelalters hat es nur einen gegeben, der in seinen Werken der militanten, haßerfüllten Polemik gegenüber dem Islam widersprach: Wolfram von Eschenbach (1170–1220).

Besonders aufschlußreich ist in diesem Zusammenhang eine Szene in seinem monumentalen Epos *Parzival.* Im 15. Buch der

Dichtung begegnet Parzival auf dem Weg zur Gralsburg einem Ritter, dessen dunklere Hautfarbe schon den Muslim verrät. Es kommt zwischen beiden zum erbitterten Zweikampf, in dessen Verlauf Parzival das Schwert zerspringt und er seinem Gegner auf Gedeih und Verderb ausgeliefert ist. Der »Heide« aber wirft sein Schwert von sich und schont den Feind, der Muslim erweist sich hier dem Christen nicht nur moralisch ebenbürtig, sondern sogar überlegen. Im folgenden geht der Dichter noch um einen Schritt weiter: Parzival muß nach längerem Gespräch in dem edlen Heiden seinen verschollenen Halbbruder Feirefiz erkennen, den sein Vater während eines Kreuzzugs mit einer Mohrenkönigin gezeugt hat; Feirefiz ist über die unerwartete Begegnung zu Tränen gerührt – dies aber faßt Wolfram in eine Metapher, die um das Jahr 1200 ketzerisch anmuten muß: »Aus seinem heidnischen Auge floß Wasser, gerade so, wie es zu Ehren der Taufe geschieht.« Ähnlich kühn zeigt sich Wolfram in seiner unvollendet gebliebenen Dichtung *Willehalm.* Dort läßt er eine Christin die Christen mahnen: Man dürfe die Heiden »nicht wie Vieh abschlachten«, man müsse sie »ritterlich« behandeln, denn auch sie seien von Gott geschaffen und in den »Heilsplan« einbezogen.[7]

Ein solches Denken geht weit über das Durchschnittsbewußtsein im christlich-mittelalterlichen Abendland hinaus. Und mit dieser Haltung mußte Wolfram eine Ausnahme bleiben in einer Gesellschaft, für die das Laterankonzil von 1215 endgültig festlegte: Außerhalb der katholischen Kirche sei Erlösung unmöglich (nicht einmal Christen anderer Konfession können am »Heil« teilhaben). Kein Zufall konnte es sein, daß damals das kreuzzugsfanatische *Rolandslied* bei weitem mehr Verbreitung gefunden hat als der von uns heute so geschätzte *Parzival.*

Wolfram mutet in seinem für damals revolutionären Bekenntnis zur Toleranz fast schon wie ein Vorläufer der Aufklärer an. Und doch wäre diese Einstufung ein Mißverständnis. Der Dichter des *Parzival* sieht noch nicht – wie ein halbes Jahrtausend später Lessing in *Nathan der Weise* – Christen und Muslime auf derselben Ranghöhe. Wolfram fordert Toleranz gegenüber den Heiden in der Gewißheit, daß er als Christ allein im Besitz der ganzen Wahrheit sei; folgerichtig läßt er am Ende des *Parzival* den Muslim Feirefiz zum Christentum übertreten, denn nur auf diese Weise kann der edle Charakter zu seiner letzten Vervollkommnung gelangen. Trotzdem: Hätten die Christen des 12. und 13. Jahrhunderts wenigstens eine derartige Haltung respektiert, anstatt selbst diese abzuwehren, dann wäre dem Abendland während der folgenden Jahrhunderte manches Blutvergießen »im Namen Gottes« erspart geblieben.

Neben Wolfram von Eschenbach gibt es nur einen herausragenden Zeitgenossen, der ähnlich kühn über herkömmliche Horizonte hinausging: Friedrich II. von Hohenstaufen (1212–1250). Er, der Kaiser des Heiligen Römischen Reiches, wirkte naturgemäß stärker politisch, aber kraft seiner intellektuellen Fähigkeiten eben auch geistig.

Der Staufer Friedrich II. verbrachte die letzten zwanzig Regierungsjahre überwiegend in seinem süditalienischen und sizilianischen Machtbereich, wo er, ungehindert durch deutsche Fürsten, schalten und walten konnte. Dort versammelte er nicht nur christliche, sondern auch jüdische, vor allem aber muslimische Wissenschaftler und Philosophen um sich. Diese Freizügigkeit Friedrichs II. läßt sich nur aus der Besonderheit Siziliens erklären. Nahezu drei Jahrhunderte hatten die Araber über die Insel geherrscht, bevor die Normannen das Fürstentum wieder dem christlichen Abendland zurückeroberten, nun aber blieben die unterworfenen Muslime für die kulturell unterlegenen Eroberer das Vorbild, noch eineinhalb Jahrhunderte lang. Friedrich II. war maßgeblich durch arabische Erzieher geprägt, er sprach zeitlebens arabisch besser als deutsch. Naturgemäß waren ihm, dem geistig Hochbegabten, »arabische« Bücher von Jugend an selbstverständlich, ebenso der Umgang mit muslimischen Gelehrten. Er übernahm an seinem Hof jene Traditionen, wie sie für einen Kalifen Mamun in Bagdad gegolten hatten – weil er nun umgekehrt im Islam die geistig verwandte Religion begriff. Von den Muslimen lernte er auch, mit den Juden toleranter umzugehen, als dies damals Christen zu tun pflegten. Welch eine Provokation für die Kirche. Zwei aufeinanderfolgende Päpste, Gregor IX. und Innozenz IV., verhängten über Friedrich II. den Kirchenbann und verdammten ihn als »Antichrist«, als »Sohn Satans«, der vom »heidnischen Denken« auf gefährliche Weise infiziert sei. Ja, selbst Dante hat ihn schroff abgelehnt, wie eine Szene im 10. Gesang des Inferno seiner *Göttlichen Komödie* bezeugt: Er hat den Stauferkaiser als »Verdammten« im sechsten Kreis der Hölle angesiedelt.

Politisch ist dieser Kaiser an seinen intoleranten Gegnern gescheitert, kulturell ist seine überragende Bedeutung erst Jahrhunderte später von der Nachwelt allgemein erkannt worden. Er war ein Einsamer, von der Mehrheit seiner christlichen Zeitgenossen durch Epochen getrennt – eben weil er von islamischer Weltoffenheit geprägt war.

Nahezu zwei Jahrhunderte mußten nach der Regierungszeit Friedrichs II. vergehen, bis sich im christlich-abendländischen Bereich wieder eine herausragende Persönlichkeit fand, die entschieden Toleranz gegenüber dem Islam einforderte: Nikolaus von Kues (1401–1464) mit dem latinisierten Namen Nicolaus Cusanus. Er befürwortete einerseits die Verständigung zwischen der katholischen und der orthodoxen Kirche und richtete andererseits den Blick über den abendländischen Kulturkreis hinaus. Indem er sich intensiv mit muslimischen Philosophen beschäftigte, die das Gedankengut eines Platon und Aristoteles an die Christen vermittelt hatten, war gerade ihm die geistige Verwandtschaft der eigenen Religion mit dem Islam deutlich geworden. Diese Einsicht ließ ihn einen entscheidenden Schritt weiter gehen, als ihn bisher selbst weltoffene Christen des Mittelalters getan hatten.

Nikolaus von Kues, ein Mann der Kirche, der es bis zum Kardinal brachte, gilt uns heute als der größte Philosoph und Theologe am Schnittpunkt des zu Ende gehenden Mittelalters und der beginnenden Neuzeit. Der Höhepunkt seiner Schaffenszeit ist überschattet von jenem für die Christen traumatischen Ereignis, daß die Türken Konstantinopel eroberten und die Hagia Sophia, die »Kaiserin« der Kirchen, in eine Moschee umwandelten. Doch ausgerechnet in jenem Jahr 1453 verfaßte er seine Schrift über die »Einheit des Glaubens«, über das Bewußtsein von den gemeinsamen Grundlagen innerhalb der großen Religionen und damit folgerichtig: der notwendigen Versöhnung von Christentum und Islam. In dieser Schrift findet sich ein Gebet an den Gott der monotheistischen Religionen mit folgenden Worten: »Du also, der du der Spender des Seins und des Lebens bist, du bist es, der in den verschiedenen Religionen auf verschiedene Weise gesucht und mit verschiedenen Namen genannt wird, weil du bleibst, wie du bist, allen unerkannt und unaussprechlich. [...] So verbirg dich nicht länger, oh Herr! Sei gnädig und zeige dein Antlitz. [...] Wenn du gnädig so tun wirst, dann werden aufhören das Schwert und der neidvolle

Haß und alle Übel, und alle werden erkennen, wie nur *eine* Religion ist in der Mannigfaltigkeit der religiösen Bräuche.«[8]

Nikolaus von Kues war als Kardinal zu einflußreich, um wegen seines kühnen Vorstoßes geächtet zu werden, aber nicht einflußreich genug, als daß er mit seinem Aufruf ranghohe Kirchenpolitiker und gleich gar den Papst hätte beeinflussen können. Die Angesprochenen isolierten ihn. Seine Lehre blieb vorerst folgenlos – zumindest mit jenem entscheidenden Aspekt einer kulturüberschreitenden Toleranz.

Die Abwehrfront gegen den Islam weicht auf

1530 ließ Papst Clemens VII. den Koran öffentlich verbrennen zum Zeichen seines Abscheus, den jeder Christenmensch vor diesem »schändlichen Buch« haben sollte. Nicht zufällig geschah dies ein Jahr nach jener überaus bedrohlichen Belagerung Wiens durch die Türken – ein Ereignis, das den Christen vor Augen führte, wie sehr sie noch immer mit einer dynamischen, gleichrangigen Fremdkultur zu ringen hatten. Aus demselben Anlaß ließ sich Martin Luther, sonst ein erbitterter Gegner des Papstes, zu einem nahezu gleichlautenden Kommentar hinreißen: Der Koran sei ein »verfluchtes, schändliches Buch [...] voll von Lügen, Fabeln und allerlei Greueln«.[9]

Auch das 16. Jahrhundert brachte nicht den längst überfälligen Wandel in der Beziehung von Christentum und Islam. Dabei hat gerade dieses Jahrhundert mit der vollen Entfaltung der Renaissance und den Umbrüchen der Reformation endgültig die geistigen Weichen zu unserer Moderne gestellt.

Und doch trügt der Eindruck, daß sich das christliche Abendland und der islamische Orient zu jener Zeit noch starr in feindlichen Blöcken gegenübergestanden hätten. Je mehr christliche Kaufleute den Orient als Lieferanten kostbarer Waren schätzen lernten, um so mehr begannen auch Politiker aus dem florierenden Handel Konsequenzen zu ziehen: Sie machten teilweise den »Heiden« Konzessionen und brachten ihren kulturellen Errungenschaften mehr Interesse entgegen, als dies den Theologen lieb sein konnte. Kein Zufall war es, daß hier die Kaufmannsrepubliken Venedig und Genua als erste aus der christlichen Einheitsfront ausscherten. Mit wachsender Toleranz hat dieser Wandel allerdings nichts zu tun, eher mit wachsendem Zynismus. Besonders Venedig hat sich den ehrenrührigen Beinamen »Hure der Türken« eingehandelt, als ihre Politiker 1452 rechtzeitig dem Osmanensultan Mehmed II. italienische Geschützgießer sandten, um ihm bei der geplanten Belagerung von Konstantinopel zu helfen. Der Grund: Die Venezianer waren »Realisten«, sie sahen den Sieg der Türken über die Christen voraus und wollten auch unter den neuen Herren ihr Handelsmonopol im östlichen Mittelmeer ungeschmälert wissen. Umgekehrt wußte Sultan Mehmed die wertvolle technische Hilfe zu schätzen, auch er war »Realist« und erfüllte die Wünsche der Venezianer.[10]

Was aber in diesem Fall noch möglichst versteckt, mit den Mitteln verschwiegener Diplomatie gehandhabt wurde, vollzog dann 1525 Frankreichs König Franz I., ein Renaissancefürst ohne besondere Bindung an die Religion, ganz offen: Er schloß mit dem Osmanensultan Suleiman I. ein Bündnis gegen die Habsburger; und dieses Abkommen ermutigte die Türken, 1529 bis vor die Tore Wiens vorzurücken. Das Motiv des französischen Königs: Er wollte seinen Rivalen, den habsburgischen Kaiser, um jeden Preis geschwächt sehen. Endgültig war damit das religiöse Selbstverständnis des »christlichen« Abendlandes zerbrochen, einen geschlossenen Block gegen die »Heiden« zu bilden. Aber allein machtpolitische Erwägungen hatten diesen Wandel zustande gebracht, keinesfalls hatte bei den Christen ein tieferes Verständnis für die fremde Kultur und Religion den Ausschlag gegeben.

Wie die moderne Toleranz erst möglich wurde

Je mehr kirchliche Machtpolitik den dogmatisch engen Konfessionenstreit während des 16. und 17. Jahrhunderts anheizte und je krasser die überaus grausam geführten »Glaubens«kriege das Absurde solcher Zwiste vor Augen führten, um so mehr wurde den Gläubigen schmerzhaft und unumkehrbar bewußt, daß es selbst innerhalb des Christentums keine allgemeinverbindliche absolute Wahrheit geben konnte – und um so stärker wuchs die Sehnsucht nach einer Wahrheit jenseits aller verhärteten Religionsfronten. In Europa ist auf diese Weise der bisher historisch einmalige Fall eingetreten, daß die Kirchen durch unaufhörliche kriegerische Rivalitäten entscheidend geschwächt wurden und so ein geistig rebellisches Bürgertum nicht mehr in Schranken halten konnten. Bürgerliche Philosophen und Wissenschaftler begannen sich als »Rationalisten« und schließlich als »Aufklärer« zu verstehen, und als solche ließen sie nur noch gelten, was den kritischen Maßstäben der »Vernunft« standhielt. Religiöse Dogmen erkannten sie insoweit an, als jene nicht »unvernünftig« erscheinen; von daher bezogen sie Front gegen unreflektiert geglaubte »absolute« Wahrheiten.

Besondere Durchschlagskraft erreichte hier jene Aufforderung von Immanuel Kant (1724–1804), der Mensch »solle sich seines Verstandes ohne Leitung eines andern bedienen«, er müsse sich »aus seiner selbstverschuldeten Unmündigkeit befreien« (so formuliert in seinem berühmten Aufsatz »Was ist Aufklärung?«). Philosophen wie Kant wurden aber nicht Atheisten, sondern traten mit dem Anspruch auf, in den Religionen das »Menschliche«, den eigentlich moralischen Kern wiederzuentdecken. Indem sie einen »Humanismus« verkündeten, beriefen sich einige sogar ausdrücklich auf den Religionsstifter Jesus Christus, der mit seiner »Menschlichkeit« ein großer Humanist gewesen sei. Gerade das Gleichnis vom barmherzigen Samariter, auf das wir an anderer Stelle schon eingegangen sind, mußte die Aufklärer besonders faszinieren. Aber: Eindeutig wünschten sie sich nun einen Staat, in dem jeder Bürger, unabhängig von seiner Weltanschauung und Religion, gleiches Lebensrecht beanspruchen konnte, und damit sprengten sie endgültig das bisherige Selbstverständnis. Das Ideal des »säkularen« Staates war geboren. Die Machthaber eines solchen Staates sollten nicht mehr für eine bestimmte Religion oder Philosophie Partei ergreifen, sondern hatten nur noch darüber zu wachen, daß unter ihrer Herrschaft unbehelligt alle Weltanschauungen nebeneinander existieren konnten.

Von dieser mächtig aufkeimenden Bewegung war Lessing erfaßt worden. Er, Sohn eines protestantischen Pfarrers, hat sich stets als Christ verstanden, indem er seine Kritik nicht gegen die Religion als solche, sondern nur gegen die zu starre und enge Auslegung durch Theologen richtete. In dieser Absicht fühlte er sich, nach eigenen Worten, durchaus mit Martin Luther verbunden, an dessen Ziel er im Geist der Aufklärung anzuknüpfen trachtete: »Du [Luther] hast uns vom Joche der Tradition erlöst: wer erlöset uns von dem unerträglichen Joche des Buchstabens! Wer bringt uns endlich ein Christentum, wie du es jetzt lehren würdest; wie es Christus selbst lehren würde!«[11] Lessing wollte, so interpretierte ein halbes Jahrhundert später Heinrich Heine in polemisch aufklärerischer Absicht eben diese Aussage, »den Luther fortsetzen«, denn der Reformer von einst habe nur den ersten Schritt getan, um das Christentum vom Ballast eines kirchlich-traditionellen Lehrkorsetts zu befreien, Luther habe aber nicht grundsätzlich den starren Dogmatismus beseitigen können. Dieser Dogmatismus sei »die letzte Hülle des Christentums«, und erst nach der Vernichtung dieser Hülle trete der »Geist« hervor.[12]

Wo die Widerstände gegen Lessings »Nathan« bis heute liegen

Lessing hat es keineswegs leicht gehabt, die Botschaft seines *Nathan* zu verkünden. Ihm, der schon zuvor eine Reihe Schriften gegen kirchliche Intoleranz evangelischer wie katholischer Variante verfaßt hatte, ist es versagt geblieben, sein Ideendrama aufgeführt zu sehen. Wenn er auch längst ein gefeierter Autor war, hatte beim Erscheinen des Stücks kein Theater gewagt, *Nathan* auf die Bühne zu bringen. Erst 1783, zwei Jahre nach Lessings Tod, erlebte das Ideendrama seine Uraufführung und wurde – zumindest beim bürgerlich-liberalen Publikum – ein großer Erfolg. Für die nachfolgende Dichtergeneration, allen voran Goethe und Schiller, bedeutete das Werk eine Offenbarung. Und Goethe ist es ja auch gewesen, der auf seine Weise im *West-östlichen Divan* (erschienen 1819) die Öffnung zur orientalisch-islamischen Geistigkeit weiter vorangetrieben hat. In diesem Werk finden sich Verse wie: »Gottes ist der Orient! / Gottes ist der Okzident! / Nord- und südliches Gelände / Ruht im Frieden seiner Hände.«[13] Und: »Sinnig zwischen beiden Welten / Sich zu wiegen, laß ich gelten; / Also zwischen Ost und Westen / Sich zu bewegen, sei zum Besten.«[14]

Die so bildkräftig wie publikumswirksam gestaltete Ringparabel des *Nathan* sollte bis in unsere Gegenwart Leitbild für die wahre Toleranz werden. Daß Lessing nur Christentum, Judentum und Islam in seine Darstellung einbezog, liegt am damaligen Zeithorizont: Allein diese Religionen standen zur Debatte, allein sie wurden konkret in ihren gegenseitigen Anfeindungen erlebt; das neue Toleranzmodell umfaßte aber, unausgesprochen, sämtliche Religionen und Weltanschauungen.

Nathan der Weise ist bis heute ein gefeiertes Werk geblieben. Und doch: Beifall hat das Werk stets nur bei einem Teil der Bürger finden können. Der Blick in die Geschichte zeigt, daß noch einmal eineinhalb Jahrhunderte vergehen mußten, bis sich ein bürgerlich-liberaler, weltanschaulich neutraler Staat politisch hat durchsetzen lassen. Verzögerungen und Rückschläge hat es auf diesem Weg viele gegeben. Welche Ernüchterung mußte es für alle fortschrittsgläubigen Liberalen bedeuten, wenn während des 19. Jahrhunderts der Antisemitismus bedrohlich zunahm, nun nicht mehr vorrangig religiös gefärbt, sondern in der ganz neuen Umformung eines rassistischen Biologismus. Und wieviel Enttäuschung mußte sich bei weltanschaulich aufgeschlossenen Christen breitmachen, als sie bemerkten, daß weder die katholische noch die evangelische Kirche bereit waren, von starrer dogmatischer Abgrenzung abzulassen. *Nathan der Weise*, von einem Pfarrerssohn geschrieben und als säkulare Kanzelpredigt verstanden, ist lange Zeit gerade von kirchlichen Autoritäten mit viel Skepsis betrachtet, ja teils schlichtweg als »unchristlich« verdammt worden.

Die weitgefaßte Toleranz eines *Nathan* hat aber auch bei den Juden selber unterschiedliche Aufnahme gefunden. Nur ein Teil von ihnen begrüßte lebhaft den »neuen Geist«, der die Dichtung durchwehte. Liberale Juden betrachteten den *Nathan* geradezu als Gottesgeschenk, da seine Titelgestalt als das wandelnde Symbol der Menschlichkeit viel dazu beitrug, die Juden als die ewig Verfolgten nun voll in eine »moderne«, »tolerante« Gesellschaft zu integrieren. Ein anderer Teil aber argwöhnte, daß die Juden mit einer solchen Integration ihre kulturelle Eigenart aufzugeben hätten – was für viele hieß: Abschied nehmen vom vertrauten Rahmen einer starr nach den Regeln des Talmud ausgelegten Religion. Wortführer der Liberalen war Moses Mendelssohn (1729–1786), Lessings bester Freund. Dessen großzügige Toleranz und Güte soll den Dichter erst auf die Idee gebracht haben, den *Nathan* zu schreiben. Aber derselbe Mendelssohn ist wegen eben dieser Eigenschaften von Glaubensgenossen angefeindet worden, er stand nicht minder als Lessing in schroffem Gegensatz zur engstirnigen Orthodoxie.

Der Aufklärer Moses Mendelssohn ist allerdings jenem Schicksal entgangen, wie es noch ein Jahrhundert zuvor einen anderen liberalen Juden fast vernichtet hätte: den Philosophen Baruch Spinoza (1632–1677). Orthodoxe Juden hatten Spinoza »Ketzerei« und »Unglauben« vorgeworfen, weil er, der religiöse Denker, eine rationalistische Bibelkritik und mehr Toleranz gegenüber Andersgläubigen gefordert hatte. Spinoza (dessen Schrifttum eine tiefgreifende Wirkung auf Lessing wie auf Goethe ausüben sollte) wurde aus der jüdischen Glaubensgemeinschaft seiner Heimatstadt Amsterdam ausgestoßen, mehr noch, er mußte Hals über Kopf fliehen und sich längere Zeit sorgsam verbergen, nachdem Fanatiker aus den eigenen Reihen einen Mordanschlag auf ihn verübt hatten.

Gegen die Moderne: »Unfehlbarkeit« des Papstes

Im 19. Jahrhundert, das so sehr von der Aufbruchstimmung bürgerlich-liberaler Fortschrittsgläubigkeit erfaßt war, hat sich die Kluft zwischen Liberalen und kirchentreuen Christen entscheidend vertieft. Dies geschah vor allem dann, als nach der Revolution von 1848 – im Zeichen eines allgemeinen Rückzugs auf konservative Positionen – endgültig die Spätaufklärung in ihrem Bemühen zum Erliegen kam, konfessionelle Spannungen abzubauen. Anstatt daß sich Päpste und Bischöfe mit dem modernen Umbruch vorbehaltlos auseinandersetzten, haben sich großenteils alte Positionen – die oft nur Machtpositionen waren – zu halten versucht. Darüber hinaus fehlte vielen kirchlichen Machthabern die Phantasie, sich eine Welt vorzustellen, in der nicht mehr die eigene Religion, besser: die eigene Kirche, die alles überragende Mitte darstellte. Folgerichtig konnten sie auch nur mäßiges Verständnis dafür aufbringen, daß die verschiedensten Religionen und Ideologien gleichberechtigt miteinander in Dialog treten sollten. Und so hat es den Großkirchen nicht genügt, sich schroff gegen »atheistische« Philosophen und etwas vorsichtiger gegen moderne soziale Bewegungen abzugrenzen – sie blieben auch untereinander in Fehde und sahen jeweils die anderen Konfessionen in schwerwiegende Irrtümer verstrickt. Anstatt sich auf das Gemeinsame aller Glaubensrichtungen zu besinnen, betonten sie weiterhin zuallererst das Trennende. Und gerade dies mußte die Zahl jener Zweifler noch um vieles vermehren, die sich nicht nur über die Kirchenpolitik entsetzten, sondern auch eine »zu enge« Theologie kritisierten. Unfreiwillig förderten die Kirchen den Atheismus.

Aufsehen erregte vor allem die Haltung des Vatikans. »Außerhalb der Kirche kein Heil«, so hieß es im sogenannten Syllabus von 1864, einer päpstlichen Streitschrift gegen »die hauptsächlichen Irrtümer unserer Zeit«. Diese Streitschrift verurteilte nicht nur scharf Kommunismus, Sozialismus und Liberalismus, sondern auch klerikal-liberales Denken, Protestantismus und Bibelgesellschaften. Die Anklage war so rigoros, daß eine ganze Reihe aufgeschlossener katholischer Theologen zu dem Urteil kam, hier erteile die Kirche jeglicher modernen Kultur eine Absage.

Jener Papst, der für diese Streitschrift verantwortlich zeichnete, Pius IX., hat dann die Konfrontation mit liberalem Denken noch einmal verschärft, als er im Juli 1870 während des Ersten Vatikanischen Konzils das Dogma von der Unfehlbarkeit des Papstes in Glaubensfragen durchsetzte. Ein solch radikalisierter Absolutheitsanspruch ist nur vor dem Hintergrund der damals epochalen Umwälzungen zu verstehen. Was das Oberhaupt der katholischen Kirche bei fortschreitender Säkularisierung an politischem Einfluß verlor, sollte durch einen Zuwachs an geistlicher Autorität wettgemacht werden. Aber welche Provokation dieser Schritt während des Konzils selbst für eine Reihe Katholiken bedeutete, zeigte sich am Widerstand einer starken Minorität von Bischöfen und Theologen. Ihnen versuchte Pius IX. mit taktischen Manövern, ja mit dem Druck aller ihm gebotenen Disziplinierungsmittel beizukommen, bis hin zur Androhung der Exkommunikation.[15] Aus Protest hat sich unter Führung namhafter Theologen die Bewegung der Altkatholiken von der Kirche abgespalten, eine Bewegung, die jedoch auf eine schmale bürgerlich-liberale Schicht beschränkt blieb. Gesiegt hat der Papst – und mit ihm das Bedürfnis einer großen Zahl von Gläubigen, die hierarchisch klar garantierte »Ordnung« über das »Chaos« der »Diskussion« zu stellen. Die meisten Katholiken, bis hin zu liberal Denkenden (unter ihnen auch so mancher Bischof, der zur »Öffnung« tendierte), zogen dann doch »Gehorsam« einem offenen Konflikt vor. Denn allzu heftige Kritik an der Kurie gefährde, wie man gerne argumentierte, die »Einheit der Kirche«.

In einer Enzyklika von 1897, unter Papst Leo XIII., wurde als eindeutige Ursache allen modernen »Niedergangs« gar die Reformation eines Martin Luther bezeichnet. Luther habe, indem er jedem Laien das Recht zur Auslegung der Bibel zubilligte, den Keim gelegt für alle späteren Krisen, für Verweltlichung und Entkirchlichung; dies seien Fehlentwicklungen, die in die Epoche der Aufklärung und schließlich in Sozialismus, Kommunismus und Nihilismus mündeten. Letztendlich: Die »lutherische Rebellion« sei verantwortlich für den allgemeinen Ruin der Sitten.[16]

Aber noch mitten im 20. Jahrhundert konnte Papst Pius XII. ebenso beharrlich und unverblümt das Existenzrecht aller andersdenkenden Gruppierungen außerhalb der katholischen Kirche mit einem Satz wie diesem einschränken: »Was nicht der Wahrheit und den Sittengesetzen entspricht, hat objektiv kein Recht auf Dasein, Propaganda und Betätigung.«[17] Derselbe Papst grenzte sich nicht nur schroff gegen andere Konfessionen, erst recht gegen andere Religionen ab, er zog sogar eine scharfe Scheidelinie gegenüber Theologen in den eigenen Reihen, sofern jene versuchten, kritisch und unabhängig zu denken. »Den Glaubensschatz hat der göttliche Erlöser [...] nicht den Theologen, sondern ausschließlich dem kirchlichen Lehramt zur authentischen Erklärung anvertraut.«[18] Damit bekräftigte Pius XII., was vier Jahrhunderte vorher 1546 auf dem Konzil von Trient im konfessionell verhärteten Klima der Gegenreformation verkündet worden war: »Der Heiligen Mutter Kirche allein steht das Urteil über den wahren Sinn und die Erklärung der Heiligen Schriften zu.«[19]

Religionsfreiheit wurde nicht von den Kirchen begründet

Wäre es nach dem Willen der Kirchen gegangen, so würden Andersgläubige, vor allem »Sektierer«, auch noch heute Bürger zweiter Klasse sein, mehr oder weniger herablassend geduldet und in Einzelfällen gar verfolgt; Atheisten könnten überhaupt kein Daseinsrecht beanspruchen. Gerade am Widerstand der Großkirchen, der katholischen noch mehr als der protestantischen, ist lange Zeit der Versuch gescheitert, anderen Religionen und Weltanschauungen freie Entfaltung zu gestatten.

Es liegt zwar nahe zu glauben, die Tendenz zur Gedankenfreiheit würde zwangsläufig aus der christlichen Lehre selber hervorgehen. Schließlich gebietet ja die Nächstenliebe, daß Christen über rassische, soziale und weltanschauliche Schranken hinweg *alle* Mitmenschen achten – aber der faktische Verlauf der Geschichte hat dies widerlegt. Glaubensfreiheit ist, wie Ernst-Wolfgang Böckenförde, Richter am Bundesverfassungsgericht, treffend schreibt, »in ihrer Entstehung nicht den Kirchen, nicht den Theologen und auch nicht dem christlichen Naturrecht zu verdanken, sondern in ihrer theoretischen Vorbereitung den christlichen Humanisten und später den Denkern der Aufklärung, in ihrer praktischen Verwirklichung dem modernen Staat, den Juristen und deren weltlichem rationalen Recht.«[20] Lessings *Nathan* bietet hierfür einen der vielen Belege.

Religionsfreiheit außerhalb der etablierten Großkirchen hat erst Mitte unseres Jahrhunderts mit allen Konsequenzen Eingang in die Gesetzgebung liberaler Demokratien Europas gefunden, so 1949 in die Verfassung der Bundesrepublik Deutschland. Den christlichen Sekten ist es seitdem ausdrücklich gestattet, daß sie öffentlich Mitglieder für ihre Glaubensgemeinschaft werben – die den Großkirchen verlorengehen –, dieselbe Freiheit haben auch Muslime, Hindus und Buddhisten in der Bundesrepublik, ebenso die sogenannten »neuen Religionen« oder »Jugendsekten« wie etwa die Hare-Krishna-Bewegung, die Bhagwan-Bewegung und andere. Der Staat stellt sie alle unter seinen Schutz und schreitet nur dann ein, falls irgendeine der Glaubensbewegungen selber überaus intolerant auftritt und die Freiheit anderer einzuschränken versucht. Hier haben wir es mit dem klassischen Prinzip eines pluralistischen Staates zu tun, eines Staates, der sich mit keiner der herrschenden Großkirchen, aber auch mit keiner der politischen Großparteien identifiziert – eines Staates, der sich als wertneutral betrachtet, als Garant dafür, daß gegensätzliche Weltanschauungen unter seinem Dach ungestört existieren können.

Dies ist eine total neue Form der Staatsordnung, wie es sie bisher in keiner Hochkultur gegeben hat. Und erst angesichts dieser Entwicklungsstufe können Europäer und Amerikaner mit gutem Recht behaupten, ihre Vorstellung von säkularem Staat übertreffe das Toleranzmodell der Muslime. Ein orthodoxer Muslim vermag zwar einem geistverwandten Andersgläubigen mit Verständnis und Sympathie begegnen, aber niemals im Bewußtsein von Gleichrangigkeit. Insofern kann es für ihn nur den »islamischen Staat«, kann es nur den Islam als hierarchisch übergeordnete »Staatsreligion«

geben. Andere Religionen kann der Muslim nur »dulden«, und damit ist er »tolerant« im ursprünglichen Sinn jenes Wortes, das die Europäer während des 17. Jahrhunderts – bereits im Zeichen der beginnenden Aufklärung – eingeführt haben. Das Verb »tolerieren« ist abgeleitet vom lateinischen »tolus« (»Last«) und bedeutet demnach eigentlich: fähig sein, eine körperliche, geistige oder seelische Last zu »ertragen«. Zwar haben auch etliche muslimische Intellektuelle im 20. Jahrhundert den Schritt gewagt, eine Toleranz nach dem Muster des säkularen, pluralistischen Staates zu formulieren – aber in die politische Praxis sind solche Gedanken bisher noch kaum irgendwo umgesetzt.

Allerdings funktioniert die politische Praxis eines säkularen Systems auch bei uns nicht immer reibungslos. Es gibt zwar in Deutschland heute kaum noch einen Politiker, der sich einseitig kämpferisch für den Katholizismus oder Protestantismus stark machen würde – selbst der Streit um Konfessionsschulen ist deutlich abgeflaut –, um so mehr aber lassen konservative, kirchengebundene Ideologen mit der Vokabel »christlich« von sich hören, nun diese kämpferisch gebraucht. Mit »christlich« zielen sie nicht allein gegen »atheistische« Ideologien, sondern darüber hinaus gegen religiöse Minderheiten, sogenannte »Sekten« – besonders wenn jene nicht aus dem Christentum, vielmehr aus »asiatischen« Religionen hervorgegangen sind. Um nur ein Beispiel zu nennen: Zeitweise werden Jugendliche, die in safrangelben Hindumönchsgewändern auf der Straße Werbematerial verteilen und hierbei musizieren, durch die eine oder andere Stadtverwaltung an solchen Aktionen gehindert. Häufiger noch wird solchen »Jugendsekten« eine Saalmiete verweigert – mit dem meist fadenscheinigen Argument, die »Fanatiker« würden »die Jugend gefährden«. An derartigen Verboten wirken nicht nur konservative Pfarrer und Bischöfe mit, sondern auch Politiker und Juristen.

Pluralistische Toleranz? Zwar ist unbestritten, daß die Praktiken mancher Sekten fragwürdig sind, immer wieder liest man von finanzieller Ausbeutung der Mitglieder und auch von totalem Anpassungsdruck an Gruppennormen. Aber zu denken geben muß, daß Großkirchen und Politiker versuchen, solche »Sekten« auch dann als »gefährlich« anzuprangern, wenn keinerlei juristische Bedenken gegen sie vorliegen; hier genügt dann häufig das Argument, deren Glaubenslehren seien »abwegig« und geeignet, »christliche Moral« zu untergraben. Im letzteren Fall haben sich betroffene Sekten stets mit Erfolg zur Wehr setzen können, indem sie bei Gericht wegen »unrichtiger Darstellung« und »Diffamierung« klagten – und spätestens in letzter Instanz Recht bekamen: Nachweislich falsche Behauptungen über ihre Lehre mußten von Vertretern der Kirche, Politikern, Juristen und Journalisten öffentlich zurückgenommen werden, Versammlungsverbote von (kirchlich beeinflußten) Stadtverwaltungen wieder aufgehoben werden.[21]

Der verfassungsrechtlich verankerte, religiös wertneutrale Toleranzgrundsatz bleibt vielen Konservativen ein Ärgernis, obwohl das so offen von den Betreffenden meist nicht angesprochen wird. Besonders dann nicht, wenn sie politisch einflußreiche Stellungen innehaben. Aber mit ihrem Handeln demonstrieren etliche von ihnen um so eindeutiger Gesinnung. In dieser Hinsicht muß zu denken geben, daß etwa das bayerische Kultusministerium das tägliche Gebet in den Volksschulen des Bundeslandes als eine lobenswerte Einrichtung begrüßt und dafür sorgt, daß die Gepflogenheit sich erhält. Konservativ »frommen« Ministerialbeamten kommt in diesem Fall eine ohnehin konservative Religiosität gerade in ländlichen Gebieten Bayerns entgegen. Nach Expertenschätzung müssen die Schüler in 90 Prozent aller bayerischen Volksschulen vor Schulbeginn noch immer – auch ohne zwingende Rechtsvorschrift – unter Anleitung des Lehrers gemeinsam ein Gebet sprechen[22], so als ob es nach wie vor selbstverständlich wäre, daß sich alle Anwesenden zum Christentum bekennen.

Im Sommer 1989 wagte Baden-Württembergs Kultusminister einen Vorstoß in dieselbe Richtung, indem er die Lehrer seines Bundeslandes dazu ermunterte, in den Schulen das tägliche Gebet vor Unterrichtsbeginn wieder einzuführen. Der christdemokratische Minister konnte mit seinem Vorschlag bei der katholischen Kirche »wohlwollendes Verständnis« finden, während die evangelische Kirche davor warnte, ein Schulgebet »von oben her zu verordnen«.[23]

So schwer sich die Großkirchen heute teilweise noch immer tun, einen konsequenten Pluralismus zu akzeptieren, versuchen führende Vertreter doch andererseits diesen Wandel zu verstehen – und neuerdings zu bejahen. Es fehlt während der letzten drei Jahrzehnte nicht an eindrucksvollen Äußerungen dieser Art. Doch davon mehr im Kapitel: Der Wille zum Dialog – und die Barrieren.

Orthodoxe und Freidenker im Islam

Überraschendes Gespräch mit einem muslimischen Theologen

Gespräche mit einem Muslim bringen immer dann Überraschungen, wenn man als Europäer bereits glaubt, ein bißchen von der fremden Religion und Kultur verstanden zu haben. So erging es mir, als ich 1982 in der südtunesischen Oase Nefta einen jungen Tunesier kennenlernte. Er war auf einem Ferientrip mit dem eigenen Auto unterwegs, in der Absicht, verschiedene Freunde zu besuchen. Seine Kleidung wirkte leger und sportlich, er trug T-Shirt und Bluejeans, und die randlose, modische Brille schien irgendwo in Westeuropa erstanden. Vielleicht lag es daran, daß mir sein schwarzer Vollbart weniger als Demonstration eines strenggläubigen Muslim vorkam, sondern mich eher an einen europäischen Studenten erinnerte. Der Beruf bedeutete für mich die erste Überraschung: Er war Assistent an der theologischen Fakultät in Tunis, beschäftigte sich nebenberuflich als Schriftsteller und hatte bereits, obwohl kaum über dreißig Jahre alt, ein Buch über islamische Mystik veröffentlicht.

Ihm sei es wichtig, erklärte er mir beim Abendessen im palmenbestandenen Hof eines Hotels, den Muslimen wieder den Weg für die eigentlich großen Dimensionen des Islam zu öffnen. Er sehe im traditionell festgefahrenen Glaubensleben ein schwerwiegendes Problem, gerade in der Orthodoxie. Er wolle gleich gar nicht von jenem unislamischen Aberglauben reden, wie er sich vielleicht bei einfachen Muslimen in ländlichen Gebieten eingenistet habe, dies sei ein ganz eigenes Problem, und hiergegen würden ja auch die Orthodoxen wettern. Er meine, die Orthodoxen heutzutage seien selber ein Problem. Ihr gewohnheitsmäßiger Glaube, den sie so gerne mit dem »rechten Glauben« verwechselten, bedeute gegenwärtig für den Islam die größte Gefahr. Zwar seien die Moscheen zu den Hauptgebetszeiten meist brechend voll – und dies sei anders als in Europas Kirchen –, aber wenn man beobachte, mit wieviel

Routine oft gebetet werde und Koranverse nur noch geleiert würden, ohne daß der angeblich so Andächtige über den Inhalt nachdenke, dann erscheine die Gefahr wohl klarer.

Intellektuelle, so erklärte er, verhielten sich in ihrer Mehrheit auch nicht nachdenklicher, was den Islam betreffe. Sie würden die meiste Energie dafür aufwenden, sich in westliche Bücher zu vertiefen, und verhielten sich gegenüber der eigenen Tradition eher oberflächlich, ja teils gedankenlos. Nicht daß sie Atheisten seien; dieses Problem stelle sich in der islamischen Welt bisher viel weniger als im Westen. Aber sie würden meist, wie die einfachen Gläubigen auch, in die Moschee gehen, weil es sich eben so gehöre, und würden kaum einen echten Gedanken an die zitierten Koranverse verschwenden. Ein gebildeter Muslim von heute sei daher im allgemeinen geistig nicht darauf vorbereitet, mit einem Andersgläubigen sinnvoll zu diskutieren, denn er würde dann viel zu unreflektiert, viel zu starr argumentieren.

Aber dies sei bei vielen Christen auch nicht anders, warf ich ein. Das wisse er, antwortete er, aber in Europa werde trotz allem mehr diskutiert, werde nicht alles nur als selbstverständlich und unumstößlich hingenommen; dies sei zumindest sein Eindruck, er habe ein paar Semester in Paris studiert. Muslime hätten viel weniger Sinn für die eigene Kultur als Europäer für die ihre, und um so weniger würden sie sich auch mit fremden Kulturen beschäftigen. Das sei vor ein paar Jahrhunderten noch ganz anders gewesen. Es sei deprimierend: Wenn er selber möglichst unvoreingenommen und aus unterschiedlichsten Perspektiven über islamische Philosophie diskutieren wolle, dann könne er das viel besser mit europäischen Orientalisten als mit einem Großteil der arabischen Intellektuellen. Und wenn er kritische, wissenschaftlich ernstzunehmende Kommentare über islamische Geschichte lesen wolle, dann finde er sie eher bei europäischen als bei arabischen Autoren. Die Orthodoxie verhindere alle tiefergehenden Diskussionen.

Wenn dies so deprimierend sei, gab ich zu bedenken, wie müsse er da erst die islamischen Radikalen, die Fundamentalisten, einschätzen. Die Muslimbruderschaft in Ägypten und Syrien, die Ayatollahs in der Gefolgschaft Khomeinis, die radikal Orthodoxen in Pakistan, sie alle würden doch noch viel mehr als die traditionell Orthodoxen jede Diskussion über fremde Ideen unterdrücken.

Zu meinem Erstaunen verzog der junge Theologe spöttisch die Lippen, dann sagte er: In Europa und den USA entdecke man an den islamischen Radikalen überwiegend nur das Negative, er aber meine, ihre Bewegung sei ein wichtiger geistiger Anstoß. Viele dieser Radikalen seien vielleicht ungebildet und wüßten über den Koran bei weitem nicht so gut Bescheid wie ein traditioneller Theologe, aber etliche seien eben doch selber Theologen und könnten sehr wohl mit Koran und Hadith umgehen, etwa Khomeini, und auch so manch anderer. Oh nein, er wolle solche Theologen nicht als Ideal hinstellen, er wisse, sie seien fanatisch und intolerant, sie ließen nur ihre eigene Koranauslegung gelten – und doch würden gerade sie etwas Entscheidendes zuwege bringen: Sie rüttelten die Masse der Muslime aus ihrer Gleichgültigkeit auf, sie zwängen sie, über Religion wieder einmal grundsätzlich nachzudenken und herkömmliche Denktraditionen nicht einfach nur hinzunehmen. Seit es radikal-islamische Theologie mit all ihrer Einseitigkeit gebe, werde unter den Gläubigen endlich wieder darüber diskutiert, was denn nun »wahre« Religion sei. Das bedeute einen Aufbruch zu neuen Ufern! Er verurteile zwar strikt alle Intoleranz, aber wenn einmal die Diskussion wirklich begonnen habe, dann würden die Muslime bald ein höheres Niveau erreichen. Das alles brauche nur Zeit. Am Ende werde es wieder eine islamische Gesellschaft geben, die so lebendig und dynamisch sei wie vor einigen hundert Jahren. Daran glaube er fest. Die Muslime, so sagte er nach einigem Nachdenken, bräuchten einen neuen Dschelaleddin Rumi, einen neuen Ibn Al Arabi, einen neuen Ibn Sina, einen neuen Omar Chaijam – dies alles seien Männer gewesen, die zu ihrer Zeit an weitreichendem Blick alle Philosophen und Wissenschaftler Europas übertroffen hätten. Diese Männer hätten in einer Gesellschaft gelebt, in der eine Diskussion über weltanschauliche Grenzen und Religionen hinweg möglich gewesen sei. Welch ein Niedergang in der Kultur. Heute wüßten nur noch wenige Muslime mehr über sie als die bloßen Namen. Ein Skandal sei das. Er wiederhole es noch einmal: Der Islam leide heute zu allererst an seiner Erstarrung in Orthodoxie. Die Orthodoxen hätten einst auch alle fortschrittliche Philosophie unterdrückt …

Er wolle mir noch kurz eine alte Geschichte erzählen, erklärte er mir beim Abschied, als wir das Restaurant schon verlassen hatten. Diese Geschichte stamme aus dem Erzählschatz der Sufis und Derwische, von Mystikern, aus deren Reihen ja viele höchst bedeutsame Philosophen gekommen seien. Mohammed, der Prophet, so heißt es in der Sufi-Legende, stellte einen Topf vor sich auf den Boden und erklärte im Kreis seiner getreuesten Gefolgsleute: Dies sei ein Honigtopf. Er fragte den ersten der im Umkreis Sitzenden, was der Topf enthalte. Der Betreffende antwortete: »Honig, du hast es ja gesagt, mein Prophet.« Mohammed fragte den nächsten, und auch dieser antwortete: »Honig, du hast es doch gesagt, mein Prophet.« Mohammed fragte den dritten, und dieser antwortete wie die anderen: »Honig, hast du es nicht selber gesagt, oh Prophet?« Mohammed fragte den vierten. Dieser aber tauchte den Finger in den Topf, leckte ihn prüfend ab und antwortete dann: »Honig.«

Soweit die Ausführungen des jungen Theologen. Man trifft in der islamischen Welt vereinzelt immer wieder auf solche Gesprächspartner, und typisch ist für die meisten unter ihnen: Sie fühlen sich inmitten ihrer Landsleute als eine verschwindend kleine Minderheit. Mit dem kritischen Wissen, das sie sich an westlichen Universitäten erworben haben, fühlen sie sich sensibilisiert für das kritische Potential in ihrer eigenen Tradition. Sie sehen aber einen weiten Weg vor sich, bis in ihrer Heimat das nötige liberale Diskussionsklima für eine allgemeine Neubesinnung geschaffen ist.

Dann auch noch einen tiefergehenden Dialog mit dem Abendland in Gang zu bringen halten sie für vollends schwierig. Schließlich ist der »Geist« eben dieses Abendlandes heute nicht mehr schlicht und einfach mit dem Christentum gleichzusetzen. Hinzu kommt ein vielfältiges Glaubensspektrum von teils außerchristlichen Sekten und – was gravierender ist – von atheistischen Weltanschauungen; besonders das letztere stellt für die meisten Gläubigen der islamischen Welt eine Barriere dar.

Orthodoxe Muslime von heute haben, wie gerade das Gespräch mit dem jungen Theologen deutlich gemacht hat, ein zutiefst gespaltenes Verhältnis zu ihrer eigenen Tradition. Nur noch die wenigsten verbinden mit so bedeutsamen Namen wie Dschelaleddin Rumi, Ibn Al Arabi, Ibn Sina und Omar Chaijam eine klare Anschauung. Warum dies so ist, werden wir leichter verstehen, wenn wir uns nur einige wenige Aussagen dieser Philosophen über die endgültige »Wahrheit« von Religionen und ihre Forderungen nach mehr Toleranz ansehen.

Islamische Mystiker als die großen geistigen Revolutionäre

Der bedeutende Mystiker Muhieddin Ibn Al Arabi schrieb im 13. Jahrhundert: »Mein Herz umfaßt sämtliche Formen: das Mönchskloster, den Tempel der Idole, die Weide der Gazellen und die Kaaba des Gläubigen, die Tafeln der Thora und den Koran. Die Liebe ist, wozu ich mich bekenne: Wohin meine Kamele sich auch wenden mögen, die Liebe ist und bleibt mir Glaube und Gesetz.«[1] Und noch kühner vom selben Autor: »Wer den Blitz im Osten aufleuchten sieht, dürstet nach dem Osten; wenn dieses Licht für einen anderen im Westen scheint, so möge er nach dem Westen dürsten. Ich begehre das Funkeln des Blitzes und nicht die Orte, die er streift.«[2]

Ähnliches liest man von Dschelaleddin Rumi, dem Begründer des Melevi-Derwischordens, ebenfalls im 13. Jahrhundert verfaßt: »Das Kreuz und die Christen nahm ich von allen Seiten in Augenschein. Er war nicht am Kreuz. Ich ging zum Hindu-Tempel, zu der alten Pagode. An beiden Orten fand ich keine Spur von ihm. [...] Ich ging zur Kaaba und traf ihn dort nicht. [...] Ich schaute in mein eigenes Herz. An diesem Orte sah ich ihn. Er ist an keinem anderen Ort.«[3]

In Dschelaleddin Rumis Hauptwerk *Mathnawi* findet sich folgende Geschichte: Vier Inder, die nie zuvor einen Elefanten gesehen hatten, betraten nacheinander einen dunklen Raum, in dem sich ein derartiges Tier befand. Der erste bekam im Dunkeln den Rüssel zu fassen, verließ den Raum und erzählte draußen, der Elefant müsse wie die Spitze eines Bootes beschaffen sein. Der zweite Inder, der die großen Schlappohren anfaßte, meinte, es müßten Fächer sein, und draußen erzählte er, der Elefant habe eine Gestalt wie ein Fächer. Der dritte Inder aber kam mit der Kunde heraus, Elefanten müßten wie eine Säule sein, denn er hatte im Dunkeln nur einen Fuß zu fassen bekommen. Der vierte, der den Rücken des Tieres abtastete, hatte schließlich die Einsicht, ein Elefant sei wie ein Thron beschaffen. Dann aber kam ein Weiser, der die vier Inder beobachtet hatte. Er gab jedem von ihnen eine Lampe und schickte sie nacheinander hinein. Und nun beschrieb jeder den Elefanten in der gleichen Gestalt.[4]

Dies sind erstaunliche Texte, sie alle sprengen das herkömmliche Selbstverständnis des Islam. Und nicht nur des Islam: Auch ein orthodoxer Christ oder Jude müßte solche Aussagen entschieden als »Ketzerei« einstufen. Denn eindeutig stellen diese Philosophen fest: Keine Religion kann den Anspruch erheben, die alleinige und ausschließliche Wahrheit zu verkörpern, keine kann daher Andersgläubige leichtfertig schon als »Unwissende« oder gar »Ungläubige« zurückstoßen. Das Gleichnis vom Elefanten im Dunkeln sagt es wohl am deutlichsten: Alle Suchenden vermögen nur einen Teil des Ganzen zu ertasten. Allerdings kommt dann ein »Weiser«, und er, indem er den im Dunkeln Tappenden eine Lampe, die »Erleuchtung«, bringt, kann den »ganzen« Elefanten sichtbar machen. Aber was für eine Religion steht für das »Ganze«? Der moderne Mystiker Idries Shah deutet dieses Gleichnis nach einer alten Auslegung der Sufis und Derwische: »Dies ist nicht eine Religion, dies *ist* Religion.«[5] Oder wie es Ibn Al Arabi formuliert hat: Das »Funkeln« des Blitzes sei das Wichtigste, nicht die »Orte«, die er streift.

Solche Deutungen kommen der Aufforderung gleich, nach dem Gemeinsamen innerhalb aller Religionen zu suchen. Auf dieser Basis verschwinden dann alle Spitzfindigkeiten einer theologischen Scholastik, alle Unterscheidungen, wie sie die Orthodoxen aufgrund ihrer starren Dogmen als Schranken zwischen die Religionen setzen. »Liebe« zum Menschen bringt es zuwege, auch in der Auffassung Andersdenkender »Wahrheit« zu entdecken, selbst wenn diese der eigenen Wahrheit auf den ersten Blick völlig entgegengesetzt erscheint. »Wer das Glück hat, erleuchtet zu sein, weiß, daß Spitzfindigkeit vom Teufel, die Liebe aber von Adam kommt«, heißt es in den *Mathnawi* von Dschelaleddin Rumi.[6]

Solche Texte können nach den Maßstäben unserer abendländischen Geistesgeschichte frühestens im Zeitalter der Aufklärung geschrieben sein. Ihrer Tendenz nach erinnern sie alle mehr oder weniger an die Ringparabel Lessings. Ein Zufall? Wie schon erwähnt, hat ja die Ringparabel nicht etwa im christlichen Abendland, nicht im Geist einer vorbereitenden Aufklärung ihre entscheidende Ausprägung erhalten, sondern in Ägypten am Hof des Sultans Saladin um das Jahr 1180. Sechs bis acht Jahrzehnte später hat Ibn Al Arabi im maurischen Spanien und in Syrien gewirkt. Dschelaleddin Rumi, der aus Afghanistan nahe der indischen Grenze kam und im osttürkischen Konya heimisch wurde, war ein Zeitgenosse. Männer wie sie haben also schon während des Mittelalters ihre kühnen Ideen einer allumfassenden, sämtliche Dogmen übersteigenden »Wahrheit« entworfen – dies in einem Jahrhundert, als im christlichen Abendland solche Denker unweigerlich vom Kirchenbann bedroht gewesen wären. Wenn sie nicht gar den Scheiterhaufen zu fürchten gehabt hätten.

Mußten aber nicht auch im Islam universale Denker in schweren Konflikt mit der Orthodoxie geraten? Es ist von westlichen Islamwissenschaftlern viel darüber nachgedacht worden, ob die orthodoxen Korangelehrten nicht wirklich Grund hatten, in der Freidenkerei der Mystiker etwas »Unislamisches« zu sehen. »Offen für *alle* Formen…«! Das hieße auch, »offen« für Religionen wie Hinduismus und Buddhismus, Glaubensformen, die in ihrer Struktur kaum mehr etwas gemeinsam haben mit dem Monotheismus von Islam, Christentum und Judentum. Im Text von Ibn Al Arabi deutet ja eine Metapher wie »Tempel der Idole« auf die Göttervielfalt fremder Kulte hin. Und Dschelaleddin Rumi spricht unumwunden von »Hindu-Tempel« und der »alten Pagode« (das letztere ein Symbol für Buddhismus); zwar findet er den Kern aller Wahrheit nicht dort, findet ihn aber auch nicht bei der Kaaba.

Woher könnte ein solches Denken seinen entscheidenden, tiefsten Anstoß nehmen, wenn nicht aus islamischen oder geistesverwandten christlichen und jüdischen Wurzeln? Möglicherweise könnte der Skeptizismus griechisch-antiker Philosophie zur weisen Skepsis islamischer Mystiker beigetragen haben; kein intellektueller Muslim konnte sich ja einige Jahrhunderte lang diesem Einfluß entziehen. Stutzig macht aber, daß im Gleichnis vom Elefanten weder Griechen noch Araber, Perser oder Türken das Tier im Dunkeln betasten, sondern Inder. Nur Zufall? Oder haben etwa gerade einige der bedeutendsten islamischen Philosophen absichtlich auf Indien hingewiesen, um die Quelle ihrer Inspiration deutlich zu machen? Haben sie sich also vom mythischen und philosophischen Erzählschatz der Hindus und Buddhisten anregen lassen?

In der Tat: Dasselbe Gleichnis vom Elefanten findet sich, nur unwesentlich variiert, im Pali Kanon, der klassischen Schriftensammlung des älteren Buddhismus, unter dem Titel *Von den Blindgeborenen.* Nach Auskunft dieser Schrift hat Buddha das Gleichnis seinen Schülern erzählt, um sie davon zu überzeugen, daß kein Gläubiger die Wahrheit der eigenen Religion schon als »ganze Wahrheit« ansehen dürfe. Buddhisten wie Hindus haben auf der Grundlage solcher Perspektiven eine wesentlich größere Toleranz gegenüber anderen Glaubensvorstellungen entwickelt als im Durchschnitt Muslime oder Christen. Ich werde auf das Gleichnis »Von den Blindgeborenen« in der Darstellung des Buddhismus noch ausführlich zurückkommen.

Wie aber konnte Dschelaleddin Rumi, ein in Anatolien lebender Muslim, buddhistische Literatur kennenlernen? Afghanistan, wo der große Mystiker im Jahr 1207 geboren wurde, war bis zur Eroberung durch Muslime buddhistisch gewesen. Rumis Heimatstadt Balch hat gar als ein geistiges Zentrum des Buddhismus gegolten. So radikal die Eroberer buddhistische Tempel zerstörten, weil sie jene als »heidnisch« strikt ablehnten, haben sie andererseits Bibliotheken geschont, mehr noch: deren Schätze zur Sichtung in islamische Wissenschaftszentren transportiert. Vieles ist erhalten geblieben, von Muslimen gelesen und teils auch ins Arabische wie Persische übersetzt worden. Mit beträchtlichen Folgen. Besonders das Gleichnis *Von den Blindgeborenen* belegt, daß sich islamische Mystiker verschiedene Anregungen aus »östlichem« Gedankengut geholt haben: gerade was die Skepsis gegenüber dogmatisch starr fixierter Wahrheit anbelangt. Aber solche Tendenzen sind im Islam Randerscheinungen geblieben, mußten es bleiben, weil sie schwerlich zum Absolutheitsanspruch der mehrheitlich Orthodoxen passen konnten.

Auch die Christen mußten von ihrem Absolutheitsanspruch her ein derartiges Gleichnis bis weit in die Neuzeit ablehnen. Erst seit der Aufklärung – seit ein Ideendrama wie *Nathan der Weise* mit seiner Parabel von den drei Ringen ein neuartiges Toleranzdenken signalisierte – ist in unserem Kulturkreis das Verständnis für Gleichnisse nach Art des »Erleuchteten«, des Buddha, langsam gewachsen.

»Aufklärung« kannten die Muslime lange vor den Christen

Orthodoxe Muslime waren gerade in der höchsten Blütezeit ihrer Kultur, im sogenannten »Goldenen Zeitalter des Islam« vom 8. bis zum 14. Jahrhundert, mehr mit Freidenkern konfrontiert, als heute allgemein bekannt ist. Damals prägte ja vor allem die Auseinandersetzung mit der griechisch-antiken Philosophie die Szene. So hatte sich um das Jahr 820 an der theologischen Hochschule von Bagdad ein Disput entwickelt, wie er ähnlich in Europa erst im 18. Jahrhundert möglich gewesen wäre. Theologen begannen die Ansicht zu vertreten: Nicht Gott habe den Koran verfaßt und durch Mohammed unveränderbar an die Menschheit weitergegeben, vielmehr sei Mohammed von Gottes Geist erfüllt gewesen und habe mit seinem eigenen Fassungsvermögen die Botschaft in Worte gekleidet. Da aber menschliches Denken nicht unfehlbar sei, habe es nicht ausbleiben können, daß selbst der Prophet manches widersprüchlich formuliert habe. Spätere Generationen seien aufgerufen, mit Hilfe ihrer eigenen Vernunft solche Widersprüche zu klären, das heißt: den Koran nicht mit blinder, sondern kritischer Ehrfurcht zu interpretieren. Diese Theologen – von orthodoxen Gegnern haßerfüllt »Mutaziliten« (»Abtrünnige«) genannt – erklärten nach griechischem Vorbild die Vernunft zum Maß aller Dinge.

Ebenso rationalistisch und aufklärerisch mutet die Philosophie des persischen Universalgenies Ibn Sina an, den wir unter dem lateinischen Namen Avicenna kennen. Er, der von 980 bis 1037 lebte, glaubte an keine leibliche Auferstehung am Tag des Jüngsten Gerichts, auch nicht an die sinnlich ausgemalten Freuden eines jenseitigen Paradieses, auch nicht an ein Höllenfeuer. Dies seien Symbole, so erklärte er unter dem Einfluß griechischer Philosophie. Mohammed, der Prophet, sei von der »Weltvernunft« dazu ausersehen worden, in solch bildhafter Sprache »Wahrheit« mitzuteilen, denn allein so verstehe die Masse des Volkes die Botschaft. Dem Gelehrten und Philosophen aber offenbare sich die »Weltvernunft« auf einer anderen Stufe, sie enthülle sich ihm nicht in Form von Bildern, sondern von Begriffen. Auferstehung stehe so für Unsterblichkeit des Geistes, Paradies für die Vollkommenheit der reinen Idee, Hölle für die irdischen Daseinsängste. Beide Ausdrucksformen, die bildhafte wie die abstrakt begriffliche, präsentieren aber nur verschiedene Seiten ein und derselben Wahrheit. Avicenna konnte sich bei einer solchen Deutung mit so manch anderem herausragenden Kopf seiner Epoche einig wissen, etwa mit Omar Chaijam.

Der große persische Mathematiker, Philosoph und Dichter Omar Chaijam, der von 1045 bis 1122 lebte, hat uns sehr modern anmutende vierzeilige Gedichte, sogenannte »Rubaijat«, hinterlassen. Ein strenggläubiger Muslim mußte mit gemischten Gefühlen Verse lesen wie folgende: »Ich war ein Falke, den sein kühner Flug / hinauf zum Reich der ewigen Rätsel trug. / Dort fand ich keinen, der sie mir enthüllt, / und kehrt' zur Erde wieder bald genug.« Oder: »Ich sandte aus die Seel' durchs Unsichtbare, / auf daß sich ihr das Jenseits offenbare. / Nach langen Jahren kehrte sie zurück, / und sprach: In dir sind Höll' und Himmel, Schmerz und Glück.«[7]

Auch diese Gedanken aus dem 11. und 12. Jahrhundert erinnern verblüffend an Denkpositionen der Aufklärung. Europäer haben in dieser Art erst ein halbes Jahrtausend später gedacht. Angesichts solcher Parallelen drängt sich unweigerlich die Frage auf: Weshalb hat sich unter solchen Umständen die islamische Gesellschaft nicht ähnlich der unseren weiterentwickelt? Und warum nicht sogar viel früher? Dies müßte ja um so logischer erscheinen, da doch die islamische Philosophie des Hochmittelalters um so vieles freigeistiger war als die abendländische derselben Zeit.

Avicenna und Omar Chaijam, herausragende Figuren einer beginnenden islamischen »Aufklärung«, wurden von den meisten Muslimen ihrer Zeit nur als Wissenschaftler verehrt, ihre Erkenntnisse wurden geschätzt, soweit sie sich im Alltag verwerten ließen. Orthodoxe Gläubige aber begegneten ihrer Philosophie nur mit kühlem Respekt oder schmähten sie, weil sie ihnen zu provokativ erschien, ja teilweise »rechtgläubigen« Positionen zuwiderlief.

Schon zu Lebzeiten hatte Avicenna in der islamischen Welt als größte wissenschaftliche Autorität auf dem Gebiet der Medizin gegolten. Mehr noch: Seine medizinische Enzyklopädie war sogar von den Ärzten des christlichen Abendlandes bis ins 17. Jahrhundert als maßgebliches Standardwerk benutzt worden. Aber führende Korangelehrte hatten sich bereits zu seinen Lebzeiten und erst recht Jahrhunderte später sehr gehässig geäußert. Seine Medizin habe nicht den eigenen Körper retten können, so spielten sie auf seine anfällige Gesundheit an, und: Seine Theologie habe nicht die eigene Seele retten können. Solche Kommentare sagen viel über die enormen geistigen Spannungen in der damaligen islamischen Gesellschaft aus.

Ähnlich erging es Omar Chaijam. Bis in unsere Gegenwart wird er von Muslimen als einer der größten Mathematiker und Naturwissenschaftler verehrt, der in vielerlei Hinsicht europäischen Wissenschaftlern seiner Zeit überlegen war. Aber seine kritische Philosophie, wie sie besonders griffig in den Vierzeilern zum Ausdruck kommt, hat keine große Breitenwirkung erreicht. Nach seinem Tod im Jahr 1122 verschwanden die Verse bald völlig aus dem öffentlichen Bewußtsein. Als dann während des 19. Jahrhunderts europäische Orientalisten die Verse in ihrem Wert erkannten und sie in Europa berühmt machten, kehrten die »Rubaijat« als englische Übersetzung in den islamischen Orient zurück, wurden dort von einer schmalen Bildungsschicht geschätzt und wieder im Original gelesen – bis die Verse dann im Zeichen eines vordringenden Fundamentalismus erneut geächtet wurden.

Muhieddin Ibn Al Arabi und Dschelaleddin Rumi als große Mystiker haben innerhalb der islamischen Welt auch nicht jenen Nachruhm geerntet, der ihnen von der kühnen Substanz ihres Denkens her zusteht. Zwar ist in Damaskus ein ganzes Stadtviertel nach Ibn Al Arabi unter dem Namen »Sheik Muhieddin« benannt, dort, wo sein Grabmal innerhalb einer Moschee zu finden ist, und stets trifft man Betende an seinem Schrein; doch die Andächtigen, unter ihnen viele Frauen, die um Kindersegen beten, sehen in ihm kaum den kritischen religiösen Philosophen von einmaliger Größe, sondern den erbaulichen Mystiker und Heiligen. Nicht anders bei Dschelaleddin Rumi. Zu seinem Grabmal, einem Prunkbau inmitten der Kuppeldächer und Höfe eines Derwischklosters im Zentrum von Konya, strömen heute noch tagaus tagein Pilgerscharen. Die meisten schätzen nur seine dichterisch vollendeten Verse, soweit diese nicht über den Absolutheitsanspruch des Islam hinausstreben, vor allem aber sind sie fasziniert von seiner Anleitung, durch Ekstasetechnik des Rezitierens und des Derwischtanzes »Gott« näherzukommen. Die Lehre des großen Derwischscheichs wird damit – paradoxerweise – zu einem Zufluchtsort besonders für konservative Muslime, die sowohl dem Fortschrittsdenken von Modernisten ratlos gegenüberstehen als auch der dogmatischen Härte von Fundamentalisten.

Gerade diese Zustände sind es, die den jungen Theologen, den ich in Tunesien kennenlernte, so resignativ stimmen. Er selber hat ja eine umfangreiche Arbeit über islamische Mystik geschrieben.

Moderne Herausforderung für die Orthodoxie: Atatürk und andere säkulare Ideologen

In islamischen Ländern hat durchweg die Orthodoxie gesiegt. Während im Spätmittelalter die Europäer von den Arabern und Persern zunehmend das Erbe griechischer Philosophie und Wissenschaft übernahmen, auf diese Weise ihr eigenes Weltbild revolutionierten und Freidenkern immer größere Entfaltung zubilligten, begannen im Orient konservative Theologen weltoffenes Denken von den Schulen und Universitäten zu verdrängen. Wissenschaft hielten sie nur noch für wünschenswert, sofern diese nicht in Konflikt mit der Koranauslegung geistlicher Rechtsgelehrter geriet. Ähnlich hatte einst Thomas von Aquin, der größte Theologe des katholischen Mittelalters, die Richtlinie gegeben: Die Wissenschaft habe eine »Magd« der Theologie zu sein. Eine seltsame Umkehrung. Während im christlichen Abendland die Philosophen der Aufklärung vollends das Mittelalter überwanden, erstickten im islamischen Orient traditionsgeleitete Korangelehrte alle aufkeimenden Impulse einer möglichen Aufklärung und führten ihre Gläubigen mehrheitlich ins Mittelalter zurück. Damit haben sich zwischen der abendländischen und der islamischen Welt jene Unterschiede herausgebildet, wie wir sie heute kennen.

Diese Umkehrung sollte verhängnisvolle Folgen haben. Denn indem nun das Abendland seine Wissenschaften frei entfalten konnte, fand es zu einer Dynamik, an deren Schwelle die islamische Zivilisation bereits einmal angelangt war. Die Westeuropäer strebten aber darüber hinaus, weil die Kirchen nicht mehr die Macht zur Bevormundung besaßen, und sie schufen eine pluralistische Industriezivilisation. Mit dieser Überlegenheit wirkte Europa auf den Orient zurück. Und jetzt sahen sich die Muslime erst recht vor die heikle Frage gestellt, ob sie einer erstarrten Orthodoxie treu bleiben oder sich geistig erneuern sollten – nun aber mit einer Moderne nach abendländischem Muster konfrontiert. Und damit fingen einheimische Politiker an, beeindruckt von der militärischen wie wirtschaftlichen Übermacht europäischer Industriestaaten, die eigene Zivilisation ganz mit den Augen des »Westens« zu sehen, das heißt: den »Orient« als »rückständig« einzustufen. Um so intensiver versuchten sie, die eigene Gesellschaft nach »westlichem« Vorbild zu verändern.

Die frühesten und entschiedensten Signale hat in dieser Hinsicht das Osmanische Reich gesetzt. Kein Zufall: Die Türken, jahrhundertelang für das Abendland die große »Gefahr«, schließlich selber machtvoll durch Europa bedroht, sahen sich früher als andere Muslime zu energischen Reformen gezwungen, um dem Gegner nicht vollends zu unterliegen. 1839 wurden durch Erlaß des Sultans Mahmud II. nicht nur Militär und Verwaltung reformiert, er stellte außerdem sämtliche Untertanen, ganz nach westlichem Vorbild, rechtlich gleich. Dies kam nach islamischem Verständnis einer staatlich verordneten Revolution gleich: Denn nun durften die Muslime Christen nicht mehr als »Schutzbefohlene« betrachten, nun hatte die Kopfsteuer für Nichtmuslime zu entfallen. Dies bedeutete eine Beschwichtigung gegenüber den christlichen Untertanen, die ja in Versuchung kamen, mit den vordringenden Großmächten Europas zu sympathisieren. Einen Zuwachs an Demokratie mußten aber solche Reformen noch lange nicht mit sich bringen, denn weiterhin verstand sich das Sultanat als strikter Obrigkeitsstaat, dem gegenüber nun eben alle Untertanen gleich viel – oder gleich wenig – Rechte besaßen.

Spätere Reformer ließen umfassender einen geistigen Einfluß aus dem Westen erkennen – und damit setzte jene Spannung ein, deren dramatischem Höhepunkt wir heute entgegengehen.

Den Anfang machte die Türkei. Als das Osmanenreich 1918 nach dem Ende des Ersten Weltkriegs zusammenbrach und aus seinen Trümmern die wesentlich kleinere Türkei hervorging, bekamen dort Politiker das Sagen, die konsequenter als bisher fortschrittshemmende Traditionen beseitigen wollten – allen voran Mustafa Kemal Pascha, der sich später Atatürk (»Vater der Türken«) nannte. Keine Gestalt der neueren islamischen Geschichte ist stärker umstritten, keine wird intensiver als Vorbild verehrt, keine heftiger abgelehnt und als Verhängnis geschmäht.

Alarmiert mußten sich orthodoxe Muslime fühlen, als Atatürk 1924 sämtliche Koranschulen schließen ließ und an ihre Stelle staatlichen Schulen das Ausbildungsmonopol einräumte. Indem seine Beamten nun Lehrpläne nach westlichem Vorbild ausarbeiteten, war die traditionelle islamische Erziehung erheblich eingeschränkt. Dieses Reformwerk radikalisierte er, indem er 1928 anstelle der arabischen die lateinische Schrift einführte (die er allerdings als »türkisches« Alphabet dem Volk präsentierte). 1929 ersetzte er an höheren Schulen den Pflichtunterricht für Arabisch, die Sprache des Koran, und Persisch, die Sprache bedeutender klassischer Islam-Literatur, durch Unterricht für Französisch, Englisch und Deutsch als zukunftsweisende Fremdsprachen.

Den eigentlich wunden Punkt im Selbstverständnis orthodoxer Muslime aber berührte Atatürk, als er daranging, 1924 die geistlichen Gerichte abzuschaffen, und eine Rechtsprechung nach westlichem Muster ausarbeiten ließ. 1926 führte er ein Zivilrecht ein, das unter anderem freie Religionswahl vorsah. Im Zuge dieser Reform durfte zukünftig kein Bürger mehr wie bisher ins Gefängnis geworfen oder gar hingerichtet werden, falls er zum Christentum oder Judentum übertrat. Muslime der schmalen Bildungsschicht konnten für solche Neuerungen nach am ehesten Verständnis aufbringen. Auch konnten allein sie als »modern« tolerieren, daß eine muslimische Frau einen Christen heiraten durfte; bisher war es nur umgekehrt möglich gewesen. Der Kern der Reform konnte allerdings auch viele gebildete Muslime irritieren: Zukünftig durfte kein geistlicher Richter mehr durch sein »Olmaz!« (»Es darf nicht sein!«) ein Gesetzesvorhaben blockieren, weil es seiner Meinung nach nicht mit den Grundsätzen des Koran übereinstimmte. Religiöse und staatliche Institutionen hatten von nun an strikt getrennt zu sein. Religion war zur »Privatsache« geworden – ganz nach dem Muster westeuropäischer Verfassungen. 1928 proklamierte Atatürk die Türkei als säkularen Staat und ließ alle religiösen Formeln aus der Verfassung tilgen.

Dieses Jahr 1928 bedeutete eine tiefe Zäsur in der Geschichte der islamischen Welt. Erstmals hatte ein Politiker mit aller Entschiedenheit das bisher Undenkbare gewagt: die Einheit von Religion und Politik aufzulösen – und dies mit dem Argument, das religiös begründete Staatswesen sei verantwortlich für die »Rückständigkeit« gegenüber den westlichen Industriestaaten. Atatürks säkulares Reformwerk löste stürmische Diskussionen von Nordafrika bis Ostasien aus, erntete Zustimmung nur bei einer schmalen, verwestlichten Bildungsschicht, provozierte sonst aber heftige Abwehr.

Bezeichnend ist, daß im selben Jahr 1928 die erste moderne fundamentalistische Bewegung des Islam entstand. In Kairo begründete der Volksschullehrer Hassan Al Banna jene Muslimbruderschaft, die bis heute, in vielerlei Fraktionen aufgespalten, Ägypten in Atem hält. Ausdrücklich betonte er: Jedes Reformwerk nach dem Vorbild Atatürks liefere einen muslimischen Staat dem »Westen« aus, und diese Einsicht habe ihn zur Gründung der Muslimbruderschaft bewogen. Alles müsse getan werden, um ähnliche Reformen in Ägypten zu verhindern, wo die Regierenden ebenfalls schon »westlich dekadent« seien. »Nur Gott weiß«, so ließ er später verlauten, »wie viele Nächte wir die Situation unseres Landes diskutierten, das Siechtum analysierten und mögliche Heilmittel überlegten. Wir waren so verstört, daß wir zu weinen begannen.«[8] Einer seiner grundsätzlichen Aufrufe lautete: »Jede Neuerung, die sich nicht auf Religion stützt, führt vom rechten Weg ab; ihr muß mit allen Mitteln Widerstand geleistet werden, sie ist mit allen Mitteln auszumerzen.«[9]

Die Verstörung, ja auch der Fanatismus in der Abwehr ist verständlich, wenn wir uns vergegenwärtigen, in welchem Ausmaß sich Atatürk über die Mentalität einer überwiegend noch zutiefst traditionell orientierten Gesellschaft hinwegsetzte. Atatürk trat mit der Rücksichtslosigkeit eines Revolutionärs auf und ging teilweise sogar weiter, als dies ein Reformer in westlichen Industriestaaten gutheißen könnte. So verbot er den Religionsunterricht an staatlichen Schulen – bei gleichzeitigem Verbot der Koranschulen – und führte an seiner Stelle ein Fach mit der Bezeichnung »Moral« ein. Nicht genug damit. Er untersagte, daß der Muezzin die Gläubigen vom Minarett aus zum Gebet ruft, denn dieser Brauch, so argumentierte er, bedeute eine zu auffällige Propaganda für eine »private Weltanschauung«.

Daß Atatürk 1928 anstelle der arabischen die lateinische Schrift einführte, löste gar verhängnisvolle Komplikationen bei den vielen religiösen Muslimen aus. Plötzlich konnten die in arabischer Schrift gedruckten Koranexemplare nicht mehr von der heranwachsenden Jugend gelesen werden. Andererseits dauerte es aber viele Jahre, bis der Koran in neuer Schriftfassung vorlag. Einer ganzen Generation ist so das heilige Buch zur Mangelware geworden. Die Regierung unternahm nur wenig, dieser Situation abzuhelfen, sondern forderte die Indoktrination in Nationalismus und Modernismus. Für viele Muslime bedeutete es einen Schock, daß Jugendliche über zwei Jahrzehnte lang überwiegend ohne nähere Kenntnis des Islam aufwuchsen, weil ihnen ja auch der Zugang zum Religionsunterricht wesentlich erschwert worden ist. Ich selber habe in Gesprächen mit älteren Türken immer wieder erfahren, welches Befremden gerade diese Politik in breiten Volksschichten ausgelöst hat, und eine solche Auskunft geben teilweise auch Leute, die grundsätzlich viele soziale Reformen Atatürks befürworten.

Atatürk hat sich nie zum Atheismus bekannt, aber da er keine Gelegenheit versäumte, Distanz zu religiösen Traditionen schroff zu demonstrieren, rückte er für viele orthodoxe Muslime zumindest in die Nähe der »Gottlosigkeit«. Er stellte am Islam jene Entartungserscheinungen, die sich tatsächlich lähmend auf die soziale und kulturelle Entwicklung ausgewirkt haben, derart in den Mittelpunkt seiner Agitation, daß er die religiöse Kernbotschaft (zu der er sich formal bekannte) eher beiläufig erscheinen ließ. Eine Reihe seiner Gesetze war geeignet, als »antiislamisch« verstanden zu werden, und konnte deshalb in der Türkei keinen Bestand haben. Bereits Anfang der fünfziger Jahre gab die Regierung Adnan Menderes dem Druck breiter Bevölkerungskreise nach, ließ die bis dahin in Illegalität dahindämmernden Koranschulen staatlich fördern und erlaubte dem Muezzin wieder den Gebetsruf vom Minarett, jetzt sogar über Lautsprecher. Und in den achtziger Jahren führte die Regierung Turgut Özal den Religionsunterricht an staatlichen Schulen ein und gestattete außerdem den Bau von Moscheen in Kasernen.

Atatürk hat mit seinem Radikalismus ganz gegen seinen Willen dazu beigetragen, daß es sich heute kein Reformer mehr leisten kann, eine konsequente Trennung von Religion und Politik zu befürworten, erst recht nicht, in irgendeiner Form Distanz zum Islam zu demonstrieren.

Westlich inspirierte Ideale der Aufklärung haben es – besonders nach der wenig einfühlsamen Radikalität eines Atatürk – bei einer Mehrheit der Muslime schwer. Viele Gläubige sehen weniger die positiven Auswirkungen, wie etwa die Befreiung aus den Fesseln verkrusteter Tradition; viel stärker ins Blickfeld rücken ihnen die Krisensymptome einer allgemeinen Verunsicherung.

Entsprechend mißtrauisch haben Muslime auch das Entstehen einer sozialistischen Ideologie in ihren eigenen Reihen beobachtet – eben weil sie eine solche Bewegung als »nichtislamischen« Import aus Europa begriffen. Die Kritiker hatten im Ansatz recht. Denn diejenigen Ideologen, die bereits während des 19. Jahrhunderts im türkischen und arabischen Herrschaftsbereich als erste von Sozialismus sprachen (sie verwendeten hier den arabischen Begriff »Ishtirakiya«, »Gemeinsamkeit«), waren ausnahmslos Angehörige christlicher Minderheiten, von ihrer Religion her naturgemäß besonders gegenüber Einflüssen aus Europa aufgeschlossen.

Ein Christ, Michel Aflak, war der Begründer der sozialistischen Baath-Partei, die heute noch, in zwei verfeindete Flügel aufgespalten, in Syrien wie im Irak unter muslimischer Führung die Macht ausübt. Die Programme beider Parteien definieren den Islam sehr säkular: nicht in erster Linie als göttliche Offenbarung, sondern als wertvolles »arabisches« Kulturerbe, und sie streben in diesem nationalistischen Sinn ein Wiedererstarken verschütteter Kräfte (Baath = Wiedergeburt) an.[10]

Für die Mitgliedschaft in der Baath-Partei ist es nicht entscheidend, Muslim zu sein, sondern »Araber«. Arabische Christen spielen bis heute eine Rolle innerhalb der Bewegung, auch wenn sie zahlenmäßig in der Minderheit sind. So konnte etwa der irakische Christ Tarik Aziz zum Außenminister in der Regierung Saddam Husseins aufsteigen und schließlich dessen Stellvertreter werden. Eine solche Begünstigung von Christen widerspricht noch nicht grundsätzlich dem traditionellen Toleranzverständnis des Islam. Aber daß ein Christ Urheber dieser Bewegung gewesen ist, nährt bei vielen Muslimen das Mißtrauen. Und wenn Baath-Ideologen bis heute von der Notwendigkeit einer »Erziehungsdiktatur durch die Partei« sprechen, sehen Muslime sich nicht zufällig an Lenin erinnert (von dessen Ideologie Michel Aflak tatsächlich manche Gedanken entlehnt hat).

Manche Parallelen zum Leninismus bestärken orthodoxe Muslime schließlich in dem Verdacht, mit der »sozialistischen Diktatur« käme der Atheismus auf zunächst kaum erkennbaren Schleichwegen in die islamische Welt. Daher richteten sie ihre Opposition sehr früh schon vor allem gegen die Führer der Baath-Parteien, und daran hat sich bis heute nichts geändert. Mit wachsendem Widerstand orthodoxer Muslime hatten sich seit den siebziger Jahren die Baath-Führer Hafis Al Assad in Syrien und Saddam Hussein im Irak auseinanderzusetzen, und zeitweise ist es auch zu Unruhen gekommen, besonders unter Fundamentalisten. Aber so wenig zimperlich die Baath-Führer gegenüber muslimischen Eiferern waren und sind, wenn es um die Erhaltung ihrer Macht geht (sie haben bisher jede Unruhe mit brutaler Militärgewalt unterdrückt), suchen sie doch die Verständigung mit religiösen Kräften. Um diese Haltung schon in Äußerlichkeiten zu dokumentieren, lassen sie ihre Manifeste stets mit der traditionellen Anrufung Gottes beginnen: »Im Namen Allahs ...« Tatsächlich ist weder in Syrien noch im Irak der Einfluß geistlicher Rechtsgelehrter aus der Politik völlig verdrängt worden, zudem hat sich der Religionsunterricht zentral im Erziehungswesen halten können.

Ähnliches gilt auch für alle anderen Republiken, die sich in der islamischen Welt offiziell zum Modernismus bekennen; keiner dieser Staaten kann in unserem Sinn als »säkularisiert« bezeichnet werden.[11]

Krieg der Konfessionen

Sunniten und Schiiten

Die Schiiten? Der Gefragte zog unwillig die Stirn in Falten. Die Schiiten, sagte er, seien keine richtigen Muslime, das seien bestenfalls halbe Muslime.

Die Antwort machte mich stutzig. Sie kam von einem Türken in Kayseri, östliches Anatolien. Er war einige Jahre als Gastarbeiter in Deutschland tätig gewesen, sprach relativ gut deutsch und schien sich zu freuen, mit mir in einem Teehaus nahe der Zitadelle zu plaudern. Andererseits strahlte er eine gewisse Reserviertheit aus, die ich mir nicht sofort erklären konnte. Das Gespräch ergab sehr bald, daß er sich als streng orthodoxer Sunnit begriff. Gerade in der Fremde, inmitten völlig anderer Sitten, sei sein Glaube stark geworden, versicherte er, und fuhr fort: Deutschland sei ein schönes Land, die Deutschen seien freundliche Leute ... Mich ließen solche Worte verlegen werden angesichts der Ressentiments, die ja viele Deutsche den »Gastarbeitern« entgegenbringen. Der Islam werde allerdings in Deutschland nicht genügend respektiert, schränkte er sein Lob wieder ein. Da mußte ich ihm zustimmen. Aber ausgerechnet er, der sunnitische Muslim, äußerte sich einem Deutschen gegenüber abwertend über die Schiiten.

Aus der Distanz erscheint mir diese Haltung keineswegs überraschend. Auch in unserem Kulturkreis können wir ja zur Genüge beobachten, daß sich Strenggläubige oft besonders strikt gegen »Ketzer« innerhalb der eigenen Religion abgrenzen. Schon eine Äußerung wie diese vermag daher eine Ahnung zu vermitteln, wie sehr auch im Islam das Bewußtsein einer Religionsspaltung bis auf den heutigen Tag schmerzlich lebendig geblieben ist. Und wie diese Spannung sich immer wieder in Ressentiments entladen kann.

Die Tendenz zur Spaltung ist bei Muslimen unmittelbar nach dem Tod ihres Propheten offenkundig geworden. Aber sie entzündete sich in erster Linie an politischen, nicht an theologisch-begrifflichen Erörterungen. Die Muslime hatten Schwierigkeiten, sich auf einen Nachfolger im Amt Mohammeds zu einigen. Die einen meinten, zur Nachfolge als »Kalif« (»Stellvertreter«) sei jeder ein guter Kandidat, sofern er nur Araber und ein vorbildlicher Muslim sei. Sie, die Sunniten, sollten später die Mehrheit von fast 90 Prozent aller Gläubigen bilden. Ihr Name leitet sich von »Sunna« ab; der Begriff läßt sich am besten mit »gewohnte Handlungsweise«, »herkömmlicher Weg«, »Tradition« übersetzen. Andere verkündeten, jeder Muslim, unabhängig von Volk und sozialem Stand, könne Kandidat sein. Sie, die Kharidschiten, sollten später wegen ihrer kompromißlosen Glaubenshaltung zahlenmäßig zur unbedeutenden Minderheit, zu einer »Sekte« herabsinken und nur noch im südlichen Arabien und Algerien kleine Rückzugsgebiete haben. Ihr Name bedeutet »die Abgesonderten«. Wieder andere meinten, nur ein Blutsverwandter des Propheten könne Nachfolger werden, und da Mohammed lediglich eine Tochter mit dem Namen Fatima hatte, entschieden sie sich für deren Gatten Ali Ibn Abi Talib und dessen Geschlechterfolge. Sie, die Schiiten, sollten später rund 10 Prozent der Muslime ausmachen. Ihr Name geht auf den arabischen Begriff »Schia«, »Partei«, zurück. Gemeint ist die Partei des Ali, des Schwiegersohns des Propheten Mohammed.

Es hat wegen dieses Nachfolgestreits blutige Kämpfe zwischen den Parteien gegeben, Machtkämpfe. Und doch war es nicht ein bloßer Kampf um Herrschaft, sondern auch um Prinzipien, denn sonst hätten sich die Gruppierungen nicht in Konfessionen spalten müssen. Die Sunniten neigten in Zukunft dazu, den Koran und Mohammeds mündlich überlieferte Aussagen als alleinige Glaubensquelle anzuerkennen, die Schiiten dagegen erweiterten das Spektrum noch durch die Korandeutungen ihrer »rechtmäßigen« Prophetennachfolger, des Kalifen Ali sowie dessen Sohn, des Prophetenenkels Hussein Ibn Ali. Und da Sunniten wie Schiiten allein ihre eigene Auffassung für »wahr« hielten, ist es zwischen ihnen – ähnlich wie zwischen christlichen Konfessionen – zu gegenseitigen Verdammungsurteilen aus Glaubensgründen gekommen.

Die Trennung äußert sich selbst im Ruf zum Gebet, wie er fünfmal jeden Tag aus den Lautsprechern der Minarette über Straßen und Häuser schallt. Allen Muslimen von Marokko bis Indonesien, von der Türkei bis Westafrika ist jener gedehnt auf Arabisch gesungene Text vertraut: »Gott ist am größten. Ich bezeuge, daß es keinen Gott gibt, außer Gott! Ich bezeuge, daß Mohammed der Gesandte Gottes ist!« Aber in schiitischen Moscheen setzt der Muezzin dem Glaubensbekenntnis einen weiteren Satz hinzu: »Ich bezeuge, daß Ali der Freund Gottes ist!« Für Sunniten eine Blasphemie: Wenn auch in ihrer Überlieferung Kalif Ali eine bedeutende Rolle spielt, erscheint ihnen eine besondere Hervorhebung im täglichen Gebetsruf wie eine Heiligenverehrung, sie aber gilt als »unislamisch«. Erst recht ist ihnen die Neigung der Schiiten suspekt, die zwölf Imame – direkte Nachkommen Mohammeds aus der Geschlechterreihe des Kalifen Ali und der Prophetentochter Fatima – als besondere Autorität in Glaubensfragen zu verehren. Umgekehrt lehnen die Schiiten viele Korandeutungen der sunnitischen Geistlichkeit ab, eben weil jene sich über unverbrüchlich »wahre« Interpretationen ihrer zwölf Imame hinwegsetzt.

Aus solchen Gegensätzen heraus ist es im Verlauf der Jahrhunderte immer wieder zu äußerst blutigen Machtkämpfen und »Glaubens«kriegen zwischen beiden Konfessionen gekommen. Sunniten wie Schiiten strebten gleichermaßen einen Staat an, in dem allein ihre geistlichen Rechtsgelerten die Richtlinien für eine »wahrhaft islamische« Sozialordnung bestimmten. Aber die ersten zwei bis drei Jahrhunderte hatten die Sunniten eine derart erdrückende politische Übermacht gebildet, daß die Schiiten als weit verstreute Minderheit bestenfalls nur geduldet, oft unterdrückt, verfolgt oder gar getötet wurden, also ihren Glauben nur im verborgenen leben konnten. Es gehört zum tragischen Schicksal der Schiiten, daß viele ihrer frühen Führer ermordet wurden – allen voran die Ahnväter ihrer Bewegung, Kalif Ali und sein Sohn Hussein, sowie die nachfolgenden Imame. Nach dem gewaltsamen Tod des zwölften Imam im Jahr 874 unserer Zeitrechnung war schließlich die direkte Nachkommenschaft aus der Familie des Propheten Mohammed und des Kalifen Ali erloschen. Aus dieser Situation heraus haben die Schiiten früh die Neigung entwickelt, Märtyrer ihrer Konfession besonders zu verehren. Und letztendlich hielten sie es sogar für eine »gottgewollte« Tugend, dem Vorbild solcher Märtyrer nachzueifern und unbeugsam wie sie bis zum »Opfertod« gegen eine »ungerechte« Herrschaft von »Ketzern« zu kämpfen. Es ist auch kein Zufall, daß viele Sklaven- und Bauernaufstände im islamischen Mittelalter und der frühen Neuzeit von sozial unterdrückten Schiiten gegen sunnitische Feudalherrn geführt wurden.

Allerdings sind die konfessionellen Fronten innerhalb des Islam nicht so holzschnittartig einfach geblieben, wie sie hier um der besseren Übersicht willen dargestellt sind. Sunniten und Schiiten bilden nur die Hauptgruppen, aus denen sich verschiedenste Untergruppen und Sekten abspalteten, die sich wiederum untereinander kritisierten und bekriegten – eine Entwicklung, wie wir sie ähnlich auch in der Kirchengeschichte beobachten können. Besonders die Schiiten haben sich in immer neue Richtungen aufgesplittert, weil sie sich nicht über die Frage einigen konnten, wie viele Imame in der Prophetennachfolge als höchste Autorität anerkannt werden sollten. So formte sich etwa die Bewegung der Siebener-Schiiten, weil sie nur sieben Imame in ihrer Traditionskette zulassen, oder die der Zwölfer-Schiiten. Bei der gebotenen Kürze muß es genügen, die Hauptströmungen im Auge zu behalten, die auch heute noch maßgeblich das Gesicht der islamischen Welt prägen.

Entscheidend verschärft hatten sich die Gegensätze, als es den sogenannten Zwölfer-Schiiten zu Beginn des 16. Jahrhunderts gelungen war, im Iran einen eigenen Staat mit beträchtlichem Großmachtsehrgeiz zu begründen. Dieser Staat prallte mit den Interessen eines ähnlich rücksichtslos aufstrebenden Großreichs zusammen: dem Sultanat der Osmanen; und damit entbrannte zwischen schiitischen Persern und sunnitischen Türken ein äußerst blutiger, verlustreicher Kampf um Einfluß auf die übrigen islamischen Gebiete, besonders den arabischen Raum. Diese heftig geführten Kriege während des 16. und 17. Jahrhunderts haben die konfessionellen Affekte bis heute wesentlich geprägt. Wie haßerfüllt Schiiten und Sunniten damals übereinander urteilten, erinnert lebhaft an die vergiftende Polemik zwischen Katholiken und Protestanten zur selben Zeit (Europa litt damals unter den unsäglichen Spannungen von Reformation und Gegenreformation), und hier wie dort haben sich Politik und Religion gefährlich vermischt.

Durch den Bericht des zeitgenössischen Forschungsreisenden Engelbert Kaempfer ist uns ein lebhafter Eindruck dieses gegenseitigen Fanatismus zwischen Sunniten und Schiiten überliefert; er schrieb 1684 nach einem Besuch als Gesandter der schwedischen Regierung am Hof von Isfahan: »So unerheblich uns der Unterschied zwischen Sunna und Schia erscheinen mag, so grimmig und unversöhnlich ist der Haß, mit dem sich die Anhänger der beiden

Richtungen verfolgen. Die Perser […] sind überzeugt, daß der Glaube der Türken so verkehrt sei, daß deren Seelen nach dem Tode sofort in bleierner Schwere in die im Mittelpunkt der Erde gedachte Hölle hinabstürzen, während die Seelen der anderen Ungläubigen erst am Jüngsten Tag gerichtet werden und bis dahin in der Geisterwelt verweilen dürfen. Scherzweise wird erzählt, daß, wenn eines Persers Fleisch mit dem eines Türken im gleichen Topf gesotten würde, die Brühe alsbald erstarre, wobei sich die beiden Bestandteile soweit als möglich abstießen.«[1]

Die Schiiten des Iran haben mit den Sunniten der arabischsprechenden Welt lange Zeit keine ähnlich explosiven Konflikte auszutragen gehabt; es fehlte der politische Zündstoff. Aber als sich schließlich auch dort aggressive Fronten herausbildeten, spielte das religiöse Argument eine größere Rolle. Der Streit entzündete sich in Mekka, dem Pilgerziel aller Muslime.

Probleme hatte es in Mekka keine gegeben, solange gemäßigte Sunniten die Oberhoheit über die Wallfahrtsstätte ausübten. Diesen Gläubigen war es selbstverständlich gewesen, daß man auch Muslimen mit anderer Konfession den Zutritt zur Kaaba ohne Schikanen gestatten sollte. Dies änderte sich, nachdem in Arabien die Dynastie der Saudi die Macht eroberte und in ihrem Gefolge eine fanatische Sekte geistig wie politisch den Ton angab: die Wahhabiten. Diese Eiferer im Namen Allahs (über die ich an anderer Stelle noch ausführlicher berichten werde[2]) bekämpften nicht nur erfolgreich den überall florierenden Aberglauben, wie er während der letzten Jahrhunderte vor allem die volkstümliche Religiosität überwuchert hatte. Sie verwarfen großteils auch die liberale Theologie innerhalb des Hochislam, die ihrer Meinung nach den Koran zu freizügig und daher »unislamisch« auslegte. Die Wahhabiten versuchten derart rigoros den Islam von allen »Verfälschungen« zu »reinigen«, daß man sie aus unserer heutigen Sicht als die ersten Fundamentalisten ihrer Religion bezeichnen kann. Mit den Schiiten aber prallten sie zusammen, weil sie deren Wallfahrtskult an den Grabstätten ihrer Imame schroff ablehnten – eine Verehrung von »Heiligen« sei vom Koran aus nicht gestattet und grenze an »Götzendienerei«, so argumentierten sie. Dem Tadel ließen sie Taten folgen. 1802 verwüsteten die Wahhabiten im südlichen Irak die Gedenkstätte von Kerbela, wo die Schiiten am Grab des Prophetenenkels Hussein zu beten pflegten. 1806 zerstörten sie in Medina den Friedhof Al Baqui, wo die Prophetentochter Fatima und vier der zwölf schiitischen Imame beerdigt sind.

Dies mußte als eine unversöhnliche Kampfansage an die schiitischen »Ketzer« verstanden werden, und dies geschah in einem Fanatismus, wie er von einem Großteil der Sunniten abgelehnt wurde. Zwar verloren die Wahhabiten und mit ihnen die Saudi rasch wieder ihre Macht in Arabien, worauf die Nachfolger gestatteten, daß die Schiiten die verehrten Gräber wieder restaurierten. Als aber zu Beginn des 20. Jahrhunderts die Saudi zum zweitenmal weite Teile Arabiens an sich rissen (seitdem sprechen wir von »Saudi-Arabien«) und damit wieder die Wahhabiten schroff puritanisch den Ton angaben, flammten die Affekte erneut auf. Noch einmal zerstörten die Wahhabiten die Gräber. Erst 1929 schlossen die Saudi – unter dem Druck gemäßigter sunnitischer Staaten – mit dem Iran einen Vertrag, wonach den Schiiten in Mekka endlich gleiche Behandlung wie den Sunniten garantiert wurde.[3]

Moderne Konfessionsstreitigkeiten im Islam

Sunniten wie Schiiten fällt es teilweise bis zum heutigen Tag schwer, gegenseitig zu völliger Toleranz zu finden. Aufschlußreich ist in dieser Hinsicht das theologische Gutachten, das der Rektor der Al-Azhar-Universität in Kairo, dem geistigen Zentrum des sunnitischen Islam, 1959 verkündete: Der Glaube der Schiiten sei als ein legitimer »muslimischer Ritus« anzusehen. Offenbar bedurfte es dieses Aufrufs von seiten der hochangesehenen Universität, um hartnäckig weiterbestehende Ressentiments abzubauen.

Aber seit im Iran 1979 eine sogenannte »islamische Revolution« radikale Schiiten an die Macht brachte, hat das mühsam ausbalancierte Gleichgewicht neuen Schaden genommen. Nun stehen den Wahhabiten in Saudi-Arabien Fanatiker mit ähnlichem Ausschließlichkeitsdenken im Iran gegenüber. Khomeini und seine Anhänger erklärten folgerichtig die Bewegung der Wahhabiten für ketzerisch und sprachen ihnen jegliches Recht ab, die heiligen Stätten in Mekka zu verwalten. Was dann geschah, ist nur eine »revolutionäre« Konsequenz. Khomeini proklamierte die Wallfahrt schiitischer Pilger nach Mekka als »politischen Ritus«, es gelte gerade an der Kaaba mutig für den »wahren Glauben« zu demonstrieren. Im

Sommer 1987 kam es schließlich in Mekka zu einem Gemetzel zwischen fanatisierten Schiiten und saudischen Sicherheitskräften, mehr als 400 Tote hat das Blutbad nahe der Großen Moschee hinterlassen – ein Schock, der aller Welt signalisierte, daß die Muslime nicht nur politisch, sondern weiterhin auch religiös gespalten sind.

Der radikale Schiit Khomeini ist für die Sunniten ein Stein des Anstoßes geblieben. So hat selbst das Todesurteil, das Khomeini 1989 über Salman Rushdie verhängte, dazu beigetragen, den Konfessionsstreit neu anzufachen. Weil sich die Rechtsgelehrten gerade der Al-Azhar-Universität von dem Todesurteil distanzierten, haben radikale Schiiten verstärkt gegen den Sunnismus polemisiert. Darauf hat wiederum ein angesehener sunnitischer Koraninterpret, der Ägypter Scheich Abd el-Munim el-Nimr, massive Vorwürfe gegen den iranischen Schiitenführer erhoben, und dies nun gezielt konfessionell: Khomeini ziehe mit verschiedenen Äußerungen einige der besten Freunde Mohammeds wie Kalif Abu Bekr und Kalif Omar »in den Schmutz«, nur weil diese – nach schiitischer Auslegung – gegen den Prophetenschwiegersohn Ali, das erste Oberhaupt der Schiiten, intrigiert hätten. In einem Artikel der Kairoer Tageszeitung *Al Ahram* zitierte der Religionsgelehrte entsprechende Belegstellen aus Khomeinis Büchern und klagte den Verfasser an, er habe die Muslime dazu aufgestachelt, besonders die Prophetengattin Aischa »mit Ausdrücken zu belegen, deren Niedertracht und Obszönität dem gleichkommt, was der verdammte und verhaßte Lügner [Salman Rushdie] behauptet hat.«[4] Aischa wird von den Sunniten sehr verehrt, wogegen die Schiiten sie distanziert betrachten oder gar ablehnen, eben weil auch sie den Prophetenschwiegersohn Ali bekämpfte.

Soziale Spannungen überlagern den Konfessionskonflikt

Eine Zeitlang waren westliche Beobachter versucht, sogar jenen von 1980 bis 1988 tobenden Krieg zwischen Iran und Irak als einen Krieg der Konfessionen aufzufassen. Als schlüssiger Beweis erschien ihnen die Propaganda, die Khomeini und seine Anhänger in die mörderischen Zermürbungsschlachten eingebracht haben: Die Iraner würden nicht nur gegen »irrende Muslime« für den »wahren

Glauben« kämpfen, sondern hätten auch noch die Schiiten im arabischen Raum von ihren »Unterdrückern« zu befreien. Eine derartige Propaganda zielte auf die besondere Situation im Irak, wo ungefähr 60 Prozent der Araber sich zur schiitischen Konfession bekennen, aber von Sunniten regiert werden. Trotz aller Werbung iranischer Ayatollahs um die »Brüder« im Irak ist aber dort die erwartete »schiitische Revolution« ausgeblieben. Mehr noch: Die irakischen Schiiten haben es mehrheitlich vorgezogen, weiterhin Seite an Seite mit Sunniten gegen die schiitischen »Befreier« aus dem Iran zu kämpfen, offenbar weil ihnen ein straff reglementierter Religionsstaat unter der Oberhoheit fanatischer Geistlicher weniger Vertrauen einflößt als das eigene Regime, das strikt auf eine Trennung zwischen Religion und Politik achtet. Auch überwiegt die tief eingewurzelte historische Feindschaft zwischen Arabern und Persern wohl alle konfessionellen Bedenken.

Man sollte sich also davor hüten, den Gegensatz zwischen Sunniten und Schiiten in der islamischen Gegenwart zu überschätzen. Unterschätzen sollte man ihn aber auch nicht. Zu denken geben müssen jene Unruhen, wie sie vermehrt in verschiedenen arabischen Ländern aufflammen, wo schiitische Minderheiten leben. So im Libanon, so in etlichen Golfstaaten, so auch in Saudi-Arabien. Überall dort treten Fanatiker mit religiösen Kampfparolen auf, formieren sich Geheimorganisationen im Namen der Schia, um der »Gerechtigkeit« zum Sieg zu verhelfen. Welcher Gerechtigkeit? Religiöse Parolen vermischen sich auffallend häufig mit sozialrevolutionären. Hier kommt ein neuer Ton ins Spiel, der aber, betrachtet man die gesamte islamische Geschichte, so neu nicht ist.

Gegen soziale Unterdrückung rebelliert haben Schiiten, seit sie eine Konfession bilden, denn einen Großteil ihrer Vergangenheit haben sie in verschiedenen Ländern verstreut als Minderheiten unter sunnitischer Herkunft gelebt, stets beargwöhnt, mehr oder weniger ausgebeutet und verfolgt. Die meisten Sklavenaufstände, die es in der islamischen Welt gegeben hat, wurden ja, wie schon erwähnt, von Schiiten angeführt – gegen Sunniten. Sklaven, Tagelöhner und sozial Entwurzelte sind in arabischen Ländern ebenso wie in der Türkei und dem Iran immer wieder dem Aufruf schiitischer Volksführer gefolgt, gegen die »unislamische« Zwangsherrschaft sunnitischer Kalifen, Sultane, Emire und Paschas zu kämpfen; dies geschah schon im frühen Mittelalter, dem sogenannten Goldenen Zeitalter des Islam, ebenso wie in den späteren Epochen allmählichen Niedergangs. Bis heute hat sich in etlichen arabischen Staaten an diesen Unrechtsverhältnissen nichts grundsätzlich geändert, noch immer werden hier und dort schiitische Minderheiten vom sozialen Aufstieg ausgeschlossen, ungeachtet der Gefahr, welcher Sprengstoff sich damit ansammelt.

Der Libanon bietet in diesem Fall das augenfälligste Beispiel. Dort haben sich die sunnitischen Araber wie später auch die sunnitischen Türken gegenüber Christen weit duldsamer gezeigt als gegenüber Schiiten; Angehörige einer fremden Religion erschienen ihnen demnach weniger provokant und auch weniger gefährlich als Abweichler innerhalb des eigenen Glaubens. Ein Verhalten, wie wir es ja zur Genüge vom christlichen Abendland kennen: Auch bei uns kämpften kirchliche wie weltliche Machthaber oft erbitterter gegen »Ketzer« in den eigenen Reihen als gegen die »Heiden«, weil sie sich von den ersteren unmittelbarer, vor allem politisch bedroht fühlten. Für die heutige Lage im Libanon ist es bezeichnend, daß zwar in einer ganzen Reihe von Dörfern Muslime und Christen Nachbarn sind (in »Koexistenz«, wie sie beiderseits betonen), aber in keinem einzigen Dorf Sunniten und Schiiten beieinander wohnen[5], so sehr haben sich die beiden Konfessionen auseinandergelebt; und in größeren Städten tobt längst schon der Krieg zwischen Sunniten und Schiiten, nicht nur zwischen Christen und Muslimen.

Schiiten bilden den Bodensatz der libanesischen Gesellschaft, sie werden von der christlichen Oberschicht ebenso hart ausgebeutet wie von den bessergestellten Sunniten. Christen und Muslime sind so gleichermaßen dafür verantwortlich, wenn die weitaus größte Zahl von Analphabeten, Hilfsarbeitern, Tagelöhnern und Arbeitslosen sich noch immer aus Schiiten rekrutiert. Und so muß es nicht wundern, daß Schiiten in revolutionärer Aufbruchstimmung nicht nur gegen die Privilegienherrschaft der libanesischen Christen Krieg führen, sondern inzwischen ebenso heftig die Ausbeutung durch Sunniten bekämpfen.

Sozialer Konflikt und Konfessionsgegensatz kommen hier verhängnisvoll zur Deckung. Und solange sich an dieser fatalen Konstellation im Nahen Osten nichts ändert (der Libanon bietet ja nur das herausragende Beispiel), wird der Konfessionsstreit im Islam weiterhin eine offene Wunde bleiben.

Gnostiker, Arianer, Donatisten, Monophysiten, Montanisten, Monotheleten, Maroniten, Paulikianer... Wer kennt sie heute noch, wer außer Fachgelehrten könnte in unserer Gegenwart noch exakt mit ihren Namen eine bestimmte Lehre verbinden? Und doch haben die teils sehr gegensätzlichen Glaubensgruppen lange genug entscheidend die Gemüter der Christen bewegt, haben sie vor die quälende Gewissensfrage gestellt, was denn nun »Wahrheit« sei. Die ersten Aufspaltungen in Konfessionen hatten sich bereits während der ersten Jahrhunderte angebahnt, als die Christen verfolgt wurden und sich oft nur an geheimen Plätzen zum Gedankenaustausch und Gottesdienst treffen konnten. Damals lebten die einzelnen Gemeinden noch ohne intensive Kontakte in weit voneinander entfernten Städten und Ländern. Aber gerade dies begünstigte die teils sehr unabhängige und eigenwillige Auslegung der Evangelien und Apostelgeschichten, die bis ins 4. Jahrhundert hinein in recht unterschiedlichen Abschriften vorlagen, mit Auslassungen, Umstellungen, Wortverdrehungen. Die Kulturvielfalt der »heidnischen« Welt tat ein übriges. Griechische und römische Philosophie, griechische und vorderasiatische Mysterienkulte, dies alles läßt sich als Einflüsse in christlichen Gemeinden nachweisen. In manchen Städten griffen griechisch gebildete Theologen auf Sprachbilder von Platonikern, Stoikern und Pythagoreern zurück, um die Wahrheit der Lehre Christi zu belegen, mehr noch, sie übernahmen teilweise auch deren Denkmethodik.

Auf Jahrhunderte hinaus ist so das Christentum eine sehr pluralistische Religion gewesen. Aber dies war kein freiwilliger Pluralismus, sondern durch soziale und politische Verhältnisse erzwungen. Die Autoren der Bibel, des Alten und des Neuen Testaments, drängten im Grunde alle auf klare Polarisierung: Angesichts von unterschiedlichen Aussagen über das Wesen Gottes erklären sie nur die eigene Deutung für richtig, alle anderen aber für mehr oder weniger falsch; dagegen blieb ihnen der Gedanke weitgehend fremd, daß sich das Göttliche auf verschiedenen Erfahrungsebenen recht unterschiedlich definieren ließ.

»Gehet ein durch die enge Pforte«, heißt es entsprechend bildhaft im Matthäus-Evangelium, »denn die Pforte ist weit, und der Weg ist breit, der zur Verdammnis abführet; und ihrer sind viele, die darauf wandeln. Und die Pforte ist eng, und der Weg ist schmal, der zum Leben führet; und wenige sind ihrer, die ihn finden. Sehet euch vor vor den falschen Propheten, die in Schafskleidern zu euch kommen, inwendig aber sind sie reißende Wölfe.«[6]

Die Angst vor »falschen Propheten« aus den eigenen Reihen ist ein Trauma schon des ersten Jahrhunderts gewesen, als die Evangelien entstanden. Verschiedene Mahnungen des Apostels Paulus machen besonders deutlich, wie sehr bereits die frühchristlichen Gemeinden durch Streit um die richtige Auslegung des Glaubens gespalten waren. An die Gemeindeältesten von Ephesus richtete er folgende Worte: »So habt nun acht auf euch selbst und auf die ganze Herde, unter welche euch der Heilige Geist gesetzt hat zu Bischöfen, zu weiden die Gemeinde Gottes. [...] Denn das weiß ich, daß nach meinem Abschied werden unter euch kommen greuliche Wölfe, die der Herde nicht verschonen werden. Auch aus euch selbst werden aufstehen Männer, die da verkehrte Lehren reden, die Jünger an sich zu ziehen.«[7] Und an den Christen Titus schrieb Paulus: »Denn es sind viel freche und unnütze Schwätzer und Verführer, [...] welchen man muß das Maul stopfen, die da ganze Häuser verkehren und lehren, was nicht taugt. [...] Um der Sache willen strafe sie scharf, auf daß sie gesund seien im Glauben.«[8]

Gerade daß Paulus so dachte, ist von enormer Bedeutung. Denn er war es, der innerhalb des Christentums den Ausgangspunkt für alle spätere Theologie geschaffen hat. Er hat wie kein anderer Apostel die geistige Brücke von der jüdischen und griechisch-römischen Kultur geschlagen und die Sprache gefunden, mit der sich die Botschaft Jesu und seiner Nächstenliebe den Nichtjuden, den »Heiden«, vermitteln ließ. Er hat den Christen auch das Fundament kirchlicher Organisationsformen gegeben. Nur auf den ersten Blick mag es verblüffen, daß eben dieser Paulus zuvor ein fanatischer Feind des Christentums gewesen war. Als er noch den jüdischen Namen Saulus trug, diente er der Religionspartei der Pharisäer, die die Hinrichtung Jesu zu verantworten hatte, und in deren Auftrag verfolgte er die Anhänger Christi mit äußerster Härte – bis zu dem geistesgeschichtlich höchst folgenreichen Bekehrungserlebnis vor den Toren von Damaskus (vermutlich im Jahr 34). Doch eben dieser Saulus, der sich zum Paulus wandelte, hat eine entscheidende Eigenschaft aus seinem früheren Leben in die neue Existenz hereingenommen: den Fanatismus. So wie er einst als Pharisäer alle

Abweichler vom orthodox jüdischen Glauben strikt bekämpfte, sah er nun seine Aufgabe darin, nicht minder energisch gegen alle Abweichler von der »reinen« christlichen Lehre vorzugehen. In diesem Sinn hat er wesentlich dazu beigetragen, daß eine pharisäische Tendenz im Christentum heimisch wurde und weiter wirkte. Natürlich konnte dies nur geschehen, weil er Rückhalt bei vielen ähnlich denkenden Christen fand.

Wir alle wissen, zu welchen Auseinandersetzungen dann die Glaubenszwiste geführt haben, als die Christen im Abendland die Macht errungen hatten. An die Stelle des Streits mit Worten trat die Ketzerverfolgung und schließlich der Glaubenskrieg. Aber das Bedürfnis nach uniformer geistiger Einheit, das rigide Einschwören auf *die* Kirche mit unantastbarer, unkritisierbarer Lehrgewalt hat letztlich genau das Gegenteil bewirkt: die Aufspaltung in verschiedene Kirchen und darüber hinaus in zahlreiche Sekten. Sobald die Machthaber nicht stark genug waren, Andersdenkende zu unterdrücken, haben sich um so hartnäckiger Gegenkirchen herausgebildet – auch sie mit der Meinung, die Lehre Christi allein »richtig«, »vom Heiligen Geist inspiriert«, zu deuten und zu leben. Die herausragenden, bis heute folgenreichsten Spaltungen haben sich zwischen der orthodoxen und der katholischen Kirche während des 11. Jahrhunderts sowie der katholischen und den protestantischen Kirchen während des 16. Jahrhunderts vollzogen.

Kaiser, Könige und Fürsten unterstützten meist die jeweilige Kirche innerhalb ihres Herrschaftsgebiets in dem Bestreben nach Einheit, denn wo der Untertan in einen uniformen Glauben gezwungen war, ließ er sich um so leichter auch in eine politische Ordnung zwingen. »Ein Staat, eine Kirche, ein Gesetz«, so lautete bereits der Wahlspruch des oströmischen Kaisers Justinian während des 6. Jahrhunderts, und viele sollten seinem Beispiel folgen.

Katholizismus und Protestantismus

Der Argwohn gegenüber »Irrlehren« hat die Christenheit bis weit in unsere Gegenwart gespalten. Keineswegs brachte die Reformation einen entscheidenden Wandel. Im Gegenteil. Die Fronten verhärteten sich sogar innerhalb der nun immer stärker sich aufsplitternden Gruppierungen.

Exemplarisch für diese Tatsache steht der gescheiterte Versuch der Reformatoren Martin Luther und Ulrich Zwingli, ihre Kirchen zu vereinen. Als sie sich im Oktober 1529 in der Universitätsstadt Marburg zu diesbezüglichen Gesprächen trafen, konnten sie in einem einzigen, für beide sehr wesentlichen Punkt keine Übereinstimmung erzielen: inwieweit beim Abendmahl der »Leib Christi« in geistiger Form tatsächlich in der Hostie enthalten sei (Luther) oder ob die Hostie nur die Zuwendung Christi zur Gemeinde symbolisiere (Zwingli). Solch ein Gegensatz genügte damals schon, einen scharfen Trennungsstrich selbst zwischen evangelischen Konfessionen zu ziehen. Wenn auch die protestantischen Neuerer den revolutionären Schritt wagten, daß sie den einzelnen Gläubigen – ohne Vermittlung eines Priesters – in der Bibel nach der »Wahrheit« forschen ließen, konnten sie sich andererseits keine Glaubensgemeinschaft vorstellen, in der verschiedene Auslegungen desselben Bibeltextes existierten. »Wahrheit« konnte ihrer Meinung nach nicht unterschiedliche Perspektiven haben, durfte nicht vom subjektiven Blickwinkel des Denkenden abhängig sein. Hier blieben sie, wie die katholische Kirche, doch noch dem mittelalterlichen Absolutheitsdenken verhaftet. Luther erwies sich in seiner Enttäuschung über Zwingli ganz als Traditionalist, indem er öffentlich äußerte: »Ich bekenne, daß ich den Zwingel für einen Unchristen halte mit all seiner Lehre.«[9]

Aus unserer heutigen Sicht ist es schwer nachvollziehbar, daß bereits ein solcher »Glaubens«disput eine weitere Spaltung bewirkte. Den beiden Reformatoren mußte schließlich klar sein, wie sehr sie mit ihrer dogmatischen Unnachgiebigkeit die politische Abwehrkraft gegenüber der katholischen Kirche schwächten, gegen die sie sich aus dem Gefühl gemeinsamer Bedrohung hatten zusammenschließen wollen. Aber weder Luther noch Zwingli dachten in erster Linie politisch und praktisch, sie dachten theologisch, und dem ordneten sie alle äußeren Realitäten unter. Auch zahlreiche katholische Würdenträger ließen sich von einer solchen Haltung leiten.

Aus eher politischen Motiven handelten dagegen viele Mitläufer wie auch Gegner der Reformation, und sie trugen das Ihre dazu bei, Kräfte zu entfesseln, die während des 16. Jahrhunderts die geistige Einheit des christlichen Abendlandes vollends zerbrechen ließen. Die Protestanten hätten kaum eine derartige Stoßkraft ihrer Bewegung entwickeln können, wenn nicht das aufstrebende Bürgertum sich aus der Bevormundung des Feudaladels sowie einer entsprechend feudalistisch strukturierten Kirche hätte befreien wollen – und in der Reformation das geeignete Vehikel zur Durchsetzung dieses Ziels sah. Auch half es den Lutheranern, daß etliche einflußreiche Fürsten sich auf ihre Seite schlugen, weil diese die Chance erkannten, im Namen der religiösen Erneuerung kirchlichen Besitz und damit mehr Macht an sich zu reißen. Umgekehrt demonstrierten die betroffenen katholischen Kirchenfürsten einen zähen Behauptungswillen, weil es nicht nur um die vielbeschworene »Einheit des Glaubens« ging, sondern auch darum, fette Pfründen und Privilegien zu verteidigen. Die Reform des religiösen Lebens bedeutete zwangsläufig eben auch eine Umverteilung von Macht, und diese doppelte Perspektive gab der Auseinandersetzung zwischen den Neuerern und den Traditionalisten die eigentliche Härte – bis hin zum sogenannten »Glaubens«krieg.

Wir sollten aber innerhalb dieser starken Verfilzung von Religion und Macht den religiösen Antrieb nicht unterschätzen. Zwar brachte das Zeitalter der Renaissance bereits eine starke Verweltlichung: Wissenschaft, Kunst und Politik rückten immer mehr den Menschen als Maßstab in den Mittelpunkt allen Denkens und lösten damit schrittweise das theozentrische Weltbild des Mittelalters ab. Die Reformation jedoch kann als der Versuch gelten, diese Verweltlichung in mancher Hinsicht aufzuhalten. Zum einen richtete sich der Protest der Reformatoren gegen die Entartungserscheinungen des Renaissance-Papsttums, zum andern aber auch gegen die Tendenz, Religion nur noch als gedankenloses Ritual zu praktizieren. Wenn die Reformatoren den Menschen mit seiner subjektiven Form des Erlebens stärker als bisher betonten – ein Einfluß der Renaissance –, ging es ihnen doch vornehmlich um ein religiös verinnerlichtes Erleben. Der Erfolg gab ihnen recht, sie vermochten in den Volksmassen gewaltige religiöse Energien zu entfesseln. Um so traumatischer mußte für viele Christen die Erfahrung sein: So sehr das Glaubensleben gestärkt wurde, stand am Ende doch nicht die *eine* gestärkte Kirche, sondern gab es mehrere Kirchen, die sich den Anspruch auf »Wahrheit« streitig machten. Der Pluralismus des Denkens, von der *einen* Kirche stets bekämpft, war nun – von allen ungewollt, auch von den Reformatoren – in einer sehr verzerrten, krisenhaften Form zur unumstößlichen Tatsache geworden. Ein solcher Schock nur läßt den Fanatismus folgerichtig erscheinen, durch den die »Gläubigen« »Glaubens«kriege entfachten, um, wenn es nicht anders ging, mit Zwang und Terror die »Einheit« wiederherzustellen. Die Angst vor dem Abgleiten in die totale Orientierungslosigkeit hat mehr zur Eskalation der Gewalt beigetragen als alles machtpolitische Nützlichkeitsdenken.

Aus einer solchen Angst heraus ist auch ein Großteil der »Ketzer« ermordet worden. Nicht zufällig stieg gerade in den geistig unruhigen Zeiten der Reformation und Gegenreformation, wo »Wahrheit« endgültig nicht mehr selbstverständlich vorgegeben erschien, die Zahl der »Ketzer«-Hinrichtungen bedrohlich an. Dies innerhalb der katholischen Kirche wie bei den Protestanten. Wenn auch das Bürgertum protestantisch regierter Städte damals in Ansätzen schon eine demokratische Verfassung entwickelte – dies in deutlicher Gegenbewegung zum Absolutismus der Fürstentümer –, so hat es selbst in sozial fortschrittlichen Stadtstaaten lange Zeit keine Demokratie in Glaubensfragen gegeben.

Ein herausragendes Beispiel einer derart protestantischen Ordnung lieferte der Reformator Jean (Johannes) Calvin im damals bürgerlich-progressiven Genf. In fanatischer Rechthaberei ließ er sich dazu hinreißen, den prominenten Religionsphilosophen und Humanisten Miguel Serveto 1553 wegen abweichender religiöser Meinung vor ein Gericht zu bringen. Serveto, der eben erst vor der katholischen Inquisition aus Lyon geflohen war und bei dem Katholikengegner Calvin Schutz gesucht hatte, mußte sich dem gestrengen Verhör einer protestantischen Inquisition aussetzen, und nicht anders als die Katholiken verurteilten nun die Calvinisten den »Ketzer« zum Tod auf dem Scheiterhaufen. Calvin antwortete auf die Frage, woher er die Gewißheit habe, daß seine Auslegung der Bibel richtiger sei als die der Katholiken und »Ketzer«: »Wir haben das Gefühl von der Wahrheit der Heiligen Schrift nicht weniger deutlich als von der weißen und schwarzen Farbe, dem süßen oder bitteren Geschmack.«[10]

Undenkbar blieb bei so viel Überzeugungsfanatismus aller Kirchen, daß zwei oder gar mehr Glaubensbekenntnisse in einem einzigen Staat nebeneinander existieren konnten. Diese galt für das gesamte »christliche« Abendland. Zu einer besonders grotesken Lösung ist es aber im deutschen Reich gekommen, das sich in viele Fürstentümer aufgliederte. Dort wurde nach der ersten Erschöpfung der kriegführenden Parteien im sogenannten Augsburger Religionsfrieden von 1555 entschieden: Die Untertanen hatten die Religion des Landesherrn anzunehmen, andernfalls waren sie zur Auswanderung gezwungen; nur in den freien Reichsstädten blieb es Katholiken wie Protestanten erlaubt, unbehelligt in Nachbarschaft zu leben. Was für eine Logik: Wenn demnach ein Fürst plötzlich zum evangelischen Glauben übertrat, sein Nachfolger aber wieder katholisch wurde, so hatte die Masse der Untertanen jeweils den Überzeugungswechsel ihres Regenten nachzuvollziehen – für die einen bedeutete dies einen Gewissenskonflikt mit oft tragischen Konsequenzen, bei anderen provozierte es geradezu die Bereitschaft zu oberflächlicher oder gar zynischer Anpassung. Bis zum Ende des Dreißigjährigen Krieges 1648 konnte sich dieses unmenschliche Gesetz halten, das auf die Dauer die Autorität der Kirchen eher untergrub als stärkte.

In keinem anderen Kulturkreis außer dem christlich-abendländischen hat die Glaubensspaltung zu derart aberwitzigen Folgen geführt: nicht in der islamischen Welt, obwohl gerade sie auch in ihren Fehlentwicklungen Parallelen zu unserer Kirchengeschichte aufweist, und gleich gar nicht im Hinduismus, Buddhismus, Daoismus, Shintoismus und Konfuzianismus, jenen ganz anders gearteten »östlichen« Geisteshaltungen.

Religiöse Randgruppen, sogenannte »Sekten«, wurden von katholischen wie protestantischen Landesherren gleichermaßen scharf bekämpft, sie hatten unter der extremen Intoleranz der Großkirchen jedes Daseinsrecht verwirkt. Um nicht zwischen den Machtblöcken zerrieben zu werden, sind bekanntlich viele dieser diskriminierten Sekten nach Amerika ausgewandert. Dort, auf jungfräulichem Boden, im Land der sogenannten »unbegrenzten Möglichkeiten«, glaubten sie sich der Chance näher, endlich frei ihre Überzeugung leben zu können. Das Dilemma aber war, daß auch sie nicht davon lassen konnten, das Krebsübel christlich-abendländischen Absolutheitsdenkens in die »Neue Welt« einzuschleppen. So sprachen sie zwar alle lautstark von Glaubensfreiheit, die meisten meinten damit aber nur die eigene Freiheit, nicht die der anderen. Immer wieder mußten Prediger wegen abweichender Meinung die Gemeinde verlassen – mit der Folge, daß diese »Ketzer« wiederum eine eigene »Sekte« gründeten und sich dann ebenso unnachgiebig gegen Andersdenkende abgrenzten. Besonders berüchtigt sind die Puritaner von Boston geworden, die während des 17. Jahrhunderts ganz im Stil der katholischen Kirche Ketzerprozesse und Hexenverbrennungen durchführen ließen. Eine paradoxe Situation: In der »Neuen Welt« formte sich erstmals in der christlich-abendländischen Geschichte eine Staatsverfassung, die allen Bürgern gleich welcher Konfession Glaubensfreiheit gewährte – aber die verschiedenen christlichen Gemeinschaften haben diese Art von Demokratie in ihren eigenen Reihen meist nicht gelten lassen. Es hat bis zum 20. Jahrhundert gedauert, daß für die US-Bürger die verfassungsrechtlich verankerte Glaubens- und Gewissensfreiheit breitenwirksam und überregional selbstverständlich geworden ist.

Zur höchsten Steigerung konfessioneller Streitigkeiten und Rivalitäten ist es in Europa durch den Dreißigjährigen Krieg gekommen. Keinen Religionskrieg haben Christen ausdauernder, fanatischer und grausamer geführt als diesen »Entscheidungskampf« zwischen Katholiken und Protestanten. Und doch: Gerade der Dreißigjährige Krieg demonstrierte auch wieder, wie sich religiöse Intoleranz und machtpolitisches Denken gegenseitig durchdrangen. Dieser Krieg begann ja als ein Konflikt zwischen dem (katholischen) Kaiser aus dem Haus Habsburg und den (evangelischen) Ständen Böhmens, die sich gegen die Ausdehnung kaiserlicher Regierungsgewalt wehrten. Derselbe Krieg erreichte aber langfristig genau das Gegenteil von dem, was er seinen offiziellen Proklamationen nach wollte: Er ist zum letzten »Glaubens«krieg geworden; denn noch mitten im erbitterten Kampf wurde die »Einheit der Religion« als oberstes Ziel aller Politik aufgegeben. Das erste wegweisende Signal in dieser Richtung setzten die katholischen Franzosen, als sie 1635 in den Krieg eintraten – sie verbündeten sich mit den evangelischen Schweden; gemeinsam zogen sie gegen die katholischen Habsburger. Den Franzosen war es wichtig, die Habsburger in ihrer politischen Vormachtstellung zu schwächen, »Staatsräson« hatte Vorrang vor Glaubenskrieg. Jener Politiker, der diese zynisch-modern anmutende Entscheidung fällte und damit jedem orthodoxen Katholiken ein Dorn im Auge sein mußte, war Kardinal Richelieu. Ausgerechnet ein Mann der Kirche (zumindest dem offiziellen Titel nach) hatte hier wie kein anderer maßgebend die Weichen gestellt.

Zu einer weiteren paradoxen Frontenverkehrung kam es fünf Jahrzehnte später, als die Türken 1683 Wien belagerten. Seite an

Seite mit Muslimen kämpften Soldaten des protestantischen ungarischen Adels gegen Wien. Auch hier die unselige Verquickung von Religion und Machtpolitik. Ungarns Protestanten, damals noch zahlreich, wollten ihre Heimat und den Osten Österreichs lieber durch einen Pascha des Osmanensultans regiert sehen als durch die Habsburger. Denn unter dem islamischen Halbmond konnte jede christliche Konfession als »Buch«-Religion ihren Glauben leben, dagegen waren nichtkatholische Christen unter den Habsburgern noch Jahrzehnte nach dem Dreißigjährigen Krieg unverändert als »Ketzer« abgestempelt und wurden hart verfolgt (erst unter Joseph II., dem Sohn Maria Theresias, ist es 1781 zum Toleranzedikt gekommen). Unter osmanischer Herrschaft konnten Ungarns Adlige außerdem mehr politische Eigenständigkeit bewahren als unter den Habsburgern, auch dies war damals ein Grund, die türkische einer österreichischen Regierung vorzuziehen.

Kuruzzen – »Kreuzritter« – nannten sich jene ungarischen Protestanten, die mit Hilfe von Muslimen gegen Katholiken kämpften; und dieser Name hat sich unter den Österreichern speziell abgewandelt bis zum heutigen Tag, wenn auch in seiner ursprünglichen Bedeutung kaum mehr bewußt, als Fluch erhalten: »Kruzitürken« (»Kreuztürken«).

Der Nordirland-Konflikt und andere späte Ausläufer des christlichen Konfessionshaders

Erst die Aufklärung brachte in Europa die verfassungsrechtlich garantierte Gleichberechtigung der verschiedenen christlichen Religionsbekenntnisse. Und doch hat der Konfessionshader in etlichen Ländern alle geschriebene Verfassung, alle Entwicklung zum säkularen Gesellschaftssystem überdauert. Dies vor allem dann, wenn sich der konfessionelle Gegensatz mit sozialen und nationalen Barrieren deckt.

Am auffälligsten können wir – bis heute – einen solchen Sachverhalt in Nordirland beobachten, wo der britische Kolonialismus ein unseliges Erbe hinterlassen hat. Jahrhundertelang lebte das gesamte Irland unter englischer Herrschaft, und der Konfessionskonflikt hat seine besondere Schärfe und auch Dauer bekommen, indem die englische Oberschicht protestantisch war, die Iren aber katholisch blieben. Ja, die Iren konnten ihren Widerstand gegen die landesfremde Herrschaft gerade in der Weise besonders signalisieren, indem sie sich fast durchweg der Religion der Besatzer verweigerten. Der Gegensatz wurde um so explosiver, je mehr die Engländer Anfang des 17. Jahrhunderts in die nordirische Provinz Ulster protestantische Siedler einwandern ließen. Das Ziel war eindeutig: Die Katholiken sollten in Nordirland zur Minderheit gemacht werden. Von Liberalisierung der konfessionellen Gegensätze konnte bis ins 20. Jahrhundert keine Rede sein, weil die Protestanten die Katholiken von allen Schlüsselstellungen in Politik und Wirtschaft fernhielten und ihnen jede Emanzipation versagten. Als sich Irland 1921 seine Unabhängigkeit erkämpfte, wurde die nordirische Provinz Ulster auf Druck der dortigen Protestanten an Großbritannien angegliedert. Und so haben sich dort die alten Gegensätze erhalten: Politisch und sozial privilegiert bleibt der Protestant, der »britisch« empfindet, kraß benachteiligt der Katholik, der sich nach wie vor als »Ire« versteht. Inzwischen tituliert man Nordirland als den Libanon Europas. Die Parallelen sind, bei allen Abweichungen im Detail, nicht zu leugnen. Nordirland ist heute der letzte europäische Winkel, in dem es noch lebensgefährlich sein kann, zur »falschen« Konfession zu gehören. Nach 25 Jahren blutigem Bürgerkrieg gab es erst im Sommer 1994 erste Anzeichen zu einer friedlichen Beilegung des Konflikts.

Es braucht nicht zu wundern, daß auch im deutschen Raum, zumindest bis Mitte des 20. Jahrhunderts, der konfessionelle Affekt hartnäckig überdauert hat. Denn hier haben Religionskriege und politischer Terror nicht – wie in vielen anderen Ländern Europas – eine eindeutige Mehrheit für eine der beiden großen Glaubensgemeinschaften schaffen können. Und so haben sich zwischen den nur oberflächlich befriedeten Konfessionen zahlreiche Reibungsflächen erhalten, vor allem dann, wenn der eine oder andere Machthaber innerhalb seines Bezirks entweder die Katholiken oder Protestanten kraß bevorzugte. Aber auch jenseits aller politischen Fronten blieb der deutsche Alltag noch zu Beginn des 20. Jahrhunderts tief vom Gegensatz der Konfessionen geprägt. Wo Katholiken und Protestanten in benachbarten Dörfern oder gar Straßenzügen lebten, haben sich Jugendliche beider Glaubensbekenntnisse teils handfeste Straßenschlachten geliefert, die weit über die bloße Rauferei hinausgingen, haben Pfarrer zum Kaufboykott bei Andersgläubigen aufgerufen, hat der Kampf um Konfessionsschulen oder die Frage der Mischehe ganze Sippen und Dörfer in tiefverfeindete Cliquen aufspalten können.[11]

Aber selbst noch in den fünfziger Jahren haben sich hartnäckig stereotype Vorurteile gegenüber der »anderen Seite« halten können; so bei den Protestanten, die Katholischen seien »falsch« und »fanatisch«; so umgekehrt bei den Katholiken, die Evangelischen seien »zu lau«, »zu wenig religiös«. Parallel dazu haben sich noch immer manche Firmen erlaubt, nur Mitarbeiter einzustellen, die der gleichen Konfession wie der Firmeninhaber angehörten – in deutlicher Mißachtung des Grundgesetzes von 1949, wo es heißt, niemand dürfe wegen seines Glaubens benachteiligt werden.

Solche Tatbestände mögen heute der jüngeren Generation, die derartiges nicht mehr aus eigener Anschauung kennt, sehr exotisch und unwahrscheinlich vorkommen. Denn innerhalb von nur zwei Jahrzehnten hat sich in dieser Hinsicht die Situation grundlegend geändert. Es begann, als Anfang der sechziger Jahre sowohl die katholische als auch die protestantischen Kirchen sich zur »Ökumene« bekannten und dazu aufriefen, das »Gemeinsame« über das »Trennende« zu stellen. Die Auswirkungen auf das Verhalten der Gläubigen war tiefgreifend, so als ob es nur noch der offiziellen Absegnung bedurft hätte, um der angestauten Bereitschaft zum Ausgleich der Konfessionsgegensätze endlich freie Bahn zu geben. »Ökumene« ist zum Schlagwort geworden, bei aller Neigung konservativer Kräfte, den Wandlungsprozeß in seinem Tempo wieder zu bremsen. Schon Mitte der siebziger Jahre gehörte es für Bürgermeister selbst in stadtferneren Dörfern mit konfessionell gemischter Bevölkerung zum Prestige, auf die ökumenischen Fortschritte in ihrer Gemeinde zu verweisen und zu betonen, wie gut »die Zusammenarbeit zwischen Katholiken und Protestanten« auf allen Verwaltungsebenen sowie im privaten Bereich funktioniere.[12] Auch sind inzwischen an den Sonntagvormittagen im Rundfunk sowohl der Bundesrepublik als auch Österreichs die ökumenischen Morgenfeiern Selbstverständlichkeit, wo sich Geistliche aus verschiedenen christlichen Konfessionen – zusätzlich manchmal auch ein Rabbiner – zu einem gemeinsamen religiösen Thema äußern.

Aus meiner eigenen Erfahrung als Großstadtbewohner kann ich ergänzen: Nur bei weiterhin traditionalistisch gesinnten Christen hört man hier und da noch die gängigen Vorurteile über die andere

Konfession, am ehesten bei älteren Leuten, die ein solches Denken ein ganzes Leben begleitet hat. Im allgemeinen aber steht, falls religiöse Themen zur Sprache kommen, der Konfessionengegensatz kaum noch zur Debatte; im Gegenteil, ein liberaler Protestant mag in einer Diskussion mehr Gemeinsames bei einem liberalen Katholiken entdecken als bei einem konservativen oder gar »reaktionären« Protestanten (und umgekehrt). Hier ist der Gegensatz protestantisch-katholisch überlagert durch den Gegensatz modern-traditionalistisch.

Die konfessionellen Spannungen im »christlichen« Abendland haben allerdings auch noch aus einem völlig anderen Grund ihre Schärfe verloren – und in dieser Hinsicht sogar viel nachhaltiger: Je mehr Bürger sich von den Kirchen distanzieren, ja überhaupt religiös gleichgültig werden, um so weniger messen sie den Unterschieden von Konfessionen noch Bedeutung bei.

»Abtrünnige« und »Ketzer« im Islam

Wenn Muslime zu einem anderen Glauben übertreten

»Die aber, welche unsere Zeichen des Betrugs beschuldigen und sich übermütig davon abwenden, die sollen des Höllenfeuers Gefährten sein und ewig darin bleiben.«[1]

So steht es in der 7. Sure des Koran. Das Verdammungsurteil richtet sich gegen all jene, die im islamischen Glauben erzogen wurden, dann aber die Segnung der höchsten und letztlich »einzigen« vollkommenen Wahrheit zurückwiesen. Wenn auch der Koran vorschreibt, Nachsicht zu üben mit »Götzendienern, [...] denen die Wahrheit nicht offenbar wurde«[2], und wenn der Muslim nach der Maßgabe des Heiligen Buches erst recht mit Christen und Juden tolerant umzugehen hat – die Milde macht vor »Abtrünnigen« halt. Zwar enthält der Koran keine Anweisung, die Betreffenden hinzurichten, aber geistliche Rechtsgelehrte haben schon im 8. Jahrhundert derartiges aus der koranischen Drohung des Höllenfeuers abgeleitet. Hinrichtung drohte schließlich sogar einem Muslim, wenn er zu den tolerierten »Buch«-Religionen Christentum und Judentum übertrat, denn auch dann begab er sich ja mutwillig von der höchsten Stufe der Wahrheit auf eine mindere herab. Zur Abschreckung war der Vollzug oft sehr grausam. So spießte man unter osmanischer Herrschaft den Verurteilten mit einem Pfahl auf, aber so »kunstvoll«, daß der Betroffene noch stundenlang unter Qualen lebte und zur Schau öffentlich ausgestellt werden konnte.

Welch barbarischer Fanatismus, so mag schaudernd der Christ unserer Tage denken, wenn er von solchen Torturen um des Glaubens willen liest. Aber er braucht historische Quellen nur etwas eingehender zu studieren, um zu entdecken, daß Christen für Abtrünnige ebensowenig Verständnis aufbrachten. Ein Christ, der zum Islam übertrat und dann von seinen Glaubensbrüdern gefaßt wurde, mußte im Osteuropa des 17. Jahrhunderts während der Türkenkriege ebenfalls damit rechnen, gepfählt zu werden.[3] Rückhalt für eine solche Praxis konnten Christen genauso in ihrer Heiligen Schrift finden; die Richter brauchten nur die mosaischen Anweisungen des Alten Testaments für die christliche Gegenwart als aktuell zu betrachten. Es ist in diesem Zusammenhang an jene bereits erörterte Textstelle im fünften Buch Mose zu erinnern, wo der Gläubige aufgefordert wird, selbst die eigene Familie oder den besten Freund zu töten, falls diese von dem *einen* Gott abfallen sollten.[4] Zudem heißt es im dritten Buch Mose: »Welcher des Herrn Name lästert, soll des Todes sterben.«[5] Und was konnte als größere Gotteslästerung angesehen werden, als daß man sich von Ihm, dem einzigen wahren Herrn, abwandte und eine »falsche« Gottheit zu verehren vorzog.

Im »christlichen« Abendland hat der barbarische Brauch, Glaubens»verräter« grausam zu töten, endgültig unter dem politischen Druck der Aufklärung ein Ende gefunden. In der islamischen Welt jedoch, wo die Ideale der Aufklärung unserem pluralistischen Verständnis gemäß nur punktuell Fuß gefaßt haben, hat sich ein derartiger Wandel erst abgeschwächt durchsetzen können. Man hört zwar heute selbst aus Ländern mit einer starr orthodoxen Ausrichtung kaum mehr von Hinrichtungen »Abtrünniger«, die sich zum Christentum haben bekehren lassen, aber Gefängnisstrafen können dort den Betreffenden schon noch drohen. Allerdings fordern Fundamentalisten hier und da wieder – gegen den Widerstand liberaler Muslime – die Einführung der Todesstrafe für alle Konvertiten. Und in Afghanistan ist unter dem Regime der Taliban aus dieser Forderung bereits Gesetz geworden. Aber es bleibt (vorerst?) bei diesem einen Beispiel. Stärkere Konflikte über eine derartige Frage sind in islamischen Ländern bisher ausgeblieben, weil es kaum einmal vorkommt, daß Muslime zum Christentum oder Judentum übertreten.

Ein viel größeres Problem stellen dagegen Religionsgemeinschaften dar, die innerhalb des Islam abweichende unorthodoxe Glaubensformen entwickelten. Etliche von ihnen sind dem Verdacht schwerer Ketzerei ausgesetzt: so die Alawiten und Aleviten, so die Drusen (um nur jene zu nennen, die auch bei uns im Westen bekannt geworden sind). Viele Gläubige werfen den Alawiten und Aleviten vor, sie seien nur »halbe Muslime«, den Drusen gar, sie würden dem Islam in ganz entscheidenden Glaubensfragen fernstehen. Entsprechend steigert sich die Ablehnung und geht gelegentlich in massive Verfolgung über.

Eine Religionsgemeinschaft aber hat nach Ansicht aller Muslime dem Islam völlig den Rücken zugekehrt: die der Bahai. Im Unterschied zu den Alawiten, Aleviten und Drusen sind die Bahai durchweg als Nicht-Muslime definiert. Auf sie konzentriert sich der stärkste Affekt.

Betrachten wir im folgenden die Glaubensinhalte, durch die ein Muslim zum »Ketzer« oder darüber hinaus zum »Abtrünnigen« werden kann.

Die »Ketzerei« der Alawiten und Aleviten

»Alawi« im Arabischen, »Alevi« im Türkischen: beide Bezeichnungen bedeuten »Gefolgsleute des Ali«. Gemeint ist Ali Ibn Abi Talib, der Ahnherr aller schiitischen Bewegungen, der vierte Kalif des Islam, der Vetter und Schwiegersohn des Propheten Mohammed. Damit geben sich die Alawiten und Aleviten – trotz aller Distanz zu den orthodoxen Schiiten – als Anhänger schiitischer Bewegungen zu erkennen.

Entstanden ist diese Glaubensgemeinschaft während des 9. Jahrhunderts in Syrien und hat sich von dort über weite Teile Anatoliens ausgebreitet. Sie hat sich gespalten in eine arabische Bewegung, die der Alawiten, und eine türkische, die der Aleviten. In Syrien bilden die Alawiten heute eine Minderheit von 11 Prozent der Bevölkerung (gegenüber 70 Prozent Sunniten, 4 Prozent orthodoxen Schiiten, 3 Prozent Drusen, 12 Prozent Christen). In der Türkei ist der Anteil der Aleviten um vieles höher: 20 bis 25 Prozent der Bevölkerung (neben 75 bis 80 Prozent Sunniten); die Schätzungen schwanken. Von den in Deutschland wohnenden 2,5 Millionen Türken bekennen sich rund 700 000 zum Glauben der Aleviten.

Ihre Bewegungen haben im Vorderen Orient schon seit Jahrhunderten eine wichtige Rolle gespielt, aber ins westliche Medienbewußtsein sind sie erst während der letzten drei Jahrzehnte gerückt.

Den Anfang machten die syrischen Alawiten. 1970 konnte es ihnen gelingen, im Bündnis mit anderen religiösen Minderheiten, den Drusen und Christen, durch einen Militärputsch an die Macht zu gelangen. Ihr politischer Führer Halif Al Assad regierte von 1970 bis zu seinem Tod im Juni 2000 unangefochten. Ausgerechnet der Führer einer Minderheit konnte also im politisch stark aufgefächerten und labilen Syrien eine festgefügte Ordnung herstellen. Assad verstand es wie kein anderer, zwischen den widerstreitenden religiösen Interessengruppen geschickt zu vermitteln und sie taktisch gegeneinander auszuspielen. Aber nachdem dieser meisterhafte Taktiker gestorben ist, muß es offen bleiben, ob sein Sohn und Nachfolger Baschar Al Assad mit ähnlichem Geschick die prekäre Vormachtstellung der Alawiten noch auf längere Zeit halten kann. Die sunnitische Mehrheit wartet auf die Chance, um (möglicherweise mit Gewalt) an die Macht zurückzukehren.

1993 sind die türkischen Aleviten erstmals in die Schlagzeilen der Weltpresse geraten. Der Anlaß war tragisch. In jenem Jahr zündeten sunnitische Extremisten während eines Kulturfestivals in der osttürkischen Stadt Sivas ein Hotel an, 37 alevitische Künstler und Intellektuelle verbrannten oder erstickten. Daraufhin erschütterten schwere Unruhen die Türkei. 1995 brachen noch stärkere Unruhen landesweit aus, nachdem radikale Sunniten in Istanbul ein Attentat auf Aleviten verübt hatten. Solche Explosionen sind aber nur die auffälligsten Anzeichen eines untergründigen, über Jahrhunderte schwelenden Dauerkonflikts zwischen Sunniten und Aleviten.

Ich habe etliche Alawiten und Aleviten über die Unterschiede zwischen ihrer Glaubensrichtung und der sunnitischen befragt. Sowohl von Alawiten als auch von Aleviten bekam ich zu hören: Sie seien viel freier in ihrem Ritus als die Sunniten; sie fänden es unnötig, fünfmal täglich zu beten, die Fastengebote des Ramadan zu halten und eine Wallfahrt nach Mekka zu unternehmen; und ihre Frauen würden viel größere Freiheiten genießen als die der Sunniten.

Es sind seltsam vage Antworten. Können die hier angeführten Antworten schon genügen, im Glauben der Alawiten und Aleviten etwas »Halbislamisches« oder gar »Unislamisches« zu entdecken? Dann müßte ein solcher Vorwurf auch schon manche Sunniten treffen, die es mit den traditionell vorgeschriebenen Verhaltensformen nicht so genau nehmen. Gerade in den modernen Ballungsräumen der Türkei wird beispielsweise der Fastenmonat Ramadan auch von vielen sunnitischen Muslimen nicht eingehalten, ebensowenig erscheint ihnen die Wallfahrt nach Mekka wichtig.

Kommen wir zu tiefergehenden Unterschieden.

Alawiten und Alewiten feiern aus besonderer Verehrung für Jesus Weihnachten und Ostern, auch halten sie zeitweilig eine Art Gedächtnismahl ab, das an das Heilige Abendmahl erinnert. Nicht genug damit. Sie verehren in besonderem Maß die Jungfrau Maria, ja sie betreiben in mancher Hinsicht einen Marienkult wie Katholiken. Ich lernte einen in Wien wohnenden Aleviten kennen, der zum niederösterreichischen Marienwallfahrtsort Maria Schutz reiste, um dort heiliges Wasser in eine Flasche abzufüllen, das angeblich Krankheiten heilt – und dieses Marienwasser brachte er seiner Mutter in die Türkei. Ist aber das schon »unislamisches« Verhalten?

In Syrien etwa pilgern sunnitische Muslime zu einem Kloster im christlichen Wallfahrtsort Sednaya nahe Damaskus, um dort neben syrischen Christen vor dem Marienbild um Hilfe bei Augenleiden und Unfruchtbarkeit zu beten. Wenn jedoch diese Art von Volksislam im Gegensatz zum orthodoxen Glauben steht, dann sind die Widersprüche nicht größer, als wenn in Lateinamerika katholische Indios zur Jungfrau Maria als einem gnadenspendenden Fruchtbarkeitsidol beten. Alle Muslime verehren Jesus als großen Propheten, darüber hinaus hat die Jungfrau Maria in der islamischen Tradition ihren Platz (wenn auch nicht als Gottesmutter). Daher sind solche Formen von Heiligenverehrung aus der Sicht der Orthodoxie zwar nicht wirklich anerkannt, aber doch geduldet.

Der eigentliche Konfliktpunkt zwischen Sunniten und Alawiten wie Aleviten liegt woanders. Und auf dieses heikle Problem kommen die »Ketzer« nicht gerne zu sprechen. Ich konnte die Erfahrung machen, daß Alawiten wie Aleviten tiefergehenden Fragen immer wieder ausweichen. Dieses Ausweichen hat eine lang zurückreichende Tradition, denn klare Auskunft über ihren Glauben hat früher in sunnitischer Umgebung stets für Zündstoff gesorgt. Was ist dieser eine Punkt?

Die Aleviten stellen Kalif Ali, den Ahnherrn aller Schiiten, in ihrer Verehrung höher als den Propheten Mohammed. Ali sei eine menschgewordene Erscheinung Gottes. So wie Gott einst in Jesus erschienen sei, so habe Gott sich auch in Ali offenbart, erklärte mir ein Alevit. – Wie aber stehe es dann mit Mohammed, fragte ich. – Mohammed habe den Koran als Offenbarung von Gott empfangen, antwortete der Alevit. In Ali jedoch wohne der reine Geist Gottes. Ali habe den mündlich offenbarten Koran schriftlich fixiert, und diese schriftliche Fassung sei die einzige reine, unfehlbare Fassung. Den Koran des Ali hätten die Gegner vernichtet, deshalb existiere nur noch die verfälschte Koranfassung, wie sie die Sunniten unter Kalif Othman veröffentlicht hätten. Aber weiterhin existiere bei den Aleviten das geheime Wissen einiger weiser Männer über die einstige reine Fassung des Koran.

In solcher Auskunft liegt Sprengstoff: Ali als der Ahnherr der Schiiten sei göttlich und in seiner Interpretation des Koran unfehlbar. Ali sei der eigentliche Vollender des Islam, nicht Mohammed. Diese Aussagen richten sich nicht nur gegen den Glauben der Sunniten, sondern auch der Schiiten. Zwar verehren die Schiiten Ali als ihren Ahnherrn, aber er bleibt in der Hierarchie eindeutig Mohammed untergeordnet, Ali gilt ihnen nur als der würdigste Nachfolger im Amt des Kalifen. Eine schwere Ketzerei bedeutet es Sunniten wie Schiiten, Ali als eine göttliche Erscheinung zu verehren – dies gilt ihnen als eine Parallele zu dem, was die Christen aus Jesus gemacht haben: einen Sohn Gottes.

Solche Gegensätze machen erst deutlich, weshalb viele Sunniten wie Schiiten den Aleviten das Recht absprechen, sich in vollwertigem Sinn als Muslime zu bezeichnen. Oft zeigen sich Sunniten wie Schiiten gegenüber Christen und Juden toleranter als gegenüber Aleviten, denn schließlich gelten das Christentum und das Judentum als Vorläufer-Religionen des Islam. Dagegen werden Aleviten mit ihrem Glauben mehr oder weniger schon als Abtrünnige von der höchsten Glaubensform, dem Islam, eingestuft.

Ihre Außenseiterrolle hat die »Ketzer« im Verlauf der Jahrhunderte immer wieder politisch aktiv werden lassen. Besonders gilt dies für die Aleviten. In den östlichen Regionen Anatoliens waren es überwiegend sie, die sich – weil selber sozial an den Rand gedrängt – zu Anwälten der sozial Unterdrückten machten. Aleviten führten meist die großen Aufstände notleidender Bauern und Landarbeiter gegen die sunnitischen Feudalherren an. Das geschah hauptsächlich vom 14. bis zum 16. Jahrhundert. Aber die Aleviten blieben bis zum Zusammenbruch des Osmanenreiches eine latente Bedrohung für die Sultane, denn sie zeigten sich bereit, jede Schwächung sunnitischer Herrschaftsideologie zu fördern, schließlich hofften sie, auf diese Weise ihren eigenen Freiheitsraum zu erweitern.

Kein Zufall konnte es sein, daß besonders Aleviten sich engagiert der Reformbewegung von Atatürk anschlossen. Ihre Führungskräfte traten wesentlich entschiedener als die meisten sunnitischen

Reformer für eine Trennung von Politik und Religion, für das Ideal eines säkularen und laizistischen Staates ein. Atatürk hätte seine Reform kaum derart erfolgreich durchführen können, würden ihm nicht die Aleviten, gerade alevitische Bauern, die Massenbasis geliefert haben.

Aleviten sind es auch, die heute in der Türkei am entschiedensten die Ideale eines säkularen und laizistischen Staates verteidigen. Wie keine andere religiöse Gruppierung beziehen die Aleviten Front gegen jede religiöse Partei, die den Islam als »Staatsreligion« wie zur Zeit der Osmanen installieren möchte. Denn eine solche Rückwendung zur Vergangenheit würde für die »säkularen« Aleviten eine erneute Unterdrückung durch die sunnitische Orthodoxie bedeuten. Und so ist es nur folgerichtig, daß sunnitische Fundamentalisten besonders die Aleviten heftig bekämpfen.

Gemäßigte Sunniten grenzen sich nicht demonstrativ gegenüber Aleviten ab – vor allem dann nicht, wenn sie überzeugte Anhänger der säkularen und laizistischen Staatsidee sind. Aber das ändert nichts an der Tatsache, daß Aleviten in der Türkei nach wie vor diskriminiert werden. Besonders seit sunnitische Fundamentalisten auf dem Vormarsch sind, hüten sich zunehmend auch liberale Politiker, allzu engagiert für die Gleichberechtigung der Aleviten einzutreten. Dabei ist die Religionsfreiheit und die rechtliche Gleichstellung aller Bürger unabhängig von ihrer Religion in der Verfassung festgeschrieben. Aber seit sogar liberalere Politiker um eine erstarkende religiös konservative Wählerschicht werben, treten liberale Grundsätze in den Hintergrund. Aleviten haben in jenen Städten am schlimmsten unter Schikanen zu leiden, wo es den Fundamentalisten gelungen ist, nach erfolgreichen Parlamentswahlen die Bürgermeister zu stellen. Seit den achtziger Jahren ist der Religionsunterricht an türkischen Schulen wieder Pflichtfach, dieser Unterricht ist jedoch streng sunnitisch – die Aleviten dürfen keinen eigenen Unterricht beanspruchen, sie müssen sich im ganzen Land sunnitisch indoktrinieren lassen.

Der Vergleich mit der Situation in Syrien ist aufschlußreich. In Syrien sind die Alawiten viele Jahrhunderte ebenfalls stark unterdrückt worden und durften ihren Glauben nicht öffentlich bekennen (in auffallendem Gegensatz zu den Christen und Juden). Auch die syrischen Alawiten zeigten großes Interesse, die drückende sunnitische Vormachtstellung zu schwächen. Daher nahmen auch sie begierig die Reformideen eines säkularen und laizistischen Staates auf. Aber als dann die Alawiten 1970 an die Macht kamen, gelang es ihrem sonst so erfolgreichen politischen Führer Hafis Al Assad nicht, eine konsequent säkulare, laizistische Staatsverfassung durchzusetzen. Anders als sein Vorbild Atatürk konnte es Assad nicht wagen, die traditionellen Rechtsgrundsätze der Scharia in ihrem Kern anzutasten. Denn der Widerstand und die Macht der sunnitischen Orthodoxie ist in Syrien bis heute zu groß.[6]

Das »Unislamische« an den Drusen

»Die Drusen sind keine Muslime!« Diese Antwort erhielt ich in der syrischen Stadt Bosra, als ich dort, nahe dem hauptsächlichen Wohngebiet der religiösen Minderheit, einige Auskünfte haben wollte. Der Gefragte, ein Sunnit, schüttelte heftig den Kopf.

Aber die Drusen gehörten doch als Glaubensgruppe zu den Schiiten, sagte ich. – Oh nein, oh nein, widersprach der Sunnit heftig, man dürfe Schiiten und Drusen nicht in einem Atemzug nennen. Die Schiiten seien Muslime, sie besäßen wie die Sunniten den Koran, die Drusen aber würden weder ein heiliges Buch noch eine Moschee kennen, noch würden sie sich zum Gebet versammeln. – Was er von den Christen halte, wollte ich zum Vergleich wissen. – Die Christen besäßen ein heiliges Buch und beteten, die Christen seien religiöse Menschen, erklärte er.

In Syrien lernte ich noch andere Sunniten kennen, die sich über die Drusen ereiferten. Vorbehalte hörte ich sogar von Alawiten, die doch selbst einer beargwöhnten Minderheit angehören. Eine solche Skepsis aus sehr unterschiedlichen Richtungen gibt eine erste Ahnung vom angefeindeten Glauben der Drusen.

Die Gemeinschaft der Drusen war zu Beginn des 11. Jahrhunderts in Ägypten entstanden. Ihr Begründer, der persische Wanderprediger Mohammed Ibn Ismail Ad Darazi, war Schiit. Aus seinem Namen leitet sich die Bezeichnung »Duruz« – oder europäisch »Druse« – ab. Vom orthodoxen Glauben der Schiiten entfernte Darazi sich radikal, als er den damals regierenden Kalifen Hakim aus der schiitischen Dynastie der Fatimiden zu einer menschgewordenen Erscheinungsform Gottes erklärte. Als Kalif Hakim 1021 starb, wurde Darazi von Sunniten getötet, seine Anhänger mußten aus Ägypten fliehen und ließen sich in damals unwegsamen Bergregionen des Libanon und Syriens nieder.

Die Drusen lehnen wie die Alawiten und Aleviten den Fastenmonat Ramadan ab und halten eine Wallfahrt nach Mekka für unnötig. Auch besitzen sie eine ebenso über den Koran hinausreichende, erst später verfaßte Heilige Schrift, und wie bei den Alawiten und Aleviten gibt es nur wenige »Wissende«, die den Inhalt der Lehre in ihrer Gesamtheit kennen und zu deuten vermögen. Aber die Lehre der Drusen entfernt sich viel weiter vom orthodoxen Islam als jeder andere Glaube einer schiitischen Sekte – mit Ausnahme der Bahai, wie wir noch sehen werden.

Skandalös erscheint orthodoxen Muslimen die Tatsache, daß die Drusen einen Menschen als eine fleischgewordene Erscheinung Gottes verehren – dieses Attribut darf ja nicht einmal ansatzweise dem Propheten Mohammed zugeschrieben werden. Nicht minder unerträglich ist für Sunniten wie Schiiten, daß ebendieser »göttliche« Kalif Hakim am Ende aller Zeiten den Gläubigen auch noch als »Erlöser« erscheinen soll. Dabei ist doch ausgerechnet dieser Herrscher von muslimischen wie westlichen Historikern als ein exzentrischer Fanatiker beurteilt worden.

Noch deutlicher vom Islam entfernen sich die Drusen aber mit einer anderen Lehre: Sie glauben an Seelenwanderung und Wiedergeburt. Da die Seele »unsterblich« ist, kann sie nicht, wovon die Muslime unumstößlich überzeugt sind, bis zum Tag des Jüngsten Gerichts ruhen und dann erst von Gott auferweckt werden. Die Seele wandert vielmehr nach dem Tod eines Menschen in einen neugeborenen Körper. Menschen, deren Seele in einem vorhergehenden Erdenleben schwer gesündigt hat, büßen dafür in ihrer nachfolgenden irdischen Existenz. Umgekehrt kann der Erfolgreiche, von Glück Gesegnete sicher sein, daß seine Seele in einem früheren Leben gute Taten angesammelt hat. Erst am Tag des Jüngsten Gerichts entscheidet Gott über das endgültige, nun ewige Schicksal jeder Seele. Ein solches Dogma, das in mancher Hinsicht an Vorstellungen des Hinduismus und Buddhismus erinnert (ohne daß derartige Einflüsse nachweisbar wären), muß Muslime am stärksten abstoßen. Gerade in diesem Punkt können sich Sunniten wie Schiiten dem Glauben selbst der Christen näher fühlen als dem der Drusen.

Die Drusen bewegen sich an einer gefährlichen Grenze. Im allgemeinen werden Sekten nicht schon durch religiös orthodoxe

Machthaber unterdrückt, wenn der abweichende Glaube wenigstens noch in Kernpunkten mit dem Hauptstrom sunnitischer oder schiitischer Überzeugungen übereinstimmt. Verfolgt werden solche Minderheiten meist erst, sobald sie die bestehende Herrschaft ideologisch in Frage stellen. Muslimischen Sekten ist damit ein größerer Spielraum geblieben, als ihn etwa christliche Sekten jahrhundertelang unter dem Druck der Inquisition besaßen. Falls Muslime aber in den Verdacht geraten, den »Islam« in grundsätzlichen Glaubenspostulaten zu »verleugnen«, sind sie nach orthodoxem Verständnis von ihrer angestammten Religion »abgefallen« – und erst in diesem Fall können Korangelehrte so unerbittlich auf Todesstrafe für »Ketzer« drängen wie einst die christliche Inquisition. Die Drusen sind, aus der Sicht vieler Orthodoxer, in diesem Sinne »Ketzer«.

Deshalb sind die Drusen mehr als die meisten anderen Minderheiten verfolgt worden, sowohl von Sunniten als auch von Schiiten. Und deshalb hatten die Drusen sich im Verlauf der Jahrhunderte auch zu einer besonders kriegerischen Volksgruppe entwickelt, die sich möglichst von allen anderen Gruppierungen absonderte. Von wenigen Ausnahmen in unserer modernen Zeit abgesehen, heiraten die Drusen nur untereinander, um »rein« zu bleiben. Sie lassen es auch nicht zu, daß Andersgläubige zu ihrer Religion übertreten. Druse kann man nur durch Geburt werden; auch dies ist eine zutiefst »unislamische« Tendenz.

Das Hauptsiedlungsgebiet der Drusen ist heute der Libanon, dort bilden sie etwa 7 Prozent der Bevölkerung (neben rund 30 Prozent Schiiten, 23 Prozent Sunniten und 40 Prozent Christen). Im Libanon sind die Drusen nicht nur in Kämpfe gegen maronitische Christen verwickelt, sondern ebenso gegen sunnitische und schiitische Muslime: Aufschlußreich ist hierbei, daß Drusen zwar hie und da in Dörfern Haus an Haus mit Christen unterschiedlichster Konfession leben – aber weder mit Sunniten noch mit Schiiten.[7]

In Syrien machen die Drusen etwa 3 Prozent der Bevölkerung aus. Dort haben sie allerdings weniger Probleme als im Libanon. Unter den Baath-Sozialisten, besonders seit die Alawiten an den Schalthebeln der Macht sind, genießen die Drusen die nötige Toleranz. Inwieweit sich das ändert, sobald die Alawiten ihre Macht verlieren, muß offen bleiben.

Die »Gottlosigkeit« der Bahai

Auch der Begründer des Bahaismus, Mirza Ali Mohammed Shirazi, war ursprünglich schiitischer Muslim. Aber seine Gedanken führten ihn erheblich weiter vom orthodoxen Islam weg als alle anderen »Ketzer«, so daß die Bahai am eindeutigsten als »Abtrünnige« gelten mußten.

Der Begründer des Bahaismus hatte 1844 im Iran eine neue Offenbarung verkündet, in der er seine eigene Botschaft als die dem Koran ebenbürtig pries. Mehr noch: Er nannte sich »Bab«, »das Tor«, und meinte damit das zeitgemäße, alleinige Tor zur »Erleuchtung«. Sein Nachfolger Mirza Hussein Ali, der sich den Beinamen Baha'ullah (»Herrlichkeit Gottes«) verlieh und die Sekte weit über die islamische Welt hinaus verbreitete, formulierte noch deutlicher, daß er sich als der »Offenbarer Gottes für unsere Zeit« (!) verstand.

Werfen wir einen Blick auf die Textstelle einer Propagandaschrift, wie sie die Bahai heute zur Verbreitung ihrer Lehre veröffentlichen, so begreifen wir die Provokation. Es heißt dort unter anderem: »Die Bahai glauben an einen Gott, obgleich die Menschen ihn mit verschiedenen Namen bezeichnen. In gewissen Zeitabständen hat Gott sein Wort durch verschiedene Boten offenbart [...] Abraham, Moses, Krishna, Buddha, Zarathustra, Christus, Mohammed waren solche Gottesoffenbarer [...] Da es nur einen Gott gibt, haben alle Gottesoffenbarer die gleiche Wahrheit verkündet. Sie haben diese Wahrheit weiterentwickelt und den jeweiligen Bedürfnissen der verschiedenen Kulturkreise, der gesamten geschichtlichen Entwicklung der Menschheit angepaßt.«[8]

In diesem Bekenntnis ist Mohammed nicht nur auf eine Stufe zu Christus herabgedrückt, sondern auch noch zu Krishna und Buddha. Krasser hätte man Mohammed gar nicht den Rang streitig machen können, krönender Abschluß aller Propheten zu sein. Mohammed nur noch als ein Glied unter vielen in einer weiter fortschreitenden Entwicklung! Muslime mußten sich von solch einer Auffassung ähnlich herausgefordert fühlen wie Christen, die sich durch den Islam zu bloßen Vorläufern des »richtigen« Glaubens degradiert sahen. Eine deutlichere Absage an die höchste, bereits verkündete Offenbarung konnte es gar nicht geben.

Muslime reagierten auf eine solche Herausforderung aus den eigenen Reihen besonders hart, indem sie die Bahai bereits während der ersten Jahre ihres Bestehens fanatisch verfolgten. Im Iran sahen sich die Machthaber durch die »Gotteslästerer« zusätzlich bedroht, weil diese dort nicht nur eine neue religiöse Botschaft verbreiteten, sondern auch noch einschneidende soziale Reformen angesichts eines erstarrten Feudalsystems forderten. Die Schahs der Kadscharen-Dynastie ließen die Anhänger der neuen Religion zu Hunderttausenden ins Gefängnis sperren, rund 30 000 ließen sie allein im Jahr 1850 hinrichten.

Vor diesem Terror flohen viele Bahai ins Ausland, zuerst in andere islamische Länder. Aber da sie nicht nur von der schiitischen, sondern auch von der sunnitischen Orthodoxie sofort der Ketzerei verdächtigt wurden und sich wiederum Verfolgungen ausgesetzt sahen, reiste ein Teil der Bahai nach Europa weiter, einerseits, um endlich unbehelligt leben zu können, andererseits, um dort die Lehre zu verbreiten. Für die Mission waren sie bestens gerüstet, zumal ihr geistiger Führer Baha'ullah mit den verschiedensten Strömungen westlicher Philosophie vertraut war und aufklärerische Impulse in seine Lehre hatte einfließen lassen. Nicht wenige Christen, von der Unduldsamkeit ihrer Kirchen enttäuscht, fühlten sich angezogen von der Freizügigkeit dieser Universalreligion. 1893, ein Jahr nach dem Tod des Baha'ullah, existierte bereits eine Gemeinde in Großbritannien und den USA. Heute zählt die Bahai-Religion Millionen Anhänger in aller Welt, besonders in westlichen Industriestaaten; allein in der Bundesrepublik Deutschland leben über 10 000 Bahai.

Auch in etlichen islamischen Ländern hat sich die neue Religionsgemeinschaft halten können, trotz aller Verfolgungen. Vielen gelang es, ihren Glauben gegenüber Fanatikern zu verbergen, und bei gemäßigten Muslimen konnten sie gar Achtung gewinnen, weil sie als unbestechlich und als verläßliche Geschäftspartner galten. Im Iran, ihrem Herkunftsland, lebten unter der Herrschaft des letzten Pahlevi-Schah an die 300 000 Bahai, an Zahl fast zehnmal so stark wie die Zarathustrier, jene von der schiitischen Orthodoxie geduldete Minderheit.

Heute sind die Reaktionen gegenüber den Bahai in islamischen Ländern sehr unterschiedlich. Überall dort, wo die Gesetzgeber sich durch abendländische Vorbilder haben beeinflussen lassen (und deshalb dem Vorwurf von orthodoxer Seite ausgesetzt sind, »verwestlicht« zu denken), werden die Bahai nicht verfolgt, so in der Türkei, in Syrien, im Libanon, in Jordanien, Tunesien und Indonesien. Überall dort aber, wo Fundamentalisten mit wachsender Macht die Regierungen unter Druck setzen, werden die »Abtrünnigen« vorwiegend mit Verwaltungsschikanen und Gefängnisstrafen belegt, ja teils auch bei Polizeiverhören gefoltert: so in Ägypten, Marokko, Algerien und im Irak. Todesurteile verhängt man dort, wo radikal-orthodoxe Muslime die Macht errungen haben. Besonders schlimm waren die Verhältnisse im Iran unter der zehnjährigen Herrschaft von Khomeini: Hunderte von Bahai wurden hingerichtet, mehr als 10 000 wurden durch Enteignung obdachlos, sämtliche Kultstätten wurden zerstört, so lauteten 1987 die Berichte von Beobachtern.[9]

Salman Rushdie, der moderne »Gotteslästerer«

Am 14. Februar 1989 verkündete Ayatollah Khomeini das Todesurteil gegen Salman Rushdie mit der Begründung, dieser muslimische Autor habe mit seinem Roman *Die satanischen Verse* in schlimmster Form »Gotteslästerung« begangen. Etwas Einmaliges war mit dieser Proklamation geschehen. Kein ranghoher islamischer Würdenträger des 20. Jahrhunderts hatte es bisher unternommen, einen Muslim außerhalb des eigenen Herrschaftsbereichs zu verurteilen und zudem Killerkommandos zu ermuntern, gegen ein Kopfgeld in Millionenhöhe die »Hinrichtung« im Ausland zu vollziehen. Außerdem hatte Khomeini die Erklärung abgegeben, jeder »Glaubenskämpfer«, der bei diesem waghalsigen Geheimunternehmen ums Leben komme, gehe sofort ins Paradies ein.

Der Februar 1989 signalisierte aber nur den Zeitpunkt, an dem der Fall Salman Rushdie weltweit bekannt wurde. Begonnen hatte der Konflikt bereits ein halbes Jahr zuvor. Als im Herbst 1988 der Roman *Die satanischen Verse* in Großbritannien, der Wahlheimat des britisch-indischen Autors, erschien, hatte er sehr bald die Aufmerksamkeit dort ansässiger muslimischer Geistlicher erregt, und auf deren Anraten protestierten massenweise Gastarbeiter aus Pakistan, Indien und Bangladesch gegen das »satanische Buch«. Der vorläufige Gipfel der Erregung war erreicht, als sich Mitte Januar 1989 in der englischen Industriestadt Bradford Muslime dazu hinreißen ließen, bei einer Massenkundgebung das Buch öffentlich zu verbrennen. Und noch bevor Khomeini auf die *Satanischen Verse* aufmerksam geworden war, hatten sich die meisten Regierungen islamischer Staaten entschlossen, Veröffentlichung und Verkauf des Buches in ihrem Herrschaftsbereich zu verbieten.

Salman Rushdie, als Muslim in Bombay aufgewachsen, ist auf ganz andere Weise ein »Abtrünniger«, als es etwa die Bahai sind. Ihn leiten geradezu entgegengesetzte Motive, Distanz zum Islam zu demonstrieren. Er gibt sich als »moderner Mensch« zu erkennen, der jeglichen Glauben an eine religiöse Überlieferung verloren hat und es auch noch als seine Pflicht ansieht, diesen »Zweifel« in aller Öffentlichkeit zu bekunden, ja ihm literarisch Ausdruck zu verleihen. So sagte er in einem vielbeachteten Interview, bevor er sich vor den Killerkommandos des Ayatollah Khomeini verstecken mußte: »Wenn man aber nicht mehr gläubig ist, wenn man nicht mehr an ein übernatürliches Wesen glaubt, das einen Erzengel schickt, um einem Menschen, Mohammed, eine Reihe von Texten zu diktieren, die den Koran ergeben, wenn man weder an die buchstäbliche noch an die metaphorische noch an die spirituelle Wahrheit glauben kann, dann steht man vor einem Problem. Wenn man dann etwas anderes sagt, wird das als Blasphemie bezeichnet. Dennoch nimmt man eine völlig legitime Position ein. [...] Für mich ist der Zweifel die entscheidende Haltung für den Menschen des 20. Jahrhunderts. Wir lernen, daß uns alles, was wir in den Händen halten, zerfällt. Von nichts mehr besitzen wir eine gesicherte Perspektive. [...] Nicht Sicherheit, sondern Zweifel ist die Basis der Moderne. Es ist nicht meine Schuld, daß die orthodoxen Vertreter des Islam einen Dschihad gegen die Moderne erklärt haben.«[10]

In einer solchen Erklärung ist alles enthalten, was einen orthodox Gläubigen – nicht nur des Islam – empören und auch ängstigen kann. Empörung und Angst, möglicherweise sogar Empörung aus Angst: Dies ist die explosive Mischung, die einen Radikal-Orthodoxen zum gewaltsamen Vorgehen gegen einen »Abtrünnigen« aus der eigenen Glaubensgemeinschaft veranlassen mag, sofern ihm dieser die metaphysische Geborgenheit gründlich in Frage stellt. Salman Rushdie bekennt sich zu jener Form von »Moderne«, wie sie gerade dem orthodoxen Muslim als eine Dekadenzerscheinung des »materialistisch« und »gottlos« gewordenen »Westens« zum Feindbild geronnen ist. Welchen Schock muß es für »Rechtgläubige« bedeuten, wenn sich ausgerechnet ein Schriftsteller muslimischer Herkunft zu solch einer »Gottlosigkeit« bekennt und damit auch noch die Aufmerksamkeit eines breiteren Publikums erregt.

Es braucht hier nicht erörtert zu werden, was aus der Sicht von Muslimen die »Gotteslästerung« im einzelnen ausmacht. Auch soll die Frage den Literaturkritikern überlassen bleiben, ob die umstrittenen Textstellen, in denen angeblich der Prophet »lächerlich gemacht« und der Charakter des Koran als göttliche Offenbarung »in den Schmutz gezogen« wird, literarisch über den Tag hinaus Bedeutung haben werden. Für viele Gegner, die den Tod Rushdies wünschen, geht es ohnehin nicht um solche Probleme. Kaum einer hat das Buch gelesen, die einen, weil sie sich mit der Information ihrer Geistlichen begnügen, die anderen, weil sie sowieso Analphabeten sind. Typisch für die Haltung vieler empörter Muslime, die in den verschiedensten Ländern demonstrierend durch die Straßen zogen, dürfte die Antwort eines Inders sein, die er einer Journalistin gegeben hat: »Es ist nicht gut, schmutzige Literatur zu lesen. Das tun unsere Mullahs für uns, und sie sagen uns dann, was wir tun sollen.«[11]

Was aber sagen die Mullahs? Bei einer genaueren Betrachtung des Problems müssen wir feststellen, daß die Reaktion der Geistlichen quer durch die islamische Welt gar nicht so einheitlich ist. Man fragt sich zu Recht, wieso das Buch über Monate hinweg zwar in allen islamischen Ländern verboten war, aber kein geistlicher Rechtsgelehrter – außer Khomeini – sich veranlaßt sah, über den Autor das Todesurteil zu verhängen.

Zweifellos hat Khomeini versucht, mit diesem spektakulären Rechtsgutachten seinen Anspruch auf die geistige Führerschaft aller »wahrhaft gläubigen« Muslime erneut zu bekräftigen, und zweifellos war es ihm, dem gewieften machtpolitischen Taktiker, darum zu tun, von den innenpolitischen Krisen seines Landes abzulenken. Möglicherweise hat ihn auch jene Passage im Roman aufs äußerste gereizt, wo in deutlicher Anspielung auf seine Person ein alter Imam geschildert wird, der seine Anhänger mit blindem Fanatismus in einen selbstzerstörerischen »Heiligen Krieg« treibt. Aber würde sich Khomeini bloß über eine derartige Textstelle so sehr erregt haben, hätte er nur seine unmittelbaren Anhänger mit Parolen aufputschen können. Ihn mußten weiterreichende – subjektiv ehrliche – religiöse Bedenken zu seiner radikalen Haltung bewogen haben. Denn ohne diesen Antrieb wäre es ihm schwerlich gelungen, orthodoxe Muslime in aller Welt zu mobilisieren, nicht nur Schiiten, sondern auch Sunniten, nicht nur Iraner, sondern Muslime von Marokko bis Indonesien.

Auffallend aber bleibt, daß Khomeini bei den ranghohen geistlichen Rechtsgelehrten verschiedenster Länder nur bedingt Zustimmung für seine Art von Rechtsgutachten gefunden hat. Wenn auch hier und dort Würdenträger in Indien, Pakistan und Ägypten sich bedingungslos hinter das Todesurteil stellten, so zog es doch eine Mehrheit vor, zu den Vorgängen möglichst zu schweigen und sich auf Fragen nur vage zu äußern (was man als mangelnden Mut deuten könnte, sich dem Kreuzfeuer der Meinungen zu stellen). Andere Rechtsgelehrte stimmten dem Urteil zwar zu, wollten es aber erst vollstreckt wissen, nachdem ein »faires« Gerichtsverfahren stattgefunden habe, so kommentierte an vorderster Stelle das radikal-orthodoxe Gremium geistlicher Rechtsgelehrter in Saudi-Arabien. Aber: Die führenden Autoritäten im theologischen Zentrum des sunnitischen Islam, der Al-Azhar-Universität in Kairo, sie, die mehrheitlich selber konservativ denken, regten an, man solle die »verleumderischen« Thesen des »blasphemischen« Romans Seite für Seite widerlegen – ein Todesurteil gegenüber dem Autor sei jedoch nicht angebracht, man solle »Ketzerei« mit der Feder, nicht mit dem Schwert bekämpfen.

Sogar im Iran ist die Geistlichkeit nicht von vornherein auf ein Todesurteil aus gewesen. Es muß zu denken geben, daß sich iranische Intellektuelle schon Monate vor Khomeinis mörderischem Urteil über das »schändliche« Buch ereifert hatten, ohne aber die Hinrichtung Salman Rushdies zu fordern und ohne daß Mullahs die Polemik in diese Richtung weitergeführt hätten. Wäre der Iran nicht strikt diktatorisch regiert und besäße dort nicht ein geistliches Wort Khomeinis auch über seinen Tod hinaus offiziell unantastbare Geltung, so hätte auch im Iran eine Diskussion über das Für und Wider des Todesurteils beginnen können. Eine solche Diskussion ist folgerichtig auch unter Khomeinis Nachfolger Ayatollah Ali Khamenei ausgeblieben, denn jener vertrat dieselbe rigide Grundposition wie Khomeini. Da nützte es nichts, wenn die Staatspräsidenten mehr oder weniger deutlich ihre Bedenken gegen das Todesurteil äußerten: so Rafsandjani taktisch noch äußerst vorsichtig und zurückhaltend (von 1989 bis 1997 im Amt), so Khatami schon klarer (seit 1997). Entscheidend bleibt das geistliche Rechtsgutachten des übergeordneten religiösen Führers.

In der Art, wie sich im Streit um Salman Rushdie die Meinungen spalteten, zeigt sich eine auffallende Parallele zu den Abgrenzungsversuchen gegenüber der Bahai-Religion. Nicht zufällig befürworten das Todesurteil gegen Rushdie jene, die mit der gleichen Härte die Bahai verfolgt sehen möchten. So hat sich Khomeini selber ja als der unversöhnlichste Feind der Bahai zu erkennen gegeben, während etwa die Autoritäten der Al-Azhar bei aller Distanz zu den Bahai wiederum von der Todesstrafe abraten und an erster Stelle auf den geistigen Abwehrkampf setzen.

Bei uns im Westen hat sich angesichts der Affäre Rushdie (die eigentlich eine Affäre Khomeini war) ebenfalls eine Kluft aufgetan. Wir alle meldeten zwar Empörung gegen den Mordaufruf an, weil wir hier einen eklatanten Widerspruch zu »Humanität«, »Demokratie« und »Meinungsfreiheit« sehen – aber bereits bei dem letzten Punkt bröckelte die Einheitsfront gegen den »fanatischen Islam«. Auch bei uns tendieren nicht wenige dazu, dieses oder jenes Buch als »Gotteslästerung« zu verdammen und gegebenenfalls die Zensur zu verlangen (selbst wenn man das Buch nur vom Hörensagen kennt). Auch bei uns findet sich die Abneigung, überhaupt eine Diskussion darüber zuzulassen, ob die angebliche Blasphemie vielleicht eine religionskritische Funktion haben könnte und deshalb eine geistige Auseinandersetzung lohne. Von einem bestimmten Punkt an müsse jede Diskussion über Religion aufhören, so habe ich selber immer wieder sagen hören. Zumindest in dieser Hinsicht neigen nicht wenige von uns dazu, sogar den »heiligen Zorn« des »Fanatikers« Khomeini zu verstehen.

Daß Muslime nicht einheitlich den Mordaufruf Khomeinis bejahen, ja nicht einmal ein Verbot der *Satanischen Verse,* dies demonstrierte schließlich eine überraschende Bekanntgabe Anfang des Jahres 1994. Das in Kairo erscheinende linke Politmagazin *Rose el-Jussuf* kündigte an, das Werk in arabischer Übersetzung zu veröffentlichen, um, wie ein Journalist wörtlich formulierte, »die Schweigemauer der verängstigten Intellektuellen« zu durchbrechen. Auszüge aus dem »Ketzerbuch«, wie die *Satanischen Verse* noch kurz zuvor in einem Kommuniqué des Islamischen Weltkongresses von Dschidda (Saudi-Arabien) genannt worden sind, hatte das Wochenmagazin bereits publiziert. Dies geschah offenbar in

Absprache mit der Regierung, deren Staatsverlag das Blatt herausgibt. Im selben Magazin sind bereits bisher verbotene Schriften des Literaturnobelpreisträgers Nagib Mahfus sowie des 1992 von Fundamentalisten ermordeten Autors Faraq Ali Foda veröffentlicht worden.[12]

Ein solcher Schritt war in vielerlei Hinsicht bemerkenswert. Zum einen setzte er mutig das Signal, daß Ägyptens Regierende wie die schmale liberale Intellektuellenschicht sich nicht durch den Terror von Fundamentalisten beeindrucken ließen. Zum andern scheuten die Initiatoren dieses Schritts auch nicht einen möglichen Konflikt mit führenden Autoritäten der Al-Azhar-Universität. Das Vorhaben konnte aber nicht grundsätzlich dem Willen der ranghöchsten Al-Azhar-Gelehrten zuwiderlaufen, denn jene hatten ja angeregt, man solle den »blasphemischen« Roman Seite für Seite widerlegen – und von dieser Logik her müßten die *Satanischen Verse* zuerst einmal als Lektüre zugänglich sein.

Religiöse Minderheiten als Prüfstein der Toleranz

Die Vertreibung der Muslime aus dem christlichen Spanien

Scheiterhaufen auf dem Marktplatz von Granada. Tagelang brannten die Feuer, in die spanische Soldaten immer neue Bücherladungen kippten. Mehr als 80 000 Werke islamischer Theologie und Philosophie wurden zu Asche. Dies geschah 1499, sieben Jahre nachdem die Katholiken Granada, das letzte maurische Fürstentum auf spanischem Boden, erobert hatten. Fassungslos mußten die Muslime mitansehen, wie die Christen die arabischen Bibliotheken ausräumten und unersetzliche Bestände einer jahrhundertelangen Arbeit bedenkenlos vernichteten. Dabei war den Unterlegenen vertraglich zugesichert worden, sie könnten als Muslime unter einem christlichen König Glauben und Kultur so ungehindert pflegen wie einst die Christen unter islamischer Oberhoheit. Bei allen Spannungen, die sich während der letzten drei Jahrhunderte zwischen muslimischen Herrschern und christlichen Untertanen in Andalusien angebahnt hatten, war ja von den Emiren nie das grundsätzliche Recht der Christen auf Glaubensfreiheit in Frage gestellt worden. Dasselbe erwarteten nun umgekehrt die Muslime von den Siegern.

Um so größer der Schock. Die politische Wende leitete Kardinal Jiménez de Cisneros ein. Mit ihm war ein Fanatiker zum Großinquisitor bestellt worden, der sich nicht an Verträge mit »Gottlosen« gebunden fühlte. Und er verstand die Bücherverbrennung nur als den Beginn einer großangelegten »Glaubens«offensive. In den folgenden Jahren stellte er, mit der Billigung »Seiner Katholischen Majestät«, die Muslime vor die Wahl, entweder ihren »Irrtümern« abzuschwören und sich zur alleinigen Wahrheit christlichen Glaubens zu bekennen, oder aber Spanien zu verlassen, wobei ihr Besitz an den »christlichen« Staat falle. Vergeblich beriefen sich die Betrogenen auf den Vertrag, und als sie die Zwangsbekehrung ebenso beharrlich wie die Auswanderung ablehnten, richteten die Spanier unter den Mauren ein Blutbad an. Tausende mußten sterben. Zehntausende konnten ihr Leben nur noch retten, indem sie nun doch Spanien fluchtartig ohne ihre Habe verließen. Und damit demonstrierten Christen, daß sie, wenn sie nur die Macht dazu besaßen, muslimische Untertanen niemals in ihrem Herrschaftsbereich dulden würden. Religiöser Fanatismus diktierte den katholischen Spaniern diese Haltung.

Machtpolitisch und wirtschaftlich handelten die neuen Regenten äußerst unvernünftig. Denn mit den Mauren verloren sie unersetzliche Fachleute für die Bewässerungsanlagen, führende Wissenschaftler, Kunsthandwerker und Architekten – alles Berufe, für die die Christen damals keinen ebenbürtigen Ersatz zu bieten vermochten. Während der folgenden zwei Jahrhunderte verwandelten sich daher viele ehemals fruchtbare Ackerböden unter der glutheißen Sonne Andalusiens zur Steppe, verarmten Dörfer und auch Städte.

Eine derart kurzsichtige Intoleranz gegenüber dem Islam hat sich in Europa nur zögernd verloren. Zuerst bei den Handelsrepubliken Venedig und Genua. Sie nahmen, wie schon erwähnt, aus rein (handels-)politischen Erwägungen heraus Abschied vom Glaubensfanatismus, wenn schon nicht aus religiösem Empfinden. Und als europäische Kolonialmächte im 19. und 20. Jahrhundert eine Reihe islamischer Länder beherrschten, mußten die ungebetenen Eindringlinge schon aus strategischen Gründen mit etlichen muslimischen Gruppen »freundschaftliche« Bündnisse schließen, damit sie desto besser die übrige Bevölkerung ausbeuten konnten (nach dem Prinzip »Teile und herrsche«). Naturgemäß hatte auch diese Haltung noch wenig mit echtem Respekt vor einer fremden Religion und Kultur zu tun.

Die Europäer konnten, wie ich ebenfalls schon erörterte, erst im Zeitalter der Aufklärung die Muslime an Toleranzbewußtsein einholen und schließlich übertreffen. Aber es war ein mühsamer Prozeß. Viele Reformen, die den muslimischen Minderheiten endlich die nötige Rechtssicherheit und Anerkennung verschafften, sind ja von den Aufklärern meist gegen den Widerstand kirchlicher Kreise durchgesetzt worden. Und auch dann war es noch lange nicht selbstverständlich, daß Europäer wie auch Amerikaner mehrheitlich mit der Toleranz ihrer Staatsverfassung Schritt halten konnten. Es kam (und kommt) immer wieder zu Konflikten zwischen säkularem Programm und der Praxis.

Kirchen und Synagogen in Sichtweite von Moscheen ... Dieses Erscheinungsbild in vielen islamischen Staaten von Marokko bis Indonesien signalisiert uns, daß dort die Religionsfreiheit christlicher Minderheiten bis heute gewährleistet ist – wenn auch in der bereits geschilderten herablassenden Toleranz. Immer wieder konnte ich in Gesprächen erfahren, wie bereitwillig Muslime zustimmten, wenn man als Europäer auf die geistige Verwandtschaft zwischen Islam und Christentum hinweist. Gerade mit solchen Erklärungen lassen sich emotionale Barrieren mildern oder gar überwinden.

Eine gewisse Reserviertheit bekommt man als Europäer nur dann zu spüren, wenn von christlicher »Mission« die Rede ist. Mission aus dem Abendland bleibt für die meisten Muslime identisch mit Angriff auf den Islam, hier wirken traumatische Erinnerungen nach. Von daher sind sie auch mißtrauisch gegenüber der Bibel, sofern diese in ihrem eigenen Land in einer arabischen, türkischen oder persischen Übersetzung vorliegt. Sie verbinden damit die Befürchtung, daß Christen unter den Muslimen weiterhin Gläubige abwerben wollen, und dagegen bleiben sie allergisch. Kein Muslim würde allerdings der Bibel das Existenzrecht absprechen, wie dies die Christen lange gegenüber dem Koran getan haben; schlimmstenfalls würde er die biblischen Inhalte als bruchstückhafte und verfälschte Wahrheit abtun, und so wäre seiner Meinung nach eine Verbreitung der Evangelien über den Benutzerkreis der Christen hinaus »überflüssig«.

Weiter gehen die religiösen Affekte bei Muslimen nicht. Oder vielleicht doch? Innerhalb des islamischen Kulturraums gibt es zumindest zwei Staaten, in denen christlichen Minderheiten jede Öffentlichkeit verwehrt ist: in Afghanistan und Saudi-Arabien. Beide Staaten sind von extrem fundamentalistischen Gruppierungen regiert – Afghanistan vom politisch instabilen Regime der Taliban, Saudi-Arabien von einer schon seit Jahrhunderten existierenden Sekte, den Wahhabiten.

Der Name der Wahhabiten leitet sich von ihrem Gründer Mohammed Ibn Abd Al Wahhab ab, der von 1703 bis 1792 lebte. Er war mit dem Anspruch aufgetreten, den Islam rigoros von allen »Verfälschungen« zu »reinigen« und hatte hierbei besonders gegen die Reformen gekämpft, die die Osmanensultane nach westlichem Vorbild einleiteten. Besonders im 19. Jahrhundert hatten die Wahhabiten mit ihrer antimodernistischen Tendenz weite Teile Nordafrikas beeinflussen, ja regional auch beherrschen können. Heute aber üben sie nur noch in ihrem Entstehungsgebiet Saudi-Arabien Macht aus, wo sie eng mit der herrschenden Dynastie der Saudi verbunden sind. Allerdings konnte es ihnen gegen Ende des 20. Jahrhunderts gelingen, Einfluß auf verschiedene rigide fundamentalistische Gruppierungen in Afghanistan zu gewinnen, so auch auf die Taliban.

Neben den Taliban (auf die ich in einem eigenen Kapitel, »Modellfall Afghanistan«, noch ausführlich eingehe) entspricht das wahhabitische Regime der Saudi-Dynastie am ehesten den Negativklischees eines »fanatischen«, »rückständigen« Islam. Bei den Wahhabiten sind die Körperstrafen wie Auspeitschen, Handabhacken und Kopfabschlagen auf Marktplätzen vor Zuschauern noch völlig an mittelalterlich archaischen Normen orientiert. Auch ist den Frauen besonders stark der Bewegungsspielraum eingeengt.

Zu wundern braucht es daher nicht, wenn unter wahhabitischer Herrschaft andersgläubige Minderheiten extrem in ihren Freiheiten beschnitten werden. Auf Druck der Wahhabiten darf in Saudi-Arabien bis heute keine andere Religion außer die eines fundamentalistisch strengen – sunnitischen – Islam in Erscheinung treten. Selbst Schiiten sind von dem Verbot betroffen. Strikt untersagt bleibt es, eine Kirche zu bauen, auch wenn sie sich noch so klein und unauffällig ausnehmen würde. Die dort ansässigen Christen (ohnehin meist nur Techniker und Geschäftsleute aus dem Westen oder Billiglohnarbeiter aus den Philippinen) können lediglich in Privatwohnungen oder Baracken, von der Öffentlichkeit unbemerkt, Gottesdienste abhalten. Kreuzsymbole dürfen nirgendwo an Gebäuden aufscheinen. Solche skandalösen Zustände hindern saudi-arabische Politiker und Geschäftsleute allerdings nicht, sich im westlichen Ausland zur koranisch vorgeschriebenen Toleranz gegenüber allen monotheistischen Religionen zu bekennen. Es ist eine bloß verbale Toleranz, deren Heuchelei bei uns im Westen nicht (oder nur hinter vorgehaltener Hand) widersprochen wird – solange die Geschäftsbedingungen in Sachen Erdöl erfreulich bleiben.

Muslime anderer Staaten äußern sich über Saudi-Arabien oft weniger zurückhaltend. Ich konnte in der Türkei, Syrien, Jordanien und Ägypten, Staaten mit einer relativ aufgeschlossenen Bildungsschicht, immer wieder erleben, wie verächtlich Muslime über den wahhabitischen Islam sprechen. Sie bezeichnen ihn als geistig eng, provinziell, fanatisch, als eine Sonderform, die wenig mit den gemäßigten Hauptströmungen gemeinsam habe. Sofern Europäer und Amerikaner derartige Auswüchse als typisch für den Islam schlechthin ansähen, dann wüßten sie wenig über die Bandbreite dieser Religion und Kultur.

Solche Erklärungen sind schlüssig. Trotzdem bleiben Fragen offen. Wenn auch viele muslimische Regierungen ihren christlichen (und jüdischen) Minderheiten Religionsfreiheit und Rechtsschutz zubilligen, so erscheint doch das Ideal in einer Reihe Statten durch die Praxis schnöde widerlegt. Immer wieder erfahren wir von Unterdrückung religiöser Minderheiten, ja gar von bürgerkriegsähnlichen Unruhen zwischen Muslimen und Christen. Was sind die Ursachen? Sind die Konflikte eher politischer oder letztlich doch religiöser Natur?

Im folgenden betrachten wir Fallbeispiele aus Ländern, die während der letzten Jahrzehnte oder gar schon vor einem Jahrhundert für weltweites Aufsehen gesorgt haben.

Griechen und Armenier unter den muslimischen Türken

Man liest immer wieder von jenem grauenvollen Massaker, das die Türken im Jahr 1822 auf der Insel Chios unter den Griechen anrichteten. Nach einem Aufstand der Einheimischen gegen die Willkürherrschaft osmanischer Statthalter metzelten türkische Soldaten an die 30 000 Christen, teils wehrlose Greise, Frauen und Kinder, nieder und verschleppten weitere 40 000 in die Sklaverei. Das war ein Schlag, von dem sich die Insel nie wieder ganz erholt hat – eine herausragende Untat, die bis heute gerne als Beleg angeführt wird, daß es die Muslime mit ihrer Toleranz gegenüber Christen keineswegs ernst nehmen; mehr noch: im Grunde eben doch von tiefem Affekt gegen alles »Christliche« erfüllt sind. Man liest erst recht von jener massenhaften Vertreibung griechisch-orthodoxer Christen aus Kleinasien seit dem Ende des Ersten Weltkriegs, zusätzlich vom Massenmord an armenischen Christen.

Beklemmend wirken heute in der Türkei die vielen Kirchen und Klöster, die seit den zwanziger Jahren unseres Jahrhunderts großteils leerstehen und dem Zerfall preisgegeben sind; niemand ist mehr da, der sich für ihren Erhalt interessiert, ausgenommen einige »touristisch interessante« Kirchen. Besonders bedrückend erscheinen aber im östlichen Anatolien Ruinenstätten, wo von Kleinstädten und Dörfern nur noch Hausfundamente auf grasüberwucherten Flächen übriggeblieben sind. Man erfährt, daß noch Ende des 19. Jahrhunderts oder vor dem Ersten Weltkrieg hier armenische Christen gelebt haben. Wo sind sie geblieben? Teilweise sind auch sie vertrieben worden, viele aber wurden an Ort und Stelle erschlagen. Die großen Massaker haben in den Jahren 1894/95 und zwischen 1915 und 1917 stattgefunden, allein die letzten haben über einer Million Armeniern das Leben gekostet. Man trifft auf armenische Kirchen, die in der Einöde stehen, wo sich einst Ortschaften in der Nähe gruppierten, manche Kirchen mit herrlichen Reliefs aus dem 12. und 13. Jahrhundert dienten vor wenigen Jahrzehnten noch den Hirten als Schafställe, bevor der Tourismus die architektonischen Kostbarkeiten für sich zu entdecken begann. Allerdings fällt auf, daß zwar die Ortschaften bis auf die Grundmauern zerstört sind, nicht aber die Kirchen. Was hat das zu bedeuten? Hätte dem Massenmord in erster Linie ein religiös bedingter Affekt zugrunde gelegen, dann wären auch Kultstätten zerstört worden, ja dann wären die Muslime schon Jahrhunderte früher derart brutal gegen die Armenier vorgegangen.

Tatsächlich aber haben die armenischen Christen unter der Herrschaft der Osmanensultane unbehelligt leben können – als »Schutzbefohlene«. Gerade die Armenier hatten allen Grund, die islamischen Eroberer mit Erleichterung zu begrüßen, denn unter dem eisernen Regiment der byzantinischen Staatskirche waren sie als »Sektierer« blutig verfolgt worden und hatten nur in abgelegenen Gegenden überleben können. Erst die Sultane und Emire der Seldschuken, später die Osmanen erlösten sie von dieser Unterdrückung und gewährten ihnen, wie allen anderen Christen (den Griechisch-Orthodoxen wie den Dutzenden von »Sekten«) gleichberechtigt Glaubensfreiheit. Eine ganze Reihe jener armenischen Kirchen, deren Architektur wir heute bewundern, entstand unter der freieren Atmosphäre islamischer Oberhoheit. Entscheidend war nur, daß sich die armenischen Christen und die Griechisch-Orthodoxen widerspruchslos in den osmanischen Vielvölkerstaat einfügten. Genau dies aber hat sich während des 19. Jahrhunderts grundsätzlich geändert. Damals zeigte das Osmanenreich bedenkliche Zerfallserscheinungen, politisch, sozial, geistig, es war eine Zeit, in der die Provinzgouverneure mehr denn je das Volk ausbeuteten und jeden Widerstand gegen Willkürherrschaft in Blut erstickten – und nun fingen Armenier wie Griechen an, das immer despotischer sich gebärdende Staatswesen abzulehnen, sie äußerten zunehmend Sympathie für die europäischen Nachbarstaaten; mehr noch: Sie begannen nach europäischem Vorbild nationalistisch zu denken und sich einen eigenen Staat zu wünschen – für die Türken eine Bedrohung, aber nur machtpolitisch. Ihre Soldaten ließen sie zur Rettung des zerbröckelnden Reiches in die Unruhegebiete von Ostanatolien und Chios marschieren, nicht im Namen des »Islam«.

Die unheilvollen Spannungen im Vielvölkerstaat der Osmanen haben sich zu Beginn des 20. Jahrhunderts vollends verschärft. Nun bestimmte in Istanbul die revolutionäre Gruppe der sogenannten »Jungtürken« die Richtlinien der Politik, und diese Neuerer waren selber glühende Nationalisten, sie hielten nichts von vermehrter Eigenständigkeit der verschiedenen Völker, sondern wollten die Bevölkerung im schrumpfenden Osmanenreich möglichst »türkisieren«.

So dachte dann auch Atatürk, der Begründer der modernen Türkei. Er, der nach westlichem Vorbild die Religion als »Privatsache« bezeichnete und die Macht der islamischen Geistlichkeit erheblich beschnitt, hätte es erst recht als absurd empfunden, gegen Christen Krieg im Namen des »Islam« zu führen. Er schickte seine Truppen nicht nur gegen Armenier und Griechen, sondern genauso rücksichtslos gegen Kurden, kurzum gegen alle Völker, die nach dem Zusammenbruch des Osmanenreiches aus dem türkischen Rumpfstaat ausscheiden wollten. Der Konflikt mit den Kurden fordert bis heute immer wieder Menschenleben, ja, die Unterdrückung geht so weit, daß dieser ethnischen Minderheit in türkischen Städten der Gebrauch der eigenen Sprache untersagt wird, denn offiziell existieren sie ja gar nicht als eigenes Volk; amtlich heißen sie »Bergtürken«. Die Kurden sind jedoch Muslime, genauso wie die Türken.

Kein anderer Staat hat uns während der siebziger und achtziger Jahre derart gehäuft Schreckensmeldungen über blutige Kämpfe zwischen Muslimen und Christen geliefert wie der Libanon. Und damit scheint der Libanon ein Paradefall für den Tatbestand zu sein, daß Muslime und Christen eben doch nicht ohne schwerwiegende Konflikte auf engstem Raum zusammenleben können, zumindest nicht, wenn es sich um beinahe gleich starke Gruppen handelt: Etwa 40 Prozent der Libanesen sind Christen, 30 Prozent Schiiten, 23 Prozent Sunniten, rund 7 Prozent Drusen.

Bei näherem Hinsehen aber wird man auch in diesem Fall den Muslimen nicht unterstellen können, sie wollten Christen ihres Glaubens wegen vertreiben oder gar ausrotten. Denn wenn solche Mutmaßungen zuträfen, dann hätte die Sekte der Maroniten nicht seit dem 7. Jahrhundert im Libanon alle Eroberungsstürme islamischer Völker überstehen können – eine Glaubensgruppe, die heute noch unter den libanesischen Christen mehr als die Hälfte ausmacht.

In mancherlei Hinsicht sind die maronitischen Christen mit den armenischen zu vergleichen. Auch die Maroniten waren von der byzantinischen Kirche als »Sektierer« argwöhnisch überwacht und zeitweilig verfolgt worden, auch sie hatten daher allen Grund, die muslimischen Eroberer mit Erleichterung zu begrüßen, denn als »Schutzbefohlene« konnten sie unter der Herrschaft von Kalifen und Emiren besser leben als unter dem byzantinischen Kaiser und dessen Kirchenfürsten. Unbeschadet vermochten sie die Jahrhunderte zu überdauern, weil niemand sie zwang, den Islam anzunehmen. Schlimmstenfalls konnte ihnen, wie schon erwähnt, ein Emir verbieten, Kirchenglocken zu läuten oder ein Reittier zu benützen, oder ihnen befehlen, als Kennzeichen ihres Glaubens eine schwarze Kappe zu tragen. Andere Emire aber holten gleichermaßen Muslime wie Christen in den Staatsdienst, ja, manche förderten nicht nur den Bau von Moscheen, sondern unterstützten auch den von Kirchen.

An dieser relativen, mal stärker, mal schwächer wirksamen Toleranz hat sich im Libanon bis ins 19. Jahrhundert nichts geändert. Dann aber verloren die Osmanen, die bis dahin den Vorderen Orient beherrschten, unter dem Druck europäischer Großmächte zunehmend ihre Macht auch im Libanon, und diese Chance nutzten die Franzosen, um dort Fuß zu fassen. Für ein zukünftiges Kolonialreich brauchten sie Verbündete innerhalb der einheimischen Bevölkerung, und wer hätte sich hierfür idealer angeboten als der zahlenmäßig starke christliche Bevölkerungsteil, besonders die Maroniten. Die Franzosen unterstützten von nun an großzügig den Bau von Kirchen, förderten maronitische Dörfer, holten Maroniten an europäische Schulen in Beirut, schickten begabte Studenten gar nach Paris. Französische Lehrer drillten die Maroniten in der Überzeugung, als »Christen« eigentlich »Europäer« zu sein und damit einer »überlegenen Zivilisation« anzugehören, dazu ausersehen, an der Seite von Franzosen über »Ungläubige« zu herrschen; vorbei seien die Zeiten, nur »Schutzbefohlene« von »unterentwickelten Mohammedanern« zu sein. Diese neue Ideologie erst – mehr nationalistisch als religiös – hat die Ursache zu dem Haß von heute gelegt. Die Maroniten sind zu den wichtigsten Handlangern und auch Nutznießern eines fremden Kolonialregimes geworden, besser ausgebildet und mit mehr Rechten ausgestattet als die zahlenmäßig überlegenen Muslime.

Der Konflikt verschärfte sich, als die Franzosen nach dem Ende des Ersten Weltkriegs das »Mandat« über die ehemalige Osmanenprovinz Syrien errangen, dann 1944 aus diesem Gebiet den Libanon herauslösten und ihn zu einem eigenen Staat machten. Der Sinn dieses politischen Schachzugs: Die rund 40 Prozent Christen im Libanon waren stark genug, um auch nach dem Abzug der Mandatsmacht den Wirtschaftsinteressen Frankreichs zu dienen.

Als dann die Franzosen nach dem Zweiten Weltkrieg unter politischem Druck ihr »Mandat« über Syrien und den Libanon aufgegeben hatten, übernahmen die libanesischen Christen, allen voran die Maroniten, die Schlüsselfunktionen in der Politik wie in der Wirtschaft. Die arabischen Christen waren hierbei bestenfalls bereit, diese Privilegien mit einigen wenigen mächtigen muslimischen Clans aus den Reihen der Sunniten und der einflußreichen Sekte der Drusen zu teilen, dagegen hielten sie die Masse der Muslime von allem sozialen Fortschritt fern.

Daß nun Andersgläubige im ehemals islamischen Herrschaftsgebiet auf die Dauer regieren sollten, empfanden religiös denkende Muslime als eine Provokation. Aber dies allein erklärt noch nicht ihren explosiv angewachsenen Haß auf die Maroniten. Zum offenen

Bürgerkrieg ist es erst gekommen, nachdem die herrschenden Christen ganz im Stil der Kolonialherren weiterhin das Land ausbeuteten. Die Ursachen für das viele Blutvergießen liegen letztlich in der sozialen Ungerechtigkeit. Nur so läßt sich erklären, weshalb etliche muslimische Gruppen schließlich nicht mehr gegen Christen kämpften, sondern untereinander plötzlich Krieg zu führen begannen. Auch unter Muslimen, einigen wenigen reichen Clans der Sunniten, und einer Masse verelendeter, in Slums vegetierender Menschen, besonders Schiiten, brachen schroffe Gegensätze von Unterdrückern und Unterdrückten aus. Hinzu kamen nationale Affekte, die sich gegen den einflußreichen Nachbarn Syrien entluden; bald kämpften auch pro-syrische und anti-syrische Muslime gegeneinander.

So gesehen, taugt das Beispiel Libanon ebenfalls nicht dazu, eine tiefeingewurzelte Intoleranz von Muslimen gegenüber Christen zu belegen.

Christen in Ägypten

Etwa 10 Prozent der Ägypter sind Kopten, arabisch sprechende Christen, und mit dieser beachtlich hohen Zahl stellen sie die größte Minderheit einer christlichen Konfession im islamischen Orient. Sie leben in geschlossenen Siedlungsgebieten, so in den Stadtvierteln von Alt-Kairo und Alexandria, ja stellen gar in Assiut, Dendera und Luxor die Mehrheit. Bedrohlich haben sich aber die Spannungen zwischen Muslimen und Kopten während der siebziger Jahre zugespitzt. Wegen religiöser Gegensätze? In verschiedenen oberägyptischen Städten und schließlich auch in Kairo zündeten Muslime im Sommer 1981 koptische Kirchen an, erschlugen koptische Priester und Laien, plünderten koptische Wohnungen und Geschäfte, vergewaltigten koptische Frauen.[1] Das sind bestürzende Ereignisse, aber sie geschehen erst in neuerer Zeit.

Nahezu 1300 Jahre lang konnten die Kopten relativ unbehelligt unter islamischer Herrschaft als »Schutzbefohlene« leben. Sie, die sich im Jahr 451 von den Konzilsbeschlüssen der byzantinischen Staatskirche distanziert und eine ägyptische Nationalkirche gebildet hatten, waren für christlich Orthodoxe zu »Ketzern« abgestempelt und hatten allen Grund gehabt, vor Repressalien der Staatskirche und des oströmischen Kaisers zu bangen – durch ihre muslimischen Herren brauchten sie aber kaum einmal Eingriffe in das Glaubensleben zu befürchten. Von einer unrühmlichen Ausnahme abgesehen. So hatten die Kopten unter dem Regime des Kalifen Hakim (996–1021) zu leiden, der sich dazu hinreißen ließ, Kirchen wie auch Synagogen zu zerstören, und den »Schutzbefohlenen« verbot, Pilgerfahrten ins Heilige Land anzutreten. Seine grausame Unduldsamkeit gegenüber Christen und Juden, die von späteren Generationen der Korangelehrten als »unislamisch« getadelt wurde – und die den abendländischen Christen wesentliche Propaganda für die Kreuzzugsidee gegen die »barbarischen Heiden« lieferte –, steht aber in der islamischen Geschichte relativ vereinzelt da.

Die Spannungen von heute sind nicht durch den religiösen Gegensatz, sondern durch den Zusammenprall mit der westlichen Zivilisation entstanden. Die Kopten, stolz auf ihre alte Kulturtradition, seit je von starkem Bildungsinteresse geprägt, hatten es leichter als viele Muslime, ihre Vorbehalte gegenüber Neuerungen aus Europa und den USA abzulegen, zumal dieser Wandel ja aus einem »christlichen« Kulturkreis kam. Gerade Kopten legten viel Zielstrebigkeit an den Tag, an »westlichen« Schulen eine Ausbildung zu durchlaufen und selber »modern« zu werden. Damit gelang es ihnen, gemessen an ihrer Zahl überproportional hoch in berufliche Spitzenpositionen aufzusteigen – sehr zum Mißfallen so mancher Muslime. Es ist bezeichnend, daß die Plünderer und Mordbrenner überwiegend aus Slumgebieten kommen, wo sozial deklassierte Kleinbürger und landflüchtige Bauern ohne Hoffnung dahinvegetieren – die Suche nach Sündenböcken gedeiht besonders in den Reihen derjenigen, die immer mehr an den Rand der Gesellschaft gedrängt werden.

In einem Punkt allerdings argumentieren die muslimischen Führer aufgeputschter Volksmassen »religiös«: Sie klagen alle »modern« denkenden ägyptischen Regierungschefs an – von Gamal Abd Al Nasser über Anwar As Sadat bis zu Hosni Mubarak –, durch eine »verwestlichte« Verfassung gleiche Bürgerrechte *allen* Ägyptern zugebilligt zu haben, auch den Kopten. Wo aber bleibe da der traditionelle Grundsatz, andersgläubige Minderheiten müßten als »Schutzbefohlene« hierarchisch dem Islam untergeordnet sein? – Religiöse und soziale Ressentiments fließen hier ineinander, und diese gefährliche Mischung bedeutet in der Tat eine Zerreißprobe für die Toleranz. Besonders seit zunehmend Extremisten die politische Szene bestimmen.

Die ägyptische Regierung hat sich bisher weder durch Drohungen noch durch Terror von ihrer Haltung abbringen lassen, den Kopten weitgehend gleiche Rechte wie den Muslimen einzuräumen. Die Toleranz erstreckt sich bis hinein in die politische Ämtervergabe. Nach wie vor werden der Posten des stellvertretenden Außenministers wie des stellvertretenden Erziehungsministers stets mit Kopten besetzt, so haben mir 1978 verschiedene Ägypter in Kairo berichtet, die sich darüber wunderten, daß mir dies unbekannt war. Die westliche Öffentlichkeit hat solche Tatsachen erst zur Kenntnis genommen, als Anfang der neunziger Jahre der damalige stellvertretende Außenminister Boutros Boutros-Ghali, ein Kopte, zum Generalsekretär der Vereinten Nationen gewählt wurde. Boutros-Ghali gilt als der eigentliche Architekt des Friedensabkommens zwischen Ägypten und Israel, nicht der damals amtierende Außenminister. Weshalb konnte er dann aber nicht selber Außenminister werden? Eben weil Boutros-Ghali Kopte ist! Höchste politische Ämter müssen einem Muslim vorbehalten bleiben. Spätestens an diesem Punkt endet die Gleichberechtigung der Kopten.

Christen im Sudan

»Über tausend Kirchen wurden bisher niedergebrannt, mehr als zwanzig Pastoren umgebracht«, so berichtete ein Pastor aus dem Südsudan 1994 einer Reisedelegation des Rates der Evangelischen Kirche Deutschlands (EKD). »Die Araber wollen die Nuba ausrotten«, berichteten andere im Nordsudan. »Sie durchkämmen die Berge, töten alle, auch Frauen und Kinder und die Alten.«[2]

»Araber« ist im Sudan die gängige Bezeichnung für die rund 13 Millionen Nordsudanesen, die eine Mischbevölkerung aus Schwarzafrikanern und Arabern mit unterschiedlicher Hautfarbe bilden; in der Kultur sind sie überwiegend arabisiert, von der Religion her fast durchweg Muslime. Die Nuba stellen den größten rein schwarzafrikanischen Stamm, der ebenfalls im Norden lebt, ungefähr 40 Prozent sind Muslime – 60 Prozent aber Christen. Und nach den Aussagen der Flüchtlinge richten sich die Angriffe der »Araber« vorwiegend gegen christliche Nuba.

Am schlimmsten ist die Lage im Süden, aus dem der oben zitierte Pastor stammt. Dort wohnen im Gebiet am oberen Nil überwiegend reinrassige Schwarzafrikaner, deren bedeutendste Stämme die Dinka, Shilluk und Nuer sind. Ihre Zahl wird auf etwa 7 Millionen geschätzt. Sie bekennen sich meist zum Christentum, teils huldigen sie auch einer Naturreligion, teils vermischen sie beide Glaubensformen. Schreckensmeldungen aus diesem Teil des Landes über Terror finden sich seit zwei Jahrzehnten auch in westlichen Medien, seit Ende der achtziger Jahre gehäuft. Fast zwei Millionen Schwarzafrikaner sind in dem seit 1983 tobenden Bürgerkrieg bisher umgekommen, zwischen drei und vier Millionen befinden sich auf der Flucht; Hunger und Seuchen wüten vor allem bei den militärisch unterlegenen Christen im Süden.[3]

Was sind die Ursachen für den Bürgerkrieg? Handelt es sich in diesem Fall nicht doch um eine äußerst blutige Auseinandersetzung zwischen zwei Glaubensgemeinschaften – und dies mit religiösen Emotionen?

Eine ganze Reihe Fakten deutet darauf hin. Zumindest sind die Verantwortlichen des mörderischen Konflikts eindeutig auszumachen: radikale, weitgehend fundamentalistisch orientierte Muslime aus dem Norden; aus ihren Reihen rekrutiert sich die Zentralregierung in Khartum. Bereits während der achtziger Jahre hatte sich der damalige Regierungschef Jaafar Al Numeiri den Fundamentalisten angenähert und einen unbarmherzigen Krieg gegen den Süden geführt. Zu Beginn der neunziger Jahre verstärkte das fundamentalistische Regime des Generals Umar Hassan El Bashir und des Muslimführers Hassan Al Turabi den Druck auf den nicht-muslimischen Süden. Die neuen Machthaber ließen noch mehr als bisher Kirchen zerstören und an ihrer Stelle Moscheen bauen, die in den vorwiegend christlich besiedelten Gebieten nur ab und zu von durchreisenden muslimischen Händlern besucht werden. Außerdem führten die Fundamentalisten das mittelalterlich-islamische Strafrecht der Scharia auch für Christen ein. Das sind wesentliche Gründe, weshalb christliche Schwarzafrikaner hartnäckig bewaffneten Widerstand gegen die »Arabisierung« und »Islamisierung« leisten. Die muslimischen Machthaber zögern nicht, Christen sogar zum Glaubenswechsel zu zwingen. So leiten sie ausländische Spendengelder für Flüchtlingslager ausschließlich zu Muslimen und geben christlichen Flüchtlingen zu verstehen, sie könnten ebenfalls »staatliche Hilfe« bekommen, sobald sie zum Islam übertreten.

Zerstörung von Kirchen, Zwang zum Glaubenswechsel – dies finden wir heute nirgends sonst in einem islamischen Land. Nicht nur aus liberaler, sondern auch aus muslimisch orthodoxer Sicht muß ein derartiges Vorgehen als ein Verstoß gegen koranische Gebote erscheinen. Selbst Fundamentalisten, sofern sie sich strikt am Koran orientieren (und es nicht nur behaupten), müssen an der »islamischen« Politik des Sudan Anstoß nehmen. Von einer ganzen Reihe Fundamentalisten – ob nun algerisch, ägyptisch oder iranisch – weiß ich, daß sie diese Art von »Islamismus« als »unislamisch« ablehnen (wir werden auf solche Differenzierungen an anderer Stelle zurückkommen).

Und doch passen auch im Sudan nicht alle Vorkommnisse in das Schema eines fanatisch fehlgeleiteten »Glaubenskriegs«. Muslimische Regierungstruppen kämpfen zeitweilig nicht minder heftig gegen schwarzafrikanische Nuba-Stämme, die sich zum Islam bekennen. Wie das? Jusuf Koah, der Kommandeur dieser Nuba-Stämme, erklärte westlichen Besuchern: Der Bürgerkrieg sei kein Kampf zwischen Muslimen und Christen, sondern hier stünden »Araber« gegen »Schwarze«. Die »Araber« würden die »Schwarzen« immer noch wie vor hundert Jahren, da sie zur Sklavenjagd in den Sudan kamen, als »schwarze Wilde« betrachten. Den »Arabern« gehe es vor allem um mehr Macht, um mehr Besitz, um mehr Land auf Kosten der militärisch unterlegenen Stämme. Wäre es ein Krieg zwischen Muslimen und Christen, dann müßte er als Muslim auf der anderen Seite stehen. Er aber hat sich der Befreiungsfront des schwarzafrikanischen Christen John Garang angeschlossen und ist zum dritthöchsten Befehlshaber in der Hierarchie der Widerstandsbewegung aufgerückt.[4]

Die Juden als »Problem«

Juden unter muslimischer Herrschaft

Nähert man sich heute auf der tunesischen Insel Djerba der Ortschaft Hara Srira, so erlebt man eine Überraschung. Auf den ersten Blick fällt an den Einwohnern nichts Besonderes auf; sie tragen Turban oder rote Filzmütze, Burnus oder Kaftan wie viele Muslime im ländlichen Tunesien. Auch wenn man den markant langgestreckten, weißgetünchten Bau außerhalb der Ortschaft betritt, meint man beim Anblick der grün gestrichenen Holzsäulen und der teppichbelegten Böden anfangs, in einer Moschee zu sein – aber es ist eine Synagoge. Die über 3000 Einwohner von Hara Srira sind durchweg Juden. Am Eingang der Synagoge ist eine Tafel angebracht, wo der (islamischen) Regierung Habib Bourguiba für die finanzielle Unterstützung beim Renovieren des baufälligen Gebäudes gedankt wird. In Reisehandbüchern liest man, daß hier schon seit dem 1. Jahrhundert unserer Zeitrechnung eine Synagoge gestanden haben soll und die hier ansässigen Juden später nie unter der islamischen Oberhoheit zu leiden hatten.

Ein Sonderfall?

Jüdische Gemeinden finden sich auch in Marokko, Syrien, Jordanien, im Jemen, Libanon, Irak, in der Türkei, um nur die wichtigsten Verbreitungsgebiete zu nennen, und überall haben sie ohne tiefgreifende Verfolgung die Jahrhunderte überstanden. Der Tourist aus Europa muß dies immer wieder staunend feststellen, falls er den Orient aufmerksam beobachtend bereist. Sind denn, so mag der Europäer zu Recht fragen, die jüdischen Minderheiten nicht spätestens dann erheblichem Druck ausgesetzt, seit die arabischen Staaten mehrheitlich im Kriegszustand mit Israel leben?

Ich selber sollte 1967 auf diese Frage eine erste Antwort erhalten. Im Juni dieses Jahres hielt ich mich in Marokko auf und wurde vom Ausbruch des sogenannten Sechs-Tage-Krieges überrascht. Das Fernsehen übertrug die Rede des ägyptischen Präsidenten Abd Al Nasser, in der er mitreißend demagogisch den totalen Sieg über

Israel ankündigte, zeigte Bilder von frenetisch jubelnden Volksmassen quer durch alle arabischen Länder, zeigte Soldaten in Sprechchören mit drohend hochgehobenen Fäusten – Bilder, die einem Europäer Unbehagen einflößen mußten, besonders dann, wenn er, wie ich, in einer Teestube inmitten heftig diskutierender Marokkaner vor dem Bildschirm saß. Vier Tage später zog ich es vor, die Teestube nicht mehr zu betreten, denn nun dröhnten aus Radios und Fernsehgeräten keine Siegesmeldungen mehr, nun machte sich unter den Zuhörern und Zuschauern Bestürzung breit über die für die Araber völlig unerwartete Niederlage, dann folgte Wut. Für Europäer keine gute Zeit im Orient. Auf der Straße wurde mir verschiedene Male drohend »Israel« nachgerufen, so daß ich den Beschluß faßte, Marokko möglichst rasch zu verlassen. Sonst geschah nichts. Wieder in Europa, las ich in der Zeitung, Europäer und Amerikaner seien von Arabern teilweise als Sympathisanten des »imperialistischen« Israel verdächtigt und angefeindet worden. Einen vagen Eindruck davon hatte ich ja selbst bekommen. Aber: Es fand sich kein Bericht über Ausschreitungen gegen jüdische Minderheiten in arabischen Ländern. Dabei hätten gerade diese aus unserer Sicht nahegelegen, jede Presseagentur würde sich sogar begierig auf eine solche Nachricht gestürzt haben.

Während der folgenden Jahre ist es zwar immer wieder vorgekommen, daß Juden hingerichtet wurden, so unter den radikal antiisraelischen Regimen in Syrien und im Irak, aber in jedem der Fälle haben die Machthaber dann versichert, es handle sich um »Spione«. So fragwürdig eine solche Rechtfertigung auch sein mag, so ist doch der Versuch auffällig, politische Gründe anzugeben – die »judaische Religion« ist von aller Anfeindung ausgenommen. Eine derartige Haltung kommt selbst in den Anweisungen eines der radikalsten Muslimführer zum Ausdruck, nämlich bei Khomeini. In seinen Schriften liest man: »Es ist dem Muslim nicht gestattet, in einem jüdischen Unternehmen zu arbeiten, wenn er die Gewißheit oder den Verdacht hat, daß dieses Unternehmen Israel hilft. Das so verdiente Geld ist unrein.«[1] Grundsätzlich wäre auch unter dem Regime antiwestlich gesinnter Ayatollahs nichts gegen eine Zusammenarbeit mit Juden einzuwenden.

Bemerkenswert für alle islamischen Staaten: Massenterror gegen jüdische Mitbürger kommt nicht vor, denn diese gelten als Araber, Perser oder Türken mit »judaischem Glauben«. Insofern solche »Juden« nicht offen Sympathien für die »israelischen Aggressoren« zeigen, wie dies in der offiziellen Sprachregelung heißt, haben sie nichts zu befürchten.

Verständlicherweise hatten es die Muslime in früheren Jahrhunderten leichter, den Juden unbefangen zu begegnen. Als es noch keinen Staat Israel gab, fehlte die entscheidende Provokation, daß sich inmitten der islamischen Welt ein eigenständiges jüdisches Machtgebilde entwickelte, ein Staat, der sich geistig mehr zu Europa und Amerika hingezogen fühlte als zu den orientalischen Nachbarn. Daß westliche Großmächte, allen voran die britische Mandatsmacht, bei der Gründung von Israel 1948 Hilfe leistete, verdoppelt nur die Provokation. Noch im 19. Jahrhundert wäre eine betont feindliche Haltung der Araber gegen Juden schwer vorstellbar gewesen. Einst schickten Kalifen, Sultane und Emire ihre Truppen vordringlich gegen diejenigen, die ihre politische Sicherheit gefährdeten, nicht gegen jene, die ebenfalls den »einen« Gott verehrten. So konnte es passieren, daß selbst ein Despot freundlich mit jüdischen und christlichen Untertanen umging, weil jene anstandslos ihre Steuern zahlten und sich ruhig verhielten – aber grausam gegen muslimische Rebellen losschlug.

Juden und Christen im mittelalterlichen Europa

Im christlichen Abendland gab es von allem Anfang an, kaum daß die Kirche sich gebildet hatte, einen Affekt gerade gegen die »judaische Religion«. Die Juden hatten in Jesus den »Messias« zurückgewiesen, mehr noch, ihn gekreuzigt, und damit erschienen sie aus der Sicht vieler Christen vor allem in Glaubensfragen verstockt. Erst wenn die Juden den »Christus« als den »Messias« und so auch das Neue Testament als die Vollendung der Bibel anerkennen würden, erst dann könnte man sie von der schwersten aller Sünden, dem Mord am »Sohn Gottes«, freisprechen.

Christusmörder... Ein derartiges Schimpfwort gegenüber Juden wäre von seiten der Muslime undenkbar. Denn der Koran lehnt die Kreuzigung Christi als eine Falschmeldung von Bibelautoren ab, die »keine bestimmte Kenntnis haben, sondern nur vorgefaßten Vermutungen folgen«.[2] Es steht hier nicht zur Debatte, mit welcher Überzeugungskraft Muslime belegen können, daß die Nachricht von der Kreuzigung Christi auf irregeleiteten Gerüchten beruhe, auch nicht, ob ihnen aufgrund ihrer Traditionen jedes Verständnis für die christliche Deutung der »Erlösung durch das Kreuz« fehlen muß. Wir brauchen hier nicht weiter dem Problem nachzugehen, daß die Muslime an der Überlieferung Jesu möglicherweise alles ausscheiden, was nicht in das Schema eines politisch siegreichen Propheten nach dem Vorbild Mohammeds paßt. Wichtig für den Zusammenhang hier ist, daß ihnen der Koran von vornherein die Voraussetzung nimmt, die Juden als Christusmörder – oder gar als »Gottesmörder« – zu diffamieren. Sie beschränken sich auf den Vorwurf, daß die Juden Jesus nicht als Propheten anerkennen.

Dabei würde auch den Christen der Weg zu einer milderen Interpretation offenstehen. Schließlich legt das Neue Testament nicht zwingend nahe, das »auserwählte Volk« in ein »von Gott verworfenes Volk« umzudeuten, nur weil einst eine fanatisierte Menschenmenge die Kreuzigung Christi forderte. Christliche Theologen hatten sich mehr als ein Jahrtausend lang in ihrer Mehrheit zu dieser fatalen Interpretation hinreißen lassen, weil sie die Enttäuschung schwer verkraften konnten, daß ausgerechnet geistesverwandte Gläubige Bekehrungsversuchen teilweise hartnäckiger widerstanden als viele Heiden.

Die Juden als die besonders Verstockten! Als die Verblendeten, obwohl sie doch mit ihrem Glauben an den *einen* Gott der »Wahrheit« viel näher als alle »Heiden« standen. Diese Einschätzung ist ein fester Bestandteil mittelalterlich-christlicher Theologie geworden. Steingewordene Theologie dieser Art kann man bis heute im Figurenschmuck so mancher Portale unserer gotischen Dome entdecken: Der aufmerksame Betrachter sieht dort zuweilen inmitten der Galerie der vier Evangelisten, der Apostel und verschiedener Heiliger eine Frau mit den Gesetzestafeln Mose in der Hand dargestellt, mit verbundenen Augen – diese Frau symbolisiert die Synagoge, deren Gläubige trotz der so greifbaren Nähe christlicher »Erlösung« von Blindheit geschlagen sind. Entsprechend kontrapunktisch ist dann am selben Domportal eine zweite Frau zu finden, die in strahlendem Triumph den Abendmahlskelch und das Kreuz hochhält – sie verkörpert die über alle Irrtümer siegende Kirche.

Schon im 4. Jahrhundert hat diese Art von Theologie recht faule und giftige Früchte hervorgebracht, wie uns erhalten gebliebene Predigten bezeugen. Hier sei nur einer dieser Texte zitiert, der uns bei seiner vulgären, geifernden Sprache wie eine plumpe Fälschung anmuten mag, die den Christen von Gegnern untergeschoben sein könnte, aber leider ist die Echtheit des Textes belegt; es heißt dort: »Die Synagoge ist schlimmer als ein Bordell, [...] sie ist eine Höhle der Halunken, [...] ein Platz, wo sich die Christusmörder treffen, [...] eine Höhle von Dieben, ein Haus des schlechten Rufs, wo die Ungerechtigkeit haust. [...] Ich möchte dasselbe über ihre Seelen sagen. [...] Geilheit und Trunksucht haben sie auf die gleiche Stufe gebracht wie den geilen Bock und das Schwein. [...] Wir sollten sie nicht einmal grüßen oder das kleinste Gespräch mit ihnen führen.«[3] Der Autor ist kein Geringerer als Johannes Chrysostomos, Patriarch von Konstantinopel, der heute als einer der großen Heiligen gilt, Verfasser der ältesten Liturgie und vieler bedeutender Gebete. Predigten wie die seinen haben das Fundament für alle spätere Unterdrückung der Juden gelegt.

Im Jahr 537 erließ Kaiser Justinian, berühmt als Bauherr der Hagia Sophia, ein folgenschweres Edikt: Den Juden des Römischen Reiches wurden alle religiösen und bürgerlichen Rechte aberkannt, und dies mit der ausdrücklichen Begründung, die Kreuzigung Christi sei eine untilgbare Schuld. Nun begann schrittweise jene Diskriminierung im öffentlichen Leben, wie sie das ganze Mittelalter bis weit hinein in die Neuzeit angehalten hat. Die Juden hatten in gesonderten Vierteln zu wohnen, in sogenannten Ghettos, und blieben von den meisten »ehrbaren« Berufen eines Christenmenschen ausgeschlossen; man gestattete ihnen einige wenige Handwerksberufe, vor allem aber Kaufmann und Geldverleiher zu sein, das letztere, weil Zinsnehmen als »schmutzig« galt und den Christen verboten war. Und so hat sich im Verlauf des Mittelalters bis in die heutige Zeit das unausrottbare Klischee vom »geldgierigen«, »gar zu geschäftstüchtigen« Juden gebildet – ein Klischee, das nur im christlichen Kulturkreis entstehen konnte, nicht aber im islamischen, wie wir bereits gesehen haben.

Aus diesem Gefängnis ständiger Diskriminierung konnten die Juden nur entkommen, wenn sie zum Christentum übertraten. Genau dies aber verweigerten die meisten von ihnen – mit einem Argument, vor dem eigentlich Christen Respekt haben sollten, weil sie das gleiche für sich in Anspruch nehmen: Man wolle dem »Glauben der Väter« treu bleiben. Für einen Juden mußte die Aufforderung zum Glaubenswechsel die gleiche Zumutung bedeuten wie für einen Christen, der von einem Muslim erklärt bekommt, er solle zum Islam übertreten und dort endlich die »ganze Wahrheit« kennenlernen.

Die Gegensätze hatten sich bereits unheilvoll zugespitzt, als Rabbiner während des 5. Jahrhunderts darangingen, den Talmud (»Die Lehre«) zu verfassen. Mit diesen umfangreichen Kommentaren zum biblischen Erzählstoff, zu rabbinischer Theologie und geistlichem Recht gaben die Juden unumstößlich zu erkennen, daß sie sich nicht von den Christen vorschreiben lassen wollten, wie sie die gemeinsame biblische Überlieferung (das Alte Testament) auszulegen hätten. Für die Christen eine besondere Herausforderung: eben weil der Talmud erst Jahrhunderte nach dem Auftreten Jesu entstand und ganz bewußt dessen Verkündigung ignorierte. Jüdischer und christlicher Absolutheitsanspruch prallten hier aufeinander. Eine derartige Konfrontation mußte für die religiöse Minderheit tragisch enden. Um 1240 nutzten die Christen ihre Machtposition dazu aus, um dem Talmud in einem religiösen Schauprozeß das Existenzrecht abzusprechen, und 1242 wurden, wie aus zeitgenössischen Berichten hervorgeht, 24 Wagenladungen jüdischer Bücher zum Scheiterhaufen gefahren und den Flammen übergeben.[4]

Angesichts der heftigen Ablehnung muß es nicht wundern, wenn die Juden sich ihrerseits zu verstärkten Affekten gegenüber ihren Verfolgern hinreißen ließen und den eigenen Dogmatismus verschärften. Ein frühes Zeugnis dieser Neigung stellt schon das sogenannte »Achtzehn-Bitten-Gebet« dar, wo als zwölfte Bitte eingefügt ist: »Die Nazoräer [Christen] und die Minim [Abtrünnige] sollen plötzlich umkommen, sie sollen ausgelöscht werden aus dem Buch des Lebens. [...] Gelobt seist du, Herr, der du die Frevler zerschmetterst.«[5] Die Fronten verhärteten sich vollends. Anders als die Muslime haben sich die Christen des Mittelalters zu keiner Zeit dazu durchringen können, die religiöse Minderheit – die doch denselben Gott anbetete – wenigstens mit herablassender Toleranz zu behandeln. Statt dessen in periodischen Abständen blutige Ausschreitungen gegenüber jüdischen Ghettos ...

Aber nicht alle christlichen Konfessionen ließen sich gleich stark von religiös motiviertem Antijudaismus leiten. Bei Protestanten, die mehr als die Katholiken und Griechisch-Orthodoxen auf das Alte Testament zurückgriffen, verlor das Ressentiment gegen »Judaisches« an Boden – ohne allerdings völlig zu verschwinden. Immerhin entstanden im Gefolge der Reformation Glaubensgemeinschaften, denen es selbstverständlich erschien, ihre Kinder vornehmlich auf alttestamentarische Namen zu taufen, etwa auf Jeremia, Hosea, Aaron, Judith, Sarah, Rahel, so geschah es bei Calvinisten in Holland und England, später auch bei zahlreichen protestantischen Sekten in den USA. Der antijüdische Affekt verlor auch dort an Boden, wo sich unter dem Einfluß der Renaissance ein Teil der Bürger an antiker Kultur begeisterte und nicht mehr die schroffe Frontstellung billigte. Protestantische Machthaber wie auch Renaissancefürsten sind demnach die ersten Christen gewesen, die aus den jüdischen Ghettos reiche Finanziers an ihre Höfe holten und sie, wenn auch nur »geduldet«, so doch aus Nützlichkeitserwägungen heraus gesellschaftsfähig machten.

Vom Antijudaismus zum Antisemitismus

Eine echte Chance zur Emanzipation haben Juden aber erst bekommen, nachdem man in Europa den Wert eines Menschen nicht mehr zuerst daran maß, ob er Christ oder Nichtchrist war. Dies geschah im Zeitalter der Aufklärung. 1784 gewährten die USA als erster Staat im abendländischen Raum den Juden das volle Bürgerrecht, gemäß der Erklärung der Menschenrechte, »daß alle Menschen gleich geschaffen sind«. 1791 folgte Frankreich, dies auf dem Höhepunkt seiner Revolution, und um 1860 war in den Verfassungen der meisten europäischen Staaten die Gleichberechtigung der Juden festgeschrieben.

Der religiös motivierte Judenhaß war allerdings noch lange nicht tot, obwohl ihn Theologen, Bischöfe und Pfarrer aller Konfessionen seit dem Beginn der Aufklärung zunehmend verurteilten. Bis zum heutigen Tag kann man ja hier und da noch von Christen affektgeladene Äußerungen gegen die »Gottesmörder« zu hören bekommen.

In diesem Zusammenhang muß zu denken geben, daß sich die katholische Kirche sogar erst in den sechziger Jahren, während des Zweiten Vatikanischen Konzils (1962–1965), ausdrücklich von allen antijüdischen Exzessen der Vergangenheit distanziert hat. »Man darf die Juden nicht als von Gott verworfen und verflucht darstellen«, ließen dann endlich höchste Instanzen in erfreulicher

Eindeutigkeit verlautbaren, »die Kirche beklagt alle Haßausbrüche, Verfolgungen und Manifestationen des Antisemitismus, die sich [...] gegen die Juden gerichtet haben.« In derselben Erklärung verwarf der Vatikan über den Antijudaismus hinaus »jede Diskriminierung« eines Menschen »um seiner Rasse und seiner Farbe, seines Standes und seiner Religion willen, weil dies dem Geist Christi widerspricht.«[6] Dieser klaren Absage an den Antijudaismus wie Rassismus ist der Vatikan seither, trotz aller sonstigen Rückwendung zu konservativem Denken, treu geblieben. Im Februar 1989 hat der Vatikan zur Bekräftigung das Dokument »Die Kirche und der Rassismus – Für eine brüderliche Gemeinschaft« veröffentlicht und dort den Rassismus wie jede Diskriminierung einer Religion als »Gotteslästerung« bezeichnet.[7]

Der Höhepunkt barbarischer Intoleranz gegen die Juden fällt allerdings nicht unter das Signum der Christen, trotz aller langlebigen Ressentiments. Im Gegenteil: Zu den gefährlichsten Fanatikern sollten erst Ideologen werden, die zur Religion meist nur noch eine oberflächliche Beziehung hatten oder den Kirchen gar feindlich gegenüberstanden. Ihr Affekt entzündete sich, sehr weltlich, an der Konkurrenzangst gegenüber den gesetzlich gleichberechtigten, sehr leistungsfähigen Juden. Und da solche Ideologen in eine Epoche offensichtlichen Glaubenszerfalls hineingeboren waren, suchten sie der Zeit gemäß nach »wissenschaftlichen« Argumenten – und fanden sie in einer pseudowissenschaftlichen, stark von Versatzstücken ehemaligen Glaubens durchsetzten Doktrin: dem Rassismus. Der sogenannte »Antisemitismus« entstand, und hierbei verrät schon der Name die Ungenauigkeit des Ansatzes. Denn die Rassisten ignorieren, daß Juden eine religiöse und kulturelle, nicht aber eine rassische Gemeinschaft bilden. Zum jüdischen Glauben sind im Verlauf vieler Jahrhunderte Menschen unterschiedlichster Herkunft übergetreten. »Antisemiten« kommen zusätzlich in Beweisnot, weil ja andererseits auch die arabisch sprechenden Völker mehrheitlich Semiten sind.

Es braucht hier nicht erörtert zu werden, auf welch fragwürdigen Voraussetzungen das emotionsgeladene Ideologiekonglomerat des Antisemitismus beruht, dies ist hundertfach in Fach- und Sachbüchern angeführt. Nur eine Bemerkung: Religiöse Unduldsamkeit bewahrt bei all ihren Auswüchsen gegenüber dem Andersgläubigen wenigstens noch einen Funken Humanität, denn sie bietet dem

»Verstockten« die Chance, zur »richtigen« Religion überzutreten und damit »gleichwertig« zu werden. Der Rassist verwehrt aber diesen Ausweg. »Rasse« kann man ja nicht gegen eine andere eintauschen; wer einmal »von Bluts wegen«, also genetisch als »Untermensch« ausgewiesen ist, kann sich nicht von diesem Stigma befreien. Für die rassistisch-antisemitische Logik ist es unerheblich, ob sich ein Jude hat taufen lassen und sich sogar eifrig zum Christentum bekennt. Rassistische Logik wird es nicht einmal akzeptieren können, wenn ein Jude betont als Deutscher oder gar als Deutschnationaler oder mit Hurrapatriotismus als Franzose, Brite oder Amerikaner sich deklariert. In all diesen Fällen wäre der Antisemit mit dem abschätzigen Urteil zur Stelle, der Jude wolle sich nur in die Gefilde einer überlegenen Rasse einschleichen und sich ihren Status anmaßen. »Jud bleibt Jud«, dies ist nicht zufällig gerade zum Schlagwort für Antisemiten geworden. Dies erklärt, weshalb Antisemitismus im Namen einer pseudowissenschaftlichen Biologie zu letztlich schlimmeren Konsequenzen führen muß als Antijudaismus im Namen der Religion.

Trotzdem wäre es falsch, die kirchliche Vergangenheit zu verharmlosen. Bürgerliche Ideologen hätten für ihre Rassentheorie niemals einen solchen Anklang finden können, wenn dafür geistig nicht der Boden durch eine fragwürdige Theologie bereitet worden wäre. Auch wären nationalsozialistische Ideologen mit ihrer Vorstellung von rabiater Rassenhygiene nur mäßig erfolgreiche Sektierer geblieben, wenn sie nicht auf jahrhundertealte Vorurteile hätten bauen können.

Jenseits der traditionellen Affekte

Und heute? Der antijüdische Affekt schwelt weiter. Dies, obwohl in Deutschland und Österreich der »Antisemitismus« besonders während der letzten Jahre in Rundfunk, Fernsehen, Zeitungen und Schulen ausführlich und großenteils kritisch erörtert worden ist. Dies, obwohl vor allem in der jüngeren Generation genug Leute die Exzesse der Vergangenheit ausdrücklich verurteilen. Aber immer wieder können wir erleben – und mit dieser Beobachtung bin ich ja leider nicht allein –, daß hie und da in die betonte Distanzierung eine recht fragwürdige Logik einfließt. Etwa: Man habe wirklich nichts gegen die Juden, doch könne man schon verstehen, weshalb »die«

im Verlauf ihrer Geschichte derart viele Affekte auf sich gezogen hätten. Die Juden seien ja nie bereit gewesen, sich der fremden Kultur ihres Gastlandes anzupassen (volkstümlich ausgedrückt: sie hätten immer eine »Extrawurst« haben wollen). Solche Kritik macht den Juden paradoxerweise gerade das zum Vorwurf, was man ihnen mehr als ein Jahrtausend lang im christlichen Abendland per Gesetz vorgeschrieben hat: die auffällige Abgrenzung.

Sätze dieser Art haben in Wien, wo ich wohne, ihre besondere Qualität. Wien ist heute im deutschen Sprachraum die einzige Großstadt, wo in verschiedenen Vierteln noch eine kleine Anzahl orthodoxer Juden lebt und ihren Glauben durch konservative Tracht – schwarzer Hut und Anzug, dazu Bart und Schläfenlocken – dokumentiert. Sie treten besonders dann für alle sichtbar in Erscheinung, wenn sie am Sabbat ins Stadtzentrum zur Synagoge kommen und in deren Umgebung Straßen und Plätze beleben. Warum »die« ihre Gesinnung derart demonstrativ vorführen müßten? Ein Kommentar dieser Art kann sich dahin verdichten: daß Juden überall, wo sie leben, »auffallen wollen«. Mehr noch: Daß »die nie eine Ruh' geben«, das liege denen im Charakter.

So sprechen teilweise sogar Dreißig- und Vierzigjährige, die den Faschismus nicht selber erlebt haben und ihm auch nichts abgewinnen können. Dieselben zeigen ebensowenig Verständnis für antijüdische Tendenzen in der Theologie, weil sie mit der Kirche »sowieso nichts am Hut haben«, wie sie das salopp formulieren. Hierbei hält sich der eine oder andere schon deshalb für liberal, wenn er jene Juden von der Kritik ausnimmt, die weder mit ihrer Kleidung noch im sonstigen Verhalten »anders« als der Durchschnittsösterreicher (oder Durchschnittsdeutsche) auftreten. Mit derartigen Denkmustern nehmen sie den Antijudaismus oder Antisemitismus auf eine »zeitgemäße« Form der Abwehr zurück: die ganz gewöhnliche Fremdenfeindlichkeit. Auf ähnliche Weise kann sich der Affekt gegen »Gastarbeiter« richten, besonders wenn sie Muslime sind. Daß untergründig hier eben doch ältere, religiös bedingte Affekte nachwirken, liegt nahe.

Für Juden ist ein solcher Wandel – weg vom christlichen Antijudaismus, weg vom faschistischen Antisemitismus, hin zu einer säkularen, postfaschistischen Fremdenfeindlichkeit – keineswegs schon um vieles harmloser. Man braucht sich nicht zu wundern, wenn orthodoxe wie liberale Juden im In- und Ausland weiterhin den Europäern, besonders aber den Deutschen und Österreichern, mißtrauisch gegenüberstehen. Auch gegenüber Christen insgesamt. Schließlich müssen Juden in den Auswüchsen christlicher Theologie die Ursachen aller Verfolgung begreifen. Insofern erscheint vielen von ihnen nicht nur der Nationalsozialismus als Trauma, sie bleiben auch dem Christentum gegenüber ablehnend bis reserviert. Abgesehen von einigen wenigen speziell Interessierten zeigen Juden kaum Neugier auf die christliche Glaubenslehre. Dies gilt besonders für Israelis; sie haben vom Neuen Testament etwa so viel Ahnung wie die Mehrzahl der Christen vom Koran, also: kaum Kenntnisse, bestenfalls verzerrt.

Kein Zufall ist es, daß vor allem jüdisch-orthodoxe Israelis, die aus Osteuropa stammen, unverhohlen schroffe Abneigung äußern, jene, die neben den deutschen und österreichischen Juden am meisten unter dem Rassenwahn der Nationalsozialisten zu leiden hatten. Jesus Christus bedeutet für sie ein Reizwort, ihnen erscheint gerade diese Zentralfigur christlicher Verehrung – und nicht erst später kirchliche Ideologie – als die Ursache aller religiösen Entweihung, aller mörderischen Verfolgung. In Mea Shearim und Bnei Barak, den ultraorthodoxen Wohnvierteln von Jerusalem, wird, so habe ich gelesen, der Name Jesu nur mit dem Zusatz »verflucht sei er« ausgesprochen.[8]

Christen mögen sich angesichts eines solchen Gebarens beleidigt, ja verletzt fühlen, weil Juden hier »ganz unbelehrbar« den biblischen, »reinen« Jesus nicht vom Mißbrauch des Glaubens trennen können. Aber wenn Christen trotz aller Empörung Augenmaß bewahren, so werden sie für die Information offen sein, daß liberale Juden grundsätzlich an derart antichristlichen Affekten fanatischer Glaubensbrüder Anstoß nehmen. Und doch wird Christen nicht die Erfahrung erspart bleiben, daß selbst der eine oder andere liberal gläubige Jude in etwas milderer Form zu erkennen gibt: Genaugenommen bedeute das Neue Testament mit Jesus als »Sohn Gottes« eine Verfälschung gegenüber der »wirklichen« Offenbarung Gottes.

Christen sollten sich über eines klar werden: Innerhalb ihrer eigenen Reihen äußert man sich nach wie vor ähnlich herablassend über den Koran, und lange genug hat man sogar verächtlich und haßerfüllt, ganz im Stil Radikal-Orthodoxer, über Mohammed als Propheten gesprochen. Doch welcher Christ macht sich schon Gedanken darüber, wie Muslime ein solches Verhalten empfinden?

Der Wille zum Dialog – und die Barrieren

Ökumene und Zweites Vatikanisches Konzil

»Die Christen betrachten die Religionsfreiheit als Folge des Werkes Gottes. [...] Die Erlösung durch Gott ist kein Zwang. Folglich verstößt der Mensch gegen die fundamentalen Prinzipien von Gottes Werk an den Menschen, wenn er versucht, mit Hilfe von Gesetzen und gesellschaftlichen Repressionen den Glauben zu erzwingen oder zu unterdrücken. Die Freiheit, wie Gott sie in Christus gegeben hat, versteht sich als freiwillige Hingabe an die Liebe Gottes und als Auftrag, dem Nächsten aus Bedrängnis und höchster Not zu helfen.«[1]

Dies sind bemerkenswerte Sätze, 1961 im Anschluß an die »Dritte Vollversammlung des Ökumenischen Rates der Kirchen« abgefaßt. Im Oktober dieses Jahres waren in Neu-Delhi die protestantischen Großkirchen und Freikirchen sowie die griechisch-orthodoxe Kirche zu einer klärenden Konferenz zusammengetreten und bekräftigten, was 1948 auf der ersten Vollversammlung in Amsterdam schon angeklungen war: Glaubensfreiheit sei ein Menschenrecht. Der indische Schauplatz Neu-Delhi, weit weg von christlichen Bastionen, kann als symbolisch für den Willen verstanden werden, sich intensiver einem Dialog mit den Weltreligionen zu öffnen.

Auch die katholische Kirche hat gerade während der sechziger Jahre aufsehenerregende Signale gesetzt. Ja, ihre Verlautbarungen fanden in der Weltöffentlichkeit ein noch stärkeres Echo, weil sie, was nur die wenigsten erwartet hatten, eine umfassende Neubesinnung ankündigten. Im November 1962 eröffnete Papst Johannes XXIII. das Zweite Vatikanische Konzil. Und schon während der ersten Monate zielte die Diskussion bei den Versammelten nicht nur auf grundlegende Reformen innerhalb der Kirche selber – vielmehr forderten Theologen, man solle den Dialog mit anderen Konfessionen, ja selbst mit nichtchristlichen Religionen auf völlig neue Grundlagen stellen. Die Ergebnisse, wie sie dann Papst Paul VI.

1965 in der Konzilsaula des Petersdoms verkünden ließ, verdienten in der Tat weltweites Interesse. Da wurden nun in aller Form die anderen christlichen Gemeinschaften – Protestanten, Freikirchen, Griechisch- und Russisch-Orthodoxe – als »Kirche« anerkannt. Man verbannte offiziell die diffamierenden Begriffe »Ketzer« und »Schismatiker« aus dem Wortschatz der Auseinandersetzung und betonte, daß das Gemeinsame in den Glaubenslehren wichtiger sei als das Trennende. Mit den Griechisch-Orthodoxen erzielten die Katholiken gar einen raschen Fortschritt über alle bloßen Absichtserklärungen hinaus: Beide Kirchenführer, der Papst und der Patriarch, widerriefen den gegenseitig verhängten Kirchenbann von 1054. Aber an alle Konfessionen gleichermaßen richtete das Konzil die Botschaft, die Zusammenarbeit im sozialen Bereich müsse forciert werden, ebenso die Diskussion von Theologen, zeitweilig auch ein gemeinsamer Gottesdienst. Johannes XXIII. setzte gerade in diesem letzteren Punkt bereits ein wirksames Signal, indem er – als erster Papst überhaupt – gemeinsam mit nichtkatholischen Christen betete.

Ebenso eindeutig rang sich das Konzil zu dem Entschluß durch, den Dialog mit den nichtchristlichen Religionen zu eröffnen. Allen voran zum Judentum: Man verwarf jede Form eines »christlichen Antisemitismus« und gestand Fehlentwicklungen vieler Jahrhunderte als »Schuld« ein; das Gemeinsame der religiösen Tradition sei stärker zu betonen. Für die Weltöffentlichkeit vollends überraschend folgten versöhnliche Äußerungen zum Islam. »Mit Hochachtung betrachtet die Kirche auch die Muslime, die den alleinigen Gott anbeten«, hieß es 1965 in der offiziellen Verlautbarung durch Papst Paul VI.: »Sie [die Muslime] sind bemüht, sich selbst Seinen verborgenen Ratschlüssen mit ganzer Seele zu unterwerfen, so wie Abraham, auf den der islamische Glaube sich so gern beruft, sich Gott unterworfen hat. Jesus, den sie allerdings nicht als Gott anerkennen, verehren sie doch als Propheten. Da jedoch im Laufe der Jahrhunderte nicht wenige Zwistigkeiten und Feindschaften zwischen Christen und Muslimen entstanden sind, ermahnt die Heilige Synode alle, daß sie das Vergangene beiseite lassen, sich aufrichtig um ein gegenseitiges Verständnis bemühen und gemeinsam die soziale Gerechtigkeit, die sittlichen Güter sowie Frieden und Freiheit für alle Menschen schützen und fördern.«[2]

Eine Erklärung dieser Art hat es nie zuvor von seiten einer Kirche gegenüber dem Islam gegeben. Zumindest nicht offiziell. Nur auf weniger spektakulärer Ebene haben schon seit 1949 katholische und islamische Institutionen Kontakt miteinander aufgenommen (von protestantischer Seite ist nichts derartiges bekannt).[3] So gesehen hat das Zweite Vatikanische Konzil nur einer Tendenz Rechnung getragen, die sich ohnehin schon angebahnt hatte. Trotzdem mußte die Verlautbarung von Papst Paul VI. für die Weltöffentlichkeit überraschend kommen, weil er so entschieden ausgerechnet den Dialog mit jener Religion befürwortete, die seit Jahrhunderten den Christen am meisten Angst eingeflößt hatte. Eine Äußerung desselben Papstes sieben Jahre später bekräftigte entschlossen die neue Haltung. So appellierte Paul VI. 1972 aus Anlaß des Ramadan-Festes an die Weltmuslimgemeinschaft mit folgenden Worten: »Der gemeinsame Glaube an die Aufrichtigkeit ist die Quelle des Vertrauens. [...] Der gute Wille aber fehlt weder unter den Muslimen noch unter den Christen. Wenn wir uns begegnen, dann stellen wir immer wieder mit freudigem Erstaunen fest, wie nahe wir uns stehen. Warum sollten wir also diese Begegnungen nicht intensivieren?«[4]

Der Dialog mit dem Islam beginnt

Der »Islamische Weltkongreß« reagierte positiv vor allem auf die päpstliche Äußerung von 1972. Dabei setzten auch die Muslime nur früheren Vermittlungsangeboten ein weiteres hinzu – jetzt aber von der Weltöffentlichkeit aufmerksamer registriert als bisher. Es hieß in besagter Verlautbarung: »Anstatt im Konkurrenzdenken zu verharren, sollten Christen und Muslime auf gegenseitige Bekehrungsversuche verzichten und sich statt dessen gemeinsam der Verkündigung ihrer Glaubenswahrheiten und Glaubenserfahrungen unter den Gottlosen und Heiden widmen. Nur auf diese Weise ist es möglich, eine humane Welt zu schaffen, in der jeder Mensch ohne Unterschied seiner Religion, Rasse, Sprachgemeinschaft oder Hautfarbe den ihm gemäßen Platz finden kann.«[5]

Von muslimischer Seite muß eine derartige Stellungnahme nicht im gleichen Maß überraschen wie von christlicher, denn der Koran sieht ja im Christen ohnehin einen Halbbruder im Glauben. Und doch: Diese Stellungnahme von 1972 geht in einem ganz entscheidenden Punkt über das bisherige Toleranzverhalten hinaus. Es heißt ja, Christen und Muslime sollten auf »gegenseitige Bekehrungsversuche verzichten«. Dies bedeutet, Muslime wären bereit, Abschied zu nehmen von dem Versuch, die ganze Welt im Zeichen des Islam zu einigen – sofern auch nur die christlichen Kirchen ihr Ziel einer weltweiten Mission aufgeben. 1973 erklärte der »Islam-Rat für Europa« verbindlich, der Islam verzichte auf Mission unter Christen. Alleiniges Ziel der Europa-Administration sei es, die Islamgemeinden der europäischen Staaten, vor allem die vielen Gastarbeiter, mit Rat und Tat zu unterstützen und sie auf einen Dialog mit den christlichen Kirchen vorzubereiten.[6] Auch diese Erklärung ist verblüffend und gibt zu mancherlei Fragen Anlaß. Sollte es tatsächlich möglich sein, nach Jahrhunderten blutiger Glaubenskriege, erbitterter Rivalität und tiefsten gegenseitigen Mißtrauens innerhalb von ein bis zwei Jahrzehnten Frieden zu schließen?

Manche Gesten des guten Willens auf beiden Seiten sind geeignet, diese Hoffnung zu bestärken. So gestattete bereits 1965 – zu jener Zeit, als das Vatikanische Konzil mit seinen islamfreundlichen Proklamationen erstes Aufsehen erregte – der Kölner Erzbischof Joseph Kardinal Frings türkischen Gastarbeitern, einen Seitenflügel des Kölner Doms als Gebetsraum zu benutzen, solange sie in Köln noch keine Moschee besaßen. Und am 13. September 1974 konnte in der ehemaligen Moschee von Cordoba nach 738jähriger Unterbrechung wieder ein islamischer Gottesdienst stattfinden. Als Imam fungierte bei diesem für Muslime bewegenden Ereignis der Religionsminister des Königreichs Jordanien, assistiert vom stellvertretenden Ministerpräsidenten Ägyptens und dem algerischen Erziehungsminister. Welch eine symbolische Geste! Die Moschee von Cordoba war einst einer der prunkvollsten Sakralbauten des Islam gewesen, wurde dann im 16. Jahrhundert durch christliche Bauherrn geschändet, indem sie einen Teil der Säulenhalle niederrissen und durch ein Kirchenschiff ersetzten – damals als »Triumph« über die »Heiden« verstanden –, nun aber zeigten die Christen, daß sie »Respekt« vor der ursprünglichen Tradition dieses Gotteshauses hatten.

Weitere Schritte folgten. 1976 erhielten arabische Muslime der Golfregion die Genehmigung, in Rom eine Moschee zu bauen – bisher undenkbar, daß dies ausgerechnet nahe dem bedeutendsten Pilgerzentrum der Katholiken geschehen sollte. Aber gerade der

Vatikan unterstützte den muslimischen Antrag, nur acht Kilometer vom Petersdom entfernt eine Moschee mit sieben Minaretten zu errichten, wie es bisher nur die Hauptmoschee von Mekka kannte. Im Gegenzug erlaubten die Ölscheichtümer, in ihrem Herrschaftsgebiet Kirchen zu bauen, seit dort vermehrt Geschäftsleute aus Europa und den USA tätig waren; die Regierungen schenkten für diesen Zweck großzügig Land.

Widerstände bei den Protestanten

»Das Christentum sollte in das Herz dieser Religionen, wie sie auch heißen mögen, vordringen und, komme was da wolle, seine Botschaft von dem einigen Gott und seinem Erbarmen für die verlorenen Menschen verkünden, ohne auch nur um Haaresbreite ihren ›Dämonen‹ Zugeständnisse zu machen.«[7]

Diese Worte, geäußert in den dreißiger Jahren, stammen von keinem fundamentalistischen Sektierer, sondern von einem der großen Konservativen der protestantischen Theologie: Karl Barth. Solche Worte waren geeignet, Skeptiker in ihrer Aversion gegen jeden religiösen Absolutheitsanspruch bestätigt zu sehen. Solche Worte haben auch die liberalen Theologen in den eigenen Reihen zu beträchtlichem Widerspruch gereizt. Darüber hinaus hat Barths Äußerung verständigungsbereite Dialogpartner anderer Weltreligionen schockiert. So ist es kein Zufall, daß man dieses Zitat nicht allein in den Werken abendländischer Religionswissenschaftler immer wieder auftauchen sieht, sondern ebenso bei dem hinduistischen Philosophen Radhakrishnan, der in der Tradition Mahatma Gandhis steht, und er wiederum hat es aus französischen Quellen übernommen.[8] Auch nimmt der Muslim Muhammad S. Abdullah als Repräsentant des Islamischen Weltkongresses entsprechend auf Barth Bezug und führt ein weiteres Zitat als Beleg für dessen Verständnislosigkeit gegenüber dem Islam an: »Der Gott Mohammeds« (so formulierte Barth 1938) »ist ein Götze wie alle anderen Götzen. Und es beruht auf einer optischen Täuschung, wenn man das Christentum mit dem Islam zusammen als eine monotheistische Religion bezeichnet.«[9]

1939 ist Barth in seiner Ablehnung des Islam noch einen Schritt weitergegangen, indem er diese Religion gar auf eine Stufe mit dem

Hitler-Faschismus gestellt hat. Er, der den Nationalsozialismus mutig wie nur wenige prominente Theologen seiner Generation öffentlich als »antichristlich« angeprangert hatte, 1935 deshalb seine Professur in Bonn verlor und in die Schweiz (an die Universität Basel) emigrierte, verstieg sich – heute kaum mehr nachvollziehbar – zu der These: Man könne den Nationalsozialismus als Phänomen nur wirklich verstehen, wenn man ihn in seiner fundamentalen Feindschaft gegenüber dem Christentum als einen »neuen Islam« sehe; sein Mythos sei mit einem »neuen Allah« und Hitler mit dem »Propheten dieses neuen Allah« gleichzusetzen.[10]

Der frostige, doktrinäre Tonfall einer Autorität vom Rang Karl Barths hat verschiedenen konservativen Gruppierungen innerhalb der evangelisch-lutherischen Kirche Mut gemacht, während der folgenden Jahrzehnte in derselben Art gegenüber »Aufweichungstendenzen« zu agieren. In ihrer Haltung konnten sie sich bestärkt fühlen, da ja Barth als Vorbild genauso unerbittlich, wie er dem Islam eine Absage erteilte, aus »christlichem Geist« heraus dem Nationalsozialismus Widerstand geleistet hatte. 1970 lehnte eine Reihe konservativer Theologen in der sogenannten »Frankfurter Erklärung« die Beschlüsse des Ökumenischen Rates von 1961 in Neu-Delhi mit folgenden Worten ab: »Wir verwerfen die Irrlehre, als ob die Religionen und Weltanschauungen auch Heilswege neben dem Christusglauben seien. [...] Christliche Begegnung mit Menschen anderer Religionen ist stets dem alleinigen Ziel unterzuordnen, ihnen die rettende Liebe Gottes in Jesus durch Wort und Tat zu bezeugen. Sie zielt immer auf Bekehrung: denn an diesem Rettungsangebot Jesu vollzieht sich auch die ewige Scheidung in der Menschheit.«[11]

Erklärungen wie diese sind allerdings nicht unwidersprochen geblieben, sie haben wiederum die Kritik von liberalen Protestanten provoziert. So hat 1974 der Rat der Evangelischen Kirche eine »Handreichung für die Begegnung mit Moslems« herausgegeben, wo es heißt: »Die Situation der Moslems in der Bundesrepublik fordert alle Christen heraus, wir sind den Moslems Verständnis, Hilfe und Partnerschaft schuldig. [...] Im konkreten Vollzug christlicher Existenz geht es darum, die Situation der Moslems zu verstehen, in brüderlicher Solidarität mitzutragen und gemeinsam mit ihnen zum Besseren zu verändern.«[12]

Anders als bei der katholischen Kirche findet sich also innerhalb der protestantischen Reihen keine einheitliche Stellungnahme gegenüber dem Islam. Dies liegt an der unterschiedlichen Struktur: Bei den Protestanten fehlt die zentrale, übergeordnete Instanz eines Papstes oder einer Bischofskonferenz, die für alle Gläubigen verbindliche Richtlinien entwerfen könnte; um so ungehinderter äußern dann die verschiedenen Gruppen ihre eigenen, entgegengesetzten Meinungen. Liberales Denken steht auf diese Weise unverdeckt neben stockkonservativen, ja reaktionären Äußerungen. In ihrer ganzen Widersprüchlichkeit offen bietet sich so ein repräsentativer Querschnitt durch die unterschiedlichsten Glaubenshaltungen einer Kirche (oder besser: der verschiedensten Kirchen innerhalb des Protestantismus).

Widerstände bei den Katholiken

Gibt es aber bei den Katholiken nicht eine ähnliche Meinungsvielfalt? Man fragt sich zu Recht, ob bei ihnen die verschiedenen Standpunkte nicht nur durch das Sprachrohr einer zentral gelenkten Kirche übertönt sind. Wer sich mit Katholiken über den Islam unterhält, kann sehr rasch feststellen, daß sich viele von ihnen relativ abfällig über »Mohammedaner« und ihren »Fanatismus« äußern, ja teilweise behaupten, mit »denen« könnten sich Christen niemals einigen, beide Religionen verhielten sich zueinander wie Feuer und Wasser. So gesehen hat es den Anschein, als ob sich innerhalb der Konzilsversammlung eine besonders entschlossene Gruppe mit einer Deklaration hat durchsetzen können, um die längst fällige Entscheidung zur »Öffnung« einzuleiten. Möglicherweise haben sich die geistigen Väter dieser Toleranz von der Meinung leiten lassen, daß viele noch widerstrebende Gläubige allmählich durch jenes »neue Denken« erfaßt würden.

Aber spätestens seit dem Juli 1988 ist für alle Welt offenkundig geworden, daß es innerhalb der katholischen Kirche ähnliche Widersprüche bei Fragen des »Dialogs« mit anderen Religionen gibt wie bei den Protestanten. Zu diesem Zeitpunkt hat der französische Erzbischof Marcel Lefebvre seinen Bruch mit Rom vollzogen, indem er sich mit seinen Anhängern, den sogenannten »Traditionalisten«, zu einer eigenen Glaubensgruppe formierte. Diese neue Kirchenspaltung unterscheidet sich erheblich von jener des

Jahres 1871, als die sogenannten »Altkatholiken« gegen das verkündete Unfehlbarkeitsdogma des Papstes opponierten, denn die »Ketzer« von damals mußten wegen ihrer liberalen Haltung aus der Kirche ausscheiden.[13] Nun aber ist mit Lefebvre ein »Ketzer« aufgetreten, der umgekehrt der Kurie vorwirft, »zu liberal«, »zu tolerant«, also »modernistisch« und »protestantisch unterwandert« zu sein. Er und seine Anhänger kritisieren scharf die Dokumente des Zweiten Vatikanischen Konzils über Religionsfreiheit, über die Dialogbereitschaft gegenüber nichtchristlichen Religionen, ja auch gegenüber dem Protestantismus. Denn mit einer solchen »Öffnung« relativiere die katholische Kirche ihren Anspruch auf absolute Geltung. Lefebvre fordert eine Abkehr vom Geist des »Modernismus«, eine Rückkehr zur »Tradition«, zum vorkonziliaren Zustand. Wie bedeutsam dieser Protest ist, läßt sich weniger an der Zahl der militanten Parteigänger ermessen, eher an jenen, die als geheime Sympathisanten dieser Bewegung gelten: etwa ein Viertel aller aktiven Katholiken, vielleicht sogar mehr, so lauten die vorsichtigen Schätzungen.

Betrachten wir das Verhalten der Kurie näher, so finden wir selbst bei ihr zur Genüge Äußerungen, die bei weitem nicht jene entschlossene, einheitliche Wendung zu »modernem« Denken verraten, wie es die Konzilsdokumente zunächst vermuten lassen. Aufschlußreich ist hier besonders die Enzyklika »Ecclesiam suam« von eben jenem Papst Paul VI., der so eindrucksvoll seine »Hochachtung« gegenüber dem Islam und auch anderen Weltreligionen bekundet hatte. In seiner Enzyklika stellt er klar: »Wir können freilich die verschiedenen religiösen Auffassungen und Ausdrucksformen nicht teilen. [...] Die Liebe zur Wahrheit verpflichtet uns vielmehr, unserer Überzeugung Ausdruck zu verleihen, daß es nur *eine* wahre Religion gibt, und das ist die christliche, und daß wir die Hoffnung nähren, daß sie als solche einmal von allen anerkannt werde.«[14]

Derselbe Zwiespalt kennzeichnet auch den Nachfolger Johannes Paul II. Er, in vielem konservativer als sein Vorgänger, bekennt sich durchaus im Sinne des Zweiten Vatikanischen Konzils zum »Respekt« vor dem Islam, dies zeigen viele seiner offiziellen Äußerungen. Etwa als er 1980 während seines Deutschlandsbesuchs in einer Ansprache sagte: »Nicht alle Gäste in diesem Land sind Christen; eine besonders große Zahl bekennt sich zum Glauben des Islam.

Auch euch gilt mein herzlicher Segensgruß! [...] Wenn ihr euch in der Öffentlichkeit nicht scheut zu beten, gebt ihr uns Christen dadurch ein Beispiel, das Hochachtung verdient.«[15] Seinen »Respekt« vor dem Islam bekundete Johannes Paul II. mit noch größerem Aufsehen, als er am 6. Mai 2001 während einer Reise durch Syrien eine Moschee besuchte. Er war der erste Papst überhaupt, der einen derart symbolischen Schritt unternahm. In der Omayaden-Moschee von Damaskus, jener Moschee, in der sich nach islamischer Überzeugung das Grab Johannes' des Täufers befindet, betete der Papst zusammen mit muslimischen Geistlichen zu dem gemeinsamen Gott der Christen, Juden und Muslime. Diese Geste sollte unmißverständlich ein Zeichen zur Versöhnung der Religionen setzen. Aber derselbe Papst hat nie einen Zweifel daran gelassen, daß er den katholischen Glauben allen anderen Bekenntnissen als weit überlegen betrachtet und weiterhin unerschütterlich am Missionsauftrag seiner Kirche für die *ganze* Menschheit festhält.

Dieser Zwiespalt kommt deutlich auch bei Joseph Kardinal Ratzinger zum Ausdruck, dem Leiter des wichtigsten Kirchenministeriums, der »Glaubenskongregation« (früher: »Heilige Inquisition«!). Auch Ratzinger grenzt seine »Hochachtung« gegenüber anderen Religionen beträchtlich ein. Er, der sich nach eigenen Worten Johannes Paul II. in theologischen Fragen innig verbunden fühlt[16], legt Wert darauf, »Mißverständnissen« in folgender Form vorzubeugen: »Die großen ethischen Gestaltungen Griechenlands, des Nahen und des Fernen Ostens haben im Kern ihrer Aussagen nichts von ihrer Gültigkeit eingebüßt, aber wir können sie heute als Nebenflüsse ansehen, die letztlich auf den großen Strom der christlichen Deutung des Wirklichen zuführen. Tatsächlich ist die ethische Vision des christlichen Glaubens nichts Partikulär-Christliches, sondern die Synthese der großen ethischen Institutionen der Menschheit von einer neuen, sie alle zusammenhaltenden Mitte her.«[17]

Solche Bekenntnisse lassen an Deutlichkeit nichts zu wünschen übrig. »Hochachtung« vor anderen Denkrichtungen, ja – aber kein Zweifel darf daran aufkommen, daß die eigene Offenbarungswahrheit weit über allen anderen Glaubensinhalten steht. Sofern in einer fremden Religion oder Philosophie »Wertvolles« zu entdecken ist, kann dieses geistige Gut nur vorbereitend oder ergänzend zur eigenen Erkenntnishöhe verstanden werden. Fürwahr ein Fortschritt –

im Vergleich zur schroffen Intoleranz der mittelalterlichen Inquisition. Aber genauso hat schon im 7. Jahrhundert der Islam seine Weltoffenheit verstanden. Herablassende Toleranz also.

Dieselbe Glaubenskongregation hat sich schon wesentlich früher, als ihr noch nicht Kardinal Ratzinger vorstand, entsprechend klar geäußert. Besonders aufschlußreich ist hier eine Erklärung über die Ergebnisse des Zweiten Vatikanischen Konzils, veröffentlicht am 5. Juli 1973. In diesem Dokument muß stutzig machen, wie betont sich die Kirche weiterhin gegenüber nichtkatholischen Christen abgrenzt. Zwar bekräftigt die Glaubenskongregation den Konzilsbeschluß, die Katholiken müßten »die wahrhaft christlichen Güter aus dem gemeinsamen Erbe, die sich bei den von uns getrennten Brüdern finden, mit Freude anerkennen und hochschätzen«. Aber: Der Gläubige müsse sich auch für alle Zukunft darüber im klaren sein, daß man »nur [...] durch die katholische Kirche Christi, die das alleinige Mittel des Heils ist, Zutritt zu der ganzen Fülle der Heilsmittel haben kann«, denn allein die katholische Kirche sei »mit dem ganzen Reichtum der von Gott geoffenbarten Wahrheit und der Gnadenmittel beschenkt.«[18] Auch ist in der Erklärung unmißverständlich festgehalten, worauf diese Kirche nach wie vor ihren Absolutheitsanspruch gründet: »Bei der Ausübung ihres Amtes steht den Hirten der Kirche aber der Heilige Geist hilfreich zur Seite.«[19] Und daher könne diese Kirche weiterhin, ja für alle Zeiten, fordern, »daß wir, indem wir unseren Verstand und Willen dem sich offenbarenden Gott völlig unterordnen, der Heilsbotschaft so zustimmen, wie sie von den Hirten der Kirche auf unfehlbare Weise gelehrt wird«.[20]

Unfehlbarkeit des Papstes nach wie vor! Gerade so haben die Theologen weiterhin auf freies, kritisches Denken zu verzichten, sobald ihre Erkenntnisse der Kurie mißfallen. Es handelt sich um einen zentral gesteuerten Dogmatismus, wie er in jeder protestantischen Großkirche unmöglich wäre – sich aber auch im Islam nicht unangefochten durchsetzen könnte. Wie anfechtbar bei Muslimen das Ideal des »unfehlbaren« religiösen Führers ist, werden wir noch sehen.

Diese Erklärung der Glaubenskongregation von 1973, noch unter dem »Reformpapst« Paul VI. veröffentlicht, erscheint wie eine Vorbereitung zu jenen »Reformen«, die dann der Nachfolger Johannes Paul II. zehn Jahre später in die Wege leitete. Im Januar

1983 präsentierte die Kurie das neugefaßte kirchliche Gesetzbuch »Codex Iuris Canonici« der Öffentlichkeit. Dem Anspruch nach sollten in ihm die kirchenrechtlich relevanten Konzilsbeschlüsse gesetzlich fixiert, sollte also das Gesetz selber »modernisiert« werden. In Wahrheit aber wurden zerbröckelnde Hierarchien neu gefestigt. Zum Beispiel: »Was immer die heiligen Hirten, die Repräsentanten Christi, als Lehrer des Glaubens erklären oder als Kirchenführer statuieren, müssen die Gläubigen [...] in christlichem Gehorsam annehmen.«[21] Paradoxerweise hat eine solche Logik ausgerechnet zur Exkommunikation des reaktionären Erzbischofs Lefebvre geführt – er, der ja selber ein glühender Verfechter kirchlicher Hierarchie ist, er, der sich der Kurie bedingungslos unterwerfen würde, sofern diese nur nicht »modernistisch« aufträte.

Zentral gesteuerter Dogmatismus unterdrückt zunehmend auch jene regionale Selbständigkeit katholischer Landeskirchen, wie sie seit dem Zweiten Vatikanischen Konzil vorsichtig anvisiert worden ist. So bleibt es bloße Kosmetik, wenn der Vatikan »progressiv« gegenüber starren Traditionalisten darauf besteht, daß die Messe seit 1965 in den modernen Nationalsprachen und nicht mehr in Latein gelesen wird. Die Glaubenskongregation in Rom meldet sich nämlich sofort mit einer Warnung, ja mit Zensur, sobald eine der Landeskirchen einen Schritt weitergeht und – in ausdrücklicher Berufung auf das Konzil – stärker verschiedenen Traditionen einheimischer Kultur im Glaubensleben Raum geben möchte. Zu besonderen Spannungen ist es hier zwischen dem Vatikan und Landeskirchen der Dritten Welt gekommen. Je mehr in Lateinamerika, Asien und Afrika Priester versuchen, Verhaltensformen europäischer Kleriker abzulegen und in der »Sprache der Armen« zu reden, und je mehr die Priester sich für die Probleme der Armen auch politisch engagieren, weil sie nur im »Tun« ein »lebendiges Christentum« sehen, um so mißtrauischer wird die Glaubenskongregation in Rom.

Für die Weltöffentlichkeit am auffälligsten ist der Konflikt des Vatikans mit der »Theologie der Befreiung« geworden, einer Erneuerungsbewegung, wie sie sich in Lateinamerika und besonders in der brasilianischen Kirche machtvoll entwickelt hat. 1985 bestrafte der Vatikan einen der prominentesten »Befreiungstheologen«, den Brasilianer Leonardo Boff, mit einem Jahr Redeverbot, da seine Thesen angeblich die Hierarchie und die Vorrangstellung Roms angreifen. Im selben Jahr wurde auch der brasilianische Erzbischof Helder Camara, der sich als ein »Bischof der Armen« weltweit einen Namen gemacht hatte, in Pension geschickt. Daß er 76 Jahre alt war, konnte nur der Vorwand für die Maßnahme, nicht der eigentliche Grund sein, denn viele seiner Kollegen bleiben länger im Amt, und er erfreute sich noch guter Gesundheit. Aber Helder Camara war zu unbequem geworden und hatte deshalb einem konservativeren Nachfolger zu weichen. Auch bekam er die Auflage, sich nicht mehr öffentlich zur »Theologie der Befreiung« zu äußern. Der gemaßregelte Erzbischof soll daraufhin einen sehr weisen, keinesfalls resignativen Ausspruch getan haben: »Die Kirche war immer Heilige und Sünderin – heilig in Christus, Sünderin wegen der menschlichen Schwäche ihrer Priester, Bischöfe und Päpste.«[22]

Je mehr der Vatikan seinen Druck gegenüber regional eigenwilligen Äußerungen verstärkt, um so mehr muß man seine Aufrufe zu »Dialog« und »Verständigung« mit Fragezeichen versehen. Denn an die Stelle der Gesprächsbereitschaft tritt das Diktat, sobald für die Zentralgewalt auch nur ein kleines Stück Machtverzicht zur Debatte steht. Dagegen kostet es den Vatikan vergleichsweise wenig, wenn er sich »dialogbereit« um ein kleines Stück auf geistliche Gremien anderer Weltreligionen zubewegt.

Die mangelnde Bereitschaft zu echtem Dialog von seiten der Kurie hat der Schweizer Konzilstheologe Hans Küng bereits 1968, noch unter der Regentschaft Pauls VI., mit wachsender Besorgnis festgestellt – unter eben jenem Papst, der am Ende des Zweiten Vatikanischen Konzils noch die »Öffnung« zu anderen Weltreligionen hat verkünden lassen. »Kurie und manche Bischofskonferenzen haben sich wieder vorkonziliar abgekapselt«, schreibt Küng, »sie lieben bequeme Berater und einsame Beschlüsse. Obwohl Autorität sich heute nur noch aufgrund fachlicher Kompetenz und partnerschaftlicher Zusammenarbeit durchsetzen kann, haben sich viele wieder in die früheren absolutistischen Formen und Gewohnheiten geflüchtet. Sie entziehen sich der Diskussion, verlassen sich auf ihre Bürokratie und sprechen aus dieser engen Welt heraus in ›wegweisenden Hirtenworten‹, ohne zu merken, daß sie sich so immer mehr isolieren und die Kritik geradezu heraufbeschwören.«[23]

Und doch: Unter Papst Johannes Paul II. sind zwar manche moderne Reformen des Zweiten Vatikanischen Konzils verwässert oder gar unterdrückt worden – aber auch er hält am nun einmal begonnenen Dialog mit den Muslimen fest. Wie das? Welches Interesse kann die Kurie, können selbst äußerst konservative Katholiken an einem solchen Dialog haben?

Und welches Interesse die Muslime? In der islamischen Welt bleibt ja ein Großteil der Gläubigen ebenfalls in dem traditionellen Denkschema befangen, außerhalb der eigenen Religion finde sich nur bedingt Heil oder gar Verdammnis. Trotzdem zeigt sogar eine konservative Institution wie die »Weltmuslimliga« – mit Sitz in Mekka und stark unter saudi-arabischem Einfluß stehend – Interesse an einem Dialog mit den Kirchen. Besonders mit der katholischen Kirche.

Die politischen Hintergründe für den »Dialog«

Muhammad S. Abdullah, der bereits erwähnte Repräsentant des »Islamischen Weltkongresses«, liefert für die beharrliche Annäherung gerade zwischen islamischen und katholischen Gremien eine bemerkenswerte Erklärung: »Beide Glaubensgemeinschaften stellen unter anderem auch eine politische Größe dar. Sie kennen traditionsgemäß auch eine politische Theologie, die es ihnen trotz religiöser Unterschiede und Gegensätze im Vorraum des Glaubensgesprächs ermöglicht und erleichtert, ein politisches Bündnis zu schließen, eine ›Heilige Allianz‹ zwischen Krummstab und Kalima zur Abwehr des Unglaubens einzugehen.«[24]

Eine politische Theologie, dies ist der entscheidende gemeinsame Punkt. Katholizismus und Islam haben insofern eine ähnliche Tradition, als sich in ihrem Ordnungsdenken – bei allen Verschiedenheiten der Glaubenslehre – Religion und Politik durchdringen, ja eine Einheit bilden. Für beide ist ursprünglich kein Staat vorstellbar, der sich nicht mit der einzig wahren Religion identifiziert, kein Staat, dessen Alltag nicht vom Geist dieser Religion durchdrungen wäre. Staat und religiöse Instanzen sollten eng verbunden bleiben, und wo diese Verflechtung sich aufzulösen beginnt oder sich bereits aufgelöst hat, dort müssen orthodoxe Katholiken wie Muslime von »Krise«, wenn nicht gar schon von »Niedergang«

sprechen. So gesehen wird ihnen der säkulare Staat zur Bedrohung, ein Staat, der sich selber nur noch als wertneutrale Größe betrachtet und Atheisten genauso schützt wie Religiöse. Nur so ist es zu verstehen, daß selbst so konservative Päpste wie Paul VI. oder gar Johannes Paul II. plötzlich geistig Verwandtes im Islam entdeckten und freundlich auf jede Grußbotschaft islamischer Gremien antworteten. Nur so läßt sich auch folgende Verlautbarung des Islamischen Weltkongresses 1973 in Beirut erklären: »Christen und Muslime sind gemeinsam aufgerufen, die antireligiösen Kräfte dieser Welt abzuwehren. [...] Jenseits gegenseitiger Bekehrungsversuche sollten Kirchen und Islam endlich zusammenfinden, um den Heiden und Materialisten die Botschaft Gottes zu verkünden.«[25]

Angesichts solcher Formulierungen sieht es – genau wie bei den Christen – so aus, als hätten Muslime nachdrücklich und endgültig von dem Ziel Abschied genommen, die ganze Welt unter dem geistigen Dach des Islam zu einigen. Aber mit ihrem Bekenntnis zur »Gemeinsamkeit« verhält es sich ähnlich wie mit dem der Kirchen. Man nimmt nicht Abschied vom eigenen Überlegenheitsanspruch über alle anderen Religionen, man dämpft ihn nur, widerruft allen Fanatismus. »Gemeinsamkeit« heißt nicht Gleichwertigkeit, sondern hierarchisch abgestufte Wertschätzung gegenüber dem geistig verwandten Andersgläubigen. Man nimmt allein den offensiven Missionsdrang im Feld des Verbündeten zurück, weil es gegen einen Feind zu marschieren gilt, den inzwischen selbst die Konservativen unter den Christen wie Muslimen als viel bedrohlicher erkannt haben: »Materialismus« und »Atheismus«.

Bei genauerem Überlegen bleiben aber Materialismus wie Atheismus schwammige Begriffe; unter ihnen kann man, je nach Neigung, alles subsumieren, was dem eigenen Verständnis von Religion entgegensteht: nicht nur den atheistischen Kommunisten, nicht nur den rein materiell orientierten, »geistig leeren« Konsummenschen – sondern auch den unbequemen Kritiker selbst aus den eigenen Reihen. Unter Umständen läßt sich sogar schon eine liberale Theologie als »atheistisch beeinflußt« diffamieren, weil jene die Ergebnisse von Naturwissenschaften und einer historisch-kritischen Geschichtswissenschaft in ihre Forschung einbezieht. So gesehen könnte allerdings die Frontstellung gegen »Materialismus« und »Atheismus« zu einem Zweckbündnis gegen moderne Strömungen überhaupt entarten. Und so gesehen würden sich Christen und Muslime noch nicht unter idealen Voraussetzungen begegnen. Sie reißen zwar untereinander trennende Mauern der Intoleranz nieder, um nach einer anderen Seite hin eine um so stärkere Abwehrfront aufzubauen.

Ein Fortschritt also? Bei aller Skepsis ist selbst dieser Wandel schon zu begrüßen, denn er bedeutet immerhin zwei Schritte vorwärts und *nur* einen Schritt zurück. Auch das ist bereits Fortschritt – gemessen an den verhärteten Positionen, wie sie noch vor wenigen Jahrzehnten bestanden haben. Zumindest ist eines erreicht: Sogar Orthodoxe sind bereit, mit Andersgläubigen die Einflußsphären zu teilen.

Sind alle bereit? Wie wir wissen, haben sich aus diesen orthodoxen Lagern, ob es nun Christen oder Muslime sind, ultra-orthodoxe Gläubige abgesondert, und sie betrachten bereits einen derartigen Dialog mit einer fremden Religion als Verrat gegenüber »Gott«. Sie, die sogenannten »Fundamentalisten«, beschwören damit eine neue Krise der Toleranz herauf.

Moderne Krise: der Fundamentalismus

Die Entstehung eines vieldeutigen Begriffs

»Verrat am Islam!« Unter diesem Vorwurf sind 1984 in Ägypten vier Männer ins Gefängnis eingeliefert worden. Was hatten sie verbrochen? Sie hatten sich von der »höchsten und letzten Gottesoffenbarung«, dem Islam, abgewendet und waren zum Christentum übergetreten, waren zu Mitgliedern einer 200 000 Köpfe zählenden evangelischen Gemeinde geworden.[1] Aber diese Nachricht, die geeignet ist, alle gängigen Vorurteile gegenüber einem »intoleranten« Islam neu anzufachen, ist 1986 durch eine weitere übertroffen worden: Ein ägyptischer Gesetzesentwurf sieht vor, solche Konvertiten zukünftig mit lebenslanger Haft zu bestrafen. Im selben Jahr wurden zehn Christen verhaftet, denen man vorwarf, »missioniert« und damit »den Islam unterwandert« zu haben.[2] Nicht genug damit. Radikale Muslime in verschiedensten Ländern fordern inzwischen, für Abtrünnige vom »wahren« Glauben wieder die Todesstrafe einzuführen. Dieser Forderung hat schließlich Ayatollah Khomeini 1989 auf besonders spektakuläre Weise Nachdruck verliehen, indem er, wie schon ausführlich dargestellt, den indisch-britischen Muslim Salman Rushdie wegen seines »gottlosen« Romans zum Tod verurteilte und dem Mordkommando ein Kopfgeld in Millionenhöhe versprach.

Solche Meldungen machen es uns schwer zu glauben, daß ein wahrhaft konstruktiver Dialog zwischen Muslimen und Christen eine Zukunftschance habe. Zu denken geben muß auch, daß Muslime gerade während der letzten Jahre wieder verstärkt »Dschihad« als Schlagwort gebrauchen – von uns vorzugsweise mit »Heiliger Krieg« übersetzt.

Schreckensmeldungen über islamischen »Fanatismus« dominieren seit Mitte der sechziger Jahre die Nachrichten aus dem Vorderen Orient. Man könnte meinen, all jene versöhnlichen Botschaften der sechziger Jahre – Aufbruch zum Dialog zwischen Muslimen und Christen – seien aus dem offiziellen Bewußtsein verdrängt.

Zwar hören wir hin und wieder von »gemäßigten Strömungen« innerhalb der islamischen Welt, aber ein Begriff übertönt inzwischen alle anderen: Fundamentalismus.

Mit welchem Recht? Wie kommen wir dazu, ausgerechnet »Fundamentalismus« zuerst einmal mit dem Islam in Verbindung zu bringen? Dies hat mit der Tatsache zu tun, daß es radikal-orthodoxen Gruppierungen bei den Muslimen mehr als in anderen Kulturkreisen gelungen ist, aus ihrer Isolation auszubrechen und die Regierungen dauerhaft unter Druck zu setzen. Mehr noch: Bisher haben nur in der islamischen Welt Fundamentalisten vereinzelt die Regierung übernehmen können. Aber wir sollten in der Diskussion stets berücksichtigen, daß dieser enorm religiös-politische Fundamentalismus nur unter besonderen sozialen Krisenbedingungen derartige Bedeutung hat erlangen können. Die Tendenz ist jedoch prinzipiell genauso in geistig verwandten Religionen und den entsprechenden Kulturkreisen angelegt.

Der Begriff hat seinen Ursprung im Abendland. Amerikaner haben als erste von »Fundamentalismus« gesprochen und hierbei eine Krise in der eigenen Zivilisation gemeint; ihnen folgten die Europäer. Das Wort ist um 1910 in den USA aufgekommen und bezog sich zunächst nur auf die Haltung verschiedener protestantischer Sekten, die sich von der lutherischen oder calvinistischen Großkirche abgespalten hatten. Diese Sekten warfen den »Kirchenchristen« vor, sie ließen sich viel zu sehr von »modernen« Ideen beeinflussen und hätten sich vom »Fundament« des Glaubens entfernt. Um ihren Forderungen stärkeres Gehör zu verschaffen, hatten die so verstandenen »rechtgläubigen« Christen eine Zeitschrift mit dem Titel *The Fundamentals* herausgebracht, und 1919 gründeten sie eine weltweit tätige Organisation, die »World's Christian Fundamentals Association«. Damit war für amerikanische wie europäische Religionswissenschaftler der Anlaß gegeben, den Begriff »Fundamentalismus« für eine bestimmte Form christlicher Gläubigkeit zu gebrauchen. Und sie wandten den Begriff während der folgenden Jahrzehnte auch auf geistesverwandte Strömungen in anderen Religionen an – besonders im Islam.

Die Muslime weisen diese westliche Benennung entschieden zurück. Radikale Gruppierungen, die den Islam in seiner angeblich »reinen« und »ursprünglichen« Form für alle Gläubigen verbindlich machen wollen, nennen sich selber »Islamisten« – weil sie die »verwestlichten« Staaten wieder »islamisieren« wollen –, und als »Islamisten« werden sie überwiegend auch von ihren muslimischen Gegnern bezeichnet. An der tiefen geistigen Verwandtschaft zu christlichem und jüdischem Fundamentalismus ändert sich damit allerdings nichts.

Inzwischen ist der Begriff in unserem Kulturkreis noch wesentlich vieldeutiger geworden. Wir bringen ihn nicht nur mit Religion, sondern auch einer spezifischen Krisenerscheinung innerhalb der politischen Ideologien, ja gar der wissenschaftstheoretischen Diskussion in Verbindung. Wir sprechen salopp vom »Fundi«, wenn wir radikalen Repräsentanten der grün-alternativen Parteien vorwerfen, sie würden (im Gegensatz zu den »Realos« innerhalb ihrer Fraktion) die ganze Industriezivilisation als einen Irrweg ablehnen und die Rückkehr zu einem vorindustriellen, unantastbar »richtigen« Lebensgefühl predigen. Als fundamentalistisch angekränkelt können wir auch jene marxistischen Ideologen bezeichnen, die – ganz unmarxistisch – Geschichte nicht mehr als fortschreitenden Wertewandel begreifen, sondern auf einem Wissensfundament undiskutierbarer Gewißheit beharren. Erst recht erscheint es naheliegend, den Faschismus als eine Spielart des Fundamentalismus zu definieren, weil dessen Ideologen radikaler als alle anderen unveränderbar das »Ideal« vor aller modernen Entwicklung in der Vergangenheit verwirklicht sehen.

Aber selbst innerhalb der wissenstheoretischen Diskussion kann sich eine Neigung zu fundamentalistischem Denkansatz bemerkbar machen, sobald die Theoretiker eine bestimmte Form des Erkennens als endgültig »wahr« definieren und jede Offenheit des Denkens zu anderen Möglichkeiten hin ablehnen.[3] Eine solch »rein wissenschaftliche« Haltung scheint auf den ersten Blick ganz aus den bisherigen Zusammenhängen herauszufallen, weil hier am wenigsten der Bezug zur praktischen Umsetzung in Politik gegeben ist. Aber jeder Theoretiker, selbst wenn er abgehoben von allem Tagesgeschehen den Pluralismus verwirft, betreibt – wissentlich oder unbewußt – Politik. »Der Geist, der nur *einen* Denkansatz zum Verständnis der Wirklichkeit ertragen kann, ist gleicher Art wie der Geist, der *eine* allumfassende Machtstruktur aufzwingen muß, wenn er je in die Lage kommt, das tun zu können«, so heißt es treffend im Schlußwort der Studie *Das Unbehagen in der Modernität* von Peter Berger und anderen.[4]

So gesehen müssen wir den religiösen Fundamentalismus, um den es in unserem Zusammenhang allein gehen kann, als Teil einer umfassenderen Krise der Moderne sehen – einer Moderne, in der viele Menschen von der Angst gepackt werden, inmitten der vielen Möglichkeiten des Denkens und der Orientierung alle Orientierung zu verlieren.

Im Namen der Bibel gegen die Moderne

Der antimodernistische Protest fundamentalistischer Christen erscheint im Ansatz rein theologisch. Aus ihrer Sicht verleugnet schon kraß den Glauben, wer nicht jedes mythisch gefärbte Sprachbild der Bibel als wörtlich »wahr« auffaßt. Beispielsweise beharren solche Christen extrem buchstabengetreu auf der Aussage, Gott habe die Welt »in sechs Tagen« erschaffen, und betrachten die naturwissenschaftliche Erkenntnis einer jahrmillionenlangen Entwicklung als »moderne Lüge«. In diesem Sinne wollen sie auch die in der Bibel geschilderten Wunder als Ereignisse verstanden wissen, die sich einst tatsächlich vor aller Augen in genau der geschilderten Form zugetragen haben.

Zur besonderen Provokation wird für Fundamentalisten, wenn historisch-kritisch arbeitende Bibelwissenschaftler darüber zu diskutieren beginnen, ob man denn die »Auferstehung« des »Christus« in wörtlich überliefertem Sinn verstehen soll: daß Jesus nun tatsächlich als leibhaftig wahrnehmbare Gestalt den Jüngern nach seinem Tod erschienen sei – oder ob sich das »Wunder«, von aller zeitbedingten Mythologie entkleidet, nicht in der Weise vollzogen habe, das »Wort« Jesu sei »auferstanden« und überdauere alle Vergänglichkeit des Todes. Solche Überlegungen bedeuten bereits für traditionell denkende Christen eine beträchtliche Irritation, schließlich neigen viele von ihnen dazu, eine Diskussion in diese Richtung als Gefahr für den »richtigen« Glauben einzustufen. Für Fundamentalisten aber bleibt die mythologische Einkleidung derart eng mit der substantiellen Aussage verknüpft, daß sie, wenn sie den Rahmen verändert sehen, auch immer die Substanz für aufgelöst betrachten.

Um wieviel starrer Fundamentalisten argumentieren als traditionell Gläubige, zeigt besonders ihre Haltung gegenüber den alttestamentarischen Sittengeboten. Wo ein Konservativer noch davon sprechen mag, daß viele Gebote, von den Speisetabus bis zum Verbot der Onanie, zeitbedingte Anweisungen seien und für die Gegenwart keine relevante Bedeutung mehr hätten, da beharren Fundamentalisten darauf, jedes Detail dieser Gebote sei »gottgewollt« und daher »ewig« gültig. Alle späteren Änderungen verwerfen sie als Entfernung vom »Ursprung«, als bloß »menschliches« Denken.

Fundamentalisten zeigen sich demnach mehr als andere Gläubige durch den modernen Bewußtseinswandel verunsichert, sie verkraften es am wenigsten, altgewohnte Denkvorstellungen mit den Erkenntnissen neuerer Wissenschaft zu konfrontieren. Besonders sie neigen dazu, den Verlust des Gewohnten als eine Erschütterung zu begreifen, an deren Ende nur noch das »Chaos« stehen kann. Hierauf gibt es für sie nur eine Antwort: um so entschiedener sich auf das »Fundament« zurückzuziehen, das angeblich inmitten allen Wertzerfalls auf ewig unverändert aufragt wie ein Fels in der Brandung.

Nichts könnte diesen Fundamentalisten »unchristlicher« erscheinen als das wegweisende Werk *Neues Testament und Mythologie* von Rudolf Bultmann, das seit 1941 weit über die protestantische Theologie hinaus Aufmerksamkeit erregt hat. Dort ist mit dem Begriff »Entmythologisierung« eine neue Epoche der Bibelauslegung eingeleitet worden: Die Botschaft des Neuen Testaments soll aus ihrer »mythologischen Einkleidung« befreit werden, dann erst könne sich die Substanz dem modernen Menschen in ihrer ganzen Tiefe erschließen.

Aber Fundamentalisten müssen sich ähnlich am katholischen Textverständnis stoßen, bekennt sich doch sogar die äußerst konservative »Glaubenskongregation« des Vatikans zu dem Grundsatz, die Bibelwissenschaft solle flexibler werden, solle die Erkenntnisse moderner Wissenschaft in ihre Forschung mit einbeziehen. Die Glaubenskongregation betont mit ihrer Erklärung vom 5. Juli 1973, daß Glaubensaussagen »geschichtlich bedingt« seien, abhängig »zum Teil von der Aussagekraft der angewandten Sprache in einer bestimmten Zeitepoche«.[5] Sie kommentiert damit die Beschlüsse des Zweiten Vatikanischen Konzils, seit denen offiziell auch katholische Theologen die historisch-kritische Methode in der Forschung anwenden dürfen (dies mit mehr als einem halben Jahrhundert Verzögerung gegenüber der protestantischen Theologie).[6]

Selbst wenn die Kurie sich bis heute letzten Endes doch anmaßt, genau zu erkennen, ab welchem Punkt »Wissenschaft« zu verwerfen sei, so erscheint ihre Haltung wesentlich beweglicher als die der Fundamentalisten. Es wäre auch verfehlt, die Anhänger des Erzbischofs Lefebvre unter die Fundamentalisten einzureihen, obwohl jene sich in vielerlei Hinsicht ähnlich starr gegenüber allen modernen Veränderungen abgrenzen und deshalb 1988 den Bruch mit der Amtskirche in Kauf nahmen. Aber die Lefebvrianer bejahen einen Großteil katholischer Kirchengeschichte mit all ihren dogmatischen Wandlungen die Jahrhunderte hindurch, sie beharren nur strikt auf einem versteinerten Entwicklungsstand der Tradition; insofern muß man korrekterweise dabei bleiben, sie als reaktionäre Traditionalisten zu bezeichnen.

Christliche Fundamentalisten sind harmlos, solange sie ihre Kritik am »modernen« Denken nur theologisch formulieren und sich auf das Predigen beschränken. Aber derart zurückhaltend gibt sich nur ein Teil. Andere fühlen sich »von Gott« beauftragt, die ganze Welt aktiv nach den Richtlinien der alleinigen, »fundamentalen« Wahrheit umzukrempeln. Und gerade hier demonstriert eine Reihe von Eiferern aggressive Kreuzzugsmentalität. Nicht nur, daß sie den »Heiden« gegenüber allein eine Form des Dialogs kennen: ein Glaubensgespräch mit dem Ziel rigoroser Bekehrung. Ihrer Ansicht nach gilt es vor allem, den »modernen« Menschen von den »gottlosen« Tendenzen unserer Zivilisation zu befreien und zur Religion zurückzuführen, wie eben sie »Religion« verstehen. Jede der verschiedenen Sekten beansprucht zwar in einem bürgerlich-liberalen Staat volle Glaubensfreiheit, tadelt andererseits aber gerade, wie »lasch« dieser Staat doch gegenüber dem »Unglauben« sei. Letztlich sind sie nicht bereit, dem Andersdenkenden genau dieselbe Freiheit zuzubilligen wie der eigenen Gruppe. Warum auch, wenn die anderen sich in schwerem »Irrtum« befinden? So kommt es immer wieder vor, daß einflußreiche Sekten versuchen, den Staat aus seiner wertneutralen Rolle herauszulocken und ihn zum Verbot von »Irrlehren« zu bewegen. Dies geschieht vor allem in den USA.

Amerikanische Fundamentalisten werden politisch aktiv

Den aufsehenerregendsten Versuch, Politik im Namen Gottes gegen die Moderne zu machen, lieferten 1925 fundamentalistisch geprägte Sekten der Baptisten, Presbyterianer und Episkopalisten im amerikanischen Bundesstaat Tennessee. Sie brachten damals einen Biologielehrer vor Gericht, weil er die Schüler im Sinne Darwins gelehrt hatte, der Mensch habe sich in Jahrmillionen der Evolution aus niederen Lebewesen »entwickelt«. Die Kläger hatten nichts Geringeres im Sinn, als durch einen Musterprozeß ihren Bundesstaat zu bewegen, sämtliche Lehrer auf einen buchstabengetreuen Bibelglauben einzuschwören. Die Fundamentalisten gewannen den Prozeß in erster Instanz – zum Entsetzen der Bürgerlich-Liberalen, die auf ganz andere Weise in diesem Verfahren einen »Musterprozeß« sehen wollten – und verloren erst in zweiter Instanz. Der Prozeß hat damals weltweites Aufsehen erregt, und sein Ende konnte zumindest zeitgenössische Beobachter zu dem Schluß verleiten, der Kampf wissenschaftsfeindlicher Eiferer könne zwar noch beunruhigen, sei letztlich aber das Nachhutgefecht einer dahindämmernden Epoche.

Wie illusionär diese Hoffnung war, wissen wir heute. Zwar haben christliche Fundamentalisten in westeuropäischen Industriestaaten nie politischen Einfluß erringen können – in den USA jedoch sehr wohl. Vor allem im Fernsehen. Und dies ist gerade in den USA hoch einzuschätzen, wo wesentliche Teile der Information über den Bildschirm einem breiten Publikum zugehen. Bereits um sechs Uhr morgens, wenn sich die ersten Familien zum Frühstück niederlassen, dröhnt über den einen und anderen Kanal schon eine Predigt, die bis zu einer Stunde dauern kann, und die letzte folgt in den späten Abendstunden. Was daran verblüfft: Solche Sendungen werden nicht, wie sonst im völlig kommerzialisierten US-Fernsehen üblich, durch ständige Werbespots über Konsumartikel unterbrochen, vielmehr hat der Redner Zeit, in einem einzigen Spannungsbogen seine Vorstellungen zu erläutern, und dies, weil die jeweilige Sekte die Sendezeit gekauft hat und es ihr überlassen bleibt, die verfügbare Zeit allein durch eigene Werbeeinblendungen auszufüllen. Da jede Sendeminute reichlich teuer und letztlich nur durch ein millionenschweres Unternehmen zu finanzieren ist, läßt sich an der Dauer einer solchen Predigt unschwer ablesen, wie zahlungskräftig die eine oder andere Sekte sein muß – Geld, das lediglich durch freiwillige Spenden aufgebracht wird.

Ich habe derartige Sendungen das erste Mal in New York gesehen und empfand gerade in dieser Stadt mit ihrer Gigantomanie an Wolkenkratzern und flirrenden Leuchtreklamen, dieser ins 21. Jahrhundert weisenden (Fassaden-)Modernität, um so beklemmender den Kontrast zu dem, was sich auf dem Bildschirm abspielte. Die Programmgestalter arbeiten zwar mit allen Raffinessen einer routinierten Kameratechnik und modernster Werbepsychologie, blenden geschickt zwischen die Predigt Szenen aus »Erweckungsversammlungen« und Interviews mit »bekehrten« Christen ein, werben für T-Shirts mit Aufschriften wie »Gott liebt dich« und ähnlichem, aber sie transportieren Inhalte eines zutiefst archaischen Religionsverständnisses. Immer wieder schleudern die Prediger den Zuhörern das Schlagwort *Crusade*, »Kreuzzug«, entgegen, wovon die Großkirchen heutzutage überhaupt nicht mehr oder nur noch selten in der Öffentlichkeit sprechen. Immer wieder beschreiben sie den Satan mit all seinen schrecklichen Eigenschaften und warnen davor, daß die sogenannte moderne Wissenschaft seine personale Existenz leichtfertig bezweifelt. Immer wieder prophezeien sie lebensbedrohende Existenzkrisen vom Alkoholismus bis hin zu Drogenkonsum und Selbstmordneigung für jene, die sich weiterhin hartnäckig der »fundamentalen« Wahrheit verweigern. Wer einmal den Fanatismus solch christlicher Fundamentalisten im US-Fernsehen erlebt hat, wird sich nicht nur in mancher Hinsicht an die Schattenseiten des europäischen Mittelalters erinnert fühlen, er wird sich auch fragen, weshalb viele Amerikaner den Fanatismus etlicher Ayatollahs im Iran noch immer als zutiefst exotisch, als völlig wesensfremd ansehen.

Die Grenzen zu handfester Politik sind fließend. Fundamentalisten haben 1980 mit ihren Wählerstimmen den Ausschlag gegeben, um den ultrakonservativen Präsidenten Ronald Reagan an die Macht zu bringen. Und von ihm erwarteten sie als Gegenleistung Reformen ganz im »wahrhaft christlichen Geist«. Unter seiner Regierung sollte wieder das gemeinsame Schulgebet zum Unterrichtsbeginn durchgesetzt werden, verpflichtend auch für die »Gottlosen«, denn es sei ja zu ihrem »Heil«. Damit wollten sie das Urteil des Obersten Gerichtshofs rückgängig machen, der 1963 das gemeinsame Beten an Schulen als Pflichtübung untersagt hatte, weil es gegen die Entscheidungs- und Gewissensfreiheit des einzelnen verstoße. Auch wollten sie die Freigabe der Abtreibung von 1973 wieder aufgehoben wissen. Beides versprach Reagan. Aber je länger der Präsident zögerte, weil er offensichtlich ganz andere Sorgen hatte und den Widerstand von Senat und Repräsentantenhaus scheute, um so ungeduldiger, um so radikaler gebärdeten sich die Eiferer. Seit 1982 haben »christliche« Terroristen durch eine Serie von Bombenanschlägen auf Abtreibungskliniken von sich reden gemacht.[7]

In einem Punkt allerdings hat Reagan den Fanatikern nachgegeben, weil es ihn nur wenig rhetorische Mühe kostete – aber doch verhängnisvoll genug war: In einer Rede nannte er 1983 die Sowjetunion das »Reich des Bösen«. Er wählte bewußt diese dämonisierende Metapher, wie sie die Christen im Mittelalter gegenüber den »Heiden«, besonders den islamischen Großreichen, verwendet hatten. Nur um eine unzufriedene Wählerschicht zufriedenzustellen, schoß er in der Wortwahl über die sonst üblichen Anwürfe des traditionellen Antikommunismus hinaus. Die Ironie will es, daß er sich bei derartigen Formulierungen ausgerechnet mit der Rhetorik von besonders kompromißlosen Feinden der USA deckt: den iranischen Fundamentalisten. Khomeini und seine Anhänger pflegen vom »Satan Amerika« zu sprechen.

Durch die höchste Staatsautorität ermutigt, fühlten sich die amerikanischen Fundamentalisten bald stark genug, den Schulunterricht zu attackieren, sofern dort »säkularer Humanismus« anstatt Wissen im streng biblischen Sinn gelehrt wurde. 1986 und 1987 sind an verschiedenen »christlichen« US-Schulen Berge von Büchern mit »gottlosem« Inhalt unter Absingen frommer Lieder verbrannt worden, unter ihnen selbstredend die Werke von Charles Darwin.[8] Solche Szenen erinnern an die Inquisition oder, in sehr weltlicher, »moderner« Variante, an die Scheiterhaufen der Faschisten oder, auf fremde Kulturräume übertragen, an die Exzesse islamischer Fundamentalisten.

Und doch: Die amerikanischen Ultra-Orthodoxen haben selbst unter der Regierung eines erzkonservativen Präsidenten keines ihrer Ziele erreichen können. Letztlich scheiterten sie am Bollwerk eines liberalen Verfassungsstaates, der sich von radikalen Randgruppen nur sehr bedingt und kurzfristig das Gesetz des Handelns aufzwingen läßt. Die größte Enttäuschung für die christlichen Eiferer mußte schließlich jener Umschwung bedeuten, als Reagan plötzlich gegenüber der Sowjetunion, dem zuvor vielbeschworenen »Reich des Bösen«, eine Entspannungspolitik einleitete und Regierungschef Michail Gorbatschow demonstrativ freundlich die Hand schüttelte. Hier zeigten sich deutlich die Grenzen eines radikalchristlichen Fanatismus. Sogar ein so konservativer Politiker wie Reagan huldigte fundamentalistischer Rhetorik nur, solange er auf die Wählerstimmen entsprechender Gruppen angewiesen war, aber bei Bedarf beugte er sich stärkeren machtpolitischen Zwängen – und wechselte dann auch die Rhetorik.

Allerdings gewann der fundamentalistische Wortschatz in der politischen Führung zu Beginn des 21. Jahrhunderts erneut an Gewicht. US-Präsident George Bush (junior), der sich noch eindeutiger als Reagan auf christlich-konservative und fundamentalistische Wählerschichten stützen mußte, sprach wieder vom »Kampf des Guten gegen das Böse«. Aber weil die Sowjetunion als Feind abhanden gekommen war, zielte er mit seiner Rhetorik auf eine Reihe islamischer Staaten als der neuen Gefahr von globalen Ausmaßen und reihte nun sie in das metaphysische Spannungsfeld von »Gut« und »Böse«, »Licht« und »Finsternis« ein. In diesem Zusammenhang kam ihm sogar das für Muslime traumatisch belastende Schlagwort von einem notwendigen »Kreuzzug« gegen die »Mächte der Finsternis« über die Lippen. Prompt mußte er aber nach Protesten verbündeter Nahost-Staaten klarstellen, daß eigentlich nur radikale, gewaltbereite und amerikafeindliche (!) Muslime dem »Reich des Bösen« zuzuordnen seien. Doch davon mehr im Kapitel: Ein Kampf der Kulturen.

Jüdische Theokraten und das »säkulare« Israel

»Unterwegs zur Theokratie«, so titelte im Dezember 1988 das österreichische Nachrichtenmagazin *Profil* den Kommentar zu den Parlamentswahlen in Israel. Der Untertitel lautete: »Israel ist das einzige Land der freien Welt, in dem es für Juden keine völlige Religionsfreiheit gibt.«[9] Dieser bittere Kommentar stammt von Henryk M. Broder, einem deutschsprachigen Juden, der als Journalist sowohl in Berlin als auch in Jerusalem arbeitet.

Welch böse Ironie. Nachdem die Ultra-Orthodoxen bei besagten Wahlen wiederum beachtliche Stimmengewinne erzielen konnten, waren sie noch mehr als bisher in der Lage, das öffentliche Leben Israels in ihrem Sinne zu beeinflussen. Wenn auch nur 14 Prozent der Israelis sie gewählt hatten, so üben ihre kleinen Parteien einen verhältnismäßig starken Druck auf die Gesetzgebung des Landes aus, denn keine der Großparteien kann ohne das Bündnis mit den Radikal-Religiösen eine Regierung bilden.

Ultra-orthodoxe Israelis stehen mit ihrer fanatischen Religiosität in schroffem Gegensatz zur Mehrheit der Bevölkerung. Nur etwa die Hälfte aller Israelis betrachtet sich, so eine Erhebung aus dem Jahr 1987, überhaupt als »gläubig«, und hierbei geht das Spektrum von konservativ bis liberal – die anderen stufen sich mehr oder weniger als religiös gleichgültig ein.[10] Neuere Erhebungen aus dem Jahr 2000 geben ein noch genaueres Bild: Etwa 5 Prozent der israelischen Juden gelten als Ultra-Orthodoxe (»Haredim«), weitere 20 Prozent als »Religiöse«. Dagegen ist die große Mehrheit »säkular« eingestellt, wobei sich etwa 30 Prozent von ihnen als »traditionelle Juden« verstehen. Wegen der hohen Geburtenrate bei den Ultra-Orthodoxen wächst allerdings ihr Anteil in der Bevölkerung besonders schnell.[11]

Zu desto größeren Spannungen kommt es, wenn diese Minderheit von Ultra-Orthodoxen und »Religiösen« durch eine »religiöse« Gesetzgebung in ihrem Sinne die »ungläubige« Mehrheit auf den »rechten Weg« zwingen will. In ihrer kompromißlosen Modernitätsfeindlichkeit unterscheiden sich diese Eiferer nicht von den geistesverwandten Fanatikern christlicher und islamischer Herkunft. Auch sie verwerfen alle reformistischen Bestrebungen innerhalb ihrer Religion, auch sie lehnen jeden Einfluß historisch-quellenkritischen Denkens auf die Interpretation heiliger Schriften ab. Sie möchten die Thora und den Talmud im wörtlichen Sinn als unveränderbar verstanden wissen und lassen keine Diskussion darüber zu, ob etwa der eine oder andere Satz nicht zeitbedingt formuliert und daher in der Deutung neu zu gewichten wäre. Den säkularen Staat, wie ihn 1948 die Zionisten unter Führung von David Ben Gurion geschaffen haben, betrachten sie nicht im eigentlichen Sinn als »jüdisch«. Ja, ihnen erscheint ein solches Israel in letzter Konsequenz als eine Gefahr für den Bestand der »jüdischen Identität«.

Die Folgen für das öffentliche Leben in Israel sind verheerend. Denn als einflußreiche Koalitionspartner haben die jüdischen Fundamentalisten bereits Erfolge errungen, von denen ultra-orthodoxe Christen nur träumen können. Israel, obwohl eine Demokratie nach westlich-parlamentarischem Muster, kann längst nicht mehr als ein säkularer Staat im westlichen Sinn verstanden werden. Am Sabbat, dem »Ruhetag«, darf kein öffentliches Verkehrsmittel fahren, sind Kinos und Theater geschlossen, ist Fußballspielen verboten, hat die israelische Fluglinie sämtliche Flüge zu unterlassen. Wirtschaftliches Nützlichkeitsdenken hat strikt hinter dem zurückzustehen, »was Gott will«. Sogar nichtreligiöse Juden dürfen sich nur mit dem Segen eines Rabbiners trauen lassen; die bloße Zivilehe, wie sonst in jedem säkularen Staat als Wahlmöglichkeit selbstverständlich, bleibt in Israel untersagt.

Zu welch destruktiver Aggression eine Minderheit militanter jüdischer Fundamentalisten fähig sein kann, ist bei uns in Europa lange Zeit eher am Rande bemerkt worden. Diese Aggression richtet sich in erster Linie gegen die Muslime, die nach Auffassung der Radikalen einer Entfaltung des jüdisch-theokratischen Staates »auf heiligem Boden« hauptsächlich im Wege stehen. Terroranschläge gegen Muslime haben radikal-jüdische Organisationen seit Jahrzehnten in Israels besetzten Gebieten verübt. Aber erst seit dem 25. Februar 1994 hat sich diese Tatsache endgültig ins Gedächtnis der Weltöffentlichkeit eingegraben – seit jenem Tag, als der aus den USA eingewanderte Jude Baruch Goldstein, Mitglied der extremistischen Partei Kach, in der Moschee von Hebron mit einem Schnellfeuergewehr unter den Betenden ein Blutbad anrichtete. Ort und Zeitpunkt waren mit zynischem Kalkül gewählt. Auf dem Moscheegelände befinden sich nach islamischem, jüdischem wie christlichem Volksglauben die Gräber der Patriarchen Abraham, Isaak und Jakob sowie deren Frauen. Vor der Eroberung durch Muslime im 7. Jahrhundert stand dort eine Synagoge, später eine Kirche. Stets ist der Ort ein sensibler Konfliktherd gewesen, an dem sich religiöse Emotionen schüren ließen und auch immer wieder entluden. Die Partei Kach fühlt sich besonders radikal der alttestamentarischen Auslegung verpflichtet, daß Gott das »Heilige Land« ausschließlich den Juden zugeteilt habe, daher müßten die Araber von dort als die neuen »Ungläubigen« vertrieben werden.

Zu einer immer größeren Hypothek für den Staat Israel wurde

in diesem Zusammenhang eine ganze Reihe nationalreligiöser Siedlerbewegungen. Seit Israel nach seinem Sieg im sogenannten Sechstagekrieg 1967 das Westjordanland besetzt hält, haben jüdische Siedler teils eigenmächtig und seit dem Wahlsieg des rechtsgerichteten Likud-Blocks 1977 mit offizieller Unterstützung der Regierung arabische Landstriche in Besitz genommen – ein Vorgehen, das völkerrechtlich nicht gedeckt ist. Etwa 150 000 strenggläubige und ultra-orthodoxe Juden leben inzwischen in mehr als hundert Siedlungen weit über das Westjordanland verstreut, so lautet im Jahr 2001 die Bilanz.[12] Dieses Gebiet gilt ihnen unter den biblischen Namen Judäa und Samaria als heilig, aber dort leben können sie nur festungsartig verschanzt unter dem aufwendigen Schutz von zehntausenden israelischen Soldaten, in ständiger Furcht vor Unruhen der Palästinenser. Doch gerade weil sie ihren Anspruch aus der Bibel ableiten, ist die Landbesetzung »göttlicher Auftrag«, ist sie jede Strapaze und jedes Opfer wert, ist sie nicht diskutierbar, kann sie nicht durch Friedensverhandlungen rückgängig gemacht werden.

Die ultra-orthodoxen Siedler distanzieren sich mit einer solchen Ideologie folgerichtig auch von Theodor Herzl, dem geistigen Ahnvater des Zionismus. Denn Herzl dachte national, nicht nationalreligiös, er beanspruchte kein Staatsgebiet, das sich ausgerechnet mit dem der biblischen Verheißung deckt. Die säkularen Zionisten in Herzls Nachfolge – so führende Politiker der Arbeiterpartei wie David Ben Gurion, Jitzhak Rabin und Shimon Peres – zeigten sich daher in Verhandlungen mit den Arabern beweglich und konzessionsbereit. Aus der Sicht radikal-orthodoxer Siedler bedeutet aber dies ein schweres Vergehen. Jeder israelische Politiker, der biblisches Gebiet freiwillig dem ungläubigen Feind überlasse, könne nicht mehr als echter Jude betrachtet werden und habe den Tod verdient. So argumentierten unverblümt zumindest die radikalsten Gruppen. Die blutigen Konsequenzen solcher Propaganda erlebte die Weltöffentlichkeit 1995. Ein Fanatiker der nationalreligiösen Bewegung erschoß im November dieses Jahres Premierminister Rabin, nachdem dieser in Aussicht gestellt hatte, viele der von israelischen Siedlern besetzten Gebiete im Westjordanland an die Palästinenser zurückzugeben.

Dieses Attentat auf Rabin stand in auffallender Parallele zu dem Mord am ägyptischen Präsidenten Anwar As Sadat 1981. Hier wie dort waren nationalreligiöse Fundamentalisten am Werk, die schroff jeden Kompromiß mit dem »ungläubigen« Feind als einen »Verrat an der Religion« bezeichneten. Und seit im April 2000 der ultra-nationalistische Likud-Politiker Ariel Sharon durch seinen Wahlsieg Premierminister wurde, fühlen sich gerade die radikalsten israelischen Siedler bestärkt, unverrückbar auf ihren Positionen zu beharren.

Fundamentalisten mit derart aggressiv nationalistischem Sendungsbewußtsein bilden in Israel allerdings nur eine Gruppierung unter den religiösen Fanatikern. Ein Teil jener Radikal-Orthodoxen, die wir in ihrer demonstrativ konservativen Tracht kennen (dem schwarzen Hut und schwarzen Anzug, dazu Bart und Schläfenlocken), lehnt den jüdischen Nationalismus in jeder Form rigoros ab. Ihnen erscheint selbst die Gründung des Staates Israel 1948 als Sünde, denn nach ihrer Auffassung darf »Israel« erst entstehen, wenn der Messias erscheint. Schroffer könnte der Gegensatz dieser Eiferer zu den Fanatikern nicht sein, die einen »araberfreien« Judenstaat notfalls mit Gewalt erkämpfen wollen. Mit entsprechendem Mißtrauen, ja teils betonter Ablehnung begegnen sich beide Gruppierungen, wie ich aus eigener Anschauung weiß. Wir können den Fundamentalismus der Juden ebensowenig wie den der Christen und Muslime als eine homogene Einheit begreifen.

Zurück zum Sakralrecht des Koran und der Scharia

Islamische Fundamentalisten formulieren ihre Kritik zunächst auch einmal religiös und lassen den machtpolitischen Veränderungswillen nicht sofort spüren. Und doch erscheinen sie, zumindest auf den ersten Blick, fortschrittlicher als Ultra-Orthodoxe im Namen Christi: Denn viel entschiedener äußern sie sich gegenüber kritiklos tradierten Glaubenssätzen und prangern vor allem die abergläubischen Praktiken von Amulettzauber, Dämonenaustreibung und Wunderheilung an, wie sie viele ungebildete Muslime aus Unkenntnis des Koran für einen unverzichtbaren Bestandteil ihrer Religion halten. Wenn Fundamentalisten in diesem Sinne eine »Reinigung« der Religion von allen irrationalen »unislamischen« Zusätzen wünschen und wenn sie unter anderem solche Praktiken für die »Zersetzung« islamischer Kultur verantwortlich machen, dann können sie sich durchaus mit den modernistischen Reformern einig fühlen.

Aber ihr Bedürfnis »zu reinigen« geht weit über einen solchen Ansatz hinaus. Rigoros verwerfen sie Philosophen und Theologen, die im Verlauf der Jahrhunderte jeweils moderne Zeitströmungen in ihr Denken einbezogen haben und damit angeblich die koranische Wahrheit »falsch« interpretieren. Sie scheuen nicht davor zurück, selbst bedeutendste Geistesgrößen als »unislamisch« abzutun, so etwa Ibn Sina (den wir unter dem Namen Avicenna kennen), Omar Chaijam, Ibn Al Arabi und bis zu einem gewissen Grad auch Dschelaleddin Rumi. Einem Ultra-Orthodoxen bedeutet es nichts, daß solche freizügigen Denker maßgeblich zum Weltruhm islamischer Kultur beigetragen haben; jene gelten in ihren Augen eher als ein Zeichen des Niedergangs als des Aufstiegs. Hier verhalten sie sich nicht viel anders als christliche Fundamentalisten, die bereit sind, einen Großteil abendländischer Geistesgeschichte bedingungslos zu verwerfen, sofern sie nicht in ihrem Sinne »christlich« ist.

Der Übergang zur Politik ist aber noch konsequenter und zwingender als bei christlichen Fundamentalisten. Ohne Ausnahme folgt der Kritik gegenüber »zersetzenden«, »zu weltlich denkenden« Theologen und Philosophen die Anklage gegen die heute bestehenden Staatsordnungen. Politik und Religion sind ja im Islam schon vom Ausgangspunkt her enger verflochten als im Christentum. Selbst gemäßigte Muslime, sofern sie nur orthodox sind, wollen ja »westliche« Einflüsse aus der Gesetzgebung getilgt sehen, wollen wieder eine untrennbare Einheit von Staat und Islam hergestellt haben, wie sie mehr als ein Jahrtausend selbstverständlich war – und das heißt: Kein Politiker kann eine Entscheidung fällen, ohne daß ein Gremium geistlicher Rechtsgelehrter (die Ulema) darüber wacht, ob das politische Handeln auch mit dem Koran übereinstimmt. Die Fundamentalisten denken hier allerdings um eine Stufe radikaler als die Mehrheit der orthodoxen Muslime; sie wollen nicht einmal mehr jene Staatsordnung anerkennen, wie sie zur Zeit eines Harun Al Raschid, eines Al Mamun, also während des Höhepunkts islamischer Kultur, gegolten hat – sie lassen in der Tat als Vorbild allein das »Fundament« islamischer Geschichte gelten: die Zeit Mohammeds und der ersten vier Kalifen. Nur während jener wenigen Jahrzehnte sehen sie die »göttlichen« Regeln des Koran und der Sunna im Alltag voll durchgesetzt. »Sunna« läßt sich, wie schon erwähnt, am besten mit »gewohnte Handlungsweise«, »herkömmlicher Weg« übersetzen. In dieser für Muslime zweitwichtigsten Überlieferung sind zahlreiche Aussagen Mohammeds festgehalten, die von Ohrenzeugen aus der nächsten Umgebung des Propheten vernommen wurden. Die Aussagen bieten dem Gläubigen Anhaltspunkte, wie gewisse Textstellen im Koran zu verstehen sind und wie man in konkreten Lebenssituationen vorbildlich zu handeln hat.

Zusätzlich erscheinen den Fundamentalisten noch jene geistlichen Rechtsgelehrten voll und ganz »von Gott geleitet«, die auf der Grundlage des Koran und der Sunna ein ausgeklügeltes System des Handels- und Familienrechts entwickelten und bis ins Detail die Strafnormen festlegten. Es sind Strafnormen, von denen wir heute viele als zutiefst »mittelalterlich« abwerten, etwa das Steinigen, die Körperverstümmelung, das Auspeitschen (Normen, die allerdings zur selben Zeit im christlichen Abendland nicht humaner waren). Dieses nachkoranische Rechtssystem trägt den arabischen Namen »Scharia«. Im Koran selber kommt das Wort nur ein einziges Mal vor[13], und dies nur im Sinne von »Weg« oder »Richtung«, nicht aber im Sinne von Gesetz oder Rechtssystem.[14] Und gerade weil im Koran wie in der Sunna die Satzungen für das tägliche Leben nur als »Richtung« festgelegt sind, haben sich nach Mohammeds Tod vier unterschiedliche Rechtsschulen mit teils abweichender Interpretation des »göttlichen Rechts« herausbilden können – Rechtsschulen, die bis heute nebeneinander existieren und regional unterschiedliche Bedeutung haben.

Der eigentliche Streit unter Muslimen heute entzündet sich an der Frage, ob geistliche Rechtsgelehrte in der Ausarbeitung der Scharia bis ins Detail »von Gott geleitet« waren – oder ob nicht zusätzlich rein zeitbedingte Einflüsse das Rechtssystem geprägt haben. Im letzteren Fall hieße das, Rechtsgelehrten späterer Jahrhunderte wäre es aufgrund anderer gesellschaftlicher Gegebenheiten erlaubt, das Recht neu zu interpretieren und neuen Bedingungen anzupassen. In der Tat ist dies auch während späterer Jahrhunderte in vielen islamischen Ländern immer wieder geschehen. Und aus dieser Einsicht heraus betrachten es liberale Muslime von heute nicht als »unislamisch«, das Rechtssystem zu modernisieren, ja bei Reformen sich gar an manchen fremden Kultureinflüssen zu orientieren. Aber genau diesen »Modernismus« verurteilen die Islamisten als Abirrung vom »ursprünglichen Islam«. Solche Reformen sind ihrer Meinung nach »nur von Menschen gemacht«, abweichend von »ewigem«, »göttlichem Recht«.

Wie starr und intolerant Islamisten eine derartige Rechtsauffassung vertreten, vermag die Argumentation des pakistanischen Ideologen Muhammad Muslehuddin verdeutlichen (nahezu deckungsgleich könnten aber auch ein Ideologe der ägyptischen Muslimbruderschaft oder Khomeini gesprochen haben): »Diejenigen, die daran denken, den Islam zu reformieren beziehungsweise zu modernisieren, sind irregeleitet und ihre Bemühungen zum Scheitern verurteilt. [...] Denn warum sollte der Islam modernisiert werden, der schon perfekt, rein und universell ist und für alle Zeiten gilt? [.] Das Sakralrecht muß in seiner idealen, von Gott anbefohlenen Form erhalten bleiben. [...] Die falsche Meinung der Orientalisten ist auf ihre Einstellung zurückzuführen, daß das wirklich Gute rational erkannt werden kann und daß das Recht nach sozialen Bedürfnissen erkannt werden soll. Sie übersehen, daß [...] Gott allein wissen kann, was wirklich gut für die Menschen ist.«[15]

In diesem Text ist konzentriert alles enthalten, was den islamischen Fundamentalismus kennzeichnet – in seinen Gemeinsamkeiten mit christlichem Fundamentalismus, aber auch im Trennenden. Gemeinsam ist beiden, daß sie ihr wortwörtliches Verständnis der Heiligen Schrift mit der »unverfälschten Offenbarung Gottes« gleichsetzen und alle historisch-kritische Auslegung als bloß »menschlich« verwerfen. Im Gegensatz zur radikal-christlichen Haltung lassen sie sich aber weniger darüber dogmatisch aus, wie nun Gott in allen Einzelheiten zu definieren sei; für sie steht das sakrale Recht im Mittelpunkt, das teils im Koran niedergeschrieben ist und teils von geistlichen Rechtsgelehrten der islamischen Frühzeit auf koranischer Grundlage entwickelt wurde. An die Politiker und jeden einzelnen Muslim stellen sie hartnäckig die Frage, wie sie es denn selber mit dem Sakralrecht hielten, ob sie dafür eintreten würden, daß »Gottes Ordnung« buchstabengetreu rechtlich wie politisch wieder im Staatswesen von heute durchgesetzt werden könne. Und so kritisieren die radikal-islamischen Eiferer nicht nur liberal gesinnte, »verwestlichte« Muslime, sondern auch die Masse der Orthodoxen, denn aus ihrer Sicht verhalten sich selbst jene noch viel zu kompromißlerisch oder zumindest zu passiv gegenüber fremden Einflüssen.

Fundamentalistische Gruppierungen finden sich überall in der islamischen Welt, doch ist ihre Durchschlagskraft in den einzelnen Großräumen sehr unterschiedlich. Wenn wir heute von »radikalem Islam«, vom Aufstand der Ultra-Orthodoxen gegen ein »entartetes« Glaubensleben lesen oder hören, so konzentrieren sich die Ereignisse hauptsächlich auf den Vorderen Orient bis hin zum indischen Subkontinent. Schwerpunkte bilden hierbei der Iran, Afghanistan, Ägypten, Algerien und der Libanon, zeitweilig machen auch Syrien, die Golfstaaten, die Türkei und der übrige Maghreb von sich reden, verschiedene Male auch Pakistan und Bangladesch, relativ selten dagegen der ostasiatische Raum. Zwar sind gegen Ende des 20. Jahrhunderts auf den Philippinen, in Indonesien und in den Westprovinzen von China einige radikale Gruppierungen in Erscheinung getreten. Aber wenn sie durch Überfälle, Bombenanschläge oder manche auch durch Entführung von Touristen in die Schlagzeilen der Weltpresse geraten, dann steht hinter ihren Aktionen nur die Absicht, größere Rechte für eine Minderheit durchzusetzen. Weitgehend fehlt bei ihnen das ideologische Konzept, einen fundamentalistisch-islamischen Staat zu errichten, wenngleich manche mit ihren Schlagworten islamistische Parolen aus dem Vorderen Orient kopieren.

Besonders das Beispiel Indonesien lehrt, daß es falsch wäre, den Islam allein mit dem Glaubensleben jener traditionsreichen Kerngebiete der Araber, Türken und Perser gleichzusetzen. In dem fernöstlichen Inselstaat mit seinen gegenwärtig rund 180 Millionen Muslimen – mehr, als zusammengenommen in Ägypten, dem Iran und der Türkei Muslime leben – hat sich die Orthodoxie nie in dem Maß durchsetzen können wie im Vorderen Orient, nicht einmal abgeschwächt wie im indischen Raum. Weniger als die Hälfte aller indonesischen Muslime, die in der nationalen Gesamtstatistik mit 85 Prozent der Bevölkerung aufscheinen (neben Hindus, Buddhisten und Christen), könnte aus der Sicht der maßgeblichen sunnitischen Lehrautorität, der Al-Azhar in Kairo, als »rechtgläubig« gelten.[16]

Im Gespräch mit Indonesiern besonders in Java habe ich selbst immer wieder feststellen können, daß viele von ihnen gar keinen Wert darauf legen, als »orthodox« eingestuft zu werden, ja teilweise stolz auf Distanz zum Vorderen Orient bedacht sind. Viele bleiben in wesentlichen Grundzügen der hinduistischen Mythologie verhaftet. So werden gerade in Java, Indonesiens volkreichster Insel, noch immer die Tanzdramen des Ramayana und Mahabharata aufgeführt, deren Helden zwar nicht mehr als Götter, aber doch sämtlich als verehrungswürdige Gestalten religiöser Sage gelten. Auch opfern viele Muslime außerhalb des Moscheebesuchs noch immer verschiedenen Naturgottheiten, die offiziell als Geister und Dämonen eingestuft werden. Ich selbst habe beobachten können, wie muslimische Frauen zu Ruinen von Hindu-Tempeln in Zentraljava pilgerten, um dort (wie mir englischsprechende Einheimische erklärten) für Kindersegen zu beten. Sie breiten unter den erhalten gebliebenen Kuppeln die Hände aus, und falls ein Wassertropfen des feuchten Gesteins ihre offenen Handflächen trifft, betrachten sie ihre Gebete als erhört. Sie alle wissen, daß hier früher hinduistische Gottheiten verehrt wurden – nicht zufällig meist Gott Shiva als »Herr« der Zeugungskraft –, die Ruinen aber nicht islamisch geweiht sind. Trotzdem bleiben solche Stätten für die Frauen Pilgerziel. Diese Indonesierinnen sind so muslimisch, wie man lateinamerikanische Frauen als katholisch bezeichnen kann, die die Jungfrau Maria unter deutlichem Einfluß indianischer Religiosität als Fruchtbarkeitsgöttin verehren. Wenn unter solchen Bedingungen schon die traditionelle islamische Orthodoxie im volkreichsten Islam-Staat auf unüberwindbare Barrieren stößt, muß dort von vornherein jede radikal-orthodoxe Gruppierung der Fundamentalisten eine Randerscheinung bleiben.

»Dschihad« gleich »Heiliger Krieg«?

Unter der Aufbruchstimmung eines islamischen Fundamentalismus lebt auch wieder das Ideal des »Dschihad« auf. Der Begriff ist inzwischen viel strapaziert worden, wir kennen ihn aus den Schlagzeilen der Weltpresse meist übersetzt mit »Heiliger Krieg«. Nach unserem Verständnis ist er ebenso belastet wie auf christlicher Seite »Kreuzzug«.

Die Fundamentalisten scheinen alles zu tun, um diese unsere Vorurteile zu bestätigen. Da nennen sich verschiedene radikale Gruppen »Dschihad Islami« (Islamischer Heiliger Krieg), sprengen ohne Rücksicht auf Menschenleben Gebäude in die Luft, verüben Attentate auf prominente Politiker und Journalisten, entführen Christen wie Muslime und ermorden sie notfalls – und dies alles mit der Begründung, daß der »wahre Glaube« und die allein richtige Lebensweise nur noch mit Waffengewalt gegen einen übermächtigen »satanischen« Gegner durchzusetzen sei. Vor dieser geballten Dynamik bisher unterschätzter Energien hat der Westen allen Grund zu erschrecken. Dadurch aber werden bei uns vermehrt wieder die Vorurteile wach, daß die Fundamentalisten eben nur zu jenen Werten ihrer Religion zurückkehren, die angeblich das »Fundament« ausmachen: Glaube *und* Schwert, der Islam sei in erster Linie mit Gewalt zu verbreiten.

Tatsächlich finden sich im Koran eine ganze Reihe Verse, die den Gläubigen unmißverständlich zum »Krieg« gegen »Ungläubige« aufrufen. Etwa: »Der Krieg [Kampf] ist euch vorgeschrieben.«[17] »Rege, oh Prophet, die Gläubigen zum Kampf an; denn zwanzig standhaft Ausharrende von euch werden tausend Ungläubige besiegen; denn diese sind ein unverständiges Volk.«[18] »Ich [Gott] bin mit euch, stärkt daher die Gläubigen, aber in die Herzen der Ungläubigen will ich Furcht bringen; darum haut ihnen die Köpfe ab und haut ihnen alle Enden ihrer Finger ab.«[19] Diese Verse hat Mohammed zu jener Zeit formuliert, als sich die Muslime noch in größter Bedrängnis einer Übermacht von Feinden zu erwehren hatten. Damals entstanden auch jene Sätze, die besonders dem »Glaubenskrieger« das »Paradies« versprechen. Etwa: »Glaubt an Allah und seinen Gesandten und kämpft mit Gut und Blut für die Religion Allahs. […] Dann wird Allah euch eure Sünden vergeben und euch in Gärten führen, welche Wasserläufe durchströmen, ein angenehmer Aufenthalt: in Edens Gärten.«[20]

Doch wenn wir das arabische Wort »Dschihad« in der Übersetzung auf »Heiliger Krieg« verengen, muß dies bei jedem Muslim Kopfschütteln hervorrufen. Nur eine kurze Spanne innerhalb der islamischen Geschichte hat der Glaubenskrieg gegen »ungläubige« Völker im Vordergrund gestanden, dies während der ersten zwei Jahrhunderte des Aufbruchs, dann aber zogen die meisten Muslime eher eine friedliche Haltung vor; und auch hiermit konnten sie sich auf den Koran stützen. »Dschihad« hieß dann: den »wahren« Glauben eifrig durch Predigt verbreiten; die Andersdenkenden durch Diskussion überzeugen; den »Ungläubigen« durch vorbildliche

Moral ein Beispiel geben; stets »angestrengt« darauf bedacht sein, daß der Islam frei bleibt von allem Mißbrauch.[21] Nahezu ein Jahrtausend lang hat das Ideal des »Heiligen Krieges« bei Muslimen eine geringere Rolle gespielt als bei Christen der berüchtigte Kreuzzugsfanatismus. Denn bei den Muslimen hat in jener Epoche, die wir »Mittelalter« nennen, das Gefühl vorgeherrscht, sie seien im Zeichen ihrer kulturellen und politischen Überlegenheit nicht mehr durch andersgläubige Völker bedroht; entsprechend hatte die friedliche und nicht die kriegerische Interpretation von »Dschihad« vorrangig ihr Bewußtsein bestimmt.

Blicken wir auf das Zeitalter der Kreuzzüge zurück, so entdecken wir dort eine paradoxe Verkehrung jener Vorstellungen, wie sie uns geläufig sind. Nur die Christen ließen sich in der ersten Phase der Kreuzzüge vom Ideal eines »Heiligen Krieges« gegen »Ungläubige« leiten, nicht die Muslime.

»Der Soldat Christi, sage ich, tötet unbekümmert, noch sicherer stirbt er. Wenn er stirbt und wenn er tötet, überstellt er sich Christus. Denn nicht ohne Grund trägt er das Schwert: Er steht im Dienst Gottes, um den zu bestrafen, der Böses tut...« So lesen wir in einem der Predigttexte Bernhards von Clairvaux, einem charismatischen Mystiker, der im Gedächtnis der Nachwelt als Heiliger, aber auch als namhafter Ideologe eines überaus aggressiven Kreuzzugsfanatismus weiterlebt. »Wenn er [der Soldat Christi] den Übeltäter erschlägt, ist er gewiß kein Menschentöter, sondern ein Übeltöter. [...] Durch den Tod der Heiden wird der Christ verherrlicht [...]. Die sind keine Mörder, die mit Eifer gegen die Feinde der Kirche kämpfen.«[22]

Diese Worte schrieb der heilige Bernhard in seinem *Lob an die Neue Ritterschaft* – gemeint sind die Tempelritter als die militärisch schlagkräftigste und ideologisch radikalste Kerntruppe der Kreuzzugsbewegung. In diesem Text ist alles enthalten, was wir heute nur im düsteren Fanatismus einer islamischen Ideologie des »Heiligen Krieges« zu finden glauben: Der andersgläubige Gegner gilt nicht als Mensch, sondern allein als Verkörperung des Bösen, so daß das Töten leichter fällt. Im Kampf gegen »Ungläubige« getötet zu werden öffnet dem Märtyrer auf direktem Weg das Tor ins Paradies; daher ist das eigene Sterben leichter.

Christliche Theologen konnten eine derartige Ideologie allerdings nicht aus dem Evangelium herleiten. Um einen »Heiligen

Krieg« durch eine religiöse Autorität zu rechtfertigen, mußten sie sich auf Augustinus, den politisch folgenreichsten aller Kirchenväter, berufen. Augustinus hatte im 5. Jahrhundert, als der christliche Staat sich machtpolitisch zu entfalten begann, die dazu passende Ideologie des »Bellum iustum«, des »Gerechten Krieges«, geliefert. Selbstverständlich hatte dieser »Gerechte Krieg« stets nur ein Verteidigungskrieg zu sein – alle »heiligen Kriege« werden anscheinend auf diese Weise gerechtfertigt. Im Fall der Kreuzzüge mußten die Christen ihr geraubtes Besitztum im »Heiligen Land« wieder der Herrschaft der »Heiden« entreißen.

Im 11. und 12. Jahrhundert, als christliche Theologen und Prediger mit ihrer aggressiven Ideologie des »Bellum iustum« eine Massenbewegung entfachen konnten, sahen sich die Christen des Abendlandes bedroht durch einen kulturell und politisch überlegenen Islam – und entsprechend glaubten sie das Ideal eines »Heiligen Krieges« bemühen zu müssen, um letztendlich doch noch über den »ungläubigen« Feind zu triumphieren. Im 20. und 21. Jahrhundert ist dagegen die Situation geradezu umgekehrt. Nun glauben radikale Gruppierungen islamischer Fundamentalisten, allein mit dem Ideal eines kriegerischen »Dschihad« könnten sich die Gläubigen gegen den mächtigen »ungläubigen« Feind behaupten und nur unter äußerstem Einsatz einen Sieg erreichen.

Und doch: Auch Fundamentalisten verstehen unter »Dschihad« zuerst einmal die friedliche »Anstrengung im Glauben«, sie konzentrieren laut eigenem Selbstverständnis alle Energien auf den Versuch, durch Predigt, Diskussionen und Reformen verschüttete Glaubensenergien unter dem Schutt toter Tradition freizusetzen. »Dschihad« als Krieg darf selbst für sie erst in Frage kommen, wenn sie ihre Religion durch gewaltsame Eingriffe bedroht sehen und sich nur noch bewaffnete Gegenwehr als Ausweg anbietet; hier sind sie an eindeutige Korangebote gebunden, und sie selber betonen das auch. In diesem Zusammenhang müssen wir uns die Frage stellen, weshalb aber Muslime im 20. und 21. Jahrhundert zu der Überzeugung kommen, ihre Religion sei nur noch mit Gewalt gegen eine feindliche Übermacht vor großem Schaden zu bewahren. Ist es ein bloßer Verfolgungswahn?

Bis zu einem gewissen Grad ist es nachvollziehbar, daß Muslime ihre Kultur und politische Ordnung durch westlichen Einfluß, ja durch handfeste westliche Großmachtpolitik bedroht sehen. Zwar hat der vielgeschmähte »Westen« den politischen Niedergang islamischer Staaten und den Zerfall islamischer Kultur nicht verursacht, aber die vorgefundene Krise zu seinen Gunsten ausgenutzt und gezielt verschärft.

Verhängnisvoll war von allem Anfang an, daß die moderne westliche Zivilisation nicht friedlich in Asien und Nordafrika vordrang, sondern mit Gewalt: Europäische Kolonialmächte, allen voran Frankreich und Großbritannien, zwangen einen muslimischen Staat nach dem andern in ihre Abhängigkeit, teils durch wirtschaftlichen Druck, teils durch militärische Aktionen. Und in der zweiten Hälfte des 20. Jahrhunderts sind noch die USA als imperiale Macht mit dem schließlich stärksten Einfluß hinzugekommen. Sofern diese ungebetenen Eindringlinge »Fortschritt« brachten – bessere Anbaumethoden für die Landwirtschaft, bessere Medizin, bessere Technik, allen voran bessere Waffen –, erreichten diese Errungenschaften nur eine schmale Oberschicht, nicht aber die Masse des notleidenden Volkes. Arrogant spielten die westlichen Mächte ihre Überlegenheit aus in der Absicht, jede fremde Kultur als »rückständig«, als durchweg »unterentwickelt« erscheinen zu lassen. Den Muslimen gegenüber lautete die besondere Provokation: Der Koran sei in keiner Weise mehr fähig, auf »moderne« Probleme eine Antwort zu geben, seine »veralteten«, »mittelalterlichen« Anweisungen könne man in jeder Hinsicht getrost vergessen. Wenn auch diese Einstellung nicht für alle Eindringlinge typisch gewesen ist – schließlich kamen aus westlichen Staaten auch Wissenschaftler in den Orient, unter ihnen Orientalisten mit wachem Verständnis für den Rang islamischer Kultur –, so herrschte doch das bornierte Verhalten vor. Und dies hat nachhaltige Folgen gezeitigt.

Je geringschätziger Europäer und Amerikaner den Islam als eine »unterentwickelte« Religion einstuften, um so empfindlicher reagierten die Betroffenen, um so mehr wurde für sie »Christentum«, erst recht »Westen« zum Reizwort. Damit war absehbar, daß die Zahl derjenigen weiter wuchs, die den fremden Einfluß kompromißlos in jeder Form zurückdrängen möchten – und wenn nichts anderes zu helfen scheint: mit Gewalt.

Die Problematik eines kriegerischen »Dschihad« hat seit Mitte des 20. Jahrhunderts durch den Nahostkonflikt eine neue Dimension bekommen.

Es begann in den vierziger Jahren. Damals hatten im Nahen Osten westliche Kolonialmächte die Vorbedingungen für die späteren Kriege und bürgerkriegsähnlichen Spannungen geschaffen. So hatte Frankreich 1944 gegen den Willen der meisten dort ansässigen Muslime durchgesetzt, daß auf dem Boden seines Protektorats Syrien ein zweiter Staat, nämlich Libanon, entstand. Im Libanon aber waren rund 40 Prozent der Araber Christen, die weiterhin die Interessen Frankreichs auch nach dem Abzug der Mandatsmacht wahrten. Parallel dazu hatte Großbritannien wesentlich dazu beigetragen, daß innerhalb seines Protektorats Palästina 1947 der jüdische Staat Israel (neben dem arabischen Staat Jordanien) gegründet wurde. Israel aber sollte den Muslimen erst recht als ein aufgezwungener Fremdkörper innerhalb ihres eigenen Kulturraums erscheinen. Aus ihrer Sicht setzten die Israelis nur die »imperialistische« Politik der ehemaligen Kolonial- oder »Mandats«macht fort, ja fungierten als verlängerter Arm westlicher Großmachtinteressen. Oder wie es Muslime bis heute oft auch formulieren: Israel bilde inmitten der islamischen Welt einen Stützpunkt des »modernen christlichen Kreuzfahrertums«. Die Araber konnten von vornherein kein Verständnis für den Wunsch der Juden aufbringen, daß diese nach vielerlei antisemitischen Ausschreitungen in Europa, vor allem nach ihrer Flucht vor dem Holocaust des deutschen Faschismus, einen eigenen Staat auf historischem Boden gründen wollten. Für die rigorose Verweigerung wog ein Umstand besonders schwer: Israels Staatsgründung war über die Köpfe der Araber hinweg mit Hilfe der verhaßten einstigen Mandatsmacht Großbritannien, anderer europäischer Staaten und der immer mächtiger werdenden USA geschehen.

Arabische Terror-Organisationen mit einer gezielten Strategie von Attentaten formierten sich allerdings erst während der sechziger und siebziger Jahre. Das geschah zu jener Zeit, als die arabischen Staaten bereits in zwei Kriegen gegen Israel besiegt waren. Damals hatten einige Regierungen bereits die Illusion verloren, mit Waffengewalt den Staat Israel beseitigen zu können, und so suchten sie nach langem Zögern den Kompromiß, ja, etliche Staaten, allen voran Ägypten, nahmen mit Israel Friedensverhandlungen auf. Das aber forderte den Widerstand jener arabischen Flüchtlinge heraus, die in den Prozeß nicht eingebunden waren und sich weiterhin extrem sozial benachteiligt und politisch gedemütigt sahen. In arabischen Flüchtlingslagern entstanden die ersten radikalen Widerstandsgruppen, die – unabhängig oder auch heimlich unterstützt von arabischen Regierungen – Überfälle und Sprengstoffattentate auf Israelis, westliche »Imperialisten« und die mit ihren verbündeten muslimischen Politiker ausübten.

Naturgemäß lehnten diese Gruppierungen den Begriff »Terrorismus« als üble Diffamierung der Gegner ab und bezeichneten sich selber als »Freiheitskämpfer« oder »Widerstandskämpfer«. Ihr Verhalten deckte sich hier weitgehend mit dem der Israelis, die vor der Gründung des Staates Israel ähnliche Organisationen unterhielten und mit Überfällen sowie Bombenattentaten gegen die Araber kämpften – und eben auch die Bezeichnung »Terrorismus« strikt von sich wiesen.

Die ersten palästinensischen Terroristen oder »Freiheitskämpfer« stützten sich allerdings noch auf keine islamistische Ideologie, sie wünschten ein säkulares Palästina. Sie waren arabische Nationalisten, die sich weltanschaulich an den politischen Visionen eines Gamal Abd Al Nasser wie der Baath-Partei Syriens und des Irak orientierten: Nicht den Islam als politische Religion galt es gegen die »westlichen Imperialisten und Zionisten« zu mobilisieren, sondern die Idee des Antikolonialismus, der sozialen Gleichheit und Gerechtigkeit unter den Völkern. Sie vertraten einen »arabischen Sozialismus«, dessen geistige Grundmuster letztlich aus dem Westen importiert waren.[23] Kernpunkt ihrer Kritik war, daß westliche Staaten sich oft selber nicht an die eigenen proklamierten Werte hielten. Gerade einer der radikalsten und gefürchtetsten Terroristen der Frühzeit, Abu Nidal, äußerte sich in diesem Sinne und demonstrierte stellvertretend für viele, daß der antiwestliche Terrorismus oder »Freiheitskampf« anfangs noch keineswegs radikal auch eine Abkehr von abendländischen Werten vollzog. Anschaulich belegt dies eine Erklärung Abu Nidals noch selbst aus dem Jahr 1985, nachdem der Islamismus ideologisch bereits beträchtlich an Boden gewonnen hatte. Abu Nidal antwortete Journalisten des deutschen Nachrichtenmagazins *Der Spiegel* auf die Frage, welche Revolution ihm am meisten imponiere, ganz im Stil der Baath-Sozialisten: »Der politische Inhalt der Französischen Revolution ist überwältigend schön: Freiheit, Gleichheit, Brüderlichkeit. Uns als unterdrückten Menschen imponieren diese Maximen.« – »Und die islamische Revolution im Iran?« Für diese Frage hatte der unversöhnliche Feind Israels und der USA nur ein Lachen übrig.[24]

Der Islamismus hatte seinen ersten großen Zulauf unmittelbar nach dem sogenannten Sechstagekrieg 1967 bekommen, als die säkular gesinnten arabischen Regierungen die bisher verheerendste Niederlage gegen Israel hinnehmen mußten. Mit dieser Niederlage war bei vielen Muslimen das Vertrauen in die säkulare Ideologie grundsätzlich erschüttert, hatten doch alle Modernisierungskonzepte die Katastrophe nicht abwenden können. Aber es dauerte noch einmal ein bis zwei Jahrzehnte, daß im Nahen Osten die Widerstandsgruppen gegen Israel und den »Westen« verstärkt das Ideal des Dschihad im Sinne von »Heiliger Krieg« aktivierten. Und erst in diesem Zusammenhang genügte es den Kämpfern nicht mehr, den Feind säkular als »Aggressor« und »Imperialist« zu bezeichnen – jetzt erst kam das religiös und mythologisch befrachtete Schlagwort vom »satanischen« Feind auf, jetzt erst wurden die USA als die einflußreichste Macht »Satan Amerika« genannt.

Unmittelbar nach dem Sechstagekrieg 1967 entstand im Westjordanland die sunnitische Bruderschaft »Hamas« (»Eifer«) in Anlehnung an ägyptische und syrische Muslim-Bruderschaften, die bis dahin schon seit Jahrzehnten nur ein politisches Außenseiterdasein geführt hatten. Aber erst 1987 formierte sich die Hamas zu einer radikalen Kampforganisation. Dies geschah, als Israels radikal-nationalistische Likud-Regierung unbeirrt weiter die völkerrechtswidrige Gründung jüdischer Siedlungen im besetzten Westjordanland gezielt förderte (was die »Schutzmacht« USA stillschweigend duldete). Weitere Terror-Organisationen wie »Dschihad Islami« (»Islamischer Heiliger Krieg«) folgten. Im Libanon hatte sich bereits 1982 die schiitische Kampforganisation »Hisbollah« (»Partei Allahs«) gebildet.

All diese Organisationen trieben im Bewußtsein ihrer Ohnmacht gegenüber einem militärisch weit überlegenen Gegner das Ideal des kriegerischen Dschihad zu seiner letzten radikalen Konsequenz: Sie führten Bombenanschläge durch, bei denen die »Verteidiger des Islam« als gut getarnte Transporteure des Sprengstoffs ihr Leben

»opfern«, sich selber in die Luft sprengen und gerade so die größtmögliche Zahl von Feinden mit in den Tod reißen. Die ersten spektakulären Erfolge errangen hier die Märtyrer-Trupps der Hisbollah, als sie unter Einsatz ihres Lebens 1983 die US-Botschaft in Beirut sowie das Hauptquartier der multinationalen Streitkräfte zerbombten. Hunderte Menschen starben, die multinationalen Truppen verließen daraufhin den Libanon. Der »Erfolg« dieser neuen Form von Terror hat dann weltweit Nachahmer provoziert. Wenn der Selbstmord auch bei Muslimen mit einem Tabu belegt ist, so hat doch nach Ansicht radikal-islamischer Ideologen der »Opfertod« im »Freiheitskampf« als ein »heiliges Martyrium« zu gelten, das mit dem sofortigen Eintritt ins Paradies belohnt wird.

Die Selbstmordattentate haben eine weit zurückreichende Tradition. Ihre Ursprünge sind im schiitischen Islam zu suchen. Wie ich schon schilderte, sind die Ahnherrn der schiitischen Bewegung – Kalif Ali sowie sein Sohn Hussein, der Enkel des Propheten Mohammed – von ihren Gegnern ermordet worden, und über Jahrhunderte wurden dann die Schiiten als politisch machtlose Minderheit unterdrückt, verfolgt, getötet. Aus dieser extremen Situation heraus haben die Schiiten ja schon sehr früh die Neigung entwickelt, Märtyrer ihrer Bewegung besonders zu verehren. Mehr noch: Sie hielten es bald für eine »gottgewollte« Tugend, dem Vorbild der Märtyrer nachzueifern und ebenfalls im Widerstand gegen eine »ungerechte Herrschaft« zu sterben. In mancher Hinsicht ähnelte diese Haltung denen der frühen Christen, allerdings gestalteten die Schiiten ihren Märtyrerkult von Anfang an erheblich kämpferischer als die Christen.

Zum ersten düsteren Höhepunkt einer politisch aggressiven Märtyrerbewegung kam es während des 12. Jahrhunderts im Iran und in Syrien. Wir kennen diese schiitische Bewegung unter dem Namen »Assassinen«. Ihr Namen (arabisch: Haschischiun) bedeutet »Haschisch-Esser«; sie bekamen ihn, weil ihre Anhänger angeblich unter dem Einfluß von Haschisch indoktriniert und aufgeputscht wurden. Die Assassinen entwickelten angesichts einer scheinbar ausweglosen Situation von Unterdrückung als erste die Taktik des Selbstmordattentats: In einem langen Ausbildungsprozeß bereiteten sie ihre Kämpfer darauf vor, perfekt angepaßt in feindlichem Gebiet zu leben, unauffällig an herausragende Persönlichkeiten der Gegner, meist sunnitische Muslime, heranzukommen und sie unter Opferung des eigenen Lebens zu töten. Ihr Terror hat selbst im Bewußtsein der Europäer Spuren hinterlassen, schließlich bedeutet ihr Name in vielen europäischen Sprachen »Mörder«, »Attentäter« (»Assassin« im Englischen wie Französischen, »Assassino« im Italienischen wie im Portugiesischen, »Asesino« im Spanischen).

Kein Zufall konnte es sein, daß dann im 20. Jahrhundert zuallererst schiitische Bewegungen an die Tradition der »Selbstaufopferung« anknüpften. Den Anfang machten die Islamisten im Iran, die zur »Islamischen Revolution« gegen das Schah-Regime aufriefen. 1978 konnte es Ayatollah Khomeini gelingen, mit seiner Märtyrer-Ideologie die Volksmassen gegen die schwerbewaffneten Polizeitruppen des Schahs zu mobilisieren. Khomeini hob in seinen Ansprachen und religiösen Traktaten das Beispiel des Prophetenenkels Hussein hervor, dessen Kampf gegen eine ungerechte Herrschaft und dessen Martyrium auch für die Gläubigen von heute ein leuchtendes Vorbild sei. »Sterben wie der Märtyrer Hussein«, machte Khomeini zum vielgebrauchten Schlagwort; jeder Glaubenskämpfer gegen die »gottlose Regierung« des Schahs werde nach seinem Märtyrertod sofort ins Paradies eingehen. Viele tausend Demonstranten rannten mit dem Ruf »Hussein! Hussein!« todesverachtend in das Gewehrfeuer der Polizeitruppen und brachten durch eine derartige »Opfer«bereitschaft eine Staatsmacht ins Wanken. Todesverachtend rannten dann auch wenige Jahre später die Iraner in das Granatfeuer der waffentechnisch weit überlegenen Truppen Saddam Husseins und konnten nun durch ihre fanatische Kampfmoral als »Märtyrer« einen Sieg des Irak über den Iran verhindern.[25]

Dieser Fanatismus hat beispielgebend auf andere revolutionär gesinnte Gruppierungen gewirkt. Aber da in vielen Ländern die Widerstandsgruppen weiterhin eine Minderheit blieben, entwickelten diese Vereinigungen – wie einst die Assassinen – die Taktik des Selbstmordattentats gegen eine im offenen Kampf unbesiegbare Übermacht: so zuerst die schon erwähnte iranfreundliche Schiiten-Organisation Hisbollah im Libanon, dann die sunnitischen Islamisten im israelisch besetzten Westjordanland.

Für uns Europäer in einer saturierten Wohlstandsgesellschaft ist eine derart fanatische Bereitschaft zum Märtyrertod nur schwer nachvollziehbar. Aber viele dieser »zum Tod Entschlossenen« kamen und kommen aus sozial desolaten Verhältnissen, aus den Slums der Ballungszentren oder aus Flüchtlingslagern, wo die Menschen ohne Zukunftsperspektive dahinvegetieren, verzweifelt, von untergründiger Aggression erfüllt gegen einen nur vage vorstellbaren Verursacher solcher Misere. Wenn dann dort Armut mit Unterdrückung gepaart ist, erscheint das Leben kaum mehr lebenswert, steigen Depression und die Neigung zum Selbstmord drastisch. Ideologen brauchen dem verschwommenen Feindbild nur scharfe Konturen zu geben, und schon vermag der angestaute Groll sich auf ein präzises Ziel hin zu entladen. Je auswegloser die Bewohner von Slums und Flüchtlingslagern sich in einer Atmosphäre ständiger Bedrohung und Gewalttätigkeit verstrickt fühlen und je mehr sie getrieben sind, diesem tristen Dasein doch noch einen Sinn abzuringen – um so anfälliger werden sie für Parolen charismatischer Führer, die mit der Verheißung des »Paradieses« im Jenseits gerade dem gewaltsamen Tod einen tiefen Sinn zu geben verstehen. Dann wächst dem, der sich für eine Sache »opfert«, eine Würde zu, wie sie ihm bisher in seiner ziellosen Existenz undenkbar erschien.

Es wäre allerdings ein Irrtum zu glauben, naturgemäß würden sich vor allem ungebildete Muslime in den Aktionismus des Selbstmordattentäters drängen. Das Gegenteil ist der Fall. Sogar in den palästinensischen Elendsgebieten des Gaza-Streifens besitzen von denen, die bei Terroranschlägen bewußt ihr Leben »opfern«, rund 50 Prozent einen akademischen Abschluß.[26] Hinzu kommen die vielen, die ihr Studium oder ihre Schulausbildung wegen der politisch und sozial drückenden Verhältnisse abbrechen mußten. Gerade das bedeutet ein Alarmzeichen: Zum gefährlichsten Sprengsatz einer Gesellschaft werden besonders Menschen, die gebildet sind, aber sich völlig um ihre Zukunft betrogen sehen.

»Märtyrer« gegen den »Satan Amerika«

Zu Beginn des 21. Jahrhunderts bekam das Ideal des kriegerischen Dschihad wiederum eine neue – bisher unvorstellbare Dimension. Am 11. September 2001 erlebte die schockierte Weltöffentlichkeit den bisher schrecklichsten Terroranschlag der Weltgeschichte: Muslimische Selbstmordattentäter rasten mit zwei entführten, vollbesetzten Passagierflugzeugen in das World Trade Center von New York und brachten die beiden Wolkenkratzer, in denen zu Spitzenzeiten bis zu 50 000 Menschen arbeiten, völlig zum Einsturz. Ein anderes entführtes Passagierflugzeug raste mit einem Kamikaze-Piloten nur eine Stunde später in das Pentagon nahe Washington und setzte einen Teil des weitläufigen Gebäudekomplexes in Flammen.

Erstmals war es nun einer islamischen Terror-Organisation gelungen, den »Heiligen Krieg« in das Zentrum der einzig verbliebenen Weltmacht zu tragen, dort innerhalb kürzester Zeit tausende Menschen zu töten und einen Sachschaden von rund 14 Milliarden Dollar anzurichten. Aber was aus der Sicht der Angreifer noch viel wichtiger war: Mit dem World Trade Center zerstörten sie ein Wahrzeichen des amerikanischen Kapitalismus und »Imperialismus«, ja ein überragendes Symbol der modernen Globalisierung; und mit dem Brand im Pentagon trafen sie die militärische Kommandozentrale des »Satans Amerika«. Damit hatten sie – so sollte die Signalwirkung sein – sichtbar für alle »unterdrückten Gläubigen« den Beweis erbracht, daß der mächtigste Staat der Welt verwundbar war und weitere »Glaubenskrieger« zum Angriff ermuntern konnte.

Ein neuer Typ von Selbstmordattentäter war nun in das Licht der Weltöffentlichkeit getreten: nicht mehr junge Männer aus Slums oder Flüchtlingslagern, arbeitslos, sozial entwurzelt, sondern gut ausgebildete Techniker und Flugpiloten mit geregeltem Arbeitsleben. Zumindest auf vier bis sechs Personen unter den insgesamt 19 beteiligten Terroristen traf das neue Erscheinungsbild zu. Diese Männer, die den inneren Kreis der Terror-Aktion bildeten, hatten in den USA oder in Deutschland Universitätsdiplome erworben und waren nie durch radikal-islamische Äußerungen aufgefallen. Sie stammten aus einer saturierten bürgerlichen Mittel- und Oberschicht, ihre Väter sind Rechtsanwälte, Geschäftsleute, die die Söhne beim Auslandsstudium finanziell unterstützten, ohne Ahnung von deren Doppelleben.

Wie die ersten Untersuchungen nach den Terroranschlägen schemenhaft sichtbar machen, trugen diese jungen Männer »ein Stück der westlichen Modernität« in sich. Aber sie erlebten die gescheiterte Modernisierung in ihren arabischen Heimatländern als Kulturschock. Was das konkret bedeutet, kann ein biographisches

Detail verdeutlichen, das eine Woche nach der Katastrophe an die Öffentlichkeit gelangte. Mohammed Atta, der mutmaßliche Chefplaner der Terrorangriffe, hatte an der Technischen Universität Hamburg-Harburg Architektur und Stadtplanung studiert. Der in Ägypten geborene und zeitweise in Syrien lebende Student hatte seine 1999 von deutschen Professoren gut benotete Diplomarbeit unter folgendem Titel abgefaßt: »Khareg Bab en-Nasr: Ein gefährdeter Altstadtteil in Aleppo (Syrien), Stadtentwicklung in einer islamisch-orientalischen Stadt«. Lobend hatte Atta sich über das gelungene Zusammenleben von Muslimen verschiedener Konfessionen, Christen und Juden in Aleppo geäußert, sehr kritisch aber über die Bedrohung des historischen Stadtkerns durch ein einschnürendes Netz von Stadtautobahnen und monotonen Supermärkten. Er verfocht die These, dörfliche Strukturen und traditionelle Wohnformen dürften nicht einer falsch verstandenen Modernisierung zum Opfer fallen, dies würde irreparable Schäden im sozialen und kulturellen Leben zur Folge haben. Nach den Berichten von Studienkollegen hatte Atta sich erbittert und zugleich resigniert über die drohende und scheinbar unaufhaltsame Amerikanisierung der meisten islamischen Metropolen geäußert.[27]

Eine derartige Kulturkritik kann allerdings Sympathie auch bei westlichen Beobachtern finden. Verständlich erscheinen muß uns ebenso die weiterführende Kritik an muslimischen Politikern und Geschäftsleuten, die diesen Wandel vorantreiben und dabei ihren Reichtum noch vermehren, während ein Großteil des Volkes arm und ungebildet bleibt. Mit seinem Urteil über eine fragwürdige »Verwestlichung« der eigenen Oberschicht unterschied sich der spätere Attentäter nicht grundsätzlich von den Analysen vieler muslimischer Intellektueller wie auch westlicher Orientalisten. Nichts kann hier schon als unversöhnlich radikal anmuten, zumal der Verfasser der Diplomarbeit das friedliche Zusammenleben verschiedener Glaubensgruppen ausdrücklich bejahte.

Wie das? Ein antiwestlicher Terrorist lobt das soziale Miteinander von Muslimen, Christen und Juden? Müßte nicht gerade ein Fanatiker seines Typs, der doch mit seinem Attentat etliche tausend Amerikaner tötete, strikt sich von »Ungläubigen« abgrenzen? Aber daß ein muslimischer Extremist sich zu religiöser Toleranz bekehrt, muß nicht von vornherein bloße Heuchelei bedeuten. Schließlich schreibt der Koran eine grundsätzliche Duldung gegenüber Christen und Juden vor; auch Fanatiker können dies nicht ohne weiteres ignorieren. Und wie ich an verschiedenen Beispielen schon erläuterte, wollen ja selbst jene Muslime, die zum »Heiligen Krieg« gegen den »Westen« aufrufen, nicht sämtliche Christen und Juden aus den islamischen Staaten vertreiben – sie wollen nur den politischen Einfluß des Westens, das »moderne Kreuzrittertum« rigoros zurückdrängen. Sie sind bereit, Christen und Juden als »Schutzbefohlene«, hierarchisch strikt der islamischen Oberhoheit untergeordnet, zu akzeptieren. Das hindert sie andererseits aber nicht, einen gnadenlosen Fanatismus gegen alle Feinde zu entwickeln, die ihrer Ansicht nach das Ideal eines »wahrhaft islamischen« Staatswesens vereiteln wollen. Mehr noch: Eine derartige Feindschaft können sie genauso heftig gegen Muslime richten, die sie für »ungläubig« halten. Insofern mußte bei den Attentätern am 11. September der Gedanke kein Bedauern auslösen, daß unter den Getöteten im World Trade Center auch etliche muslimische Börsenmakler, Aktionäre und Polizisten waren, denn ihrer Meinung nach konnten diese nur Helfershelfer des »Satans Amerika« gewesen sein.

Bisher nur schwer zu ergründen sind jene Faktoren, die einen Studenten aus gutbürgerlichem Haus dazu bewegen, den radikalen Schritt von der intellektuellen Kritik hin zum Massenmord und zur bewußten »Opferung« des eigenen Lebens zu tun. Auch fehlen uns noch Details zu der Entwicklung, daß ein muslimischer Student, der intensiven Kontakt mit westlichem Denken hat und durch differenziertes Urteilsvermögen auffällt, plötzlich sehr undifferenziert den Westen, vor allem die USA, als hauptverantwortlich für die Misere der islamischen Welt ansieht – und damit auf dieses »Böse« all seinen Haß konzentriert. Nach außen hin erschien Mohammed Atta im westlichen Ausland sozial integriert. In Deutschland hatte er zudem die Anerkennung von Professoren wie Studenten genossen; er war dort mit einer Bildungsschicht konfrontiert, die ihm keineswegs den Anlaß bot, sich in der fremden Kultur rassisch oder religiös diskriminiert zu fühlen. Wieso trotzdem die immer stärkere Abwehr gegen einen »Westen«, dessen gefährlichste Kräfte sich in den USA bündeln?

Es fehlt uns auch noch an ausreichender Information, mit welchen psychologischen Mitteln es einer radikal-islamischen Organisation gelingen kann, überdurchschnittlich intelligente, gebildete und sozial privilegierte junge Männer zu überreden, sich aus allen familiären und sonstigen bürgerlichen Bindungen zu lösen und sich fanatisch verengt im Kampf gegen eine »satanische« Weltmacht zu »opfern«. Ohnehin bleibt vorerst die weltweite Vernetzung einer derartigen Organisation im Dunkeln, wenn auch die Medien beharrlich den in Afghanistan lebenden Saudi-Araber Osama Bin Laden als den mutmaßlichen Drahtzieher nennen.

Daß die Selbstmordattentäter jedoch religiös indoktriniert und motiviert waren, belegen die in Gepäckstücken gefundenen »Handlungsanweisungen für die letzte Nacht« vor dem todbringenden Einsatz: »Jedermann haßt den Tod und fürchtet den Tod«, so war dort im arabisch abgefaßten Text zu lesen. »Aber nur Gläubige, die das Leben nach dem Tod kennen, gehören zu denen, die den Tod suchen werden. [...] Führt euch vor Augen, daß ihr in dieser [letzten] Nacht vielen Herausforderungen begegnen werdet. Aber ihr müßt diesen Herausforderungen begegnen. [...] Gehorcht Gott und seinem Propheten und kämpft nicht untereinander, wenn ihr schwach werdet [...] Fahrt fort, die Nacht über zu beten. Hört nicht auf damit, den Koran zu zitieren [...] Reinigt euer Herz und macht es frei von allem Irdischen. Die Zeit der Heiterkeit und der Verschwendung ist vorbei. Die Zeit des Gerichts ist gekommen [...] Ihr müßt überzeugt sein, daß die wenigen Stunden, die euch in eurem Leben noch bleiben, nur wenig bedeuten. Dann aber wird das glückliche Leben beginnen, das unendliche Paradies. Seid optimistisch. Der Prophet war immer optimistisch.«[28]

Ein solches Dokument widerlegt die Meinung, daß der fürchterliche Terrorangriff auf die USA »nichts mit Religion«, »nichts mit dem Islam« zu tun habe. Wohlmeinende Politiker und Intellektuelle westlicher Staaten haben allerdings versucht, Religion und Terrorismus strikt zu trennen, um so den Islam vor seinen erklärten Gegnern in Schutz zu nehmen. Erst recht bemühte sich eine Reihe liberaler Muslime, gegenüber westlichen Medien zu versichern, diese Terroristen würden nicht an Gott, nicht an die Aussagen des Propheten, nicht an den Koran glauben, sie seien keine wirklichen Muslime. Aber die Verfasser der »Handlungsanweisungen für die letzte Nacht« sind so religiös, wie es einst die Verfasser von christlicher Kreuzzugspropaganda gewesen sind: hier wie dort die Aufrufe zu Massenmord an Ungläubigen, zum Märtyrertum als besonderer Tugend, hier wie dort Verbrechen, die ausdrücklich in göttlichem Auftrag begangen werden sollen. Es handelt sich in beiden Fällen um eine Perversion, nicht um eine Negation des Religiösen. Subjektiv verstehen sich gerade solche Fanatiker als besonders fromme Gläubige, die den anderen an religiöser Standfestigkeit und Opferbereitschaft weit überlegen sind.

Ein Kampf der Kulturen?

Die tragischen Ereignisse vom 11. September 2001 waren wieder einmal geeignet, die Gräben zwischen dem »Westen« und dem »Islam« als unüberbrückbar erscheinen zu lassen. Uns im Westen erreichten Fernsehbilder von Palästinensern, die über die Terroranschläge in den USA jubelten, ebenso Nachrichten über feiernde Muslime in den Straßen von Damaskus, Amman, Kairo, Bagdad, Islamabad, Karatschi – Menschen, die ein Ventil und auch ein Feindbild für ihre sozialen und politischen Frustrationen brauchten, Menschen, die die Ursache für ihre Misere am liebsten völlig außerhalb der eigenen Kultur suchten. Wie groß ist ihre Zahl?

Weltweit reagierte die Mehrheit der Muslime auf die Terroranschläge betroffen, ablehnend, ja geschockt – eine Tatsache, die viele von uns im Westen nicht sofort oder nur mißtrauisch zur Kenntnis nahmen. Die meisten Regierungen islamischer Staaten verurteilten den Terrorismus als das falsche Mittel, politische Konflikte auszutragen, und diesen Erklärungen schloß sich auch der Gottesstaat Iran an. Manche der Regierungen blieben zwar vage bei der prinzipiellen Frage, wo sie die Grenzen zwischen »Terrorismus« und »Freiheitskampf« ziehen wollten, so der Iran, so Syrien, so erst recht Afghanistan (und der Irak verweigerte sich völlig), aber nahezu alle offiziellen Regierungssprecher verurteilten die Attentate in New York und Washington und drückten ihr Mitgefühl für die Opfer wie die Angehörigen aus. In den ersten Tagen gab auch schon die Al-Azhar-Universität als die höchste Lehrautorität des sunnitischen Islam in Anlehnung an frühere religiöse Rechtsgutachten zu erkennen, daß die Terroranschläge vom 11. September ebenso als Verbrechen einzustufen seien wie die vielen Bombenattentate früherer Jahre. Die Korangelehrten begründeten ihr Urteil vor allem damit, daß die Attentäter jedesmal bewußt in Kauf nähmen, zahlreiche Unbeteiligte und Unschuldige mit in den Tod zu reißen; das aber nehme jedem Kampf die moralische Berechtigung.

Eine Reihe Muslime allerdings, die in deutschsprachigen Medien eindeutig gegen jede Form von Terrorismus Stellung bezogen, ließen trotzdem Kritik am »Westen« anklingen. Symptomatisch ist hierfür der ambivalente Kommentar des pakistanischen, in London lebenden Schriftstellers Tariq Ali: »Den Opfern des Angriffs [in den USA] gebührt unser tiefes Mitgefühl, wie es jenen Menschen gehört, welche die Regierung der Vereinigten Staaten zu Opfern hat werden lassen. Aber zuzustimmen, daß auf irgendeine Art und Weise ein amerikanisches Leben mehr wert sein soll als das eines Ruanders, eines Jugoslawen, eines Vietnamesen, eines Koreaners, eines Japaners, eines Palästinensers – das ist inakzeptabel.«[29]

Muslimische Kritiker wie er sehen in dem ungelösten Nahostkonflikt mit seinen problematischen Querverbindungen zu westlichen Staaten eine der wesentlichen Ursachen für den Terrorismus. Aber sie gebrauchen darüber hinaus Argumente, wie ich sie auch immer wieder auf Tagungen über Probleme des islamischen Raums wie der sogenannten Dritten Welt zu hören bekam: Westliche Mächte – besonders die USA – würden durch ihre militärische und wirtschaftliche Stärke vielen Völkern der Welt ein Gesellschaftssystem aufzwingen, das nur wenigen in der Ober- und Mittelschicht Fortschritt bringe und viele andere noch ärmer mache als zuvor. Dieses erzwungene System weiche erheblich von den Bedingungen eines westlichen Wohlfahrtsstaates ab und sei nur dazu gedacht, fremde Völker in Abhängigkeit vom reichen Westen zu halten. Das Problem verschärfe sich, indem vor allem die USA in den islamischen Ländern (und nicht nur dort) teilweise mit sehr korrupten Regimen verbündet seien und gerade so dringend nötige soziale Reformen verhinderten. Außerdem würden Amerikaner wie Europäer zuweilen aggressiv die angebliche Überlegenheit ihrer Kultur über alle anderen demonstrieren, so daß es für Muslime sehr demütigend sei. Je ohnmächtiger sich dann die sozial Benachteiligten wie auch die kulturell zutiefst Verunsicherten fühlten, desto größer werde die Sympathie für Terrorakte aus Notwehr. Der Terrorismus sei die einzig noch verbleibende Waffe der Schwachen.

Solche Argumente decken sich in Grundzügen mit den Analysen selbstkritischer westlicher Wissenschaftler. Eine Entwicklung hin zum Terrorismus der Selbstmordattentäter und des Massenmordes sei nicht allein Ausdruck einer fanatischen Haltung, sondern auch von Aussichtslosigkeit. Desto mehr sollten sich die Politiker im islamischen Raum wie im Westen darüber klar werden, daß Polizeimaßnahmen und militärische Vergeltungsschläge allein nicht schon genügten, um das Terrorismus-Problem an seiner Wurzel zu packen. Politische Lösungen müßten gefunden werden, um so die sozialen und kulturellen Spannungen zwischen Reichen und Armen, zwischen Herrschenden und Beherrschten drastisch zu verringern, dann nur werde in den explosiven Krisenherden die Gewaltbereitschaft rapide zurückgehen.[30]

Differenzierte Überlegungen dieser Art spielen in der breiten Öffentlichkeit allerdings nur eine untergeordnete Rolle. Seit den Terroranschlägen vom September 2001 hat sich bei uns im Westen die Diskussion wieder einmal auf die Frage zugespitzt: Müssen wir den Islam vielleicht nicht doch insgesamt als eine aggressive, unduldsame Religion auffassen? Und sind Fundamentalismus wie Fanatismus gerade deshalb nur die natürlichen Konsequenzen im Islam?

Feindbildklischees aus weit zurückliegenden Jahrhunderten spielten in der politischen Rhetorik wieder eine Rolle, nur eben aktuell angepaßt. Auf das Schlagwort der Islamisten vom »Satan Amerika« antworteten nun besonders amerikanische Politiker im christlich-abendländischen Gegenzug mit dem Schlagwort vom »Reich des Bösen«. Oder wie es US-Präsident George W. Bush in seiner ersten Reaktion auf die Terroranschläge formulierte: Jetzt beginne der »monumentale Kampf des Guten gegen das Böse«. Holzschnittartiger und gefährlicher vereinfachend hätte es kein radikal-islamischer Fanatiker ausdrücken können. Aber Bush bediente sich hier nur des Wortschatzes seiner vielen christlich konservativen wie auch der fundamentalistisch orientierten Wähler.

US-Präsident Bush benützte darüber hinaus ein Schlagwort, das erst recht die Emotionen anheizte: Er sprach von »Crusade«, »Kreuzzug«. Er sagte das zur selben Zeit, als in den USA blutige Ausschreitungen gegen muslimische Amerikaner, den vermeintlichen Sympathisanten des Terrorismus, losbrachen (etwa 8 Millionen der 260 Millionen Amerikaner sind Muslime). Um so negativer waren die Auswirkungen auf die islamische Welt. Besonders im arabischen Raum äußerte sich lautstarker Protest. Wieder einmal konnten sich radikale Islamisten bestätigt fühlen mit ihrer Parole:

Westliche Politiker seien noch immer verkappte »Kreuzzügler«, die die »Vernichtung des Islam« zum Ziel hätten – desto mehr sei zur »Notwehr« ein »Heiliger Krieg« nötig. (Daß die Kreuzzüge einst als »Vernichtungs«feldzug geplant waren, habe ich ja im Kapitel über den »Dschihad« als »Heiligen Krieg« illustriert.)

Der Protest von Muslimen aus aller Welt nötigte Präsident Bush, seine Formulierung von »Kreuzzug« zurückzunehmen und statt dessen von einer »Kampagne gegen den Terrorismus« zu sprechen. Seine Berater drängten ihn außerdem, werbewirksam im Islamischen Zentrum von Washington zusammen mit muslimischen Geistlichen aufzutreten und in einer Rede sorgfältig zu unterscheiden zwischen guten (amerikafreundlichen) und einer Minderheit schlechter, »barbarischer« Muslime. In diesem Zusammenhang verurteilte Bush dann auch ausdrücklich die Hetzjagden auf die Amerikaner islamischen Glaubens. Eine solche Wendung in der Rhetorik war schon deshalb nötig, weil die Amerikaner in ihrem Kampf gegen radikal-islamische Terroristen eben auch islamische Staaten als Verbündete brauchten.

In Europa blieb die Rhetorik im allgemeinen zurückhaltender. Auch warnten hier erheblich mehr Kritiker davor, daß der Konflikt in eine grundsätzliche Konfrontation zwischen Abendland und Islam ausarten könnte. Entsprechend betonte die Mehrzahl der europäischen Politiker von vornherein, daß der Kampf gegen den Terrorismus *nicht* gegen den Islam gerichtet sei. Und bei diesen Appellen wurden sie von Bischöfen verschiedener Kirchen, ebenso vom Papst, unterstützt. Aber auch in Europa äußerten sich manche Politiker sowie Bischöfe mit Kommentaren, die geeignet waren, einen grundsätzlichen Gegensatz zwischen Abendland und Islam zu zementieren. Nicht zufällig kam eine der deutlichsten Äußerungen in diesem Sinn von Italiens rechtsgerichtetem Ministerpräsidenten Silvio Berlusconi. Er sagte in einer Rede zwei Wochen nach den Terroranschlägen: »Wir sollten uns der Überlegenheit unserer Zivilisation bewußt sein, die aus einem Wertesystem besteht, das den Menschen breiten Wohlstand in den Ländern beschert hat [...] und das den Respekt der Menschenrechte und der Religion garantiert. Diesen Respekt gibt es in den muslimischen Ländern sicherlich nicht. [...] Der Westen wird damit fortfahren, die Welt zu verwestlichen und die Völker zu erobern. Das hat er schon erfolgreich mit der kommunistischen Welt und einem Teil der islamischen Welt getan.«[31]

In Europa lösten Berlusconis Äußerungen bei vielen Intellektuellen wie auch Politikern Bestürzung aus. Denn ein derartiger Kommentar eines international bekannten Ministerpräsidenten konnte nicht nur dem angestrebten Dialog der Weltreligionen schaden, sondern auch einen Rückschlag bedeuten bei dem Versuch, muslimische Politiker zu einer Allianz mit den Westmächten gegen den Terrorismus zu gewinnen. Nun könnten sich, wie Kritiker warnten, Muslime wieder einmal in ihrem Argwohn bestätigt sehen, daß das, was ein rechtslastiger Populist wie Berlusconi über den Islam sagte, eben typisch für die Meinung der Europäer sei. In ihrer Antwort an die Muslime betonten liberale westliche Politiker deshalb, daß der Westen mit seiner historischen Erblast der Kreuzzüge wie auch der modernen Schrecknisse von Kolonialismus, Faschismus und Stalinismus keinerlei Grund habe, sich moralisch anderen Kulturen überlegen zu fühlen.

Droht ein Kampf der Kulturen? Oder finden wir letzten Endes doch zu einem Dialog?

Seit den Terroranschlägen vom September 2001 ist die Angst im Westen wie in der islamischen Welt wieder einmal gewachsen, daß das 21. Jahrhundert von einem grundsätzlichen Konflikt zwischen Abendland und Islam bestimmt sein könnte – und daß sich dann zwei monolithische, weltanschaulich diametral entgegengesetzte Blöcke gegenüberstehen würden. Welche Rolle würde in diesem Zusammenhang bei den Muslimen der Fundamentalismus spielen?

Meine bisherige Darstellung dürfte bereits deutlich gemacht haben, daß die islamische Kultur sich ebenso stark wie die christlich-abendländische in unzählige und teils widerstreitende Strömungen auffächert. Insofern bildet auch der radikale politische Islam nur eine Strömung unter vielen, und innerhalb dieses ideologischen Gehäuses kann wiederum der Terrorismus nur die Sympathie einer Minderheit finden.

Von daher ist der Auffassung vom »Kampf der Kulturen« entschieden zu widersprechen, wie sie der amerikanische Harvard-Professor Samuel P. Huntington in seinem berühmt-berüchtigten Bestseller *Clash of Civilizations* von 1996 vertritt. Huntington geht davon aus, daß die Weltpolitik des 21. Jahrhunderts nicht von Auseinandersetzungen politischer, ideologischer oder wirtschaftlicher Natur in sehr komplex gewordenen Räumen bestimmt sein wird – sondern von tiefen Konflikten zwischen sieben großen Kulturen:

der westlichen, lateinamerikanischen, islamischen, chinesischen, japanischen, hinduistischen, afrikanischen. Die Grenzen zwischen den Kulturen würden also die hauptsächlichen Fronten der Zukunft sein. Besondere Bedeutung mißt Huntington hierbei der Konfrontation von Islam und Abendland zu. Es ist kein Zufall, daß der Buchtitel – bei uns in seiner deutschen Übersetzung *Kampf der Kulturen* – immer dann gehäuft zitiert wird, wenn westliche und islamische Staaten politisch zusammenprallen.

Richtiger wäre es aber, den vielfach strapazierten Titel abzuwandeln in: »Kampf *innerhalb* der Kulturen«. Denn im islamischen Orient spielen die Konflikte zwischen einzelnen Staaten religiös wie politisch oft eine explosivere Rolle als die vielbeschworene Abgrenzung gegenüber dem »Westen«. Ja, teilweise verlaufen scharfe Frontlinien sogar mitten durch einzelne Staaten und schaffen dort immer wieder bürgerkriegsähnliche Spannungen zwischen den Muslimen selber: so zwischen Sunniten und Schiiten, zwischen Modernisten und Traditionalisten, zwischen unterschiedlichen ethnischen Gruppierungen. Ich verweise auf die im Buch bereits erörterten Fallbeispiele: Türkei, Libanon, Syrien, Ägypten, Sudan ... Und nahezu alle islamischen Länder sind aufgespalten durch Konflikte zwischen säkularen und islamistischen, prowestlichen und antiwestlichen Bewegungen.

Aber nicht einmal den Islamismus können wir als einen einheitlichen Block begreifen. Die einzelnen Gruppierungen dort gründen teils auf sehr verschiedenen politischen und kulturellen Voraussetzungen. Desto schwieriger wird es für den westlichen Beobachter, wenn er beurteilen will, ob denn bei den einzelnen Islamisten die antiwestliche Grundhaltung sowie die Bereitschaft zur Gewalt gleich stark ausgeprägt ist.

Bei näherem Betrachten erwarten uns sogar hier einige Überraschungen.

Modellfälle des Islamismus

Eine aufschlußreiche Begegnung mit einem Islamisten

1981 bereiste ich Algerien – ein Jahrzehnt bevor das Land durch den blutigen Machtkampf zwischen der Militärdiktatur und der »Islamischen Heilsfront« zu einem der gefährlichsten Krisenherde des Orients wurde. 1981 konnte ich nur bei wenigen Algeriern einen Affekt gegen Nichtmuslime entdecken. Etliche Stadtbewohner kritisierten zwar im Gespräch den »Kolonialismus« der einst in Algerien ansässigen Franzosen oder den »Neokolonialismus« mancher westlicher Industriestaaten (besonders der USA), aber Religion war für sie kein Thema. Der überwiegende Teil der Bevölkerung, sei es in Städten, Dörfern oder entlegenen Sahara-Oasen, begegnete mir freundlich, ja gastfreundlich. Selbst Muslime, die sich ausdrücklich zum Islamismus bekannten, also Fundamentalisten waren, suchten das Gespräch mit mir, dem Andersgläubigen, und sei es nur, um ihre Position zu erklären. Für diese Minderheit allerdings bildete Religion das bevorzugte Thema.

Eine der Begegnungen von 1981 erscheint mir rückblickend besonders bemerkenswert. Es lohnt sich, sie kurz zu schildern. Denn im Gesprächsverlauf zeichnete sich scharf bereits jenes Konfliktpotential ab, das für das kommende Jahrzehnt bestimmend werden sollte. Zum andern aber widersprechen manche Einzelheiten entschieden dem Bild, das wir heute nicht nur von Algeriern, sondern von Muslimen überhaupt – insbesondere von Fundamentalisten – haben.

Es begann damit, daß während einer Bahnfahrt von Oran nach Béchar am Rand der Sahara ein schwarzbärtiger Algerier, in Turban und arabischer Hemdbluse, sich mir gegenüber auf der Holzbank niederließ. Er kreuzte die Beine zum orientalischen Sitz und begann, Koranverse zu sprechen. Aufgefallen war er mir schon vorher, weil er öfter durch das Abteil gegangen war und mich, den Ausländer, jedesmal kurz prüfend gemustert hatte. Weshalb er sich ausgerechnet mir gegenübersetzte, war mir unklar. Die Koranverse sprach er laut und eindringlich. Plötzlich aber steigerte sich sein Tonfall ins Aufdringliche, Aggressive, hierbei ließ er seinen Blick in die Runde schweifen, und als die Mitfahrer in seiner Nähe, drei alte Männer, Bauern vermutlich, weiterhin teilnahmslos vor sich hindösten, herrschte er sie an: Warum sie nicht beten? Die Gestik allein schon ließ den Inhalt der Frage erahnen. Die Männer antworteten erregt und waren anscheinend nicht bereit, seiner Aufforderung zum Gebet Folge zu leisten, ja, sie drehten sich nach einem längeren Wortwechsel demonstrativ zur Seite. Der Schwarzbärtige sprang auf und verließ, sichtlich entrüstet, das Abteil.

Im Hintergrund stand der Schaffner und verfolgte mit spöttisch zugespitzten Lippen die Szene. Er, Muslim wie alle Fahrgäste außer mir, nickte mir zu und zog die Achseln hoch, als wollte er sagen: Ein Fanatiker, da kann man nichts machen. Auf meine französisch gestellte Frage, was denn passiert sei, erklärte er: Die Männer seien erbost gewesen, daß man sie verdächtige, sie hätten die übliche Gebetszeit vergessen, dabei hätten sie, so behaupteten sie zumindest, schon vor einer Stunde das Nötige getan. Der Schaffner grinste übers ganze Gesicht. Er war ein Muslim völlig anderen Typs.

Im weiteren Verlauf der monotonen Bahnfahrt lud mich der Schaffner in sein Dienstabteil ein, um dort, wie er erklärte, mit mir Tee zu trinken. Anscheinend langweilten ihn der halbleere Zug und die eintönige Steppenlandschaft draußen, so daß ich ihm als Ausländer die willkommene Abwechslung bot. Er sagte, auch sein Kollege wolle mich kennenlernen. Das »Dienstabteil« entpuppte sich als vollgestopfter Gepäckraum mit einer freien Nische, wo auf dem bloßen Bretterboden zu meiner Überraschung der schwarzbärtige »Fanatiker« mit überkreuzten Beinen vor einem Teekocher saß. Er stellte sich als der Gepäckverwalter vor.

Der Schwarzbärtige in Turban und Hemdbluse goß mir Tee ein, bot mir Gebäck an und sagte, er freue sich, einen Europäer als Gast begrüßen zu dürfen, sehr wenige Ausländer benützten den Zug nach Béchar. Es interessiere ihn, was ich über die Muslime denke. Ich antwortete, ich sei sehr gerne in islamischen Ländern unterwegs und mich beeindrucke die Kultur. Er lächelte zustimmend. Er selbst kenne einiges von Europa, er sei schon in Frankreich und der Schweiz gewesen, in beiden Ländern habe er mehrere Jahre gearbeitet, Lastwagenfahrer sei er gewesen.

Ob auch der Schaffner schon in Europa gewesen sei, wollte ich wissen. Der Gefragte, der mit seinem bartlos runden Gesicht, einer Halbglatze und der europäisch geschneiderten Uniform beinahe wie ein deutscher Bahnbeamter wirkte, antwortete: Er habe Algerien noch nie verlassen.

Der Gepäckverwalter kam auf Frankreich und die Schweiz zu sprechen. Es seien schöne Länder, meinte er, aber ich dürfe ihm nicht übelnehmen, wenn er etwas Kritisches anzumerken habe. Eine ganze Reihe von Menschen gefielen ihm dort nicht. Diebstahl und Verbrechen nähmen zu, besonders schlimm stehe es jedoch um die Sitten. Ungeniert würden sich die Männer betrinken, sogar öffentlich, würden Nachtlokale und obszöne Filme besuchen. Und erst die Frauen! Schon die Art, wie sie sich kleiden und den Männern auf offener Straße herausfordernde Blicke zuwerfen würden! Und sie dürften sich sogar laut Gesetz so benehmen. Was sei denn das für ein Gesetz? Europa sei in eine entsetzliche moralische Gleichgültigkeit verfallen. Seiner Meinung nach könnten die Europäer zwar tun und lassen, was sie wollten, aber wenn ein solches Gebaren auch auf islamische Länder übergreife, dann sei dem entschieden Einhalt zu gebieten.

Ob er mit den Verhältnissen im eigenen Land zufrieden sei, fragte ich. Er schüttelte heftig den Kopf. Algerien sei kein wirklich islamisches Land mehr, man habe zwar die französischen Kolonialherren vertrieben, aber viele Algerier, vor allem in den Städten, lebten wie Franzosen; wenn sie auch ständig den Namen Allahs im Mund führten, seien sie doch im Grunde materialistisch eingestellt, ja gottlos. Viel zu viele Muslime würden nicht einmal mehr merken, daß sie einen Teil ihres Glaubens schon verloren hätten. Das Übel fange in den Schulen an. Wie sei dort der Lehrplan? Französisch! Das Übel setze sich in der Rechtsprechung fort. Wie sei das Gesetzbuch abgefaßt? Nach französischem Vorbild! Wo bleibe da der Islam, wenn nicht in vielen bloßen Äußerlichkeiten? In einer Moschee am Freitag zu beten, das sei nicht genug. Wenn Richter nach fremdem, französischem Recht urteilten, lockere dies die Moral, verderbe die Sitten. Man müsse die Lehrpläne reinigen, man müsse in der Rechtsprechung wieder auf Gesetze zurückgreifen, wie sie Gott selber unveränderbar festgelegt habe: Dieben solle man die rechte Hand abschlagen, sofern sie nicht aus Hunger, sondern aus bloßer Habgier stehlen; Alkoholtrinker müsse man auspeitschen.

Aber wenn selbst viele Geistliche nicht mehr den Islam mit all seinen Konsequenzen des gottgewollten Rechts predigten …

Der Gepäckverwalter hatte sich in zornige Erregung geredet, während der Schaffner, hinter ihm sitzend, die Lippen zusammenkniff und die Augen verdrehte. Mir gab der Schaffner beiläufig durch ein Achselzucken zu verstehen, daß er weder Europa noch das eigene Land für so »verderbt« ansah wie sein Kollege noch daß er die Wiedereinführung des mittelalterlichen Strafrechts für notwendig hielt. Ihm schien eine solche Rhetorik gegenüber Ausländern peinlich zu sein. Als der Gepäckverwalter gegen das Alkoholtrinken wetterte, schnitt der Schaffner eine unwillige Grimasse, führte pantomimisch eine imaginäre Flasche zum Mund und schloß genußvoll die Augen. Der Eiferer schien zu spüren, wie sich hinter seinem Rücken etwas sehr Unorthodoxes abspielte, er drehte sich ruckartig um und beschimpfte den Schaffner auf arabisch. Der Gescholtene senkte zuerst verlegen den Blick, unterbrach dann aber gereizt den nicht endenwollenden Redeschwall.

Für Momente sah es so aus, als hätten sie mich vergessen, dann beendeten sie abrupt den Streit. Das Gespräch mit mir setzten sie zunächst stockend fort, wobei gerade der Gepäckverwalter sich verlegen zeigte. Er schien zu spüren, daß mich seine Freundlichkeit einerseits und seine Aggressivität andererseits irritierten. Wir kamen auf den Islam ganz allgemein zu sprechen, und hierbei versuchte er den Eindruck zu korrigieren, daß er intolerant gegenüber den Christen sei. Er lehnte nur eine »gottlose Zivilisation« ab, nicht das Christentum, betonte er. Ja, er schätze jeden echten gläubigen Christen höher als einen Muslim, der sich nicht mehr oder nur noch halbherzig nach den Korangeboten richte. Ob ich wüßte, daß der Koran vorschreibe, gläubige Christen zu respektieren? Ich bejahte. Er musterte mich prüfend. Die Christen würden allerdings die Muslime viel weniger respektieren, fuhr er fort, die Christen seien wesentlich intoleranter, er bedaure das. So viel Ablehnung gegenüber dem Islam habe er in Europa feststellen können. Dabei wäre es für die Christen einfach, den Islam zu verstehen, schließlich sei in ihrer Bibel schon viel von dem enthalten, was Gott im Koran offenbart habe. Er begreife nicht, weshalb sich die Christen nicht der ganzen Wahrheit göttlicher Offenbarung öffnen wollten.

Wieder entstand eine Gesprächspause, während der er mich aufmerksam musterte. Plötzlich deutete er auf meine ornamentbestickte Wollkappe. Woher ich sie habe, das sei doch eine Muslimkappe, nicht? Aus Pakistan, antwortete ich. Ob ich auch schon in Jerusalem gewesen sei, fragte er. Ich bejahte.

In Jerusalem? Wirklich? Jerusalem! Dies sei eine heilige Stadt, für Muslime fast genauso heilig wie Mekka. Seine Augen leuchteten. Dann aber verspannte sich sein Gesicht, er fixierte mich lauernd. Ob ich als Tourist oder als Pilger nach Jerusalem gekommen sei? Als ... Pilger. Wirklich? Als Pilger? Ein leichter Zweifel lag in seiner Stimme, durchaus berechtigt bei meiner stockenden Antwort, die ich doch nur gegeben hatte, um aus seiner Sicht nicht als »schlechter Christ« dazustehen. Wo ich denn in Jerusalem gebetet habe, fragte er in einem Tonfall, der noch immer nicht ganz frei von Mißtrauen war. In der Grabeskirche, erklärte ich zögernd und suchte mein Gedächtnis nervös nach anderen möglichen heiligen Stätten ab, in Gethsemane ... im Kidrontal ...

Im Kidrontal?! Ich hätte wirklich im Kidrontal gebetet? Dann stünde ich in der Gnade Gottes. Das Kidrontal sei ein wahrhaft heiliger Ort für alle, die den *einen* Gott verehren. Im Kidrontal seien die Friedhöfe von Muslimen, Christen und Juden so unmittelbar nebeneinander wie sonst nirgends. Im Kidrontal zu beten, dies sei sein sehnlichster Wunsch, dies bedeute ihm fast so viel, wie vor der Heiligen Kaaba in Mekka zu beten.

Der Gepäckverwalter hatte sich wieder in Erregung geredet. Ich hätte also im Kidrontal gebetet, wiederholte er, als könne er es nicht fassen. Dann senkte er den Kopf, wickelte den Turban herunter, nahm mir die pakistanische Kappe ab und band mir das Tuch um. Er schenke mir den Turban, erklärte er, ich solle stets an ihn denken.

Mit dem Turban um den Kopf verabschiedete ich mich am Zielbahnhof Béchar...

Ein untypisches Gespräch? So manches paßt nicht in die landläufige Vorstellung vom Islam.

Das beginnt schon mit der Person des gutmütigen Schaffners, der allem Fanatismus abgeneigt ist. Ihn halten viele von uns eher für eine Ausnahmeerscheinung. Dabei begegnen wir gerade Männern wie ihm wesentlich häufiger als den religiösen Eiferern. Natürlich äußern nur wenige Muslime so offenkundig ironisch ihre Distanz zum koranischen Alkoholverbot und machen sich über moralisierende Puritaner lustig. Aber seine Haltung bedeutet ja nur eine unter vielen Varianten, sich im Alltäglichen so manchen Vorschriften der strengen Orthodoxie zu entziehen. Er gehört zur Masse der Muslime, die nur bedingt Neigung zeigt, sich mit Einzelheiten der Glaubenslehre intensiv auseinanderzusetzen und sie genau kennenzulernen (und hierin unterscheidet er sich kaum vom Großteil der Anhänger anderer Weltreligionen). Er lebt den Islam als eine Summe vielfältigster Traditionen – unreflektiert. Er hat das Bedürfnis, in seinem Leben nicht von anderen aus der Ruhe gerissen zu werden, und ist dann bereit, andere in Ruhe zu lassen. Auf Parolen ideologischer Scharfmacher hört er erst, wenn die gewohnte Umwelt zutiefst gefährdet erscheint und die Orientierungskrise droht. Muslime wie er neigen dazu, manche Lebensform unserer westlichen Zivilisation vorbehaltlos zu übernehmen, ohne nun, wie die schmale Minderheit der Modernisten, engagiert für Reformen eines erstarrten Islam einzutreten – ja, ohne sich weiter Gedanken über Widersprüchlichkeiten ihres Verhaltens zu machen.

Anders der religiöse Eiferer. Jener Muslim, wie er uns in der Person des Gepäckverwalters gegenübertritt, verkörpert entschieden weniger den Prototyp seines Kulturkreises. Gerade er hat ja von den »vielen« gesprochen, die nicht so glauben wie er, und damit hat er seine Position als die einer Minderheit im eigenen Land zu erkennen gegeben.

Einer Minderheit? Nur ein Jahrzehnt später haben sich die Verhältnisse in Algerien beträchtlich verändert. Algerien kann geradezu als ein Modellfall solcher Veränderung angesehen werden.

Aber Algerien ist nur ein Modellfall neben vielen. Vergleichen wir die Entwicklung dort mit der in anderen Ländern, wo der Islamismus ebenfalls zu einem explosiven Problem geworden ist, so stoßen wir im Detail auf beträchtliche Unterschiede. Was hat Algerien mit dem Iran gemeinsam? Oder mit Afghanistan? Oder mit der Türkei?

Im folgenden stelle ich vier Modellfälle vor: neben Algerien die hier genannten Staaten. Hierbei zeigt sich, daß die verschiedenartigen religiösen, kulturellen, sozialen und politischen Ausgangsbedingungen den Fundamentalismus entsprechend vielfältig formen – und ihm sehr unterschiedliche Chancen geben, politisch auf längere Zeit zu überleben.

Algerien könnte – nach dem Iran – der nächste Staat der islamischen Welt werden, in dem Fundamentalisten die ganze Macht erringen. So zumindest erschien uns Mitte der neunziger Jahre die Situation.

Uns im Westen überrascht, in welchem Ausmaß radikale Islamisten die Sympathie großer Volksmassen gewinnen konnten. Im Dezember 1991 war es zu den ersten freien Parlamentswahlen in der Geschichte Algeriens gekommen, dies, weil die bis dahin unumschränkt herrschende Einheitspartei FLN (»Front de Libération Nationale«) weitgehend abgewirtschaftet hatte und unter politischem Druck einer solchen Wahl zustimmen mußte. Beim ersten Wahldurchgang zeichnete sich bereits ein klarer Sieg der »Islamischen Heilsfront« (FIS) ab. Sie hatte sich schon jetzt 44 Prozent der Parlamentssitze sichern können, während die FLN nur 3,7 Prozent Direktmandate gewann.[1]

Diese verheerende Niederlage vollzog sich vor dem Hintergrund einer düsteren sozialen Bilanz. Zwei Drittel der Jugendlichen waren arbeitslos und ohne Zukunftshoffnung (dies in einem Land, wo 65 Prozent der Menschen unter 35 Jahre alt sind), die Städte quollen über vom Zustrom arbeitsuchender Bauern aus notleidenden Dörfern. In einer durchschnittlichen Wohnung von zwei bis drei Zimmern hausten meist zehn bis fünfzehn Menschen unter oft unerträglichen sanitären Bedingungen.[2] Gründlich war der Fortschrittsoptimismus verflogen, wie ihn die FLN seit Anfang der sechziger Jahre hatte verbreiten können. Unter ihrer Führung hatten die Algerier von 1954 bis 1962 die Unabhängigkeit gegenüber der Kolonialmacht Frankreich erkämpft, und dieser Siegermythos hatte der neuen Regierung anfangs einen breiten Rückhalt im Volk gegeben. Aber die Führer der FLN regierten, ohne auch nur die geringste Opposition und konstruktive Kritik zu dulden. Und im Verlauf von zwei Jahrzehnten sollten sie jene Fehler kraß begehen, wie sie Machthaber eines gut verdienenden Rohstofflandes der Dritten Welt immer wieder begehen.

Die Politiker der FLN nutzten die reichhaltigen Einnahmen aus der Erdöl- und Erdgasproduktion vorrangig, um schlüsselfertige modernste Fabriken aus westlichen und östlichen Industriestaaten einzukaufen und aufstellen zu lassen. In der gleichen Unbekümmertheit importierten sie landwirtschaftliche Maschinen, um auf diese Weise die bisher archaische Felderbewirtschaftung total zu modernisieren. In beiden Fällen aber trafen sie kaum Vorsorge, daß die Einheimischen mit einer derart ungewohnten Technologie hätten effizient umgehen können. Viel Geld versickerte in nie fertiggestellten Großprojekten, Geld, das dann an anderer Stelle fehlte; sie vernachlässigten die Bedürfnisse einfacher Bauern und Kleingewerbetreibender. Eine ähnliche Politik hatte einst Schah Mohammed Reza Pahlevi im Iran betrieben, und ähnlich waren auch in Algerien die Folgen. Angesichts einer mißglückten Industrialisierung und Agrarreform wurden viele Algerier noch ärmer als zuvor, während eine schmale Oberschicht selbst noch von der Mißwirtschaft profitierte – und so konnte die Islamische Heilsfront Anhänger gewinnen.

So erstaunlich es vielen von uns erscheinen mag, leisteten Algeriens Fundamentalisten oft eine tatkräftigere Armenfürsorge als die dafür zuständigen Politiker. Sehr flexibel hatten sie, als während der achtziger Jahre das öffentliche Gesundheitswesen weitgehend zusammenbrach, die Moscheen zu Sozialzentren umfunktioniert. Kostenlos betreuten Ärzte in den Seitenräumen von Moscheen viele Kranke und verteilten Medikamente. Familien, die in den heillos überfüllten Stadtwohnungen meist keine Wasserleitungen haben, erhielten Gelegenheit, sich an den Brunnen der Moscheehöfe zu waschen und von dort das Wasser zum Kochen zu holen. Schüler und Studenten fanden manche Moschee-Bibliothek reicher ausgestattet als die ihrer Ausbildungsstätte und wurden von dort mit nötigem Lesestoff versorgt. Das Geld für diese Wohlfahrtseinrichtungen und alternativen (betont »islamischen«) Bildungsinstitute beziehen Algeriens Fundamentalisten überwiegend aus Saudi-Arabien und anderen reichen Erdölstaaten am Golf.[3] Der Erfolg derartiger Hilfe war durchschlagend. Viele Notleidende und Benachteiligte, die bisher den Islamisten gleichgültig gegenüberstanden, änderten ihre Haltung, sobald sie ausgerechnet von jenen eine Hilfe – meist die einzige – erhielten. Und je geringer die Hilfsbedürftigen gebildet waren, desto weniger versuchten sie die politische Ideologie der helfenden Partei kritisch zu überdenken.

Die Parallelen zum Iran und zu Ägypten sind verblüffend. Auch dort konnten Fundamentalisten die Sympathie großer Volksmassen erst in dem Moment erringen, als sie Moscheen zu Sozialzentren umfunktionierten. Radikal-islamische Organisationen leisteten hier wie dort für die Armen meist bessere Hilfe als jene Regierenden, die »Fortschritt« nach westlichem Vorbild versprochen hatten.

Algerien bot Mitte der neunziger Jahre das auffälligste Beispiel jener Modernitätskrise, wie sie sich in vielen anderen islamischen Ländern auch anbahnt. Solange eine Regierung nur nach oberflächlich »westlichen« Kriterien technokratisch ein Land zu modernisieren versucht und dabei vorrangig eine schmale Oberschicht begünstigt – und solange die Masse des Volkes im Elend bleibt –, strömen Sympathisanten den Fundamentalisten zu. Auf diese neuen Hoffnungsträger projizieren die Notleidenden ihre Erwartungen, aber sie werden auch islamistischen Parteien nur so lange folgen, als jene den Eindruck vermitteln, sie könnten die bisher ungelösten Probleme meistern.

Bis weit in die siebziger Jahre hinein hatten radikal-islamische Bewegungen in keinem muslimischen Staat eine wesentliche Rolle gespielt. Dabei hatten manche schon lange zuvor um politischen Einfluß gekämpft. Erinnern wir uns: Die erste moderne Islamisten-Bewegung, die Muslimbruderschaft, wurde bereits 1928 durch Hassan Al Banna begründet, der damit auf das »gottlose« Reformwerk Atatürks reagierte. Aber unzufriedene Muslime von Nordafrika bis Indonesien strömten während der folgenden fünf Jahrzehnte vorwiegend nationalistischen Führern zu, die die Befreiung vom kolonialen Joch verkündeten und sozialen Fortschritt versprachen. So bildeten sozial Benachteiligte in Ägypten die Massenbasis für Gamal Abd Al Nasser, den charismatischen Volkstribun eines panarabischen Nationalismus, so in Algerien für die FLN, die nationale Befreiungsbewegung gegen die Franzosen, so in Syrien und dem Irak für die Baath-Sozialisten mit vorrangig nationalistischer und nicht religiöser Ideologie. Genauso gilt das für die Palästinensische Befreiungsbewegung PLO, die unter der Führung von Yassir Arafat noch ein säkulares Palästina anstrebte, ebenso für die abgespaltenen radikalen Palästinenser-Organisationen des Abu Nidal sowie des palästinensischen Christen George Habbash. Im Iran ist während der fünfziger Jahre der säkular denkende Nationalistenführer Mohammed Mossadegh das Idol der Volksmassen gewesen, die gegen Schah Mohammed Reza Pahlevi revoltierten. Ein Ayatollah vom Typ eines Khomeini verharrte damals noch auf einer Außenseiterposition, so sehr Geistliche schon politisch tätig waren und sich um stärkeren Einfluß bemühten. Erst als die nationalistisch-modernistischen Volksführer in ihrer Rolle als Hoffnungsträger zunehmend versagten, hat sich für die antiwestlichen Fundamentalisten die Chance zu großer politischer Wirkung eröffnet.

Ist aber ein Islamist, wie ich ihn während einer Bahnfahrt in Algerien kennenlernte, repräsentativ? Er hat ja ausdrücklich mit mir, dem Europäer und Nichtmuslim, das Gespräch gesucht. Wie paßte seine Haltung zu den Mordanschlägen an Ausländern, die in Algerien seit 1993 reihenweise von islamistischen Terroristen verübt wurden?

An der Person dieses einen Islamisten können wir zumindest sehen, daß Terror gegen Andersgläubige nicht von vornherein zum Selbstverständnis der Radikalen gehört, ja nicht einmal die verbale Ablehnung von Christen. Wenn auch der Mord an politischen Gegnern schon seit Jahren zur Praxis algerischer Fundamentalisten gehört, ist vor 1993 kein nichtmuslimischer Ausländer in Algerien von Fundamentalisten getötet worden. Erst als im Januar 1992 ranghohe Militärs den zweiten Wahlgang unterbrachen und damit der Islamischen Heilsfront den greifbar nahen (demokratisch legitimierten!) Sieg verweigerten, hat sich die Haltung der Fundamentalisten geändert. Seit ihre Partei verboten ist und sie einen Bürgerkrieg gegen die Militärdiktatur eröffneten, sind Ausländer auf das schwerste gefährdet. Ausländer als wirtschaftliche Berater und Handelspartner der herrschenden Militärs sollen aus Algerien vertrieben werden, damit das Regime wirtschaftlich am Nerv getroffen ist und die Macht verliert. Diese Taktik sollte fatale Vorbildwirkung auch für ägyptische Fundamentalisten haben: Jene begannen 1993 Terror gegen Touristen auszuüben, um so den Tourismus als wichtigste Devisenquelle der Regierung lahmzulegen. In Algerien wie Ägypten schreckten Fundamentalisten schließlich nicht mehr vor Mord an Ausländern zurück, in der Hoffnung, verstärkte Gewalt könne den Bankrott der Regierung nur beschleunigen. Aber gerade in Algerien waren und sind diese Mordanschläge kaum grausamer als der Terror des Militärregimes.

Dieser überaus blutige Konflikt, der innerhalb von zehn Jahren schätzungsweise 150 000 Menschenleben gekostet hat, kann allerdings nicht militärisch entschieden werden. Zum einen haben die Islamisten an Schlagkraft eingebüßt, weil sie sich nach zermürbendem Kampf in einen verhandlungsbereiten, gemäßigten Flügel und eine dogmatisch harte, unbeirrbar terrorbereite Gruppierung gespalten haben. Zum andern konnte das Militärregime die offensichtliche Schwäche des Gegners nicht nutzen, weil es plötzlich an eine anderen Front zu kämpfen hatte – gegen die Berber. Im Frühjahr 2001 entfachten die Berber, allen voran der Stamm der Kabylen im Atlasgebirge, einen Aufstand, der in seiner explosiven Gewalt an die radikalsten Ausschreitungen unter islamistischer Führung erinnerte. Hunderttausende Demonstranten zogen durch die Straßen algerischer Städte, in Algier waren es Mitte Mai über eine Million, sie zündeten Polizeifahrzeuge und öffentliche Gebäude an.

Die Berber, eine ethnische Minderheit mit eigener Sprache und Kultur, rund ein Drittel der 30 Millionen Algerier, rebellierten gegen die Benachteiligung ihrer Volksgruppe, gegen ausbleibende soziale Reformen, gegen die Korruption der Oberschicht und den immer größer werdenden Gegensatz zwischen den wenigen Reichen und den vielen Armen. Der Aufstand wütete wie ein Flächenbrand. In den Städten schlossen sich den Marschkolonnen der Berber plötzlich Hunderttausende arabisch-sprechender Algerier an, dabei hatten viele von ihnen zuvor unter Führung der Islamischen Heilsfront gegen die Regierung mit sehr ähnlichen Parolen demonstriert. Es dauerte Monate, bis die Unruhen abflauten und es zu einer nur oberflächlichen, trügerischen Entspannung kam. Dieser neue Aufruhr zeigte, daß sich das unzufriedene Volk in seiner Mehrheit kaum mit den religiös-dogmatischen Wertvorstellungen der Islamischen Heilsfront identifizierte. Genauso ließen sich die sozial Benachteiligten durch eine weltanschaulich völlig andere Gruppierung zum Widerstand anstacheln.

Die Berber passen ohnehin nicht ins bisherige Schema. Sie bekämpfen zwar die Regierung, weil sie sich von ihr als nicht-arabische Minderheit ethnisch unterdrückt fühlen. Aber sie bejahen einen säkularen Staat ohne religiöse Bevormundung und kämpfen daher ebenso heftig gegen die Islamisten. In dieser doppelten Frontstellung befinden sich die Berber schon seit vielen Jahrzehnten.

Algerien ist damit in drei große Gruppierungen gespalten. Hierbei können die Islamisten gerade ein Drittel oder nur noch ein Viertel der Muslime hinter sich scharen. Das Land bleibt politisch, religiös, kulturell und ethnisch zu sehr aufgesplittert, als daß es einer der Gruppierungen gelingen könnte, ihre Konzeption einer Mehrheit aufzuzwingen. Der einzige Weg zu einem dauerhaften Frieden kann nur ein Staat mit einer pluralistischen Verfassung sein. Davon ist Algerien allerdings noch weit entfernt.

Modellfall Iran

Der Iran hat uns vor vollendete Tatsachen gestellt. Dort haben weder Schah Mohammed Reza Pahlevi mit seiner hochgerüsteten Militärmacht noch massive Wirtschaftshilfe des Westens verhindern können, daß Islamisten durch die Revolution von 1979 an die Macht kamen. Die bittere Lektion hieß für die Gegner: Der Fundamentalismus kann politisch siegen. Ist er siegreich auf Dauer? Eine brisante Frage. Denn der Iran ist bisher der einzige Staat, an dem wir über einen längeren Zeitraum beobachten können, ob und wie ein absolut regierendes Regime der Islamisten seine Macht behaupten kann.

Der soziale und geistige Nährboden für eine radikal-religiöse Protestbewegung war im Iran nicht viel anderes als in Algerien. Auch im Iran hatte eine Regierung mit ihrer säkularen Reformpolitik nur einer schmalen Oberschicht genutzt und die Mehrheit des Volkes in bitterer Armut gelassen. Auch hier waren viele Bauern nach dem Scheitern einer nur halbherzig durchgeführten Bodenreform in Großstädte abgewandert und vegetierten in immer bedrohlicher anschwellenden Slums. Und so konnten auch hier Islamisten verarmte und kulturell entwurzelte Volksmassen mit der Parole mobilisieren: Je entschiedener sich eine Regierung von fragwürdigen Vorbildern des Westens löse und sich wieder an den ewigen, unveränderbaren Richtlinien des Koran und der Scharia orientiere, desto rascher ließen sich Massenelend und Unterentwicklung beseitigen.

Im Iran hat nun eine islamistische Regierung schon seit mehr als zwei Jahrzehnten Gelegenheit, den Beweis für diese Behauptung anzutreten. Das Resultat ist für die Machthaber niederschmetternd: Nach wie vor wachsen die Großstadtslums beängstigend schnell, wachsen Massenarbeitslosigkeit und Elend. Schlagender könnte der Beleg nicht sein daß die Richtlinien von Koran und Scharia kaum geeignet sind, um umfassende Lösungsanweisungen für Wirtschaftskrisen in unserer komplexen modernen Welt zu bieten (ebensowenig wie die Bibel oder sonst ein heiliges Buch). Dieser Schock hat das islamistische Regime einer ersten großen Zerreißprobe ausgesetzt und eine ideologische Neuorientierung provoziert. Es mußte den regierenden Geistlichen dämmern, daß sie ihr Reformkonzept zu ändern hatten, um die Wirtschaftskrise in den Griff zu bekommen, andernfalls würde wieder ein Aufstand enttäuschter Volksmassen ausbrechen – nun aber gegen die Fundamentalisten.

Das Regierungssystem des schiitischen Gottesstaates Iran war von Anfang an durch seine besondere Struktur krisenanfällig. Khomeini als der geistige Ahnvater dieses Modells hatte nämlich die Ansicht vertreten, ein wahrhaft islamischer Staat dürfe nur von Geistlichen regiert werden, denn allein Geistliche könnten den Koran richtig interpretieren und den Willen Gottes in politische Praxis umsetzen. Damit ging Khomeini einen entscheidenden Schritt weiter als alle sunnitischen Fundamentalisten. Jene wollten nur die Ulema in ihrer Funktion als religiöses Aufsichtsorgan stärken, keinesfalls jedoch diesem Gremium ranghoher geistlicher Rechtsgelehrter die Regierungsmacht überlassen. Khomeini geriet aber auch in Gegensatz zu etlichen prominenten Ayatollahs und prominenten Weggefährten der »Islamischen Revolution«, die ähnlich argumentierten wie die sunnitischen Fundamentalisten: Die Ulema solle nur die Machtfülle zurückbekommen, die sie unter dem säkularen Regime des Schah verloren habe; im übrigen sollten weltliche Politiker die Staatsgeschäfte betreiben, weil allein sie die nötige Sachkompetenz besäßen.

Khomeinis Doktrin hat sich im Iran durchgesetzt. Auch nach seinem Tod 1989 blieb die absolute Regierungsgewalt der Ulema bestehen. Je hilfloser jedoch die religiöse Führung auf die wachsenden wirtschaftlichen Probleme reagierte, desto mehr entwickelte sich innerhalb des Einparteiensystems eine eigene Gruppierung mit dem Vorsatz zu pragmatischen Reformen. Die Reformer standen allerdings vor der schwierigen Aufgabe, nicht nur den Fachleuten in Wirtschaft und Verwaltung größere geistige und politische Freiräume zuzugestehen – sondern sie mußten auch in immer neuen Anläufen die Bedenken der Ulema überwinden.

An die Spitze der konservativ beharrenden Ulema rückte nach Khomeinis Tod 1989 Ali Khamenei als Religionsführer. Zu einem Gegenpol entwickelte sich zunehmend das Amt des Staatspräsidenten, um dessen Person sich nach und nach der Reformflügel gruppierte. Der Staatspräsident als Leiter der vollziehenden Gewalt mußte zwar ebenfalls ein Geistlicher sein, aber im Unterschied zum Religionsführer wurde er vom Volk gewählt. Staatspräsident war von 1989 bis 1997 Ali Akbar Hashemi Rafsandjani, seit 1997 ist es Mohammed Khatami.

Rafsandjani leitete erste Reformen ein, indem er pragmatisch wendig Fachleute aus Wirtschaft und Verwaltung in mittlere Ränge der Regierung holte. Er bemühte sich außerdem, die vor dem Mullah-Regime geflohenen iranischen Techniker, Ärzte, Lehrer und Wissenschaftler ins Land zurückzuholen. Um diesen dringend benötigten Fachleuten die Heimat wieder attraktiv zu machen, mußte er nicht nur das von den Mullahs gegängelte Wirtschaftssystem liberalisieren, sondern auch das kulturelle Leben. Und an dieser doppelten Bürde scheiterte Rafsandjani. Weder konnte er die Wirtschaftskrise auf Dauer eindämmen noch über einen längeren Zeitraum ein freieres geistiges Klima schaffen. Zwar wurde unter seiner Regierung Mohammed Khatami im Amt des Kulturministers zum Hoffnungsträger für Intellektuelle und Künstler. Aber bereits 1992 gab Rafsandjani konservativem Druck nach und entließ Khatami wieder, weil dieser nach Ansicht der Radikal-Orthodoxen mit seiner Kulturpolitik die »islamischen« Prinzipien des »Gottesstaates« gefährdete.

1997 rückte dann ausgerechnet der entmachtete Kulturminister Khatami durch Volkswahl in das Amt des Staatspräsidenten nach – unterstützt nicht nur durch Intellektuelle, sondern vor allem auch von einer breiten Mehrheit der Jugend und der Frauen. Dagegen fiel der konservative Kandidat, den die religiöse Führung aufgestellt hatte, bei der Wahl durch.

Mit Mohammed Khatami erreichte ein anderer Typ von Islamist den inneren Machtkreis des Gottesstaates. Er vertrat Thesen, die nicht in unsere landläufige Vorstellung von Fundamentalismus passen – aber auch nicht den Intentionen der religiösen Führung unter Ali Khamenei entsprachen. Khatamis Reden und Aufsätze, von denen etliche auch in deutschen Zeitungen abgedruckt wurden, lassen aufhorchen.

»Die Geschichte des Menschen ist eine Geschichte des Wandels seiner Glaubensüberzeugungen und Ideen«, so waren am 26. September 1998 in der Frankfurter Allgemeinen Zeitung Gedanken von Khatami nachzulesen. »Alle Meinungsverschiedenheiten zwischen den Denkern [...] bezeugen, daß niemand beanspruchen kann, über die absolute Wahrheit zu verfügen. Welchen Islam meinen wir denn, wenn wir von *dem* Islam sprechen? Den Islam Abu Zarrs, den Islam Avicennas, den Islam Ghazalis oder Ibn Al Arabis, den Islam der Aschariten, der Mystiker, der Orthodoxie oder der Buchstabenfrommen? Sie alle bezeugen die Relativität der menschlichen Erkenntnis. [...] Keiner von uns, gleich welcher Doktrin er sich verbunden fühlt, stimmt heute im Denken und Handeln mit seinen Vorfahren überein. [...] Der Schaden entsteht erst dort, wo der Mensch seine Wahrnehmungen der Religion für die Religion an sich hält.«[4]

Die hier geäußerten Gedanken hoben sich in der Tat auffallend vom engen Weltbild des bei uns allgemein bekannten Fundamentalismus ab. Im Gegensatz zu radikal-orthodoxen Islamisten verwarf Khatami keinesfalls eine Reihe bedeutender Denker der islamischen Geistesgeschichte als »unislamisch«, nur weil jene in Konflikt mit der Orthodoxie geraten sind. Vielmehr billigte er etlichen der angefeindeten »Ketzer« große Bedeutung zu: so Avicenna, so Ibn Al Arabi.[5] Khatami bekannte sich ausdrücklich zu einer kulturellen Vielfalt des Islam, zu einem regen Dialog zwischen den Vertretern unterschiedlicher geistiger Positionen, denn nur so könne die islamische Revolution eine starke Kraft im Kampf gegen geistlosen Materialismus und Atheismus bleiben. In diesem Sinn propagierte er eine »islamische Demokratie« und ermunterte iranische Denker, Dichter und Künstler zur freien Meinungsäußerung, sofern sie die Grundprinzipien der »Islamischen Republik« nicht antasteten.

Khatamis Politik veränderte die Struktur des Gottesstaates Iran. Was schon in seiner Ära als Kulturminister begonnen hatte, gewann im Verlauf der folgenden Jahre eine Eigendynamik und zeigte, wieviel verborgene Energien im unterdrückten Geistesleben der Kulturnation Iran schlummerten. Ein religiöser Denker wie Abdol Karim Sorush erregte Aufmerksamkeit selbst bei Intellektuellen westlicher Industriestaaten. Iranische Literatur und Filme fanden plötzlich ein internationales Publikum, waren auf westlichen Kulturveranstaltungen präsent und wurden mit Auszeichnungen überhäuft – eine Entwicklung, wie sie unter dem Schah noch kaum vorstellbar war. Die meisten der nun berühmten Intellektuellen und Künstler hatten einst das Schah-Regime abgelehnt oder gar aktiv gekämpft, weil es ihnen als religiös gleichgültig, kulturell flach und sozial ungerecht erschien. Viele hatten ihre Hoffnung auf eine »islamische Revolution« gesetzt, ja manche sogar in naiver Verkennung der Sachlage die charismatische Führerfigur Khomeini verehrt. Aber wenn sich bald auch alle mehr oder weniger enttäuscht von der ideologischen Enge des Gottesstaates zeigten und wachsende Unterdrückung beklagten, bejahten viele doch weiterhin das Grundprinzip einer religiös-politischen Erneuerung. Nur wünschten sie teils noch viel entschiedener als ihr Gönner Khatami eine offene Diskussion über Fehlentwicklungen. Und dies genügte, um die Ulema erheblich zu provozieren.

Die religiöse Führung unter Ali Khamenei reagierte auf die Kritik von Intellektuellen und Künstlern gereizt und schließlich brutal. Khatami beteuerte zwar, er wolle mit seinen Reformen nur die Errungenschaften der Islamischen Republik von geistiger Erstarrung und Provinzialität bewahren. Aber aus der Sicht vieler radikalorthodoxer Islamisten geriet er mehr und mehr in den Verdacht, ein Abtrünniger zu sein.

Der Machtkampf zwischen der religiösen Führung und den Reformern nahm immer schärfere Formen an. Eine Reihe Reformpolitiker und liberal denkender Intellektueller mußte für Jahre ins Gefängnis, weil ihnen die Ulema »Verrat am Islam« oder gar »Abfall vom Glauben« vorwarf. Andere wurden durch Mitglieder des Geheimdienstes ermordet. Es trat die paradoxe Situation ein, daß in einem fundamentalistisch regierten Staat zwei Gruppierungen sich heftig zu bekämpfen begannen, die sich beide auf die Ideale der »Islamischen Revolution« beriefen – aber doch offensichtlich ganz verschiedene Vorstellungen von ihrer Verwirklichung hatten.[6]

Der iranische Islamismus als Bewegung hat sich damit gespalten und geht einer Zerreißprobe entgegen. Obwohl Khatami die Mehrheit des Volkes als demokratisch gewählter Präsident auf seiner Seite hat, bleibt das erdrückende Schwergewicht der Macht bei der religiösen Führung. Die Ulema hat das Militär hinter sich und könnte laut Verfassung jederzeit den Staatspräsidenten absetzen, falls dieser den »Weg des Islam« verlassen sollte. Gerade das zwingt Khatami zur Zurückhaltung und läßt viele der angestrebten Reformen schon in Ansätzen verebben. Als im Juli 1999 Studenten, Sympathisanten des Reformkurses, durch Massendemonstrationen in Großstädten gegen die einschnürenden religiösen Gesetze protestierten, lösten sie damit die schwersten Unruhen seit Bestehen der Islamischen Republik aus – das Militär schlug den Aufstand brutal nieder.

Die Situation bleibt explosiv. Nicht nur, daß inzwischen etliche Mullahs und Ayatollahs an den Schalthebeln der Macht genauso korrupt sind wie einst viele »säkulare« Politiker des Schah-Regimes. Hinzu kommt, daß weiterhin das soziale Elend wächst und die führenden Geistlichen nach wie vor keine wirksamen Rezepte zur Bekämpfung haben. Und so gewinnt im Iran erneut die Diskussion an Boden, ob es nicht besser sei, daß sich die Ulema aus der aktiven Politik zurückziehe und das Regieren wieder weltlichen Politikern mit detaillierten Kenntnissen in Wirtschaft und Verwaltung überlasse. Diese Kritik kann auch Khatami zur Gefahr werden. Zwar hat er beachtliche Popularität als Anwalt einer »islamischen Demokratie« gewonnen, aber die Wirtschaftskrise hat er nicht besser in den Griff bekommen als sein Vorgänger Rafsandjani.

Immer drohender werden die Anzeichen, daß der Gottesstaat Iran einer ähnlichen Explosion zusteuert wie einst das reformunfähige Regime der Pahlevi-Schahs. Das Mullah-Regime wird vom Volk zunehmend an jenen Ergebnissen gemessen, an denen einst der Schah gemessen wurde: Die Verheißungen für ein besseres, menschenwürdigeres Leben sind nicht eingelöst worden. Ein paar Jahrzehnte Macht schienen zu genügen, um zu zeigen, daß ein real existierender Gottesstaat im Grundsätzlichen vor den komplexen Herausforderungen einer modernen Gesellschaft kapitulieren muß. Inwieweit dann aber das Pendel zurückschlägt und vielleicht säkulare Tendenzen eine neue Chance erhalten, muß offen bleiben.

Möglicherweise wird der politische, auf Umsturz bedachte Islamismus keine größere Lebensdauer haben als der einst von uns so gefürchtete und doch so überraschend kurzlebige Sowjetkommunismus. Der Fundamentalismus – in welcher Kultur auch immer – scheint mir insgesamt nur eine Übergangserscheinung zu sein: eine unangemessene Antwort auf moderne Fehlentwicklungen. Das heißt jedoch nicht, daß mit seinem Niedergang die »Islamisierung« vieler Lebensbereiche – und damit die kritische Distanz gegenüber kulturellen Werten westlicher Industriestaaten – ein Ende haben muß. »Islamisierung« wird nur nicht mehr mit totalitärem Heilsanspruch gekoppelt sein, sondern sich darauf beschränken, das Unverwechselbare der eigenen Kultur gegenüber Einebnungstendenzen anderer Kulturen zu behaupten.

Eine solche Haltung kann sehr differenziert sein, ja vermag sogar eine Voraussetzung für einen echten Dialog zwischen unterschiedlichen Kulturen bilden. Dafür hat gerade Staatspräsident Khatami Maßstäbe gesetzt – er, der als bekennender Islamist mit dem real existierenden Gottesstaat Iran größte Schwierigkeiten hat. In der bereits erwähnten exemplarischen Abhandlung spricht er die geistige Herausforderung an, der die Muslime durch den »Westen« ausgesetzt sind, und kommt zu folgendem Befund: »Ich meine, daß die westliche Zivilisation eine kraftvolle Realität unserer Tage ist. Auch wenn der Westen für uns unangenehme politische Aspekte hat [...], so besteht der Westen nicht nur aus Politik und Wirtschaft. [...] Auf der einen Seite müssen wir vor den Unzulänglichkeiten des Westens auf der Hut sein, und auf der anderen Seite müssen wir seine Errungenschaften übernehmen. Beides ist möglich, wenn wir ein Stadium der geistigen und historischen Reife erreichen und die Kraft erlangen, zu erkennen und eine eigene Wahl zu treffen.«

Modellfall Afghanistan

Im September 1998 ließ der Gottesstaat Iran eine Viertelmillion Soldaten an der Westgrenze Afghanistans aufmarschieren. Die Drohung galt den 25 000 Soldaten, die auf der anderen Seite Stellung bezogen hatten – »Glaubenskrieger« des Gottesstaates der Taliban. Fast wäre es zum Krieg zwischen den beiden fundamentalistisch regierten Staaten gekommen, nachdem die Taliban ein Massaker unter pro-iranischen Afghanen angerichtet und bei dem Gemetzel auch noch neun iranische Diplomaten getötet hatten. Wie das? Hätte es nicht näher gelegen, daß die Regierungen sich gemäß ihrer antiwestlichen Ideologien verbrüdern und eine Abwehrfront gegen den »Westen« bilden? So zumindest müßten sich die Gottesstaaten nach unserer landläufigen Vorstellung verhalten. Aber wie sollte eine derartige Geschlossenheit selbstverständlich sein? Bereits die schweren innenpolitischen Konflikte im Iran haben ja gezeigt, daß es Fundamentalisten zeitweise nicht einmal gelingt, in den eigenen Reihen Einigkeit herzustellen.

Innenpolitisch noch heftiger zerstritten sind die Fundamentalisten in Afghanistan. Ihre unterschiedlichen Gruppierungen hatten nur kurzfristig nach dem Einmarsch der Sowjettruppen 1979 ein Bündnis gegen den »ungläubigen« Feind geschlossen, und damals hatten sie sich unter dem Namen »Mudschaheddin«, »Glaubenskrieger«, als Einheitsfront in unser Bewußtsein eingeprägt. Mit Hilfe der amerikanischen Regierung (die das Vordringen der Sowjetunion im zentralasiatischen Raum stoppen wollte) konnten die Mudschaheddin zwar 1988 den Abzug der sowjetischen Soldaten erzwingen und 1991 das pro-sowjetische Regime in Kabul besiegen, aber dann war es mit der Geschlossenheit der vielfältigen Kampfgemeinschaft auch schon wieder vorbei. Als der gemeinsame Feind fehlte, dominierten bei den afghanischen Stämmen plötzlich wieder die früheren konfessionellen und ethnischen Gegensätze von Sunniten und Schiiten, von Paschtunen, Usbeken, Tadschiken. Entsprechend waren die fundamentalistischen Gruppierungen aufgesplittert, und bald tobte der Krieg zwischen ihnen ebenso heftig – nun zerstritten über die Frage, welcher Stamm und welche Konfession in einem »islamischen Staat« die Vorherrschaft ausüben sollte. Als dann die Milizen der Taliban von 1994 bis 1996 mit intensiver Unterstützung durch das benachbarte Pakistan (und anfangs auch der USA) nahezu vier Fünftel von Afghanistan unterworfen hatten, konnte ihr Gottesstaat nur eine brutale Zwangsherrschaft über ein religiös wie ethnisch zerrissenes Gebiet bedeuten. Von Anfang an war das Regime instabil, so daß die unterdrückten Gegner nur darauf warteten, ihre Freiheit zurückzugewinnen – und dann wieder in bisheriger Stammesrivalität gegeneinander zu kämpfen.

»Taliban« heißt Schüler, im übertragenen Sinn Koranschüler. Diese Bewegung hatte sich aus einem Stamm der Paschtunen gebildet, die mit ihrer Bevölkerung rund 60 Prozent der Afghanen ausmachen. Die Taliban vertreten unter den fundamentalistischen Gruppierungen eine besonders radikale Form sunnitischer Rechtgläubigkeit. Ihre Intoleranz richtet sich vor allem gegen Schiiten, so auch gegen den schiitischen Gottesstaat Iran. Ihre Abneigung demonstrieren sie jedoch fast ebenso heftig gegen gemäßigte Sunniten und letztlich gegen alle Nicht-Paschtunen.

Die eigentlichen Ursachen für die Feindschaft zwischen beiden Gottesstaaten liegen aber tiefer, sie gründen nicht nur auf dem konfessionellen Gegensatz von Schiiten und Sunniten, nicht nur auf dem ethnischen Gegensatz von Iranern und Paschtunen. Verschärfend kommt hinzu, daß die iranischen Mullahs und die Geistlichen der Taliban ein sehr unterschiedliches Zivilisationsniveau im Hintergrund haben – was erheblich ihre jeweilige Auffassung von Religion und Politik beeinflußt.

Im Iran hat es bereits unter den Schahs der Pahlevi-Dynastie einen beträchtlichen Modernisierungsschub gegeben, wenngleich er nur einer schmalen Oberschicht zugute kam. Aber auf dieser Basis konnte das Mullah-Regime das Bildungswesen beträchtlich verbessern. Waren zu Beginn der Islamischen Republik 1979 noch 63 Prozent der Iraner Analphabeten, so ist ihre Rate an der Wende zum 21. Jahrhundert auf 28 Prozent gesunken – der Iran hat sich mit diesem Ergebnis ins Spitzenfeld der islamischen Länder geschoben; nur noch der Libanon, Jordanien und die Türkei haben eine bessere Alphabetisierung vorzuweisen. Geradezu umgekehrt Afghanistan: Auch noch im Jahr 2001 beträgt die Rate der Schreib- und Leseunkundigen 68 Prozent, das Land rangiert also nach wie vor am unteren Rand der Skala. Selbst viele Mitglieder der Taliban, die sich gemäß ihres Namens als »Koranschüler« verstehen, können weder lesen noch schreiben; ihre Korankenntnisse verdanken sie nur einem oberflächlichen mündlichen Unterricht. Entsprechend vage nur kann ihre Vorstellung eines »reinen Islam« am Koran orientiert sein, und nur gar zu rasch neigen sie dazu, die über Jahrhunderte konservierten und erstarrten Stammestraditionen mit den Idealen einer »ursprünglich islamischen« Gesellschaft gleichzusetzen.

Voller Unverständnis müssen daher die meisten Ideologen des Taliban-Gottesstaates die Vorgänge im benachbarten Gottesstaat Iran beobachten. Ihnen erscheint es bereits als schwerer Verstoß gegen den Willen Gottes, daß Frauen im Iran höhere Schulen besuchen, sogar akademische Berufe ausüben, das Wahlrecht besitzen, ja, manche Frauen darüber hinaus als Abgeordnete in das Parlament gewählt worden sind und politische Funktionen ausüben. Nicht minder irritieren muß die Taliban, daß unter der Herrschaft iranischer Mullahs Film und Fernsehen nicht als Teufelswerk verdammt sind, sondern eine große Rolle spielen.

Unter dem Regime der Taliban wurden Gesetze eingeführt, wie sie selbst in vielen anderen extrem traditionalistischen Staaten nicht mehr praktiziert werden. Entsprechend stößt das Rechtswesen der Taliban bei vielen Gläubigen quer durch die islamische Welt auf Unverständnis, ja, ranghöchste sunnitische wie schiitische Geistliche lehnen viele der Verordnungen strikt als »irregeleitet« ab – so die Korangelehrten der Al-Azhar-Universität in Kairo, der wichtigsten Lehrautorität der Sunniten, so die Ayatollahs in Ghom, dem geistigen Zentrum der iranischen Schiiten. Bei den Taliban wird ein Muslim mit dem Tod bestraft, wenn er zu einem anderen Glauben übertritt. Mit dem Tod bedroht sind auch Christen, sofern sie in den Verdacht geraten, Muslime zum Glaubensabfall zu bewegen. Zusätzliche Verbote wurden besonders für Frauen erlassen. Frauen sind wieder in die Totalverschleierung gezwungen, so daß selbst die Augen hinter einem Gazevorhang verborgen sind. Außerdem ist ihnen das Wahlrecht, der Besuch höherer Schulen und die Berufstätigkeit rigoros entzogen. Männer sind zur Barttracht wie zur traditionellen Kleidung, etwa Turban und Pluderhose, verpflichtet. Westliche Kleidung ist ebenso strikt verboten wie Kino, Fernsehen und Musikkassetten. Das Land ist auf archaische Verhältnisse festgelegt, wie ich sie 1964 bei meiner Reise durch Afghanistan ohnehin noch durchweg angetroffen habe. Damals war das Land noch kaum von westlichem Einfluß berührt gewesen.

Die Taliban versuchten also nur, das Rad der Geschichte um vier Jahrzehnte zurückzudrehen – nicht auf den »ursprünglichen Islam«, wie sie selbst vorgeben, sondern auf eine vorindustrielle, feudalistisch zutiefst erstarrte Lebensform. Mit ihrem Widerstand sogar gegen jede oberflächliche Modernisierung steht das Taliban-Regime unter fundamentalistischen Bewegungen einzigartig da. Nur was Autos und Waffentechnik betrifft, sind die »Glaubenskrieger« für moderne Errungenschaften aufgeschlossen. Das ist kein Zufall, schließlich haben sie mit schnell beweglichen Fahrzeugen und hochentwickelten Waffen (teils amerikanischer Lieferungen) einen Großteil Afghanistans erobert.

Mit moderner Waffentechnik vollzogen die Taliban dann auch ein Zerstörungswerk, das ihr Regime in einer neuen Variante des religiösen Fanatismus präsentierte: Im März 2001 vernichteten Soldaten der Taliban mit Panzern und Raketen die weltberühmten Buddha-Statuen von Bamiyan. Es waren Monumentalstatuen, die im 4. und 5. Jahrhundert unserer Zeitrechnung aus der Felswand eines afghanischen Hochtals gemeißelt worden sind und zusammen mit prachtvollen Klöstern ein Zentrum buddhistischer Religiosität gebildet haben, einst vielbesucht von Reisenden der legendären Seidenstraße. Mit 55 und 38 Metern Höhe sind die beiden Buddha-

Statuen die größten der Welt gewesen, ein einmaliges multikulturelles Ensemble mit indischen, griechischen und chinesischen Einflüssen und als solche Kostbarkeit von der UNESCO zum Weltkulturerbe erklärt. Das geistliche Oberhaupt der Taliban hatte die Zerstörung mit dem Argument begründet, die Götzen könnten von Irregeleiteten wieder angebetet werden.

Indem die Taliban die Buddha-Statuen von Bamiyan vernichteten, konnten sie sich allerdings auf weit zurückreichende Traditionen berufen. Schon im Jahr 871 hatten muslimische Eroberer, kaum nachdem sie im Tal von Bamiyan eingerückt waren, den Buddhas die Gesichter zerschlagen und die Klöster zerstört. Und noch fast ein Jahrtausend später hatten muslimische Truppen die Statuen als Übungszielscheibe für ihre Geschütze benützt. Muslime ließen in diesem Fall nicht jene Toleranz walten wie gegen sakrale Stätten der Christen, Juden und Zarathustrier. Denn während sie Kirchen, Synagogen und zarathustrische Feuertempel als Verehrungsstätten des »einen« Gottes ansahen und daher schonten, erschienen ihnen die Kultstätten von Buddhisten wie auch von Hindus als Tempel der »Vielgötterei«, deren Statuen als »Götzen«. Religiöser Respekt mußte in diesem Fall nicht bezeugt werden, im Gegenteil, gnadenlose Vernichtung schien angemessen. Entsprechend haben Muslime überall im buddhistischen wie auch hinduistischen Kulturkreis gewütet (ich werde darauf ausführlich im Kapitel »Muslimische Intoleranz gegen den Hinduismus« zurückkommen). Das vorislamische Afghanistan war aus der Sicht orthodoxer Muslime eine solche »heidnische« Region. Nur fehlten den Machthabern früherer Jahrhunderte die hochentwickelten Waffen, mit denen sich derart mächtige Statuen wie die von Bamiyan bis auf den letzten Rest zerstören ließen, und so zogen es die Fanatiker früherer Generationen vor, die »tote« Vergangenheit des »Götzenkults« zu ignorieren. Aus diesem Grund nur haben die Buddha-Statuen mit ohnehin zerschlagenen Gesichtern so lange überdauert.

»Barbarei«, »Vandalismus« … Daß die westliche Welt einhellig mit Empörung, ja Entsetzen reagierte, ist verständlich angesichts unseres eigenen kulturellen Hintergrunds. Zwar finden sich auch in der christlichen Vergangenheit derartige Exzesse – angefangen von der Zerstörung »heidnischer« Tempel der Antike bis hin zur Bilderstürmerei protestantischer Fanatiker in katholischen Kirchen. Aber spätestens während des 18. und 19. Jahrhunderts hat sich bei uns in Europa die Haltung durchgesetzt, die Zeugnisse fremder Religionen als »Kultur« und »Kunst« zu schätzen, ja mehr noch, die Überreste untergegangener Kulturen museal sorgfältig zu konservieren.

Überraschen muß uns eher, daß auch viele islamische Staaten auf den Zerstörungsakt der Taliban ablehnend reagierten. So besonders Ägypten, Marokko, Tunesien, die Türkei, Indonesien. Aber diese Staaten besitzen eine westlich beeinflußte Bildungsschicht, und sie betrachtet seit mehr als einem Jahrhundert Tempelruinen und Bildnisse vorislamischer Kulturen als Teil der eigenen Geschichte, restauriert sie museal und erschließt sie gewinnbringend dem Tourismus. Doch selbst in Pakistan, dessen Regierung etliche Jahre politisch enge Kontakte mit dem Taliban-Regime pflegte, gab es Kritik an der Zerstörung der Buddha-Statuen. Zwar sympathisiert ein beträchtlicher Teil des ungebildeten und sehr armen Volkes (rund 50 Prozent der Pakistani sind Analphabeten) mit dem rigorosen Islamismus im Nachbarstaat Afghanistan. Aber zumindest die schmale Bildungsschicht sieht buddhistische Ruinenstätten und Skulpturen als »kulturelles Erbe« an, dies schon seit der britischen Kolonialzeit. Schließlich hat Gandhara, eine Landschaft im Grenzgebiet von Pakistan und Afghanistan, den weltberühmten Namen für eine griechisch beeinflußte Kunstrichtung des Buddhismus (die ersten Buddha-Figuren überhaupt) gegeben.

Auch das iranische Mullah-Regime reagierte ablehnend auf den Zerstörungsakt in Afghanistan. Dabei wäre es dort im ersten Jahr der Islamischen Republik beinahe zu einer ähnlichen Barbarei wie bei den Taliban gekommen. Radikale Aktivisten hatten versucht, mit Bulldozern die weltberühmten altpersischen Ruinen von Persepolis zu zerstören, die sie als »heidnisch« ansahen. Aber ihnen waren damals Einheimische mit Gewehren entgegengetreten und hatten sie vertrieben. Es war bei diesem einen Versuch geblieben. Die radikal-islamische Regierung unter Khomeini stand nicht hinter der Aktion, denn auch strikt orthodoxe Muslime können die Ruinen von Persepolis als Zeugnis der zarathustrischen Kultur – geistig verwandt mit dem Islam – verstehen, selbst wenn viele der Bildnisse dort »heidnische« Elemente aufweisen.

Wie schroff der Kontrast zwischen dem iranischen und afghanischen Gottesstaat kulturell eigentlich ist, empfand ich besonders an jenem 1. März 2001, als die Nachricht über die Zerstörung der

Buddha-Statuen von Bamiyan um die Welt ging. Zur gleichen Zeit fand im Kunsthistorischen Museum von Wien eine großangelegte Ausstellung mit Leihgaben aus dem Nationalmuseum von Teheran statt: »7000 Jahre persische Kunst« (eine Wanderausstellung mit späterer Präsentation in anderen europäischen Städten). Gezeigt wurden kostbare Objekte überwiegend aus vorislamischer Zeit: nicht nur Gefäße und Ritualgeräte aus altiranischen Fürstenhöfen, nicht nur Statuen und Bildnisse altpersischer Gottkönige, nicht nur Standbilder der altpersischen Zarathustra-Religion, sondern auch Bildnisse »heidnischer« Gottheiten aus einer Zeit, lange bevor Zarathustra im Iran gepredigt hatte.

Modellfall Türkei

Im Dezember 1995 geschah in der Türkei das bisher Undenkbare: Bei den Parlamentswahlen wurde die fundamentalistische »Refah-Partisi« (»Wohlfahrtspartei«) stärkste Partei des Landes. Mehr noch, ihr Führer Necmettin Erbakan wurde im Juni des folgenden Jahres Ministerpräsident, und damit regierte zum ersten Mal seit der Gründung der Republik Türkei vor sieben Jahrzehnten ein Islamist das Land.

Der Fundamentalismus hat also auch in der Türkei zu einer wichtigen politischen Kraft werden können – ausgerechnet dort, wo sich die säkulare und laizistische Staatsidee innerhalb der islamischen Welt am frühesten und nachhaltigsten entfaltete. Erschüttert ist die lang gehegte Vorstellung, daß die Türkei mehr als andere islamische Staaten ein Bollwerk gegen die sogenannte »Islamisierung« bilden könnte. Wie aber hat es gerade in der Republik Atatürks zu eine derartigen Entwicklung kommen können?

Der politische Vormarsch muslimischer Fundamentalisten in der Türkei ist – wie in allen islamischen Staaten – mit der Krise des etablierten Parteiensystems verknüpft. Auf türkische Verhältnisse bezogen bedeutet das vor allem die Krise jenes strikt laizistischen Modells, das Atatürk geschaffen hat.

Die Krise hat einen kulturell-religiösen und einen sozialen Aspekt. Atatürks Reformen waren ja, wie ich in anderen Zusammenhängen schon erörterte, derart radikal, daß die Mehrheit der traditionell lebenden Bevölkerung zutiefst verunsichert sein mußte. Die Tradition ist durch die Regierenden total in Frage gestellt worden, ohne daß es den Politikern gelingen konnte, einen nachhaltigen Dialog zwischen einer westlich orientierten Bildungsschicht und traditionell orientierten Gläubigen herzustellen. Zum andern haben die Reformer eine Reihe ihrer Fortschrittsversprechungen nicht einlösen können. Wenn auch die Türkei seit den siebziger und achtziger Jahren immer wieder beachtliche Wachstumsraten ihrer Industrie aufweisen kann, so ist der steigende Lebensstandard nur einem Teil der Bevölkerung zugute gekommen. Viele Regionen besonders im Osten der Türkei sind extrem vernachlässigt geblieben. Ein Fortschritt nach westlichem Vorbild hat Vorteile vor allem für jene gebracht, die ohnehin ökonomisch begünstigt sind. Und je mehr sich die Kluft zwischen den sozial Begünstigten und sozial Benachteiligten vergrößerte, desto mehr wuchsen die Ressentiments der letzteren gegen die Reformer. Und desto mehr gedieh die Sehnsucht nach eine (idealisierten) Vergangenheit, in der die Tradition noch Halt gegeben hat. Gerade derartige Gefühle religiöser wie sozialer Entwurzelung bilden ja den typischen Nährboden für den islamischen Fundamentalismus.

Die Symptome eines kulturell-religiösen Defizits waren in der Türkei schon Mitte des 20. Jahrhunderts auffällig zutage getreten. Nachdem Atatürks Nachfolger Ismet Inönü 1945 ein demokratisches Mehrparteiensystem eingeführt hatte, waren sofort oppositionelle Parteien mit Kritik am strikten Laizismus Atatürks entstanden. Und als 1950 die oppositionelle »Demokratische Volkspartei« die Wahlen gegen Atatürks »Republikanische Volkspartei« gewonnen hatte, machte die neue Regierung ihr Versprechen wahr, den Islam als Religion und Kultur öffentlich wieder mehr zur Geltung zu bringen. Seit Anfang der fünfziger Jahre darf der Ruf zum Gebet wieder fünfmal täglich vom Minarett erschallen – und zwar in arabischer Sprache, der Sprache des Koran, wie es orthodoxe Muslime forderten, und nicht auf türkisch, wie es die bisherige Regierung nur hatte zulassen wollen. Nun war auch Religionsunterricht an Schulen zugelassen (allerdings nicht als Pflichtfach, dies kam erst während der achtziger Jahre), ebenso konnten Koranschulen jetzt neben öffentlichen Schulen betrieben werden, erlaubt waren jetzt auch Koranlesungen im Rundfunk.

Diese Reformen standen aber nicht unter dem Motto »Zurück zum Islam«, bedeuteten also keine »Re-Islamisierung« eines religiös gleichgültig gewordenen Volkes, denn im Bewußtsein breiter Bevölkerungsschichten hatte der Islam nie an Bedeutung verloren. Die Religion sollte nur wieder stärkeres Gewicht im öffentlichen Leben bekommen, ohne daß die verschiedenen Parteien das laizistische Prinzip – die strikte Trennung von Religion und Politik – grundsätzlich in Frage stellten.

Eine derartige Entwicklung hatte noch wenig mit dem Aufkeimen eines islamischen Fundamentalismus zu tun. Dies wurde erst anders, als Necmettin Erbakan Anfang der siebziger Jahre die politische Bühne betrat und eine Partei mit islamistischer Ideologie gründete. Bei den Wahlen von 1973 erntete seine »Nationale Heilspartei« auf Anhieb 11,8 Prozent der Stimmen. Als diese Partei 1980 auf Druck des Militärs wegen »verfassungsfeindlicher« Tendenzen verboten wurde, gründete Erbakan 1983 eine neue Partei unter dem Namen »Refah-Partisi«, »Wohlfahrtspartei«. Diese Partei sollte dann bei ständig wachsender Popularität schließlich 1995 zur stärksten politischen Kraft des Landes werden.

Was unterscheidet Erbakans Programm grundsätzlich von den pro-islamischen Absichtserklärungen der bisherigen Parteien? An welchem Punkt überschritt Erkaban eine Tabugrenze?

Erbakan forderte, die Trennung religiöser und politischer Institutionen müsse grundsätzlich aufgehoben werden, die Scharia sei wieder einzuführen, und ein Gremium geistlicher Rechtsgelehrter solle wieder wie einst zur Osmanenzeit alle Entscheidungen der Politiker kontrollieren. Ein solches Programm bedeutete eine eindeutige Absage an das laizistische Modell, es konnte nach geltendem türkischem Recht nur als »verfassungsfeindlich« eingestuft werden.

Erbakan rückte mit derartigen Parolen (die er aus taktischen Gründen nur selten unverhüllt äußerte) in die Nähe arabischer Islamisten. Trotzdem weist sein Programm gegenüber arabischen Positionen beträchtliche Unterschiede auf – eben weil die Rahmenbedingungen im türkischen Kulturraum völlig anders sind.

Zunächst die Gemeinsamkeiten.

Gemeinsam ist allen islamistischen Bewegungen, daß sie den Niedergang der einzelnen islamischen Staaten nicht auf die Strukturkrisen in der eigenen Gesellschaft zurückführen – sondern auf die »Verwestlichung«. Die Muslime hätten sich dazu verleiten lassen, Elemente westlicher Philosophie und Gesellschaft zu übernehmen. Und besonders verhängnisvoll sei in diesem Zusammenhang gewesen, daß eine Reihe Politiker angefangen hätten, die Bereiche von Religion und Politik völlig zu trennen.

Aus dem Westen wollen die Islamisten zwar die technischen Errungenschaften übernehmen, keinesfalls jedoch irgendwelche Anregungen aus der Philosophie und staatlicher Organisation. Daher bedeutet es keinen Widerspruch, daß gerade viele der führenden Islamisten technische Berufe ausüben und teilweise auch das westliche Ausland aus eigener Erfahrung kennen. Erbakan zum Beispiel ist Maschinenbauingenieur, studiert hat er in Aachen und längere Zeit in Köln gearbeitet, außerdem war er 1973 in einer türkischen Koalitionsregierung Industrieminister. »Mit Koran und Computer in die Zukunft« ist eine gängige Losung auch bei Islamisten.

»Zurück zum ursprünglichen Islam!« Diese Parole gilt für alle Islamisten. Aber beträchtliche Unterschiede zeigen sich bei der Frage, auf welche Epoche denn die Ideologen ihre Idealvorstellungen projizieren. Die meisten Islamisten arabischer Länder und des Iran fordern die Rückbesinnung auf jene Gesellschaftsform, wie sie in den ersten vier Jahrzehnten des Islam, von Mohammed bis Kalif Ali, bestanden hat. Jede spätere Entwicklung bedeutet aus ihrer Sicht nur noch Fehlentwicklung, nur noch Abwendung vom ursprünglichen Islam. Sie verurteilen damit selbst schon die kulturelle Glanzzeit des Kalifats von Bagdad als eine Epoche des Niedergangs, erst recht das Sultanat der Osmanen.

Anders die meisten türkischen Islamisten. Sie möchten die sozialreligiöse Struktur gerade des Osmanenreiches (zumindest in Grundzügen) wiederherstellen. Sie bleiben damit betont innerhalb der türkischen Tradition. Auch verzichten sie ausdrücklich darauf, einen gewaltsamen Umsturz und die Diktatur eines islamischen Gottesstaates anzustreben. Sie bekennen sich dazu, ihre Ziele auf demokratischem Weg durchzusetzen und die Entscheidung der Wähler zu respektieren.

Eine abweichende Position nehmen nur etliche kleinere türkische Gruppierungen ein, auf die ich wegen der gebotenen Kürze nicht in Einzelheiten eingehen kann. Sie propagieren die Diktatur eines Gottesstaates, sie wollen die Türkei in eine »Islamische Republik« umwandeln. Da diese Gruppierungen alle in ihrem Herkunftsland verboten sind, entfalten sie ihre Aktivitäten hauptsächlich in Deutschland unter Gastarbeitern, denn hier müssen sie nicht die Verfolgung durch türkische Behörden fürchten. Zu erwähnen wäre besonders der »Verband der islamischen Vereine«. Ihr Führer war Cemalettin Kaplan, ein extremer Prediger, der bis zu seinem Tod 1995 immer wieder für Schlagzeilen sorgte, indem er den Sturz der »gottlosen türkischen Republik« forderte; seine muslimischen Gegner haben ihn spöttisch den »Khomeini von Köln« genannt. Sein Sohn und Nachfolger Metin Kaplan hat einen ähnlich zweifelhaften Ruf, ja, ist wegen Auftragsmords an einem Rivalen durch ein deutsches Gericht verurteilt worden. Aber repräsentativ sind solche Gruppierungen nicht einmal für die türkischen Islamisten, geschweige denn für die Mehrheit der gläubigen Muslime.

Nachhaltiger Erfolg blieb nur der islamistischen Refah-Partei des Necmettin Erbakan beschieden. Ihren großen Zuwachs an Wählerstimmen erhielt sie in den achtziger und neunziger Jahren – zu eine Zeit großer sozialer und kultureller Umbrüche. Damals hatte bei den Bauern Anatoliens eine bis dahin nicht gekannte Landflucht eingesetzt. Im Zeitraum von 1970 bis 2000 war der Anteil der Stadtbewohner von 30 Prozent auf nahezu 70 Prozent gestiegen, waren viele der industriell entwickelten Großstädte um das Drei- bis Vierfache ihrer Einwohnerzahl gewachsen. Mit problematischen Folgen. Fast die Hälfte der Zuwanderer lebt in Slums, in sogenannten Gecekondus, viele von ihnen ohne Hoffnung, jemals einen gesicherten Arbeitsplatz zu bekommen, sie vegetieren als Gelegenheitsarbeiter. Der größte Teil der Zuwanderer konzentriert sich auf die aus allen Nähten platzenden Ballungsräume von Istanbul, Izmir, Ankara. Besonders kraß ist die Entwicklung in Istanbul: 1970 hatten dort rund 3 Millionen Menschen gelebt, aber 30 Jahre später sind es rund 12 Millionen.

Viele der Slumbewohner sind sozial wie ideell völlig entwurzelt. Und vor allem diese Entwurzelten sind anfällig für die Parole: Zurück zur ursprünglichen islamischen Gesellschaft. Erst wenn die Politiker sich wieder voll und ganz an den Grundsätzen von Koran und Scharia orientieren würden, könne ein Ausweg aus der sozialen Krise gefunden werden. Ein Fortschritt nach westlichem Vorbild müsse, weil nicht von Gott geleitet, nach einer kurzen Scheinblüte in den Niedergang führen.

Es ist kein Zufall, daß die Islamisten der Refah-Partei ihre ersten

Massenerfolge in den Großstadtslums ernteten. Aber was ihre Erfolge stabilisierte: Den religiösen Parolen ließen die islamischen Aktivisten soziales Engagement folgen. Seit den achtziger Jahren organisierten Politiker der Refah-Partei Suppenküchen für sozial Bedürftige, private Hilfsdienste im Krankheitsfall, Arbeitsvermittlung, finanzielle Beihilfen für Schüler aus ärmeren Familien, kostenlose Wasserbenutzung. Genau an solchen Maßnahmen fehlt es nach wie vor bei den etablierten Parteien der Türkei; diese haben sich im Verlauf der Jahrzehnte zunehmend nur noch um die Erhaltung ihrer eigenen Pfründen gekümmert und kaum Strategien für eine wirksame Sozialpolitik entwickelt. Bezeichnend war es, daß nach dem schweren Erdbeben im August 1999 die Regierungsparteien anfangs sehr passiv blieben. Bei der Bevölkerung löste dies große Empörung aus. Geholfen haben vor allem ausländische Organisationen – und an zweiter Stelle private Hilfsdienste der Islamisten. Desto mehr wirkt dann bei sozial Enttäuschten die islamistische Parole: Man solle auf der Grundlage von Koran und Scharia einen echten Wohlfahrtsstaat schaffen, denn die unislamisch-säkularen Politiker seien dazu nicht in der Lage, seien viel zu korrupt. Der Name »Wohlfahrtspartei« war von Erbakan absichtsvoll in Hinblick auf Notleidende gewählt worden.

Was aber hindert die Islamisten daran, in der Türkei auf längere Zeit zu regieren?

Auf den ersten Blick bildet die drückende Macht des Militärs die hauptsächliche Barriere für einen weiteren Aufstieg der Islamisten. Nichts geschieht in der Türkei ohne Zustimmung der Generäle, und dies engt das demokratische System erheblich ein. Die Generäle als »Wächter« der laizistischen Verfassung zwangen 1997 den demokratisch gewählten Ministerpräsidenten Erbakan nach nur einjähriger Amtszeit zum Rücktritt – mit der Begründung, er gefährde mit seiner Politik das Erbe Atatürks. Im Januar 1998 verbot das Verfassungsgericht auf Druck des Militärs außerdem die Refah-Partei als »verfassungsfeindlich«.

Solche Vorgänge erinnern an Algerien. Aber es gibt einen wesentlichen Unterschied: Anders als die algerischen Islamisten haben sich die türkischen Islamisten dem Druck des Militärs gebeugt, sie versuchten keinen Bürgerkrieg aus dem Untergrund heraus zu organisieren. Statt dessen gingen sie daran, eine neue Partei mit dem Namen »Tugendpartei« zu gründen. Und als diese Partei im

Juni 2001 wiederum auf Druck des Militärs verboten wurde, gründeten die Islamisten unter dem arabischen Namen »Saadet« (»Glückseligkeit«) ein weiteres Mal eine Partei – und wieder mit dem offiziellen Bekenntnis, die Prinzipien eines säkularen, laizistischen Staates zu respektieren. Dies war die einzige Möglichkeit, einem neuen Verbot vorzubeugen.

Sehen wir uns das Kräfteverhältnis unter den einzelnen demokratisch gewählten Parteien in der Türkei näher an, dann verstehen wir, daß den Islamisten bei nüchternem Abwägen gar nichts anderes übrig bleibt, als sich dem Druck der Verfassungsrichter und des Militärs zu beugen. Denn sie besitzen weit weniger als die Islamisten in vielen anderen Ländern eine Massenbasis; jede Provokation zur Gewalt würde ihre Existenz massiv gefährden. Selbst zur Zeit ihrer größten Wahltriumphe waren die Islamisten weit davon entfernt, etwa wie in Algerien über die Hälfte der Wähler um sich zu scharen. Als die Refah-Partei 1995 die stärkste politische Kraft der Türkei geworden war, konnte sie gerade 21,8 Prozent der Stimmen auf sich vereinen. Ihr Vorsprung gegenüber zwei konkurrierenden säkularen Parteien war nur äußerst knapp: diese folgten mit 19,6 und 19,1 Prozent. Aber schon bei den Parlamentswahlen von 1999 konnte die »Demokratische Linkspartei«, eine sozialdemokratische Partei in großer ideologischer Nähe zu Atatürk, mit 22 Prozent der Wählerstimmen wieder die Führung übernehmen.[7] Die türkische Gesellschaft ist viel zu sehr in zahlreiche unterschiedliche Gruppierungen aufgefächert, als daß es den Islamisten auch nur im Ansatz gelingen könnte, eine religiös-politische Staatsordnung mit der Scharia als Grundlage durchzusetzen.

Das hauptsächliche Problem, mit dem die Türkei während der folgenden Jahrzehnte zu kämpfen hat, ist also keineswegs der vielbeschworene »Fundamentalismus«. Deutlicher noch als die Jahre zuvor schiebt sich an der Wende zum 21. Jahrhundert wieder die soziale Problematik in den Vordergrund: die immer größer werdende Kluft zwischen reich und arm, zwischen entwickelten und unterentwickelten Regionen. Die Islamisten können ihrem schwindenden Einfluß nur gegensteuern, indem sie noch mehr als bisher Sozialprogramme entwickeln und religiöse Parolen in den Hintergrund rücken. Aber gerade dann integrieren sie sich als politische Kraft in den *säkularen* Staat.

Muslimische Zuwanderer in Europa – eine Gefahr?

Angst vor »Überfremdung«

Tolerant? Nein, die Deutschen seien überhaupt nicht tolerant, antwortete mir ein Türke während eines Gesprächs in München. Es bedeute noch lange keine Gleichberechtigung, wenn man den Muslimen erlaube, in Deutschland Moscheen zu bauen. Warum dürfe denn vom Minarett noch immer kein Muezzin über Lautsprecher zum Gebet rufen? Dies bleibe weiterhin verboten, dabei dürften doch die Kirchenglocken läuten. Ihm komme es so vor, als sei es den Deutschen am liebsten, wenn sich die Muslime zum gemeinsamen Gebet weiterhin in ganz normalen Wohnhäusern, möglichst in sehr abgewohnten Häusern, verstecken …

Eine affektgeladene Äußerung aus dem Jahr 1986. Da sie mich betroffen machte, habe ich sie mehrmals weitererzählt. Aber die Antworten von Deutschen und Österreichern mußten mich erst recht betroffen machen. Außerhalb meines Freundeskreises zielten die meisten Reaktionen in dieselbe Richtung: Ob denn die Gastarbeiter nicht schon genügend Rechte hätten? Was »die« denn *noch* wollten? Warum »die ihren Islam« so auffällig demonstrieren müßten, das könnten »die« doch in der Türkei selber tun …

In Wien habe ich eine besonders beziehungsreiche Anspielung zu hören bekommen. Den Türken sei zwar 1683 die Belagerung von Wien mißlungen, nun aber würden sie mit ihren Gastarbeitern ganz friedlich zuwege bringen, das Abendland »zu überrollen« und »umzukrempeln«. Bei diesem Vorhaben würden »die« auch noch von »unserer« Toleranz profitieren …

In der Bundesrepublik scheinen derartige Befürchtungen am weitesten gediehen. Und dort sind entsprechende Ängste auch schon von Politikern demagogisch aufgegriffen worden. Mir fällt in diesem Zusammenhang an vorderster Stelle jene immer wieder zitierte Äußerung des CSU-Politikers Carl-Dieter Spranger ein, die er 1983 als Staatssekretär des Innenministeriums von sich gab:

»Wir müssen die berechtigten Sorgen der deutschen Bevölkerung ernst nehmen. Dies gilt vor allem für die Menschen, die sich um ihre eigene Identität sorgen, weil sie fürchten, im eigenen Land zur Minderheit zu werden.«[1] Nimmt man eine solche Formulierung beim Wort, dann kann man sich nur wundern. Denn die »Sorge« entzündete sich an 1,5 Millionen türkischen Gastarbeitern und weiteren 200 000 muslimischen Arbeitnehmern aus Jugoslawien, Marokko und Tunesien – eine geringe Zahl angesichts einer Bevölkerung von damals 62 Millionen Westdeutschen. An der Wende zum 21. Jahrhundert sind es etwa 3,3 Millionen türkischstämmige Zuwanderer, nun im vereinigten Deutschland angesichts einer Einwohnerzahl von 82 Millionen. Unter welchen Umständen könnte sich hier das Minderheitsverhältnis umkehren? Anscheinend dadurch, daß diese »Fremden« uns mit immer neuen Einwanderungswellen »überfluten« und, kaum einmal »seßhaft«, sich »vermehren wie die Kaninchen«?

Solche Befürchtungen greifen naturgemäß Politiker auf, die entweder von einem stark nationalistischen Affekt oder von einem traditionell-kirchlichen Kulturbegriff oder von beidem geprägt sind. So kann auch jene Äußerung, wie sie 1988 im Entwurf zu einem neuen – einschränkenden – Ausländerrecht auftauchte, nur vom rechten Flügel einer konservativen Partei kommen; es ist dort von seiten des CDU/CSU-Innenministeriums formuliert: Die dauerhafte Anwesenheit von Ausländern beziehungsweise Gastarbeitern in der Bundesrepublik Deutschland gefährde »die Homogenität der Gesellschaft, […] die gemeinsame deutsche Geschichte, Tradition, Sprache und Kultur«.[2]

Widerstand dieser Art ist allerdings gesamteuropäisch. Er ist überall dort zu beobachten, wo Industriestaaten seit den fünfziger Jahren Menschen aus fremden Kulturkreisen in ihre Fabriken holten. Neben der Bundesrepublik sind hier besonders Großbritannien und Frankreich zu nennen. Auch dort vergrößerten die Industrien nach dem Zweiten Weltkrieg ihre Kapazitäten, ohne daß zunächst genug Arbeitskräfte vorhanden waren; auch dort sind die angeworbenen Zuwanderer dann als »überflüssig« empfunden worden, nachdem der Wirtschaftsboom abgeflacht war; auch dort hat sich exakt zu diesem Zeitpunkt das »Ausländerproblem« zu einem tiefgehenden Kulturkonflikt, ja zu einem Rassenkonflikt ausgewachsen. Nur die Stoßrichtung der Ressentiments ist unterschiedlich. In

Großbritannien richtet sich das Unbehagen insgesamt gegen »Farbige«, denen man unterstellt, niemals den Europäern gleichrangig zu sein, ob nun von der Kultur her Muslime, Hindus, Sikhs, Jains, Konfuzianer oder dunkelhäutige Christen – dies, weil in britische Städte Gastarbeiter aus den unterschiedlichsten Ländern ehemaliger Kolonien strömen. In Frankreich und Deutschland aber deckt sich die fremde »Rasse« besonders mit einer einzigen fremden Religion: dem Islam; und dies setzt in der Konfrontation einen besonderen Akzent.

Das Gastarbeiterproblem bedeutet, wie bereits die hier angeführten Beispiele zeigen, nicht in erster Linie ein Problem der religiösen Gegensätze. Der ethnische Unterschied, die Konfrontation verschiedener Kulturen und Lebensstile steht im Vordergrund. Einen solchen Konflikt haben wir in Westeuropa ja bereits angesichts der zugewanderten Italiener, Spanier, Jugoslawen und Griechen, die vom Religionsbekenntnis her meist Christen wie die Ortsansässigen sind. Entsprechend entwickelt sich der Konflikt in den USA angesichts der Gastarbeiter aus lateinamerikanischen Staaten, vor allem Mexiko. Analog wächst die Fremdenfeindlichkeit in Japan, wo arbeitsuchende Chinesen, Koreaner, Vietnamesen und Filipinos ins reiche Wirtschaftswunderland drängen; auch dort trennt eher der ethnische als der religiöse Gegensatz.

In islamischen Ländern, sofern sie das Gastarbeiterproblem kennen, spielt die religiöse Konfrontation ebenfalls keine dominierende Rolle. Zwar holen die reichen Erdölstaaten am arabisch-persischen Golf zur Deckung ihres Arbeitermangels Thailänder, Ceylonesen und andere ins Land (diese meist Buddhisten), aber in erster Linie rekrutierten sie ihren Bedarf aus übervölkerten islamischen Ländern, etwa Pakistan und Bangladesch. Das gemeinsame Glaubensbekenntnis hindert die reichen Ölscheichs keineswegs, auch muslimische Gastarbeiter mit Hungerlöhnen abzuspeisen, auch sie in elenden Massenunterkünften zusammenzupferchen und möglichst von den Einheimischen zu isolieren.

Wenn wir im folgenden auf den religiösen Gegensatz zwischen »christlichem« Abendland und »islamischem« Orient abheben, so kann es nicht um die Frage gehen, ob beispielsweise die Türken von den Deutschen vorrangig diskriminiert werden, weil sie Muslime sind. Die Religionszugehörigkeit zum Islam verschärft nur einen ohnehin bestehenden Konflikt. An dieser spezifisch »islamischen«

Variante des Gastarbeiterproblems läßt sich aber zeigen, wie alte religiöse Vorurteile in neuer Verkleidung weiterleben – ja, teilweise sogar in alter Form wiederaufleben.

Was den Islam zur besonderen Zielscheibe macht

1985 konnte man in Frankreichs angesehener konservativer Zeitung *Le Figaro* folgende Warnung lesen: »Über unser altes christliches Land wird dann der Schatten fallen. Der Rat der Muftis, Kadis, Imams und anderer islamischer Würdenträger wird dann mehr Gewicht haben als die Bischofskonferenz. [...] Sie werden ganze Städte, ja sogar Regionen an sich reißen.«[3]

Dies ist eine Prophezeiung für das Jahr 2010, gemeint waren die damals rund 2,5 Millionen Gastarbeiter aus den Maghreb-Staaten Marokko, Algerien und Tunesien sowie die Schwarzafrikaner, von denen ebenfalls viele Muslime sind – sie stehen einer Bevölkerung von 59 Millionen Franzosen gegenüber. Aufsehen erregen schon seit Jahren Äußerungen des rechtsradikalen Politikers und Populisten Jean-Marie Le Pen: Er vergleicht »Fremdarbeiter« aus Nord- und Schwarzafrika mit tropischen Heuschreckenschwärmen, die alles kahlfressen, was ihnen in den Weg kommt. In Frankreich hat sich die Spannung bereits Mitte der achtziger Jahre durch blutige Massenausschreitungen gegen die »Heuschrecken« bemerkbar gemacht.

1989 ging dann durch alle größeren französischen Zeitungen, den Rundfunk und das Fernsehen die Frage, ob denn an staatlichen Schulen muslimische Mädchen das traditionelle Kopftuch als religiöses Symbol tragen dürfen oder nicht – eine Frage, die Millionen Franzosen erregte und die Nation in Befürworter und schärfste Gegner spaltete (eine Frage, die nur wenige Jahre später auch die Deutschen zu erbitterten Diskussionen reizen konnte). Im Verlauf einer Radiodebatte über die Befürchtung, daß mit besagtem Kopftuch der Islam an öffentlichen Schulen ein weiteres Zeichen seiner »aggressiven« Propaganda setze und die »Toleranz« eines religiös wertneutralen Bildungssystems bedrohe, meldeten sich allein rund 7000 Anrufer – ein Rekord.[4] Im September 1994 schließlich hatte der Innenminister einer bürgerlich konservativen Regierung das Verbot islamischer Kopftücher in Schulen ausgesprochen und damit erneut für Spannung gesorgt. Frankreich zählte Ende der achtziger Jahre rund vier Millionen ausländischer Arbeitnehmer, darunter viele Portugiesen, Spanier, Italiener. Bevorzugtes Ziel der Affekte bleiben aber muslimische »Nicht-Europäer«, deren Zahl von 2,5 Millionen im Jahr 1985 durch weitere Zuwanderung auf nahezu fünf Millionen im Jahr 2001 angewachsen ist.

In Deutschland ist die Zahl der Muslime zu Beginn des 21. Jahrhunderts auf rund 3,3 Millionen gestiegen, bei rund 7,5 Millionen Menschen ausländischer Herkunft. Davon sind 2,5 Millionen Türken, sie machen also nur ein Drittel in der Gesamtzahl der Zuwanderer aus. Trotzdem konzentriert sich auf diese Minderheit unter den Ausländern das hauptsächliche Ressentiment. Und die Abwehr hat sich noch verstärkt, seitdem viele Türken nicht mehr »Gastarbeiter« sein wollen, sondern, beeindruckt vom deutschen Sozialsystem, auf Dauer bleiben möchten und die deutsche Staatsbürgerschaft anstreben. Schon im Jahr 1986 wollten mehr als 61 Prozent der Türken für immer in Deutschland leben, aber bis 1992 war ihre Zahl noch einmal drastisch gestiegen: auf 83 Prozent. Ein Teil dieser Türken wohnt bereits in der zweiten oder gar dritten Generation in Deutschland, entsprechend sehen viele von ihnen den Lebensmittelpunkt hier und nicht mehr in der Türkei![5] Wo liegt die Gefahr? Ist die wirtschaftliche Stabilität bedroht? Darin kann das Problem nicht bestehen. Denn bei den meisten dieser Zuwanderer hat sich doch das Konsumverhalten entscheidend verändert: Während die »Gastarbeiter« noch einen Großteil ihres Einkommens in die türkische Heimat überwiesen, wird das Geld jetzt überwiegend in Deutschland selber ausgegeben und kommt der Wirtschaft hier zugute. Ökonomisch gesehen müßte die Mehrheit der Deutschen die muslimische Zuwanderung eigentlich begrüßen.

Ist die Abwehr gegen die Türken weiterhin von religiösen Vorurteilen bestimmt – von Klischees, die sich unverändert über die Jahrhunderte, aller Aufklärung zum Trotz, erhalten haben?

Dies müßte in Deutschland auf den ersten Blick verwundern, wo sich die Kirchenaustritte häufen und die Zahl der bewußten Atheisten wächst. Tatsächlich sind die Affekte oft nicht religiös begründet. Die Betonung liegt bei vielen Ausfälligkeiten auf »Türke«, weniger auf »Muslim«. Die Türken als die zahlenmäßig weitaus größte und daher auffälligste Gruppe beschäftigt die Phantasie der Deutschen am meisten, ja, angesichts ihres massiven Auftretens werden die arabischen Arbeitnehmer fast vergessen. Die Vorwürfe gegen die Türken sind in erster Linie von einer Art Kulturrassismus geprägt. So hört man immer wieder, die Türken seien »primitiver« als die Europäer, sie seien »von Natur aus« eher »triebhaft« und weniger »zum Denken« fähig. »Typisch« sei es, daß solche Leute aus Dörfern kämen, in denen noch die Blutrache üblich sei, ja überhaupt noch barbarische »Sitten« herrschten.

Aber: Solch sattsam bekannte Klischees, die oberflächlich gesehen so gar nichts mit Religion zu tun haben, entsprechen haargenau jenen, wie sie die »christlichen« Europäer während des 18. und 19. Jahrhunderts gegenüber den »rückständigen« Muslimen, gegenüber einer »mittelalterlichen Religion« geäußert haben. Nationalistische und rassistisch getönte Affekte sind so nur die veränderte – zeitgemäße – Form eines wesentlich älteren Vorurteils.

Bezeichnend für diese Doppelbödigkeit ist die Entwicklung während der letzten drei Jahrzehnte. Als Ende der fünfziger Jahre nur Italiener, Spanier, Griechen und christliche Jugoslawen mit einem Arbeitsvertrag in der Tasche nach Deutschland strömten, sind auch sie zur Zielscheibe aller möglichen Verdächtigungen geworden. Etwa: Die »Südländer« seien »faul«, neigten bedeutend mehr zur Kriminalität als Deutsche, und vor allem seien sie »hinter unseren Frauen her«. Nie aber sind damals an Stammtischen oder in Schulhöfen derart üble Witze über Gastarbeiter entstanden wie jener: »Was die Juden schon hinter sich haben, das haben die Türken erst vor sich – die Vergasung.« Ein infames Wortspiel, das in mehrfacher Weise bestürzen muß. Nicht nur, daß hier ein unverdauter Faschismus wieder auftaucht. Hier werden ausgerechnet jene zwei Religionen zusammengewürfelt, die über Jahrhunderte von seiten der Kirchen besonderer Verteufelung ausgesetzt waren: Judentum und Islam. Bezeichnenderweise werden angesichts der »türkischen Invasion« spanische, italienische und jugoslawische Gastarbeiter plötzlich milder bewertet; sie gelten nicht mehr als ganz so faul und kriminell wie früher. Schließlich seien die Südländer »Europäer« oder gar »Christen wie wir«. Und es ist kein Zufall, daß, als Anfang der neunziger Jahre auch im vereinigten Deutschland blutige Unruhen gegen »Ausländer« ausbrachen, sich nicht wenige der schlimmsten Ausschreitungen (Mord!) gegen Türken richteten.

Wenn es um die Türken geht, heißt es gerne: »asiatische« Mentalität. Asiatisch ist dann austauschbar mit islamisch. Von daher dürfte auch jene Bemerkung zu verstehen sein, wie sie sich am 2. Dezember 1982 in der *Frankfurter Allgemeinen Zeitung* fand: »Ein paar italienische Mafiosi lassen sich ja noch verkraften«, denn sie »gehören« zum »Wir-Gefühl« unseres europäischen Kulturkreises, die Türken aber seien »Allzufremde«, deren Zahl »verringert« werden müsse.[6]

Zu denken geben muß, daß der religiöse Affekt untergründig auch bei politisch-juristischen Entscheidungen eine Rolle spielen kann. Etwa in der Argumentation des baden-württembergischen Innenministeriums, als es im Sommer 1989 um die Frage ging, wie denn politisches Asyl Suchende aus der Türkei zu behandeln seien. Türkische Asylbewerber, so wurde von den Behörden entschieden, könnten zwar nicht von vornherein ein Bleiberecht beanspruchen, nur weil sie einer verfolgten ethnischen oder religiösen Minderheit angehörten – aber falls es sich bei bereits abgewiesenen Asylbewerbern um Christen handle, könne in Anbetracht des »bestehenden Verdrängungsdrucks durch die islamische Bevölkerungsmehrheit in der Türkei« der Beschluß zur Abschiebung rückgängig gemacht werden.[7]

Das »Wir-Gefühl« definiert sich wechselweise bis austauschbar als »europäisch«, »christlich« oder gar »christlich-abendländisch«. Entsprechenden Verfechtern eines »christlichen Abendlandes« muß es dann um so bedrohlicher erscheinen, wenn Deutsche zum Islam übertreten. Gerade solche Übertritte hat es während der letzten zwei Jahrzehnte in einem überraschenden Maß gegeben. Konnte man noch Mitte der sechziger Jahre die Muslime in der Bundesrepublik fast durchweg mit den türkischen und arabischen Gastarbeitern gleichsetzen, so waren bis Ende der achtziger Jahre rund 50 000 Muslime mit deutscher Staatsbürgerschaft hinzugekommen. Vier Fünftel der Neuzugänge rekrutieren sich zwar aus Kindern ehemaliger Gastarbeiter und deutschen Frauen, die mit einem Muslim verheiratet sind – aber rund 10 000 Deutsche haben sich zum Glaubensübertritt bewegen lassen, ohne daß sie aus familiären Gründen dazu veranlaßt worden wären.[8]

Ein Wechsel zum Islam aus reiner Überzeugung! Dies hat es im deutschen Sprachraum bisher noch nie derart häufig gegeben. Was sind die Gründe? Es werden Argumente laut, daß die Moscheen, die doch eigentlich nur für Gastarbeiter errichtet würden, auch eine Sogwirkung auf Einheimische, Deutsche, haben könnten. Wenn man aber diese Begründung ernst nimmt, müßte man konsequenterweise die nächste Frage stellen: Wo liegen denn die Schwachstellen der eigenen Religion, daß sich Christen davon abwenden? Eine Auskunft, wie sie ein Angestellter des *Islam Archivs* im westfälischen Soest 1988 gegeben hat, kann dazu immerhin einen Denkanstoß geben. Anläßlich einer Umfrage unter den 10 000 konvertierten Deutschen, so sagte er, sei festgestellt worden, daß fast alle vorher aktive Christen gewesen seien, mehrheitlich Protestanten; sie stießen sich überwiegend am christlichen Dogma von Jesus als dem »Sohn Gottes« und sähen die islamische Offenbarung als »logischer« an, weil dort Jesus »nur« als ein großer Mensch und Prophet gelte. Die Muslime seien die konsequenteren Monotheisten, sie seien deshalb auch die »besseren Christen.«[9]

Für Christen ein Alarmsignal? Der Islam nun doch eine echte Bedrohung für die christliche Religion und Kultur? Wenn dem so wäre, dann müßte auf eine derartige Herausforderung mit geistigen Waffen geantwortet werden, nicht durch ein verstärktes Ressentiment. Es gibt Stimmen in eine solche Richtung, aber teilweise scheinen die Kirchen keineswegs für einen Dialog gerade auf dieser Ebene gerüstet zu sein.

»Bürgerproteste« gegen den Bau von Moscheen

Hier und da sieht es so aus, als deute ein äußerer Wandel erste Voraussetzungen für die tiefere Begegnung an. Jener Türke in München, den ich eingangs zitierte, hat heute keinen Grund mehr, sich darüber zu beklagen, daß man den Muslimen die Errichtung von repräsentativen Moscheen nicht gestatte. Schon zwei Jahre nach diesem Gespräch konnte ich verschiedenen Zeitungen und auch persönlichen Mitteilungen entnehmen, daß in vielen Gemeinden inzwischen solche Einschränkungen nicht mehr gelten. 1988 waren in der Bundesrepublik bereits über 900 islamische Kultstätten registriert, in den Vororten großer Städte stehen meist auffällige orientalische Kuppelbauten mit Minaretten, die größten in Hamburg, München, Frankfurt und Aachen.

Trotzdem sollte man den Wandel zum Besseren nicht überbewerten. Während ich an diesem Kapitel schrieb, kam mir in der Wiener *Presse* eine Zeitungsmeldung ins Haus, die schon mit ihrer

Überschrift zeigte, welch banale Anlässe noch immer tiefsitzende Islam-Affekte zum Gären bringen können. In breiten Lettern war dort am 5. August 1988 zu lesen: »Proteste gegen Minarett in Pforzheim. Deutsche Probleme mit frommen Türken«. Die geschilderten Vorkommnisse sind auswechselbar, ich könnte bei zwanzig oder dreißig ähnlich gelagerten Fällen in anderen deutschen Städten fündig werden – München und Hamburg haben da besonders von sich reden gemacht[10] –, aber ich will gerade dieses Beispiel etwas ausführlicher, und zwar im Wortlaut, zitieren, weil die Details lückenlos bereits erörterte Zusammenhänge illustrieren:

»Einen Platz zum Beten benötigen die Türken im badischen Pforzheim. 4000 wohnen in der Stadt des Goldes und des Schmucks, die meisten als gläubige Muslime. Dazu kommen noch rund 6000 aus dem umliegenden Enzkreis. Lange hatten sie sich mit einem Versammlungsraum in der Stadt begnügt. Und sie hätten sich vielleicht damit abgefunden, wenn nicht zermürbende Proteste von Nachbarn den Auszug erzwungen hätten. Ein Ersatz ließ sich nur mit Hilfe der Behörden finden. Nicht im Stadtinnern, sondern in einem Gewerbegebiet der östlichen Peripherie. Der abseitigen Lage zum Trotz lösten aber die Bauabsichten der gläubigen Muslime einen breiteren Aufruhr als die aufgegebene Versammlungsstätte aus. Denn für rund 2,5 Millionen Mark soll eine Moschee in maurisierendem Stil mit halbmondverzierter Kuppel und 25 Meter hohem Minarett entstehen. Ein evangelischer Pfarrer hört bereits den stundenweisen Gebetsaufruf der Imame von der ›Großmoschee‹ im Osten her über die Stadt erschallen. Der Vorsitzende der CDU-Fraktion im Stadtrat wehrt sich gegen den ›völlig fremden‹, für Einheimische ›zu provokativen‹ Baustil des Projekts. […] Die Opposition schießt sich vor allem auf das Minarett ein, doch die Bauherrn bestehen auf diesem für sie unverzichtbaren Teil des Gotteshauses. Sie weisen darauf hin, daß gleich gegenüber ein 100 Meter hoher Schornstein des städtischen Heizkraftwerkes das Stadtbild viel auffallender verunziert.«[11]

Im Mai 1989 las ich, daß von den inzwischen über 1000 Moscheen auf deutschem Boden nur etwa zehn ein Minarett besitzen. Man braucht nach dem geschilderten Fall nicht viel Phantasie, um sich vorzustellen, was die Turmzahl in den meisten Fällen so gering hält: »Bürgerproteste«, teils in Verbund mit Gemeinderäten, verhindern, daß Muslime ihre Kultstätten mit gar zu auffälliger Symbolik ausstatten.[12] Allerdings entdeckte ich 1995 in einer Zeitung das Foto der fertiggestellten Moschee in Pforzheim: ein Kuppelbau – mit Minarett.[13]

Eines der interessantesten Fallbeispiele bietet aber Mannheim. Am 4. März 1995 wurde in der nordbadischen Industriestadt mit 320 000 Einwohnern, die im Ballungsraum der Rhein-Neckar-Industriezone liegt, Deutschlands bisher größte Moschee eingeweiht. Der Kuppelbau mit Minarett und einem Gebetssaal für mehr als 2500 Gläubige ist nicht in einem abseits gelegenen Industriegelände errichtet, sondern nahe dem Stadtzentrum und direkt neben einer katholischen Kirche. Die Moschee ist als Blickfang so auffallend wie die Kirche, nur daß das 32 Meter hohe Minarett um einiges niedriger ist als der Kirchturm. Proteste von Christen hätten für diese Einschränkung gesorgt, erfuhr ich bei meinem Besuch. Die rund zehn Millionen Mark (oder fünf Millionen Euro), die das Bauwerk kostete, sind durch Spenden der rund 20 000 Mannheimer Muslime zusammengekommen, öffentliche Gelder wurden nicht beigesteuert, so ist in einer Informationsschrift der Moschee zu lesen.[14]

Anfangs leistete allerdings auch in Mannheim eine Reihe deutscher Einwohner gegen die Errichtung einer derart repräsentativen Moschee an zentralem Platz beträchtlichen Widerstand. Auch hier wurden die sattsam bekannten Argumente geäußert, dieses Bauwerk passe nicht ins Stadtbild und sei ein alarmierendes Zeichen von Überfremdung. Aber die Zusammenarbeit zwischen der SPD-Stadtverwaltung und muslimischen Organisationen hat sich allen Widerständen zum Trotz gut entwickelt. Vertreter des Mannheimer Rathauses und der Vorstand des Islamischen Bundes bekennen sich gleichermaßen dazu, daß die Moschee eine Begegnungsstätte für Muslime und Christen sei.[15] Im Erdgeschoß der Moschee befinden sich die Räume des Christlich-Islamischen Bildungszentrums sowie des Instituts für Deutsch-Türkische Integrationsstudien. Beide Einrichtungen fördern durch Seminare und Vorträge die geistige Begegnung zwischen Muslimen und Christen. Seit 1997 finden regelmäßig ökumenische Gottesdienste in evangelischen und katholischen Kirchen sowie in der neuen Moschee statt. Auch christlich-muslimische Schulgottesdienste haben mittlerweile Tradition. Der Erfolg dieser Integrationsarbeit gilt inzwischen als Modell für andere deutsche Städte.[16]

Dann wieder das Gegenteil. So hatte sich in Stuttgart im Januar 2000 eine Bürgerinitiative gegen die Errichtung einer Moschee gebildet, dabei lag das von der muslimischen Gemeinde gekaufte Grundstück wie in vielen anderen deutschen Städten abseits in einem Industriegebiet. Selbst ein halbes Jahr später blieb der Baubeginn noch durch Proteste und bürokratische Hemmnisse verhindert.[17]

Zur selben Zeit wie in Stuttgart erregte im elsässischen Straßburg ein entsprechender Konflikt die Gemüter. Zwar hatte dort der Stadtrat mit einer Mehrheit von Sozialisten und Grünen dem Bau einer Moschee zugestimmt, auch hatten die Bischöfe der katholischen und evangelischen Kirche sowie der Großrabbiner der jüdischen Gemeinde sich für die Moschee ausgesprochen. Aber die bürgerlich konservativen Parteien äußerten Bedenken, und die rechtsextreme Nationale Front lehnte schroff ab. »Straßburg darf nicht zu einer Stadt der Minarette werden«, lautete die Begründung der Nationalen Front, die Muslime müßten »architektonische Bescheidenheit« lernen.[18] Durch solche politischen Streitigkeiten hat sich auch hier die Errichtung einer repräsentativen Moschee auf unbestimmte Zeit verzögert.

Unsere Fremdenfeindlichkeit stärkt den radikalen Islam

Wie »fremd« sind Türken wirklich?

1985 habe ich in Frankfurt während einer Tagung über Islam und Gastarbeiterprobleme, zu der ich als Referent geladen war, immer wieder feststellen können, daß dort anwesende Türken sich äußerst erregt beklagten: Ihre Kultur und Religion würden in den deutschen Medien überwiegend einseitig, ja verzerrt dargestellt. Besonders in den Illustrierten stoße man meist nur auf Berichte über »fanatische« islamische Sekten, durch deren Prediger die Gastarbeiter sich massenhaft aufputschen ließen. Vornehmlich veröffentliche man dazu Fotos von Mädchen mit Kopftüchern oder gar stärkerer Verhüllung, von orthodoxen Koranschulen, in denen die Männer streng nach Tradition weiße Kappen trügen, oder man zeige gar Fotos von Männern, die beim Klang einer Derwischmusik ekstatisch die Augen geschlossen hielten. Das Übergewicht solcher Darstellungen lasse vermuten, es sei Absicht, das »Fremdartige« des Türkischen besonders herauszustreichen und jeden Gedanken an kulturelle Gemeinsamkeiten zu unterschlagen. Nur selten lese man in Zeitungen mit massenhafter Verbreitung, daß es schon im Osmanischen Reich Mitte des 19. Jahrhunderts zahlreiche Reformen gegeben habe und daß heute in türkischen Städten bereits eine breitere Mittelschicht vorhanden sei, die sich an westlichem Denken orientiere – liberale Muslime, die versuchten, Tradition und Moderne in Einklang zu bringen. Gerade Angehörige dieser Mittelschicht hätten früher als andere Türken den Mut aufgebracht, bei drohender Arbeitslosigkeit ihr Geld im Ausland zu verdienen, und insofern sei der Anteil dieser Schicht unter den Zuwanderern in Deutschland wesentlich höher, als allgemein angenommen werde. Keineswegs stamme der größere Teil aus dem östlichen, »unterentwickelten« Anatolien, wie man das häufig zu hören bekomme.

Solche Auskünfte fand ich in der Fachliteratur bestätigt. Die Mehrzahl der Türken wandert zuerst einmal vom Dorf in eine Stadt des Heimatstaates ab, und überwiegend erst die Söhne und Töchter wagen als Arbeitsuchende den Sprung ins Ausland.[19] Diese städtische Jugend ist meist nicht mehr so fest in traditionellen Strukturen wie die Eltern verankert. Einer der jungen Türken, mit denen ich auf der Tagung sprach, sagte gar über die Altersgenossen seiner Heimatstadt Ankara: Mit der Religion sei es dort oft nicht viel weiter her als in deutschen Städten. Sehr viel an sogenannter Frömmigkeit sei bloße Konvention, ja in großen Städten nicht einmal das; dort würden gerade junge Leute sich über Ältere lustig machen, die die Moschee besuchen.

Allerdings, so schränkten die türkischen Tagungsteilnehmer wiederum ein, sei nicht zu leugnen, das Leben in vielen türkischen Kleinstädten und Dörfern noch sehr traditionell strukturiert sei. Konservativ gebliebene Bauern und Stadtbewohner, die mit einer zweiten Einwanderungswelle während der siebziger Jahre auch in die Bundesrepublik gekommen seien, hätten naturgemäß größere Schwierigkeiten, sich an fremde Lebensbedingungen anzupassen, sie müßten Mitteleuropa tatsächlich als eine völlig andersartige Zivilisation empfinden. Aber die meisten von ihnen seien deshalb noch lange keine »fanatischen« Fundamentalisten, die den Umsturz einer säkularen, demokratischen Gesellschaft wünschten. Sie lebten vielmehr einen traditionell starren, unreflektierten Glauben, in den sich allerhand Aberglaube eingeschlichen habe; diese Muslime würden sich eher passiv und nicht aggressiv gegen moderne Veränderungen abschirmen.

Bedenklich sei, daß westliche Medien hier nicht klar genug in der Berichterstattung unterschieden, sagten mir meine Gesprächspartner: Viel zu wenig würden Journalisten die Gegensätze zwischen einer volkstümlichen, in sich ruhenden Religiosität und einem revolutionären, auf Verdrängung ausgerichteten Fundamentalismus herausarbeiten; ja, oft würden Journalisten beide konservative Strömungen miteinander gleichsetzen – und gerade so sei es möglich, eine »islamische Gefahr« zu konstruieren, gerade so lasse sich die Anwesenheit türkischer Zuwanderer in Deutschland als bedrohlich darstellen. Tatsächlich sei die Zahl der Fundamentalisten unter den Türken höchstens 10 Prozent, und daran werde sich auch in Zukunft kaum etwas ändern.

Westliche Journalisten, sofern sie über fundierte Orientkenntnisse verfügen, unterstreichen durchaus eine derartige Differenzierung. Allerdings beharren sie zum Teil auf der Ansicht, die Fundamentalisten könnten ihre Anhängerschaft auch unter den Türken noch vermehren. Und hierfür haben sie Argumente zur Hand, die für liberale Türken beklemmend erscheinen müssen, erst recht jedoch den Europäern zu denken geben sollten. Fundamentalismus in seiner militanten, aggressiven Form entsteht ja, wie schon gezeigt, vor allem dort, wo die westliche Zivilisation soziale und religiöse Strukturen des Islam ernsthaft erschüttert hat. Bei den Türken geschieht dies aber mit einem besonderen Akzent. Viele werden nicht in der Heimat zu radikal-islamischen Parteigängern, sondern entwickeln erst in der Fremde diese Neigung. Je schroffer sie sich von einer Mehrheit der Deutschen zurückgewiesen fühlen, um so mehr wächst bei ihnen die Sehnsucht nach »türkischer«, »islamischer« Tradition.

Diese Entwicklung trifft zuerst einmal auf jene Minderheit zu, die ohne Umwege direkt aus anatolischen Dörfern kommt und seelisch wie geistig am wenigsten auf den Schock der Begegnung mit deutschen Lebensformen vorbereitet ist. Bauern aus entlegenen Regionen, die vor wenigen Jahrzehnten selbst noch modernisierte Städte der Westtürkei als bedrohlich fremd empfinden mußten, sind in Mitteleuropa mehr als andere in ihren herkömmlichen Orientierungsmustern erschüttert. Als Gläubige eines passiven, unreflektierten Volksislam sind sie in die Bundesrepublik gekommen, als militante Fundamentalisten kehrt ein Teil von ihnen in die Heimat zurück.

Radikalisiert werden können aber auch türkische Jugendliche, die in Deutschland geboren sind und die Türkei nur noch von flüchtigen Besuchen kennen. Vor allem betrifft dies sozial Gestrandete. Bei türkischen Kindern ist die Zahl der Schulversager dreimal so hoch wie bei deutschen, was meist mit mangelnden Deutschkenntnissen und schlechter Eingliederung in den Alltag zu tun hat. Entsprechend höher als bei Deutschen ist bei jungen Türken die Zahl der Arbeitslosen.[20] Solche Jugendliche, die sich überall nur verachtet sehen, schließen sich teilweise zu Banden zusammen und bilden hierbei schon eine bedenkliche Konkurrenz zu deutschen Jugendbanden, etwa den Skinheads, nur eben mit umgekehrtem Rassismus. Oder sie werden zu Sympathisanten eines intoleranten, fundamentalistischen Islam. Gerade radikal-religiösen Vereinen gelingt es, sozial und kulturell entwurzelten türkischen Jugendlichen ein neues Selbstwertgefühl, eine neue emotionale »Heimat« zu vermitteln. Aber dies geschieht mit bedenklichen Begleiterscheinungen: Dort werden sie dazu angeleitet, das eigene Unterlegenheitsgefühl mit Überlegenheitsphantasien gegenüber der westlichen Zivilisation zu kompensieren.[21] Soweit es den Jugendlichen allerdings gelingt, in der Schule und später im Berufsleben erfolgreich zu sein, haben sie keine Probleme, sich in die Kultur ihres Gastlandes zu integrieren – und andererseits mit voller Überzeugung Muslim zu bleiben. Zu Beginn des 21. Jahrhunderts studieren schon 23 000 Türken an Deutschlands Universitäten, auch haben rund 50 000 türkischstämmige Unternehmer über 200 000 Arbeitsplätze geschaffen.[22]

Radikalisiert können aber auch Angehörige der türkischen Mittelschicht. Sie, oft voll Stolz auf Atatürks Reformen, fühlen sich um so mehr verunsichert und in ihrem Selbstbewußtsein verletzt, sobald sie von Deutschen hören müssen, Türken seien »primitiv« und ohnehin nicht fähig, sich in die »westliche Zivilisation« einzuleben. Je isolierter sich solche Zuwanderer aus westtürkischen Städten sehen und je intensiver ihnen eingetrichtert wird, wer in Deutschland leben wolle, müsse sich »wie ein Deutscher benehmen« – um so stärker werden auch sie sich auf »türkische« Traditionen besinnen. Manche Türken, die unter dem Einfluß eines verwestlichten Denkens in Istanbul, Izmir oder Ankara die Religion als »Privatsache« angesehen haben und sich selber nur noch oberflächlich an manche Traditionen hielten, haben in Deutschland zu ihrer Religion »zurückgefunden«, wie sie selber betonen. Für besagte »Rückkehr« bieten ihnen zahlreiche religiöse Gruppierungen wirksame Hilfe, von gemäßigten Muslimen bis hin zur Minderheit radikaler Fundamentalisten. Und wenn sie die sonst vergeblich gesuchte Geborgenheit ausgerechnet bei Fundamentalisten finden, werden sie auch deren entschlossene Intoleranz zu ihrer eigenen Sache machen.

Die demonstrative Rückkehr zu türkisch-islamischen Lebensformen, die alle Anzeichen von Kompensation an sich trägt, schlägt sich selbst in Äußerlichkeiten nieder. So manche Frau, der wir in deutschen Städten mit Kopftuchverhüllung und einer unter dem Rock getragenen Pluderhose begegnen, kommt mit dieser »typisch türkischen« Tracht nicht direkt aus einem ostanatolischen Dorf, vielmehr hat sie noch bei ihrer Ankunft in der Bundesrepublik enge Röcke oder gar Bluejeans getragen, wie sie es in westtürkischen Großstädten gewohnt war. Erst nachdem sie von Angst erfaßt wurde, inmitten einer feindlich abweisenden Fremde jeder eigenen Kultur beraubt zu werden, hat sie auf die zuvor eher verachteten Kleidungsstücke zurückgegriffen: als äußeres Zeichen des Selbstbehauptungswillens, der bewußten Abgrenzung vom gar nicht so gastlichen Gastland.[23]

Barrieren gegen eine multikulturelle Gesellschaft

Bei Deutschen wächst die Angst, einer »asiatischen« Minderheit Heimatrecht in »unserer abendländischen Kultur« geben zu müssen. Das Problem spitzt sich zu, indem ja die Türken als einzige »orientalische« Bevölkerungsgruppe von der Masse her so stark sind, daß sie ganze Stadtviertel in ihrem Erscheinungsbild verändern. Dies beginnt mit buntgekleideten, kopftuchverhüllten Frauen, setzt sich fort mit fremdartig klingender »orientalischer« Musik, wie sie hier und dort über Kassettenrecorder aus Radiogeschäften oder Kaffeehäusern klingt, und endet bei Moscheekuppeln und Minaretten in unmittelbarer Nachbarschaft deutscher Wohnviertel.

Wirtschaftliche Bedenken erscheinen gegen solche Befürchtungen kultureller »Überfremdung« eher zweitrangig. Zwar hört man immer noch das schon reichlich ausgeleierte Argument, die Türken würden den Deutschen die Arbeitsplätze wegnehmen. Aber an der Wende zum 21. Jahrhundert befürworten teilweise schon jene, die sich vor »Überfremdung« fürchten, eine gezielte Zuwanderung. Denn inzwischen hat sich ausreichend herumgesprochen, was eine Analyse der UNO 1999 an Zukunftsperspektiven eröffnet hat: Ohne Einwanderer überaltert das geburtenschwache Europa, schrumpft die Bevölkerung beträchtlich in den nächsten Jahrzehnten, und der Markt wird nicht genügend Arbeitskräfte finden. Die meisten europäischen Länder könnten auf stärkere Zuwanderung gar nicht mehr verzichten, wenn sie die sozialen Errungenschaften von bisher aufrechterhalten wollten. Allein Deutschland brauche pro Jahr 500 000 Zuwanderer, um die gegenwärtige Zahl der Erwerbstätigen – und damit die nötigen Beitragszahlungen für die Sozialversicherung – zu halten.[24] Das Argument, Zuwanderer würden unseren Wohlfahrtsstaat ruinieren, erledigt sich damit von selbst.

Die Angst vor »Überfremdung« bleibt. Wenn schon Zuwanderung nötig sei, dann solle sie aus europäischen Nachbarländern kommen. Die Türken aber mit ihrer »gar zu fremden Religion und Kultur«? Und ihrer »fremden Rasse«? Die Türken könnten niemals »echte Deutsche« werden.

Ein ethisch, kulturell und religiös in sich geschlossener Staat! Solche Voraussetzungen müssen anscheinend erfüllt sein, daß Deutschland überleben kann – oder daß die abendländische Kultur unbeschadet überdauert. Dabei sind derartige Strukturen und entsprechende Ängste nicht unauflöslich mit abendländischer Tradition verknüpft. In der Antike waren die Grundlagen noch völlig anders. So hatte man in Griechenland und allen Staaten mit hellenistischer Kultur wie auch im Römischen Reich ethnische, kulturelle und religiöse Vielfalt als selbstverständlich genommen. Entscheidend war nur, daß die unterschiedlichen Gruppen sich möglichst reibungslos in das politische Ordnungssystem einfügten. Zwar haben sich auch damals zwischen Alteingesessenen und Zuwanderern soziale und politische Spannungen herauskristallisiert, aber den Menschen erschien die Mischung unterschiedlicher Kulturen und Lebensformen nicht grundsätzlich als ein Problem.

Erst als das Abendland »christlich« wurde, ist jene Dimension hinzugekommen, daß ein Staat religiös eine Einheit zu bilden habe. Und wie wir wissen, hat sich dieses Bedürfnis so tief in die christlich-abendländische Seele eingesenkt, bis eine Regierung schließlich nicht einmal mehr zwei verschiedene christliche Konfessionen in ihrem Herrschaftsbereich dulden wollte. Eine derartige Sehnsucht nach Einheit, nach einem ideell uniformen Staat, hat den Zerfall aller religiösen Horizonte überdauert: An die Stelle der konfessionellen Maßstäbe sind zunehmend nationale, allmählich nationalistische und am Ende rassistische Kriterien getreten.

Zur letzten Perversion einer derartigen Verweltlichung ist es schließlich im Nationalsozialismus gekommen: Dort ist aus der Einheit des Christentums die Einheit einer nationalistischen und rassistischen Ersatzreligion geworden, und diese Front war besonders gnadenlos gegen alle Andersdenkenden und Außenseiter gerichtet. Aber auch heute noch bedeutet es für viele Europäer (ob sie nun Christen sind oder nicht) eine schwer zumutbare Vorstellung, zukünftig in einem verstärkt multikulturellen, multireligiösen Staat zu leben. Vor allem dann, wenn hierzu der Islam eine weitere Variante liefert – ausgerechnet jene Religion und Lebensform, deren Vordringen in Europa jahrhundertelang als die größte Gefahr angesehen wurde.

Es gibt gegenläufige Traditionen, auch sie Jahrhunderte alt. Sie haben sich seit der Renaissance herausgebildet und in der Aufklärung ihren ersten Höhepunkt gefunden. Seitdem kämpfen liberale Kräfte verschiedener Couleur um das Ziel, daß Menschen unabhängig von ihrem Glaubensbekenntnis, ihrer Weltanschauung und ihrer »Rasse« in einem Staat einträchtig nebeneinander – miteinander – als gleichberechtigte Staatsbürger leben können.

Dabei hat bei uns ohnehin schon lange vor dem Eintreffen von »Asiaten« eine multikulturelle Entwicklung begonnen: Wir haben uns aufgespalten in christliche und atheistische, in unzählige philosophische und politische Strömungen, in verschiedenste teils gegensätzliche Lebensformen. Aber ein solcher Wandel hat sich eben nur gegen vielerlei Widerstände durchsetzen können; das Ergebnis ist ein erzwungener, keineswegs ein von allen anerkannter Pluralismus. Und so bilden sich auch jetzt die verschiedensten Fronten, wenn es darum geht, eine »orientalische« Kultur, eine größere Zahl von Muslimen zu integrieren. Für den weiteren konsequenten Weg zu einem tatsächlichen pluralistischen Staat machen sich nicht nur liberale Intellektuelle, nicht nur liberale Politiker quer durch den Parteien stark, sondern auch kirchliche Kreise, und dies teils im Widerspruch zu einer breiten Schar von Anhängern.

Aber nicht nur wir verändern uns unter den neuen Bedingungen. Es ändern sich zunehmend auch die Muslime, je länger sie bei uns leben und Anregungen aus unserer Kultur aufnehmen. Ein Islam mit spezifisch europäischer Prägung, ein sogenannter Euro-Islam, entwickelt sich und wird sich im weltweiten Spektrum bald ebenso selbstverständlich ausnehmen wie ein Islam mit arabischer, türkischer, persischer, indischer, afrikanischer Prägung. In den Erklärungen einzelner muslimischer Gemeinden kündigt sich ein solcher Wandel längst an. Ich zitiere stellvertretend für andere Beispiele aus der bereits erwähnten Informationsbroschüre zur Moschee in Mannheim: »Wir leben in dieser Stadt und teilen aus diesem Grund ihre Gesellschaftsordnung und ihre politischen Grundwerte. Begriffe wie Demokratie und Menschenrechte sind Bestandteil unseres alltäglichen Lebens geworden. Sie sind voll und ganz mit unserer Religion vereinbar.«[25]

Für Europäer wie für Muslime stehen gleichermaßen Umbrüche bevor, deren Risse und Verwerfungen quer durch die unterschiedlichsten gesellschaftlichen Institutionen verlaufen; hierbei ist nicht abzusehen, wie lange die Erschütterungen dauern. Es bleibt nur zu hoffen, daß wir im Verlauf der nächsten Jahrzehnte – in solchen Zeitdimensionen müssen wir mindestens rechnen – dem Ideal eines pluralistischen Staates wieder ein Stück näher kommen. Und: daß in diesem Zusammenhang auch die so verhängnisvolle Angstparole »Der Islam bedroht das Abendland« gegenstandslos wird.

HINDUISMUS UND BUDDHISMUS

DER »ÖSTLICHE« UMGANG MIT ANDERSDENKENDEN

Schwierige Annäherung

Was uns Hinduismus und Buddhismus fremd macht

Jeder Indienreisende kennt die Verkaufsbuden nahe den großen Tempeln, wo eine Vielfalt von Götterbildnissen in billigen Farbdrucken angeboten wird. Manche Götter sind mit sechs oder gar acht Armen dargestellt, manche mit zwei oder drei Köpfen, etliche erscheinen zweigeschlechtlich mit männlich ausgeprägten Gesichtern und weiblichen Brüsten.

Je unvorbereiteter ein Tourist mit der Fremdartigkeit dieser überquellenden, grellen Symbolik konfrontiert ist, um so kürzer wird er bei solchen Verkaufsständen verweilen. Er wird, je nach Mentalität, sich amüsiert oder verärgert über so viel »Kitsch« abwenden und darauf hoffen, in den Tempeln selber indische Kultur auf höherem Niveau zu erleben. Seine Erwartungen werden, zumindest in den berühmten Tempeln, nicht enttäuscht. Kaum hat er dort die weitausgedehnten Hallen und Höfe betreten, entdeckt er an Türmen, Wänden und Säulen Skulpturen von einer Kunstfertigkeit, die dem Figurenschmuck unserer gotischen Dome in keiner Weise nachstehen.

Trotzdem würde der Tourist gut daran tun, etwas länger auch bei den Verkaufsständen draußen vor den Heiligtümern zu verweilen und ausgiebiger die billigen Farbdrucke zu betrachten, selbst wenn er versucht ist, das Angebot bestenfalls als »volkstümliche Frömmigkeit« abzutun. Denn gerade dort, wo sich Indien in seinem Massengeschmack offenbart, wird das Andersartige dieser Kultur am augenfälligsten.

Der Europäer, sofern er nur geduldig beim Betrachten ist, entdeckt in der Vielfalt grell kolorierter Bildnisse neben einem vielarmigen Shiva und Vishnu, neben dem elefantenköpfigen Ganesh, neben einem flötenblasenden Krishna, einer schwerterschwingenden Durgah oder Kali und vielen anderen Hindugottheiten Abbildungen, die nicht in diesen Kanon passen wollen: etwa einen Buddha. Oder noch überraschender: die Heilige Kaaba von Mekka, mit arabischen Schriftzeichen versehen. Und um die Verwirrung vollzumachen: einen Christus, blond und blauäugig, mit demselben Heiligenschein wie auf vielen Farbdrucken europäischer Herkunft.

Kaufen Hindus etwa auch Bildnisse eines Buddha, der Kaaba, eines Christus? Der Europäer kann rasch wieder Ordnung in seine Gedanken bringen, wenn er zu dem Schluß kommt, diese Ware sei für indische Muslime, Buddhisten und Christen bestimmt. Diese Annahme erscheint insofern logisch, da ja die fremden Kultbilder vor allem in Gegenden angeboten werden, wo auch Angehörige fremder Glaubensbekenntnisse leben. Trotzdem muß ein Rest an Irritation bleiben. Denn besagte Bildnisse werden nicht nur, nach Bekenntnissen getrennt, vor Eingängen buddhistischer Pagoden, vor Moscheen und Kirchen verkauft, sondern finden sich scheinbar wahllos mitten im Angebot hinduistischer Gottheiten.

Nicht genug damit. Der aufmerksame Betrachter wird hier und dort an Außenmauern von Hindutempeln seltsam vertraute Symbole entdecken: Kreuz und Halbmond, mit dunkler Farbe auf weißgetünchten Grund gepinselt, beide mit dem OM-Symbol der Hindus verflochten. Diese Zeichen haben Hindus selber angebracht. Unvorstellbar wäre umgekehrt, daß indische Christen oder Muslime nun ihrerseits Symbole fremder Weltreligionen an den Außenmauern ihrer Kultstätten anbrächten. Erst recht unvorstellbar wäre nach unserem herkömmlichen Verständnis, wenn etwa von einer Kirchenmauer in Europa der islamische Halbmond leuchten würde.

Mehr noch: Ein Europäer, der Indiens Nachbarstaat Nepal besucht, wo hinduistische und buddhistische Bevölkerungsgruppen miteinander leben, wird erst recht mit Überraschungen konfrontiert. Die Irritation beginnt schon damit, daß es für ihn schwierig ist, die vielen Statuen, wie sie nicht nur in Tempeln, sondern auch auf Straßen und öffentlichen Plätzen stehen, eindeutig dieser oder jener Religion zuzuordnen. Er trifft beispielsweise auf Steinfiguren, die in der Meditationspose eines Buddha thronen, muß aber erfahren, daß es sich genauso um eine Hindugottheit handeln könnte. Oder er beobachtet, wie buddhistische Pilger in ihrem Tempel die Gebetsmühlen drehen und anschließend unmittelbar daneben Ganesh, dem hinduistischen Glücksgott, ein Blumenopfer bringen. Man könnte argumentieren, besagte Beispiele zeigten eine besondere Form von Religionsvermischung, wie sie eben nur im Himalaya-Staat Nepal, an der sich überlappenden Begegnungslinie von Hinduismus und Buddhismus, möglich sei. Daran aber müßte man konsequenterweise die Frage anschließen, weshalb es bei den geistig so eng verwandten Weltreligionen Christentum und Islam nicht zu ähnlichen Vermischungen kommt, sobald sie geographisch aufeinander treffen.

Ein Europäer, der Sri Lanka besucht, ein vorwiegend von Buddhisten bewohntes Land mit einer beträchtlichen Minderheit an Hindus, erlebt ähnliche Irritationen. Etwa, wenn er sich in den Pilgerstrom auf den Heiligen Berg Sri Pada einreiht, einem mehr als zweitausend Meter hohen Massiv in der üppig tropischen Landschaft des Inselstaates. Sri Pada bedeutet »heilige Fußspur«, gemeint ist eine Felsvertiefung, die angeblich ein Fuß Buddhas auf dem Gipfel hinterlassen hat. Jährlich treten mehr als 30000 Gläubige den beschwerlichen Aufstieg in schwülheißer, schweißtreibender Luft an, um bei Sonnenaufgang vom Heiligtum einen überwältigenden Ausblick in die Tiefe zu genießen – für die meisten Pilger einer der erhabensten, sehnlichst erwarteten Augenblicke ihres Lebens. Aber nicht alle sind Buddhisten. Auch Hindus scharen sich um die Felsvertiefung, die sie für eine Fußspur von Gott Shiva halten. Die Anhänger beider Religionsgemeinschaften beten einträchtig nebeneinander, miteinander – trotz ihrer völlig anderen Deutung vom Ursprung des Heiligtums. Mehr noch: Auch Muslime besuchen das Pilgerzentrum, sie aber schreiben den Fußabdruck Adam, dem ersten Menschen, zu. Adam soll, so glauben zumindest Muslime aus Sri Lanka und Indien, auf diesem Berggipfel die Vertreibung aus dem Paradies beweint haben. Sie nennen das Pilgerziel »Adamsberg« *(Adam's Peak)*, ein Name, unter dem wir meist den Berg kennen. Aber auch einheimische Christen reihen sich unter die Pilger, denn in ihren Legenden heißt es, an der Stelle der Felsvertiefung habe der Apostel Thomas unterwegs zu seiner Missionstätigkeit in Indien gebetet.

Auf dem Gipfel dieses Berges konzentriert sich demnach ein Heiligtum von geradezu universaler Bedeutung – Anziehungspunkt für Gläubige aller Weltreligionen. In gewisser Hinsicht bietet sich hier eine Parallele zu Jerusalem, jener für Christen, Juden und Muslime gleichermaßen heiligen Stadt. Und doch sind die Unterschiede bemerkenswert: Auf dem Berg Sri Pada gibt es keine getrennten Kultstätten, entladen sich keine Spannungen zwischen den verschiedenen Glaubensbekenntnissen. Buddhisten und Hindus prägen hier vorwiegend das Verhalten, und für sie scheint es unerheblich zu sein, wenn Andersgläubige aus völlig unterschiedlichen Gründen vor der heiligen Felsvertiefung beten.

Spätestens nach diesen Beobachtungen wird auch der unvorbereitete Besucher aus dem Westen ahnen, daß Religion im östlichen Asien nicht mit unseren Denkkategorien zu messen ist. Ihn wird dann kaum mehr jene These von Religionswissenschaftlern überraschen, wie sie besonders dezidiert der Indologe Helmuth von Glasenapp, einer der profiliertesten Interpreten »östlichen« Denkens, vertritt. Glasenapp sieht die geistigen Grenzen zwischen »Okzident« und »Orient« anders verlaufen, als es für unser landläufiges Bewußtsein verständlich ist: nicht schon zwischen dem abendländisch-christlichen Kulturkreis einerseits und dem Islam und allen anderen weiter östlich beheimateten Religionen andererseits. Vielmehr zieht sich, wie er es formuliert, »die große geistige Wasserscheide in der Religionsgeschichte der Menschheit« erst durch Mittelasien; damit wäre der persische Raum noch zum »Westen« zu rechnen, und das eigentlich »östliche« Denken würde im indischen Raum beginnen.[26]

Diese These fügt sich nahtlos in meine bisherigen Ausführungen, die den Islam eher als »westlich« denn als »östlich« erscheinen lassen, in seinen Denkkoordinaten mehr mit dem Abendland verzahnt als mit Ostasien. Einen gegenteiligen Eindruck mag zunächst nur das »orientalische« Flair vieler arabischer, türkischer, persischer wie nordafrikanischer Städte hervorrufen. Aber wenn wir heute dazu neigen, die islamischen Städte mit ihren erhalten gebliebenen Gassenlabyrinthen und ihren teils noch immer bunten Basaren als so »orientalisch« wie Indien einzustufen, so erfassen wir damit ja nur eine Entwicklungsstufe des Mittelalters, die wir selber ähnlich kannten, nicht aber ein Symptom völlig anderer Geisteshaltung.

Andere Kriterien für eine Beurteilung

Die bis jetzt ausgebreiteten – impressionistisch hingeworfenen – Beobachtungen über »östliches« Denken könnten Anlaß zu der Vermutung geben, Hindus und Buddhisten würden viel problemloser als wir im »Westen« mit fremden Weltanschauungen und

Religionen umgehen, weil sie eher die Tugend besäßen, Andersdenkende in ihrer Andersartigkeit grundsätzlich auszuhalten. Dies wären geradezu ideale Voraussetzungen für Toleranz. Wir kennen solches Lob von zivilisationsmüden Sinnsuchern mit Blickrichtung »Osten« ebenso wie von fundierten Religionswissenschaftlern. Selbst die letzteren argumentieren teilweise: Wir hätten gar zu lange in typischem Zivilisationshochmut »östliche Weisheit« ignoriert, anstatt vom »ganzheitlichen« Denken eben dieses »Ostens« zu lernen; wir müßten endlich wie die Hindus und Buddhisten fähig werden, die weltanschaulichen Gegensätze zu »transzendieren« und in den unterschiedlichen Religionen eher das Gemeinsame als das Trennende zu sehen. Was für eine Botschaft für den westlichen Zivilisationsmenschen! Dies klingt wie Erlösung angesichts des weitverbreiteten Überdrusses an zweitausend Jahren Religionszwist, Dogmenstreit und Ketzerverfolgungen.

Doch ist dieses Lob nicht einseitig, ja mißverständlich? Gar zu viele Ereignisse, wie sie während der letzten Jahrzehnte Schlagzeilen in der Weltpresse lieferten, laufen allen positiven Einschätzungen diametral entgegen. Indien hat sich traurigen Ruhm gerade dadurch erworben, daß Hindus und Muslime sich gegenseitig erbittert befehden, ja niedermetzeln; der tiefgehende jahrhundertealte Konflikt hat 1947 gar den Subkontinent in zwei verschiedene Staaten gespalten. In Indien selbst befehden sich ebenso heftig Hindus und Sikhs, auch dieser Konflikt fordert ständig Todesopfer. In Indien formierten sich zudem 1986 beim Besuch von Papst Johannes Paul II. Demonstranten mit der Plakataufschrift: »Pope go home«, und es mehren sich inzwischen die Anzeichen, daß »Hindu«-Parteien mit intoleranter Ideologie immer mehr Anhänger finden. Ähnliche Widersprüche zeigen sich bei Buddhisten. Etwa in Sri Lanka. Im selben Land, wo auf dem bereits erwähnten heiligen Berg Sri Pada Buddhisten und Hindus sich im Pilgerstrom vereinen, liefern sich beide Glaubensgruppen einen erbitterten Bürgerkrieg. Die Regierungen in Burma und Bhutan verbieten christliche Mission und bestrafen jede Übertretung mit Gefängnis. Nicht viel anders das hinduistisch regierte Nepal und Sikkim.

Die vielgerühmte religiöse Toleranz scheint demnach keinesfalls die Regel im gelebten Alltag zu sein. Solche Sachverhalte geben Anlaß zu der Frage, ob nicht auch in den heiligen Schriften des »Ostens« Strukturen angelegt sind, die einen Fanatismus gegen

Andersdenkende begünstigen. Am Beispiel des christlichen und islamischen Denkens haben wir gesehen, daß die Antwort sehr komplex ausfallen muß. Ähnliches könnte für die Entwicklung des Hinduismus und Buddhismus gelten – nur daß dort Toleranz und Intoleranz nicht nach unseren Maßstäben gewichtet sind.

Auf ganz andere Weise als gegenüber dem Islam tun wir uns schwer mit »östlichen« Religionen. Besonders mit dem Hinduismus. Die Schwierigkeiten beginnen schon beim Namen. Hindus haben ihre Religionsbezeichnung nicht durch einen ihrer Propheten oder nach einem wegweisenden Stifter erhalten – und dies unterscheidet ihren Glauben von dem der Christen, Muslime und sogar der Buddhisten –, den Namen prägten vielmehr fremde Völker, Außenstehende. Islamische Eroberer sprachen erstmals vom »Hindu«, indem sie alle nichtmuslimischen Inder nach dem Fluß Sindhu, dem heutigen Indus, nannten (dessen Name letztlich nur »Fluß«, der Fluß schlechthin, bedeutet). Europäische Religionswissenschaftler führten Jahrhunderte später die Benennung »Hindu« in ihre Abhandlungen ein. Die Betroffenen haben den fremden Namen ohne Widerstand für sich selber als Eigenbezeichnung übernommen, als es darum ging, sich gegen die anderen Religionen, die nun verstärkt auftraten, abzugrenzen. Für uns ist diese Gleichgültigkeit gegenüber der Selbstdefinition wenig nachvollziehbar. Irritiert müssen wir auch zur Kenntnis nehmen, daß Hindus einen Religionsstifter in unserem Sinn überhaupt nicht kennen, sondern als maßgebliche Autorität verschiedenste Namen nennen.

Auf den ersten Blick scheint uns hier der Buddhismus eher einen Einstieg nach unseren Maßstäben zu bieten, ist doch Buddha eindeutig der Stifter dieser Religion. Aber dem Buddhismus geht der Ruf voraus, eine »Religion ohne Gott« zu sein. Wer allerdings buddhistische Tempel kennt, weiß aus eigener Beobachtung, daß dort Gläubige durchaus vor Götterstatuen beten, und dies begleitet von allerlei prunkvollen Ritualen. Trotzdem bestätigen viele Buddhisten im persönlichen Gespräch, ihre Religion kenne nicht den »engen« Glauben an einen Gott oder Götter. Aus unserer Sicht klafft hier eine Diskrepanz zwischen einer real gelebten Volksgläubigkeit mit all ihrer Neigung zu magischen Praktiken wie auch zur rituellen Erstarrung und andererseits der abstrakten Klarheit hoher Philosophie. Ähnlich kraß im Hinduismus. Was aber sind die treibenden, heute bestimmenden Kräfte beider Religionen?

Bis in unsere jüngere Gegenwart haben wir es versäumt, uns mit den verwirrenden Aspekten »östlicher« Religionen gründlicher auseinanderzusetzen. Nicht nur der Hinduismus, auch der Buddhismus ist lange Zeit nur nebelhaft verschwommen bekannt gewesen, bevor Europa im Zeichen des Kolonialismus nach Ostasien vordrang; aber selbst dann sind diese Religionen nur eine interessante Materie für Religionswissenschaftler, Ethnologen und Anthropologen geblieben. Nach Mitte des 19. Jahrhunderts war es für europäische Gelehrte schwierig, die Unterschiede zwischen Hinduismus und Buddhismus klar herauszuarbeiten. Eine derartig langanhaltende Unkenntnis ist nur aus der geographischen Ferne zu erklären. Europäer haben sich nie durch hinduistische oder buddhistische Großmächte in ihrer Sicherheit gefährdet gefühlt, sind auch niemals mit einem der Staaten Ostasiens in kulturelle Rivalitäten verstrickt gewesen. So sehr dieses Desinteresse auch zu bedauern ist, hat es wenigstens einen Vorteil gehabt: Anders als gegenüber dem bedrohlichen Nachbarn Islam haben sich gegenüber dem Hinduismus und Buddhismus keine tief verwurzelten Feindbilder entwickeln können.

Erst während der sechziger Jahre unseres Jahrhunderts, seit wir in unserer Zivilisation die eigenen Errungenschaften skeptischer einschätzen, hat der »Osten« als geistiger Gegenpol zum »Westen«, hat »östliche« Weisheit eine bisher nicht gekannte Anziehungskraft auf Sinnsucher aus Europa und Amerika erlangt. Und seitdem ist auch das Interesse an der Frage gewachsen, ob denn Hinduismus und Buddhismus bessere Konzepte entwickelt haben, mit fremden Glaubensüberzeugungen umzugehen.

Kann uns, wenn nun der Dialog der Religionen stärker in Gang kommt, »östliches Denken« tatsächlich neue Impulse geben?

Hindus denken »universal«

Dominierende Glaubensrichtungen: Shivaismus, Vishnuismus

Unterschiede? Die seien doch eher äußerlich, letztlich sei alles dasselbe.

Eine Antwort wie diese konnte meine Neugier nicht befriedigen. Ich hatte von einem Hindu, mit dem ich vor den wuchtigen Tempeltürmen der südindischen Pilgerstadt Madurai ins Gespräch kam, wissen wollen, wie er denn die wesentlichen Unterschiede zwischen dem Glauben an Gott Shiva und Gott Vishnu sehe. Die Frage erschien mir insofern wichtig, da ja im gesamten hinduistischen Kulturkreis, ob nun in Indien, Nepal oder Bali, ein Großteil der Tempel entweder Shiva oder Vishnu geweiht ist – so, als handle es sich um zwei grundsätzliche Konfessionen.

In Madurai standen wir inmitten eines bunt wogenden Pilgerstroms vor einem der berühmtesten Shiva-Heiligtümer Indiens, und er, ein westlich gekleideter Student im weißen Hemd und Blazer, hatte das Gespräch mit mir gesucht. Da er demnächst zum Jurastudium nach England reisen wollte, war es ihm ein besonderes Bedürfnis, mit Ausländern über Europa zu reden, andererseits quittierte er mit freundlichem Lächeln, daß ich mich für den Hinduismus interessierte. Er wußte allerhand über die Baustile indischer Tempel zu berichten, und in diesem Zusammenhang ging er ausführlich darauf ein, anhand welcher typischer Merkmale man die Statuen von Shiva und Vishnu unterscheiden könne: Shiva sei meist mit vier Armen dargestellt, er halte einen langstieligen Dreizack, einen Bogen, eine Glocke und eine Sanduhr in den Händen, manchmal hänge um seinen Hals eine Kette von Menschenschädeln, oft habe der Gott ein drittes Auge auf der Stirn. Vishnu sei ebenfalls meist mit vier Armen abgebildet, aber in seinen Händen halte er eine Lotusblüte, eine Muschel, einen Diskus und eine Keule, und um seinen Hals winde sich eine Blumenkette …

Unser Gespräch wurde allerdings immer vager, je konkreter ich wissen wollte, wie er als Hindu die tieferen geistigen Unterschiede zwischen beiden Glaubensrichtungen verstehe. Es gebe keine großen Unterschiede, sagte er wiederholt. Bei einer derartigen Antwort fiel mir die Parallele zu Christen ein, die man nach den Verschiedenheiten von evangelisch und katholisch fragt, und die darauf vage reagieren: Evangelische und Katholische glaubten so ziemlich dasselbe. Eine Ausflucht also, weil der Gefragte sich in gedankenlos gelebter Tradition nie den Kopf über ein solches Problem zerbrochen hat? Ähnliches könnte man einem Muslim unterstellen, falls er antwortet, es gebe zwischen Sunniten und Schiiten kaum Unterschiede.

Noch mehr befremdete mich eine weitere Reaktion. Wir kamen auf die Gegensätze von »westlichem« und »indischem« Denken zu sprechen. Hierbei fragte ich, ob nicht beide Kulturen unter »Gott« und göttlicher »Offenbarung« etwas Grundverschiedenes verstünden. Und ob die Religionen daher nicht auch in unterschiedlichem Grade »tolerant« seien? Die letzte Frage bejahte der junge Inder entschieden; ihm erschien der Hinduismus toleranter als das Christentum, und in diesem Zusammenhang sagte er mit ironischem Unterton, daß die Europäer sehr darauf Wert legen, immer exakt zwischen »richtiger« und »falscher« Lehre zu unterscheiden. Doch dann wurde das Gespräch wiederum vage, je mehr ich darauf drängte, nun konkreter zu erfahren, wo ein Hindu in diesem Fall die wesentlichen Unterschiede sah. Wieder kam die verschwommene Antwort, nun noch um eine Nuance heftiger: Alles sei doch letztlich dasselbe. Er zeigte trotz freundlichen Lächelns eine leichte Ungeduld, auch ihn schien allmählich das Gespräch zu befremden, wenn auch aus anderen Gründen.

Ich fühlte mich irritiert, da ja in unserer westlichen Fachliteratur die Unterschiede zwischen dem Glauben an Shiva und Vishnu meist einfach und übersichtlich dargestellt sind. Laut ihrer Auskunft wird Shiva als ein Gott überquellender Zeugungskraft verehrt und als ein Gott unermeßlicher Zerstörungswut gefürchtet, er ist ein Gott der Extreme, bei dessen unberechenbaren Äußerungen der Mensch zu lernen hat, das Irdische um so intensiver als unbeständige Scheinhaftigkeit abzulehnen; Askese, Weltentsagung ist höchstes Ziel. Dem Shiva-Gläubigen bleibt bei allem Schrecken der Trost, daß nur das trügerische Erscheinungsbild des sinnlich Wahrnehmbaren zerstört werden kann, das »Ewige« im Menschen aber »gereinigt« in die Gottheit zurückfließt. Anders erscheint die Welt dem Vishnu-Gläubigen. Zwar sieht auch er das Irdische als trügerischen Schein an, von dessen Verlockungen man sich nicht umgarnen lassen soll, er strebt jedoch nicht im selben Maß zur weltüberwindenden Askese. Ihm erscheint Gott ausgeglichener, ruhiger, heiterer, den Menschen liebevoll zugewandt. Dies sind, in aller Kürze skizziert und dabei notgedrungen vergröbert dargestellt, zwei Grundtypen von Welterfahrung, wie sie uns bei anderer Einkleidung auch nicht fremd sind. Aber im Hinduismus haben sie sich zu den beherrschenden Glaubensrichtungen mit verschiedensten Nebenströmungen herausgebildet. Können wir jedoch Shivaiten und Vishnuiten in dem Sinn unterscheiden, wie wir im Christentum und Islam die Konfessionen trennen?

Nach unserer Erfahrung müßte es bei derart verschiedenen Konfessionen mit je einem höchsten Gott als Weltenherrn zu schroffen Abgrenzungskonflikten kommen, ja zu Glaubenskriegen, wie sie Katholiken und Protestanten, Sunniten und Schiiten geführt haben. Doch ein Blick auf die indische Geschichte zeigt, daß solche Konflikte zwar auftraten, aber Randerscheinungen blieben und schließlich vollends unbedeutend geworden sind.

Unterschiedliche Konfessionen, aber keine Glaubenskriege

Historisch zuverlässige Quellen finden wir in der hinduistischen Religionsgeschichte wesentlich seltener, als wenn wir uns mit christlicher oder islamischer Überlieferung beschäftigen. Denn die Hindus legten mehr als zwei Jahrtausende lang keinerlei Wert auf exakte Geschichtsschreibung. Was ihnen von Belang erschien, hielten sie in der Frühzeit, ja bis weit in die klassische Epoche herein mythisch erzählend durch ihre großen Epen fest; und so sind wir darauf angewiesen, vor allem die indischen Götter- und Heldensagen auf Ereignisse zu überprüfen, die Aufschluß über einstige tiefgehende weltanschauliche und politische Konflikte geben könnten.

Wenn wir auch heute im Alltag der Hindus keine nachhaltigen konfessionellen Spannungen zwischen Shivaiten und Vishnuiten feststellen können, so heißt das nicht, daß ein friedliches Zusammenleben immer selbstverständlich gewesen wäre. Indiens größtes Epos, das »Mahabharata«, vom 4. bis zum 1. Jahrhundert vor unserer Zeitrechnung entstanden, deutet mehr als alle anderen heiligen Bücher auf einstige Konflikte zwischen beiden Konfessionen hin. Im Zwölften Buch der Dichtung ist eine Szene beschrieben, die das Ende eines Richtungsstreits der gegensätzlichen Gruppierungen, ja gar eines Machtkampfes zwischen den Priesterkasten der Shivaiten und Vishnuiten ahnen läßt. Typisch ist gerade hier die mythische Form, hinter welcher die realen geschichtlichen Vorgänge zurücktreten. Es wird ein Streit der beiden Götter geschildert, wobei Shiva in der Inkarnation von Rudra, Vishnu wechselweise als Narayana oder Hari auftritt. Ihr Streit endet aber nicht mit Sieg oder Niederlage eines der Götter, sondern findet durch Vermittlung des Gottes Brahma zu einer versöhnlichen Wendung. In der Strophe 131 spricht Hari (Vishnu) zu Rudra (Shiva): »Wer dich kennt, der kennt mich, wer dir anhängt, hängt mir an. Zwischen uns beiden ist kein Unterschied. Mögest du nie anders denken.«[1]

Und in einer anderen heiligen Schrift, der Skanda-Upanishad, ist über die beiden gegensätzlichen Hauptgötter zu lesen: »Das Herz Shivas ist Vishnu, das Herz Vishnus ist Shiva«.[2] Nach der Überzeugung des Indologen Jakob Wilhelm Hauer kann man die Aussage dieser letzteren Schrift als das abschließende Ergebnis jahrhundertelangen Ringens im Glaubenskampf betrachten.[3] Dies geschah während des ersten Jahrhunderts unserer Zeitrechnung. Man müßte demnach bei den Hindus das Verschwinden des Konfessionenkonflikts auf einen Zeitpunkt datieren, als im Abendland die Christen erst in heftigem Fanatismus den Streit um dogmatische Unterschiede anzufachen begannen. Angesichts solcher Zitate wird klarer, was der junge Hindu in Madurai gemeint haben könnte, als er mir zur Antwort gab: Die Unterschiede im Glauben an Shiva oder Vishnu seien unwesentlich, letztlich sei alles dasselbe. Seine Antwort beruhte weniger auf unklarem Denken als auf einem Mißverständnis. Weder verstand er meine Frage in ihrer eigentlichen Zielrichtung noch ich seine Antwort in ihrer ganzen Tragweite. Könnten wir ähnlich aneinander vorbeigeredet haben, als ich auf den Unterschieden zwischen »östlicher« und abendländischer Religiosität beharrte?

Bleiben wir zunächst bei der indischen Kultur.

Die Hindus haben nach jahrhundertelangen Glaubensstreitigkeiten eine Lösung vollzogen, wie sie in unserer abendländischen, aber auch in der islamischen Geschichte nur schwer nachvollziehbar ist. Dabei bestehen zwischen Vishnuiten und Shivaiten weiterhin beträchtliche Unterschiede im Glauben, wie denn nun das Göttliche aufzufassen und zu definieren sei, wie denn nun der Gläubige die Welt zu verstehen habe. Nicht minder klaffen die Differenzen in den Tempelzeremonien. Vishnuiten bringen ihren Göttern nur vegetarische Speisen als Opfer, dazu Blumen, Schmuck und Gewänder. Ein Greuel wäre ihnen das Schlachten von Tieren – genau dies aber praktizieren Shivaiten, wenn sie vor den Altären der Göttin Kali Ziegen und Hähne enthaupten. Vishnuiten weigern sich kategorisch, solche Tempel überhaupt zu betreten, ja manche von ihnen wenden sogar aus Furcht vor ritueller Verunreinigung das Gesicht ab, wenn sie nur an der Außenmauer eines dieser Heiligtümer vorbeigehen. Umgekehrt meiden Shivaiten Tempel von Vishnuiten, weil dort in manchen Fällen die Priester im Beisein von Niederkastigen oder gar Kastenlosen die Weiheformeln sprechen.[4]

Selbst was die Zeremonien betrifft, bestehen demnach zwischen beiden Glaubensrichtungen gegenseitige Affekte und Abneigungen. Und doch trifft man dann wieder auf Tempel, die sowohl Shiva als auch Vishnu geweiht sind, etwa das Dattatraya-Heiligtum in der nepalesischen Stadt Bhaktapur. Und in großen Pilgerzentren, wo sich die Standbilder verschiedenster Gottheiten auf engem Raum konzentrieren, wogen die Besucherströme ohnehin zu allen Heiligtümern, hier verschwimmen die Konfessionsgrenzen vollends. Was für Hindus eben mehr wiegt als alle nach außen hin auftretenden Unterschiede, ist das Bewußtsein vom gemeinsamen Ur-Grund, ein Wissen, vor dem alle äußeren Erscheinungsformen nur zweitrangig sind.

Dabei fächern sich die Shivaiten und Vishnuiten auch noch untereinander in verschiedenste Glaubensrichtungen auf. Um nur die bekannteste Sonderrichtung zu nennen: Ein Teil der Shivaiten betet vorrangig zur Göttin Kali (die auch Durgah genannt wird), sie gilt als Gattin des Shiva – ihr aber messen viele Gläubige mehr Bedeutung zu als dem Gott selber, weil sie deren »weibliche« Zeugungskraft der männlichen gegenüber als überlegen ansehen. Die Unterschiede gehen noch weiter: Kali (oder Durgah) gilt aus dieser Sicht als die eigentliche »Urkraft«, die erst einem Shiva das Leben einhaucht. Aber selbst solche Gegensätze liefern keinen Anlaß zur Fehde.

Verständigung auch mit Atheisten

Schon in früher Zeit, noch Jahrhunderte vor unserer Zeitrechnung, schütteten die Hindus auch den geistigen Graben zwischen Gottgläubigen und Atheisten zu. Gerade auf dem indischen Subkontinent mit seiner Vielfalt an religiösen und philosophischen Entwürfen hatte sich ungehindert eine Denktradition entfalten können, die eine Existenz ewig lebender Götter oder gar eines Weltenherrn leugnete, dafür aber ein unpersönliches, anonym wirkendes Weltgesetz an höchster Stelle wirken sah.

Diese atheistischen Philosophen, wie sie bereits zu Lebzeiten eines Buddha im 5. Jahrhundert vor unserer Zeitrechnung in Indien beachtliche Aufmerksamkeit erregten, lehrten: Der Mensch könne sich ganz aus eigener Kraft von irdischen Begierden lösen und den Seelenfrieden finden, er brauche sich dazu nicht auf die bloß eingebildete Hilfe von Göttern verlassen. Mit dieser Auffassung provozierten sie die Anhänger Shivas und Vishnus. Doch in eben jenem Zwölften Buch des Mahabharata, wo auch Shivaiten und Vishnuiten zur Versöhnung kommen, findet sich eine entsprechende Konfrontation mit den Atheisten. Ein alter Weiser faßt nach einem Disput der verschiedenen Denkrichtungen zusammen: »Den Standpunkt seiner Partei muß man wahren. Aber in der Verständigung liegt das Heil.«[5]

Wenn jedoch für die Gottgläubigen auch der Atheist nicht ein verdammenswerter Ketzer ist, sondern von vornherein ein ernstzunehmender Gesprächspartner – mehr noch: ein Mensch, der eben aus einer anderen möglichen Sicht heraus das Kosmische definiert –, dann ist endgültig jener Horizont überschritten, innerhalb dessen wir im Abendland oder die Muslime religiöse Wahrheit begreifen.

Welch ein Denkansatz! Die Hindus zielen nicht darauf ab, fremde Überzeugungen aus dem eigenen Kosmos auszugrenzen, sie polarisieren nicht in richtig oder falsch, gut oder böse. Die Hindus reihen vielmehr in richtig und auf andere Weise ebenfalls richtig, in gut und weniger gut; im äußersten Fall stufen sie Wahrheiten hierarchisch ab. Sie wagen also den Versuch, das Gegensätzliche unter dem Dach eines einzigen Glaubensgebäudes anzusiedeln, in der Überzeugung, niemals könnten die Gegensätze das eigene Band zerreißen.

In den heiligen Schriften der Hindus findet sich kein klar bestimmbarer Stifter wie etwa im Neuen Testament Jesus, im Koran Mohammed und im Pali Kanon Buddha. Zwar kennen die Hindus bedeutende Propheten, aber keiner von ihnen gilt als der wegweisende Lehrer, der bevorzugt vor allen anderen die göttliche Offenbarung empfangen hätte. Hindus verehren als große Lehrer einerseits menschgewordene Götter, so die Könige Rama und Krishna, die als verschiedene Erscheinungsformen von Vishnu gelten. Hindus erheben andererseits Philosophen aus geschichtlich klar faßbaren Epochen zu zentralen Autoritäten, besonders herausragend den Brahmanen Shankara. Nach ihrer Ansicht hat jeder dieser Verkünder auf ganz andere Weise – auf verschiedener Bewußtseinsstufe – »Wahrheit« formuliert, ohne frühere Einsichten aufzuheben oder wenigstens einzuschränken.

Die ältesten Überlieferungen solcher Lehren sind vermutlich schon um das Jahr 1500 vor unserer Zeitrechnung von Brahmanen niedergeschrieben und mehr als ein Jahrtausend lang durch immer neue Zusätze ergänzt worden; man hat sie unter dem Sanskrit-Namen »Veda« (»Wissen«) zusammengefaßt. Hinzu kommen umfangreiche theologische und philosophische Kommentare, die »Upanishaden«, die, wörtlich übersetzt, »dem Lehrer nahe sitzen« bedeuten, im übertragenen Sinn aber Wissen für die geistig Eingeweihten darstellen. Sie, eine Sammlung verschiedenster Schriften, bilden die jüngste Schicht hinduistischer Klassik; ihre letzten Schriften verfaßten die Brahmanen erst unter der Herrschaft der islamischen Moguln um das Jahr 1600. Anders als in der Bibel und im Koran kommen in den Veden und Upanishaden die gegensätzlichsten Propheten und Lehrer zu Wort, deren Verkündigungen sich – zumindest nach unseren westlichen Maßstäben – gegenseitig ausschließen würden. Auf unsere Verhältnisse bezogen würde das heißen, so definiert es Helmuth von Glasenapp in seinem Hauptwerk »Die fünf Weltreligionen«, als »wenn das Christentum nicht nur alle Lehren der katholischen Kirche bis 1500, sondern vergleichsweise auch die großen Ketzer des Mittelalters, die Reformatoren und die Stifter aller Sekten als gleichberechtigte Experten der christlichen Heilswahrheit bezeichnete.«[6]

Entsprechend weit – und für unsere Begriffe unübersichtlich – ist der Kosmos der Götter. Anders als in der griechischen und römischen Mythologie sucht man bei den Hindus vergeblich nach einer klaren, für alle verbindlichen Rangordnung der Gottheiten. So beten in manchen Dörfern die Bauern zu einem höchsten Wesen, das hundert Kilometer weiter völlig unbekannt ist, und diese Bauern interessieren sich wenig für Shiva oder Vishnu. Aber diese Anhänger nur wenig verbreiteter Lokalgötter bezeichnen sich mit der gleichen Überzeugung als Hindus wie die Verehrer Shivas und Vishnus.

Shankara und die Vedanta-Lehre

Um eine derart lockere Reihung gegensätzlicher Welt- und Gotteserklärungen innerhalb einer einzigen Religion dauerhaft zusammenzuhalten, bedurfte es entsprechend großer Denkanstrengungen. Es hat mehr als ein Jahrtausend gebraucht, bis die Priesterkaste der Brahmanen die endgültige, bis heute allgemein anerkannte geistige Verklammerung geschaffen hat. Die entscheidende, krönende Leistung in diesem Sinne ist unlösbar mit dem Brahmanen Shankara verknüpft. Historiker datieren seine Lebenszeit nach nur unzureichend gesicherten Quellen auf die Jahre 788 bis 820, demnach wäre er nur 32 Jahre alt geworden.

Shankara, ein Zeitgenosse Karls des Großen einerseits und des Kalifen Harun Al Raschid andererseits, soll einer (freilich umstrittenen) Legende zufolge aus Kerala an der Malabarküste stammen und, was historisch klarer nachzuvollziehen ist, in späteren Jahren als ein gefeierter Reformator und Erneuerer des Hinduismus durch den indischen Subkontinent gezogen sein. So wenig Aufmerksamkeit die Hindus seiner Chronologie gewidmet haben – eine schon erwähnte typische Eigenart ihrer Gleichgültigkeit gegenüber geschichtlichen Abläufen –, um so deutlicher steht uns sein Werk vor Augen. Dort erscheint er uns nicht nur klar umrissen als ein universal denkender Philosoph von welthistorischem Format, sondern auch als tiefreligiöser Mystiker. In einem gewaltigen Lehrgebäude hat er die Überlieferung des Veda und der Upanishaden zusammengefaßt, systematisiert und neu aufeinander bezogen.

Shankara lehrt die sogenannte »zweistufige Wahrheit«. Der Mensch, so sagte er, könne mit seinem begrenzten Bewußtsein die Gottheit nicht wahrnehmen, wie sie tatsächlich beschaffen sei, sondern nur als Erscheinungsform, als »Illusion«, durch den Schleier der Maya getrübt. Je stärker sein Erkenntnisvermögen an irdische Denkgewohnheiten gebunden bleibe, um so mehr neige er dazu, die ihm vertraute Erscheinungsform – ob Shiva, ob Vishnu oder eine völlig andere Gottheit – als »Wahrheit« schlechthin zu verstehen. Nur der wahrhaft Weise könne sich durch lebenslange Meditation aus diesen Illusionen lösen, den Schleier der Maya durchstoßen und erkennen, daß hinter allen Gegensätzen das Brahman, das unpersönliche All-Eine stehe. Alle Religionen und Philosophen seien lediglich Teilaspekte des »Einen«, lediglich Vorstufe der absoluten Wahrheit. Wenn auch nach den Maßstäben der menschlichen Vernunft die Unterschiede zwischen den Religionen weiterhin als unauflösbare Widersprüche erschienen, so seien diese Diskrepanzen nur als »äußerlich«, als ein »trügerisches« Gaukelspiel der Sinne zu verstehen. Man könne durch Meditation die »Oberfläche« logischer Begrifflichkeit hinter sich lassen und zu einer tieferen, nur mystisch erfahrbaren Wirklichkeit jenseits aller Worte vordringen. Shankara selber hat eine solche Erkenntnis als abschließende Wahrheit des Veda und der darauf gründenden Upanishaden verstanden, weshalb man heute seine Lehre als »Vedanta« (»Ende des Veda«) bezeichnet. Sie hat im Verlauf der Jahrhunderte unter den Hindus so großen Anklang gefunden, daß heute die philosophisch Gebildeten sie als die einflußreichste Ausdrucksform des orthodoxen Brahmanentums betrachten.

Der Schleier der Maya! Dieser Begriff ist inzwischen auch bei uns heimisch geworden als Synonym für »Illusion«. Ein letztlich schon jahrhundertealter Begriff – und doch wie modern. Indem hinduistische Philosophen jede Lehre, jedes Dogma, jede festumrissene Aussage über Gott oder das Göttliche nur als eine »Maya« definieren, weisen sie in mancher Hinsicht eine Parallele zu jener Erkenntniskritik auf, wie sie sich bei uns im Zeitalter der Aufklärung durchgesetzt hat: Der Mensch könne die absolute Wahrheit, das »Ding an sich«, nicht unverstellt erkennen, denn er sei in seiner Wahrnehmungsfähigkeit an die Dimensionen von Raum und Zeit gebunden. Wenn aber im Abendland erst ein Immanuel Kant Ende des 18. Jahrhunderts grundsätzlich und breitenwirksam die Vorstellung widerlegt hat, Gott habe sich »direkt« in einer heiligen Schrift offenbart, so ist eine ähnliche Kritik für die Mehrheit philosophisch gebildeter Hindus spätestens seit Shankara um das Jahr

800 (!) selbstverständlich geworden. Auf diese Weise wurden Hindus viel weniger von jenem Dogmenstreit erfaßt und aufgewühlt, wie er jahrhundertelang sowohl das christliche Abendland als auch die islamische Welt über die Frage gespalten hat: ob Wahrheit absolut oder nur relativ von Menschen erkannt werden könne. Daher ist den Hindus auch der Fanatismus von Fundamentalisten erspart geblieben, die gegen den »Relativismus« der Moderne wüten und darauf beharren, Gott habe die heilige Schrift seinen Philosophen Wort für Wort »diktiert«.

Trotzdem gibt es im Lehrgebäude des Vedanta auch Widersprüche; zumindest aus unserer Sicht. Etwa, wenn Shankara den Versuch unternimmt, erstmals eine fremde Religion in den hinduistischen Pantheon einzubeziehen – den Buddhismus. Shankara lehrt, daß Gott Vishnu in Gestalt des Religionsstifters Buddha aufgetreten sei, um die Dämonen durch eine »falsche«(!) Lehre zu verwirren und zu schwächen. Eine Äußerung wie diese macht stutzig. Gibt es also doch die Unterscheidung von »wahrer« und »falscher« Religion?

Ein Blick auf die Konflikte der damaligen Epoche könnte diesen Eindruck verstärken. Denn Shankara lebte und wirkte zu einer Zeit, als in Indien Hindus und Buddhisten erbittert um die politische und auch kulturelle Vorherrschaft rangen; ja, Shankara gilt gar als der kraftvolle Reformator des Hinduismus mit deutlicher Stoßrichtung gegen den Buddhismus. Aber: Bei allen offenkundigen Rivalitäten hüteten sich Shankara und seine Anhänger, die Religion der Gegner grundsätzlich abzuwerten – anders als etwa die Christen, die den Islam lange Zeit als eine »satanische« Religion diffamierten. Die Hindus begriffen vielmehr den Buddhismus, wenn auch hierarchisch niedriger eingestuft, als organischen »Teil des Ganzen«. Shankara hat, selbst wenn er sich aus politisch motivierter Abwehr heraus antibuddhistisch verhielt, interessiert die buddhistische Philosophie seiner Zeit studiert. Und dieses Studium erst gab ihm, dem Hindu, entscheidende Anstöße. Die Religionswissenschaft von heute sieht Shankaras Lehre der »zweistufigen Wahrheit« durch das Schrifttum der politischen Gegner stark beeinflußt, wenn nicht gar in etlichen Teilen inspiriert. Im Buddhismus findet sich, wie noch zu zeigen sein wird, die Erkenntnis von der begrenzten Wahrheit aller dogmatisch fixierten Religionen noch früher und entschiedener ausgeprägt als im Hinduismus.[7]

Madhva, ein rares Beispiel dogmatischer Intoleranz

Innerhalb der hinduistischen Geistesgeschichte treffen wir nur auf wenige Theologen oder Philosophen, die rigoros fremde Glaubenslehren abwerten – Persönlichkeiten also, die in ihrem Denken an christliche oder islamische Fanatiker erinnern. Und doch hat es sie auch bei den Hindus gegeben. Einer von ihnen sei hier erwähnt: Madhva, der während des 13. Jahrhunderts in Südindien lebte und eine scharfe Gegenposition zur Philosophie eines Shankara bezog.

Madhva vertrat strikt das Dogma, Vishnu sei der höchste und einzige Weltenherr, jede andere Ansicht müsse als Irrtum abgelehnt werden, so auch die Konfession der Shivaiten. Mehr noch: Die weltlichen Machthaber sollten die bisher geübte Toleranz aufgeben und fremde Konfessionen verfolgen. »Einem Ketzer, der von Gutgesinnten [den Vishnuiten] in einer Disputation besiegt wurde und nicht bereut, soll der König die Zunge spalten [...] und ihn aus dem Reich heraustreiben, ja [...] ohne Bedenken töten lassen«, empfahl der Fanatiker den Politikern.[8]

Madhva glaubte sich mit solch schroffem Absolutheitsanspruch auf Textstellen der Bhagavad Gita berufen zu können, dem »Gesang des Erhabenen«, einem der berühmtesten philosophischen Lehrgedichte des Hinduismus, das im Epos »Mahabharata« enthalten ist. Dort läßt Gott Vishnu den Fürsten Krishna als seine menschliche Erscheinungsform auftreten und verkünden: »Ich bin der Ursprung dieser Welt, ich bin zugleich ihr Untergang. Es gibt nichts Höheres als mich, das Einzig-Eine bin ich nur, um mich ist dieses All gereiht wie Perlen an der Seidenschnur.«[9] In der Bhagavad Gita weiß Krishna über andere Götter auch zu sagen: »Welcher göttlichen Gestalt ein frommer Mensch sich immer weiht, ich bin es, der den Glauben ihm zu diesem seinem Tun verleiht. Wer zur Erfüllung eines Wunschs fromm eine andere Gottheit ehrt, dem wird, was er von ihr erhofft, in Wahrheit nur von mir beschert. Doch ist vergänglich nur der Lohn, der diesem Toren wird zuteil: Zu Göttern geht, wer Göttern dient, wer mich ehrt, findet ew'ges Heil [...] Verhüllt durch meine Yoga-Kraft, bin ich nicht jedem offenbar, verblendet kennt die Welt mich nicht als anfangslos unwandelbar.«[10]

Aussagen wie diese erinnern durchaus an Worte Jesu mit ähnlichem Absolutheitsanspruch. Wenn solche Textstellen sich auf Toleranz hin interpretieren lassen, dann bestenfalls auf eine hierarchisch abgestufte Duldung hin – wie sie liberale Christen aus verschiedenen Stellen der Bibel oder weltoffene Muslime aus dem Koran herauslesen: Andersgläubige seien zwar auch »Kinder Gottes«, aber erst unterwegs zum vollen Heil. Bemerkenswert für die weitere Entwicklung des Hinduismus ist aber, daß derartige Tendenzen die Gläubigen nie in Massen dazu verleitet haben, einer radikalen Textauslegung wie der des Fanatikers Madhva zu folgen. Vielmehr haben sich die Hindus in ihrer überwiegenden Mehrheit, indem sie die Bhagvad Gita kennenlernten, nur darin bestärkt gesehen, die eigene Gottheit mit um so größerer Hingabe zu verehren.

Gurus und Intoleranz

Intoleranz im religiös Dogmatischen ist eine Angelegenheit kleiner, exklusiver Zirkel geblieben. So hat sie vereinzelt auch auf Gurus übergreifen können. Die Gurus, ursprünglich in Einsamkeit lebende Asketen und zeitweilig als Lehrer in brahmanischen Familien tätig, haben während des 8. und 9. Jahrhunderts als Sektenführer immer größeren Einfluß nehmen können und sind seither von ihren Anhängern teilweise als »Avatara«, Erscheinungsform eines Gottes, verehrt worden. Gurus dieser Art haben sich in einer Atmosphäre kritikloser Verehrung zeitweilig zu grenzenloser Selbstüberschätzung hinreißen lassen, indem etliche von ihnen herrisch beanspruchten, den höchsten »spirituellen« Rang aller Gurus zu besitzen, und nicht davor zurückschreckten, andere Sektenführer mit ätzenden Schmähworten in ihrer Bedeutung herabzuwürdigen.[11]

Diese spirituelle Arroganz hat während der folgenden Jahrhunderte zu mörderischen Konsequenzen führen können, vor allem in Pilgerzentren. Dort, wo sich an hohen religiösen Festtagen Tausende Gläubige auf den viel zu engen Ufertreppen zum Ganges drängen, hat sich eine strenge Rangordnung herausgebildet, wer als besonders »Würdiger« zuerst in die »heiligen« Fluten steigen darf. Für Gurus Anlaß zu erbitterter Rivalität! Fanatiker mobilisierten die Anhängerschar der eigenen Sekte, um den Anspruch auf höchste »Spiritualität« in aller Öffentlichkeit kompromißlos geltend zu machen. Es ist deshalb zu Handgemengen gekommen, ja Schlägereien, mehr noch: zu Mord und Totschlag zwischen den »heiligen« Männern. Berühmt und berüchtigt geworden ist jenes Massengemetzel im Pilgerort Hardwar vom Jahr 1760, als Gurus bei einem Streit um den Vorrang des Badens ihre Dreizacksymbole als Waffe benutzten und sich gegenseitig niederstießen; in der dann aufbrandenden Hysterie erschlugen die Anhänger der verschiedenen Guru-Sekten Tausende ihrer verhaßten Rivalen. Ähnlich blutige Schlachten zwischen verfeindeten Guru-Sekten hat es aus demselben Grund verschiedene Male auch in den Pilgerorten Ujain und Nasik gegeben.[12]

Sektiererischer Abgrenzungseifer unter Gurus mit weniger mörderischen Konsequenzen, aber deutlich aggressiv, kann sich bis in die Gegenwart äußern. So ist in den sechziger Jahren unseres Jahrhunderts besonders der religiöse Führer der Hare-Krishna-Sekte dadurch aufgefallen, daß er gegen die »Halunken« wetterte, die in der Tradition Shankaras das unpersönliche Brahman verehrten, anstatt alle Aufmerksamkeit auf Krishna, den persönlichen Gott, zu konzentrieren.[13] Eine solche Haltung erinnert in ihrer schroffen Abgrenzung durchaus an ähnliche Polemik des Sektenführers Madhva acht Jahrhunderte früher. Nach wie vor ein untrügliches Anzeichen, daß auch im Hinduismus durchaus die Anlage zur Intoleranz schlummert. Entscheidend bleibt aber, daß bis heute fanatische Ablehnung fremder Dogmen nie die Volksmassen in ihrer Breite erfassen konnte.

Zu dogmatischer Intoleranz ließen sich Hindus auch dann nicht hinreißen, als Indien mit völlig andersgearteten Religionen zusammenstieß – Religionen, die sich jeweils selber als die einzig richtige Offenbarung verstanden: Islam und Christentum. Die Elite der Hindus begegnete diesen missionarisch aggressiv vordringenden Glaubenslehren vorwiegend mit den geistigen Waffen der Vedanta-Philosophie. Und diese Form der Auseinandersetzung ist es, die den Hinduismus gerade auch in unserer Zeit – als eine Herausforderung großen Stils – interessant macht.

Indiens moderne Antwort an fremde Religionen

Mahatma Gandhi als Symbol der Toleranz

»Wer bin ich, daß ich mich zum Richter machen und sagen könnte, ich betete besser, als Sie es tun? […] Ich kann nicht sagen, daß, weil ich Gott auf diese Weise gesehen habe, die ganze Welt ihn auf diese Weise sehen müsse. […] Die Religion eines anderen Menschen ist für ihn ebenso wahr, wie es die meine für mich ist. Ich kann nicht über seine Religion richten… Es gibt keine Religion, die absolut vollkommen wäre. Alle sind sie unvollkommen oder mehr oder minder unvollkommen.«[1]

Solche Worte klingen nach moderner Aufklärung. Sie scheinen von einem Skeptiker zu kommen, dem es unmöglich geworden ist, sich voll und ganz mit dem eigenen Glauben zu identifizieren. Diese Worte stammen aber von Mahatma Gandhi, und er betrachtete sich, was viele andere Äußerungen belegen, als »orthodoxen Hindu«, denn er glaubte an die Veden, Upanishaden, Puranas, an die göttlichen Inkarnationen und die Wiedergeburten.[2] Der Mahatma, die »Große Seele«, wie sein späterer Ehrentitel lautet, ist mit solchen Worten nur der uns bekannteste und meistzitierte Hindu. Ihm gingen jedoch Generationen bedeutender Philosophen voran, die ähnlich formulierten und damit auf ihre Weise die Begegnung mit anderen, teils konträren Religionen zu bewältigen versuchten. Je mehr im Gefolge von Eroberern und schließlich der britischen Kolonialherren Islam und Christentum in Indien eindrangen, um so wichtiger ist für die intellektuelle Elite der Hindus das Vedanta geworden. Hindus durchdachten die alte Überlieferung neu, wandten die Philosophie des Shankara auf die geistigen Umbrüche und Konfrontationen ihrer Zeit an und fanden so, wie sie es selber sahen, zu einem aktualisierten Vedanta, dem sogenannten Neo-Vedanta. Diese machtvolle Bewegung entstand im 19. Jahrhundert und ist mit Persönlichkeiten verknüpft, deren herausragendste auch bei uns hinreichend bekannt geworden sind: Ramakrishna und Vivekananda. Im 20. Jahrhundert ist diese Bewegung zu ihrem

Höhepunkt gekommen und hat in ihren Auswirkungen den Westen erst voll erreicht; hierfür stehen an vorderster Stelle Namen wie Radhakrishnan und Mahatma Gandhi.

Wenn man sich die Biographien von Denkern ihrer Art ansieht, stellt man allerdings fest, daß die meisten von ihnen unter dem Eindruck einer dynamischen westlichen Zivilisation zuerst einmal auf Distanz zu ihrer eigenen Kultur gegangen sind. Mit Bestürzung und Bewunderung zugleich haben sie festgestellt, daß die fremden Eroberer nicht nur militärisch und technisch, sondern auch wirtschaftlich überlegen waren, worauf die Hindus zunehmend auch die fremde Religion einer näheren Auseinandersetzung wert fanden. Gerade gebildete Hindus empfanden angesichts dieser Konfrontation viele der heimischen Traditionen als »erstarrt«, »rückständig«, ja hoffnungslos veraltet, und begannen sich zunehmend mit dem fremden Denken zu identifizieren – bis sie wieder auf Umwegen zu ihrem angestammten Glauben zurückfanden, nun auf höherer Ebene, wie sie es selber formulierten.

Gandhi steht für diese Entwicklung exemplarisch. Er, der von 1869 bis 1948 lebte, litt bereits als Knabe unter der nicht zu übersehenden Dekadenz der Hindukultur und verhielt sich daher in jungen Jahren überaus skeptisch gegenüber der eigenen Tradition. Erst als er während seines Jurastudiums in London ausgiebig mit westlichem Denken in Berührung kam und sich seine Sinnkrise noch verschärfte, hat er die Klassiker des Hinduismus neu gelesen – in englischer Übersetzung allerdings, dafür aber mit wissenschaftlichen Kommentaren versehen, und dies eröffnete ihm Zusammenhänge, die ihm bei seiner begrenzten traditionsgeleiteten Erziehung verborgen geblieben waren. Die Erschütterung ließ ihn zur eigenen Kultur zurückfinden, nun selber in der Lage, schöpferisch interpretierend mit der Überlieferung des Vedanta umzugehen.

Zentrale Denker: Ramakrishna, Vivekananda, Radhakrishnan

Am krassesten aber äußerte sich die Erschütterung bei einem der frühesten und folgenreichsten Neo-Hinduisten, dem Brahmanen Ramakrishna. Er, der von 1836 bis 1886 lebte, stammte wie damals die meisten Erneuerer des geistigen Indien aus Bengalen. Das konnte kein Zufall sein, denn in Bengalens Hauptstadt Kalkutta als dem Sitz der britischen Kolonialregierung wurden Inder am intensivsten durch den Schock der Begegnung mit westlicher Zivilisation verunsichert und schließlich zur Gegenbewegung angespornt. Als radikal Zweifelnder war Ramakrishna vom Hinduismus zum Christentum übergetreten, war dann auch dort ein unbefriedigt Suchender geblieben, so daß er sich schließlich dem Islam, der anderen Religion erfolgreicher Eroberer, zuwandte, um letztendlich wieder zum Hinduismus zu finden. Seine Rückkehr begründete er mit dem Argument, durch die geistige Wanderung von Religion zu Religion habe er erst das Vedanta in seiner ganzen Tiefe verstehen gelernt. Neo-Hinduisten wie Ramakrishna erweiterten das Vedanta-Modell, indem sie nun auch Jesus und Mohammed zu Verkörperungen Vishnus erklärten.

Ramakrishna, der eigentlich Chattopadaya hieß, hat bereits mit seinem selbstverliehenen Heiligennamen das Programm erkennen lassen; in dieser Benennung sind ja die berühmtesten Inkarnationen Vishnus – Rama und Krishna – enthalten. Ramakrishna verkündete, es sei töricht, sich von einer Religion zur anderen zu bekehren, denn *jede* Glaubensform verkörpere einen »Teil« der »Wahrheit«, keine sei falsch, keine umfasse aber das »Ganze«. Bildlich ausgedrückt: »Alle Ströme fließen ins Meer. Fließe und lasse auch andere fließen.«[3] Er hielt die Vielgötterei für ebenso wahr wie den Eingottglauben; beide Formen seien nur verschiedene geistige Zugänge zum »Brahman«, der allumfassenden Weltseele. Oder wie er es auf einen weiteren bildhaften Vergleich gebracht hat: »In einem Töpferladen gibt es Gefäße von verschiedener Gestalt und Form: Krüge, Tiegel, Schüsseln, Teller und so weiter, aber alle sind aus demselben Ton gemacht. So ist Gott auch einer, wird aber in verschiedenen Zeiten und Ländern unter verschiedenen Namen und in verschiedenen Aspekten verehrt.«[4] Und: »Wollt ihr die Wahrheit wissen? Gott hat die verschiedenen Religionen geschaffen, damit verschiedenen Suchern in verschiedenen Ländern zu verschiedenen Zeiten geholfen wird. Alle Lehren sind nur so viele verschiedene Wege, aber ein Weg ist niemals Gott selbst. Man kann Gott erreichen, wenn man einen der Wege mit Hingabe aus vollem Herzen befolgt.«[5]

Swami Vivekananda, sein bedeutendster Schüler, der von 1863 bis 1902 lebte, hat die Lehre des Neo-Vedanta weiter ausgebaut und systematisiert. Ursprünglich hieß er Narendranath Datta, den Heiligennamen Vivekananda hat er sich später zugelegt (»Swami« bedeutet Herr und ist Titel eines Mönchs). Aber bevor Vivekananda seinen Weg fand, hatte er, wie sein Lehrer, beträchtliche geistige Erschütterungen hinter sich bringen müssen. Bei ihm bewirkte der Zusammenprall mit westlichem Denken fürs erste, daß er jegliche Religion als »Aberglauben« verachtete und durch die Lektüre der Evolutionstheorie von Charles Darwin zum Atheisten wurde. Dann stürzte ihn sein einseitiger, nur naturwissenschaftlich orientierter Fortschrittsglaube in eine tiefe Sinnkrise, und er fand zur angestammten Religion zurück – nun aber mit der erweiterten Perspektive dessen, der durch westliches Denken hindurchgegangen ist. Mehr noch: der auch über westliche Zivilisations- und Sinnkrisen einiges erfahren hat. Und gerade, indem er mit den geistigen Welten von »Ost« und »West« vertraut war, hatte er es leichter als indische Philosophen und Gurus vor ihm, in den USA und Europa ein interessiertes Publikum zu finden.

Vivekananda schlägt als hinduistischer Universalist die Brücke zu abendländischem Denken, wenn er sagt: »Von den höchsten geistigen Gedankenflügen der Vedanta-Philosophie, denen gegenüber die letzten Entdeckungen der modernen Wissenschaft wie ein getreues Echo früh ausgesprochener Weisheiten wirken, bis herunter zu den Ideen der Vergötterung, den verschiedenartigsten Mythologien, den Erkenntnissen der Buddhisten und Atheisten, besitzt alles seinen Platz in der Religion der Hindus. Für den Hindu bedeutet daher die Verschiedenheit der Religionen lediglich eine Reise verschiedener Menschen, die anderen Bestimmungen und Umständen unterworfen, dem gleichen Ziel entgegenstreben. Jede Religion entwickelt einen eigenen Gott aus dem nur stofflich gebundenen Menschen, und doch ist es der gleiche Gott, der uns alles eingibt. Warum wohl bestehen dann so viele Widersprüche? Diese sind nur scheinbare, sagt der Hindu, denn alle Widersprüche entstammen der gleichen Wahrheit, die sich lediglich unter anderen Umständen der verschiedenartigen Natur des Menschen anpaßt.«[6] Und: »Da uns als Menschen durch unsere Konstitution auferlegt ist, Gott als Menschen zu sehen, würden – wenn wir dies als Beispiel nehmen wollen – Büffel ihren Gott ebenfalls ihrer Natur gemäß als großen Büffel verehren; ebenso erginge es den Fischen, die, um ihn zu verehren, Gott ihrer Vorstellung gemäß als großen Fisch empfinden müßten. [...] Der Mensch, der Büffel und der Fisch stellen, um einen neuerlichen Vergleich zu gebrauchen, Gefäße Gottes dar. Kommen nun diese Gefäße zum Meer Gottes, um mit diesem Wasser angefüllt zu werden, so müßte dies übereinstimmend mit ihrer jeweiligen Form und ihrem Fassungsvermögen geschehen. Beim Menschen nimmt das Wasser klarerweise des Menschen Form an, während sich beim Büffel und den Fischen Gleiches vollzieht. Und trotz der verschiedenen Formen ist zu guter Letzt doch in jedem dieser Gefäße das gleiche Wasser aus Gottes Meer.«[7]

Im 20. Jahrhundert vertrat ein entsprechendes Denken mit besonderem Nachdruck ein Philosoph, der von 1962 bis 1967 das Amt des indischen Staatspräsidenten ausübte: Sarvepalli Radhakrishnan. Er war durch seine Veröffentlichungen in Indien schon früh an englischen Universitäten derart bekannt geworden, daß man ihn 1936 als Professor für vergleichende Religionswissenschaft nach Oxford berief; dies war insofern ein epochales Ereignis, weil nun erstmals ein führender Vertreter indischer Philosophie einen Lehrstuhl an einer maßgebenden theologischen Fakultät des Abendlandes bekam. 1939 erschien sein Buch »Eastern Religions and Western Thought« (Deutscher Titel: »Die Gemeinschaft des Geistes«), und dort ist unter anderem zu lesen: »Die gestaltlose Flamme geistigen Lebens kann nicht mit menschlichen Worten ausgedrückt werden. [...] Der Name, mit dem wir Gott anrufen, der Ritus, mit dem wir uns ihm nähern, bedeutet nicht viel. [...] Obwohl jede soziale Gruppe ihre Symbole und Riten hat, ihr Idealbild einer Gesellschaft, ihre Stadt Gottes, in der alle Mitglieder der Gruppe Anspruch auf Bürgerrecht haben, können wir das nicht als endgültig betrachten, womit wir zufällig vertraut sind. Die Wahrheit geht immer über die Reichweite des Menschen hinaus; es gibt mehr in Gott, als wir kennen. Die Propheten sprechen von dem ›göttlichen Dunkel‹, und ihr ehrfürchtiger Agnostizismus ist eine würdigere Haltung als die vulgäre Redseligkeit, mit der manche Dogmatiker von den göttlichen Geheimnissen sprechen.«[8]

Das Neue am Neo-Hinduismus und die Grenzen

Nach der Lehre des Neo-Hinduismus sollen andere Religionen nicht bevormundet, nicht herabgewürdigt und gleich gar nicht verdrängt, sondern nur dazu angehalten werden, ihr Selbstverständnis zu ändern: Sie sollen aufhören, sich als exklusive Heilsbotschaften zu verstehen, und sich zu einem Chor zusammenschließen, in dem jede einzelne Stimme zum Wohlklang des Ganzen beiträgt. Der Rahmen dieser religiösen Synthese ist von der vedantischen All-Einheitslehre vorgegeben, weshalb die Vordenker des Neo-Hinduismus und des Neo-Vedanta gerne von einer »Vedantisierung der Religionen« sprechen.[9]

In diesem Zusammenhang korrigieren Neo-Hinduisten auch den Namen ihrer Religion, denn »Hinduismus« ist ja, wie schon erwähnt, eine Fremdbezeichnung für persische und später islamische Eroberer. »Es wäre [...] präziser«, so äußerte sich Vivekananda stellvertretend für viele, »all jene, deren Glaubensgrundlage die Veden – beziehungsweise die Vedantalehre – bilden, als Vedantisten zu bezeichnen«, denn damit lasse sich die angestammte Glaubensgemeinschaft endlich mit einem Eigennamen gegenüber fremden Religionen abgrenzen.[10] (Dieses Problem bleibt allerdings akademisch, schließlich halten sich auch die philosophischen Neuerer weiterhin an die international eingebürgerte Bezeichnung »Hindu«.)

Mit der Philosophie des Neo-Hinduismus ist tatsächlich etwas Neues in das jahrtausendealte Denkgebäude indischer Religiosität gekommen, indem sie die einheimische Überlieferung mit der Methodik abendländischer Wissenschafts- und Erkenntniskritik überprüft und anreichert. Trotzdem bleibt diese Art von Universalismus im Kern unverändert hinduistisch. Dies verleiht ihren Gedanken die große Wirkung.

Doch Wirkung bei wem? In Indien selber unbezweifelbar bei philosophisch gebildeten Hindus, besonders wenn sie »westliches« Denken als geistige Herausforderung empfinden. Kann aber die Masse der Gläubigen eine derart universale Perspektive wirklich nachvollziehen? Muß für sie »Offenheit« in einer solch weltumspannenden Weite nicht ein seltsam leeres Wort bleiben? Echte Toleranz und Aufgeschlossenheit gegenüber einer fremden Geisteshaltung setzen ja ein gewisses Verstehen voraus, und Verstehen ohne ausreichende Information ist unmöglich. Wie sollte jedoch ein Bauer, isoliert in seiner Dorfgemeinschaft lebend, zu einer weiterführenden Kenntnis über fremdes Denken kommen? Er wird konkrete Vorstellungen höchstens von seinen eigenen Göttern und Kulten haben, er wird außerhalb dieses mythologischen Rahmens nicht einmal den Hinduismus in seiner Vielfalt kennen – geschweige denn andere Religionen und Weltanschauungen. »Öffnung« gegenüber Christentum und Islam kann für solche Menschen nur formelhaftes Bekenntnis bleiben. Sie werden zwar kaum an einem Christusbild oder dem Symbol des islamischen Halbmondes Anstoß nehmen, wo ihnen doch beides immer wieder an religiösen Verkaufsständen begegnet, aber für eine tiefergehende Auseinandersetzung mit fremdem Denken sind sie nicht einmal im Ansatz gerüstet.

Daher kann die weitgespannte Toleranz im Zeichen des Neo-Hinduismus nur auf eine schmale Elite begrenzt bleiben, wenn dort auch mit Nachdruck. In dieser Diskrepanz ist einer der Gründe zu suchen, weshalb Indiens Hinduismus entgegen seinen proklamierten Idealen hier und dort eben doch heftig mit anderen – als fremd und eventuell auch als bedrohlich empfundenen – Religionen zusammenprallt.

Zu denken gibt aber auch ein Reflex auf höchster geistiger Ebene. Shankara hat ja, wie bereits erwähnt, durchaus zwiespältig auf den Buddhismus reagiert, jene Religion also, die sich als erste in Indien nicht widerspruchslos dem hinduistischen Pantheon hat eingliedern lassen. Shankara hat zwar der rivalisierenden Religion, durch die er sich herausgefordert fühlte, einen Platz im Pantheon zugewiesen, aber eben hierarchisch tiefer eingestuft. In den Schriften neo-vedantischer Philosophen ist von diesem Affekt gegenüber dem Buddhismus weniger zu spüren. Doch spätestens dann, wenn sich Hindus ausgiebig mit der Metaphysik und Ethik von Christentum und Islam auseinandersetzen, zeigt sich, daß es auch für die weltoffensten Denker deutliche Grenzen der Anerkennung fremder Religionen gibt – und geben muß.

Nicht Christus, sondern Krishna-Christus

Hindus relativieren die christliche Metaphysik

Den sympathischen, lebhaften und fröhlichen Burschen traf ich in dem südindischen Pilgerort Tirukalikundram. Er war Busfahrer, hatte seinen freien Tag und war aus Madras gekommen, um bei einem Tempelfest mitzufeiern. Hier in diesem eher selten von Fremden besuchten Städtchen schien er einer der wenigen Inder zu sein, die sich auf englisch verständlich machen konnten. Neugierig fragte er mich über Europa aus. Unfaßlich erschien es ihm, daß in Europa die meisten Ehepaare getrennt von ihren Eltern, teils in weit entfernten Wohnungen lebten. Überhaupt schien er nur äußerst vage Kenntnisse über die ihm fremde Kultur zu haben, er sprach auch nur bruchstückhaft englisch. Eine für mich eher belanglose Unterhaltung. Doch dann nahm das Gespräch eine unerwartete Wendung. Nachdem er ein paar unverbindlich freundliche Bemerkungen über Christen gemacht hatte, wollte er wissen, ob sich in europäischen Kirchen auch dieses seltsame Christus-Bild finde... Er reckte die Arme in Kreuzhaltung aus, verdrehte die Augen und zog in gespieltem Schmerz den Mund schief, dann lachte er. Ich war zu überrascht, um ihn zu fragen, was ihn zu solch aggressivem Spott reize. Ich antwortete lediglich, es gebe auch in Europa diese Bildnisse. Doch schlagartig hatte mir diese Reaktion gezeigt, daß Jesus durchaus nicht für alle Hindus in den eigenen Pantheon integriert ist, sondern für viele eher fremd oder doch zumindest in Teilen unverständlich bleibt.

Stärkere Vorbehalte gegen Christliches äußern sich aber bis hinauf in philosophisch gebildete Kreise. Auch bei den Neo-Hinduisten; so sehr sie einerseits ihren Respekt vor Christus betonen, rücken sie andererseits von ihm ab. Sie kommen eben doch aus einer ganz anderen geistigen Tradition, und dies demonstrieren sie, indem sie ab einem bestimmten Punkt ihrer Lehre sogar mehr das Trennende als das Gemeinsame in den Vordergrund stellen. Damit stehen sie in der Abneigung dem zitierten Busfahrer näher, als dies auf den ersten Blick erscheinen mag. Nur daß sie ihre Distanz nicht in derart unreflektiertem Spott äußern, sondern philosophisch; aber das ist eine Bildungsfrage.

Ram Mohan Roy, der erste Hindu, der sich überhaupt gründlich mit westlichem Denken und hier vor allem mit fremden Religionen auseinandersetzte, gab beispielsweise 1820 ein Buch mit dem Titel »Gebote Jesu: ein Führer zu Frieden und Glückseligkeit« heraus. In ihm findet sich folgendes Bekenntnis: »Ich habe die Lehren Christi für dienlicher und für den Gebrauch vernunftbegabter Wesen passender gefunden als alle anderen, die ich kenne.«[1] Angesichts solcher Worte muß es jedem Europäer selbstverständlich erscheinen, daß der Verfasser sich innerlich längst von seiner eigenen Religion gelöst hat und zumindest kurz vor dem Übertritt zum Christentum steht. Aber Mohan Roy ist nicht Christ geworden. Was ihn letztlich an der fremden Religion faszinierte, war die Morallehre, nicht die Metaphysik. Er begriff das Ideal der »Nächstenliebe« über alle Schranken von Rasse und sozialen Stand hinweg als bahnbrechende Botschaft auch für Hindus, denn wenn jene die Aufforderung Jesu befolgten, würden sie zwangsläufig ihre eigene Tradition von »Verfälschungen« reinigen – die Hindus würden vor allem die Ungerechtigkeiten eines erstarrten, degenerierten Kastensystems beseitigen. Ram Mohan Roy hielt Jesus bei aller Bewunderung nicht für den zentralen oder gar einzigen Gottesverkünder, er lehnte diesen Anspruch von Christen als »zu eng« ab. Hier argumentierte er wie Neo-Hinduisten nach ihm: Auch wenn er an die Göttlichkeit Jesu Christi glaubte, bestand er darauf, daß Shiva und Vishnu und in verschiedener Abstufung Rama, Krishna, Buddha und Mohammed Erscheinungsformen des All-Einen, des Brahman, seien.

Dieses ambivalente Verhältnis gerade gebildeter, betont toleranter Hindus gegenüber dem Christentum kommt besonders deutlich bei Mahatma Gandhi zum Ausdruck. Gandhi hat ja bekanntlich wiederholt darauf hingewiesen, daß ihn die Bergpredigt Jesu fasziniere und ihn wesentlich in seiner Lehre vom gewaltlosen Widerstand gegen die britische Kolonialmacht beeinflußt habe. Ein solches Bekenntnis hat ihn in europäischen Augen gerne als verkappten Christen erscheinen lassen, der geistig längst auf Distanz zum Hinduismus gerückt sei, so sehr er auch nach außen hin an seiner angestammten Religion festhalte. Gandhi hat in verschiedenen Zeitungsartikeln dazu Stellung genommen und entschieden dieses Mißverständnis zurückgewiesen, beispielsweise so: »Es gab eine Zeit, da ich zwischen Hinduismus und Christentum schwankte. Als ich mein seelisches Gleichgewicht wiedergefunden (hatte), war mir deutlich bewußt, daß ich selber nur durch den Hinduismus erlöst werden könne, und mein Glaube an diese Religion wurde immer tiefer und erleuchteter. [...] Meine Zuneigung zu Jesus ist wirklich groß. Seine Lehre, seine Einsicht und sein Opfertod bewegen mich zur Verehrung. Aber ich muß die orthodoxe Lehre, daß Jesus eine Inkarnation Gottes im feststehenden Sinn des Wortes gewesen oder daß er der einzige Sohn Gottes ist, ablehnen. [...] Die religiösen Ideen sind wie alles andere auf Erden dem Gesetz der Entwicklung unterworfen. Gott allein ist unwandelbar, da aber seine Lehre verkündigt wird durch den unvollkommenen Mittler Mensch, wird sie immer entstellt, mehr oder weniger, je nach der Reinheit des Mittlers.«[2]

Gandhi stößt sich bereits an der christlichen Vorstellung eines persönlichen Gottes, und schon deshalb erscheint ihm die einmalige Beziehung von Gottvater und Gottessohn ein Widerspruch in sich selbst. »Gott ist nicht eine Person«, so schreibt er unmißverständlich in einem anderen Zeitungsartikel, »die Behauptung, er steige, auch heute noch, immer wieder auf die Erde herab in Gestalt eines Menschen, ist eine Teilwahrheit, die nur die Bedeutung hat, daß ein solcher Mensch näher bei Gott lebt. Soweit Gott allgegenwärtig ist, wohnt er in jedem Menschen, und jedermann kann deshalb als seine Inkarnation gelten. [...] Die Wahrheit ist, daß Gott die Kraft ist.«[3]

Die unterschiedliche Deutung von Rama und Krishna

Eine derartige Logik zwingt Gandhi allerdings auch, die Mythologie menschgewordener Götter in der eigenen Religion kritisch zu betrachten und sie letztlich zu relativieren. Gandhi selber erkennt das Problem sehr klar, und als unabhängig Denkender weicht er dem auch nicht aus: »Tausende [Hindus] halten zweifellos Rama und Krishna für historische Figuren und glauben in buchstäblichem Sinne, daß Gott auf die Erde kam in Gestalt Ramas [...] und daß man durch seine Anbetung Erlösung erlangen kann. Dasselbe gilt für Krishna. Geschichte, Einbildung und Wahrheit haben so ein untrennbares Gemisch ergeben. […] Rama, Krishna usw. werden Gottes Inkarnationen genannt, weil wir ihnen göttliche Eigenschaften zuschreiben. In Wirklichkeit sind sie Schöpfungen der menschlichen Einbildungskraft. Ob sie tatsächlich lebten oder nicht, macht für die Vorstellungen der Menschen von ihnen nichts aus.«[4]

Mit einer solchen Einschätzung von Rama und Krishna teilt Gandhi kaum das Lebensgefühl vieler Hindus, im Gegenteil, die Masse der Gläubigen hält daran fest, daß sämtliche mythisch überlieferten Geschehnisse aus dem Leben dieser menschgewordenen Götter sich vor etlichen tausend Jahren tatsächlich auch so zugetragen haben. Hier begegnen wir einem Gegensatz, wie er in der christlich-abendländischen Welt schon seit mehr als zwei Jahrhunderten die Diskussion über die Person Jesu bestimmt.

Aber trotz aller äußeren Parallelen sind die Unterschiede beträchtlich: Während Christen dazu neigen, alle vom offiziellen Dogma abweichenden Deutungen über Jesus als ketzerisch zu verwerfen und die entsprechenden Interpreten entweder als Agnostiker oder gar als Atheisten einzustufen, bleiben Hindus bei einer ähnlichen Meinungsverschiedenheit in den eigenen Reihen eher gelassen. So vielfältig Gott in seinen Erscheinungsformen, so vielfältig müssen für den Hindu auch die Deutungsformen und die Wege bleiben, sich »Gott« oder den »Göttern« oder dem »Göttlichen« verehrend zu nähern. Ihn kann es nicht überraschen, daß derselbe Gandhi, der alle mythologisch-legendenhafte Ausgestaltung als bloße »menschliche Einbildungskraft« bezeichnet, andererseits seinen Glauben an das »Heilige« betont.

Unter den Neo-Hinduisten selber gibt es viele, die beispielsweise Rama und Krishna für historische Persönlichkeiten halten und folgerichtig an Shiva oder Vishnu als real existierende – personale – Gottheiten glauben. Naturgemäß deuten sie Jesus Christus anders als etwa Gandhi. Und doch weicht ihre Einschätzung erheblich von der christlichen ab, und letztlich kommen auch sie zu ähnlichen Folgerungen wie Gandhi. Sie fordern, ein Christ solle die Meinung aufgeben, Christus sei als der einzige »Erlöser« von »Gott« gesandt worden. Christen sollten vielmehr ihre Überzeugung im Sinn des Vedanta relativieren; also nicht die Alternative aufstellen: Rama, Krishna *oder* Christus – sondern sich zu der universalen Wahrheit durchringen: Rama, Krishna *und* Christus. Nicht ein (christlichabendländisches) Entweder-Oder, sondern ein (hinduistisches) Sowohl-als-Auch.

Jesus als ein menschgewordener »Gott« unter menschgewordenen Hindu-Göttern! Besonders Philosophen des Neo-Hinduismus festigen dieses Band, indem sie Jesus mit einem ihrer wichtigsten Propheten unlösbar verknüpfen: Krishna. Beide, so argumentieren sie, würden eine jeweils andere Erscheinungsform des Gottes Vishnu darstellen. Habe Jesus in göttlichem Auftrag den Menschen die »frohe Botschaft« des Evangeliums gebracht, so Krishna ein paar tausend Jahre früher die Bhagavad Gita. Diese heiligen Bücher seien nur in ihren Äußerlichkeiten stark verschieden, der »Sehende« entdecke aber auf ihrem tiefsten Grund denselben »Geist«. Beide hätten sie als höchste Botschaft »die Liebe« verkündet.

Wie weit gehen die Parallelen wirklich?

»Christliches« an Krishna, »Hinduistisches« an Christus?

Die Bhagavad Gita, um das Jahr 300 vor unserer Zeitrechnung entstanden, gilt als ein epochemachendes Werk, das entscheidend den Anstoß zur Umgestaltung des Hinduismus gegeben hat. Haben frühere heilige Schriften nur unpersönliche, in vagen Umrissen faßbare Gottheiten gekannt – im Prinzip des abstrakten Brahman gipfelnd –, so führt die Bhagavad Gita mit Krishna als irdischer Erscheinungsform Vishnus erstmals einen Gott vor, der menschliche Nähe ausstrahlt und persönliche Verehrung fordert.

»Bhakti«, »Hingabe«, nennen die Hindus diese neue Form der Gottesverehrung, die der christlichen so ähnlich erscheint; und Bhakti-Kulte sind bis in unsere Gegenwart wesentliche Glaubensformen des Hinduismus geblieben. Aber: Es wäre verfehlt, wollte man deshalb den Krishna der Bhagavad Gita in erster Linie für einen Gott der Liebe halten, denn die höchste Weihe verleiht Krishna dem leidenschaftslosen, interessefreien, abgeklärten Weisen, nicht dem leidenschaftlich Gläubigen.

»Wer gleich sich bleibt in Freud und Leid, genügsam und zufrieden stets«, so predigt Krishna, »[...] wer ohne Freude, Neid und Angst, [...] wer ohne Furcht und Hoffen ist, [...] wer weder zu- noch abgeneigt, wen weder Glück noch Unglück rührt, [...] wen nicht die Sucht nach Mehr bewegt, [...] der ist mein Freund, so lang er lebt.«[5] So gesehen gilt als der ideale Gläubige jener, der über alles Hoffen und Sehnen hinausgewachsen ist, schließlich auch über die »Liebe« – da ja »Liebe« in ihrer emotionalen Kraft, mit ihrem Hoffen und ihrer Sehnsucht, noch an die Welt gebunden bleibt. Welch ein Gegensatz zur christlichen Ethik.

In vielerlei Hinsicht steht die Bhagavad Gita dem Geist des Tragischen, wie sie sich in der griechischen Tragödiendichtung offenbart, näher als dem Neuen Testament. Während christlicher Glaube das Tragische als grundsätzliches Lebensgefühl ablehnt (denn der Christ sieht alle Bedrohung aufgehoben durch eine Verheißung vom »Reich Gottes«, eines »gerechten« Reiches), sieht sich der Hindu wie einst auch der Grieche mit einem unberechenbaren, undurchschaubaren Schicksal konfrontiert. Dieses »Gesetz« des Daseins, dem selbst die Götter unterworfen sind – die Hindus nennen es »Dharma«, die Griechen nannten es »Moira« –, kann nicht aufgehoben, sondern nur erkannt und letztlich anerkannt werden. Es ist ein »Gesetz«, das nicht nach menschlichen Bedürfnissen waltet, sondern immer wieder gnadenlos den Menschen in die Vernichtung reißt.[6] Trost erwächst dem Erkennenden allein aus der Tatsache, daß nach der Vernichtung wieder neues Leben blüht, daß Zerstörung und Neuanfang sich die Waage halten. »Denn untergehen muß, was entsteht«, predigt Krishna, »und wiederkehren, was verschwand, drum klage nicht um das, was du als unvermeidlich hast erkannt.«[7] Man sollte sich gerade in diesem Zusammenhang daran erinnern, daß die Bhagavad Gita ein Bestandteil des Epos Mahabharata ist, das den tragischen, unvermeidbaren Untergang zweier großer Fürstengeschlechter schildert.

So verschieden der geistige Hintergrund, so unterschiedlich sind auch die Propheten Christus und Krishna. Jesus ist eine historisch klar einzuordnende Gestalt, sowenig auch die legendäre Einkleidung des Neuen Testaments exakte Auskünfte über die einzelnen Stationen seines Lebens gibt. Aber bei Krishna ist der historische Hintergrund noch viel weniger deutlich zu orten. Zwar bleibt der orthodoxe Hindu davon überzeugt, daß Krishna am 17. Februar des Jahres 3102 vor unserer Zeitrechnung gestorben ist, aber dieses scheinbar so genau auf unsere Zeitrechnung umgerechnete Datum ist rein mythologisch zu verstehen: Es fällt mit jenem Tag zusammen, an dem unser gegenwärtiges Zeitalter, das zerstörerische Kali-yuga, begonnen haben soll.[8] Die meisten Hindus lehnen außerdem ab, was für die quellenkritische Religionswissenschaft (und auch für Gandhi) selbstverständlich ist: daß in der Gestalt des Krishna verschiedene Überlieferungsströme zusammenfließen und es sich daher gar nicht um eine eindeutig fixierbare historische Person handeln kann. Auch halten sie es meist für unerheblich, daß Krishna und Christus in den Charakterzügen wesentlich voneinander abweichen; so ranken sich um Krishna Legenden zahlloser Liebesabenteuer[9], und man findet die Aufforderung, Feinde zu töten.[10] Hindus setzen diesen Einwänden gerne entgegen, das Göttliche offenbar sich zu verschiedenen Zeiten eben nicht mit denselben Eigenschaften, aber letztlich seien diese Gegensätze nur »äußerlich«, nur Unterschiede an der Oberfläche.

Am weitesten in der Gleichsetzung von Krishna und Christus geht die neo-hinduistische Sekte der »Internationalen Gesellschaft von Krishna-Bewußtsein«, die 1966 als Missionsbewegung für den »Westen« in New York(!) gegründet wurde. Vielen von uns ist sie eher geläufig unter dem Namen »Hare-Krishna-Bewegung«, nach ihrem gleichlautenden Lobpreisungsgesang genannt.[11] Eine ihrer Schriften trägt den Titel »Christus, Krischto, Krsna«, und dort ist in der Einleitung zu lesen: »Was Jesus vor 2000 Jahren lehrte, unterscheidet sich nicht im geringsten von dem, was Krsna (Krishna) vor 5000 Jahren in Indien lehrte. In der Tat sind viele Fachleute auf diesem Gebiet der Meinung, daß Jesus in seiner Jugend nach Indien reiste. Dort erlernte er in Puri die vedische Weisheit und in Benares von Heiligen die Kunst zu heilen, welche er später in sein Heimatland brachte und die Menschen lehrte.«[12] Nachfolgend erklärt der Begründer dieser Bewegung, Swami Prahupada, daß die Bezeichnung »Christus«, »der Gesalbte«, die griechische Version des Namens Krishna sei. Wenn man in Indien nach Krishna rufe, sage man häufig »Krischto«, was Sanskrit sei und »Anziehung«, »alles anziehende Person« bedeute. Krishna heiße wörtlich übersetzt: der Allesanziehende.[13]

Solche Versuche, Christus als Propheten dem Hinduismus einzuverleiben, nehmen dem Begründer des Christentums das Unverwechselbare. Nicht nur, daß ihm seine zentrale Rolle als Erlöser abgesprochen wird. In letzter Konsequenz eines solchen Denkens wird Jesus zurückgestuft zum Glied in einer endlosen Kette von (unterschiedlichen) Gottesoffenbarungen. Mehr noch: Christus ist Krishna hierarchisch untergeordnet. Als besonders aufschlußreich erweist sich hier wiederum Swami Prahupada, wenn er ein Wort Krishnas in der Bhagavad Gita zitiert: »Ich bin der Ursprung der spirituellen und materiellen Welt. Alles geht von mir aus«. Dieses Zitat kommentiert der Swami folgendermaßen: So etwas könne keine der biblischen Gestalten von sich behaupten, nicht einmal Christus.[14]

Naturgemäß müssen Philosophen des Neo-Hinduismus die Bibel uminterpretieren, bis sie sich widerspruchslos in den eigenen Pantheon einverleiben läßt. Soweit sich Aussagen des Evangeliums nicht in Übereinstimmung mit der Lehre des Vedanta bringen lassen, werden sie als bloße Äußerungen von Menschen eingestuft, die »nicht erleuchtet« waren, die nicht die ursprüngliche mystische Tiefe und Weite ihres Meisters, ihres »Bhagavan« Christus-Krishna ausloten konnten – die daher die Wahrheit zwangsläufig veräußerlichten, verengten, verfälschten.[15]

Das Kreuz als anstößiges Symbol

Hindus stoßen sich besonders an der Kreuzigung und der damit verbundenen Erlösungsidee. Ihnen ist zwar die Vorstellung vertraut, daß ein Gott in Menschengestalt erscheint – und auf dieser Ebene finden Hindus leicht Zugang zu Jesus –; völlig fremd muß ihnen jedoch der Gedanke bleiben, daß dieser »Gott« durch gewöhnliche Menschen erniedrigt und hingerichtet worden ist. Sie betrachten es als unfaßbar, daß sich dieser »Gott« gar mit den Schwachen und Verachteten auf eine Stufe stellte, mehr noch, daß er wie ein gewöhnlicher Mensch litt, im Leiden aber Würde bewahrte, Glaubenszuversicht ausstrahlte – und gerade so einen Weg zur Überwindung allen Leidens gewiesen hat.

Nicht zufällig ist ausgerechnet in Indien jene Legende entstanden, nach der Jesus gar nicht am Kreuz gestorben sei, sondern bewußtlos abgenommen wurde, kurz darauf wieder zu sich kam, sich erholte und nach Indien wanderte. In Kaschmir soll er als Yogi und Lehrer gelebt haben, bis er im siebzigsten Jahr starb. Diese Legende findet inzwischen auch in Europa und den USA ein gläubiges Publikum, seit esoterische Religiosität und entsprechendes Sektenwesen immer mehr um sich greifen. Diese Legende ist aber schon seit Jahrhunderten bei indischen Muslimen auf offene Ohren gestoßen. Und dies mag noch mehr einleuchten als die bereitwillige Aufnahme in unserem Kulturkreis. Denn der Koran streitet ja, wie schon erwähnt, strikt die Kreuzigung Christi ab, er erklärt die biblische Lehre vom »Opfertod« des »Gottessohnes« als einen Irrtum, ja als bewußte »Fälschung«. Eine aufschlußreiche Parallele.

Hindus und Muslime fühlen sich – wenn auch aus ganz verschiedenen Motiven – von der Person Jesu als dem großen Lehrer und Propheten angezogen, verweigern sich jedoch dem Kern der christlichen Botschaft. Für beide Religionen ist zwar die Überlieferung akzeptabel, nach der ein großer Prophet verfolgt und bedrängt werden kann, letztlich aber verlangt es ihr traditionelles Verständnis, daß jeder »wahre« Prophet spätestens gegen Ende seines Lebens auch äußerlich sichtbar über die Widersacher triumphiert. Das Bildnis eines schmerzverzerrten, sterbenden Christus befremdet sie daher in höchstem Maß, wenn sie eine solche Darstellung nicht gar als völlig unangemessen, ja als lächerlich empfinden.

Von daher ist zu verstehen, daß jener Hindu aus Madras, mit dem ich sprach, durch komische Verrenkungen sich über das Altarbild des Gekreuzigten lustig machte. Zwar würde ein philosophisch gebildeter Hindu einen derart plumpen Affekt mißbilligen, er würde aber, darauf angesprochen, seine Ablehnung ebenfalls äußern, nur eben zurückhaltender, differenzierter. Gandhi bildet hier eher die Ausnahme, wenn er, wie schon erwähnt, davon spricht, daß ihn der »Opfertod« Jesu zur Verehrung bewegt, ebenso auch Radhakrishnan, der sich ähnlich äußert[16]; beide sind aber besonders intensiv mit westlichem Denken in Berührung gekommen. Im allgemeinen sehen Hindus, und hier besonders Neo-Hinduisten, in Christus den großen Morallehrer und Weisen, den sie sich lediglich in der Meditationshaltung eines Yogi oder eines milde lächelnden Predigers vorstellen können. Wenn also Christusbildnisse in der Nähe von Hindu-Tempeln zum Verkauf angeboten werden, so niemals in der Darstellung des Gekreuzigten.

Allergisch gegen christlichen »Kolonialismus«

Die traumatische Erinnerung an christliche Mission

Als im Februar 1986 Papst Johannes Paul II. Indiens katholische Christengemeinden besuchte, empfingen ihn in der Hauptstadt Delhi wie in Bombay Demonstranten mit Protestplakaten und Spruchbändern, auf denen zu lesen war: »Papst, geh zurück nach Rom!«

Im Himalaya-Staat Nepal, der von Hindus regiert wird, ist seit mehr als zwei Jahrhunderten, exakt seit dem Jahr 1769, christlichen Missionaren die Einreise verboten. Missionare können mit Gefängnis bestraft werden, ebenso Nepalesen, die sich zum Christentum bekehren lassen. Bis zum heutigen Tag wird das Gesetz in aller Strenge praktiziert, Haftstrafen bis zu sechs Jahren sind üblich, so ist in einem Bericht von Amnesty International zu lesen. 1985 sind diesen Hilfsorganisationen ein Dutzend Berichte über Verhaftungen nepalesischer Christen zugegangen, in denen es heißt, die Häftlinge seien teilweise mißhandelt worden.[1]

Was haben diese betont »antichristlichen« Vorgänge zu bedeuten? Strikte Ablehnung des Christentums oder doch zumindest einen starken Affekt? So gesehen würden die Neo-Hinduisten mit ihrer Lehre, Christus als eine Erscheinungsform Vishnus aufzufassen, nur einen schwachen Stand bei der Mehrheit ihrer Glaubensgenossen haben. Ja, solche Affekte würden auch der viel älteren All-Einheitslehre eines Shankara widersprechen; dabei fühlen sich selbst viele traditionell orientierte, orthodoxe Hindus bis in die Regierungsränge hinein gerade dieser Philosophie verpflichtet.

Um einen derartigen Widerspruch aufzulösen, ist es nötig, die rein geistigen Gefilde der Neo-Hinduisten zu verlassen und die Niederungen und Unebenheiten der historischen Realität zu betrachten. Dann kommt man nicht um die Erkenntnis herum, daß die Beziehungen zwischen Hindus und Christen politisch durch ein schweres Erbe belastet sind. Das Christentum war ja nicht friedlich nach Indien gekommen, sondern im Gefolge geballter militärischer, wirtschaftlicher und politischer Macht: dem Kolonialismus. Im Zuge dieser Entwicklung konnte es für die Hindus nicht ausbleiben, daß sie die Religion der Kolonialherren an deren politischer Praxis maßen, und dort spielte Gewalt eine erhebliche Rolle. Angesichts dieser Tatsache muß es eher erstaunen, wenn der antichristliche Affekt nicht noch viel stärker ausgeprägt ist, sondern die Neo-Hinduisten versuchen, durch ihre Philosophie dem Affekt den Stachel zu nehmen.

Die Missionare, die mit den Soldaten, Verwaltungsbeamten und Geschäftemachern in das Land vordrangen, kritisierten nur selten ernsthaft die Praktiken der Kolonialmacht. Zwar rückte der eine oder andere Gottesmann auf vorsichtige Distanz zu brutalen Übergriffen des Militärs und auch zur schrankenlosen Ausbeutung durch die britischen Kaufleute. Aber in einer Hinsicht sind sich die meisten Missionare, ob nun gedankenlose Nutznießer oder idealistische Kritiker des Systems, einig gewesen: Ihnen erschien der Hinduismus als eine »barbarische« Religion; man würde daher die »Heiden« von einer schweren Bürde befreien, wenn man sie alle zum Christentum, zur allein gültigen Botschaft Gottes, bekehrte. Die Missionare dachten im Prinzip nicht anders als die meisten Kolonialbeamten und europäischen Geschäftsleute, die es für Zeitverschwendung hielten, sich mit der ungewohnten Kultur näher zu befassen. Aus ihrer Sicht brauchte es niemand zu bedauern, wenn man die Inder »europäisierte«, »verwestlichte« und dabei deren angestammte »unterentwickelte« Traditionen ein für allemal auslöschte.

Diese Haltung – äußerst demütigend für die kulturbewußte Oberschicht des Hindus – zeigte sich schon beim Eintreffen der ersten Europäer. Als während des 16. Jahrhunderts die Portugiesen an der Küste von Kerala die dort ansässigen Inder unterwarfen, gaben sich die katholischen Missionare keinerlei Mühe, sich über einheimische Glaubensformen überhaupt zu informieren; sie waren von vornherein dazu entschlossen, bedingungslos europäische Wertvorstellungen durchzusetzen. Unterstützt von weltlichen Machthabern forderten sie, die »Heiden« notfalls mit Zwang zur alleinseligmachenden Religion zu bekehren. So ließen sie in Goa, wo sie von den Hindus nicht daran gehindert werden konnten, alle »heidnischen« Tempel zerstören und verboten den »nichtswürdigen« Glauben. Nicht genug damit. Sie stuften Dunkelhäutige ausnahmslos als Menschen zweiter Klasse ein, die von Natur aus mit weniger Geist und seelischen Qualitäten begabt seien. Und damit legten sie die Basis für die Unterdrückungspolitik, daß Einheimische, auch wenn sie sich unter portugiesischer Herrschaft zum »einzig wahren« Glauben bekehrten, keineswegs die Rassenbarriere überspringen konnten. Erst während des 19. Jahrhunderts lockerte sich die Vorrangstellung der Weißen, nun sollte es indischen Katholiken wenigstens gelingen, innerhalb der Priesterhierarchie aus dem niederen Klerus in höhere Ränge aufzusteigen. Erst 1961, als in Goa die letzte Bastion des portugiesischen Kolonialismus zusammenbrach, konnte ein Inder auch katholischer Patriarch Indiens werden.[2] Dadurch aber, daß sich die Kirche mit dem Rassismus weltlicher Machthaber identifizierte, anstatt ihn zu bekämpfen, schuf sie schon sehr früh die Grundlage für Ressentiments gerade gegenüber christlichen Missionaren und Priestern.

Die britischen Kolonialherrn traten nicht mit einer derart krassen Intoleranz auf. Sie, schon echte Vertreter des Industriezeitalters mit seinem vorrangig materialistisch ausgerichteten Weltbild, waren mehr an der wirtschaftlichen Ausbeutung Indiens interessiert als an der Bekehrung von »Heiden«. Auch tat in England wirksame Aufklärung ein übriges, daß britische Politiker nicht im selben Maße wie die portugiesischen Könige Missionare in ihrem Bekehrungseifer unterstützten. Ja, unter britischer Kolonialherrschaft konnte sich gar eine Wissenschaft entwickeln, die den Eigenwert der fremden Kultur ausdrücklich anerkannte und zu erforschen begann: die Indologie. Eine Reihe von europäischen Wissenschaftlern fing schon Ende des 18. Jahrhunderts an, das Schrifttum des Hinduismus ohne religiöses Vorurteil analytisch zu sichten – dies eine Folge aufklärerischer Toleranz –, und betonte ausdrücklich, der »Westen« und der »Osten« könnten durchaus voneinander lernen. Die Indologie hat auf diese Weise entscheidend dazu beigetragen, daß Hindus ihrerseits Interesse für geistige Errungenschaften des Abendlandes, vor allem für Religion und Philosophie, gewannen. Aber ein solcher Einfluß ist auf kleine Zirkel beschränkt geblieben.

Dem durchschnittlichen Inder fielen eher die Missionare auf. Wenn ihn auch die Missionsstationen beeindrucken konnten, weil unter deren Obhut kostenlose Krankenpflege und Schulen für die Einheimischen entstanden, so machten auf ihn die Pfarrer im allgemeinen einen weniger günstigen Eindruck, denn ihre Predigten strotzten vor Intoleranz. Nicht anders als die portugiesischen Katholiken polemisierten die britischen Protestanten heftig gegen den Hinduismus und taten ihn als eine »unterentwickelte« Religion ab, die möglichst bald und gründlich von der Welt zu verschwinden habe. Am negativen Gesamteindruck konnte sich auch dann nichts ändern, als vereinzelte Missionare den Hindus mit demonstrativem Respekt gegenübertraten und sich ausdrücklich als »liberal« deklarierten. »Liberal« hieß aber aus der Sicht solch engagierter Christen, wie sie seit Mitte des 19. Jahrhunderts nach Indien kamen: die großartige Architektur der Hindutempel zu bewundern und das Vorurteil von der »Barbarei« dieser Religion zu korrigieren – gleichzeitig allerdings zu betonen, daß das Christentum die Krone aller Glaubensrichtungen sei und daß damit eben doch alle geistige Höherentwicklung auf eine christliche Kultur hinziele.

Je gebildeter die Hindus waren, um so entschiedener haben sie den Missionaren zum Vorwurf gemacht, sie praktizierten einen »christlichen Kolonialismus«. Ihrer Ansicht nach strebten die Missionare auf religiösem Gebiet nur an, worauf die britischen Politiker wirtschaftlich und sozial ohnehin schon abzielten: Indiens Eigenständigkeit auszulöschen. Hinduistische Kritiker faßten diese Parallelen nicht als Zufall auf, sondern sahen die Entsprechung im Missionsverständnis der Christen selber angelegt: Die ganze Welt dem *einen* Glauben zu unterwerfen bedeute doch letztlich nur eine andere Spielart, alle fremden Kulturen unter dem Zeichen der Verwestlichung einzuebnen, zu uniformieren. »Dieser aggressiven Propaganda fehlte das Wichtigste – die Nächstenliebe«, so stellte Radhakrishnan sarkastisch fest, der als Philosoph und einflußreicher Politiker stellvertretend für viele gebildete Hindus sprach.[3]

Hindus als die »besseren« Missionare

Die Wunden sind tief, die der westliche Kolonialismus dem indischen Selbstbewußtsein zugefügt hat. Aber gerade die schmerzlich empfundene Demütigung hat den Neo-Hinduisten den starken Auftrieb gegeben, nun ihrerseits mit geistigen Waffen dem »christlichen« Abendland gegenüberzutreten. »Auf, indische Spiritualität, erobere die Welt!« Dieser berühmte Ausspruch des Swami Vivekananda ist in seiner ganzen Tragweite erst vor dem Hintergrund eines solchen verletzten Selbstbewußtseins zu verstehen. Vivekananda hat mit seinem missionarischen Drang als erster die Barriere des orthodoxen Hinduismus übersprungen, indem er als Redner ins Ausland gereist ist und dort Schüler um sich geschart hat.

Mission in diesem Sinne – ganz bewußt als Botschafter des eigenen Glaubens in einer fremden Welt aufzutreten – haben die Hindus zuvor nicht praktiziert. Sie haben dies sogar ausdrücklich abgelehnt. Nach orthodoxer Auffassung hat der Schüler zum »Meister«, zum Guru, zu kommen, um dort die Wahrheit zu hören, nicht umgekehrt. Mit Schüler sind die »Noch-nicht-Erleuchteten«, im übertragenen Sinn fremde Religionen, gemeint. Wenn sich auch die Hindus schon in früheren Jahrhunderten gründlich mit anderen Glaubensgemeinschaften auseinandergesetzt haben, so doch immer defensiv: Sobald Eroberer gewaltsam eine neue Religion nach Indien brachten, galt es, das sperrig Fremde nach Möglichkeit in den eigenen Kosmos zu integrieren. Welch ein Gegensatz zu Vivekananda. Sein Aufruf erinnert im Tonfall an den Auftrag Christi: »Gehet hin in alle Welt und predigt den Völkern…« Und doch unterscheidet sich sein Sendungsbewußtsein maßgeblich von dem christlicher Missionare. Vivekananda selbst legte Wert auf die Feststellung, daß Hindus niemanden zum Hinduismus bekehren wollen, sondern Andersgläubige nur dazu bringen, »das Gemeinsame in allen Religionen« zu entdecken.

Vom Aufruf Vivekanandas führt ein direkter Weg zu jenen indischen Gurus, die seit den sechziger Jahren nach Europa und in die USA ausschwärmen, um dort *die* Botschaft zu verkünden. Alle sind sie von der Überzeugung geleitet, sie hätten die tolerantere Mission zu bieten, ohne Bekehrungsaggressivität nach Art der Christen. Alle sind sie aber auch von der Genugtuung erfüllt, nun den »Westen« als Schüler des »Ostens« zu sehen, nachdem doch die Kolonialherren vorgegeben hatten, Europa allein sei Lehrmeister der Welt. Ob es hierbei um neo-hinduistische Philosophen klassischen Zuschnitts oder neuere Sektenführer mit teilweise trivialisiertem Angebot und teils sogar zweifelhaften Praktiken handelt, in ihrem Grundantrieb bleiben sie sich gleich. Zu Recht schreibt Reinhart Hummel, ein profunder Kenner dieser Umwälzungen: »Die missionierenden Gurus sind Teil einer Gegenbewegung, die auf die Herausforderung durch den westlichen Kolonialismus, die christliche Mission und das Überlegenheitsgefühl der europäischen Zivilisation antwortet. Man hat darum auch von einer ›Gegenmission‹ gesprochen.«[4]

Weshalb sich nur wenige Hindus zum Christentum bekehren lassen

Die durchaus berechtigte Furcht der Hindus vor geistiger »Kolonialisierung« hat die Erfolge christlicher Mission in Indien äußerst bescheiden gehalten. 82 Prozent der über eine Milliarde Inder sind Hindus geblieben, etwa 12 Prozent haben sich im Verlauf der Jahrhunderte zum Islam bekehren lassen, aber nur rund 3 Prozent zum Christentum (Katholiken und Protestanten in der Zahl etwa gleich stark). Es ist Portugiesen wie Briten hauptsächlich gelungen, Hindus der unteren Schichten und Kasten zu gewinnen – Menschen, die sich von der Verheißung der »Nächstenliebe« jenseits aller sozialen Schranken angezogen fühlten und hofften, sie könnten durch den Glaubenswechsel dem Druck der eigenen Gesellschaftsordnung entkommen. Angesichts der Masse sozial benachteiligter Hindus sind 3 Prozent Bekehrte trotzdem verschwindend wenig.

Kastenhöhere Hindus haben sich ohnehin kaum durch Missionare überzeugen lassen, von ganz wenigen Ausnahmen abgesehen. Ein gebildeter, weltoffener Hindu mag zwar ab und zu interessiert zur Bibel greifen, setzt aber, wie schon gezeigt, Christus bestenfalls mit Krishna gleich und behält vom Religionsstifter des Christentums eher eine unklare Vorstellung. Ihm hat die traditionsreiche Hochkultur genug geistige Mittel geliefert, fremdes Denken zu filtern, Teile davon abzustoßen und andere Teile zu absorbieren. Diese Oberschicht besaß und besitzt noch immer die nötige Autorität, um gerade in Fragen der Religion richtungweisend für breite Volksmassen zu bleiben.

Hinzu kommt, daß sich viele indische Christen während der Kolonialherrschaft politisch von der Mehrheit des Volkes isoliert haben. Sie, die von den Briten in ihre Dienste genommen und mit sozialem Aufstieg belohnt wurden, haben folgerichtig ihren Gönnern Dankbarkeit bewiesen und sich vom antikolonialen Freiheitskampf ferngehalten. Dies lieferte vielen Hindus zusätzlich ein Argument, Christen seien emotional und geistig mit der ausländischen Macht verflochten, könnten eigentlich keine echten Inder sein. So gesehen wird erst verständlich, weshalb Hindus, die sich ihrer Toleranz rühmen, ungeniert ihre Abneigung gegen Missionare äußern.

So gesehen erscheint auch das Missionsverbot des Nachbarstaates Nepal in einem anderen Licht. Den Hindu-Königen, die seit dem Jahr 1769 unbeirrt an diesem Verbot festhalten, kann man keine grundsätzliche religiöse Intoleranz nachsagen, denn in ihrem Reich leben schließlich seit eh und je Hindus und Buddhisten einträchtig nebeneinander. Mehr noch: Dort, wo sich nach offiziellen Angaben 87 Prozent der Bevölkerung zum Hinduismus bekennen und 9 Prozent zum Buddhismus, werden ja, wie schon erwähnt, manche Tempel von den Gläubigen beider Religionen gleichermaßen besucht: Buddhisten gegenüber übten die Hindu-Könige niemals geistigen Druck aus, weil sie davon ausgehen konnten, daß diese ihre Herrschaft anerkannten. Politisch aber mußten sie Christen gegenüber argwöhnisch bleiben. Das Beispiel Indien lehrt sie von allem Anfang an, daß sich christliche Missionare auf eine landesfremde Macht stützten und offen bekannten, den Hinduismus als Religion wie auch als Gesellschaftssystem durch eine »neue« Ordnung ersetzen zu wollen. Wenn also die nepalesische Polizei Missionare bereits an der Grenze zurückwies oder spätestens im Landesinneren verhaftete, dann mit dem Argument, man wehre die Vorboten einer sozialen und politischen Umwälzung ab. Nepals Hindu-Könige fürchten Missionare in erster Linie als politische Gefahr, nicht als religiöse Herausforderung. Diese Angst hat das Zeitalter des britischen Kolonialismus überdauert.

Als das kleine Königreich Nepal Anfang der fünfziger Jahre das generelle Einreiseverbot für Ausländer aus dem »Westen« aufgehoben und seine prachtvollen Tempelstädte dem Tourismus geöffnet hat, blieb das Einreiseverbot für Missionare bestehen. Gestattet sind bis heute lediglich Geistliche in der Krankenpflege und im Schulunterricht – dies aus rein pragmatischen Erwägungen, da man in einem wenig entwickelten Land sehr wohl die Entwicklungshilfe eines Missionskrankenhauses und einer Missionsschule zu schätzen weiß. Aber die Pfarrer, Lehrer und Krankenschwestern haben darauf zu achten, nicht in den Verdacht zu kommen, sie wollten »Propaganda« für ihre fremde Religion und Sozialordnung betreiben. Entsprechend dieser Restriktionspolitik nimmt sich auch der Anteil nepalesischer Christen gegenüber der Gesamtbevölkerung bis heute verschwindend gering aus. Nepal, so entnehme ich einer Angabe von 1983, zählte bei damals ungefähr 13 Millionen Einwohner nur an die 480 (!) Christen.[5]

Der Kolonialismus bleibt ein Trauma, auch wenn eine unmittelbaren Auswirkungen längst in der Erinnerung verblaßt sind. Doch die Erinnerung kann jederzeit wieder aufbrechen, jäh und unerwartet, wie eine schlecht verheilte Wunde. Dies hat sich besonders 1986 in Indien gezeigt, als Papst Johannes Paul II. zu einem Besuch eintraf. Aus der Sicht von Hindus mußte es fatal erscheinen, daß sich der Papst ausgerechnet in Kerala und Goa am längsten aufhielt, dort, wo einst die Portugiesen durch besondere Intoleranz aufgefallen waren und ihre Mission bis hin zur Zwangsbekehrung vorangetrieben hatten. Gerade den Hindus ist es nicht entgangen – sie mit ihrer besonderen Abneigung gegen dogmatischen Fanatismus –, wie sehr dieser Papst auf dem Überlegenheitsanspruch des Christentums beharrte, mehr noch, gegenüber den anderen Kirchen eindeutig auch die Überlegenheit des katholischen Glaubens betonte. Derselbe Papst forderte zwar auf seiner Indienreise den »Dialog« mit fremden Religionen, doch blieb er bei solchen Worten unverbindlich, sparte er konkrete Folgerungen aus – desto konkreter sprach er von »Mission«, von der weiteren Verbreitung der katholischen Heilslehre.

Antikolonialistischer Affekt und Machtmißbrauch

Ohne das Trauma des Kolonialismus wären viele Affekte gegen das Christentum im modernen Indien unvorstellbar. Und doch: Nicht alle Konflikte zwischen Hindus und christlichen Missionaren lassen sich als Spätfolgen einer einst verfehlten Kolonialpolitik erklären. In manchen Konfrontationen unserer Gegenwart berufen sich Hindus zwar auf das böse Erbe der Vergangenheit, aber sie verschleiern damit eher eigene Fehlhaltungen. So ist dies beispielsweise auch geschehen – um nur einen besonders markanten, aber von der Weltöffentlichkeit nicht nachhaltig registrierten Skandal zu nennen –, als die Regierung von Madhya Pradesh 1985 zehn Missionare aufforderte, das Land zu verlassen. Die Machthaber hatten die Christen beschuldigt, Mission in althergebrachter kolonialistischer

Arroganz und Aggressivität betrieben zu haben – und mit solchen Anschuldigungen konnten sie auf den Beifall vieler Hindus hoffen, die im traditionellen Affekt verharrten, ohne nun im speziellen Fall die Fakten genauer zu prüfen. Die tatsächlichen Vorkommnisse fügten sich aber kaum in das übliche Schema.

Die Missionare, teils Katholiken, teils Protestanten, hatten sich in verschiedenen Distrikten des Bundesstaates um sozial benachteiligte Gruppen gekümmert, vor allem um Bergvölker, sie hatten ihnen Lesen und Schreiben sowie eine verbesserte Landwirtschaft beigebracht, dies ungehindert drei Jahrzehnte lang. Von der Regierung wurden sie erst in dem Moment als untragbar empfunden, nachdem sie den notleidenden Bergvölkern geholfen hatten, sich gegen die zunehmende Gebietsausdehnung der Großgrundbesitzer zu wehren. Für die Regierung ein Ärgernis: denn sie setzt sich zu einem beträchtlichen Teil aus Großgrundbesitzern zusammen, die ihre Ländereien rücksichtslos auf Kosten von Kleinbauern vergrößern. Die Herausforderung hatte den Höhepunkt erreicht, als einer der Missionare sich aufsehenerregend über einen Regierungsabgesandten beschwerte, der die Einheimischen mit fragwürdigen Darlehen prellen wollte.[6] Wenn jene Christen also »Unruhe« in die Bevölkerung brachten, dann nicht durch die »gewaltsame« Verbreitung ihrer Lehre, wie ihnen vorgeworfen wurde, sondern durch soziale Aufklärung.

An diesem Beispiel zeigt sich, daß hinduistische Machthaber zuweilen auch geschickt den antikolonialen Affekt nutzen, um ihre eigenen Pfründen gegen unbequeme Reformer zu schützen. Hat man Missionaren während der Kolonialherrschaft teils zu Recht vorwerfen können, daß sie sich freiwillig oder unfreiwillig zu Handlangern der Mächtigen machen ließen, so kann im nachkolonialen Indien zuweilen ein Missionar in die Schußlinie von »Antikolonialisten« geraten, wenn er genau das Gegenteil tut, sich nämlich auf die Seite der Entrechteten schlägt und ihnen zu mehr Selbstbewußtsein verhilft.

Was Hindus und Muslime trennt

Indien und Pakistan als Gegensätze: »Säkulare« und »islamische« Republik

»Der Hindu ist in religiösen Fragen der toleranteste und weitherzigste Mensch. Seine Religion verkündet nicht einen besonderen Hindu-Gott oder einen besonderen Hindu-Himmel. Gott ist Einer, für Hindus so gut wie für Nicht-Hindus.« Dies sagt Mahatma Gandhi und stellte hierbei seine Religion in ihrer Toleranz über alle anderen Glaubensbezeugungen.[1] Er selber lebte diese Maxime auch bedingungslos – und wurde 1948 von einem Hindu erschossen, der ihm übelnahm, daß er im Bürgerkrieg zwischen Hindus und Muslimen vermitteln wollte.

Am Gegensatz dieser beiden Glaubensrichtungen ist der indische Subkontinent 1947 in zwei feindselige Staaten zerbrochen, Bharat und Pakistan. Beide Namen gründen auf unterschiedlichen religiösen Traditionen. Bharat, so nennt man seit der Teilung offiziell die indische Republik, wenn auch im Ausland weiterhin die englische, international eingebürgerte Bezeichnung »India« üblich bleibt. Der Name Bharat geht auf den Hindu-König Bharata zurück, der in mythischer Zeit ruhmreich über ganz Indien geherrscht haben soll und dessen Geschlechtername auch dem größten Epos des Hinduismus den Titel gegeben hat: Mahabharata (maha = groß). Dagegen bedeutet Pakistan »Land der Reinheit«, gemeint ist islamische »Rechtgläubigkeit«. Die Trennung in zwei Staaten ist äußerst blutig verlaufen, unzählige Massaker zwischen beiden Religionsgemeinschaften sind dieser politischen Lösung vorausgegangen. Fotos vom Sommer 1947 zeigen leichenübersäte Straßenzüge in den verschiedensten Städten und Dörfern, zeigen kilometerlange Flüchtlingsströme im Punjab wie in Bengalen. Man schätzt, daß in jenem Sommer mindestens eine halbe Million Menschen unter grauenvollen Umständen ihr Leben lassen mußten, manche Schätzungen belaufen sich gar auf ein bis zwei Millionen Todesopfer. 11 Millionen Anhänger beider

Glaubensgemeinschaften hatten sich panikartig auf die Flucht begeben.

Trotzdem hat diese Tragödie nicht das Ende des Konflikts bedeutet. Überwiegend nur die reicheren Muslime haben damals Indien verlassen, solche, die geistig und finanziell beweglich genug waren, um in der Fremde eine neue Existenz aufzubauen. Ein Großteil der Ärmeren ist geblieben, nachdem die Massaker vorbei waren. Sie, zu apathisch und auch zu mittellos zur Flucht, hegten die Hoffnung, daß die indische Regierung ihr Versprechen einlösen würde, religiöse Minderheiten wirksam zu schützen. Die Zahl der Muslime in der Republik Indien schätzt man zu Beginn des 21. Jahrhunderts auf 130 bis 140 Millionen, dies macht bei knapp einer Milliarde Inder um die zwölf Prozent aus. Es ist eine gigantische Minderheit. In ihrer absoluten Größe kommt diese Ballung an Muslimen jeweils der Einwohnerzahl der islamischen Nachbarstaaten Pakistan und Bangladesch gleich, übertrifft aber weit die Anzahl der Muslime in sämtlichen Staaten des Nahen und des Mittleren Ostens. Ägypten, der volkreichste arabische Staat, zählt um das Jahr 2000 »nur« rund 62 Millionen, der Iran rund 70 Millionen; lediglich der fernöstliche Inselstaat Indonesien mit 180 Millionen weist mehr Muslime als das »hinduistische« Indien auf. Die Masse von Muslimen in Indien macht verständlich, daß dort auch heute noch weite Landstriche durch Moscheen und einen entsprechenden Lebensstil geprägt sind.

Zündstoff sammelt sich angesichts der Gegensätze nach wie vor. Verglichen damit nehmen sich die Spannungen zwischen Hindus und Christen harmlos aus. Immer wieder liest man in Zeitungen, daß manchmal ein geringfügiger Anlaß genügt, um ein Massaker zwischen Hindus und Muslimen mit Dutzenden, ja Hunderten von Toten zu entfachen. Etwa, wenn ein Hindu-Polizist eine verschleierte Muslimfrau barsch zurechtweist und hierbei auch noch anfaßt. Etwa, wenn ein Muslim eine heilige Kuh grob mit einem Prügel von seinem Gemüsestand wegscheucht. Aber in das Bewußtsein der Weltöffentlichkeit graben sich Schreckensmeldungen erst nachhaltig ein, wenn die Zahl der Erschlagenen in die Tausende geht. So, als Anfang 1983 Hindus in der nordostindischen Grenzprovinz Assam mehr als 3000 Muslime, Männer, Frauen und Kinder, niedermetzelten und zusätzlich etliche 100 000 aus ihren Dörfern vertrieben. Summiert man die Horrormeldungen, dann stellt man fest, daß meist Hindus den Reigen von Gewalttätigkeit eröffnen. Rund 17 000 blutige Zwischenfälle sind in Indien seit dem Unabhängigkeitsjahr 1947 registriert, so stellt eine Untersuchung aus dem Jahr 2000 fest, hierbei sind etwa drei Viertel aller Opfer Muslime.[2] Sajjid Shahabuddin, ein muslimischer Abgeordneter des indischen Parlaments, Vorkämpfer für einen besseren Schutz seiner Glaubensgemeinschaft, schätzt, daß allein von 1947 bis 1980 über 10 000 Muslime bei gewaltsamen Auseinandersetzungen ums Leben kamen und über 150 000 verletzt wurden.[3] Hindus als die Beschuldigten mögen solche Zahlen für »tendenziös« übertrieben halten, aber wie hoch auch immer die reale Anzahl sein mag, so zeigt sie doch, daß von einem nur halbwegs friedlichen Zusammenleben beider Glaubensgemeinschaften nach wie vor nicht die Rede sein kann.

Was die indische Staatsverfassung betrifft, läßt sich ihren Begründern nicht der Vorwurf machen, sie hätten zu den unheilvollen Spannungen zwischen Hindus und Muslimen beigetragen. Im Gegenteil. Die Väter der Verfassung, zu denen neben Mahatma Gandhi auch Jawaharlal Nehru gehört, standen unter dem Schock der Massengemetzel von 1947, und daraus zogen sie den Schluß, die Republik Indien müsse engagiert dem Eindruck entgegenwirken, die zahlenmäßige Übermacht der Hindus durch Sonderrechte zu begünstigen und Minderheiten zu benachteiligen. So übernahmen Indiens Politiker aus dem europäischen Wortschatz den Begriff »säkular« und verankerten ihn als Prinzip in der Verfassung. Allerdings paßten sie ihn indischen Bedingungen an. Da es den meisten Indern immer noch unvorstellbar erscheint, weltliche und religiöse Sphäre zu trennen, können sie weder »säkular« in unserem westlichen Sinn als »weltlich« noch »Religion« als »Privatsache« des Einzelmenschen definieren. Ihnen erscheint es weiterhin als selbstverständlich, daß religiöse Satzungen das soziale Leben bestimmen. »Säkular« kann daher nach indischem Verständnis nur bedeuten: Es ist den einzelnen Religionsgemeinschaften erlaubt, gleichberechtigt(!) nebeneinander nach ihren jeweils eigenen sozialreligiösen Normen zu leben – die Hindus in jeder Kaste nach ihrem Dharma, die Muslime nach dem Koran und der Scharia, die Christen nach biblischen Vorstellungen. Keine Religionsgemeinschaft darf ihr Wertesystem einer anderen Gemeinschaft aufzwingen, keine darf eine Sonderstellung beanspruchen. Und so blieb es den Hindus trotz ihrer großen Mehrheit von 82 Prozent in der Gesamtbevölkerung klar verwehrt, die eigene Religion zur Staatsreligion zu machen. Die Republik Indien will sich nicht als »hinduistisch« verstehen, wenngleich ihr amtlicher Name »Bharat« auf die Hindu-Mythologie verweist, sie bekennt sich ausdrücklich zu einem religiösen Pluralismus. (Daß dann aber »Hindu«-Parteien den Status des »säkularen« Indien zunehmend anfechten, werden wir an anderer Stelle sehen.)

Wie ernst es den Begründern der Republik Indien mit ihrem religiösen Pluralismus war, bezeugt besonders die Konzeption der Staatsflagge: In bewußter Symbolik wählten sie die Farben safranrot, grün und weiß, wobei die erstere für die Hindus, die mittlere für die Muslime und die letztere für die vielen zahlenmäßig kleineren Minderheiten steht. Außerdem erwiesen sie dem Buddhismus ihre Reverenz, indem sie dessen Symbol des Schicksalsrades in die Fahne einfügten. Politisch praktische Folgen zeigten sich auch schon in der Tatsache, daß das Parlament während der ersten vier Jahrzehnte in das Amt des Staatspräsidenten nicht nur Hindus wählte, sondern auch schon einen Muslim (Zakir Hussain) und einen Sikh (Zail Singh); nur die Premierminister sind bisher immer Hindus gewesen.

Einen völlig anderen Weg ging die Republik Pakistan. Ihre Gründungsväter proklamierten den Islam zur Staatsreligion und wiesen den Hindus und Christen die Stellung von geduldeten und hierarchisch untergeordneten Minderheiten zu. Dies entsprach dem traditionellen Verständnis der Muslime von einem »islamischen« Staatswesen.

1971 kam allerdings Bewegung in die bis dahin scheinbar unerschütterlichen Strukturen. Ethnische und soziale Spannungen führten dazu, daß der östliche Teil der Republik Pakistan sich als eigener Staat unter dem Namen Bangladesch abspaltete. Bangladesch distanzierte sich vom verbliebenen Rumpfstaat Pakistan mit einer neuen Verfassung: Der Islam war nicht mehr als Staatsreligion definiert, vielmehr sollten in einer »säkularen« Republik alle Religionsgemeinschaften gleiche Rechte genießen. Bangladesch orientierte sich damit am Vorbild des indischen Nachbarstaates, nicht zuletzt, weil es ähnliche Größenverhältnisse zwischen einer dominierenden Religion und Minderheiten gibt: Nahezu 13 Prozent der Einwohner von Bangladesch sind Hindus; dies entspricht ungefähr der muslimischen Minderheit im hinduistischen Indien (dagegen sind in Pakistan nur 1,3 Prozent der Bevölkerung Hindus). Nur wenige Jahre dauerte es allerdings, bis sich Bangladesch im religiös-politischen Verständnis wieder dem verfeindeten »Bruder«staat Pakistan annäherte. 1977 wurde auf Druck »islamischer« Parteien der Begriff »säkular« aus der Verfassung gestrichen und durch das »absolute Vertrauen in Allah« ersetzt. 1988 schließlich erklärte die Nationalversammlung von Bangladesch den Islam zur Staatsreligion.

Seither ist die »säkulare« Republik Indien mit zwei »islamischen« Republiken in unmittelbarer Nachbarschaft konfrontiert: Pakistan und Bangladesch. In jedem dieser Staaten leben ungefähr so viele Muslime wie in Indien: zwischen 130 und 140 Millionen.

Was aber sind die Ursachen für den tragischen Dauerkonflikt zwischen Hindus und Muslimen? Um diese Frage zu klären, müssen wir weit in die Vergangenheit zurückgehen.

Muslimische Intoleranz gegen den Hinduismus

Indien ist im Verlauf seiner jahrtausendelangen Geschichte mehrmals von Völkern einer fremden Religion erobert worden. Aber: Wenn es den Hindus bisher immer gelang, die Glaubensüberzeugung der Eroberer in den eigenen geistigen Kosmos einzubinden, so sollte dieser Versuch angesichts des Islam erstmals auf unüberwindliche Schwierigkeiten stoßen. Dies lag an der Struktur des Islam. Für die Muslime gab und gibt es ja, wie für die Christen, nur die Trennung zwischen der allein »richtigen« Religion und den vielen Irrenden – und dies schied sie von den arischen Völkern, die ein bis zwei Jahrtausende zuvor ihre Götter nach Indien brachten und ihren Glauben mit dem der Einheimischen vermischten.

Die muslimischen Eroberer, die seit dem 11. Jahrhundert in immer neuen Wellen Indien überfluteten, betrachteten voll Abscheu die vielköpfigen, vielarmigen Götterstandbilder, in deren Darstellung sich ihrer Meinung nach bloß eine verirrte Phantasie, niemals aber echte Religiosität manifestieren konnte. So ist es immer wieder vorgekommen, daß Muslime Götterstatuen zerschlugen, prachtvolle Tempel niederrissen und den Hindus schikanöse Sondersteuern auferlegten, um sie durch wirtschaftlichen Druck für den Glaubenswechsel mürbe zu machen. Diese harte, schroffe Politik konnten die Eroberer allerdings nicht durchhalten, denn der Widerstand der zahlenmäßig weit überlegenen Hindus wäre ihnen auf die Dauer zu belastend, zu gefährlich gewesen. Deshalb sind die Muslime dazu übergegangen, die Hindus nicht anders als Christen und Juden zu behandeln. Sie machten damit die Masse der andersgläubigen Inder zu Untertanen, deren Lebensgewohnheiten und auch deren Religion es vor Übergriffen zu schützen galt, sofern die Betroffenen bereitwillig ihre Steuern zahlten und die islamische Oberhoheit anerkannten. Aber diese Politik entsprang keiner echten Toleranz, sondern eher Taktik, und damit ist die untergründige, unheilvolle Spannung erhalten geblieben.

Die Hindus reagierten auf ihre Weise. Sie setzten sich haßerfüllt dort zur Wehr, wo die Muslime ihre Tempel schändeten, aber sie zügelten ihren Haß, wenn es um die philosophischen Gehalte dieser fremden Religion ging. Schon während der ersten fünf Jahrhunderte haben Brahmanen den Versuch unternommen, Mohammed als Propheten in den eigenen Götterkosmos einzugliedern. Der Islam sei nur »Teil« der Wahrheit innerhalb eines »Ganzen«, so lehrten etliche von ihnen. Aber welche Gotteslästerung mußte eine solche Auffassung aus der Sicht der Muslime bedeuten. Ihre Korangelehrten verwendeten viel Energie darauf, die Gläubigen gegen dieses ketzerische Gift immun zu machen. Mit nur halbem Erfolg. Spätestens Ende des 15. Jahrhunderts zeigte sich in aller Deutlichkeit, daß Muslime in Indien der Faszination des Vedanta, der All-Einheitslehre eines Shankara erliegen konnten – und dies gerade bedeutende Denker.

Die herausragendste Persönlichkeit innerhalb dieser Entwicklung wurde der Mystiker Kabir, der von 1440 bis 1518 lebte. Er, als Muslim erzogen, ging zuerst bei einem islamischen, dann einem hinduistischen Mystiker in die Schule, um schließlich zu dem Ergebnis zu kommen: »Sehet in Eure Herzen, dort werdet ihr beide, Allah und Rama, finden.«[4] Was ihm vorschwebte: die All-Einheit der Religionen; im Herzen Platz für jede Gottheit, ob nun die Namen Shiva, Vishnu, Rama, Krishna, Allah oder Christus sind, sie alle seien letzten Endes nur facettenreiche Erscheinungsformen der Weltseele, deren Vielfalt aber kein Gläubiger voll erfassen könne. Kabir hatte sich vom orthodoxen Islam abgewendet – aber nicht, indem er den einen Glauben gegen einen anderen auswechselte, sondern er versuchte, die Gegensätze auf höherer Ebene aufzuheben.

Für den Islam in Indien bedeutete dieser Versuch eine Zerreißprobe. Denn die volkstümlich abgefaßten, leicht verständlichen Gedichte Kabirs faszinierten eine breite Leserschicht gebildeter Hindus wie Muslime, vor allem muslimische Intellektuelle. Die Gefahr nahm zu, als schließlich auch noch ein Mogul-Kaiser die Gedichte las und sich daraufhin interessiert der Philosophie des Vedanta zuwandte – ausgerechnet auch noch der politisch und geistig bedeutendste Kopf dieser Dynastie: Akbar.

Die »Universalreligion« des Mogul Akbar – und die Antwort der islamischen Orthodoxie

Der Mogul Akbar, der von 1556 bis 1605 regierte, war ursprünglich orthodoxer Sunnit, fühlte sich aber von der unduldsamen Härte sunnitischer Geistlichkeit gegenüber »Götzendienerei« zunehmend angewidert. Durch Philosophen wie Kabir inspiriert, lud Akbar in seine Residenz Fatehpur Sikri bei Agra nicht nur islamische Rechtsgelehrte und Philosophen zum Disput, nicht nur Christen, die als Monotheisten auch für einen orthodoxen Muslim noch als Diskussionspartner akzeptabel waren (und es gab damals schon jesuitische Missionare in Indien), sondern er holte auch Hindus, Sikhs und Jains zu sich – ein Ensemble also, das die ganze Religionsvielfalt Indiens spiegelte. Von Orthodoxen argwöhnisch beobachtet, ging Akbar dazu über, Hindus vollends alle drückenden Sondersteuern zu erlassen, die sie als »Götzendiener« zu entrichten hatten, und gestattete ihnen, neue Tempel zu bauen. Außerdem holte er geistig bedeutende Hindus in hohe Staatsämter. Wenn er mit solchen Maßnahmen noch Beifall bei pragmatisch denkenden Muslimen fand, stieß er mit dem nächsten Schritt unweigerlich die meisten Glaubensgenossen vor den Kopf: Er nannte den »wahren Glauben« nicht mehr Islam, sondern weniger konkret »Din-i-Illahi« (Gottesglaube). Zwar hielt er weiterhin am Monotheismus fest, sah aber Gott nicht mehr als dogmatisch klar fixierbares Wesen an, das sich eindeutig mit dem Namen irgendeines Gottes der Weltreligionen identifizieren ließ. Zwar hielt er weiterhin an Mohammed als dem Propheten Gottes fest, aber ihm erschien es darüber hinaus notwendig, nach einer »Wahrheit« zu suchen, die über allen bisher verkündeten Offenbarungen stand. Eine Wahrheit also, die keine Lehre als »falsch« verwarf, sondern das Beste aus allen Lehren mit einschloß. Das war Islam unter dem Vorzeichen des Vedanta.

Akbars »Din-i-Illahi« ist nicht bis in breite Volksschichten gedrungen, wie es der Mogul-Kaiser gewünscht hatte. Diese eklektizistische Religiosität ist auf einen Zirkel von Intellektuellen aus muslimischen und hinduistischen Kreisen beschränkt geblieben. Trotzdem mußte eine solche Entwicklung jeden orthodoxen Muslim alarmieren, zumal sie gerade bedeutende Geister in höchsten politischen Rängen erfaßte. Aus dieser Sicht heraus ist es verständlich, daß die Orthodoxen auf Abwehrmaßnahmen sannen. Kaum war Kaiser Akbar 1605 gestorben, bestürmten Korangelehrte seinen Nachfolger Jehangir, Front gegen die Freigeisterei seines Vaters zu beziehen. Jehangir und erst recht spätere Mogul-Kaiser zogen die Grenze zum »götzendienerischen« Hinduismus erneut schroff, mit dem Ziel, jeden weiteren Einfluß hinduistischer Philosophie auf den Islam ein für allemal zu unterbinden. Shahjahan, Akbars Enkel und der berühmte Bauherr des Taj Mahal in Agra, ließ wieder Hindu-Tempel zerstören, untersagte den »Götzendienern« auffällige Prozessionen und verbot ihnen, ihre »Irrtümer« öffentlich zu predigen.

An Unduldsamkeit und fanatischer Härte übertraf ihn aber noch sein Sohn und Nachfolger Mogul Aurangzeb, der von 1658 bis 1707 regierte. Er, der letzte bedeutende Kaiser dieser Dynastie, verdüsterte das Andenken an seine Herrschaft durch gnadenlose Verfolgung hinduistischer Philosophen und Priester, darüber hinaus bedrohte er Muslime mit Ketzergerichten, sofern jene durch kritische Äußerungen auch nur andeutungsweise die orthodoxe Linie in Frage stellten. Aurangzeb war von der Idee besessen, den Hinduismus ein für allemal als geistig bedrohende Kraft unschädlich zu machen. In dieser Absicht wütete er nicht nur gegen Menschen, sondern auch gegen Bauwerke; unerbittlich und konsequent wie kein Mogul vor ihm ließ er Hindu-Tempel niederreißen, besonders zentrale, vielbesuchte Verehrungsstätten. Wenn heute der Reisende in so berühmten Pilgerorten wie Varanasi (Benares), Mathura, Pushkar und Somnath vergeblich nach jahrhundertealten, künstlerisch bedeutsamen Bauwerken sucht, so liegt dies am Zerstörungseifer des Mogul Aurangzeb. Heiligtümer, die an Schönheit zu den größten architektonischen Leistungen des Hinduismus zählten, sanken Ende des 18. Jahrhunderts unrettbar in Trümmer, und sie sind nicht wieder in der ursprünglichen Form aufgebaut worden, dazu fehlte es den Gedemütigten in den Zeiten eines allgemeinen wirtschaftlichen und kulturellen Niedergangs an Geld und Kraft.

Heute findet man an vielen Pilgerstätten, die in der Mythologie der Hindus eine herausragende Rolle spielen, häufig Tempel aus dem 19. oder gar 20. Jahrhundert, sie sind meist monströs und eher einfallslos gebaut. Zu allem Überfluß hat Aurangzeb an den Stätten der Zerstörung teilweise auch noch Moscheen bauen lassen – symbolischer Triumph über die »Ungläubigen« –, und sie stehen in Sichtweite der später neugebauten Heiligtümer. Jeder Hindu, der zu diesen modernen Stätten pilgert, wird durch den Anblick der benachbarten Moschee daran erinnert, weshalb die einstigen prunkvollen Tempel in Schutt und Asche sanken.

Hindus entwickeln glaubenskämpferischen Fanatismus

Die Wunden, die diese schwere, über Jahrzehnte dauernde Verfolgung und Zerstörung aufriß, sind bis heute nicht vernarbt. Seither begegnen viele Hindus mit Mißtrauen, ja Bitterkeit den Muslimen. Und seither können sich die Affekte aggressiv gegen die muslimische Minderheit in Indien entladen. Wohlgemerkt: gegen die Muslime, nicht gegen den Islam. Für Hindus bedeutet es keinen Widerspruch, Mohammed als eine Inkarnation Vishnus zu begreifen, andererseits aber orthodoxe Muslime als zu eng, zu fanatisch einzustufen und daher abzulehnen.

Diese Spannungen haben einst die britischen Kolonialherren schlau zu nutzen verstanden, indem sie die verfeindeten Anhänger beider Religionen gegeneinander ausspielten, Muslime mit einflußreichen Posten in Militär und Verwaltung verwöhnten und bei Bedarf gegen aufrührerische Hindus einsetzten. Das war ein politisch verhängnisvoller Schachzug, der zwar die Macht der Kolonialherren verlängern half, aber die Kluft zwischen Hindus und Muslimen vertiefte.

Die gegenseitigen Affekte haben sich während des 20. Jahrhunderts noch einmal zugespitzt, als sich die Inder zum Unabhängigkeitskampf gegen die britische Kolonialmacht formierten. Nun entzweiten sich Hindus und Muslime über die Frage, ob denn in einem unabhängigen Indien beide Religionsgemeinschaften gleichberechtigt leben könnten. Der Streit darüber hat schließlich zum blutigen Bürgerkrieg geführt und Indien 1947 in zwei verschiedene Staaten zerbrechen lassen.

Im Streit darüber haben sich aber auch auf seiten der Hindus militante Organisationen und schließlich auch Parteien gebildet, die mehr und mehr glaubenskämpferische Parolen verbreiteten. Ein solches Verhalten war neu und wurde von der Mehrheit der Hindus lange Zeit eher gleichgültig übergangen oder mit Ablehnung bedacht. Aber diese Minderheiten traten bald mit solchem Fanatismus auf, daß sie zunehmend die Schärfe der Auseinandersetzung bestimmten.

Derartige Hindu-Aktivisten sind sich, bei allen ideologischen Abweichungen in einzelnen Punkten, einig in ihrem Feindbild: Sie lehnen die säkulare Staatsverfassung Indiens ab, die allen Religionsgemeinschaften gleiche Rechte garantiert – sie wünschen einen »Hindu-Staat«, in dem der Hinduismus zur Staatsreligion erhoben ist und Andersgläubige bestenfalls geduldet sind. Mehr noch: Sie wollen indische Muslime mit allen Mitteln der Propaganda und notfalls auch des politischen Drucks zum Hinduismus zurückführen. Ihre Polemik richtet sich zwar auch gegen indische Christen, aber da diese an Zahl nicht besonders ins Gewicht fallen, konzentrieren sie sich in erster Linie auf die 130 bis 140 Millionen indische Muslime. Aus einer dieser Organisationen, der 1925 gegründeten »Gesellschaft der Diener des Staates« (RSS), kam der Mörder Mahatma Gandhis. Diese und ähnlich ausgerichtete Gruppierungen trugen wesentlich dazu bei, daß es nach der Unabhängigkeit Indiens 1947 zu Massengemetzeln zwischen Hindus und Muslimen kam.[5]

Über viele Jahrzehnte schien es undenkbar, daß radikal-hinduistische Verbände und Parteien mehr als nur regional bedeutend sein könnten. Das jedoch änderte sich in den achtziger Jahren. 1980 gründeten Hindu-Aktivisten auf den Grundlagen einer älteren zerfallenen Partei die »Bharatiya Janata Party«, die »Indische Volkspartei«. Sie ist eine »Hindu«-Partei, die sich ausdrücklich als *die* ideologische Alternative zur »säkularen« Kongreßpartei versteht. Unter dem Kürzel BJP ist sie schließlich in die westlichen Schlagzeilen gerückt. Zwar konnte die neue Partei bei den landesweiten Parlamentswahlen von 1984 erst zwei Sitze von insgesamt 545 im indischen Unterhaus erringen. Aber je mehr während der folgenden Jahre die Kongreßpartei durch Korruptionsskandale und interne Machtkämpfe an Ansehen verlor, stieg die BJP in der Wählergunst. 1990 gewann sie im Unterhaus bereits 119 Sitze, 1996 überholte sie die einst unangefochtene Kongreßpartei und wurde zur stärksten politischen Kraft, 1999 konnte sie schließlich mit einer breitgefächerten Parteienkoalition erstmals die Regierung übernehmen.

Der Aufstieg dieser Hindu-Partei war – zumindest in ihren Anfängen – untrennbar mit einer radikalen Propaganda gegen die Muslime verknüpft. Die BJP heizte wie keine andere Partei die Emotionen an, wenn es darum ging, zur Zerstörung von Moscheen aufzurufen. Man müsse endlich, so forderten ihre Wahlredner, die Demütigung durch muslimische Herrscher mit gleicher Münze heimzahlen und alle Moscheen niederreißen, die auf den Fundamenten zerstörter Hindutempel errichtet seien. Man müsse dort wieder hinduistische Heiligtümer errichten. Wirksam unterstützt in ihrer Propaganda wurde die BJP von der »Gesellschaft der Diener des Staates« (RSS), die sich als radikaler paramilitärischer Arm der BJP versteht, und dem 1964 gegründeten »Weltrat der Hindus«, einem überregionalen Verband.

Das erste Ziel der glaubenskämpferischen Aktivisten war die fünfhundert Jahre alte Babri-Moschee in der nordindischen Pilgerstadt Ayodhya. Diese Moschee, so hieß es in ihren Reden und Broschüren, sei auf den Grundmauern eines der heiligsten Tempel Indiens errichtet worden, nämlich dort, wo einst der göttliche König Rama geboren wurde. Dort solle wieder der Rama-Tempel erstehen und wie einst zu einem der wichtigsten Pilgerziele Indiens werden. Am 6. Dezember 1992 rissen fanatisierte Hindus die Babri-Moschee nieder. Und die Agitatoren kündeten an, bald würden auch Moscheen in den Hindu-Pilgerstädten Varanasi (Benares) und Mathura zerstört.

Der Exzeß in Ayodhya entfachte einen Flächenbrand quer durch Indien, so als ob lang angestaute Spannungen eruptiv ein Ventil zur Entladung gefunden hätten. In vielen Städten kam es zu Straßenschlachten zwischen Hindus und Muslimen. Fanatisierter Mob brannte Wohnhäuser und Kultstätten der jeweils anderen Religionsgemeinschaft nieder. Die Bilanz der folgenden Wochen zählte über 3000 Tote und ein Vielfaches an Schwerverletzten. Manche Städte erlebten die blutigsten Unruhen seit dem Bürgerkrieg von 1947. Entsprechend hoch war der materielle Schaden. Nach ersten Schätzungen waren innerhalb von zwei Monaten Sachwerte von rund 16 Milliarden Dollar vernichtet worden, das bedeutete fünf Prozent von Indiens Bruttoinlandsprodukt.[6] Der Flächenbrand wucherte über Indiens Grenzen hinaus. In Pakistan wie in Bangladesch riefen Muslime zum »Heiligen Krieg« gegen »Hindustan« auf, in Pakistan zerstörten sie landesweit rund fünfzig Hindutempel und zündeten die Kaufläden der hinduistischen Minderheit an. Der Fanatismus griff sogar auf Hindus und Muslime in England über, auch dort kam es zu Ausschreitungen, Brandstiftung, Plünderung.

Ayodhya ... Der Name ist bei uns im Westen über Jahre hinaus zum beklemmenden Symbol für eine Radikalisierung der Hindus geworden, ja manche westliche Beobachter haben sogar einen Religionskrieg zwischen Hindus und Muslimen in naher Zukunft für möglich gehalten. Und spätestens in jenem Jahr 1992 war man in der westlichen Berichterstattung dazu übergegangen, das Schlagwort »Hindu-Fundamentalismus« zu gebrauchen. Man begann Vergleiche mit der islamischen Radikalisierung anzustellen. Aber daß solche Einschätzungen der Situation nicht gerecht werden, lassen die bisherigen Ausführungen über die ganz andere Struktur des Hinduismus vermuten. Ich werde auf dieses Problem zurückkommen, wenn ich im Zusammenhang mit dem hinduistischen Kastensystem die Ideologie der Hindu-»Fundamentalisten« näher erörtere.[7]

Bezeichnend ist, daß der Konflikt von Ayodhya keine lang anhaltende Nachwirkung in Indien hatte. Ein Großteil der Hindus verurteilte die Zerstörung von Moscheen, wie Meinungsumfragen in den folgenden Jahren ergaben. Selbst viele jener Hindus mit antimuslimischem Affekt meinten, daß blutige Ausschreitungen den Staat letzten Endes in eine ausweglose Krise führten. Diese Reaktion bedeutete für die Führer der BJP eine Ernüchterung. Als ihre Partei während der folgenden Jahre in der Wählergunst absackte, nahmen sie Abschied davon, die anti-muslimische Propaganda in den Mittelpunkt ihrer Wahlkämpfe zu rücken. Ja, die Führer der Hindu-Partei gaben ausdrücklich zu verstehen, daß die Muslime genauso wie die Hindus das Recht auf ihren Glauben hätten. Und mit schlauer Taktik betonten sie, in Indien habe jede Gottheit ihren Platz, ob Shiva, Vishnu, Krishna, Allah, Christus... Das sei anders als im islamischen Pakistan und in Bangladesch.

Vordergründig war damit der Vorwurf eines fanatischen Hindu-»Fundamentalismus« weggewischt. Aber aus unserer westlichen Sicht, ja auch aus indischer Perspektive, müssen Fragen offen bleiben. Die Konfrontation mit fremden Glaubensgemeinschaften verlagerten die Hindu-Aktivisten, wie wir noch sehen werden, nur auf eine andere Ebene.

Die Ahmadiya darf sich nicht mehr »islamisch« nennen

In Pakistan brachen 1953, vier Jahre nach der Gründung des indisch-»islamischen« Staates, Unruhen aus, angefacht von Radikal-Orthodoxen gegen die Ahmadiya-Sekte. Diese Sekte, während der zweiten Hälfte des 19. Jahrhunderts durch den indischen Muslim Mirza Ghulam Ahmad begründet, hatte in Indien unter Hindus stets unbehelligt leben können. In Pakistan aber, wo die Verfassung den Islam zur Staatsreligion erhoben hat, ist ihre Lehre rasch ins Kreuzfeuer der Kritik geraten. Korangelehrte wollten die Sekte aus der islamischen Glaubensgemeinschaft ausgestoßen wissen, weil deren Begründer durch seine Äußerungen Zweifel hatte daran aufkommen lassen, ob er in Mohammed wirklich den Propheten mit der endgültigen Gottesoffenbarung sah.

Mirza Ghulam Ahmad nannte sich den wiedererschienenen Christus – schon dies eine unerlaubte Anmaßung –, noch mehr aber: Er bezeichnete sich als eine Inkarnation Vishnus.[8] Der Sektenführer strebte, indem er Namensymbole aus verschiedenen Religionen in seine Lehre einbezog, nichts Geringeres als die Wiedervereinigung aller Religionen unter seiner Führung an. Er selber wie seine Anhänger bestanden trotz allem darauf, »Muslim« genannt zu werden. Aber Beifall konnte die Ahmadiya eher bei den Neo-Hinduisten als bei ihrer eigenen Glaubensgemeinschaft finden, denn was Mirza Ghulam Ahmad praktizierte, rückte den Islam in die Nähe des Vedanta. In manchen Tendenzen erinnert die Lehre an den großangelegten Versuch des Mogul-Kaisers Akbar, einen universalen »Gottesglauben« zu installieren.

Die Abgrenzungskämpfe in Pakistan haben mehr als zwei Jahrzehnte gedauert, bis sich die Orthodoxen erneut nach blutigen Unruhen 1974 durchsetzten. Auf Beschluß der pakistanischen Nationalversammlung darf sich die Sekte seitdem nicht mehr »islamisch« nennen, ihr ist dies selbst für Europa und Westafrika untersagt, wo ihre Missionare um Anhänger geworben und Moscheen errichtet haben. In Pakistan drohen bei Nichtbeachtung dieses Verbots Gefängnisstrafen. Die Betroffenen empfinden das Urteil als ungerecht und völlig verfehlt, weshalb sie nun um so entschiedener betonen, daß sie die einzig wirklich gläubigen Muslime seien, alle anderen aber den »wahren Islam« verfälscht und verraten hätten.

Die Anhänger der Ahmadiya beharren hiermit ebenso doktrinär wie viele Fundamentalisten auf ihrem Glauben, und gerade diese Provokation machte sie erst recht zur Zielscheibe der Radikal-Orthodoxen. Besonders unter dem Regime des religiösen Eiferers Zia ul-Haq waren die etwa 300 000 in Pakistan ansässigen Anhänger der Ahmadiya starken Anfeindungen ausgesetzt, was schließlich in massive Verfolgungen ausartete. Immer wieder kam es unter fadenscheinigen Vorwänden zu Verhaftungen und auch zu Mißhandlungen durch Polizeibeamte, so ist in einem Bericht von Amnesty International von 1986 zu lesen.[9]

Diese Vorgänge erwecken den Eindruck, als handle es sich in Pakistan um einen geschlossenen Block von Gläubigen, der gegen Abweichler vorgeht. Aber gerade dies ist nicht der Fall. Ein hervorstechendes Merkmal des pakistanischen Islam ist seine schier unübersehbare Aufsplitterung in Bewegungen, Denkschulen, Sekten, Untersekten, Richtungen und Gemeinschaften, zu denen sich noch verschiedenartigste Sufi-Bruderschaften gesellen.[10] Dies alles erinnert an Indiens Vielfalt hinduistischer Strömungen – nur tun sich die Muslime viel schwerer mit einem derartigen Pluralismus, sehen sie doch hierin viel rascher eine Bedrohung für den »rechten Glauben«. Um so empfindlicher mußten die Orthodoxen auf eine Sekte wie die Ahmadiya reagieren, da jene sich noch um einen Grad weiter als die vielen anderen Splittergruppen von der offiziellen Dogmatik entfernt hat – und damit endgültig die Grenze des Tolerierbaren hinter sich ließ.

Der Sufismus durch hinduistische Philosophie beeinflußt?

Der Islam hat im Verlauf seiner Geschichte bisher alle geistigen Bewegungen von sich abgestoßen, die darauf hinausliefen, die »höchste« und »letzte« Wahrheit, verkündet durch Mohammed, zu relativieren. Auch dann, wenn diese Bewegungen aus dem Islam selber hervorgegangen sind. Wir haben in einem früheren Kapitel am Beispiel so bedeutsamer Philosophen und Mystiker wie Ibn Al Arabi und Dschelaleddin Rumi gesehen, daß ihre Auffassung von »universaler« Wahrheit im Islam nicht wirklich hat heimisch werden können.[11]

»Mein Herz umfaßt sämtliche Formen«, so heißt es ja in einem berühmten Vers von Ibn Al Arabi, und er weist neben dem Mönchskloster als Symbol des Christentums auch auf den »Tempel der Idole« hin – unmißverständlich eine Anspielung auf Götterstandbilder, wie sie in hinduistischen Tempeln stehen –; und im folgenden fordert er den Gläubigen auf, jenseits aller äußeren Verehrungsformen und dogmatischen Fixierungen das Verbindende, Hintergründige zu suchen: die »Liebe«, Gottesliebe wie Menschenliebe. Ähnlich spricht Dschelaleddin Rumi davon, daß er vorurteilsfrei »Ihn« in vielen Religionen gesucht habe, nicht nur im Islam (»Kaaba«), nicht nur im geistig verwandten Christentum (»Kreuz«), sondern auch im »Hindu-Tempel« und in der »alten Pagode«. Letztlich sei er zu der Überzeugung gekommen, daß man »Ihn« nicht in klar umrissenen und einengenden Dogmen fassen könne, sondern nur in der alle Beschränkungen hinter sich lassenden Dimension des »eigenen Herzens«.

Verse wie diese weisen bis in die Metaphern hinein verblüffende Ähnlichkeit mit jener Aussage des ebenfalls schon erwähnten Mystikers Kabir auf: »Sehet in eure Herzen, dort werdet ihr beide, Allah und Rama, finden.« Am Beispiel des indischen Muslim Kabir ist schwerlich abzustreiten, daß sich ein Sufi von der Philosophie des Vedanta hat beeinflussen lassen, er entwickelte sein Denken ja unmittelbar im Spannungsfeld von Islam und Hinduismus. Aber wie steht es mit Ibn Al Arabi und Dschelaleddin Rumi, die beide weit entfernt vom indischen Kulturkreis wirkten?

Religionswissenschaftler haben schon während der zwanziger Jahre zu zeigen versucht, daß die islamische Mystik gerade in ihren geistig revolutionären Aspekten von der Philosophie des Vedanta beeinflußt worden ist. Bei allen großen Mystikern deuten Überlieferungsstränge auf Kontakte zu indischen Philosophen und Yogis hin. So sollen bereits im 9. und 10. Jahrhundert verschiedene Werke aus Indien über den Iran bis nach Bagdad gelangt, dort ins Arabische übersetzt und von muslimischen Intellektuellen eifrig gelesen worden sein, kaum zur Freude der islamischen Orthodoxie. Herausragende Sufis und Derwische wie Bayasid Bistami und Halladsch, wie auch Ibn Al Arabi und Dschelaleddin Rumi, sollen sich intensiv mit diesem Schrifttum auseinandergesetzt haben, wenn sie selber auch niemals persönlich nach Indien gekommen sind (insofern ist »Hindu-Tempel« und »Tempel der Idole« nur als literarische Metaphorik zu verstehen).[12]

Die Religionswissenschaftler sind sich zwar bis heute nicht einig, wie stark hinduistische Philosophie nun wirklich das Denken von Sufis und Derwischen beeinflußt hat. Trotzdem ist zu fragen, ob nicht der Vedanta auf verschlungenen geistigen Umwegen sogar innerhalb des Islam gravierende religiöse Abspaltungen bewirken konnte – folgenreicher als die »Ketzerei« der Ahmadiya. Möglicherweise hat sich die Bahai-Religion gerade unter solchen Einflüssen endgültig und grundsätzlich vom Islam gelöst. Die Begründer dieser Glaubensgemeinschaft, ursprünglich Muslime, haben ja während des 19. Jahrhunderts im Umkreis der persischen Mystik ihr Weltbild geformt – in eben jenem geistigen Spannungsfeld, von dem aus Verbindungslinien nicht nur zum Abendland, sondern auch nach Indien laufen. Rufen wir uns den bereits zitierten Propagandatext der Bahai in Erinnerung[13], so drängt sich bei seiner Lektüre der Vergleich zum Vedanta geradezu auf. Es heißt dort unter anderem: »In gewissen Zeitabständen hat Gott sein Wort durch verschiedene Boten geoffenbart: […] Abraham, Mose, Krishna, Buddha, Zarathustra, Christus, Mohammed waren solche Gottesoffenbarer. […] Da es nur einen Gott gibt, haben alle Gottesoffenbarer die gleiche Wahrheit verkündet. Sie haben diese Wahrheit weiterentwickelt und den jeweiligen Bedürfnissen der verschiedenen Kulturkreise, der gesamten geschichtlichen Entwicklung der Menschheit angepaßt.« Sätze wie diese muten wie eine Synthese aus abendländischer Aufklärung und Vedanta an; vermutlich haben sich beide Einflüsse vermischt und sind so für den modernen Menschen unserer Zeit um so leichter faßbar geworden. Wie bereits ausgeführt, bedeutet der Bahaismus gerade für streng orthodoxe

Muslime eine Gotteslästerung. Unverzeihlich erscheint es ihnen, den Propheten Mohammed auf eine Ebene mit anderen Propheten zu rücken, besonders mit Verkündern polytheistischer Religionen.

Wenn Orthodoxe zur Abwehr solcher Tendenzen aufrufen, handeln sie durchaus konsequent im Sinne ihres Glaubens, eines kompromißlos auf das Absolute hindrängenden Islam. Und wenn diese Orthodoxen den »Gottesglauben« des Mogul-Kaisers Akbar, ebenso die interreligiösen Vermittlungsversuche von Kabir auf den Einfluß des Vedanta zurückführen, ja auch die universalen Denkansätze eines Ibn Al Arabi und Dschelaleddin Rumi entsprechend beargwöhnen, dann müssen sie den Hinduismus insgesamt als die schwerwiegendste Herausforderung für den Islam betrachten.

Eine andere Form der Intoleranz: das Kastensystem

Krise durch das Kastensystem der Hindus

Hindus rotten sich zusammen, rücken in Stoßtrupps vor, zünden Hütten an, treiben deren Bewohner vor sich her, verprügeln sie oder schlagen sie gar tot. Niemand ruft die Polizei, niemand würde dies auch wagen, wo ohnehin kaum einer glaubt, daß Polizisten den Bedrängten helfen würden. Die Opfer: ebenfalls Hindus. Aber von den Gewalttätern unterscheiden sich die Geschlagenen und Getöteten durch eine wesentliche Eigenschaft: Sie gehören einer niedrigen Kaste an. Das ihnen vorgeworfene Vergehen: Sie haben eines der zahlreichen Tabus, die den Beziehungen zwischen den Kasten enge Grenzen setzen, übertreten und damit die »göttliche« Ordnung verletzt …

Die indische Regierung legt derartigen Vorkommnissen so viel Gewicht bei, daß sie es für wert findet, darüber eine eigene Statistik zu führen. Die Zahlen sind erschreckend. 12 746 blutige Ausschreitungen von Höherkastigen gegen Niederkastige sind allein während der Jahre 1977 und 1978 registriert, darunter 354 Morde.[1] Und an der Häufigkeit der Ausschreitungen hat sich bis ins 21. Jahrhundert hinein nichts geändert. Allein während der ersten Hälfte des Jahres 2001 wurden etwa in Indiens bevölkerungsreichstem Bundesstaat Uttar Pradesh (mit rund 140 Millionen Einwohnern) ungefähr 3000 Angriffe auf Unberührbare, die niedrigst eingestuften Hindus, verzeichnet.[2] Man kann sich vorstellen, daß die Dunkelziffer um ein Vielfaches höher liegt (und dies wird vereinzelt von Hindus auch selbstkritisch bestätigt). Denn die Behörden sind kaum in der Lage, die vielen weitverstreuten Dörfer und übervölkerten Slumsiedlungen der Ballungszentren ausreichend zu kontrollieren, sie registrieren schon von daher nur einen Bruchteil der Ausschreitungen. Außerdem zeigt ein Teil der (höherkastigen) Regierungsbeamten wie auch viele der (ebenfalls höherkastigen) Polizisten nur geringes Interesse, Gewalttaten gegen Niederkastige strafrechtlich zu verfolgen.

Das Kastensystem gilt im Hinduismus als »ewige« »kosmische« Ordnung, eine festgefügte Hierarchie, zu der es keine Alternative gibt – nicht geben kann, nicht geben darf. Abweichungen davon müssen als elementare Bedrohung verstanden und entsprechend scharf geahndet werden. Nicht genug damit: Viele Hindus halten die Abstufung in Kasten für so selbstverständlich, daß sie diese Form von »Ordnung« als die Grundlage *jeder* Religion begreifen. Für Europäer ist dies nur schwer nachvollziehbar.

Wie sehr viele Hindus noch immer in solchen Kategorien denken, merkt man selbst als Außenstehender auf Schritt und Tritt, sobald man sich nur wenige Kilometer von den großen Touristenzentren entfernt. Hierbei ist es unerheblich, ob man in einer Kleinstadt oder einem Dorf unterwegs ist, überall kann man dort von englischsprechenden Hindus mit der Frage konfrontiert werden: Zu welcher Kaste man denn als Andersgläubiger gehöre (»To which cast in your religion do you belong?«). Solche Fragen können sogar dort gestellt werden, wo Hindus in unmittelbarer Nachbarschaft mit einheimischen Christen, Muslimen oder Buddhisten leben. Mir ist diese Haltung, die ich gerne als »Ignoranz« auslegte, über Jahre ein Rätsel geblieben – solange ich den übermächtigen Einfluß der Kastenmentalität bei den Hindus unterschätzte.

Es kann passieren (und mir passierte es immer wieder), daß Hindus sich trotz aller Einwände nicht von ihrer Überzeugung abbringen lassen, auch Europäer würden streng gesondert in Kasten leben. Besonders eingeprägt hat sich mir in dieser Hinsicht eine Begegnung in Alwar, einer Kleinstadt 200 Kilometer südlich von Delhi. Ein junger, aufgeweckter Bursche hatte mir wieder einmal die Frage gestellt, zu welcher Kaste innerhalb meiner Religion ich gehöre, und auf meine Antwort, in Europa gebe es keine Kasten, hatte er nur für Momente irritiert geschwiegen, dann kam die Frage, die scheinbar nichts mehr mit diesem Thema zu tun hatte: Welchen Beruf ich ausübe? Ich sagte, ich schreibe Bücher. Ob ich einen akademischen Grad hätte? Ich bejahte. Da hellte sich sein Gesicht auf, und er deutete stolz auf sich selber: »I am also a brahmin«, er sei ebenfalls Brahmane. Automatisch ordnete er meinen Beruf und akademischen Grad der höchsten Kaste, der Priester- und Intellektuellenkaste zu. Meinen Einwand hatte er nicht verstanden.

Lediglich in Großstädten mit Anschluß an das internationale Verkehrsnetz trifft man vermehrt auf Hindus, die soweit mit westlichem Denken vertraut sind, daß sie unsere sozialen Abstufungen nicht für religiös bedingte Kastenschranken halten. Jene fühlen sich auch meist bemüßigt, dem Ausländer zu demonstrieren, daß sie selber liberal seien und das Kastensystem in seiner gegenwärtigen Form ablehnen. Ihnen ist sehr wohl bewußt, wie sehr der »Westen« während der letzten Jahrhunderte gerade durch seine wesentlich flexiblere Sozialstruktur eine größere kulturelle und wirtschaftliche Dynamik entfalten konnte, und diese Einsicht hat ihnen den Blick für die Schwächen des eigenen Systems geschärft. Allein sie fordern Reformen.

Unantastbare »kosmische« Ordnung

Kaste ... Kein Begriff ist im Zusammenhang mit dem Hinduismus so bekannt wie dieser. Und keiner so belastet. Gerade für Außenstehende kann das Kastensystem mit all seinen krisenhaften Spannungen und Entartungserscheinungen zum wesentlichen Beleg dafür gelten, daß der Hinduismus als »Kultur« niemals dem Abendland wird gleichrangig sein können. Auch als Religion kein echter Dialogpartner für das Christentum! Denn die Intoleranz, die vom Kastensystem ausgehe, gehöre zu den schlimmsten Menschenrechtsverletzungen ...

Es ist schon viel über das Kastenwesen geschrieben worden, so daß es genügt, hier lediglich die Grundzüge zu skizzieren. Das von uns heute verwendete Wort »Kaste« haben die Portugiesen aufgebracht, als sie während des 16. Jahrhunderts ihr Kolonialreich an der Malabarküste errichteten. Das Wort ist vom portugiesischen »casta« (unvermischt) abgeleitet. Die Inder dagegen verwenden, wenn sie sich auf die etwa 3 000 sozial-religiösen Gruppierungen innerhalb der Hierarchie beziehen, den Sanskrit-Begriff »Jati«, was »Geburt«, »Herkunft« bedeutet. Die vier großen Hauptgruppen innerhalb der Kasten – die Brahmanen (Priester, geistige Berufe), die Kshatriya (Adel, Militär), die Vaishya (Handel, Gewerbe, Großbauern), die Shudra (Niederkastige: Dienstleistungsberufe, einfache Bauern) – bezeichnen sie als »Varna«, »Farbe«. Gemeint sind rituelle Farben, durch die die Großkasten symbolisch gekennzeichnet sind. Der Begriff bezieht sich also nicht, wie bei uns im Westen oft angenommen, auf hellere und dunklere Hautfarben der Inder.

Im Verlauf von Jahrhunderten ist so eine festgefügte Hierarchie entstanden, die jedem Hindu über verschiedene Rangstufen des Priestertums bis hinab zu den niedersten Dienstleistungsberufen seinen festen Platz zuweist. Aber voll ausgebildet war die Hierarchie erst, als zu den vier Großkasten am unteren Ende der Skala noch eine weitere Gruppierung hinzukam – die der »Unberührbaren« oder »Paria« (die für die niedrigsten und unreinsten Arbeiten zuständig sind). Die auch bei uns eingebürgerte Bezeichnung »Paria« ist abgeleitet von »Paraijar«, dem Namen einer Unberührbaren-Kaste in Südindien. Die Unberührbaren sind in keiner der heiligen Schriften erwähnt, ihre Gruppierungen haben sich erst während des 8. und 9. Jahrhunderts entwickelt, deshalb stehen sie offiziell außerhalb der Großkasten. »Outcast« wurden sie von den britischen Kolonialherren genannt. Jedoch sind die Outcasts wie die Kasten organisiert, weshalb man die »Kastenlosen« auch als Großkaste der »Unberührbaren« bezeichnen kann.

Zusammen machen die Shudra und Unberührbaren fast zwei Drittel der Hindu-Gesellschaft aus (die Shudra etwa 50 Prozent), was zeigt, wie breit der Sockel der »dienenden« Kasten ist. Dagegen ist der prozentuale Anteil der oberen Kasten an der Gesamtbevölkerung um so kleiner, je höher diese rituell eingestuft sind: Nur etwa 5 Prozent der Hindus gehören der Großkaste der Brahmanen an.

Diese Hierarchie ist in einem viel radikaleren Sinn als »gottgewollt« zu verstehen als etwa unsere mittelalterliche Ständegesellschaft. Ein Hindu glaubt, daß er so lange in den Kreislauf ständiger Wiedergeburten und leidvoller Lebensläufe eingespannt bleibt, bis er sich zur Vollkommenheit herangebildet hat und dann »erlöst« ins Nirvana eingehen kann. Den Grad dieses Fortschritts kann er am Rang seiner Kaste ablesen. Latrinenreiniger und Unberührbare büßen mit ihrer Erniedrigung Verfehlungen ihres früheren Lebens; Brahmanen genießen durch ihren sozialen Status die Früchte guter Taten aus einer vormaligen Existenz. Allerdings kann sich ein Brahmane, der schwere Verfehlungen begeht, im nächsten Leben wieder als Latrinenreiniger finden, anstatt daß er wiedergeboren noch einmal Brahmane sein darf oder gar nach seinem Tod durch das wunschlose Erlöschen im Nirvana belohnt wird; für ihn beginnt dann der mühselige Kreislauf der Existenzen von neuem. Was den Christen und Muslimen Paradies und Hölle im Jenseits, bedeutet den Hindus als ausgleichende Gerechtigkeit das Kastenwesen im Diesseits.

Solche Aussagen sind als unumstößliche Erkenntnisse über das kosmische System in den heiligen Schriften verankert. So liest man im Gesetzbuch des Brahmanen Manu, der als einer der großen Propheten des Hinduismus aus mythischer Zeit gilt: »Aber um dieses Universum zu schützen, hat Er, der Strahlendste, denjenigen, die aus seinem Mund, seinen Armen, Schenkeln und Füßen hervorgingen, verschiedene Pflichten und Aufgaben zugewiesen.« Das »Gesetzbuch des Manu« schreibt den drei oberen Kastengruppen würdevolle Aufgaben wie das Studieren, Regieren, Verwalten und den Handel zu, schließt aber für die Masse der vierten Großkaste diese höheren Weihen aus: »Eine Aufgabe nur wies der Herr dem Shudra zu: bescheiden den drei anderen Gruppen zu dienen.«[3] Ähnlich klärt Gott Krishna im philosophischen Lehrgedicht Bhagavad Gita den Helden Arjuna über die Kastenhierarchie auf: Jeder Gläubige könne »Vollkommenheit« nur erlangen, wenn er sich ohne Widerstand in die »natürlich« gefügten Schranken seiner Kaste fügt und seine Standespflichten richtig erfüllt.«[4]

Gemäß den »göttlichen« Geboten kann kein Hindu von einer Kaste in die andere überwechseln, er bleibt unweigerlich von der Geburt bis zum Tod an seine Herkunft gebunden – strikter, als dies für einen Bauern, Handwerker oder Bürger des abendländischen Mittelalters galt; schließlich konnte in Europa ein Bürger sich durch Verdienste oder reichliche Geldspenden den Adelstitel erwerben. Kastengesellschaft ist also nicht Ständegesellschaft, die Trennlinien zwischen den sozialen Gruppen sind in Indien tiefer. Der Hindu, sofern er orthodox leben will, muß viel Energie darauf verwenden, die vielen Regeln seiner Kaste einzuhalten, die ihm die Kleidung, die Eßsitten, das Sexualverhalten, die Wohnform, die Berufswahl bis ins einzelne diktieren. Vor allem hat er darauf zu achten, im Kontakt mit anderen Kasten strikt das vorgeschriebene Ritual zu befolgen, er könnte sich sonst »verunreinigen«. Diese Regeln zu übertreten würde sein Gewissen schwer belasten, ja ihn in unlösbare Konflikte stürzen.

Welcher Gott hat nach Ansicht der Hindus das Kastensystem geschaffen?

Christen können so fragen. Auch Juden und Muslime können das Problem aus diesem Blickwinkel betrachten. Denn sie glauben an einen ewigen und allmächtigen Gott, aus dem die ganze Schöpfung hervorgegangen ist. Entsprechend muß eine »gottgewollte«

Sozialordnung auf den planenden Willen dieses einen Gottes zurückzuführen sein. Für Hindus stellt sich die Frage anders. Im Gesetzbuch des Manu ist zwar vom »Herrn« und dem »Strahlendsten« die Rede, der den Menschen verschiedene Aufgaben zugewiesen hat, und in der Bhagavad Gita tritt Gott Krishna als der große Interpret des Kastensystems auf – aber diese Gottheiten sind selber nur Ausführende und nicht schon Schöpfer der »heiligen Ordnung«. Keine der vielen Hindu-Gottheiten steht als planende, allmächtige Urkraft über dem Weltganzen, sie selber sind abhängig von einer noch höheren Macht.

Für Hindus ist diese höchste Macht der Dharma. Unter Dharma verstehen sie ein unpersönlich waltendes Weltgesetz, das sogar die Gottheiten hervorbringt und ihre Entscheidungskraft entsprechend einengt. Dieses Weltgesetz hat keinen Schöpfer, es gilt als ewig und ist mit seinen Antriebskräften unerklärbar. Ein ähnliches Verständnis gab es im antiken Griechenland, dort nannte man diese höchste Macht »Moira«. Sogar die Macht des Obergottes Zeus endete an der Macht dieses übergeordneten, unerklärbar waltenden Schicksals.

Das Sanskrit-Wort »Dharma« ist vielschichtig. »Einssein mit der Wahrheit der Dinge« läßt es sich übersetzen im Hinblick auf die kosmischen Gegebenheiten; »Weg«, »Bahn«, »Lebensweise«, »richtiges Handeln« im Hinblick auf den gelebten Alltag. Der Mensch muß akzeptieren, daß die kosmischen Gesetze des Dharma auch das soziale Zusammenleben und die ethischen Prinzipien der Gemeinschaft bestimmen: Von Geburt an sind den Menschen verschiedene Fähigkeiten und Pflichten gegeben, deshalb haben sie in strikt voneinander getrennten Gruppen – eben den Kasten – nach je verschiedenen Regeln zu leben. Im Dharma sind sämtliche Regeln enthalten, nach denen ein Hindu innerhalb der Familie, des Berufs und vor allem der Kaste sein Leben zu ordnen hat.

Nach Auskunft der heiligen Schriften war ursprünglich die ganze Menschheit nach den Gesetzen des Dharma in Kasten geteilt, und solange sich alle Menschen an diese Ordnung gehalten hätten, habe überall Friede geherrscht. Erst als ein Großteil der Erdbewohner sich über dieses »kosmische Gesetz« hinweggesetzt habe, sei das goldene Zeitalter zu Ende gegangen, hätten Zwietracht und Chaos überhand genommen und die unseligen Verhältnisse von heute bewirkt.

Nach Ansicht eines orthodoxen Hindu muß jede Religion, die nicht an der »ewigen« Ordnung des Kastensystems festhält, das Chaos dieser Welt mitverantworten – und daher richtet er besonders beunruhigt seine Aufmerksamkeit auf die eigene Glaubensgemeinschaft: Es gilt darüber zu wachen, daß sich nicht auch hier, dem letzten Bollwerk göttlicher Ordnung, das Kastenwesen auflöst und die Welt damit vollends ins Chaos treibt. Ein orthodoxer Hindu unterscheidet allein in solcher Hinsicht apodiktisch zwischen »richtiger und falscher« Religion. Aus diesem Grund hat es in Indien nicht wie im Abendland und islamischen Orient Glaubensspaltungen über die Frage geben können, wie denn nun »Gott« zu definieren sei – orthodoxe Hindus bezeichnen Mitglieder ihrer Religion nur dann als Abtrünnige und stoßen sie aus ihrer Gemeinschaft aus, wenn sie das Kastensystem grundsätzlich ablehnen.

Weshalb Buddha nicht mehr Hindu sein konnte

Buddha, der während des 6. Jahrhunderts vor unserer Zeitrechnung in Nordindien mit seiner Lehre hervortrat, hob sich durch eine Vielzahl neuer Gedanken vom Hinduismus ab. Buddha vertrat die Ansicht, der »Seelenfriede« lasse sich ohne die Hilfe eines Gottes und nur durch eigene Anstrengung in der Meditation erreichen. Aber nicht mit diesem atheismusnahen Prinzip der Selbsterlösung (das wir an anderer Stelle noch ausführlich zu erörtern haben) stieß Buddha auf den entscheidenden Widerstand, denn ähnlich dachten damals manche Brahmanen, ohne daß sie deswegen im Grundsätzlichen angefeindet worden wären. Was Buddha für die Masse der Hindus untragbar machte, war die radikale Folgerung seiner Lehre: *Alle* Menschen könnten den Weg zur »Erlösung« beschreiten, ein Shudra habe prinzipiell dieselbe Chance wie ein Brahmane, ausschlaggebend sei allein die Fähigkeit zur Selbstdisziplin, die Willens- und Glaubensstärke. Entsprechend diesen Grundsätzen hatte Buddha jeden »Suchenden« unabhängig von seiner Herkunft in den Mönchsorden aufgenommen.

Buddha definierte den Ursprung des Kastensystems diametral entgegengesetzt zur Ideologie der Brahmanen: Kein »göttlicher« Wille, kein »kosmisches« Gesetz liege der Einteilung in Kasten zugrunde, sondern allein menschliches Denken, dieses aber sei fehlerhaft und von Selbstsucht bestimmt, daher sei es durch neues Erkennen zu verändern. Für die Brahmanen bedeutete diese Erklärung einen entscheidenden Schlag gegen den Kern ihrer Ordnungsvorstellung. Und so konnten sie gar nicht anders, als Buddha das Recht abzusprechen, ein Reformator ihrer Religion zu sein. Erst an diesem Punkt der Auseinandersetzung mußte sich der neue Lehrer gezwungen sehen, Stifter einer eigenen Glaubensgemeinschaft zu werden.

Diese neue Glaubensgemeinschaft des Buddhismus hat während der folgenden Jahrhunderte massenhaft Anhänger quer durch alle Schichten Indiens gewinnen können. Und damit ist sie über die religiös-philosophische Provokation hinaus zu einer massiven machtpolitischen Bedrohung für den Hinduismus geworden – besonders aber für die Priesterkaste der Brahmanen mit ihrem elitären Führungsanspruch.

Die Krise spitzte sich zu, als im Jahr 262 vor unserer Zeitrechnung ein Kaiser aus der hinduistischen Dynastie der Maurya zum Buddhismus übertrat und sein weitausgedehntes Reich nach den sozialen Grundsätzen buddhistischer Lehre ordnete. Er, Ashoka, ist zum bedeutendsten Förderer des Buddhismus in Indien geworden, und seit unter seiner Schirmherrschaft sogar erste Missionare bereits in Nachbarstaaten ausschwärmten, kam es endgültig zur politischen Konfrontation zwischen Hinduismus und Buddhismus. Je mehr Inder im Sog von Ashokas Reformen den neuen Glauben annahmen – vor zwei Jahrtausenden lebten in Indien letztendlich fast so viele Buddhisten wie Hindus –, um so brüchiger drohte für das Kastensystem die Basis zu werden. Vor allem aus diesem Grund mußten die Hindus ein Interesse daran haben, die Macht der Buddhisten in Indien zu brechen.

Die Hindus siegten nach langen politischen, teils kriegerischen Auseinandersetzungen endgültig mehr als ein Jahrtausend später während des 11. und 12. Jahrhunderts unserer Zeitrechnung. Hierbei kam ihnen ein fragwürdiger Zufall zu Hilfe: Zu jener Zeit rückten auch muslimische Eroberer gegen buddhistische Fürstentümer vor; sie, teils fanatisch, zerstörten im Haß auf die »Götzenanbeter« buddhistische Heiligtümer und vertrieben oder erschlugen die Mönche. Diese doppelte Verheerung leitete jenen Prozeß ein, daß Buddhisten in Massen aus Indien flohen. Schließlich ist ihr Anteil auf 0,7 Prozent der Gesamtbevölkerung gesunken und damit politisch bedeutungslos geworden. Ein Gewaltakt hat demnach den maßgeblichen Konflikt zwischen Hinduismus und Buddhismus gemildert, nicht der Dialog.

Während der fünfziger Jahre des 20. Jahrhunderts hat es allerdings so ausgesehen, als könnte der Konflikt in Indien wieder aufflammen. 1956 trat der Politiker Dr. Bhimrao Ramji Ambedkar zum Buddhismus über. Sein Glaubenswechsel schockierte die Hindus, denn Ambedkar war nicht nur der Führer einer bedeutenden Unberührbaren-Kaste, sondern auch federführender Jurist bei der Konzeption der indischen Verfassung von 1950. Unter Ambedkars maßgeblichem Einfluß sind die Grundsätze der »säkularen« Republik, ist die Gleichberechtigung der Staatsbürger jenseits von Religion und Kaste festgeschrieben worden. Diese Leistung hat Ambedkar neben Mahatma Gandhi und Nehru zu einer der großen Symbolfiguren der indischen Nation werden lassen.[5] Aber 1956 forderte der prominente Politiker die zahlreichen Gefolgsleute auf, seinem Beispiel zu folgen und wie er zum Buddhismus überzutreten. Einen solchen spektakulären Schritt wählte Ambedkar, als in ihm die Überzeugung gereift war, das Kastensystem lasse sich nicht reformieren und für die Millionen sozial Unterdrückter könne der kastenlose Buddhismus am ehesten einen Ausweg aus der Misere bieten. Hunderttausende Unberührbare leisteten dem Aufruf Ambedkars Folge, und damit eröffnete sich dem Buddhismus die Chance, nach einem Jahrtausend völliger Bedeutungslosigkeit wieder zu einer geistigen und politischen Kraft in Indien zu werden.

Tiefere Spannungen sind ausgeblieben, denn dieser ersten modernen Massenabwanderung zum Buddhismus ist keine weitere gefolgt. Für die Mehrzahl der Shudra und Unberührbaren erschien ein Austritt aus dem sozialreligiösen Ordnungsgefüge der Hindus weiterhin nicht vorstellbar. Sie waren und sind, wie wir noch sehen werden, eher davon zu überzeugen, daß sich ihr Los durch Reformen *innerhalb* des Kastensystems bessern läßt.

Wieso Jains und Sikhs sich vom Hinduismus abspalteten

Die Tempelstadt Shetrunjaya gehört ohne Zweifel zu den eindrucksvollsten Kultstätten ganz Indiens. Sie erstreckt sich markant auf einem aus der Ebene ragenden Berg nahe dem Pilgerort Palitana im indischen Bundesstaat Gujarat. Während des 11. Jahrhunderts unserer Zeitrechnung ist dort die Ansammlung von über 800 Tempeln mit zahlreichen figurengeschmückten Türmen, Pavillons, Arkadengängen, Terrassen und weitausladenden Treppen entstanden, ein »Wunder aus Marmor«, wie man in Reisehandbüchern überschwenglich gelobt findet. Ebenso prächtig sind die Marmortempel von Mount Abu, im Bundesstaat Rajastan gelegen, die vom 11. bis zum 13. Jahrhundert errichtet wurden. In Shetrunjaya und Mount Abu stehen aber nicht Tempel der Hindus, sondern der Jains, für den Unkundigen weder in der Architektur noch im Pilgerritual ohne weiteres vom Erscheinungsbild hinduistischer Kultstätten zu unterscheiden. Der Jainismus bildet eine eigene Religion, die sich vom Hinduismus abgespalten hat. Und die Prachtentfaltung dieser Tempel läßt ahnen, daß die Religionsgemeinschaft einst in Indiens Kultur eine größere Rolle als heute gespielt hat.

Mahavira, der Begründer des Jainismus und ein Zeitgenosse Buddhas, vertrat eine ähnliche Haltung wie der Stifter des Buddhismus. Auch er lehnte den traditionellen Glauben an die Existenz »göttlicher Wesen« ab (und wenn man heute in Jain-Tempeln Statuen findet, die hinduistischen Göttern ähnlich sehen, so handelt es sich um bloße Menschen, Heilige, die zur höchsten Verklärung, zur Vollkommenheit gereift sind). Auch Mahavira lehrte, daß die Gläubigen sich nur auf dem Weg der Selbsterlösung, durch Askese, aus dem Kreislauf von Geburt und Wiedergeburt, vom Leid des irdischen Daseins befreien können. Und jene Erlösungswilligen, die den von ihm empfohlenen Heilsweg anstreben, nannte er »Jain« (Sanskrit: Überwinder, Sieger). Aber auch Mahavira hätte sich mit seiner Lehre nicht unbedingt aus dem Hinduismus lösen müssen, wo es ja für die unterschiedlichsten metaphysischen Welterklärungen Platz gibt. Doch wie Buddha nahm Mahavira jeden »Suchenden« in seinen Mönchsorden auf, ohne ihn nach seiner Kaste zu fragen, denn auch er vertrat provokativ die Ansicht, alle Menschen seien unabhängig von ihrer Herkunft zur »Erlösung« fähig.

Bei so vielen Parallelen hätten sich die Anhänger des Jainismus und Buddhismus sogar zu einer Glaubensgemeinschaft zusammenschließen können, wenn es zwischen ihnen nicht ebenfalls grundlegend Trennendes gegeben hätte. Mahavira forderte von seinen Anhängern eine extreme Askese und radikale Weltabkehr; diese rigorose Verneinung ging aber Buddha zu weit, er befürwortete den

»Mittleren Weg«. Die gemäßigte Haltung hat in der Folge dem Buddhismus und nicht dem Jainismus die Masse an Anhängern beschert. Außerhalb Indiens haben die Jains kaum Befürworter gefunden, und auch in Indien selber ist ihre Zahl nie zur bedrohlichen Größenordnung für die Hindus geworden, ja, ist im Verlauf der Jahrhunderte stark zurückgegangen; heute macht ihre Gemeinschaft nur noch ein halbes Prozent der indischen Gesamtbevölkerung aus. Aus solchen Gründen sind die Jains von den Hindus auch nie bekämpft worden.

Wie aber steht es mit den Sikhs?

Die Sikhs bilden eine weitere Glaubensgemeinschaft, die sich – weil sie das Kastensystem verwarf – aus dem Hinduismus gelöst hat. Ihr geistiger Vater, der Guru Nanak, lebte von 1465 bis 1538 und entstammte einer hinduistischen Familie im Punjab. Nanak hatte ursprünglich nichts anderes vor, als den Hinduismus zu reformieren und eine geistige Brücke zur rivalisierenden Religion, dem Islam, zu schlagen. Der Name Sikh bedeutet Schüler, Jünger, er leitet sich aus dem Hindi, der damals wie heute weitestverbreiteten Sprache im Norden Indiens ab.

Auf den ersten Blick mag es so scheinen, als hätte Nanak bereits mit seiner Formulierung des Gottesbegriffs den geistigen Boden des Hinduismus verlassen. Denn im Glaubensbekenntnis der Sikhs steht zu lesen: »Es ist nur *ein* Gott, dessen Name wahr ist: der Schöpfer«. In solchen Worten ist deutlich der Einfluß des Islam zu spüren. Auch das zentrale Heiligtum der Sikhs, der Goldene Tempel in Amritsar, erscheint eher an islamischen als an hinduistischen Merkmalen orientiert. Der mit Goldplatten überzogene Tempelbau, herrlich inmitten eines künstlichen Sees gelegen, weist mit seiner Kuppel und den gewölbten Dächern der vier Ecktürme starke Ähnlichkeit mit der Mogul-Architektur auf. Was aber noch entscheidender ist: Nirgends im Heiligtum ist eine Statue zu finden. Das konsequente Verbot sakraler Abbildung steht nicht nur im Gegensatz zur Figurenvielfalt von Hindu-Tempeln, sondern auch von buddhistischen und jainistischen Kultstätten, und dies könnte als weiteres Indiz gewertet werden, daß die Sikhs wie die Muslime an einen streng monotheistisch gedachten Gott glauben. Aber der Anschein trügt. Wenn ihre Theologen auch zeitweilig von »Monotheismus« sprechen, so stehen sie damit weniger einem Korangelehrten nahe als einem Brahmanen, der betont, alle Vielfalt sei nur eine Erscheinungsform des »Einen«. Der Gott der Sikhs ist mit dem Prinzip des Brahman verwandt, aus dem alle anderen Gottheiten erst hervorgehen, jedes fremde Glaubensbekenntnis also in irgendeiner Weise einen »Teil« des »Ganzen« bietet.

Aus dieser Haltung heraus haben die Sikhs von Anfang an großzügig Toleranz gegenüber jedem Glaubensbekenntnis walten lassen. Ein eindrucksvoller Beleg: Besucher aller Nationen und Religionen dürfen in den Nebengebäuden ihrer Tempel kostenlos übernachten. Ich erinnere mich, bei einer solchen Gelegenheit in einer der Amtsstuben im Bezirk des Goldenen Tempels von Amritsar Schrifttafeln gesehen zu haben, auf denen mehrsprachig, auch in Deutsch, zu lesen war: »Wir alle sind Gottes Kinder und deshalb gleich.« Die Toleranz der Sikhs geht allerdings so weit, daß sie durchaus in ihren Wohnungen, Geschäftsräumen und Hotels auch Bildnisse von Hindu-Gottheiten hängen haben, besonders solche, die Glück verheißen, wie Ganesh und Lakshmi, und zu diesen Göttern beten sie bei Bedarf um zusätzlichen Segen für geschäftliche Unternehmungen.

So gesehen sind die Sikhs eher dem Hinduismus als dem Islam zuzurechnen. Und daher ist es nur folgerichtig, daß die Muslime unter dem fanatischen Mogul Aurangzeb nicht nur die Hindus unterdrückten, sondern auch die Sikhs. Hindus und Sikhs sind, je mehr sie sich durch muslimische Schikanen bedroht fühlten, im sozialen Leben zusammengerückt und haben zeitweilig auch politische Bündnisse miteinander geschlossen. Trotzdem sind beide Glaubensgemeinschaften nach der einstigen Trennung nicht mehr miteinander verschmolzen – eben weil die Sikhs sich weigerten, die von den Brahmanen verkündete Kastenhierarchie mit all ihren sozialen Konsequenzen anzuerkennen.

Heute allerdings findet man Nachrichten über die Sikhs in den Schlagzeilen der Weltpresse, weil eine radikale politische Gruppierung die Unabhängigkeit von Indien anstrebt. Der Kampf richtet sich jedoch nicht gegen den Hinduismus als Glaubensgemeinschaft, auch nicht gegen die Kastenhierarchie (von der für die Sikhs keinerlei Bedrohung ausgeht), er hat seine Ursache in ökonomischen Spannungen. Die Sikhs, die heute an die 1,5 Prozent der indischen Gesamtbevölkerung ausmachen und sich mit ihrer Anhängerschar überwiegend im Bundesstaat Punjab konzentrieren, sehen sich durch die Zentralregierung in Delhi wirtschaftlich wie politisch benachteiligt. Viele von ihnen lehnen es allerdings ab, die Streitfrage mit Gewalt zu lösen.

Daß indessen ein wirtschaftlicher und politischer Konflikt auch religiösen Fanatismus freisetzen kann, haben die Ereignisse von 1984 gezeigt. Im Juni dieses Jahres verschanzten sich radikale Vorkämpfer eines Sikh-Staates schwerbewaffnet im Goldenen Tempel von Amritsar, in der Meinung, der »heilige« Bezirk gewähre ihnen den besten Schutz vor Regierungstruppen. Indira Gandhi setzte sich über alle Warnungen von Ratgebern hinweg und ließ den Tempel stürmen. Beim Angriff brannten etliche Gebäude nieder, der mit Goldplatten bedeckte Hauptbau wurde durch Artillerie beschädigt, an die 600 Tote lagen in Höfen und auf Treppen. Schändung des Allerheiligsten, so mußten es die Sikhs in ihrer Empörung sehen.

Was hatte die Regierungschefin zu ihrem verhängnisvollen Entschluß bewogen? Ihr ließen sich keinerlei Neigungen zu religiöser Intoleranz nachsagen, denn ebenso eindeutig wie ihr Vater Nehru trat sie für die Gleichberechtigung der Religionen, für das »säkulare« Prinzip in Indien ein. Ja, sie schien gar mit ihrer »Offenheit« gegenüber anderen Glaubensbekenntnissen besonders weit zu gehen, war sie doch von 1942 bis 1947 mit einem Parsen, Feroze Gandhi, verheiratet gewesen (nicht verwandt mit Mahatma Gandhi). Durch diese Freizügigkeit hatte sie sich bis zu ihrer Scheidung (aus rein persönlichen Gründen) sogar außerhalb der hinduistischen Kastenordnung gestellt, was ihr die Gegnerschaft der Orthodoxen eintrug.

Der Fehler Indira Gandhis bestand nicht darin, religiösen Affekten verhaftet zu sein. Sondern im Gegenteil: Sie maß der religiösen Komponente in der indischen Politik zu wenig Bedeutung bei. Toleranz gegenüber anderen Glaubensüberzeugungen fiel ihr vor allem deshalb leicht, weil sie – betont westlich erzogen und den Traditionen Indiens entfremdet – weder stark im Hinduismus verwurzelt war noch anderen Religionen mehr als eine wohlwollende Gleichgültigkeit entgegenbrachte. Wie sie sich einst durch ihre Heirat ohne Zögern über Tabus hinweggesetzt hatte, so unterschätzte sie nun auf andere Weise ebenso vorschnell die Emotionen, die ihr Angriffsbefehl auf den Goldenen Tempel auslöste. Sie glaubte, um ihre »Toleranz« gegenüber den Sikhs unter Beweis zu stellen, genüge es, daß sie auch weiterhin Sikhs demonstrativ in ihrer Leibwache duldete. Aber gerade diese Fehleinschätzung hat ihr das

Leben gekostet. Am 31. Oktober desselben Jahres wurde sie ausgerechnet von eben diesen Sikhs ihrer Leibwache erschossen – Rache für den Religionsfrevel. Und als Folge dieses Mordes erschlugen wiederum Hindus in ihrer Empörung Tausende von Sikhs.

Jene überaus blutigen Ereignisse vom November 1984, die mit zahlreichen Fotos ausgebrannter Straßenzüge im Punjab und in Delhi beklemmend dokumentiert sind, haben bei uns den Eindruck vom sogenannten »Religionskrieg« zwischen Hindus und Sikhs gefestigt. Aber wer mit Angehörigen beider Religionen spricht, wird sehr bald feststellen, daß die überwiegende Mehrheit nach wie vor keinerlei Ressentiment gegenüber dem Glauben der anderen hat oder gar privaten Umgang mit der Gegenseite meiden würde. Die meisten begnügen sich damit, Vorbehalte gegenüber »politischen« Fehlern zu äußern. Ich selber reiste zwei Monate nach der bürgerkriegsähnlichen Explosion durch Nordindien, und bei der Gelegenheit führte mich der Zufall schon bei der ersten Fahrt in ein Eisenbahnabteil, wo drei Hindus und zwei Sikhs saßen. Bemerkenswert war schon die Tatsache, daß sich beide Gruppen überhaupt noch zusammensetzten. Aber mehr noch: Sie unterhielten sich freundlich miteinander und bezogen mich in das Gespräch ein.

Neo-Hinduisten im Konflikt mit dem Kastensystem

Es ist hinreichend bekannt, daß Mahatma Gandhi das Kastensystem schärfstens kritisiert hat. Über ihn sind zahlreiche Anekdoten überliefert, die zeigen, wie ernst es ihm war, seiner Kritik auch Taten folgen zu lassen. Immer wieder demonstrierte er durch sein persönliches Vorbild die Unhaltbarkeit aller »künstlichen Schranken«. Wenn ein Höherkastiger es für gottgegeben ansah, daß »schmutzige« Arbeit nur für die Dienstklasse und erst recht die Kastenlosen reserviert sei, so begann Gandhi – zum Schock orthodoxer Hindus – eigenhändig Tempel von Abfällen zu reinigen, Böden aufzuwischen, Latrinen zu säubern. Auf dieselbe Weise hat auch schon Ramakrishna während des 19. Jahrhunderts provoziert.

Gandhi wie Ramakrishna verwiesen bei ihrem Tun auf ein gemeinsames Vorbild: Jesus. Jener sei sich doch auch nicht zu schade gewesen, seinen Jüngern die Füße zu waschen.[6] Gandhi wie Ramakrishna haben sich vom ethischen Gehalt des Christentums gerade in der Hinsicht faszinieren lassen, daß dort in einprägsamer Symbolik die hierarchischen Schranken zwischen Hoch und Niedrig aufgehoben sind, ja daß die Gleichheit aller Menschen vor Gott (wenn auch nicht unbedingt in den politischen Rechten) betont wird. Auf dieselbe Weise haben sie sich vom Islam beeindruckt gezeigt, wo ja auch die Gleichheit der Menschen vor Gott über alle Schranken von Rasse, Nationalität und sozialer Herkunft hervorgehoben ist. Und in dieser Sympathie sind sie weitgehend einig mit den anderen neo-hinduistischen Reformern.

Weshalb aber können Hindus derart gegen starre Kastenregeln polemisieren, ohne sich – wie einst die Buddhisten, Jains und Sikhs – außerhalb des Hinduismus zu stellen? Gerade ihnen mußte ja klar sein, daß dieses soziale Ordnungsgefüge als »kosmische« Ordnung zur innersten Struktur ihrer Religion gehörte und sich nicht grundsätzlich herauslösen ließ. Wenn sie also nicht eine neue Abspaltung riskieren wollten, sondern den angestammten Glauben zu erneuern wünschten – und dieses Bestreben drückt schließlich ihr selbstverliehener Name »Neo-Hinduismus« aus –, dann konnten sie nicht zur letzten Radikalität schreiten und das Kastensystem völlig verwerfen.

Neo-Hinduisten mußten demnach mit dem Vorsatz antreten, die »gottgewollte« Hierarchie von ihren Auswüchsen und Entartungen zu »reinigen«. In diesem Sinne prangern sie die Neigung von Höherkastigen an, daß sie Shudra und erst recht Kastenlose schamlos unterdrücken und ausbeuten. In diesem Sinne verurteilen sie auch zahlreiche einengende Vorschriften als »sinnlos« und »töricht«, etwa Heiratsverbote außerhalb der eigenen Kaste oder gar Unterkaste, ebenso die starre Beschränkung der Berufswahl. Solche Tabus hätten erst in einer späteren Entwicklung die Kastenordnung überlagert, damit aber alle kulturelle Lebendigkeit und Aktivität eingeschnürt, sie seien letztlich als Gefahr für jede Kultur anzusehen.

Aufschlußreich ist in diesem Zusammenhang eine Stellungnahme Mahatma Gandhis: »Die Kasten haben nach meiner Ansicht den Hinduismus vor der Auflösung bewahrt. Aber wie jede andere Einrichtung hat das System unter Auswüchsen zu leiden. Ich betrachte nur die vier Hauptrichtungen als grundlegend, natürlich und wesentlich. Die zahllosen Unterteilungen sind manchmal bequem, oft hinderlich. Sie sollten je eher je lieber wieder verschmolzen werden. Von jeher haben sich stillschweigende Auflösung und nachfolgender Zusammenschluß von Zwischenkasten vollzogen und werden sich auch künftig vollziehen. [...] Der Mißbrauch des Systems scheint mir aber kein genügender Grund, das System zu beseitigen. Es läßt sich leicht verbessern. Der Geist der Demokratie, der Indien und die übrige Welt zu erobern im Begriffe ist, wird das Kastenwesen sicher von jedem Geist der Vorherrschaft und Unterordnung befreien. [...] Ich neige zu der Ansicht, daß das Gesetz der Vererbung ein ewiges Gesetz ist, und daß jeder Versuch, es zu mißachten, zu größter Verwirrung führen müßte. [...] Die Hindus aber, die ihrer Religion gemäß an die Reinkarnation und die Seelenwanderung glauben, wissen, daß die Natur in unfehlbarer Sicherheit das Gleichgewicht wiederherstellt, indem sie einen Brahmanen, der sich unwürdig benommen hat, in einer niedrigen Kaste reinkarniert, während sie den Brahmanen, der in seiner gegenwärtigen Inkarnation als Brahmane lebt, auch in der nächsten der Brahmanenschaft für würdig hält.«[7]

In diesem Text ist alles enthalten, was die ambivalente Haltung der Neo-Hinduisten gegenüber dem Kastensystem ausmacht. Wenn sie Christus verehren und wechselweise von Krishna und Christus sprechen oder gar beide Namen zu Krishna-Christus verschmelzen, so ziehen sie die Aussagen beider Propheten einander ergänzend heran. Auch was das Kastensystem betrifft. Einerseits greifen sie auf jene Botschaft zurück, wie sie Krishna in der Bhagavad Gita verkündet: Es sei göttlicher Wille, die ganze Menschheit in Kasten zu teilen; diese Ordnung, in der jeder Mensch unabhängig von seiner sozialen Rangstufe Anspruch auf menschliche Würde habe, biete »ewigen« Halt und bewahre vor dem Absturz ins Chaos.[8] Andererseits zitieren die Neo-Hinduisten die Bibel, wo Jesus zur »Liebe« allen Menschen gegenüber aufruft – und in diesen Mahnungen sehen sie nicht etwa das Kastensystem aufgehoben, sondern sie interpretieren die »Nächstenliebe« Jesu als eine neuerliche Botschaft des Gottes Vishnu, man müsse nach einer Epoche der Entartung das Kastensystem auf seine »kosmische«, wahre ethische Funktion zurückführen: harmonische Ordnungsmacht, nicht aber Anlaß zur Unterdrückung. »Die Kasten bauen nicht auf Ungleichheit«, so sagt Gandhi im bereits zitierten Aufsatz, »die Frage der Minderwertigkeit spielt dabei keine Rolle.«

Manche Textstellen der heiligen Überlieferung müssen jedoch

den Neo-Hinduisten beträchtliche Schwierigkeiten in der Auslegung bereiten. Etwa, wenn die eine oder andere klassische Schrift unmißverständlich die Unterdrückung der niederen Kasten fordert. So ist beispielsweise im Gesetzbuch des Manu, des mythischen Urvaters der Menschheit, zu lesen, man solle einem Shudra, der gegen seinen niederen Rang innerhalb der Kastenordnung aufbegehre, die Zunge abschneiden oder ihm gar den Körper spalten.[9] In einem derartigen Fall äußern Neo-Hinduisten: Solche Sätze seien nicht durch Gott oder die Götter eingegeben. Gandhi hat am entschiedensten und folgenreichsten diese Kritik vorgebracht; dabei bezeichnete gerade er sich als »orthodoxen Hindu« – was ihn aber nicht daran hinderte, öffentlich zu bekennen, er halte »nicht« jedes Wort oder jeden Vers der Veden »für inspiriert.«[10]

Am leichtesten in der Interpretation tun sich die Neo-Hinduisten mit dem Problem der »Unberührbaren«. Denn die Parias, die außerhalb der Kastenordnung stehen und die schmutzigsten Arbeiten zu verrichten haben, sind ja, wie bereits erläutert, in keiner der klassischen heiligen Schriften genannt. Um so eher war es Gandhi möglich, die Unterdrückung der »Unberührbaren« als »unhinduistische« Fehlentwicklung anzuprangern. In der schon erwähnten Stellungnahme zum Kastensystem fährt er fort: »Wenn ich also geneigt bin, für die vier Kasten der Hindus einzutreten, betrachte ich doch, wie ich schon oft angeführt, die Unberührbarkeit als ein abscheuliches Verbrechen an der Menschheit. [...] Es ist eine Sünde, von der sich der Hinduismus je eher je lieber befreien sollte, wenn er noch länger als eine ehrenhafte und hochstehende Religion angesehen werden will.«

Mahatma Gandhi berührt sich mit seinem kämpferischen Erneuerungswillen allerdings nur in gewissen Punkten mit dem Reformprogramm, wie es Jawaharlal Nehru, Indiens erster Premierminister, in die Tat umsetzen wollte. Nehru, an englischen Internaten und Universitäten ausgebildet, empfand nach eigenem Eingeständnis mehr »britisch« als »indisch« und proklamierte daher eine »kastenlose Gesellschaft«. Von ihm stammen so provokante Sätze wie: »Mit der Entwicklung einer modernen Gesellschaft ist das Kastensystem völlig unvereinbar, reaktionär und eine Barriere gegen den Fortschritt. [...] Wenn Leistung das einzige Kriterium für jedermann wird, dann verlieren die Kasten ihre gegenwärtige entscheidende Bedeutung. Das Kastenwesen war ein aristokratisches Prinzip. Seine Grundlagen müssen sich völlig ändern, weil es modernen Bedingungen und den demokratischen Idealen entgegengesetzt ist.«[11]

Nehru konnte mit einer solchen Stellungnahme den Beifall von Angehörigen einer schmalen Bildungsschicht finden, die wie er in Europa oder den USA ihre Ausbildung genossen hatten. Aber schon reformwilligen Neo-Hinduisten mußten derartige Äußerungen zu weit gehen; orthodoxen Hindus – und sie machen noch immer die große Mehrheit aus – erscheinen sie gar als pure Ketzerei. Daher braucht es nicht zu wundern, wenn dem Politiker Nehru in der Reform des Kastenwesens, bei allen eindrucksvollen Ansätzen, langfristig kein Durchbruch gelungen ist. So populär Nehrus Kampf gegen die Armut gewesen ist und ihm hier die Massen zujubelten, der Beifall verstummte immer dann, wenn er radikal gegen das Kastensystem polemisierte. Dasselbe kann für die Nachfolger der Familiendynastie Nehru-Gandhi gelten.[12]

Mahatma Gandhi und Nehru gehören gleichermaßen zu den Vätern der indischen Verfassung, in der das »säkulare« Prinzip festgeschrieben ist: »Der Staat darf keinen Bürger benachteiligen aus Gründen seiner Zugehörigkeit zu einer bestimmten Religion, Rasse oder Kaste oder seines Geschlechts oder seiner Geburtsstellung wegen«. Bei allen Unterschieden im Detail haben sich die beiden führenden Politiker der Kongreßpartei also in der politischen Praxis darauf geeinigt, daß das Kastensystem grundsätzlich zu reformieren sei – nicht jedoch beseitigt werden könne. In diesem Sinne ist die Kongreßpartei zu einer Reformpartei geworden, die es den Shudra und Unberührbaren durch Stipendien ermöglicht, Schulen und Universitäten zu besuchen; Bildung und gute Berufschancen sollten nicht mehr wie bisher ein Privileg der Höherkastigen sein. In diesem Sinne hat sich die Kongreßpartei als ein Sammelbecken verstanden, in dem jede Kaste, ob hoch oder niedrig, gleichermaßen ihre Interessen vertreten sehen kann.

Das Prinzip von der Gleichberechtigung der Kasten hat allerdings in der politischen Praxis nur bedingt Wirkung gezeigt. Und dazu trug die Kongreßpartei selber bei. Ohnehin kamen die meisten ihrer politischen Führer aus hohen Kasten, aber viele sorgten außerdem dafür, daß wiederum nur Mitglieder der eigenen Kaste in die Führung aufstiegen. Halbherzig nur förderten sie eine weitere Emanzipation der Niederkastigen, in der Angst vor der Konkurrenz sozialer Aufsteiger. Enttäuscht wandten sich daraufhin viele Shudra und Unberührbare von der Kongreßpartei als ihrem Hoffnungsträger ab – und gründeten während der siebziger und achtziger Jahre zunehmend Parteien, die nur noch die Interessen ihrer eigenen Kaste vertraten. Im »säkularen« Indien ist gerade so das Kastensystem ein zentraler Faktor der Politik geblieben.

Man kann die Religion wechseln, nicht aber die Kaste

Wie soll in einer Großstadt ein orthodoxer Hindu aus höherer Kaste seine rituelle »Reinheit« wahren? Ihm wird es nicht erspart bleiben, daß er in überfüllten Vorortzügen, die ihn zur Arbeit bringen, zeitweilig an einen Niederkastigen oder gar »Unberührbaren« stößt und sich damit »verunreinigt«. Ja, er wird nur in den wenigsten Fällen eindeutig beurteilen können, zu welcher Rangstufe die Menschen gehören, mit denen er tagtäglich auf engsten Raum in der Bahn zusammengepfercht ist. Auch kann er während eines Kinobesuchs schwerlich abschätzen, welcher Kaste seine Sitznachbarn zu beiden Seiten zuzurechnen sind, er kann sie bestenfalls nach ökonomischen Kategorien ordnen, nach dem Eintrittspreis, den sie sich leisten. Reichtum und Armut, ja nicht einmal Bildung oder Analphabetentum sind zuverlässige Unterscheidungsmerkmale, schließlich gibt es auch arme (verarmte), ungebildete Brahmanen und – besonders in industriellen Ballungszentren – reiche, ja gebildete Aufsteiger aus den unteren Schichten der Shudra. Längst ist die Überschaubarkeit verlorengegangen, die dem Hindu in einer Großstadt nur so lange erhalten blieb, als er sein eigenes, wohlgeordnetes Wohnviertel nicht verließ, weil er dort im Umkreis seiner Kasten lebte, arbeitete, die Feste feierte.

Als außenstehender europäischer Betrachter ist man versucht, die hier angedeuteten Veränderungen zum Indiz zu nehmen, daß das Kastensystem im ganzen unaufhaltsam zerfällt. Man vergißt aber gerne, daß noch an die 80 Prozent aller Hindus in Dörfern und eine weitere große Zahl in sozial klar überschaubaren Kleinstädten leben. Dort haben sich meist nicht einmal die äußeren Klammern des herkömmlichen Ordnungsgefüges gelockert. Aber auch in den modernen Ballungszentren sollte man den Wandel nicht überbewerten. Keineswegs leben dort die Menschen in ihren übervölkerten Wohnquartieren »anonym«, wie wir das von westlichen Großstädten gewohnt sind, auch nicht sozial bunt gemischt, sondern vielfach noch in großen Verwandtschaftsclans, im weiteren Rahmen in Kasten. Auch wenn die Ballungsräume unter dem Zustrom immer neuer landflüchtiger Bauern überquellen, suchen sich die Ankömmlinge ihre Unterkünfte selbst in den Slums bei den Angehörigen ihrer eigenen Kaste.[13] So gesehen kann von Auflösung der alten Strukturen nicht die Rede sein; es gehen Veränderungen an der Oberfläche vor, keinesfalls im Kern.

Von daher erscheint das Bekenntnis Mahatma Gandhis zum Kastensystem in einem anderen Licht. In seiner Neigung zu uneingeschränkter Toleranz steht er über allen Zweifeln. Weshalb selbst er dafür eingetreten ist, das Kastensystem beizubehalten, mutet nur auf den ersten Blick so an, als ob hier ein liberaler und fortschrittlicher Politiker in einem Teilbereich eben doch konservativ oder gar »reaktionär« bleibt. In Wahrheit wußte aber Gandhi – und hier stand er dem indischen Alltag näher als Nehru –, daß im hinduistischen Indien keine alternative Lebensform ausgereift genug war, das Kastensystem zu ersetzen. Dies gilt bis heute. Auch gegen Ende des 20. Jahrhunderts leben die meisten Hindus in den geistigen Koordinaten von Großfamilie und Kaste, folgerichtig verblassen ihnen die staatlichen Neuerungen zu etwas unendlich Fernem, Abstraktem, Unbegreiflichem. Mag der eine oder andere Hindu auch unter den rigiden, einengenden Vorschriften und Regeln leiden, so gewährt ihm die Kaste doch wieder den Halt, den bisher noch keine staatliche Institution in gleichem Maße bieten könnte. Die Kaste hilft im Konkurrenzkampf in der Stadt, sie vermittelt Posten im öffentlichen Dienst, sie unterhält eigene Krankenhäuser und Entbindungsheime. Bei dem nach wie vor stark vorhandenen Bedürfnis, sich nicht als Individuum, sondern als Glied einer Kaste zu fühlen, kann in Indien auch nicht Demokratie in unserem Sinn funktionieren. Offiziell gibt es zwar freie Wahlen in der sogenannten »größten Demokratie der Welt«, aber noch immer ist zu beobachten, daß die meisten Hindus geschlossen nach Kasten dem einen oder anderen Kandidaten ihres Wahlkreises die Stimme geben. Noch vierzig Jahre nach der Unabhängigkeit, so stellt der indische Soziologe Rajendra Pandey fest, haben »keine bedeutenden Veränderungen in den zentralen Merkmalen des Kastenwesens stattgefunden.«[14]

Zu tief eingewurzelt in die indische Seele ist der Wunsch, hierarchisch abgestuft zu leben. Dies gilt sogar für Andersgläubige – Inder, deren Vorväter sich durch den Glaubenswechsel ausdrücklich vom Kastensystem losgesagt haben. Etwa für Sikhs und Jains. Sie, die im Alltag ständig den hierarchisch geordneten Hinduismus vor Augen haben, neigen verstärkt dazu, die eigene Glaubensgemeinschaft nach höheren und niederen Gruppierungen zu gliedern, nur so erscheint vielen von ihnen ein soziales Zusammenleben »geordnet«. Ganz wie die Hindus binden Sikhs und Jains ihre Mitglieder heutzutage in der Wahl ihres Ehepartners wie des Berufes an gruppenspezifische Verhaltensnormen. Ganz wie orthodoxe Hindus achten viele von ihnen auf die strikte Einhaltung solcher Normen, auch wenn es ihnen fernliegt, das hinduistische Kastensystem mit seinen doch wesentlich stärkeren Verhärtungen zu billigen.

Ähnliches gilt für die Buddhisten, zumindest dann, wenn sie in der unmittelbaren Einflußsphäre hinduistischer Kultur leben. So in Nepal. Zwar distanzieren sie sich ebenfalls ausdrücklich vom Kastensystem, definieren aber jeweils ihre eigene soziale Schicht oder ethnische Gruppe als »cast«. Ich habe es in Katmandu bei einem Buddhisten erlebt, daß er seinen Freund mit den Worten vorstellte: Sie beide stammten aus demselben Dorf und derselben Kaste. Auf meine Frage, ob es sich um eine Kaste wie bei den Hindus handle, schüttelten beide den Kopf. Ob sie die Kaste wechseln könnten? Nein, antworteten beide übereinstimmend, in die Kaste werde man hineingeboren und bleibe in ihr bis zum Tod; freie Wahl habe man nur in der Frage, ob man sich zum Buddhismus oder Hinduismus bekennen wolle.

Auch in Sri Lanka definiert sich der Buddhist meist nicht nur als Anhänger seiner Religion, sondern auch als Mitglied einer »cast«. Und dieses Denken hat bis hinauf in die höchsten geistlichen Ränge Eingang gefunden. So nehmen verschiedene buddhistische Mönchsorden Mitglieder nur unter der Bedingung auf, daß sie aus einer höheren Kaste stammen. Welch ein Gegensatz zu den ursprünglichen Intentionen Buddhas! Engagierte Buddhisten, die heute eine »Erneuerung« ihrer Religion fordern, sehen gerade in solchen Tendenzen eine »Entartung« des »ursprünglichen« Buddhismus. Sie argumentieren, einst habe Buddha den Menschen »frei« gemacht von allem Aberglauben, frei auch vom Joch einer angeblich gottgewollten Kastenhierarchie; man dürfe nicht in hinduistische Praktiken zurückfallen. Zum prominentesten Sprecher einer derartigen Selbstbesinnung ist der Ceylonese D.C. Vijayavardhana geworden, der in seinen Schriften betont: »Buddha war für den Brahmanismus oder orthodoxen Hinduismus ein erheblich gefährlicherer Häretiker und Rebell als Christus für das Judentum.«[15] Er geht sogar so weit zu behaupten, daß der Buddhismus in Gefahr komme, sich in seiner eigentlichen Substanz aufzulösen, wenn er sich weiterhin Einflüssen des Kastendenkens öffne. Damit aber bestätigt der buddhistische Philosoph nur auf umgekehrte Weise, was einst die Brahmanen dazu veranlaßte, den Buddhismus als gefährliche Ketzerei abzuwehren.

Indische Muslime und Christen sind ebenfalls nicht dagegen gefeit, in das Schema des Kastendenkens zurückzufallen. Ja, möglicherweise hat sich ein Großteil von ihnen nie völlig aus diesem Denken lösen können. Bei Eheanbahnungen innerhalb derselben Glaubensgemeinschaft spielt noch immer die Frage eine entscheidende Rolle, welcher Kaste die Familie des betreffenden Partners vor ihrem Übertritt zum Islam oder Christentum angehörte; eine Frage, die auch dann noch beharrlich gestellt wird, wenn der Glaubenswechsel bereits viele Generationen zurückliegt. Für Muslime gilt dies auch dann, wenn sie in Pakistan leben: Sie bleiben selbst dort – in bewußter politischer Distanz zu Indien – auf das engste mit indischer Tradition verflochten und ähneln in ihren Lebensgewohnheiten durchweg mehr den Hindus als etwa muslimischen Persern, Türken oder Arabern.

Ähnlich zeigen indische Christen gerade im Sozialverhalten eine stärkere Bindung zu Indien als zu Europa, dem eigentlichen Bezugspunkt ihrer Religion. Für sie ist es von allem Anfang an schwierig, wenn nicht gar unmöglich gewesen, ehemalige Kastenhindus und ehemalige »Unberührbare« in derselben Gemeinde zusammenzufassen, erst recht sie im selben Gottesdienst zu versammeln. Missionare haben hauptsächlich nur dann Hindus bekehren können, wenn sie sich der »indischen« Mentalität anpaßten und »Unberührbare« von vornherein in eigenen Gemeinden absonderten. Und genau dieser Sachverhalt hat Dr. Ambedkar, den bereits erwähnten Führer der »Unberührbaren«, dazu bewogen, seiner Gefolgschaft den Übertritt zur Lehre Buddhas und nicht zur Lehre Jesu zu empfehlen. Denn den Buddhismus sah Ambedkar, bei allen Vorbehalten, doch noch weniger vom Bazillus des Kastendenkens infiziert als das indische Christentum.[16]

Gandhi hat bitter diese nur schwer ausrottbare Stigmatisierung der »Unberührten« über alle Religionsgrenzen hinweg bestätigt. So schrieb er über sie, die er selber »Harijans« (Kinder Gottes) nannte: »Ob ein Harijan sich einen Christen, Muslim, Hindu oder auch Sikh nennt – er bleibt doch ein Harijan. Er kann seinen vom sogenannten Hinduismus ererbten Makel nicht ändern. Er mag seine Tracht ändern und sich selbst einen katholischen, einen muslimischen oder Neo-Sikh-Harijan nennen, seine Unberührbarkeit wird ihn verfolgen, solange er lebt.«[17]

Indem sich aber Sikhs, Jains, Buddhisten, Christen und Muslime derart dem Kastendenken annähern, bestärken sie Hindus in der Ansicht, daß auch jede andere Religion nicht ohne die hierarchische Abstufung in Kasten existieren könne. Schließlich sehen die Hindus, wie sich in ihrer unmittelbaren Nachbarschaft überwiegend alle Andersgläubigen immerhin vage an das hinduistische Ordnungsprinzip halten. Um so irritierter reagieren dann viele von ihnen auf Europäer und Amerikaner, die antworten, in ihrer Religion gebe es keine Kasten.

Neo-Hinduisten, mit westlichem Denken stärker vertraut, reagieren naturgemäß weniger verständnislos. Je mehr sie Kontakt mit Ausländern haben und sogar als Missionare für einen »universalen« Hinduismus werben, um so eher rücken sie auf Distanz zu den Mißständen des Kastensystems. Oberflächlich mag es sogar danach aussehen, als hätten sich neo-hinduistische Missionare ohne Ausnahme grundsätzlich vom Kastendenken losgesagt. Aber der Anschein trügt auch bei ihnen. Mehr oder weniger lebt selbst in ihren Missionsbewegungen das Hierarchiedenken weiter, wenn auch in stark veränderter Form.

Die ungewöhnlichste Variante bietet die Hare-Krishna-Bewegung, die, wie schon erwähnt, 1966 unter dem offiziellen Namen »Internationale Gesellschaft für Krishna-Bewußtsein« in New York gegründet wurde. Ihr erklärtes Ziel ist es, in der westlichen »Shudra-Gesellschaft«(!) eine brahmanische Oberklasse zu schaffen, die Anspruch darauf habe, von den Mächtigen dieser Welt gehört zu werden.[18] Ein Ziel wie dieses mag zwar dem orthodoxen, traditionell denkenden Hindu absurd erscheinen, denn seiner Ansicht nach kann man in eine Kaste nur hineingeboren werden. Aber Anhänger der Hare-Krishna-Bewegung bestreiten gerade die Erblichkeit der Kaste und glauben, daß echte Brahmanenschaft eine »spirituelle

Qualifikation« ist und durch die richtige Form der Krishna-Verehrung erworben wird. Auch dies kann eine Variante des Neo-Hinduismus sein, sie wird allerdings bis heute von den meisten Hindus nicht akzeptiert.

Der andere Fundamentalismus der Hindus

Im September 1999 konnte die Bharatiya Janata Party (BJP) nach einem triumphalen Wahlsieg erstmals die Regierung bilden. Nun gab eine Hindu-Partei den Ton an, deren Ziel es war, den Hinduismus zur Staatsreligion zu machen und damit die säkulare Verfassung der Kongreßpartei außer Kraft zu setzen. Schluß sollte nun mit der Gleichberechtigung der Religionsgemeinschaften sein, ebenso mit der bisherigen Reformpolitik gegenüber den niederen Kasten.

Fundamentalisten an der Macht? Wie konnten sie in Indien, das doch berühmt ist für seine religiöse Toleranz, eine Mehrheit finden?

Ich habe im Kapitel »Hindus entwickeln einen glaubenskämpferischen Fanatismus« bereits darauf hingewiesen, daß die BJP nur am Anfang ihres Aufstiegs dazu neigte, ideologisch unversöhnliche Attacken gegen die Muslime zu führen und gar die Zerstörung von Moscheen zu fordern. Nachdem die Wähler Mitte der neunziger Jahre sich teilweise von der Hindu-Partei wieder abgewandt hatten, setzte die BJP in den folgenden Wahlkämpfen ihre Akzente anders. Entschieden verurteilte der neue Parteiführer Atal Behari Vajpayee die Ausschreitungen gegenüber fremden Religionsgemeinschaften und betonte, daß in Indien jeder Gläubige das Recht habe, eine Gottheit seiner Wahl zu verehren, ob nun Shiva, Vishnu, Allah, Christus. Es seien Moscheen, Kirchen und anderen Kultstätten daher unantastbar, und wo es Konflikte gebe, müsse man den friedlichen Dialog suchen. Die Führung der BJP rückte in ihrem Programm zwei andere Punkte in den Vordergrund. Zum einen forderte sie einen verstärkten Kampf gegen die weitverbreitete Korruption innerhalb der Kongreßpartei (was ideologisch unverfänglich war und bei allen Unzufriedenen Beifall finden konnte). Zum anderen aber propagierte sie, man müsse das Kastensystem in seiner »reinen« Form wiederherstellen und die falsche Reformpolitik der Kongreßpartei korrigieren. Mit diesem letzteren Programmpunkt erst wird das eigentliche Zentrum eines politischen Hinduismus sichtbar, erst hier können wir von einer »hindu-fundamentalistischen« Tendenz sprechen.

Den Hindu-Aktivisten liegt letztlich so wenig wie anderen Hindus daran, einen fremden Gottesglauben zu bekämpfen. Aber sie fordern von den indischen Muslimen, sie sollten Muslim-Hindus werden. Konkret bedeutet das: Indische Muslime sollten das hinduistische Kastensystem mit all seinen sozialreligiösen Normen anerkennen und auf die islamischen Normen der Scharia verzichten; erst dann hätten sie ein Heimatrecht in Indien. Entsprechend fordern sie von Christen, sie sollten Christ-Hindus werden und sich als Gruppe ebenso in die natürliche Hierarchie von hohen und niederen Kasten einfügen. Die muslimischen wie christlichen Missionare hätten etwas zutiefst »Unindisches«, »Unhinduistisches« in das heilige indische Land gebracht, indem sie die Gleichheit aller Menschen jenseits der Kastenschranken verkündeten. Dieses zutiefst fremde Gedankengut müsse getilgt werden, um alle Inder wieder harmonisch dem Hindu-Dharma unterordnen zu können.

Mit solchen Argumenten stellten die Hindu-Fundamentalisten grundsätzlich die säkulare Staatsidee, die Gleichberechtigung der Religionsgemeinschaften und der Kasten, in Frage. Und sie konnten hier auf eine Stimmung im Volk spekulieren, wie sie trotz aller Reformarbeit liberaler Kräfte untergründig noch weit verbreitet ist: Auch wenn ein Hindu zu einer anderen Religionsgemeinschaft übertritt, kann er letztendlich seine Hindu-Kaste nicht verlassen. Ich erinnere in diesem Zusammenhang an den Ausspruch von Mahatma Gandhi: Ob ein Unberührbarer Muslim, Christ oder Sikh geworden sei, er bleibe auch in der neuen Gemeinschaft ein Unberührbarer, er könne den vom Hinduismus ererbten Makel nicht abschütteln, viel zu tief sei das Bewußtsein seiner ehemaligen Kaste in ihn eingesenkt. Was aber Gandhi als eine Fehlentwicklung beklagte, die es zu überwinden gelte, wollen Hindu-Fundamentalisten sozialreligiös verfestigen: Muslime und Christen sollten sich wieder voll und ganz zu ihrer ehemaligen Kaste bekennen. Der politische Hintersinn ist fatal. Denn viele der Muslime und Christen stammen aus niederen Kasten und sind so folgerichtig zum »Dienen« geboren. Umgekehrt gehören viele Funktionäre der Hindu-Partei BJP einer hohen Kaste an und fühlen sich zum »Herrschen« geboren.

Wie stehen die Chancen für einen derartigen Hindu-Fundamentalismus?

Auch wenn die BJP 1999 Regierungspartei wurde, so wäre es für sie unmöglich gewesen, bereits mit weltanschaulich eng verwandten Parteien wie etwa der Shiv Sena die erforderliche Mehrheit zustande zu bringen. Die BJP mußte darüber hinaus in die Koalition Parteien einbinden, die ausschließlich die Interessen von Shudra oder gar Unberührbaren vertreten – und das hieß, die BJP mußte beträchtliche Zugeständnisse an die ideologisch völlig anders gerichteten Bündnispartner machen. Letztendlich schwoll diese kompliziert zusammengefügte Koalition auf 23 Parteien an. Und gerade deshalb sah sich Premierminister Vajpayee gezwungen, Scharfmacher in den eigenen Reihen und in ideologisch eng verwandten Koalitionsparteien zu bremsen. Das konnte ihm nur mit Mühe gelingen.

Etliche Gruppierungen von Hindu-Fundamentalisten beharrten weiterhin unverblümt auf der Vorherrschaft hoher Kasten und schreckten auch in den folgenden Jahren vor Terror gegen Muslime, Christen und Niederkastige nicht zurück. Besonders wüteten sie gegen Unberührbare, die zu anderen Religionsgemeinschaften übergetreten waren, zündeten ihre Hütten an, verprügelten oder töteten gar ihre Bewohner – dies mit dem Argument, es gelte durch Einschüchterung zu verhindern, daß noch weitere Unberührbare sich vom Beispiel der Abtrünnigen anregen ließen und ebenfalls die »heilige« Sozialordnung der Hindus verlassen würden. Die Befürchtungen solcher Fanatiker kommen nicht von ungefähr: Auf rund 170 Millionen schätzt man an der Wende zum 21. Jahrhundert die Zahl der Unberührbaren, aber es könnten 240 Millionen sein, wenn im Verlauf vieler Jahrzehnte nicht rund 70 Millionen zum Islam, Christentum oder Buddhismus übergetreten wären.[19] Der Terror radikaler Hindu-Aktivisten ist allerdings kein geeignetes Mittel, um eine Abwanderung aus der untersten Großkaste der »Dienenden« aufzuhalten. Im Gegenteil: Nicht nur Niederkastige, auch viele Höherkastige lehnen derart blutige Aktionen einer extremistischen Minderheit ab. Und dies wiederum wirkt auf die BJP zurück, die mühsam an ihrem Image als »gemäßigte« Partei arbeitet, um die Sympathien der Wähler nicht zu verlieren. Ohnehin bleibt ihre Stellung als Regierungspartei innerhalb einer Koalition von 23 teils sehr verschiedenen Parteien prekär.

Indem die BJP und andere kleinere Hindu-Parteien nur die Interessen der höheren Kasten vertreten, bleibt ihre Machtbasis schmal. Gerade ein Drittel der Hindus kann sich den Großkasten der Brahmanen, Kshatriya und Vaishya zurechnen, und davon sind nur 5 Prozent Brahmanen (aus deren Kaste bisher die meisten Premierminister Indiens kamen). Dagegen macht die Großkaste der Shudra nahezu 50 Prozent der Hindus aus, und hinzu kommen die Unberührbaren mit 15 Prozent. Zwei Drittel der Hindus sind damit in niedere Kasten hineingeboren. Will die BJP also an der Macht bleiben, muß sie weiterhin aus diesem riesigen Wählerreservoir beträchtlich Stimmen gewinnen. Bisher ist ihr das gelungen – aber eben nur, indem sie erhebliche Zugeständnisse an etliche Parteien der Niederkastigen machte. Offiziell haben die Führer der BJP die Herrschaftsideologie der Hochkastigen ebenso abgemildert, wie sie zuvor ihre Gegnerschaft gegen »unindische« Religionen relativiert haben.

Auch wenn diese Politik einer Mäßigung letztlich bloßer Taktik entspringt, zeigt dies doch deutlich das Dilemma der BJP und anderer Hindu-Parteien. Die Hindu-Fundamentalisten haben keinerlei Chance, eine Änderung der säkularen Verfassung durchzusetzen und den Hinduismus zur Staatsreligion zu machen. Denn der Widerstand der religiösen Minderheiten – angefangen von den Muslimen und Christen bis hin zu den Sikhs, Jains und Buddhisten – ist weiterhin zu groß; sie alle befürchten bei einer »Hinduisierung« Indiens einen Teil ihrer bisherigen Rechte und Freiheiten einzubüßen. Auch viele Hindus aus niederen Kasten ziehen weiterhin die geltende säkulare Staatsordnung vor, denn nur so sehen sie sich vor wachsender Macht der Brahmanen, Kshatriya und Vaishya geschützt.

Die Hindu-Parteien können ohnehin nicht mehr verhindern, daß die niederen Kasten sich schrittweise aus ihrer drückenden sozialen Lage lösen und sich politisch emanzipieren. Seit den neunziger Jahren haben in etlichen Bundesstaaten Shudra, ja gar Unberührbare das Amt des Ministerpräsidenten errungen – ein Novum in der indischen Geschichte. 1997 konnte mit Kocheril Narayanan ein Unberührbarer gar in das Amt des Staatspräsidenten aufrücken, er folgte einem Brahmanen. Je rascher bei Shudra und Unberührbaren das politische Selbstbewußtsein wächst, desto mehr schwinden für Hindu-Fundamentalisten die Chancen, unverändert ein

Kastensystem mit einer starren Hierarchie von Hoch und Niedrig zu propagieren. Daran ändert auch die Tatsache nichts, daß Politiker aus niedrigen Kasten oft genauso schnell ihre Macht mißbrauchen und der Korruption verfallen wie ihre Gegner aus höheren Kasten.

Für das mehrheitlich hinduistische Indien gilt so noch viel eindeutiger als für islamische Länder: Die Vielfalt an Gegensätzen läßt auf lange Sicht jede fundamentalistische Bewegung scheitern, die eine totalitäre »Einheit« wünscht.

Die Herausforderung durch Buddha

Bekenntnis zur »Vielfalt der Religionen«

»Ich glaube, daß es zweifellos der Fall ist, daß um so mehr Menschen geholfen wird, je mehr verschiedene Religionen es auf dieser Erde gibt.«

Dieser Satz stammt nicht etwa von einem Philosophen, der kulturkritisch über den Weltanschauungen stünde, sondern ihn sprach das Oberhaupt einer Religion: der höchste Würdenträger des tibetischen Buddhismus, »Seine Heiligkeit«, der 14. Dalai Lama. Ich hörte ihn derartiges während eines Vortrags in Wien am 12. Mai 1986 sagen. Da viele seiner Äußerungen für europäische, »christlich-abendländische« Ohren so ungewohnt anmuten, ist es sinnvoll, die entsprechende Passage in der bemerkenswerten Rede etwas ausführlicher zu zitieren: Ich beziehe mich hierbei auf die später veröffentlichte Fassung.[1]

»Religion ist in gewisser Beziehung wie die Nahrung für unseren Geist«, so fuhr der Dalai Lama fort, wobei ein österreichischer Buddhist im roten Mönchsgewand seine Worte übersetzte. »Und wenn wir das auf die Nahrung für unseren Körper beziehen, dann wissen wir alle ganz genau, daß wir um so fröhlicher sind, je mehr verschiedene Nahrung wir zur Auswahl haben. Wenn es nur eine Nahrung gibt und man diese immer essen muß, hat man bald nicht mehr das Gefühl, daß es sich um Nahrung handelt, sondern vielmehr das Gefühl, daß es sich um eine Medizin handelt. Deshalb: Je mehr verschiedene Gerüche und Geschmäcker und verschiedene Varianten uns zur Verfügung stehen, um so angenehmer ist es doch. Wenn es nun viele verschiedene Religionen gibt – die jeweils in ihrer Philosophie aussagen, daß es einen Schöpfergott gibt, die andere, daß es keinen solchen gibt, die nächste, daß es eine Seele gibt, die nächste, daß es keine Seele gibt –, um so größer ist die Auswahl an geistiger Nahrung, und um so mehr Wesen kann auf dieser Welt geholfen werden. [...] Wenn wir nicht verstehen, daß die verschiedenen Religionen dazu da sind, diesen vielen unterschiedlichen Neigungen und Voraussetzungen der Menschen gerecht zu werden, [...] dann entstehen daraus unendliche Schwierigkeiten. [...] Und es gibt auf der Welt mehr als genügend Dinge, über die wir streiten können. Wenn wir nun die Religionen, das, was dazu da ist, um unsere Schwierigkeiten zu verkleinern, dazu verwenden, um auch noch darüber zu streiten, so ist das äußerst bedauerlich. Aber glücklicherweise kann man deutlich sehen, daß die Beziehungen zwischen den Religionen sich wesentlich bessern ...«

Unvorstellbar wäre es, derartige Gedanken von einem Bischof, einem Kardinal oder gar einem Papst zu hören. Auch für die Mehrzahl christlicher Theologen bedeuten sie eine Provokation. Nicht anders für Korangelehrte. Ähnliches entdecken wir innerhalb unseres abendländischen Kulturkreises nur noch bei Denkern der Aufklärung und deren geistigen Nachfolgern. Aber falls wir innerhalb einer Religion suchen, finden wir Vergleichbares allein bei Hindus. Das ist kein Zufall. Manche Formulierungen des Dalai Lama erinnern bis in die bildhaften Wendungen herein an Äußerungen neohinduistischer Philosophen. Etwa, wenn er die angenehme Vielfalt von Nahrung mit der angenehmen Vielfalt von Religionen gleichsetzt. Substantiell dieselbe Aussage ist in einer Rede von Vivekananda enthalten, die er als erster »Missionar« des Hinduismus 1900 in Kalifornien hielt: »In einem Gasthof, wo es Speisen der verschiedensten Art gibt, hat jeder die größtmögliche Aussicht, etwas seinem Appetit Entsprechendes zu finden. Es gibt verschiedene Arten von Menschen mit verschiedenen geistigen Bedürfnissen.«[2]

Naturgemäß konnte der Dalai Lama eine sinngemäß gleichlautende Rede auch in Indien halten und darauf bauen, von den Zuhörern verstanden zu werden. So sagte er 1985 auf dem Interreligiösen Kongreß von Madras vor Hindus, Muslimen, Buddhisten und Christen: »Sehen Sie, weil Menschen unterschiedlichen Geschmack haben, bevorzugen die einen diese Küche und die anderen jene Speisen. Gäbe es nur eine Küche, hätten wir keine Wahl. Und ein wenig ähnlich ist das auch mit den unterschiedlichsten philosophischen Traditionen.«[3] Der Dalai Lama bejaht also bedingungslos die religiösen Unterschiede, mehr noch: legt Wert auf die Unterschiede. Und diesen Sätzen folgt dann, eigentlich nicht mehr überraschend, ein Bekenntnis zur »Einheit« auf ganz anderer Ebene: »Aber das grundlegende Ziel ist überall dasselbe. Jede Religion lehrt nämlich, daß man ein guter Mensch sein soll. [...] Der Name dafür ist gewöhnlich heilende Hinwendung und Liebe. Auf dieser Grundlage können wir einen echten Sinn für Bruder- und Schwesterschaft entwickeln. Das ist der Wesenskern der sehr unterschiedlichen Religionen.«[4]

Für den Dalai Lama ist und bleibt der geistige Orientierungspunkt Tibet, wo er 1936 geboren, 1940 als Inkarnation des verstorbenen 13. Dalai Lama inthronisiert wurde und 1951 die Regierungsgeschäfte übernahm. 1959 floh er vor der rotchinesischen Besatzung ins indische Exil nach Dharamsala und kam erst im Mannesalter mit westlicher Philosophie in Berührung. Seine Erziehung hat er in einem Land bekommen, das über Jahrhunderte sich extrem von der Außenwelt, vor allem gegenüber der westlichen Zivilisation, abgekapselt hat. Wenn ihn dort außer buddhistischem Denken noch andere Einflüsse erreicht haben, dann verschiedene hinduistische Strömungen aus dem benachbarten Indien und Nepal.

Aussagen, die sich mit denen des Dalai Lama voll decken, aber auch von Hindus stammen könnten, habe ich im buddhistischen Alltag immer wieder zu hören bekommen. Besonders eingeprägt hat sich mir die prägnante, bildhafte Antwort eines jungen Buddhisten in Nepal. Er war Student, und als solcher dürfte er repräsentativ für das Bewußtsein des gebildeten Laien sein. Ich traf ihn, als ich nahe der Hauptstadt Katmandu das größte buddhistische Pilgerzentrum Nepals, den Tempel- und Klosterkomplex der großen Stupa von Bodnath besuchte, wo es von Gläubigen in nepalesischer, indischer und tibetischer Tracht wimmelte. In unmittelbarer Nähe der Stupa hatte sich ein Händler niedergelassen und auf dem Boden zahlreiche bunte Farbdrucke zum Verkauf ausgebreitet: Bildnisse von Buddha, auch verschiedener Bodhisattvas und allerlei mythologischer Fabelwesen, wie sie besonders im tibetischen Buddhismus beheimatet sind – aber auch: Shiva, Vishnu, Krishna, Ganesh. Ich fragte den Studenten, der sich mir beim Rundgang angeschlossen hatte, ob etwa auch Buddhisten die Bildnisse von Hindu-Gottheiten kauften. Er sagte, Buddhisten *und* Hindus kämen zur Stupa nach Bodnath und würden hier das Göttliche auf verschiedenste Art verehren. Aber, so provozierte ich mit einer weiteren Frage, es handle sich doch um zwei verschiedene Religionen. Darauf lächelte er und erklärte: Mit dem Göttlichen sei es wie mit der Sonne – die Sonne habe am Morgen ein anderes Aussehen als am Mittag oder Abend, ihr Licht erscheine im Gebirge völlig verschieden von dem im Dschungel, trotzdem sei es jedesmal ein und dieselbe Sonne.

Eine Religion ohne Gott?

Daß ein solches Bekenntnis zur »Vielfalt der Religionen« nicht nur den Hinduismus, sondern auch den Buddhismus bestimmt, braucht kaum zu wundern. Denn der Stifter dieses Glaubens, Siddharta Gautama, war selber ein Inder und ursprünglich Hindu. Er wurde im Jahr 565 vor unserer Zeitrechnung am Südrand des Himalaya im Grenzgebiet von Indien und Nepal geboren. Wo sich heute das unscheinbare Städtchen Lumbini mit kaum nennenswerten Bauten erhebt, befand sich damals das glanzvolle Zentrum des Fürstentums Kapilavastu. Siddharta Gautama, Sohn des Fürsten und zum Nachfolger bestimmt, legte im Alter von 29 Jahren die Insignien seiner Macht ab, band sich den weißen Lendenschurz eines Wanderasketen um und zog sich von der Welt zurück. Ursprünglich wollte er nur die eigene, angestammte Religion reformieren, ohne zu ahnen, daß er mit seiner Kritik an erstarrter Tradition eine neue Lehre begründete – diesen Ansatz hat er mit vielen anderen großen Religionsstiftern gemeinsam. Als er sich dann der Einmaligkeit seiner Sendung bewußt wurde, gab er sich den Sanskritnamen »Buddha«, »der Erleuchtete«.

Buddha, ein Zeitgenosse des Konfuzius wie des Aischylos und Sophokles, wurde in eine Zeit dramatischer kultureller Umbrüche hineingeboren. Damals gärte es im Hinduismus. Brahmanen der verschiedensten philosophischen Schulen stritten um die rechte Lehre – auf der einen Seite gruppierten sich Theologen, die den Glauben an das unpersönliche Brahman zum höchsten Prinzip erhoben; andere erklärten, dieser oder jener Gott müsse als leibhaftige Erscheinung des Brahman besonders verehrt werden; wiederum andere stritten darum, ob der Mensch eine ewige Seele habe oder nicht; wiederum andere lehnten die reale Existenz von Göttern ab, erklärten sie als Symbole des Unaussprechlichen und glaubten nur an Erlösung durch Weltentsagung, durch Abtötung aller Begierde im eigenen Ich. Es war eine unruhige Zeit, die den Hinduismus in Gefahr brachte, daß er sich in verschiedenste Lehrmeinungen, ja eigenständige Religionsbekenntnisse aufspaltete. Am weitesten entfernte sich Buddha vom herkömmlichen Glaubenshorizont, indem er nicht nur, wie bereits geschildert, das Kastensystem ablehnte – sondern auch noch den Standpunkt jener Brahmanen radikalisierte, die meinten, man könne »Erlösung« ganz aus eigener Kraft erlangen. Buddha betrachtete sich keineswegs als Prophet und gleich gar nicht als menschliche Erscheinungsform eines Gottes, er kann daher im Selbstverständnis weder mit dem »Gottgesandten« Mohammed noch mit dem »göttlichen« Jesus noch mit Krishna verglichen werden. Buddha gibt sich von vornherein als Mensch ohne übernatürliche Fähigkeiten zu erkennen, er kann lediglich den Weg zur »Erkenntnis« weisen, gehen müssen ihn die Schüler ohne alle Gnadenvermittlung selber.

»Erkenntnis« beruht bei Buddha allein auf dem vernunftgeleiteten Willen, kraft dessen sich der Gläubige in einem langen Prozeß der Meditation von aller Begierde und aller sündhaften Verstrickung löst, daraufhin dem Mitmenschen »leidenschaftslos liebend« begegnet und auf diese Weise unterwegs ist zum absoluten »Frieden«. Buddha hat, so weiß es die Überlieferung, seine Schüler davor gewarnt, sich auf die Frage nach der Existenz Gottes oder einem Jenseits einzulassen, denn solche Denkbemühungen seien zu theoretisch, zu spekulativ und brächten die Menschen der »Erlösung« nicht näher. Buddha wollte sich in seiner Erkenntnis allein auf das Wahrnehmbare beschränken, er versuchte – um es mit einer Formulierung Helmuth von Glasenapps zu sagen –, rational nüchtern alle Daseinsprozesse zu zergliedern; dies unterscheidet seinen Ansatz nicht nur grundsätzlich vom Christentum und Islam, sondern auch von den Gnadenreligionen Shivas und Vishnus.[5]

Folgerichtig kann zu Buddha auch nicht gebetet werden. Wenn etwa ein Gläubiger vor einer Statue des »Erleuchteten« die Handflächen aneinandergelegt und sich verneigt, was man ja in vielen Tempeln beobachten kann, so dürfen wir als Außenstehende dies nicht in dem Sinn mißdeuten, daß der Buddhist sich mit einem Gruß oder einer Bitte an den Religionsstifter wendet (wie beispielsweise ein Christ zu Christus). Buddha ist als bloß menschlicher Verkünder »erloschen« und für keinen Betenden mehr zu erreichen; die Gläubigen bezeugen mit ihrer Geste nur die Verehrung vor dem Großen Lehrer. So zumindest verhält es sich in der älteren Form des Buddhismus, die den Namen »Hinayana«, »Kleines Fahrzeug«, erhalten hat. Daß sich dann später in der Glaubensrichtung des »Mahayana«, dem »Großen Fahrzeug«, die Tendenz entwickelte, Buddha eben doch als gottähnlichen Gnadenspender zu verehren, werden wir im Kapitel über die Konfessionsspaltung des Buddhismus noch sehen.

Wie die Hindus glaubte Buddha allerdings an die Wiedergeburt, und dies war für ihn ein so selbstverständliches Daseinsgesetz (»Karma«), daß er, der Skeptiker, es nie in Frage stellte. Auch nach buddhistischer Überzeugung muß der Mensch so oft wiedergeboren werden und erneut den Leidensweg einer irdischen Existenz beschreiten, bis er den Drang nach Besitz, Macht und oberflächlichem Genuß überwunden hat, dann erst kann er sich vom Kreislauf immer neuer Existenzen befreit sehen und »in Frieden erlöschen«. Gerade mit dieser – letztlich nicht beweisbaren – metaphysischen Konstruktion ist Buddha spekulativ geblieben, hier hat er sich am wenigsten vom Hinduismus entfernt.

Eine Religion ohne Gott? Zumindest den ursprünglichen Buddhismus könnte man unter diesem Vorzeichen begreifen. Und doch ist dieses oft gebrauchte Schlagwort sogar im Hinblick auf die ältesten Überlieferungen und Glaubensäußerungen mißverständlich. Buddha ist nicht als Atheist nach unserem modernen Verständnis zu betrachten, denn er hält die Gottesvorstellungen der einzelnen Religionen nicht für bloße Gedankenschöpfungen des Menschen, wenn er auch konkrete Aussagen über ihre Erscheinungsform für zu spekulativ hält. Daß er sich weigert, sein Denken auf ihre Existenz zu konzentrieren, hat eine andere Ursache: Gottheiten gelten ihm nicht als das Eigentliche, nicht als der tiefste Daseinsgrund; dafür sind sie ihm zu unvollkommen. Wie sollte ein Shiva, der im »Zorn« tanzt, daß die Erde bebt, den Menschen den Weg zum »Heil« weisen können? Wie ein Krishna, der sich in Liebesabenteuer verstrickt? Das »Heil« bedeutet ja: zur absoluten Bedürfnislosigkeit, zur völligen Loslösung von allen Leidenschaften zu gelangen. Gerade diesen Zustand könnten Götter nicht erreichen, so Buddha in seiner Kritik am Hinduismus. Spätere Generationen von Buddhisten haben sich ähnlich skeptisch über den Islam und das Christentum geäußert. Auch Allah wird schließlich im Koran zeitweilig als Gott »im Zorn« beschrieben[6], ebenso Jahwe in der Bibel.[7]

Götter sind demnach, selbst wenn sie die Menschen durch übernatürliche Fähigkeiten weit übertreffen mögen, letztlich als »Unerlöste« anzusehen. Denn Götter sind den Menschen in ihren Eigenschaften noch viel zu ähnlich. Dies ist eine außergewöhnliche Kritik an herkömmlicher Gottesvorstellung. Aus der Sicht moderner Aufklärung ist man versucht, eine derartige Aussage durch eine aktuelle Perspektive zu ergänzen: In die »Götter« oder den »Gott« haben die Gläubigen beim Abfassen ihrer heiligen Schriften teilweise zu viele menschliche Eigenschaften hineinprojiziert.

Vorbehalte gegenüber Christus, dem »Erlöser«

Buddhisten nehmen auch an Jesus Christus als der überragenden Symbolfigur des Christentums Anstoß. Dabei schätzen sie an Jesus die Ethik der Nächstenliebe. Aber: Die »christliche« Einschätzung dieses Propheten erscheint ihnen absurd. Buddhisten stoßen sich an biblischen Szenen wie jenen, wo Jesus die Händler »zornig« aus dem Tempel treibt[8]; wo er seine Mutter barsch zurechtweist (»Weib, was habe ich mit dir zu schaffen«)[9]; wo er der »Angst« verhaftet am Kreuz ausruft: »Mein Gott, mein Gott, warum hast du mich verlassen!«[10] Nach Meinung der Buddhisten ist Jesus noch selber derart ein »Leidender«, auch ein von »Leidenschaft« besessener Mensch, daß er niemals der Menschheit die »ganze Erlösung« bringen kann. Die Streitfrage, ob Jesus der »Sohn Gottes« sei oder nicht, ist Buddhisten hierbei völlig unerheblich, stufen sie ja »Gottvater« ebenfalls als ein Wesen ein, das in seiner Anfälligkeit für »Zorn« erst »erlöst« werden muß.

Fremd bleibt den Buddhisten Jesus als ein Religionsstifter, der dem Alltagsleben in all seinen Höhen und Tiefen innig verflochten ist. Unverständlich erscheint ihnen besonders der Vorgang, daß dieser Jesus in seinem sehr »menschlich« anmutenden Leiden den Gläubigen um so näher rückt und ihnen gerade dadurch einen Weg weisen kann, wie man das Leiden überwindet. Das Kreuz als Symbol dieser Überwindung bedeutet dem Buddhisten mindestens ebenso wie dem Hindu etwas Absurdes. Von daher leuchtet ein, wenn Christen in Ländern mit überwiegend buddhistischer Bevölkerung ihre Kirchen äußerst zurückhaltend mit Kreuzigungsbildern ausstatten oder von vornherein darauf verzichten. Meist fehlt am

Kreuz der »Schmerzensmann« – oder es kommt zu verblüffenden, eindrucksvollen Umprägungen.

Unvergeßlich ist mir in diesem Zusammenhang eine anglikanische Kirche, wie ich sie 1970 im ceylonesischen Städtchen Kurunegala antraf. Am Kreuz über dem Altar hing zwar ein Christus, aber alle Anzeichen des Leidens waren aus seiner Körperhaltung getilgt; er hatte die Arme so majestätisch vor dem Holz des Kreuzes ausgebreitet, daß sie nicht wie angenagelt wirkten, sondern nach einer segnenden Gebärde aussahen. Am meisten beeindruckte aber das Gesicht: aller irdischen Schwere und Ängste enthoben, ganz in weltentrückter Meditation versunken – das Gesicht eines Buddha.

Absage an Dogmatismus: Das Gleichnis »Von den Blindgeborenen«

Gott als Allmacht bleibt den Buddhisten selbst ansatzweise fremd. Eben weil ein solcher Gott, wie er im Christentum, Judentum und Islam seinen Ausdruck findet, noch von Leidenschaft gepackt werde und daher selber erst »erlöst« werden müsse. Ein solcher Gott kann ihrer Meinung nach nicht die höchste Instanz, nicht das Absolute selber verkörpern, bestenfalls eine untergeordnete Erscheinungsform.

Sobald Buddhisten vom »Höchsten« sprechen, neigen sie dazu, einen Begriff zu verwenden, wie er uns zunächst befremden mag: »Leerheit«. Es handelt sich um ein Absolutes, dessen Wesen wir nicht durch angestrengte Reflexion, nicht durch begriffliches Denken erfassen können, denn alle Worte verengen, verfälschen nur – dieses Absolute müssen wir daher, so fordern buddhistische Philosophen, »leer« von allem Begrifflichen lassen. Was sich in dieser »Leerheit« verbirgt, erfährt der Mensch nur in der Unaussprechlichkeit der Meditation, durch Yoga. Allein auf dieser höchsten Stufe mystischer Erfahrung glaubt der Buddhist (um mit Hans Küng zu sprechen) die »tiefste« Wirklichkeit zu fassen.[11] Jede andere Annäherung an das Absolute muß aus der Sicht des philosophisch gebildeten Buddhisten zu kurz greifen.

Im Pali Kanon, dem klassischen Sammelwerk des älteren Buddhismus, findet sich ein Gleichnis, das diesen Standpunkt besonders anschaulich macht. Bezeichnenderweise trägt das Gleichnis die Überschrift »Von den Blindgeborenen«.

Der »Erleuchtete« weilte, so beginnt die Rahmenerzählung, in einem Kloster zu Besuch, und dort berichteten ihm die buddhistischen Mönche von den heftigen Streitereien unter den Brahmanen und heiligen Asketen in der weiteren Klosterumgebung. Die Mönche zeigten sich verunsichert angesichts der fanatischen Dispute über die Fragen, ob es einen Gott gebe oder nicht, ob eine unsterbliche Seele existiere oder nicht. Sie hatten beobachten müssen, wie die Hindus über ihre Meinungsverschiedenheiten in Streit gerieten und sich mit Schmähreden verletzten. Buddha antwortete auf diese Vorfälle mit dem Gleichnis von den Blindgeborenen. Einst, so erzählte Buddha, hat in dieser Gegend ein König den Auftrag gegeben, alle Blindgeborenen der Hauptstadt an einem Ort zusammenzubringen. Nachdem dies geschehen war, befahl er, daß die Blindgeborenen einen Elefanten betasten sollten und anschließend berichten, wie ein solches Tier aussehe. Die Antworten fielen entsprechend unterschiedlich aus, je nachdem, welchen Körperteil der jeweilige Blinde zu fassen bekam. So erklärte derjenige, der den Kopf betastet hatte: »Wie ein Kessel ist ein Elefant.« Und ein anderer, welcher mit einem der Stoßzähne in Berührung gekommen war: »Wie eine Pflugschar ist der Elefant.« Ein anderer, der einen Fuß mit den Armen umspannt hatte: »Wie eine Säule ist ein Elefant.« Und derjenige, der nur an das Schwanzende gegriffen hatte: »Wie ein Besen ist ein Elefant.« Jeder der Blindgeborenen konnte aber hören, was sein Nachbar sagte, und war entsetzt über die falsche Meinung des anderen. So entstand unter den Blinden allgemein ein heftiges Handgemenge, wobei jeder die anderen mit seiner Meinung zu überschreien versuchte, wie denn ein Elefant tatsächlich aussehe. »Genauso, ihr Mönche«, schloß Buddha sein Gleichnis, »verhält es sich mit den Wanderasketen verschiedener Richtungen. Blind und augenlos erkennen sie nicht, worauf es ankommt und worauf es nicht ankommt […] es streiten sich und geraten in Widerrede die Menschen, die (nur) einen Teil sehen.«[12]

Trefflich kennzeichnet diese bildhafte Darstellung die Einstellung der Buddhisten gegenüber fremden Religionen. Mögen aus ihrer Sicht Hindus, Christen, Muslime und andere auch nur einen Ausschnitt des Absoluten erfassen und den »Teil« für das »Ganze« halten, so irren sie doch nicht von Grund auf. Das Gleichnis sagt es klar: Jeder der Blindgeborenen hat ja an dem von ihm betasteten Elefantenkörper Einzelheiten durchaus richtig beschrieben; grotesk erst ist die Folgerung geworden, als jeder mit diesem Detailwissen den »Elefanten« definieren wollte. Auf »höherer« Bewußtseinsebene betrachtet, muß es daher einem Buddhisten abwegig erscheinen, fremde Religionen oder Weltanschauungen zu bekämpfen oder gar zu verbieten. Im Gegenteil, er hält es für geboten, fremde Glaubensüberzeugungen zu dulden, mehr noch, sie ausdrücklich zu billigen, eben weil sie alle auf ihre Weise ein Stück der unendlichen, vielperspektivischen Wahrheit erfaßt haben.

Der unmittelbare historische Anlaß zu diesem Gleichnis ist allerdings gegenstandslos geworden. Heute haben Buddhisten keine Ursache mehr, sich grundsätzlich gegenüber einem »engen« Horizont der brahmanischen Elite abzugrenzen. Brahmanen haben sich ja, wie schon gezeigt, längst zu einer ähnlich universalen Sicht durchgerungen. Spätestens die Vedanta-Philosophie eines Shankara, im 9. Jahrhundert entstanden, belegt diesen Sachverhalt eindringlich. Aber gerade im Zusammenhang mit dem Brahmanen Shankara ist ja schon angedeutet gewesen, daß der große Reformator des Hinduismus sich wesentlich von buddhistischen Ideen hat beeinflussen lassen.[13]

Kritik der Buddhisten am geistig erstarrten, in Richtungskämpfen befangenen Brahmanentum hat demnach wesentlich zur Erneuerung bei den Hindus beigetragen. Und doch: die Buddhisten hätten selber niemals zu einer derartigen Kritik finden können, wenn sie nicht ihre ersten Anregungen aus dem indischen Kulturkreis – eben aus der Vielfalt hinduistischer Denktraditionen – bezogen hätten.

Der aufmerksame Leser wird sich in diesem Zusammenhang erinnern, daß das Gleichnis »Von den Blindgeborenen« an anderer Stelle schon erörtert wurde. Nur unwesentlich abgewandelt findet es sich im »Mathnawi«, dem Hauptwerk des großen Sufi-Mystikers Dschelaleddin Rumi, eines sunnitischen Muslim. Der »Mathnawi« ist im 13. Jahrhundert in Anatolien entstanden, aber der Verfasser war kein Türke, sondern Perser und stammte aus der afghanischen Stadt Balch. Diese Stadt war bis zur Eroberung durch die Muslime ein geistiges Zentrum des Buddhismus gewesen. Besonders das Gleichnis »Von den Blindgeborenen« belegt also, daß sich islamische Mystiker Anregungen auch aus »östlichem« Gedankengut, jenseits des Horizonts der monotheistischen Offenbarungsreligionen, geholt haben. Auf die fremde Quelle als Vorbild gab Dscheladdin Rumi sogar einen Hinweis: Er machte in seiner Bearbeitung des Stoffes die Personen nicht etwa zu Persern oder Türken, wie es im Hinblick auf sein Publikum zu erwarten gewesen wäre – diese Personen blieben Inder.[14]

Das Verwirrende an buddhistischer Toleranz

Bei Japanern und Chinesen: Mehreren Religionen huldigen

Ich hielt sie für eine Buddhistin. Die Japanerin hatte davon gesprochen, daß ihre Eltern Buddhisten seien, und schon aus diesem Grund schien mir bei ihr dasselbe Bekenntnis naheliegend. Außerdem hatte sie auf meine Frage nach der zahlenmäßig größten Glaubensgemeinschaft in Japan diese Religion genannt. Aber zu meiner Überraschung erklärte sie im weiteren Verlauf des Gesprächs, sie sei Christin, protestantisch. – Weshalb sie zum Christentum übergetreten sei, fragte ich. – Übergetreten? Oh nein, ihre Eltern hätten sie protestantisch taufen lassen. – Also hätten bereits die Eltern den Glauben gewechselt, folgerte ich. – Oh nein, ihre Eltern seien nach wie vor Buddhisten, aber ein Freund der Familie, ein sehr nahestehender Freund, sei protestantischer Pfarrer, und aus diesem Grund sei es zu der Taufe gekommen. – Wie halte man es dann mit der Religion innerhalb ihrer Familie? – Ihre Familie schätze buddhistische und christliche Zeremonien, man praktiziere beides. – Und sie? – Ja, sie auch.

Für Europäer ein irritierendes Gespräch. Doch was die Japanerin hier, zunehmend amüsiert über mein Erstaunen, antwortete, ist kein skurriler Sonderfall. Im Gegenteil, ihre Auskünfte deuten auf ein Religionsverständnis hin, wie es in buddhistisch geprägten Ländern weit verbreitet ist. In Japan, wo der Buddhismus seinen Einfluß mit der alteingesessenen Shinto-Religion und dem Konfuzianismus teilt, erscheinen die Verhältnisse nur besonders zugespitzt. Dort können im selben Haus eine Buddhastatue und ein Shinto-Schrein stehen, womöglich findet sich auch die Bibel unter den Büchern. Dazu könnte man die Auskunft erhalten, daß die Familie sich in einem buddhistischen Tempel hat trauen lassen, aber den Shintopriester zur Beerdigung ruft (oder umgekehrt), für das Berufsleben die Ethik des Konfuzius akzeptiert, die Kinder aber in einen buddhistischen Kindergarten schickt und später in eine christliche Schule überwechseln läßt (oder umgekehrt).

Toleranz? Kaum in unserem abendländischen Sinn. Befremden müssen uns die Zahlenangaben über Religionszugehörigkeit in Japan. So sind aus Statistiken und Handbüchern des japanischen Unterrichtsministeriums sehr voneinander abweichende, schwerlich zusammenpassende Angaben zu entnehmen. Bei der Volkszählung von 1980 bezeichneten sich von den 116 Millionen Einwohnern des Inselreichs 86 Millionen als Buddhisten, 84 Millionen als Shintoisten, 900 000 als Christen, und 11 Millionen nannten eine andere Religion.[1] So gerechnet müßte Japan 1980 aber an die 182 Millionen und nicht nur 116 Millionen Einwohner gezählt haben. Des Rätsels Lösung: Viele Japaner geben je nach Neigung und momentaner Sympathie mehrere Religionen als ihr Bekenntnis an. Und hier folgen sie nur einer Tradition, wie sie bereits im »Nahongi«, dem Quellenwerk japanischer Geschichte aus dem 8. Jahrhundert festgeschrieben ist; dort heißt es über Kaiser Yomei vom Jahr 582: »Der Kaiser glaubte an das Gesetz Buddhas und folgte zugleich dem Weg der Götter« (gemeint ist der Shinto).[2]

Eine weitere Statistik aus dem Jahr 1976 könnte den Europäer noch mehr verwirren. Im Kontrast zu den oben genannten Erhebungen, wie sie das Unterrichtsministerium veröffentlichte, ist das Amt des Premierministers zu völlig anderen Ergebnissen gekommen. Nach dessen Umfrage bezeichnen sich nur etwa 30 Prozent aller Japaner als »Gläubige« einer Religion, wobei der Buddhismus mit 23 Millionen Anhängern an der Spitze liegt, gefolgt in weitem Abstand vom Shintoismus mit nur 2,8 Millionen. An die 70 Prozent aller Japaner verneinen dagegen die Frage einer Religionszugehörigkeit, halten allerdings in überwiegender Mehrzahl »Religion für unbedingt notwendig«.[3] Die große Diskrepanz beider Statistiken erinnert an die Widersprüchlichkeit europäischer und nordamerikanischer Zustände: Bei uns ist ja die Zahl jener sogenannten »Taufschein-Christen« relativ hoch, die von den Kirchen als Mitglied registriert sind, ohne daß sie noch eine echte Bindung an ihre Religion hätten, und im übertragenen Sinn könnte es sich in Japan um »Taufschein-Buddhisten« handeln. Dafür spricht ja auch, daß im Gefolge des gewaltigen Modernisierungsschubs in Japan während der letzten hundert Jahre viele der alten Traditionen, vor allem die Religionen, einer geistigen Zerreißprobe ausgesetzt sind und für einen Teil der Bevölkerung nur noch die Fassadenfunktion für festliche Anlässe haben – ähnlich wie Taufe, kirchliche Trauung und

Beerdigung im Abendland. Und doch ist, wie die letztere Statistik zeigt, in Japan die Zahl derer ungleich höher als in Westeuropa, die Religion »für unbedingt notwendig« halten. Was in Japan grundlegend anders ist: Man fühlt sich nicht in unserem westlichen Sinn an *ein* Bekenntnis gebunden.

Im chinesisch geprägten Kulturkreis ist dies nicht viel anders, dort, wo sich die Religionen Buddhismus und Daoismus neben dem Konfuzianismus als der großen Philosophie und Staatsethik den Einfluß teilen. Chinesen, die sich zum Buddhismus bekennen, empfinden es nicht als anstößig, zwischendurch in einem daoistischen oder konfuzianischen Tempel an Zeremonien aktiv teilzunehmen. Diese Haltung treffen wir heute vielfach in Taiwan, Hongkong und Singapur an. Aber in China ist sie vor der kommunistischen Machtergreifung ebenfalls weit verbreitet gewesen und nimmt zu Beginn des 21. Jahrhunderts wieder zu, wie ich mich durch eigene Beobachtung überzeugen konnte. Anschaulich belegt eine solch langanhaltende Tradition der im 17. Jahrhundert verfaßte, auch bei uns bekannte Gesellschaftsroman *Kin Ping Meh*. Bei der Lektüre tut sich der europäische Leser schwer mit der Frage, zu welcher Religion sich denn nun die Hauptfiguren des (buddhistisch konzipierten) Romans wirklich bekennen, denn: Das eine Mal bitten sie einen buddhistischen Priester um den Segen, das andere Mal opfern sie in daoistischen Tempeln, um dort die Gottheiten für ihre geschäftlichen Vorhaben günstig zu stimmen; dann besinnen sie sich wiederum auf Ratssprüche konfuzianischer Klassiker.

Inwiefern sind aber der japanische und chinesische Raum typisch für den Buddhismus? Dort können wir ja beobachten, daß Shintoismus, Daoismus und Konfuzianismus ebenfalls in einer derart radikalen Form »offen« gegenüber fremden Religionen sind.[4] Wir könnten daraus schließen, diese Haltung sei ohnehin typisch für Japaner und Chinesen, und der Buddhismus passe sich nur geschmeidig einer gesellschaftlichen Situation an, solange ihm nicht die dominierende Rolle beschieden ist. Doch werfen wir einen Blick auf Südostasien – wo sich die überwiegende Mehrheit ausdrücklich und ausschließlich zum Buddhismus bekennt –, so entdecken wir auch in diesem Raum eine für westliche Maßstäbe irritierende Situation.

Shiva und Vishnu in Buddha-Tempeln

In Thailand sind etwa 94 Prozent der Bevölkerung als Buddhisten registriert. Die Lehre des »Erleuchteten« ist laut Verfassung zur Staatsreligion erhoben, und der König trägt den offiziellen Titel »Schild des Glaubens«, er betrachtet sich in dieser Eigenschaft als Schutzherr des Buddhismus. Im Straßenbild bleibt die Religion allgegenwärtig durch die zahlreichen Tempel und Pagoden, durch die vielen Mönche in ihren safrangelben Roben. Aber bei näherem Hinsehen bemerkt man selbst in diesem Land, das neben Burma, Sri Lanka und Tibet als eine der klassischen Hochburgen buddhistischer Religiosität gilt, eine für uns nur schwer nachvollziehbare Vermischung der Glaubensbekenntnisse.

In den Tempeln und Palästen von Bangkok trifft man auf Symbole eindeutig hinduistischer Herkunft und Funktion. So sind viele der Türme, die, schmal hochgereckt und oben abgegrundet, an einen Phallus erinnern, mit dem dreifachen Dreizack Shivas (»Pinaka«) gekrönt. Die Ähnlichkeit der Form ist nicht zufällig, schließlich gilt Shiva für die Hindus unter anderem als Gott der Zeugungskraft. Und als solcher wird er auch in Bangkok verehrt. Besonders im Tempel Wat Po, einer der prächtigsten sakralen Anlagen des Buddhismus. Dort findet sich in einem der Höfe ein schwarzer zylindrischer, meist mit Blumen und Schleifen geschmückter Stein, der offiziell als »Lingam«, eben als phallusartiges Fruchtbarkeitssymbol Shivas ausgewiesen ist, und zu ihm pilgern – wie in Indien – Frauen und beten um Kindersegen. Besucht man den Tempel Wat Arun, dessen riesiger, mit einem Shiva-Dreizack gekrönter Turm den Menam-Fluß überragt, entdeckt man am oberen Teil seines Sockels zusätzlich noch Bildnisse des altindischen Wettergottes Indra sowie des indischen Mondgottes Soma.

Ebenso eindeutig sind die Symbole des Gottes Vishnu. In einem vergoldeten Vorbau der großen Aufbahrungshalle des Königspalastes findet sich ein Thron, der von einer Reihe Vogelfiguren gestützt ist: Sie alle stellen Garuda dar, Vishnus mythisches Reittier. Garudas sieht man auch an den Dachfirsten und zu Dutzenden aneinandergereiht an den prächtig ornamentierten Wänden. Geht man von hier weiter zur benachbarten Tempelanlage Wat Phra Keo, die mehr als alle anderen durch ihre Farbenpracht der goldbedeckten Pagoden und blauglasierten Ziegelwände besticht, entdeckt man dort an den geschnitzten Giebelfeldern den auf seinem Reittier thronenden Gott Vishnu selber.

Die buddhistischen Thais geben sich, wie die Beispiele zeigen, keine Mühe, den hinduistischen Charakter dieser Symbolik zu kaschieren. Im Gegenteil. Sie stellen sogar betont einen Zusammenhang zu ihrer früheren Religion her. Die Thais, die fünf Jahrhunderte zuvor noch überwiegend Hindus waren, haben aus ihrem einstigen Bekenntnis die Version übernommen, Buddha sei eine Erscheinungsform des Gottes Vishnu – und insofern identifizieren sich die thailändischen Könige bis heute offiziell in ihrer Rolle als »Beschützer der Welt« sowohl mit Buddha als auch mit Vishnu. In Thailand wird daher Garuda einerseits als Symboltier Vishnus, andererseits als ein buddhistisches Emblem gedeutet.

Die Vermischung geht noch weiter. Selbst heute noch sind am Königshof von Bangkok Priester tätig, die nach altem brahmanischem Brauch Riten vollziehen, wie sie früher in jedem Palast eines Hindu-Fürsten üblich waren. Thailands Buddhisten empfinden den Hinduismus nicht als unvereinbaren Gegensatz, nicht als eine Lehre, von der man bestenfalls einige Äußerlichkeiten übernehmen soll, um den Volksmassen die Bekehrung zum neuen Glauben zu erleichtern. Indem aber die Thais unumwunden akzeptieren, daß in ihrer Religiosität die Hindu-Götter von einst noch eine Rolle spielen, unterscheiden sie sich diametral von »westlichem« Glaubensverhalten. Christen streiten ja meist in voller Überzeugung und mit Empörung ab, in ihrer Gottesvorstellung sei so manches Relikt fremder (»heidnischer«) Tradition erhalten geblieben. In Thailands ländlichen Gegenden finden sich am Wegrand oder in Reisfeldern buntgeschmückte Geisterhäuschen, vor denen Buddhisten um Erntesegen oder Schutz vor Dämonen beten. Diese Beobachtungen bestätigen weiter den Eindruck, daß sich bei den Thais der Buddhismus mit dem früher beheimateten Hinduismus vermischt hat, außerdem noch mit wesentlich älteren Naturreligionen. Ein solcher Tatbestand ist, mehr oder weniger deutlich, auch für andere Länder typisch, die wir als »buddhistisch« bezeichnen.

Nepal bietet erst recht das Beispiel einer Religionsvermischung. Dort hat sich, wie im chinesischen Raum und Japan, der Buddhismus nicht als das dominierende Glaubensbekenntnis durchgesetzt, außerdem ist er mit einer Übermacht des hinduistischen Religionsbekenntnisses konfrontiert. Und so sind in den buddhistischen Heiligtümern des Himalaya-Königreichs mehr als anderswo nicht nur Symbole, sondern auch Rituale und Glaubensformen des Hinduismus lebendig. Am augenfälligsten auf Swayambu Nath, dem altehrwürdigen, nur wenige Kilometer westlich von Katmandu gelegenen Tempelberg. Wenn man über die mehr als 300 Stufen zum Gipfel mit der goldgekrönten Stupa steigt und hierbei eine Reihe überlebensgroßer Buddha-Statuen passiert, entdeckt man entlang der Treppe von knorrigen Bäumen beschattet eine Reihe kleinerer Statuen, die in ihrer Darstellungsform an Hindu-Gottheiten erinnern. Bei näherem Hinsehen entpuppt sich das eine oder andere Standbild als ein derartiger Gott: Shiva mit Dreizack, Vishnu mit Muschelsymbol, der elefantenköpfige Ganesh. Wenn man dann die Bergspitze erreicht und das eigentliche Heiligtum betritt, wo sich um die gewaltige Stupa mit ihrer weißgetünchten Kuppel Pilger in meist tibetanischer Tracht bewegen und die kupfernen Gebetsmühlen im Stupasockel drehen, so deutet diese Szenerie nur beim ersten flüchtigen Eindruck ausschließlich auf den Buddhismus hin. Denn auf demselben Gelände haben auch Könige der Hindu-Dynastie von Katmandu während des 17. Jahrhunderts kleinere Tempel errichten lassen. Zudem erhebt sich unmittelbar neben der großen Stupa eine zweistöckige vergoldete Pagode, wo die Gläubigen sich mit Blumenschalen und Tellern voller Reis ganz nach dem Vorbild eines hinduistischen Rituals zu einer Warteschlange formieren, um durch Opfergaben die Göttin der Pocken gnädig zu stimmen.

Buddhisten huldigen den Göttern fremder Religionen. In dieser Hinsicht stehen sie den Hindus nahe – und unterscheiden sich doch in einem wesentlichen Punkt von ihnen. Zum Glaubensverhalten der Hindus gehört es ja von vornherein, Götter zu verehren – zu dem der Buddhisten nicht! Gerade indem es Buddha »nicht notwendig für das Heil« ansieht, daß man zu einem Gott betet, entgöttert er die Welt. Wenn er aber seinen Anhängern trotzdem nicht verboten hat, einen Shiva, Vishnu und andere zu verehren, so ist das eine Toleranz aus anderen Erwägungen heraus als bei den Hindus. Da man zu Buddha selber nicht beten kann, falls ein Familienangehöriger krank wird oder gar in Lebensgefahr schwebt, soll es dem Gläubigen vergönnt sein, in seiner Not Trost und Hilfe bei anderen Instanzen zu suchen. Und was bietet sich hier besser an als die traditionellen Götter? Buddha selbst hält seinen Anhängern diesen Weg offen, weil er sich darüber im klaren ist, daß angesichts bedrängender Alltagssorgen Gläubige kaum Halt allein in der Meditation, in der Weltabkehr finden. Buddha streitet ja auch die Existenz solcher Götter nicht ab. Nur: kein Gott könne endgültig von der Last dieses Daseins, vom »Meer des Leidens«, vom Rad immer neuer Wiedergeburten befreien. Zu dieser letzten und wirklich sinnvollen Hilfe biete sich eben doch allein der Weg des »Erleuchteten« an.

Auch von dieser Warte aus läßt sich verstehen, weshalb der Buddhist keine fremden Religionen zu bekämpfen braucht. Denn alle Glaubensformen dieser Welt sind so lange als Hilfsmittel, als Vorstufe unterwegs zum »Heil« erlaubt – bis sich der Gläubige stark genug fühlt, den Pfad Buddhas ohne die geistige und emotionale Hilfe einer fremden Religion zu beschreiten.

Konfessionsspaltung: Hinayana, Mahayana

Nach solchen Eindrücken kann man sich schwer vorstellen, daß es im Buddhismus tiefgehende Meinungsverschiedenheiten über die Auslegung des Glaubens gegeben hat – mehr noch: eine Spaltung in verschiedene Konfessionen. Man könnte annehmen, die Buddhisten hätten durchweg die Neigung, allen auftretenden Unterschieden ihre kantige Schärfe zu nehmen und sie, mehr oder weniger überzeugend, als »Teil des Ganzen« in ein Glaubensgebäude mit vielfach verschlungenen Pfaden zu integrieren. Tatsächlich ist es aber im Buddhismus zu Glaubensspaltungen gekommen – die Namen »Kleines Fahrzeug«, »Großes Fahrzeug«, »Diamantenes Fahrzeug« signalisieren die Unterschiede. Wie trennend sind die Differenzen? Den bisherigen Beispielen nach zu schließen, kann es sich zumindest nicht um Glaubensspaltungen in unserem Sinn handeln. Vor allem nicht mit denselben Konsequenzen, den erbitterten dogmatischen Fehden um die richtige Auslegung der Lehre, den fanatisch geführten Konfessionskriegen.

Der Buddhismus hat sich im Verlauf einer zweitausendjährigen Entwicklung mehrmals grundlegend gewandelt – und damit gespalten, weil nicht alle Anhänger gleichermaßen den jeweiligen Wandel mitvollzogen haben.

Dies begann schon, indem sich viele Buddhisten nicht mit der radikalen Weltabkehr des »Erleuchteten« identifizieren mochten. Nach Buddhas Lehre können ja nur jene vom Zwang der leidvollen Wiedergeburten »erlöst« werden, die sich kompromißlos von allen Bindungen dieser Welt lossagen und Mönch werden. Dagegen bleibt den meisten Gläubigen der Zugang ins Nirvana versperrt, weil sie noch zu schwach sind, um sich innerlich völlig von dieser Welt zu lösen; diese »Vielen« haben eine beträchtliche Anzahl von weiteren Erdenexistenzen zu durchlaufen, bis sie sich wenigstens stark genug fühlen, Mönch zu werden. Demnach bietet sich dem Laien nur die Möglichkeit, in seinem jetzigen Leben »durch gute Taten« die Chance für sein nächstes Leben zu verbessern. Gegen diese Haltung hat sich in Indien während des ersten Jahrhunderts vor unserer Zeitrechnung eine machtvolle Gegenströmung entwickelt.

Damals behaupteten wegweisende Denker, sie hätten heilige Schriften Buddhas aufgefunden, die bisher verborgen gewesen seien; diese Schriften würden die Lehre in einem ganz neuen Licht, in seiner eigentlich »universalen« Weite erscheinen lassen: Ihnen zufolge ist »Erlösung« nicht nur den »Wenigen«, den Asketen und Mönchen, vorbehalten, sondern zusätzlich eröffnet sich den »Vielen«, den im Alltag stehenden Menschen, ein Gnadenweg. Für diese »Vielen« stehen Bodhisattvas bereit. Bodhisattva bedeutet wörtlich »ein Wesen (sattva), dessen Bestimmung die Erleuchtung (bhodi) ist«. Es sind Heilige, die nach entsagungsvollem Leben unmittelbar vor der »Erleuchtung« stehen, aber nicht wie Buddha im Idealzustand der Wunschlosigkeit ins Nirvana eingehen und »erlöschen«. Die Bodhisattvas haben sich vielmehr entschlossen, in einer weiteren Existenz auszuharren, um ganz und gar für notleidende Menschen da zu sein. Ihnen ist die wunderbare Eigenschaft gegeben, als Geistwesen in Tempeln zu weilen und dort die Bitten der Gläubigen zu hören. Zu Bodhisattvas kann man beten! Und Bodhisattvas vermögen es, einen Teil ihrer religiösen Verdienste auf den »unerlösten« Menschen zu übertragen, sofern dieser Gläubige nur fest genug glaubt. Ein abgekürzter Weg ins Nirvana also – ohne die harte, kompromißlose Askese eines Buddha.

Welch ein Wandel. In dieser neuen Lehre, die sich vor allem in China, Korea und Japan hat ausbreiten können, verflüchtigt sich der atheistische Ansatz des ursprünglichen Buddhismus. Nun ist der Gläubige nicht mehr darauf angewiesen, aus eigener Kraft, ohne die Hilfe überirdischer Instanzen, den Weg zur »Erlösung« zu beschreiten, nun bietet sich ihm im Buddhismus selber die Gnadenerlösung mit vielen traditionellen Attributen des Götterglaubens. Und erst ab diesem Zeitpunkt ist der buddhistische Weg wahrhaft volkstümlich geworden. Je bunter und üppiger die Erlösungsrituale vor den Tempelstatuen der Bodhisattvas abrollten, um so größere Menschenmassen fühlten sich von der Heilsbotschaft angesprochen. Eine Botschaft, die in abgeschwächter Form selbst Anhänger des älteren Buddhismus faszinieren konnte. In Thailand etwa, einer der wichtigsten Bastionen althergebrachter Orthodoxie, hat sich ebenfalls die Ansicht durchsetzen können, Gebete zu Bodhisattvas seien nützlich, denn so biete sich dem Gläubigen die Chance, rascher dem Nirvana näher zu kommen.[5]

Aber die Entwicklung geht noch weiter. Schließlich bürgerte sich bei Gläubigen in Ostasien auch noch die Gewohnheit ein, zu Buddha selber zu beten und ihn um Hilfe zu bitten, er wird genauso zum gottähnlichen Gnadenspender. »Buddha hilf« ist eine vielgebrauchte Gebetsformel in ganz Ostasien. Doch selbst dies bildet noch nicht den Schlußpunkt des Wandels. Letztendlich finden sich in ostasiatischen Tempeln drei Buddha-Statuen nebeneinander: links der Buddha der Vergangenheit, in der Mitte der historische Buddha Siddharta Gautama aus Indien, rechts der Buddha der Zukunft, der in einigen tausend Jahren als neuer Gnadenspender der Menschheit erscheinen wird.

Diese Wandlungen haben in der Glaubensgemeinschaft der Buddhisten beträchtliche Spannungen ausgelöst, hitzige Diskussionen um den »rechten Weg« entfacht und zu immer neuen Rechtfertigungsversuchen der eigenen Lehre geführt. Dies alles ähnelt den geistigen Spannungen anderer Weltreligionen. So haben die Anhänger der neuen Lehre ihre Richtung mit dem Sanskrit-Wort »Mahayana«, »Großes Fahrzeug«, bezeichnet und herablassend die alte Lehre als »Hinayana«, »Kleines Fahrzeug« tituliert. »Groß« und »klein« – in dieser hierarchischen Abstufung ist mehr enthalten als nur die Tatsache, daß im Mahayana »vielen« Gläubigen und im Hinayana nur »wenigen« der Weg zur Erlösung beschieden ist; hier klingt unterschwellig auch der Gegensatz von »weit« und »eng«, »universal« und »speziell« an. Folgerichtig wollen die Anhänger des Mahayana ihre Konfession als die höchste, weitestgespannte Offenbarung Buddhas verstanden wissen, wogegen sie dem Hinayana nur eine vorbereitende Stufe zubilligen. Umgekehrt werfen die Anhänger der alten Lehre den Neuerern vor, jene würden zuviel spekulative Metaphysik, zuviel mythologische Verehrungsformen in den Glauben einfließen lassen. Sie selber nennen ihre eigene Form des Buddhismus »Theravada«, »Lehre der Ordensälteren«, und treten mit dem Anspruch auf, allein sie würden das Erbe Buddhas frei von allen Verfälschungen bewahren.

Die Gegensätze splitterten aber noch weiter auf. Aus dem Mahayana entwickelte sich während des ersten Jahrhunderts als Seitenlinie noch das »Vaijrayana«, »Diamant-Fahrzeug«. Auch dies ist ein Ehrenname, mit dem sich eine neue Bewegung von den früheren abheben will: Nichts sei so rein, so klar, so hart und unzerstörbar wie der Diamant. In dieser Lehre spielen das Ritual, die heilige Formel und magische Praktiken eine entscheidende Rolle – also genau das, was im ursprünglichen Buddhismus eine Randerscheinung geblieben ist, wenn nicht gar als »unnötig« für den Weg zum Heil erachtet wird. Hier aber erhalten Rituale eine so zentrale Bedeutung, wie dies in etlichen Richtungen des Hinduismus geschieht, Rituale, die dem Gläubigen helfen sollen, rascher ins Nirvana zu gelangen. Die meisten Bekenner des »Diamant-Fahrzeugs« finden sich heute in der Mongolei, Nepal und vor allem Tibet. Ihre Richtung bezeichnet man auch als Lamaismus, benannt nach den geistlichen Würdeträgern, den Lamas, oder tantrischen Buddhismus. »Tantra«, ein Sanskrit-Wort, bedeutet »Gewebe«, gemeint ist im übertragenen Sinn der komplizierte Ablauf kultischer Riten.

Der Dalai Lama ist der uns prominenteste Exponent des Lamaismus. Und er, der sich in seiner bereits zitierten Wiener Rede als äußerst tolerant und »offen« gegenüber anderen Religionen präsentiert hat, ließ in derselben Rede keinen Zweifel daran, daß er seine eigene Konfession als die »umfassendste« Glaubensrichtung innerhalb des Buddhismus ansieht. Etwa wenn er sagt: »Der Buddhismus, den man heute als tibetischen Buddhismus bezeichnet, beinhaltet alle Unterweisungen, die auf Buddha zurückgehen, das heißt das, was man als Kleines Fahrzeug, als Großes Fahrzeug und als das Fahrzeug der Tantras betrachtet.«[6] Unausgesprochen heißt das: Die anderen zitierten Glaubensrichtungen sind nicht so umfassend, beinhalten *nicht alle* Lehren Buddhas. Umgekehrt lehnen aber viele Buddhisten des Theravada und Mahayana den tibetischen Lamaismus als »Verfälschung« der wahren Lehre ab.

Dies alles sind beträchtliche Verschiebungen gegenüber der ursprünglichen Lehre. Meines Erachtens haben sich innerhalb des Buddhismus Gegensätze herausgebildet, die weit über das hinausgehen, was Religionsspaltungen innerhalb des Christentums und Islam bewirkt haben. Und so müßten sich Buddhisten der verschiedensten Glaubensrichtungen fanatischer und unerbittlicher bekämpfen, als dies Christen und Muslime zeitweise gegen Abweichler in ihren Reihen taten und teilweise noch immer tun. Genau dies ist aber nicht eingetreten. Zwischen Buddhisten ist es über lange Zeiträume hinweg vorwiegend zu Redeschlachten und literarischen Auseinandersetzungen gekommen, nur selten verzeichnen die Chroniken gehässige Beschimpfungen oder gar gewalttätige Ausschreitungen. Und gleich gar nicht haben sich Buddhisten zu Glaubenskriegen hinreißen lassen. Dagegen ist aus den ersten Jahrhunderten der Glaubensspaltung durch Chroniken verbürgt, daß Angehörige des Hinayana und des Mahayana einträchtig im selben Kloster zusammenleben.[7]

Ob nun ein Gläubiger dem Theravada, dem Mahayana, dem Vaijrayana oder verschiedensten kleineren Sekten zuneigt, ist aus der Sicht eines Buddhisten nicht von grundlegender Bedeutung. Wie auch der Gläubige sich entscheiden mag, Hauptsache ist, er findet sein »Heil«. Das bereits geschilderte Gleichnis »Von den Blindgeborenen« scheint sich tief in das Bewußtsein der Gläubigen gesenkt zu haben – ein Gleichnis, das jeden Dogmenstreit als unnütz, ja als lächerlich abtut –, und so bleiben Buddhisten dem Grundsatz treu, alle Gegensätze als »Teile« des »Einen« zu begreifen. Mag auch der andere Glaube hierarchisch niedriger eingeordnet werden, so würden doch Buddhisten kaum den Versuch unternehmen, fremdes Denken radikal auszugrenzen. In dieser Hinsicht vor allem bleiben sie den Hindus ähnlich.

Neo-Buddhisten bekämpfen Entartungserscheinungen

Für die Buddhisten ergeben sich – wie für die Hindus – beträchtliche Probleme, wenn sie die Überzeugung propagieren, in jeder Religion stecke ein »Teil der Wahrheit«. Wenn es einem Buddhisten erlaubt bleibt, fremde Götter zu verehren und Rituale aus fremden Kulturen zu praktizieren, weil dies ja alles als »Vorstufe« für das

»Heil« geduldet werden kann, so sammelt sich unter dem geistigen Dach des ursprünglichen Glaubens ein Sammelsurium verschiedenster neuer Inhalte. Während Christentum und Islam umgekehrt in die Gefahr geraten, geistige Einflüsse von außen gar zu rasch als »wesensfremd« abzustoßen, droht dem Hinduismus und Buddhismus die Versuchung, sich gar zu unkritisch allen möglichen religiösen Strömungen zu öffnen.

Mehr noch: Für Hindus und Buddhisten ohne besondere religiöse Bildung können magische Praktiken wie auch bizarrster Aberglaube zur Hauptsache werden; diese Gläubigen zeigen dann meist wenig Bereitschaft, einmal übernommene Inhalte kritisch zu prüfen und als nutzlose Tradition wieder abzustoßen. Um die Lehre von derartigem Ballast zu befreien, um Wichtiges von Unwichtigem klar zu trennen, haben sich im Hinduismus während des 19. Jahrhunderts die Neo-Hinduisten formiert, parallel dazu im Buddhismus die Neo-Buddhisten.

»Die Hindus [...] erkennen an, daß in jedem Glauben ein Korn Wahrheit steckt – mit dem zweifelhaften Ergebnis, daß man bei ihnen alle möglichen Kulte und Aberglauben findet«, so kritisiert Radhakrishnan als engagierter Vertreter des Neo-Hinduismus die eigene Religion.[8]

Uns im Westen sind wegweisende Neo-Buddhisten weniger geläufig als der eben Genannte, der auf der Tradition eines Ramakrishna, Vivekananda und Mahatma Gandhi fußt. Dabei sind auch unter den Buddhisten höchst bedeutsame Neuerer mit der Absicht angetreten, den Gehalt klassischer Schriften unter der Überwucherung von späteren Zusätzen und Überlagerungen freizulegen. Auch ihre Kritik an der »degenerierten« Tradition ist scharf. Was hier der (bereits erwähnte) Religionsphilosoph D. C. Vijayavardhana aus Sri Lanka auf sein Land bezogen formulierte, steht für das Bewußtsein der Neo-Buddhisten insgesamt: »Die ursprünglichen Wesensmerkmale der Lehre des Meisters sind abgesunken in volkstümliche Riten, Kultformen und abergläubische Glaubensvorstellungen, aus denen sie sich einst erhoben. [...] Die Hauptgründe für diesen Verfall sind die selbstsüchtigen Motive und Erwägungen der Bikkhus (Mönche) selbst, [...] ihre Gier und ihre Ignoranz und ihr Versagen in der Nachfolge der Lehrprinzipien des Meisters.«[9]

Diese Äußerungen verraten ein beachtliches Maß an Selbstkritik, aber gerade damit schaffen sie die wirksamste Voraussetzung, die

Misere zu ändern. Viel zu lange, so argumentieren die Neo-Buddhisten nahezu übereinstimmend, hätten die Gläubigen in die eigene Religion fremde Strömungen einfließen lassen, die von Buddha selber verurteilt worden seien: so die Verehrung aller möglichen Gottheiten, Geister und Dämonen, und dies oft derart intensiv, daß die Götter in den Mittelpunkt des Glaubenslebens gerückt seien; ebenso habe auch das Kastensystem der Hindus wieder in abgeschwächter Form Fuß fassen können. Der »echte Buddhismus« aber, so D.C. Vijayavardhana, bedeute »eine permanente Revolution gegen Priestertum, gegen Dogmatismus, Tempelkult, Klassen- und Kastenprivilegien und gegen alle die Mythologien, mit denen sich die Priesterklasse an der Macht hält.«[10]

Neo-Buddhisten fordern, daß sich die Gläubigen wieder auf die geistige Substanz in der Lehre Buddhas besinnen, denn dann würden sie endgültig die Lethargie überwinden, die heutzutage das Glaubensleben lähme. Buddha fordere zwar, man habe sich völlig aus den Verflechtungen dieser Welt zu lösen, aber damit wende er sich gegen die niederziehenden Kräfte, die Begierden, die Leidenschaften; keinesfalls dürfe man dieses Gebot als Aufforderung zur Weltflucht mißverstehen. Buddha fordere geradezu die Hinwendung zur Welt, nur eben ohne Begierde, leidenschaftslos, selbstlos, den Leidenden und Benachteiligten zugewandt. Buddhismus, »richtig verstanden«, sei eine »aktive Religion«, fordere den stetigen sozialen Dienst am Mitmenschen.

Solche Gedankengänge machen deutlich, daß die meisten Neo-Buddhisten die methodische Religionskritik abendländischer Theologen und Philosophen, engagierter Christen wie auch humanistisch geprägter Kirchengegner kennenlernten. Das haben sie mit der überwiegenden Mehrheit der Neo-Hinduisten gemeinsam. Und wie diese verstehen sie es, das geistige Angebot des Abendlandes kritisch zu sichten und davon nur zu übernehmen, was das Fundament der eigenen Kultur und Religion nicht zersetzt – im Gegenteil: Sie lassen sich von Denkmethoden inspirieren, die ihnen helfen, die heimischen Traditionen »neu« zu verstehen. Wenn sie sich hierbei auch von fremden Errungenschaften fasziniert zeigen, verteidigen sie doch gleichzeitig den Buddhismus oder Hinduismus selbstbewußt gegen fremde Bevormundung. In diesem Sinne bieten sie umgekehrt dem Abendland die geistigen Errungenschaften des »Ostens« an: nicht mit der Absicht, den »Westen« geistig zu überrollen, sondern auch ihn anzuregen, nun das Andersartige für die eigene Kultur fruchtbar zu machen.

Zweifellos werden Neo-Hinduisten und Neo-Buddhisten die anregendsten Gesprächspartner sein, wenn es gilt, den Dialog zwischen dem Abendland und dem »Osten« zu intensivieren.

Wenn Buddhisten ihre Ruhe verlieren

Unruhen in Sri Lanka und Vietnam

Buddhistische Mönche in ihren orangegelben Roben bewegen sich inmitten einer Volksmenge, die haßerfüllt Parolen gegen Hindus hinausschreit. So geschieht es immer wieder in Sri Lanka. Und nicht nur dort. Buddhistische Mönche formierten sich Anfang der sechziger Jahre in Südvietnam zu Demonstrationen gegen das Regime des Diktators Diem, eines Katholiken; etliche übergossen sich mit Benzin und zündeten sich an, um durch diesen Akt der Selbstverbrennung den Volkszorn noch mehr anzuheizen. Politisch radikalisierte Mönche? Dies will nicht so recht in unser Bild einer sanften, weltentsagenden Religiosität passen.

An der vielgerühmten Toleranz von Buddhisten mag der Beobachter auch zweifeln, wenn er seinen Blick auf einige andere vorwiegend buddhistisch bevölkerte Länder richtet. Etwa Burma und Bhutan. In diesen Staaten ist Missionaren die Einreise verboten, ist Christen jegliche Missionstätigkeit strikt untersagt. Tibet ist gar ein für Fremde total verschlossenes Land gewesen, und dies, als dort noch der Dalai Lama vor dem Einmarsch rotchinesischer Truppen unumschränkt regierte. Wie aber paßt eine solch krasse Abgrenzung zur Weltoffenheit des heutigen Dalai Lama? Europäer und Amerikaner bringen dem Buddhismus im allgemeinen wesentlich mehr Sympathie entgegen als jeder anderen asiatischen Weltreligion. Eben weil er vielen von uns als die friedfertigste Religion gilt. Um so irritierter reagieren wir.

Kein Ereignis hat zu dieser Irritation mehr beigetragen als der immer wieder aufflammende Bürgerkrieg in Sri Lanka zwischen Singhalesen und Tamilen, Buddhisten und Hindus. Brennende Häuser, hingemetzelte Familien und stets neue Flüchtlingsströme, dies gehört heute fast schon zum alltäglichen Erscheinungsbild des einst als »Touristenparadies« hochgelobten Inselstaates. Auf den ersten Blick betrachtet, müssen die Buddhisten als die treibende Kraft dieser blutigen Auseinandersetzung erscheinen, bilden sie doch die privilegierte Mehrheit. Bitter beklagen sich die drei Millionen Tamilen (Hindus), von den 14 Millionen Singhalesen (Buddhisten)[1] wirtschaftlich ausgebeutet zu werden und von grundlegenden Bürgerrechten ausgeschlossen zu sein.

Ein bloß wirtschaftlicher, politischer Konflikt also, der sich nur oberflächlich mit Religion berührt? So könnte man vermuten, wenn eben nicht auch buddhistische Mönche in den Demonstrationen gegen hinduistische Tamilen mitmarschierten. Und wenn es nicht Propagandatexte von buddhistischer Seite gäbe, die sich mit religiösem Affekt gegen Andersgläubige richten. Ein besonders auffallendes, erschreckendes Beispiel bietet jenes Flugblatt, das Singhalesen während der Unruhen vom Mai 1958, nachdem sie unter Tamilen ein Blutbad angerichtet hatten, an bisher unbehelligte Christen und Muslime verteilten. Das Flugblatt hat folgenden Wortlaut: »Dies ist eine Warnung für Sie, Sri Lanka vor dem 31. Dezember 1958 zu verlassen; andernfalls werden wir Sie ausmerzen, genauso wie wir es mit den Tamilen gemacht haben. Sri Lanka ist nur für Buddhisten. Ihr seid Leute, die diese fremden Religionen nach Sri Lanka gebracht haben. Wir orthodoxen Buddhisten sind davon überzeugt, daß wir die Ausbreitung von Christentum und Islam in Sri Lanka nicht unterbinden können, ohne Euch auszumerzen.«[2]

Wie kommen Buddhisten zu einer derartigen – religiös gefärbten – Aggression? Sie widerspricht nicht nur diametral den Lehren Buddhas selber, sondern auch weitgehend der zweieinhalbtausendjährigen Tradition seiner Anhänger. Die Sprache erinnert an die Glaubenshysterie fanatisierter Christen oder Muslime.

Sehen wir uns die Geschichte des Inselstaates Sri Lanka genauer an, entdecken wir dort über weite Zeiträume keine Spur eines religiös geprägten Fanatismus. Den Wechsel haben erst die Europäer eingeleitet, als sie die Insel ihrer Kolonialherrschaft unterwarfen. Die Portugiesen (die ersten Europäer) fanden während des 16. Jahrhunderts auf Sri Lanka bereits zwei Königreiche vor: Im Süden hatten die buddhistischen Singhalesen einen Staat gebildet, im Norden die Tamilen – zwei Völker mit verschiedenen Sprachen, Schriften, Religionen, Gebräuchen und auch politischen Gegensätzen; nie aber war es vor dem Eintreffen von Europäern zu Streitigkeiten über religiöse Fragen gekommen.

Die Portugiesen waren die ersten, die eine bisher unbekannte missionarische Aggressivität und Intoleranz ins Land brachten. Sie demonstrierten den »Heiden« gegenüber radikale Verachtung, und wo sie Macht genug besaßen, zwangen sie die Unterworfenen, zum Christentum überzutreten. Die später folgenden Kolonialherrn, Holländer wie Briten, verzichteten zwar weitgehend auf Zwangsbekehrungen, und doch haben auch sie dem Buddhismus erheblich geschadet. Indem sie Tempeln und Klöstern den Landbesitz wegnahmen und die Güter selber wirtschaftlich ausbeuteten, raubten sie dieser Religion die entscheidende organisatorische Stütze und leiteten damit den äußeren politischen Zerfall ein. Nicht genug damit. Sie entzogen den Mönchen zur Gänze auch das Schulwesen und unterstellten es teils der christlichen Mission, teils der Kolonialregierung – mit der Folge, daß bildungswillige Einheimische kaum noch etwas über die Geschichte und die Literatur ihrer eigenen Religion erfuhren. Der Buddhismus, seines tieferen Einflusses auf die Gebildeten beraubt und so weniger aktiv als früher, sank unweigerlich in seinem kulturellen Niveau. Nicht genug damit. Die Kolonialherren ordneten an, daß nur noch die christlichen Sonntage, nicht aber buddhistische wie hinduistische Feiertage öffentlich gefeiert werden durften.

All diese Maßnahmen erklären, weshalb die Buddhisten schließlich einen Affekt gegen die Christen entwickelten. Wieso aber gegen die Muslime? Die Briten brachten aus Indien muslimische Kolonialtruppen ins Land, meist rohe Soldaten, die weder für die Kultur noch die Religion der fremden Völker Verständnis zeigten, ja als Muslime den »götzendienerischen« Buddhisten eine ähnliche Verachtung entgegenbrachten, wie dies die Christen taten.

Wieso aber ein Affekt gegen Hindus? Die Briten, die Anfang des 19. Jahrhunderts Sri Lanka erobert hatten, vereinigten die beiden Königreiche der Singhalesen und Tamilen zu einer »Kronkolonie«, und von diesem Zeitpunkt an regierten sie als zahlenmäßig dünne Oberschicht nach dem Prinzip, die Minderheit der Hindus stärker zu fördern als die Mehrheit der Buddhisten. Auf diese Weise war es ihnen schon in Indien gelungen, Minderheiten als wertvolle Verbündete gegen die Mehrheit auszuspielen, dort Muslime gegen Hindus. Und nun taten sie alles, um den Tamilen die bessere Schulausbildung zu gewähren, sie in die höheren Posten der Kolonialverwaltung zu bringen, ihnen die besseren Handelsbedingungen als Kaufleute zu schaffen. Die Tamilen dankten es ihren Gönnern, indem sie bereitwillig als verlängerter Arm der Kolonialverwaltung fungierten und bei Bedarf auch nach Kräften mithalfen, Aufstände der Singhalesen zu unterdrücken. Hier ist die Ursache für jenen tiefwurzelnden Affekt zu suchen, den die Singhalesen gegen die tamilische Minderheit hegen. Der Konflikt verschärfte sich noch, als die Briten aus Südindien Hunderttausende Tamilen ins Land holten, um sie auf den Teeplantagen als Pflücker zu beschäftigen. Diese indischen Kulis aus ärmlichen sozialen Verhältnissen waren bereit, für jeden Hungerlohn zu schuften, und sie ließen sich auf diese Weise ebenfalls gegen die Singhalesen ausspielen.

Der Haß gegen die immer zahlreicher gewordenen Tamilen entlud sich, als die Briten 1948 abzogen. Nun regierten Singhalesen, und nur zehn Jahre dauerte es, um ihr Programm »Singhalese only« durchzusetzen; das hieß, den Tamilen Stück für Stück ihrer Privilegien wegzunehmen, sie zukünftig weitgehend von Universitäten und Staatsämtern auszuschließen, sie auf den Status einer extrem benachteiligten Bevölkerungsgruppe herabzudrücken. Indem die einst Unterdrückten die Verhältnisse geradezu umgekehrt hatten, war neuer Sprengstoff angesammelt. Nun lag es an den Tamilen, gegen die Ungerechtigkeit der Singhalesen zu protestieren, und je heftiger die Mehrheit mit weiteren Schikanen antwortete, um so mehr verstärkte sich bei der Minderheit die Bereitschaft zur Gewalt.

»Singhalese only!« In diesen nationalistischen Fanatismus fließt insofern Religion ein, als ja fast alle Singhalesen Buddhisten sind. Aber auch dann hätte sich noch nicht jene Tendenz entwickeln müssen, wie sie in dem schon erwähnten Flugblatt von 1958 zum Ausdruck kam: »Buddhists only!« Hier jedoch verdichtet sich das koloniale Trauma zu der Erinnerung, daß außer dem Buddhismus alle Religionen auf dem Weg der Gewalt nach Sri Lanka gekommen sind – großteils auch der Hinduismus, denn die Briten brachten erst die Mehrzahl der Hindus aus Indien als Plantagenarbeiter ins Land. Die Erinnerung an die Verletzungen und Demütigung der eigenen Kultur vollends zu tilgen, konnte sich so mit dem Bedürfnis verbinden, die fremden Religionen wieder abzustoßen. Singhalesen gingen historisch höchst zweifelhaft argumentierend dazu über, der ehemaligen Kolonialmacht vorzuwerfen, sie hätte die Anhänger anderer Glaubensbekenntnisse nur nach Sri Lanka gebracht, um die heimische Kultur zu »zersetzen« und dadurch um so leichter die Buddhisten regieren zu können.

Allerdings läßt sich – bis jetzt – nur eine Minderheit unter den Singhalesen zu einem derart religiös eingefärbten Radikalismus hinreißen. Die Mehrheit neigt weiterhin zu einem vorwiegend nationalistischen Affekt gegen die ethnische Minderheit der Tamilen, sie will nicht die fremde Religion, sondern vor allem die fremde Volksgruppe bekämpft sehen. Bezeichnend ist ja, daß im blutigen Bürgerkrieg weiterhin hinduistische wie buddhistische Heiligtümer großenteils von der Zerstörung ausgenommen bleiben.

Politisch aggressive Buddhisten kennen wir auch aus den Bürgerkriegswirren von Vietnam. Anfang der sechziger Jahre waren Zeitungen und Fernsehberichte voll von Bildern, wie aufgebrachte Volksmassen gegen das Regime des südvietnamesischen Diktators Ngo Dinh Diem demonstrierend durch die Straßen von Saigon zogen. Häufiger noch als in Sri Lanka fanden sich unter den Demonstranten buddhistische Mönche, und von ihnen kennen wir eine bis dahin nicht vorstellbare Radikalität: In schockierender Erinnerung bleiben jene Pressefotos, auf denen benzinübergossene Mönche in Buddhapose inmitten wogender Flammen thronen und so als »lebende Fackel« die Volksmassen zu noch heftigerem Aufruhr antreiben. Diktator Diem als Ziel dieser Aggression war katholisch, vom Glaubensbekenntnis her Angehöriger einer Minderheit. Aber sofern in diesen Konflikt religiösen Fanatismus ins Spiel gekommen ist, hat der Diktator selber die ersten Maßnahmen gesetzt. Der Katholik Diem ließ nicht nur Kommunisten, sondern auch Buddhisten unterdrücken; die letzteren, weil viele seine Herrschaft kritisierten, aber auch, weil er deren Religion als »rückständig«, als ein Hindernis für den »Fortschritt« (wie er ihn verstand) ansah. Im fehlte das Gespür dafür, daß er in seiner Geringschätzung gegenüber Buddhisten genau an jene Verachtung anknüpfte, wie sie einst die katholischen Missionare unter dem Schutz der französischen Kolonialherrschaft demonstriert hatten. Diese Arroganz erregte den Zorn der Buddhisten, nicht die andere Religion des Diktators.

»Verbotene« Länder: Burma, Bhutan, Tibet

Wie aber steht es mit buddhistischer Toleranz in Burma und Bhutan? Burma ist eine britische Kolonie gewesen und wird seit 1948 ohne Einmischung einer westlichen Großmacht regiert, wogegen das entlegene Himalaya-Königreich Bhutan Kolonialherrschaft niemals kennengelernt hat. In beiden Ländern ist jedoch gleichermaßen Missionieren durch Christen strikt verboten. Zudem bleibt hier wie dort die Einreise von Ausländern auf ein Minimum reduziert, um höchstens dringend benötigte Geschäftspartner und einige wenige devisenbringende Touristengruppen über die Grenze zu lassen. In Burma ist der Aufenthalt von Europäern und Amerikanern auf eine Woche beschränkt; vor 1972 war das Reisen für Individualtouristen gar auf drei Tage begrenzt, und man durfte, wie ich es erlebte, den näheren Umkreis der Hauptstadt Rangun nicht verlassen. Bhutan bleibt für Einzelreisende gar völlig verschlossen und hat sich nur den teuer zahlenden Reisegruppen geöffnet, denen pro Person und pro Tag 100 Dollar (!) abgeknöpft werden, so der Stand von 1988.

Bedeutet diese Abwehr alles Fremden auch Intoleranz in religiösen Fragen? Auf den ersten Blick könnte es so erscheinen, denn die Machthaber rechtfertigen ihre Maßnahmen einstimmig mit dem Hinweis, es gelte den Buddhismus vor »zersetzenden« Einflüssen zu schützen. So argumentierten besonders entschieden die Regierenden in Bhutan, wo sich noch bis heute nahezu unverändert eine theokratisch geprägte Staatsordnung erhalten hat. Aber die Buddhisten bekämpfen dort nicht das Christentum mit seiner andersartigen Glaubenslehre, nicht die fremde Metaphysik als Herausforderung für das eigene Denken, sondern sie fürchten, daß im Gefolge von Missionaren, Geschäftsleuten und Touristen aus Europa wie den USA die westliche Zivilisation mit all ihren negativen Begleiterscheinungen das Land überschwemmt. Und dieser soziale Wandel könnte, so mißtrauen sie zu Recht, einheimische Traditionen bis in ihre Grundfesten erschüttern. Aus demselben Grund bleibt die Regierung von Bhutan auch mißtrauisch gegenüber »schlechten Einflüssen« aus Indien. Daß in diesem Fall die Abwehrhaltung ebenfalls nicht gegen eine fremde Religion zielt, zeigt besonders anschaulich ein königlicher Befehl von 1989. Alle Fernsehantennen mußten von den Dächern abmontiert werden, um den Empfang blutrünstiger Spielfilme des indischen Fernsehens zu verhindern. Zusätzlich soll das zweifelhafte Gebaren indischer Geschäftsleute unterbunden werden, die Pornokassetten aus den USA und Europa in die Hauptstadt Thimphu schmuggeln. So gesehen erscheint die Rechtfertigung des Königs frei von aller Heuchelei, er wolle »das kulturelle Erbe und den Fortbestand einer friedvollen buddhistischen Gesellschaft wahren«.[3]

Uns am meisten eingeprägt hat sich bis heute die Abwehrhaltung des Himalaya-Staates Tibet. Das »geheimnisvolle Tibet« – ein Zitat, das bis in die sechziger Jahre breite Zustimmung fand und nach wie vor unsere Phantasie beflügelt – hatte sich unter der jahrhundertelangen Herrschaft der Dalai Lamas völlig der Außenwelt, vor allem aber der Einreise von Europäern und Amerikanern verschlossen. Aber es ging auch den Dalai Lamas nie darum, sich gegen fremde Glaubenslehren dogmatisch abzugrenzen, sondern sie fürchteten sich nur noch extremer als die Machthaber in Burma und Bhutan vor dem Einfluß westlicher Zivilisation – vor der Möglichkeit, daß »negative« Einflüsse die »guten Sitten« untergraben würden, aber auch, daß alternative Sozialmodelle ihre Theokratie, ihren mönchischen Feudalstaat gefährden könnten. Als dann die kommunistische Regierung Chinas während der fünfziger Jahre ihre Truppen einmarschieren ließ und den damals schon amtierenden 14. Dalai Lama ins Exil trieb, hat sich der Akzent der tibetischen Abwehr nur verlagert: nun mit voller Wucht gegen die kommunistisch-chinesische Zivilisation. Wenn dann in der Folge, bis zum heutigen Tag, tibetische Buddhisten sich zu Aufständen gegen die Chinesen hinreißen lassen und wenn gar Mönche an der Spitze der aufgebrachten Volksmenge stehen, so ist diese Form von Gewalt eine Antwort auf die viel schlimmere Gewalt der Besatzer: Chinesische Rotgardisten hatten während der sechziger und siebziger Jahre einen Großteil buddhistischer Klöster und Tempel zerstört.

Weshalb Japan und China fremdenfeindlich waren

Ein Blick zurück in die Geschichte läßt noch weitere derartige Zusammenhänge sichtbar werden. Auch China und Japan kannten Epochen, während denen sie sich rigoros – und »intolerant« – von allen fremden Einflüssen der Außenwelt abgrenzten. In beiden Kaiserreichen hat sich zwar die Macht bei Konfuzianern konzentriert, aber Buddhisten mit ihrem beträchtlichen Kontingent an Gläubigen haben oft genug bei staatstragenden Entscheidungen mitgewirkt oder sie zumindest abgestützt.

So vor allem in Japan. Dort hatte im Jahr 1614 die konfuzianische Shogun-Regierung alle christlichen Missionare ausgewiesen, die Bekehrung zum Christentum bei Androhung der Todesstrafe untersagt und 1622 auch prompt 55 japanische Christen, Männer, Frauen und Kinder zur Abschreckung öffentlich hinrichten lassen. Drei Jahrzehnte später war das Christentum in Japan völlig ausgerottet. Buddhisten haben sich an diesen Verfolgungen beteiligt, mehr noch: Ranghohe geistliche Würdenträger haben durch ihr Mitwirken die eigene Machtposition verbreitert. Denn die Regierung verfügte, daß sich jeder Japaner als buddhistischer Gläubiger im Tempel registrieren lassen mußte und dort auch jede Geburt, jede Heirat, jeden Todesfall, ja jede Reise zu melden hatte.[4] Und doch: Es handelt sich auch in diesem Fall nicht um religiöse Intoleranz in unserem Sinn. Konfuzianer wie Buddhisten ließen sich gleichermaßen von dem Mißtrauen leiten, den christlichen Missionaren würden alsbald christliche Geschäftsleute und schließlich Eroberer folgen – ein derart schlechter Ruf ist also damals schon dem europäischen Kolonialismus im Fernen Osten vorausgeeilt. Aus diesem Grund verbot die Regierung den Japanern auch bei Todesstrafe, das Ausland zu bereisen, in der Furcht, es könnte sonst auf Umwegen ein Kontakt mit europäischen Kaufleuten zustande kommen.

Die selbstgewählte Isolation Japans hat vom 17. bis ins 19. Jahrhundert gedauert – ähnlich wie in China –, und es mutet wie eine Bestätigung dieses Argwohns an, daß westliche Großmächte schließlich gewaltsam die Grenzen aufbrachen und Japan wie China imperialistische Handelsbedingungen aufzwangen. Jene Shogun-Dynastie allerdings, die bis dahin strikt christenfeindlich aufgetreten war, hatte nie etwas dagegen einzuwenden gehabt, daß ihre Untertanen sich zu verschiedenen anderen Religionen gleichzeitig bekannten: Zwar hatte jeder Japaner als Buddhist registriert zu sein; aber niemand verwehrte ihm, andererseits vor Shinto-Schreinen zu beten oder konfuzianischen Kulten zu huldigen; wichtig blieb nur, daß es sich um einheimische Rituale handelte. Den Machthabern konnte es nicht darum gehen, dem Volk einen einheitlichen Glauben aufzuzwingen, denn sonst hätten sie sich selber zwischen Konfuzianismus und Buddhismus entscheiden müssen; tatsächlich aber erwiesen die regierenden Konfuzianer durchaus buddhistischen Tempeln Reverenz. So gesehen unterschied sich ihr Regime von den meisten Diktaturen der westlichen Welt. Ihnen war es nur wichtig, eine einheitliche politische und gesellschaftliche Ordnung zu installieren und sie notfalls brutal gegen alle Abweichler zu verteidigen.

Wenn im Japan von heute viele Einwohner mehrere Religionsbekenntnisse nebeneinander angeben, stellt dies keinen grundsätzlichen Widerspruch zur Haltung von damals dar. Stark ist der Konformitätsdruck in Japans gesellschaftlichen Bereichen nämlich bis heute geblieben, auch wenn sich der Staat längst nach westlichem Vorbild die Verfassung einer parlamentarischen Demokratie gegeben hat. Für die meisten Japaner ist es noch immer selbstverständlich, sich ohne individualistische Neigungen den Normen seiner Gruppe unterzuordnen – dies ein konfuzianisches Ideal. Geblieben ist auch das tiefe Mißtrauen gegenüber allem Fremden, allem Nicht-Japanischen, eine Reserviertheit, die sehr leicht in offene Aggression gegen fremde Volksgruppen umschlagen kann. In solchem Verhalten äußert sich eine soziale Intoleranz, die in schroffem Kontrast zur religiösen Toleranz steht. Mehr noch: Das Potential an Aggression und Unduldsamkeit hat, da es im Religiösen keinen Nährboden fand, sich um so krasser auf gesellschaftliche und politische Konfliktherde verlagert. Hierbei machen die vielen japanischen Buddhisten keine Ausnahme.

Die Zahl exemplarisch ausgewählter Beispiele ließe sich beträchtlich vermehren. Aber die wenigen hier vorgeführten Problemfälle zeigen zur Genüge, daß Buddhisten Intoleranz in unserem Sinn kaum kennen. Wohl aber die Neigung, sich aus der Verteidigung heraus erbittert gegen Angriffe auf ihre Religion zur Wehr zu setzen. Wohl auch die Tendenz, fremde Volksgruppen mit anderer Religion fanatisch zu bekämpfen, sobald durch solche Minderheiten ihre wirtschaftliche und politische Vorherrschaft bedroht sein könnte. Wohl auch das Bedürfnis, bei gegebenem Anlaß den Einfluß in der Politik selbst mit schmutzigen Tricks oder gar offener Gewalt zu vergrößern. Etliche der Dalai Lamas in Tibet sind keines natürlichen Todes gestorben, sondern von Glaubens»brüdern« ermordet worden. Auch geben zahlreiche Ruinen einst glanzvoller Residenzstädte in Südostasien Zeugnis davon, wie grausam und zerstörungswütig Kriege zwischen buddhistischen Staaten geführt werden konnten und können, so besonders beklemmend in Burma und Thailand. Buddhisten sind hier von der Sanftmut und Güte ihres Religionsstifters ebensoweit entfernt wie kriegführende Christen von Christus.

Wenn wir also unseren Blick auf »östliche« Religiosität richten und dort verwundert und schließlich bewundernd eine viel größere »Offenheit« gegenüber anderen Religionen feststellen, als wir dies von Christentum und Islam gewohnt sind, so sollten wir deshalb nicht in unkritische Faszination verfallen. Brutale Härte und die Tendenz zur Abriegelung gegenüber allem Fremden, Ungewohnten sind in den maßgebenden »östlichen« Religionen Buddhismus und Hinduismus nur auf eine andere Ebene verlagert: flexibler in theologischen und philosophischen Positionen, rigider in sozialen und politischen Ordnungsvorstellungen. Diese Barrieren dürfen wir nicht unterschätzen. Vor allem dann nicht, wenn Buddhisten wie Hindus aus eigener Initiative lautstark zum Dialog der Weltreligionen aufrufen. Ein solcher Dialog zwischen »Ost« und »West« kann von beiden Seiten nur dann ohne Illusionen – und daher mit um so solideren Hoffnungen auf ein fruchtbares Ergebnis – geführt werden, wenn wir nicht nur voll guten Willens die Stärken der anderen Religionen wahrnehmen, sondern auch ihre Anfälligkeiten, ihre Gefährdungen.

ATHEISMUS UND DER DIALOG DER WELTRELIGIONEN

Christentum contra Atheismus

Die Wurzeln der abendländischen »Gottlosigkeit«

Bis ins 20. Jahrhundert hinein ist es für einen Großteil der Christen selbstverständlich gewesen, selbst jene Menschen als »ungläubig« zu bezeichnen, die in einer anderen Form als sie Gott oder das Göttliche verehrten. Inzwischen sind viele Christen gegenüber den Anhängern fremder Religionen korrekter geworden und nennen sie »Andersgläubige«. Um so entschiedener verlagern sie die Diskriminierung auf Atheisten – weil jene angeblich »nichts« glauben, da sie nicht an Gott glauben.

Die Zweiteilung der Welt in »Gläubige« und »Ungläubige« ist typisch christlich, typisch auch für die islamische Welt. Dagegen ist ein solch entschiedenes Gegensatzdenken dem Hinduismus und Buddhismus wie überhaupt den »östlichen« Philosophien fremd geblieben, und insofern nehmen jene auch zur »Gottlosigkeit« nicht dieselbe schroffe Abwehrhaltung ein. Wir haben dies an der brahmanischen Philosophie, vor allem aber am Beispiel Buddhas gesehen. Betrachten wir die abendländische Geschichte genauer, so entdecken wir zwar auch bei uns eine weit zurückreichende Tradition des Zweifels an metaphysisch angeblich unumstößlichen Instanzen – aber bei uns sind solche Ansätze über einen großen Zeitraum hinweg stärker unterdrückt worden.

Im 6. und 5. Jahrhundert vor unserer Zeitrechnung, als in Indien Buddha nur einer unter vielen war, die eine tiefgründige Skepsis gegenüber aller »göttlichen« Offenbarung äußerten, hatten sich in Griechenland bei einer kleinen, wenn auch einflußreichen Schar von Philosophen und Dichtern ähnliche Gedanken entwickelt.

Besonders erwähnenswert ist in diesem Zusammenhang Protagoras, der herausragende Vertreter der Sophisten (»Lehrer der Weisheit«). Er hat den bis heute oft zitierten Satz geprägt: »Der Mensch ist das Maß aller Dinge, der seienden, daß sie sind, der nicht seienden, daß sie nicht sind.« Und: »Von den Göttern weiß ich nichts, weder daß es solche gibt, noch daß es keine gibt. Denn viele

Hindernisse versperren uns diese Erkenntnis: die Unklarheit der Sache und die Kürze des menschlichen Lebens.«[1] Wahr sei, was der einzelne für wahr halte, so lehrte Protagoras, gut oder schlecht sei, was dem einzelnen subjektiv so erscheine. Unmöglich lasse sich Absolutes erkennen, denn der Mensch sei durch seine Sinne an eine begrenzte Wahrnehmungsfähigkeit gebunden. Derartige Gedanken nehmen manche Tendenzen moderner Aufklärung vorweg, und in der Tat haben Philosophen seiner Richtung auf ähnliche Weise auch an die Erziehbarkeit und Formbarkeit des menschlichen Geistes durch den Menschen geglaubt, ja die Bürger aufgefordert, selber mit Hilfe ihres Verstandes alles Überlieferte kritisch zu prüfen.

Aber schon damals hatten es Skeptiker wie Protagoras schwer, und dies, weil sie ein wesentliches Tabu des polytheistischen Denkens durchbrachen: Sie propagierten ja nicht eine neue Religion, die sich in irgendeiner Weise in die ohnehin schon vorhandene Vielfalt von Glaubensformen hätte einfügen lassen, sondern sie zweifelten überhaupt an der Gültigkeit dieses Prinzips – und damit stellten sie über das Philosophische hinaus auch die Grundlagen der damaligen Staatsordnung mit der einflußreichen Priesterklasse in Frage, ja erklärten Priester, Kultbilder und Zeremonien für überflüssig. Protagoras mußte Athen fluchtartig verlassen, um einem Todesurteil zu entgehen, seine Bücher wurden öffentlich verbrannt.

Trotz aller Verfolgung ist die Wirkung gerade dieses Philosophen sowohl auf die Zeitgenossen als auch spätere Generationen stark gewesen. Kein Geringerer als der Tragödiendichter Euripides hat sich von dessen Maximen maßgebend beeinflussen lassen. Protagoras soll sogar im Haus des Euripides aus jener anstößigen Schrift *Über die Götter* vorgetragen haben, wegen der gegen ihn Anklage erhoben wurde. Euripides, der möglicherweise ein Schüler des Protagoras war, kann als der erste große europäische Dichter gelten, in dessen Werk die Götter oder das Göttliche keine schicksalhafte Bedeutung mehr haben, sondern die Menschen allein nach den Gesetzen ihres Charakters handeln: Kein Gott befiehlt mehr den Krieg, sondern menschlicher Ehrgeiz oder Unvernunft; kein Orakel zwingt mehr einen »göttlichen« Willen auf, sondern der Zwang kommt aus den Tiefen einer widersprüchlichen, in sich zerrissenen Seele; nicht mehr um verinnerlichte religiöse Sinngebung ringen die Menschen, sondern sie sind mit ihren individuellen Problemen ganz auf sich selber zurückgeworfen. Diese kompromißlos diesseitsorientierte Haltung hat Euripides ebenfalls den Vorwurf der »Gottlosigkeit« eingetragen, und unter dem Druck seiner zahlreichen Gegner mußte auch er Athen verlassen.

Der »Gottlosigkeit« angeklagt wurden später auch Sokrates (er wurde hingerichtet) und Aristoteles (er floh aus Athen). Am Beispiel dieser beiden überragenden Größen wird allerdings deutlich, wie fließend und wandelbar der Begriff der »Gottlosigkeit« sein kann. Niemand würde heute auf die Idee kommen, diese beiden Philosophen des Atheismus zu verdächtigen, hat doch jeder auf seine Weise einen universellen Geist als zentrale Kraft des Weltganzen definiert; und beide haben sie den Weg offengelassen, diesen »Logos« auch als persönliches Wesen, als Gott, aufzufassen.

Der universelle Geist als Gott – in diesem Sinn haben dann während des 10. Jahrhunderts islamische Denker die Aussage eines Sokrates und Aristoteles interpretiert und viel von deren Methodik des Philosophierens übernommen; in diesem Sinn haben mit einiger Verzögerung schließlich auch christliche Theologen argumentiert. Tatsächlich aber sind Sokrates und Aristoteles vielen ihrer traditionalistisch gesinnten Zeitgenossen als »gottlos« erschienen, eben weil sie provozierend wie nur wenige den damals vorherrschenden Glauben an leibhaftige Götter verweigerten.

Aber Christen und Muslime haben dann ja ihrerseits starke Fronten gegen alle Skeptiker gebildet, die am Dogma des *einen* persönlichen Gottes Kritik übten. Und sie, die Monotheisten, sind in ihrem Bestreben so erfolgreich gewesen, daß es das ganze Mittelalter hindurch selbst für die radikalsten Abweichler unvorstellbar blieb, etwa nicht an Gott zu glauben. »Ketzer« zu sein und deshalb verfolgt zu werden beschränkte sich allein auf die Tatsache, Gottes Offenbarung »falsch« auszulegen, nicht aber, einen philosophischen Atheismus zu entwickeln. Erst mit dem Aufkommen moderner Naturwissenschaften und als schließlich die Aufklärung während des 18. Jahrhunderts vollends das Meinungsmonopol der monotheistischen Religionen zerbrach, ist der Atheismus als konkurrierende philosophische Strömung möglich geworden. Und seither erscheint er den religiös Gläubigen als eine reale, nicht mehr zu übersehende Gefahr.

Monotheismus contra Atheismus ... Es sind verhängnisvolle Barrieren. Für Christen und Muslime bedeutet es nur einen halben Erfolg, wenn sie sich als »Gläubige« endlich gegenseitig achten – aber nicht auch lernen würden, den Atheismus als eine Herausforderung jenseits von Ressentiment und Haß zu respektieren. Keineswegs ist sonst die jahrhundertelange Zweiteilung der Welt in »Gläubige« und »Ungläubige« wesentlich gemildert, sondern nur auf eine andere Ebene verlagert. Und dies würde genug weiteren Zündstoff für Konflikte des 21. Jahrhunderts mit sich bringen.

Ein erster Schritt, diese lähmenden Fronten aufzubrechen, ist bei Christen der Versuch, den angefeindeten Atheismus aus seinen Voraussetzungen heraus zu verstehen, seine Ursachen zu begreifen und die Kritik von dort her ernst zu nehmen. In diesem Sinne ist bereits während der fünfziger Jahre in verschiedenen westeuropäischen Staaten ein erster Dialog zwischen Christen und Atheisten in Gang gekommen, und während der sechziger Jahre wurde der Kontakt gezielt erweitert zu einem Dialog zwischen Christen und Marxisten. Solch verheißungsvolle Anfänge haben bisher aber nur in intellektuellen Zirkeln Beachtung gefunden, wenig hat davon in die Breite wirken können.

Unkonventionell denkende Theologen sehen eine ganze Reihe von Gründen, den Dialog mit philosophisch motivierten Atheisten endlich mit aller Konsequenz zu führen – weil nämlich in der geistigen Begegnung beide Seiten voneinander lernen könnten, eben auch die Kirchen, eben auch die Gläubigen quer durch die Weltreligionen. Es würde zu weit führen, die Ansätze zu diesem Dialog in ihren vielerlei Schattierungen darzustellen; ein Argument des protestantischen Theologen Heinz Zahrnt soll stellvertretend für viele angeführt werden, das mir besonders treffend die Probleme auf einen Punkt zu bringen scheint.

»Recht verstanden«, so schrieb Zahrnt 1970, »hat sogar der in der Aufklärung wurzelnde moderne Atheismus für die Theologie die Rolle einer läuternden Bewegung gespielt. Was haben wir nicht alles für Gott gehalten! [...] Wie oft haben wir Gott nach unserem Bilde umgeschaffen! Solcher Götzendienst ist uns künftig untersagt. Die positive Leistung des modernen Atheismus besteht in einer gewaltigen Reinigung der Christenheit samt ihrer Theologie.«[2] Und: »Wenn zum Beispiel die Soziologie die Religion einer Gruppe als die Spiegelung ihrer gesellschaftlichen Verhältnisse aufdeckt oder wenn die Psychoanalyse den Glauben eines Menschen als die Projektionen seiner infantilen Vater- respektive Muttervorstellungen enthüllt, dann kann der intellektuell redliche Christ dies nur begrüßen. Ein Glaube, der sich soziologisch oder psychologisch weganalysieren läßt, hat sich eben damit als Pseudoglaube erwiesen. Nachdem uns Gott allzu bekannt, fast ›ein guter Bekannter‹ geworden ist, scheint es an der Zeit, jene andere durch die ganze Bibel sich ziehende Linie erneut zu betonen: das Unbekannt- und Ungenanntbleiben Gottes trotz allen Bekannt- und Benanntseins, seine Unfaßlichkeit in Vorstellungen und seine Unbegreiflichkeit in Begriffen, seine Verborgenheit in aller Offenbarung, den Abgrund in allem Grund, die Gottheit in Gott.«[3]

Demnach haben gerade die geistig bedeutendsten Religionskritiker und Atheisten wie Ludwig Feuerbach, Karl Marx, Friedrich Nietzsche und Sigmund Freud von je ganz anderen Voraussetzungen heraus der Religion einen Dienst erwiesen. Nicht nur dem Christentum. Sie führen den Gläubigen aller Weltreligionen analytisch vor Augen, wie rasch der Versuch anfechtbar werden kann, den eigenen Gottesbegriff vorschnell zu verfestigen und starr gegen Andersdenkende abzugrenzen. Im Zuge einer solchen Kritik wäre es für alle religiösen Institutionen dringend an der Zeit, sich verstärkt auf jene Denker in ihren eigenen Reihen zu besinnen, die schon vor Jahrhunderten derartigen Fehlentwicklungen entgegengewirkt haben und doch weit entfernt blieben von der radikal einseitigen Konsequenz militanter Atheisten: eben weil sie auf Gottes Verborgenheit in aller Offenbarung, auf seiner Unbegreiflichkeit im Begrifflichen beharrt haben. Im Christentum sind es an vorderster Stelle so rare, der Mystik nahestehende Philosophen wie Meister Eckehart, Nikolaus von Kues (Nicolaus Cusanus) und Jakob Böhme; im Islam am wirkungsvollsten Dschelaleddin Rumi und Ibn Al Arabi; im Hinduismus uns am geläufigsten Shankara, Ramakrishna und Vivekananda; im Buddhismus ist es bereits Buddha selbst, der für viele nachfolgende Philosophen die Tradition gelegt hat.

Viele Kritiker am Christentum und erst recht am Fehlverhalten der Kirchen richten ihre Vorwürfe vor allem gegen die metaphysische Projektion: daß eindeutig und undiskutierbar in der Bibel festgelegt sei, es gebe einen Gott, der angeblich allmächtig sei und gleichzeitig alles Unrecht und Elend dieser Welt als »Prüfung« für den Menschen zulasse. Sofern die Kritiker selber religiös sind, fordern sie eine differenziertere, weniger dogmatische Vorstellung von »Gott«. Oder die Kritiker ziehen aus der einseitigen Fixierung einer vorherrschend amtskirchlichen Theologie den Schluß, »Gott« überhaupt erweise sich bei der Sinnerklärung des Daseins als eine ärmliche Hilfskonstruktion, die umgehend durch eine bessere, »ohne Gott«, zu ersetzen sei.

Diese atheistischen Kritiker verwenden häufig genug beträchtliche Energie darauf, logisch exakt zu beweisen, daß es keinen Gott gibt. Aber mit einem solchen Unterfangen liefern sie nur spiegelverkehrt die Ergänzung zu den spitzfindigen Gottesbeweisen scholastischer Tradition. Sie ignorieren jenen epochalen Wendepunkt in der Erkenntniskritik, wie ihn Immanuel Kant für die moderne Philosophie unumkehrbar definiert hat: daß der Mensch das Absolute jenseits der sinnlichen Erscheinungswelt nicht logisch erfassen, die Existenz Gottes weder zuverlässig beweisen noch widerlegen kann. Diese Absage richtet sich nicht nur gegen die orthodoxen Dogmatiker innerhalb einer Religion, sondern ebenso gegen die nicht minder orthodoxen Dogmatiker des Atheismus; Gottesbeweise wie Anti-Gottesbeweise können mehr eine Sache des Glaubens als der unumstößlichen Wahrheitsfindung sein.

Von daher muß es absurd erscheinen, wenn (Mono-)Theisten und Atheisten ihre Meinungsverschiedenheit durch gegenseitig schroffen Absolutheitsanspruch mit gegenseitiger extremer Diffamierung noch verschärfen. Beide werden sich ohnehin nicht auf eine gemeinsame Deutung von »Wahrheit« einigen können, aber Christen sollten mehr als bisher darüber nachdenken, ob sich wenigstens im Ethischen gemeinsame Berührungspunkte finden lassen. Zwar wird der Versuch aussichtslos sein gegenüber einem Radikalverweigerer wie Nietzsche, der mit seiner Absage an »Gott« auch alle Grundsätze christlicher Moral verwirft. Aber anders gegenüber orthodox-atheistischen Sozialisten.

Verwandtschaft des Christentums zum »gottlosen« Marxismus?

Das »Sozialistische« an Jesus und das »Christliche« am Sozialismus

Welcher Marxist würde nicht die ethischen Kernsätze des Neuen Testaments billigen, vorrangig die Nächstenliebe? Er wird so manche Gedanken Jesu, sobald sie aus dem religiös-mythologischen Rahmen herausgelöst sind, als Teilstück seiner eigenen Moral erkennen. Besonders jene Worte, die Jesus am Jüngsten Tag zu den »Gerechten« sprechen wird: »Denn ich bin hungrig gewesen, und ihr habt mich gespeist. [...] Ich bin nackt gewesen, und ihr habt mich bekleidet. Ich bin krank gewesen, und ihr habt mich besucht. Ich bin gefangen gewesen, und ihr seid zu mir gekommen.« Die besondere Pointe dieses Lobs liegt darin, daß sich die »Gerechten« nicht erinnern können, Jesus jemals begegnet zu sein und ihm geholfen zu haben; er aber belehrt sie: »Was ihr getan habt einem unter diesen meinen geringsten Brüdern, das habt ihr mir getan.«[1]

Immer wieder hat Jesus in dieser und ähnlicher Weise für die sozial Benachteiligten, Entrechteten und Verachteten Partei ergriffen, hat sie in ihrer menschlichen Würde entschieden gegenüber den Besitzenden und Mächtigen aufgewertet – ja hat ihnen radikal wie sonst kein Religionsstifter erst menschliche Würde verliehen. Aber: Wenn er auch die Gleichgültigkeit der meisten Reichen gegenüber den Armen gebrandmarkt hat, so hat er doch nicht die soziale Revolution gepredigt. Und hier erst haken Marxisten und Sozialisten mit ihrer Kritik ein. Die einen werfen bereits dem Religionsstifter vor, er sei in seinem »sozialrevolutionären« Ansatz nicht weit genug gegangen. Die anderen billigen Jesus aufgrund der damaligen Zeitumstände zu, daß Religion und soziale Revolution nicht im unmittelbaren Zusammenhang gesehen werden konnten; sie jedoch werfen um so heftiger den Kirchen vor, daß sie Jahrhunderte später die entsprechenden »vorwärtsweisenden« Ansätze des

Evangeliums an den Rand der Verkündigung geschoben, wenn nicht gar völlig unterdrückt haben.

Hier setzt der philosophisch orientierte, ethische Atheismus der Sozialisten ein. Das eigentlich Wichtige an Jesus sei die Tendenz zum Sozialrevolutionär, dagegen sei die Metaphysik unwesentliches Beiwerk, sei als das Religiös-Mythologische eben die typische Ausdrucksform der damaligen Zeit gewesen. Der Atheist hält sich für »zu realistisch«, um wie der Christ seine Hoffnung auf eine Über-Welt zu richten, in der endlich alle irdischen Beschränkungen aufgehoben sein sollen. Der Atheist bietet seine ganze Gläubigkeit auf, um im Diesseits das »Paradies« zu verwirklichen, denn er hofft auf die Überwindung aller Einschränkungen aus eigener Kraft. Hierbei trifft ihn dann umgekehrt der Vorwurf des Christen, gerade diese Haltung sei »unrealistisch«, denn niemals könne der Mensch seine naturgegebene Unvollkommenheit in der irdischen Welt überwinden.

Der Streit darüber, welche der beiden Haltungen nun wirklich »realistischer« ist, soll uns nicht näher beschäftigen. Richten wir vielmehr den Blick genauer auf das Gemeinsame von Christen und atheistischen Sozialisten, das selbst die größten Gegensätze überwölbt. Ob nun die Heilsgeschichte für die einen in einer überweltlichen Erlösung mündet oder für die anderen in einem innerweltlichen Paradies – am Endpunkt beider Projektionen steht die Verheißung, daß der Mensch frei sein werde von allen niederziehenden Kräften der irdischen Welt. Gerade diese Gemeinsamkeit zeigt, wie naheliegend es ist, daß der atheistische Marxismus im christlichen Abendland entstand. Mehr noch: daß er erst, als die Kirchen zu Beginn der Industrialisierung in der sozialen Frage schmählich versagten, sich zu einer eigenständigen Heilsbewegung verselbständigen konnte.

Die Parallelen bei Christentum und Marxismus reichen weit. Hier wie dort die Forderung nach Nächstenliebe über alle sozialen, nationalen, kulturellen und rassischen Schranken hinweg. Hier wie dort der missionarische Auftrag, die »Erlösung« *allen* Völkern zu bringen. Hier wie dort die klare Scheidung, was die »wahre« und was die »falsche« Lehre sei. Hier wie dort die Aufsplitterung in liberale und starr orthodoxe Flügel, was die Auslegung der Lehre betrifft. Es ist verblüffend, derart kompromißlos sich bekämpfende Richtungen auch bei Marxisten anzutreffen, wo sie doch vom Ursprung her ihre Weltanschauung als »wissenschaftlich begründet« und »dialektisch« definieren; was heißen müßte: Die Lehre sei jederzeit rational überprüfbar, diskutierbar, korrigierbar, ganz im Gegensatz zur sogenannten »nebulosen« Dogmatik der Kirchen. Und doch kann man gerade bei Marxisten beobachten, wie anfällig sie dafür sind, zeitbedingte wissenschaftliche Erkenntnisse in den Rang des Unantastbaren zu heben. Wie im Christentum drohen dann auch bei ihnen als Konsequenz das unabänderliche Dogma und der unkritisch abfragbare Katechismus.

Zwei »Glaubens«bekenntnisse gegeneinander. Von daher auf beiden Seiten die Bereitschaft zu einer Konfrontation, die viel von einem Glaubenskrieg an sich hat. Wenn fanatisierte Christen wie fanatisierte Marxisten jeweils empört von sich weisen, daß sie auch nur irgendwie etwas Gemeinsames miteinander hätten, so bestätigt dies noch lange nicht die schroffe Unvereinbarkeit. Gerade ein derartiges Phänomen kennen wir aus der Religionsgeschichte zur Genüge: Mit der gleichen Intoleranz haben sich schon Christen und Muslime, ja selbst Katholiken und Protestanten befehdet – alles Glaubensgemeinschaften, die erst heute mit Nachdruck darauf drängen, »Gemeinsames« bei Andersgläubigen zu entdecken.

Parallele Fehlentwicklung bei Kirchen und kommunistischer Staats»religion«

Gerade weil Christen und Marxisten teilweise zur aggressiven Mission neigen, ähneln sich beide Glaubensformen auch in vielen Fehlentwicklungen. Parallelen treten besonders deutlich bei Institutionen hervor, die straff zentralistisch organisiert sind. Bis in die neunziger Jahre des 20. Jahrhunderts standen für solche problematischen Gemeinsamkeiten vor allem zwei Institutionen: auf der einen Seite der Vatikan, auf der anderen Seite die Ostblockstaaten mit der Sowjetunion als dem Zentrum.

Papst Pius XII., letzter starrer Exponent einer vorkonziliaren Kirche, hat noch, wie bereits zitiert, öffentlich aussprechen können: Alles, was nicht der Wahrheit der katholischen Kirche entspreche, habe »objektiv« kein Daseinsrecht, kein Recht auf Propaganda.[2] Im Prinzip nicht viel anders hat Lenin den Absolutheitsanspruch der kommunistischen Ideologie formuliert. Wie Päpste auf der unantastbaren Lehrautorität des Heiligen Stuhls, so beharrten Lenin und seine Nachfolger auf der unanfechtbaren Entscheidungsgewalt des Politbüros (wobei sich erst zur Amtszeit Gorbatschows eine Neuerung abzeichnete). Lenin hat allerdings die unumschränkte Einparteienherrschaft nur als Übergangserscheinung definiert, solange das Volk noch nicht selber in der Lage sei, die Revolution voranzutreiben. Und Lenins Utopie blieb unmißverständlich auf eine klassenlose und damit letztlich herrschaftsfreie Gesellschaft ausgerichtet. Aber: Die Gefahr, mit dem Absolutheitsanspruch Machtmißbrauch zu treiben, war ebenso gegeben wie bei den Päpsten.

Was für die katholische Kirche die finstere Zeit der Inquisition mit Massenhinrichtungen von »Ketzern«, dies wurde für den Marxismus-Leninismus die Perversion zur Herrschaft Stalins. Der Stalinismus galt hierbei als das Trauma für jeden idealistischen Kommunisten, der sich »verraten« fühlte und die »reine« Lehre zukünftig besser gegen Auswüchse in der politischen Praxis schützen wollte. Heute ist die katholische Kirche weitgehend davor bewahrt, in eine derart finstere Epoche des politischen Terrors zurückzufallen, dies aber nur, weil in Europa und Nordamerika die fatale Verbindung von kirchlicher und weltlicher Macht ein für allemal zerschlagen wurde. Ein Papst kann, sofern er wenig Verständnis für weltanschaulichen Pluralismus aufbringt, Linientreue nur noch in beschränktem Maß innerhalb seiner eigenen kirchlichen Institution durchsetzen. Dagegen besaß der Generalsekretär eines kommunistischen Einparteienstaats die Macht, gesellschaftlichen Pluralismus zugunsten der *einen*, allein seligmachenden Lehre relativ intensiv zu unterdrücken – so ist es zumindest bis in die achtziger Jahre hinein selbstverständlich gewesen, bevor in den Ostblockstaaten unter dem Druck einer breiten Opposition auch dieses Machtmonopol rapide zu zerbröckeln begann.

Friedrich Heer, österreichischer Kulturhistoriker, ein unabhängiger Denker, der sich aber ausdrücklich als »Katholik« verstand, hat in seinem 1969 erschienenen Buch *Kreuzzüge – gestern, heute, morgen?* hierzu provozierende Gedanken entwickelt. Er nannte die Organisations- und Herrschaftsform des Stalinismus eine »atheistische Theokratie«. Die kommunistische Partei der Sowjetunion sei die »Kirche«, die strikt ihre »Orthodoxie« gegen »Ketzer« verteidige. Den »Katechismus« habe Stalin selber verfaßt: »Über dialektischen und historischen Materialismus«. Ähnlich wie in der katholischen Kirche werde zwischen der Unfehlbarkeit der Institution als solcher, in diesem Fall der Partei, und der persönlichen Fehlbarkeit einzelner Funktionäre unterschieden. Die Parallele gehe weiter bis zum Kreuzzugsfanatismus. So wie sich bei der dogmatisch verfestigten Kirche im 12. und 13. Jahrhundert die Ideologie vom Kreuzzug gegen Ungläubige, Ketzer und Schismatiker geformt habe, gelte auch in der Sowjetunion dasselbe Prinzip: Dort sei neben dem »Gerechten Krieg« nach außen der Kreuzzug nach innen, der Kampf gegen die Häretiker, die Links- und Rechtsabweichler getreten. »Die Analogien sind nicht das Produkt des Zufalls«, so Heer im Wortlaut, »die gesamte Entwicklung des Marxismus von den Anfängen bis Stalin stellt eine so überzeugende Parallele zu der Entwicklung des Christentums vom Urchristentum bis zur gefestigten Institution mit einem genau umschriebenen Ritus und einer offiziellen Dogmatik dar, daß man hier auf ein verwandtes Anliegen geradezu gestoßen wird.«[3]

Tendenzen hin zur totalitären Kontrolle der Gläubigen hat es, wenn auch mit unterschiedlichem Gewicht, in allen Kirchen gegeben. Demnach konnte eine Ersatz»kirchen«ordnung im Stil des Marxismus-Leninismus überall dort fruchtbaren Nährboden finden, wo die religiöse Tradition dem Zerfall ausgesetzt war und keine demokratische Aufklärungsbewegung das entstehende Vakuum zu füllen vermochte.

Daß Stalin selber mit kirchlicher Tradition bestens vertraut war, paßt in diese Entwicklung. Er, in russisch-orthodoxem Glauben erzogen, durchlief die Ausbildung in einem Priesterseminar seiner georgischen Heimatstadt Tiflis, bevor er sich vom Marxismus als einer neuen Heilsbewegung faszinieren ließ und deshalb 1899 das Seminar verlassen mußte. Als fanatischer Atheist hat er dann ebenso intolerant Andersdenkende, nun vor allem religiös Gläubige, bekämpft, so wie ihm umgekehrt von seinen geistlichen Erziehern der Haß gegen Atheisten gelehrt worden war.

Der Tradition der Ostkirche ist Stalin sogar noch in seiner Funktion als Diktator treu geblieben: Er verstand sich nicht nur als Politiker, sondern auch als höchster Schirmherr und Wächter des kommunistischen Glaubens – ganz so, wie einst der Zar als Schirmherr der russisch-orthodoxen Kirche aufgetreten war und in dieser Funktion noch über dem geistlichen Führer, dem Patriarchen, stand, und ganz so, wie Jahrhunderte früher bereits der byzantinische Kaiser oberster Herr der griechisch-orthodoxen Kirche gewesen war. Stalin hat in seiner Doppelfunktion als Politiker und ranghöchster ideologischer Wächter von vornherein die Autorität besessen, um dem Marxismus-Leninismus neue dogmatische Formen zu geben.

Die »atheistische Theokratie« des Kreml mit der Struktur des Vatikan zu vergleichen hat allerdings eine entscheidende Grenze. Als Hauptunterschied muß uns erscheinen: Die Kremlführer waren zuerst einmal Politiker und dann erst Sachverwalter und Hohepriester der Ideologie, dagegen verstehen sich die Päpste heute, des politischen Einflusses von einst beraubt, vor allem als geistliches Oberhaupt. Und doch bleiben die Päpste, mehr als alle anderen Kirchenführer, auch Politiker. Und als solche haben sie von Führung weiterhin ein Verständnis, das dem eines traditionellen kommunistischen Generalsekretärs so unähnlich nicht ist: Sie führen ihre Anhänger absolutistisch, letztlich unberührt von allen Pluralismustendenzen und Demokratiebestrebungen der Moderne.

Gemeinsame Fähigkeit: Tendenz zur »Reformation«

Reformierbar erscheinen beide, christliche wie marxistische Heilsbewegungen. Hier wie dort findet sich zwar die Neigung, die »befreiende« Botschaft der eigenen Lehre umzufunktionieren in Zwangsbeglückung, denn hier wie dort sind die Heilsbringer von der Mission beseelt, ihre Vorstellung von »Wahrheit« der ganzen Menschheit aufzuzwingen. Aber nicht nur innerhalb des Christentums, sondern auch innerhalb des Kommunismus ist zu trennen zwischen dem ideellen, emanzipatorischen Ausgangspunkt der Lehre und möglichen Degenerationserscheinungen.

Parallele Tendenzen in dieser Hinsicht können wir gegenwärtig vor allem in jenen beiden Großbewegungen beobachten, die am sichtbarsten auf jeweils eine Entscheidungsinstanz hin orientiert sind: einerseits im Vatikan, andererseits in der »atheistischen Theokratie« des Kreml.

Die katholische Kirche hat während der sechziger Jahre mit dem Zweiten Vatikanischen Konzil die »Öffnung« zur Welt verkündet, den Absolutheitsanspruch der eigenen Lehre auf vorsichtige Weise gedämpft, ohne ihn zurückzunehmen, und gleichzeitig eine Demokratisierung nach innen angekündigt. In den Konzilsdokumenten wurde, neben anderen aufsehenerregenden Grundsatzänderungen, angedeutet, die Einstellung zum Atheismus sei ebenfalls neu zu überdenken. Die Formulierung ist zwar zurückhaltend, bedeutet aber gegenüber früheren Positionen einen entscheidenden Fortschritt. Es heißt da: »Wenn die Kirche auch den Atheismus eindeutig verwirft, so bekennt sie doch aufrichtig, daß alle Menschen, Glaubende und Nichtglaubende, zum richtigen Aufbau dieser Welt, in der sie gemeinsam leben, zusammenarbeiten müssen. Das kann gewiß nicht geschehen ohne Dialog.«[4]

Was im Kreml mit den Schlagworten »Perestroika« und »Glasnost« unter der Führung Michail Gorbatschows seit 1985 in Erscheinung trat, ist an epochaler Neuorientierung durchaus mit der des Vatikan zu vergleichen. Auch hier der vorsichtige Verzicht auf Absolutheitsanspruch, ohne diesen ausdrücklich zurückzunehmen, auch hier die Ankündigung, nach innen zu demokratisieren. Und welchem Christen mußte es nicht als ein positives Signal, als ein Zeichen echten Willens erscheinen, daß an Ostern 1988 erstmals im sowjetischen Fernsehen Teile eines russisch-orthodoxen Ostergottesdienstes übertragen wurden, dies ohne alle abwertenden Kommentare. Auch in der Sowjetunion erfolgte damit endlich der erste eindrucksvolle Schritt zur Anpassung an die Gegebenheiten einer pluralistischen Welt.

Die Ereignisse der folgenden Jahre gaben allerdings den Skeptikern recht: Gorbatschows Reformen setzten den Machtapparat des Sowjetkommunismus einer derartigen Zerreißprobe aus, daß das System am Widerstreit von Reform und reaktionärer Beharrung zerbrach. Die marxistische Heilsbewegung ist zumindest in der totalitären Ausprägung des Ostblock-Kommunismus völlig gescheitert. Und es bleibt offen, wie lange es dauert, bis in der postkommunistischen Gesellschaft ein demokratischer Reform-Sozialismus eine wichtige Kraft werden könnte. Demokratische Traditionen haben sich in Osteuropa während des 19. und 20. Jahrhunderts weniger entwickeln können als in Westeuropa, entsprechend sind dort Reformen noch stärker vom Ballast autoritären Denkens belastet.

Für die katholische Kirche sind die Chancen zur Demokratisierung insgesamt günstiger. Schließlich ist sie, zumindest was die westlichen Industriestaaten betrifft, in eine demokratische Gesellschaft eingebettet. Entsprechend ist die Schar der Gläubigen pluralistisch ausdifferenziert, entsprechend hat bei Intellektuellen und

Theologen die offene Diskussion über Reformen schon eine längere Tradition. Aber der Vatikan selber tut sich nach wie vor schwer mit der Herausforderung. Wie unnachgiebig viele der Päpste ihre dogmatischen Positionen gegen eigenständige Denker verteidigen, habe ich bereits erörtert. Gerade Johannes Paul II. ist hierfür ein eklatantes Beispiel. Je mehr er gegenüber Kritikern in den eigenen Reihen unnachgiebig auftrat, um so deutlicher wird, wie bedroht gegenwärtig die emanzipatorischen Ansätze des Zweiten Vatikanischen Konzils sind.

Die Fronten haben sich paradox verkehrt. Vor vier Jahrzehnten konnten wir unter Papst Johannes XXIII. einen kräftigen Liberalisierungsschub innerhalb der katholischen Kirche beobachten, dagegen hatte der Ostblock seine antipluralistische Position behauptet und unter Leonid Breschnew sogar wieder verstärkt (bei nur vager rhetorischer Distanz zum Stalinismus). Dann aber entpuppte sich Gorbatschow immer mehr als Neuerer, dem es um nichts Geringeres ging, als die kommunistische Gesellschaftsordnung und die damit verbundene ideologische »Amtskirche« durch grundsätzlichen Umbau vor dem Zerfall zu retten; unbeirrbar strebte er in Anpassung an veränderte globale Bedingungen mehr »Emanzipation«, mehr »Pluralismus«, mehr »Demokratie« an. So gesehen könnte man Gorbatschow, den obersten Schirmherrn kommunistischen Glaubens, in seinem historischen Stellenwert als einen atheistischen Johannes XXIII. einstufen, hingegen Papst Johannes Paul II. als einen christlichen Breschnew.

Gorbatschow blieb jedoch ab einem bestimmten Punkt dem herkömmlichen Leninismus verhaftet. Er weigerte sich, das Führungsmonopol der sowjet-kommunistischen Partei grundsätzlich in Frage zu stellen; insofern ging ihm (zumindest solange er im Amt war) der Wandel hin zum Pluralismus einer Sozialdemokratie zu weit. Wenn wir allerdings den Reformwillen des inzwischen legendär gewordenen Johannes XXIII. genauer betrachten, können wir auch dort ein stark konservatives Element entdecken: Bei aller Bereitschaft zur »Öffnung« hat er nie den Unfehlbarkeitsanspruch päpstlicher Lehrgewalt ernsthaft in Frage gestellt. Umgekehrt zeigt sich Johannes Paul II. als Vertreter einer starr dogmatischen Linie fähig genug, bei Bedarf mit Vertretern fremder Religionen, Ideologien und Machtblöcken flexibel zu verhandeln; und gerade das hat er mit Breschnew gemeinsam.

Das östliche Asien vor anderen Alternativen

Atheistische Tradition in Ostasien: Von Konfuzius bis Mao

Wir sind daran gewöhnt, den Atheismus für ein typisch abendländisches Phänomen zu halten. Ja, viele von uns sehen sein Entstehen unlösbar mit der Entwicklung der modernen Naturwissenschaften im 17. Jahrhundert und der Aufklärung verknüpft. Daß diese Einschätzung aber kraß den Tatsachen widerspricht, dürften die bisherigen Darlegungen deutlich gemacht haben. Der Atheismus besitzt eine weit zurückreichende Tradition – und dies global. Nicht nur etliche Philosophen der europäischen Antike haben sich zu einer entsprechenden Haltung bekannt, sondern auch, wie schon mehrmals hervorgehoben, verschiedenste Denker in den Hochkulturen Ostasiens.

Buddha gehört zu den herausragenden Skeptikern im östlichen Asien, der zwar nicht Atheist, aber doch Agnostiker war und an der klaren Erkennbarkeit der jenseitigen Welt und ihrer Gottheiten zweifelte. Aber auch er ist nur einer unter vielen gewesen. Ebenso hat eine Reihe brahmanischer Philosophen im Verlauf der Jahrhunderte immer wieder atheistischen oder zumindest agnostischen Zweifel am »göttlichen« Offenbarungscharakter heiliger Schriften geäußert.

Am stärksten ausgeprägt finden wir derartige Zweifel aber im Konfuzianismus, jener Philosophie, die heute noch für einige hundert Millionen Chinesen, außerdem für Japaner und Südkoreaner wichtige Orientierungshilfe bedeutet. Konfuzianisches Denken wurde in meiner Darstellung deshalb nicht erörtert, weil diese spezifisch chinesische Philosophie den Schwerpunkt vom Religiösen weg auf eine betont diesseitsorientierte Sittenlehre verlagert hat. Trotzdem soll an dieser Stelle kurz die Grundeinstellung ergänzend zur Sprache kommen, um anzudeuten, daß eine Skepsis gegenüber dem Glauben an Gottheiten in den Hochkulturen Ostasiens sogar umfassender verankert ist als in der viertausendjährigen Geschichte des Abendlandes.

Konfuzius, ein Zeitgenosse Buddhas, antwortete richtungsweisend auf die Frage seiner Schüler nach dem Jenseits: »Ihr wißt noch nicht genug über die Lebenden – wie könnt ihr etwas über die Toten wissen?« Konfuzius hielt Priestern, die mit dem Anspruch auftraten, über das Walten von Gottheiten Bescheid zu wissen, seine Art von Erkenntnis entgegen: »Zu sagen, daß man eine Sache nicht kennt, wenn man sie tatsächlich nicht kennt, das ist Kenntnis.« Auch prägte er den uns so modern anmutenden Satz, der sehr an den Ausspruch des griechischen Philosophen Protagoras erinnert: »Das Maß des Menschen ist der Mensch.«[1] Konfuzius billigte den höchsten Rang der Wahrheitsfindung den Gelehrten und Philosophen – nicht den Priestern – zu. Allerdings verlangte er von ihnen, daß sie ihr Wissen zielstrebig für den Aufbau einer sozialen Ordnung einsetzten. Wissen, das sich praktisch verwerten läßt und nicht »nutzlos« um metaphysische Spekulation kreist – dies ist, sehr diesseitsorientiert, der Kern konfuzianischer Ideologie. Und ein solcher Ansatz macht deutlich, wieso das konfuzianische China nach seinem politischen und kulturellen Niedergang sich der marxistischen Ideologie bereitwilliger öffnete als die meisten anderen Hochkulturen Asiens.

Allerdings vertreten die chinesischen Marxisten den Atheismus in einer intoleranten Form, wie er den Konfuzianern stets fremd gewesen ist. Mao Zedong verbannte Religionen radikal aus dem öffentlichen Leben und verbot ihnen jede »Propaganda«. Ja, auf dem Höhepunkt der sogenannten »Kulturrevolution« Ende der sechziger Jahre zerstörten Maos Rotgardisten zahlreiche Tempel, mißhandelten Priester und Mönche, deportierten viele zur Zwangsarbeit oder töteten sie. Diese Art von Verfolgung unterschied sich grundsätzlich von jener, wie sie zeitweise die Konfuzianer gegenüber religiösen Gruppen durchführten. Falls chinesische Kaiser Tempel von Buddhisten und Daoisten niederbrennen und Priester hinrichten ließen, dann aus rein politischen Motiven, beispielsweise, weil sich innerhalb der Priesterschaft Opposition gegen das Regime entwickelt hatte. Aber den Konfuzianern geht völlig die Neigung ab, einer Religion jede geistige Daseinsberechtigung zu verweigern. Über viele Jahrhunderte waren sie religiös tolerant, dagegen verfolgten sie politisch abweichendes Verhalten streng. In dieser Neigung ähnelten Chinas konfuzianische Machthaber den Römern, Griechen, Ägyptern und Persern der Antike.

Die chinesischen Kommunisten gründen mit ihrer atheistischen, nahezu »glaubenskämpferisch« anmutenden Haltung auf geistigem Import aus dem Abendland: dem Stalinismus. Eine stalinistische Ausrichtung findet sich auch in verschiedenen anderen kommunistischen Parteien Ostasiens, so bei den Nordkoreanern, besonders aber bei den Roten Khmer in Kambodscha. Tausende von buddhistischen Mönchen sind unter dem Schreckensregime von Pol Pot in der Zeit von 1975 bis 1978 ermordet worden, rund 90 Prozent der 3000 Buddha-Tempel in Kambodscha wurden zerstört, ebenso die katholischen Kathedralen von Pnom Penh und Battambang.[2] Dies war eine Barbarei, die noch bei weitem die Exzesse der Rotgardisten in China und Tibet übertraf.

Im kommunistischen China selber hat sich während der siebziger Jahre – nachdem die Zerstörungsorgien der »Kulturrevolutionäre« von vielen Chinesen als »nationale Schande« empfunden wurden – eine liberale Haltung gegenüber den Religionen durchgesetzt. Unter dem Regime von Deng Xiaoping gingen die Behörden immerhin so weit, religiöse Kulte wieder zu gestatten, wenn auch weiterhin jede »Propaganda« in der Öffentlichkeit untersagt bleibt. Ja, die Regierung finanzierte den Wiederaufbau der prächtigsten buddhistischen und daoistischen Tempel, die von den Rotgardisten verwüstet, gesprengt oder niedergebrannt worden sind. Offiziell geschah dies, um »nationale Kulturdenkmäler« zu restaurieren, inoffiziell, um Unruhen breiterer Volksgruppen entgegenzuwirken, besonders der religiösen Tibetaner. Aber strategisch wichtig war es auch, gegenüber der Weltöffentlichkeit den lädierten Ruf wieder aufzubessern.

Bei meinen Besuchen in China von 1987 bis 2000 konnte ich mich von den Veränderungen überzeugen. In den Tempeln der Buddhisten und Daoisten können wieder ungehindert Zeremonien abgehalten werden. Ja, in einer Reihe Kultstätten wimmelt es wieder von Andächtigen, die beten und vor den Altären Opfergaben niederlegen, unter ihnen auffallend viele Jugendliche. Schrittweise setzt bei den Chinesen auch eine Rückbesinnung auf konfuzianische Traditionen ein.[3] Und so müssen die kommunistischen Machthaber nahezu ratlos zur Kenntnis nehmen, daß Religion in einer »fortschrittlichen Gesellschaft« keineswegs »auf natürliche Weise abstirbt«. Ein zentrales Dogma der marxistisch-maoistischen Ideologie kommt damit ins Wanken.

China wird allerdings weiterhin ein Land bleiben, in dem Religion nicht sehr tiefgreifend das Bewußtsein der Bevölkerung prägt. Das unterscheidet China von manch anderen Ländern des Fernen Ostens, erst recht vom indischen und islamischen Kulturraum Denn untergründig wirkt in China nach wie vor jene Tradition weiter, die mehr als zwei Jahrtausende lang am stärksten das Bewußtsein der Menschen geprägt hat: die des Konfuzianismus mit seiner diesseitig orientierten Sittenlehre.

Neo-Hinduisten bekunden Respekt vor »atheistischem Rationalismus«

Aus unserer europäischen Sicht ist verständlich, daß Konfuzianer zumindest auf philosophischer Ebene sowohl gegenüber Religionen als auch atheistischen Ideologien grundsätzlich tolerant eingestellt sind. Aber viel ungewöhnlicher muß es uns erscheinen, wenn auch gläubige Hindus und Buddhisten schon zwei Jahrtausende lang gegenüber dem atheistischen Denken ihre Toleranz betonen. Und an deren Haltung hat sich prinzipiell auch dann nichts geändert, nachdem die Europäer während des 18. und 19. Jahrhunderts zunehmend einen dogmatisch starren, intoleranten Atheismus zu entwickeln begonnen hatten.

Der Neo-Hinduist Vivekananda als einer der wesentlichen Botschafter eines »spirituellen Indien« schreibt: »Wir sollten [...] mit denen sympathisieren, die, weil sie der Vernunft folgen, überhaupt zu keiner Religion gelangen. Denn es ist besser, daß der Mensch, weil er der Vernunft Folge leistet, Atheist wird, als daß er auf die Autorität von irgend jemand hin blindlings an zweihundert Millionen Götter glaubt. [...] Ich glaube an die Vernunft, da ich genug Schäden der Autorität gesehen habe, bin ich doch in einem Land geboren, wo man bis zum Extrem der Autorität fortgeschritten ist. Die Hindus glauben, daß die Schöpfung durch die Vedas entstanden ist. Woher wissen sie, daß es Kühe gibt? Weil das Wort Kuh in den Vedas vorkommt.«[4] Vivekananda, selber ein »Gläubiger«, zieht mit dieser bitter ironischen Akzentuierung jeden konstruktiv denkenden Atheisten einem geistig starren Religiösen vor. Eben weil geistige Starrheit letztlich den Tod allen lebendigen Glaubens bedeutet. Eben weil die geistige Beweglichkeit eines Atheisten wirksam Fehlentwicklungen innerhalb der eigenen Religion verdeutlichen kann. Hier ist Vivekananda gar nicht so weit von der oben angeführten Stellungnahme des Theologen Heinz Zahrnt entfernt.

Sofern sich aufgeschlossene Hindu-Philosophen seiner Art gegen den modernen Atheismus wenden, kritisieren sie scharf nur jene Haltung, die sämtliche Daseinsprobleme auf das »Materielle« reduziert haben möchte und der »Spiritualität« unreflektiert Verachtung entgegenbringt. Und schroff lehnen sie ideologisch motivierte Atheisten dann ab, wenn jene ihre politische Macht gebrauchen, um im Namen des »Fortschritts« Religionen zu unterdrücken.

Aber mit derselben Heftigkeit kritisieren Hindus auch Christen und Muslime, wenn jene nur ihren eigenen Glauben als »wahr« gelten lassen und Andersgläubige oft genug brutal verfolgt haben. Besonders pointiert brachte diese doppelte Kritik an intolerantem Theismus wie intolerantem Atheismus Ende der dreißiger Jahre der Neo-Hinduist Radhakrishnan auf einen Punkt, indem er schrieb: »Sie [die Christen] sind entschlossen, in wetteiferndem kämpferischen Geist einen Kreuzzug gegen das atheistische Rußland zu unternehmen, wie sie es gegen den theistischen Islam im 12. Jahrhundert getan haben. Wenn die Bolschewisten ähnliche Maßnahmen im Interesse ihrer Auffassung von Wahrheit treffen, so können wir nicht sagen, daß sie von Fanatismus getrieben werden, während unsere Haltung von einer Philosophie bestimmt wird. Wenn wir Verfolgungen im Namen der höchsten uns anvertrauten Wahrheit verteidigen, dann kann gegen eine Verfolgung aller Religionen im Interesse des Atheismus logisch nichts eingewendet werden.«[5]

Neo-Buddhisten ziehen den Atheismus dem »christlichen Theismus« vor

Buddhisten verhalten sich, so mag es zumindest auf den ersten Blick erscheinen, nicht im selben Maß aufgeschlossen gegenüber dem modernen Atheismus.

Eine Ablehnung des Kommunismus hat ja in Ostasien gerade bei Buddhisten Konjunktur. Schließlich ließen die Machthaber in China, Tibet, Vietnam, Kambodscha und Nordkorea zeitweilig Tempel schließen oder zerstören, Priester und Mönche vertreiben, gefangensetzen oder töten. Buddhisten sind daher viel unmittelbarer als Hindus mit dem real existierenden Kommunismus und dessen aggressiv-missionarischem Herrschaftsanspruch konfrontiert. Trotzdem richten auch sie ihren Affekt nur gegen den politisch offensiven, religionsfeindlichen Atheismus. Kaum zum Widerstand treibt sie dagegen die philosophisch geäußerte These, die Welt existiere »ohne Gott«. Im Gegenteil. Da ja Buddha seinen Anhängern nahelegte, allein auf die Kraft der Selbsterlösung, nicht aber auf »unvollkommene« Gottheiten zu vertrauen, sehen gebildete Gläubige selbst im modernen Atheismus eine interessante Perspektive.

Neo-Buddhisten besinnen sich sogar vermehrt auf den »atheistischen« Grundzug ihrer Glaubenslehre, wobei sie die spätere mythologische Überlagerung von Götter- und Dämonenglauben als nebensächlich oder gar als schädlich einstufen. Aber selbst Gläubige aus dem einfachen Volk, die zu Göttern und Geistern als Nothelfern beten, sind weit entfernt davon, einen persönlichen Gott als Herrn der Welt zu verehren. Und so liegt es nahe, wenn Buddhisten, ob gebildet oder ungebildet, in der Gottesvorstellung des Christentums und des Islam einen wesentlich größeren Gegensatz zum kosmischen Denken ihrer eigenen Religion erblicken als etwa im Atheismus. Ja, nicht wenigen westlich gebildeten Buddhisten bedeutet es eine Genugtuung, daß der sogenannte »gottlose« Marxismus ausgerechnet auf abendländischem Boden entstanden ist. Denn dies beweise, so argumentieren sie, daß der »Theismus« sogar dort längst an Überzeugungskraft verloren habe, wo er einst seine größten Missionsenergien entfaltete.[6]

Eine solche Haltung mag selbst den toleranten Christen befremden. Aber gerade Europäer sollten sich daran erinnern, wie sehr die Buddhisten Südostasiens Grund zum Affekt gegenüber dem rigorosen Absolutheitsanspruch von Christen haben. Schließlich hatten Missionare aus Europa und den USA im Zeitalter des Imperialismus den Buddhisten mit ähnlicher Arroganz wie die Kommunisten zu verstehen gegeben, Buddhas Lehre sei »Aberglaube«, sei Zeugnis einer »niedrigen« Kulturstufe.

Neo-Buddhisten bemühen sich teilweise um eine äußerst differenzierte Auseinandersetzung nicht nur mit dem Christentum (worauf schon hingewiesen wurde), sondern auch mit der marxistischen Ideologie. Sie begnügen sich nicht mit dem simplen Ratschlag vieler ihrer Landsleute, eine kommunistische Revolution im eigenen Land lasse sich am besten durch verstärkte Militärgewalt verhindern. Sie entwickeln geistige Gegenstrategien. Von vornherein verzichten sie darauf, den Terror kommunistischer Machthaber schon als ausreichenden Beweis für die Unmenschlichkeit der Ideologie selber zu nehmen – denn zu Terror neigen auch verschiedene buddhistische Diktatoren. Die Neo-Buddhisten versuchen vielmehr am Gegner zuerst die Argumente zu verstehen, um dann um so stichhaltiger Gegenargumente zu finden, was den Buddhismus zur überlegenen Kraft macht.

Charakteristisch für diese Vorgangsweise sind besonders Neo-Buddhisten in Sri Lanka und Burma. So beispielsweise der schon mehrmals erwähnte ceylonesische Religionsphilosoph Vijayavardhana, wenn er sagt: »Der Kommunismus hat in seiner Philosophie und Ethik eine gewisse Ähnlichkeit mit dem Buddhismus. Er ist ebenso wie dieser für die Gleichheit der Menschen und Völker. Er ist ebenso humanitär, universalistisch, intellektualistisch und rationalistisch. Er ist auch pazifistisch und internationalistisch. Von diesem Gesichtspunkt aus ist seine sittliche und philosophische Grundlage dieselbe wie die des Buddhismus.«[7] Ähnlich äußern sich Burmesen, und diese Haltung ist um so aufschlußreicher, da sich ja in Burma eine Art »buddhistischer Sozialismus« geformt hat (dessen wirtschaftliche Mißerfolge hier nicht zur Debatte stehen). So gab bereits 1951 der Neo-Buddhist U Ba Szwe folgende Erklärung ab: »Tatsächlich ist die marxistische Theorie der buddhistischen gegenüber nicht antagonistisch. [...] Diese beiden Philosophien hängen miteinander zusammen.« U Ba Szwe trifft aber wie auch andere Neo-Buddhisten letzten Endes dann doch eine klare hierarchische Wertung: »Wenn wir beide Philosophien voneinander unterscheiden wollen, können wir mit Sicherheit sagen, daß die marxistische Theorie einer niederen Ebene angehört, während der Buddhismus eine höhere Ebene einnimmt. Die marxistische Theorie bezieht sich auf weltliche Angelegenheiten und sucht materielle Bedürfnisse zu befriedigen. Die buddhistische Philosophie jedoch befaßt sich mit geistigen Dingen, mit dem Ziel der Befreiung aus dieser Welt.«[8]

Neo-Buddhisten erkennen hiermit an, daß ihnen das Studium europäischer und hier vor allem marxistischer Religionskritik wieder ein geschärftes Bewußtsein für die sozialen Aufgabenbereiche vermittelt hat. Aber sie werfen den Marxisten vor, diese würden ihre sozialen Ziele als Endzweck ansehen, nicht als Vorstufe zur Überwindung aller weltlichen Bedürfnisse. Den Marxisten gehe der Sinn für die »spirituelle« Dimension ab. Buddha habe bereits vor 2500 Jahren mit seiner Absage an die Kastenhierarchie eine Art Ur-Kommunismus gepredigt, und dies viel umfassender als Karl Marx, weil Buddha die weltliche und die spirituelle Dimension gleichermaßen im Blickfeld gehabt habe.

Man braucht als Außenstehender keineswegs jedes dieser Argumente für zwingend zu halten. Der Sachkundige mag hier und dort die Neigung von Neo-Buddhisten entdecken, einige Tendenzen ihrer Religion überzubetonen und andere zu unterschlagen, und so gesehen würden die Neuerer nur eine ganz spezifische, modernistische Variante des Buddhismus bieten. Bemerkenswert ist aber der Versuch, den politischen und weltanschaulichen Gegner zuerst einmal in seinen positiven Ansätzen zu würdigen, bevor man ihm die Wertvorstellungen der eigenen Anschauung entgegenhält.

Überraschen muß in diesem Zusammenhang eine Erklärung des Dalai Lama, die er 1998 in einem Fernsehinterview gegenüber westlichen Journalisten abgab. Als er nach seinem Glauben näher befragt wurde, antwortete er: Er sei halb Buddhist, halb Marxist.[9] Wie das? Ausgerechnet er, der vor den chinesischen Kommunisten ins indische Exil fliehen mußte und dessen Volk in Tibet besonders schlimm unter dem Terror der »Kulturrevolution« zu leiden hatte, sagte das. Er begründete seine bewußt provokante Äußerung folgendermaßen: An der marxistischen Ideologie schätze er, daß sie von ihrer Grundidee her nicht profitorientiert sei, vielmehr stehe das Teilen im Vordergrund. Diese Ethik decke sich mit der buddhistischen. Kritische Buddhisten müßten erkennen, wie oft ihre Religion schon durch machtgierige Politiker mißbraucht worden sei und wie sehr teilweise buddhistische Feudalherren das Volk ausgebeutet hätten. Er verstehe, wenn Marxisten gegen solche Fehlentwicklungen kämpften. An den Marxisten verurteile er allerdings, daß sie wenig fähig zum Dialog seien, sondern viele ihrer Ziele mit Gewalt durchsetzen. Den Marxisten fehle außerdem die entscheidende religiöse Dimension.

Der Dalai Lama reiht sich mit solchen Aussagen unter die bereits genannten Neo-Buddhisten ein.

Faschismus: Radikalverweigerung des Dialogs

In welcher Hinsicht die Kirchen zu korrumpieren waren

Rückblickend muß es erstaunen, daß viele Christen im Faschismus weniger eine Gefahr für die Religion gesehen haben als im atheistischen Kommunismus.

Verständlich ist diese Haltung allein aus den damaligen Zeitumständen heraus: Die Kommunisten haben sich von vornherein als kirchenfeindlich zu erkennen gegeben, die Faschisten dagegen haben die Kirchen umworben und sie als Verbündete zu gewinnen versucht gegen den »Materialismus« und »Bolschewismus«, wie auch immer sie solch nebulose Gemeinsamkeiten mit den Christen definieren mochten. Ein derart taktisches Manöver vermochte anfangs darüber hinwegzutäuschen, was Faschismus – vor allem in seiner nationalsozialistischen Ausprägung – tatsächlich ist: im Kern seiner Ideologie zutiefst antichristlich, und dies viel radikaler, als es ein atheistischer Kommunismus jemals sein kann. Dies nicht erkannt zu haben, ja gar nicht erkennen zu wollen, weil die Kirchen vorwiegend auf die Feindschaft gegenüber einem offen sich deklarierenden Atheismus fixiert blieben – dies ist das eigentliche Versagen vieler Christen, namentlich maßgeblicher kirchlicher Entscheidungsträger in allen Konfessionen.

An Anbiederung faschistischer Politiker gegenüber den Kirchen hat es während der zwanziger und dreißiger Jahre nicht gefehlt. Besonders nicht von seiten der italienischen und spanischen Faschisten, aber auch nicht von seiten des deutschen Nationalsozialismus, der rüdesten Erscheinungsform des Faschismus. So heißt es im Punkt 24 des Parteiprogramms der NSDAP: »Die Partei als solche vertritt den Standpunkt des positiven Christentums, ohne sich konfessionell an ein bestimmtes Bekenntnis zu binden. Sie bekämpft den jüdisch-materialistischen Geist...«[1]

Umgekehrt haben es kirchliche Kreise nicht an Anbiederung fehlen lassen. So formierte sich auf seiten der Protestanten noch vor der Machtergreifung Hitlers die Bewegung »Deutsche Christen«, die im Mai 1932 ihre »Richtlinien« veröffentlichte; dort bekannte sie sich eindeutig zur »Rasse«, lehnte den »Geist des christlichen Weltbürgertums« ab, forderte den »Schutz des Volkes vor Untüchtigen und Minderwertigen« und untersagte aus diesem Grund ausdrücklich den Juden den Übertritt zum »wahren Glauben«.[2] Wenn auch nur ein Teil der Protestanten eine derartige Kirche billigte – spontan bildete sich eine antifaschistische Gegenbewegung unter dem Namen »Bekennende Kirche« (was damals einer Kirchenspaltung gleichkam) –, so haben die Vorgänge wieder einmal auf bestürzende Weise deutlich gemacht, daß Christen in der Orientierungskrise für intolerante Heilsbewegungen anfällig werden konnten. Nicht wenige Christen tragen ohnehin noch aufgrund ihrer »christlichen« Erziehung die Sehnsucht nach straffer, intoleranter Herrschaft in sich.

Die katholische Kirche, weil wesentlich zentralistischer gesteuert und von vornherein vor Spaltungstendenzen besser geschützt, hatte sich etwas mehr Zurückhaltung auferlegt. Und doch ließ der Hirtenbrief der Deutschen Bischofskonferenz Anfang Juni 1933 ebenfalls unverhohlen Sympathie gegenüber den neuen Machthabern erkennen. Es heißt dort: »Gerade in unserer heiligen katholischen Kirche kommen Wert und Sinn der Autorität ganz besonders zur Geltung und haben zu jener lückenlosen Geschlossenheit und Widerstandskraft geführt, die selbst unsere Gegner bewundern. Es fällt deswegen uns Katholiken keineswegs schwer, die neue starke Betonung der Autorität im deutschen Staatswesen zu würdigen.«[3]

Was Hitler an den Kirchen bewunderte

Adolf Hitler hat seinerseits den Kirchen ein Kompliment gemacht, auf das sie gewiß nicht stolz sein können. Er hegte gegenüber dem kirchlich organisierten Christentum eine mindestens ebenso zwiespältige Bewunderung wie umgekehrt eine Reihe von Christen gegenüber der straffen Organisation des Nationalsozialismus. In *Mein Kampf* gibt Hitler deutlich zu erkennen, daß ihn vor allem der Katholizismus, die Religion seiner Kindheit, auch noch im Erwachsenenalter beschäftigte. Was ihm allerdings in der Erinnerung besonders naheging, wirft ein bezeichnendes Licht auf sein Verständnis von Kirche.

In den Jahren 1896 bis 1898 besuchte Hitler die Klosterschule des Benediktinerstifts von Lambach (Oberösterreich), wo er »sehr gut lernte«, außerdem Chorknabe und Ministrant war. Anerkennend hob er im Blick auf diese Jahre hervor, er habe es genossen, sich »am feierlichen Prunk der äußerst glanzvollen kirchlichen Feste zu berauschen«, auch habe er damals davon geträumt, selber einmal Abt dieses Klosters zu werden.[4] Solche Kindheitsphantasien berühren sich in nichts mit der geistigen Substanz des Katholizismus, wohl aber mit dessen sozial bedingten Verschalungen, die Hitler durchaus mit der Substanz verwechseln mochte: so der emotional wirkungsvolle Einsatz von Ritual, so die klar durchstrukturierte Hierarchie (der Abt als der unantastbare Führer), so die unerschütterliche, durch höchste Autorität garantierte »Ordnung«.

Mit seiner verschwommenen Beziehung zum Katholizismus unterscheidet sich Hitler jedoch kaum von vielen unreflektierten, nur oberflächlich gläubigen »Christen«. Gefährlich werden erst die Konsequenzen, die der nationalsozialistische Ideologe dann aus der Gefühlslage zieht. So entwickelt Hitler in *Mein Kampf* unter der Überschrift »Die Leitsätze der Bewegung« folgende Logik: »Wie will man Menschen mit blindem Glauben an die Richtigkeit einer Lehre erfüllen, wenn man durch dauernde Veränderungen am äußeren Bau derselben selbst Unsicherheit und Zweifel verbreitet? [...] Auch hier hat man von der katholischen Kirche zu lernen. Obwohl ihr Lehrgebäude in manchen Punkten [...] mit der exakten Wissenschaft und der Forschung in Kollision gerät, ist sie dennoch nicht bereit, auch nur eine kleine Silbe von ihren Leitsätzen zu opfern. Sie hat sehr richtig erkannt, daß ihre Widerstandskraft nicht in einer mehr oder minder großen Anpassung an die jeweiligen wissenschaftlichen Ergebnisse liegt, die in Wirklichkeit doch ewig schwanken, sondern vielmehr im starren Festhalten an einmal niedergelegten Dogmen, die dem Ganzen erst den Glaubenscharakter verleihen. So steht sie heute fester den je. Man kann prophezeien, daß in eben dem Maße, in dem die Erscheinungen fliehen, sie selbst als ruhender Pol in der Erscheinungen Flucht immer mehr blinde Anhänglichkeit erringen wird. [...] Diese wichtige Erkenntnis mußte in der jungen nationalsozialistischen Bewegung ihre Verwertung finden. Die Nationalsozialistische Arbeiterpartei erhielt mit ihrem Programm der fünfundzwanzig Thesen eine Grundlage, die unerschütterlich sein muß. Die Aufgabe der heutigen und der kommenden Mitglieder unserer Bewegung darf nicht in einer kritischen Umarbeitung dieser Lehrsätze, sondern vielmehr in ihrer Verpflichtung auf sie bestehen.«[5]

»Glaube« hat »blind« zu sein, Dogmen müssen »starr« bleiben, »kritische« Diskussion über Für und Wider gilt als schädlich. Was hier als eine schlechte Kopie kirchlicher Fehlentwicklung anmutet, führt zu einer faschistischen Konsequenz, die letztlich auch den faschismusanfälligen Christen erschrecken muß. Hitler gibt in *Mein Kampf* zu verstehen, daß er solche »Tugenden« der Kirche nicht nur übernehmen, sondern das Gelernte gegen das Christentum selber kehren möchte. Er schreibt: »Auch das Christentum konnte sich nicht damit begnügen, seinen eigenen Altar aufzubauen, sondern mußte zwangsläufig zur Zerstörung der heidnischen Altäre schreiten. Nur aus dieser fanatischen Unduldsamkeit heraus konnte sich der apodiktische Glaube bilden; diese Unduldsamkeit ist sogar die unbedingte Voraussetzung für ihn. [...] Der einzelne mag heute schmerzlich feststellen, daß in die viel freiere antike Welt mit dem Erscheinen des Christentums der erste geistige Terror gekommen ist, er wird die Tatsache aber nicht bestreiten können, daß die Welt seitdem von diesem Zwange bedrängt und beherrscht wird, und daß man Zwang nur wieder durch Zwang bricht und Terror nur mit Terror. Erst dann kann aufbauend ein neuer Zustand geschaffen werden. Politische Parteien sind zu Kompromissen bereit, Weltanschauungen niemals. Politische Parteien rechnen selbst mit Gegenspielern, Weltanschauungen proklamieren ihre Unfehlbarkeit. [...] Da eine Weltanschauung niemals bereit ist, mit einer zweiten zu teilen, [...] fühlt [sie] die Verpflichtung, diesen Zustand und die gesamte gegnerische Ideenwelt mit allen Mitteln zu bekämpfen, das heißt, deren Einsturz vorzubereiten.«[6]

Spätestens solche Sätze müssen jedem Christen deutlich machen, daß ein Faschismus Hitlerscher Prägung bestenfalls bereit war, den Kirchen taktische Zugeständnisse zu machen. Aber keinesfalls konnte diese Ideologie das Christentum in seiner eigentlichen Substanz respektieren. Und doch ist in solchen Sätzen noch eine gewisse Verwandtschaft mit christlichem Absolutheitsdenken festzustellen – wenn auch eine Verbindungslinie zur pervertierten Tradition von Kirchenpolitik.

Was ist nun das zutiefst Unreligiöse und Antiidealistische, das den Faschismus gerade nationalsozialistischer Prägung selbst noch von der unduldsamsten und machtgierigsten Kirchenpolitik trennt?

Der tiefste Gegensatz

Dem Faschismus fehlt im Gegensatz zum Christentum – wie auch zu allen anderen Religionen – die Fähigkeit zur Transzendenz. Der Faschismus besitzt aber auch nicht, wie etwa der atheistische Kommunismus, die Kraft zu einer tragfähigen Sozialutopie. Faschistische Ideologen neigen von vornherein dazu, die sozialen Widersprüche, so schlimm sie auch sein mögen, als das Gegebene hinzunehmen, nicht sie zu überwinden. Wenn sich ein Faschist gegen Gewalt empört, dann gegen jene, die der eigenen Bewegung angetan wird, niemals gegen das Gewalttätige an sich.

Besonders kraß äußert sich die Mythisierung der Gewalt im deutschen Nationalsozialismus. Den Nationalsozialisten erscheint Gewalt als ein »Ur«-Prinzip der »Natur« und findet seinen tiefsten Ausdruck im Kampf der »Rassen« gegeneinander. Dieses Prinzip ist ihrer Meinung nach unaufhebbar, kann daher nicht hinterfragt, sondern nur anerkannt und gelebt werden. Bezeichnenderweise heißt es in *Mein Kampf*: »Demgegenüber erkennt die völkische Weltanschauung die Bedeutung der Menschheit in deren rassischen Urelementen. [...] Sie glaubt somit keineswegs an eine Gleichheit der Rassen, sondern erkennt mit ihrer Verschiedenheit auch ihren höheren und minderen Wert und fühlt sich durch diese Erkenntnis verpflichtet, gemäß dem ewigen Wollen, das dieses Universum beherrscht, den Sieg des Besseren, Stärkeren zu fördern, die Unterordnung des Schlechteren und Schwächeren zu verlangen. Sie huldigt damit prinzipiell dem aristokratischen Grundgedanken der Natur.«[7] »Natur« in diesem Sinne versteht Hitler als das »Göttliche«, doch mit einer Gottheit im herkömmlichen Sinn hat eine solche Setzung nichts mehr zu tun. Denn es fehlt jene Sehnsucht nach einer *anderen*, noch nicht gewordenen Wirklichkeit, mit der die unvollkommene Welt überstiegen, *transzendiert*, werden soll.

Bei Religionen äußert sich die Transzendenz im Entwurf einer Über-Welt, in der all jene Tugenden zur Entfaltung kommen, die im irdischen Dasein unterdrückt werden, sei es Friedfertigkeit, die Sehnsucht nach Harmonie und Ganzheit. Diese Über-Welt kann als ein jenseitiges Paradies gedacht sein, so im Christentum und Islam, oder als ein »Erlöschen« im Nirvana, so im Hinduismus und Buddhismus. Aber bei aller Verschiedenheit der Ansätze drängen die metaphysischen Entwürfe den Menschen hier wie dort dazu, dem Ungenügen bereits im Hier und Jetzt durch moralisches Handeln entgegenzuwirken – zur Vorbereitung auf die Vervollkommnung in der Über-Welt. Doch auch der Marxismus beweist, in anderer Form, Transzendenz. Denn auch er fordert ein »Übersteigen« der unvollkommenen Verhältnisse, selbst wenn er glaubt, den Zukunftstraum von »Erlösung« bereits in unserem irdischen Dasein verwirklichen zu können.

Auf den ersten Blick mag es zwar so erscheinen, als ob sogar Faschisten die Vorstellung von einer besseren Welt besäßen; ihre überstrapazierten Parolen von »Vaterlandsliebe«, »Volksgemeinschaft«, »Heldentum«, »Opferbereitschaft«, »Kameradschaft« scheinen derartiges zu signalisieren. Aber genauer betrachtet dienen solche Schlagworte, mit denen sie sich als »Idealisten« präsentieren, letztlich nur einem nationalistischen Gruppenegoismus übelster Sorte. Faschisten definieren dieses innerste Gesetz der kosmisch verstandenen »Natur« als »Kampf« mit allen Schrecknissen und Brutalitäten von Fressen und Gefressenwerden. Nicht zufällig hat Hitler sein weltanschauliches Bekenntnisbuch mit *Mein Kampf* betitelt. Entsprechend findet sich dort auch die zynische Logik, welche Nutzanwendung man aus der biologischen Mythologie des »Kampfes« für die praktische Politik zu ziehen hat: »Die breite Masse ist nur ein Stück der Natur, und ihr Empfinden versteht nicht den Händedruck von Menschen, die behaupten, Gegensätzliches zu wollen. Was sie wünscht, das ist der Sieg des Stärkeren und die Vernichtung des Schwachen oder seine bedingungslose Unterwerfung.«[8]

Eine solche Haltung bedeutet nicht nur eine radikale Absage an den Andersdenkenden – denn damit könnte ein Faschist noch mit vielen religiösen Fanatikern einig sein –, ein solcher Standpunkt bedeutet zusätzlich die Abkehr von aller Moral. »Stärke« und »Schwäche« ersetzen die Maßstäbe von »Gut« und »Böse«, und hierbei wird dem Stärkeren ein schrankenloses Ausleben seiner »vitalen Energien« zugebilligt; das »Recht des Stärkeren« ist ja auch eines der vielgebrauchten Schlagworte. Endgültig ist damit die Verantwortlichkeit für die »Schwachen« über Bord geworfen – eine Verantwortlichkeit, wie sie in verschiedenen Ausformungen sonst jede Religion, jede moderne Sozialutopie und in diesem Zusammenhang auch der Marxismus fordert.

Zynischen Machtmißbrauch und Blutvergießen finden wir zwar auch zur Genüge in der Geschichte des Christentums, des Islam, des Hinduismus wie des Buddhismus und genauso in der recht jungen Praxis marxistischer Heilsbewegungen. Aber: Wenn religiöse oder kommunistische Fanatiker zum Terror übergehen, so erwachsen aus den Reihen der jeweiligen Bewegung geradezu zwangsläufig Kritiker, die zur »Umkehr« aufrufen, zur »Rückbesinnung« auf das »Ideal«. Terror wird dann stets als eine Fehlentwicklung, als eine bewußte Mißachtung oder geistige Verirrung verstanden. Im Faschismus jedoch, besonders der nationalsozialistischen Ausprägung, ist Gewalt – so belegen ja gerade Sätze aus *Mein Kampf* – die treibende und »formende« Kraft des Daseins.

Folgerichtig bleibt der Faschismus unfähig, auch nur in irgendeiner Form etwas zur Utopie der Einen Welt, dem Bewußtsein einer völkerverbindenden Einheit beizutragen. Im Gegenteil, keine Ideologie ist mehr dazu berufen, dieses Ziel zu unterminieren. Besonders die nationalsozialistische Ideologie, die doch grundsätzlich die Völker in »Herren-« und »Sklavenrassen« scheidet, erhebt die Intoleranz zum ehernen Grundprinzip der Geschichte. Demgegenüber kann die Duldung fremder Weltanschauungen nur als eine abstrakte, letztlich nicht lebensfähige Künstlichkeit angesehen werden. Radikaler läßt sich der weltumspannende Dialog nicht verweigern.

Angesichts einer derartigen Negation rücken religiös Gläubige mit ethisch motivierten Atheisten sogar ganz ungewollt zusammen: Mögen sie auch eine unterschiedliche Vorstellung von Transzendenz und Moral haben, beide Seiten verfügen über Transzendenz *und* Moral – und damit auch über die Fähigkeit, ihr Denken ständig neu auf die Erfordernisse eines Zusammenlebens der *ganzen* Menschheit hin zu orientieren. Das Bewußtsein einer solchen Gemeinsamkeit, wie es immer noch nicht selbstverständlich ist, müßte eine bessere Verständigung über die Gräben hinweg möglich machen.

Dialog und Abgrenzung

Die letzte Konsequenz der Aufklärung

Die Menschheit eine große Familie. Nicht mehr die Schranken zwischen den Weltanschauungen, Religionen, Rassen, Klassen, Nationalitäten und Kulturen…

Dies ist eine typisch moderne Utopie, gerade drei bis vier Jahrhunderte alt, geboren aus dem Geist der Aufklärung. Und doch ist diese Utopie nicht ohne Vorläufer. Denselben Traum haben in Teilstücken schon verschiedene Religionsstifter geträumt, Jesus ebenso wie Mohammed oder Buddha. Es ist der Traum einer weltumspannenden harmonischen Internationalität. Aber: Weltanschaulicher Pluralismus ist in den Zukunftsverheißungen von Religionsstiftern nicht oder nur gering dosiert vorgesehen. Bei ihnen fußt die Utopie vom Bewußtsein der »einen« Welt auf Voraussetzungen, wie sie für unsere Moderne nur noch bedingt tragfähig sein können.

Die Probleme beginnen schon massiv im Christentum. Sobald nämlich ein Christ von der »einen« Welt, von der Völker»familie« spricht, kann er sich gemäß seiner herkömmlichen Maßstäbe nur eine Menschheit vorstellen, die friedlich unter dem Zeichen des Kreuzes geeint ist. Ähnliches gilt für die zweite große monotheistische Religion, den Islam. Ein Muslim sieht die Völker erst dann an das Ziel ihrer Entwicklung gekommen, sobald alle Welt engagiert nach den Vorschriften des Koran ihr Leben gestaltet. In diesem Sinn verstehen sich Christentum wie Islam als Weltreligionen.

Hindus und Buddhisten scheinen auf den ersten Blick nicht derart der Menschheit den Stempel *eines* ausschließlich geltenden Denkens aufdrücken zu wollen. In ihren Zukunftsvisionen scheint die »eine« Welt durchaus weiterhin aus verschiedensten Glaubensbekenntnissen bestehen zu dürfen, ohne daß die Gegensätze schon als negativ einzustufen wären. Aber Hindus fordern, die Anhänger unterschiedlichster Religionen sollten ihre Gottheiten als »Teil des Ganzen« begreifen, nämlich als Erscheinungsformen aus der unendlichen Vielfalt des hinduistischen Pantheon; gemäß dieser Logik können fremde Glaubensbekenntnisse nur dann voll anerkannt werden, wenn sie sich hinduisieren. Entsprechend bezeugen Buddhisten anderen Religionen und Weltanschauungen ihren Respekt; sie billigen ihnen zu, auf ganz unterschiedliche Weise eine Vorstufe und Vorbereitung zu der letztlich alles überwölbenden Einsicht zu bilden, wie man unter der Anleitung Buddhas den Pfad zur Erlösung beschreitet.

Die großen klassischen Religionssysteme der Menschheit sind so lange nicht in Konflikt mit ihren Überlegenheitsphantasien geraten, als sich die Gläubigen der Illusion hingeben konnten, letztlich könne die eigene Anschauung beim Zusammenprall mit anderen Religionen und Philosophien stets triumphieren. Diese Illusion ist durch die Entwicklung der letzten Jahrhunderte gründlich entzaubert worden – und zwar für alle traditionsreichen Denksysteme.

Besonders Christen und Muslime haben die Lektion als bitter empfinden müssen, weil sie, die Monotheisten, kompromißloser als die Gläubigen anderer Weltreligionen davon ausgingen, die Menschheit würde sich schrittweise zum allein wahren Glauben bekennen, und darin nur könne der Sinn aller historischen Entwicklung liegen. Heute sind gerade Christen und Muslime mit der Erfahrung konfrontiert, daß es innerhalb fremder Kulturen Widerstände gegen ihren Ausdehnungsdrang gibt, die keine noch so eifrige Missionsarbeit überwinden kann.

Einsichtige Christen haben aus diesen veränderten Gegebenheiten die Konsequenz gezogen, indem sie sich schrittweise zur »Ökumene« bekannten, zuerst zum verstärkten Dialog mit anderen christlichen Konfessionen, dann auch mit anderen Religionen; und schließlich haben ranghohe kirchliche Würdenträger offiziell zu erkennen gegeben, daß nicht mehr eine völlig »christianisierte« Welt das Ziel der Missionsbemühung sein solle. Zwar haben die Kirchen hiermit den traditionellen Absolutheitsanspruch nicht wirklich zurückgenommen, aber sie dämpfen ihn erheblich, widerrufen allen Fanatismus, der den Andersgläubigen keinen Raum lassen will, und betonen stärker als bisher gewisse Gemeinsamkeiten mit fremden Religionen. Ranghohe Vertreter des Islam sind ihrerseits, wie wir an verschiedenen Beispielen gesehen haben, mit entsprechender Haltung aufgetreten.

Alle engagierten Befürworter eines Dialogs haben jedoch mit konservativem Widerstand in den eigenen Reihen zu kämpfen.

Mehr noch: Reformwillige schränken teils selber die »Öffnung« wieder ein, sobald das Umdenken Perspektiven eröffnet, wodurch bisherige Traditionen stärker als erwartet in Frage gestellt sein könnten.

Schwer wird es für viele Gläubige bereits im abendländischen Raum, jenen Weg konsequent zu Ende zu denken, den die Aufklärung seit dem 18. Jahrhundert zu beweisen begonnen hat. Für den modernen Menschen kann es keine absolute Gewißheit mehr geben. Jeder, ob er will oder nicht, ist mit einer Vielfalt von Wertsystemen konfrontiert. Und so sieht sich der Gläubige von heute unausweichlich auf die Frage zurückgeworfen, aus welchen Gründen er denn an *seinem* Wertsystem festhält, in das er »zufällig« hineingeboren wurde. Derjenige, der von vornherein alle Auseinandersetzung mit solch spezifisch moderner Problematik verweigert, kann zwar unverändert seinen traditionellen Werthorizont erhalten – aber um welchen Preis: Er koppelt sich von der Wirklichkeit und ihrer Vielfalt an Alternativen ab, ohne völlig von der Furcht loszukommen, daß diese Wirklichkeit ihn irgendwann einmal geistig in die Enge treibt. Seine Furcht kann in Resignation umschlagen oder – was die Fundamentalisten beklemmend praktizieren – in einen ideologisch forcierten Aufstand gegen die Moderne. Aber selbst die tatkräftigsten politischen Aktivitäten in die letztere Richtung bedeuten nur Flucht, eben Flucht nach vorne. Und eine solche fundamentalistische Entwicklung schaukelt das ohnehin schon sehr verbreitete Vorurteil weiter auf: Religion sei vor allem ein Auffangbecken für jene, die vor der Herausforderung ständiger Neubesinnung und Neuorientierung verschreckt zurückweichen.

Das Christentum und der Islam als monotheistische Religionen haben, wie ausführlich erörtert, in der Auseinandersetzung mit modernem Pluralismus gegen andere Schwierigkeiten anzukämpfen als der Hinduismus und der Buddhismus. Für Christen wie für Muslime gibt es ja von ihrem traditionellen Verständnis her eine absolute Offenbarung: Entweder sind Propheten und die Evangelisten irrtumsfrei durch den »Heiligen Geist« inspiriert, und so ist die Bibel entstanden, oder Gott hat die Botschaft Mohammed direkt Wort für Wort eingegeben, und so ist der Koran entstanden. Jede Sinndeutung, die dem jeweiligen heiligen Buch nicht voll entspricht, muß im Namen der ganzen Menschheit als »Irrtum«, als »nicht zum Heil führend« abgelehnt werden. Undenkbar bleibt für die Orthodoxen beider Weltreligionen die Auffassung jener Gläubigen, die geistig durch die Aufklärung hindurchgegangen sind: Alle heiligen Schriften seien in ihrer Aussage von zeitbedingten Traditionen und Denkmustern abhängig. Insofern seien spätere Generationen gezwungen, den vorgegebenen Sinnhorizont stets neu, auf die eigene Zeit bezogen, auszudeuten.

Was Orthodoxen an diesem Bewußtseinswandel besonders anstößig erscheint, ist der Verlust des unveränderbaren Maßstabs, der metaphysisch unumstößlichen Geborgenheit. Und noch mehr: Die Gewißheit, mit dem eigenen Glauben im Zentrum der »Wahrheit« zu wohnen, ist erschüttert. Denn das historisch-kritische Denken hat die weitere Überlegung zur Folge, daß andere Religionen am Absoluten möglicherweise gleichwertig teilhaben könnten: Alle Glaubensformen würden so nur Annäherungen aus völlig verschiedenen Richtungen bieten, würden mehr oder weniger Bruchstücke, nicht aber das »Ganze« in seiner reinen, unverstellten Erscheinung erfassen. Für den einzelnen Menschen wird es von daher tatsächlich nur noch zu einer Angelegenheit des Glaubens, keineswegs des gesicherten Wissens, welcher Religion er sich anvertrauen soll.

Daß dieses Denken nicht allein eine Konsequenz moderner abendländischer Aufklärung ist, dürfte durch die Ausführungen des Buches deutlich geworden sein. Ich möchte in diesem Zusammenhang auf jenen muslimischen Theologen zurückkommen, mit dem ich in Tunesien ein Gespräch über »Orthodoxe« und »Freidenker« im Islam geführt habe.[1] Als wir die Frage berührten, welche Religion denn nun der »Wahrheit« am nächsten sei, präsentierte er eine verblüffend anschauliche Antwort. Er zeichnete mit dem Finger einen imaginären Punkt auf die Tischplatte und sagte, dort befinde sich die Wahrheit. Dann zog er um den Punkt Kreise in verschiedenen Abständen und erklärte: Dies seien die einzelnen Religionen, die einen dem Absoluten etwas näher, die anderen etwas ferner, keine berühre sich jemals in ihrer Kreisbewegung mit dem Punkt in der Mitte. – Welche Religion aber seiner Meinung nach diesem *einen* Punkt am nächsten sei, wollte ich wissen. – Das, so antwortete er, müsse jeder Gläubige für sich selber klären. Er berief sich mit seiner eigenen Weltanschauung auf muslimische Denker des 13. Jahrhunderts wie Avicenna, Dschelaleddin Rumi und Ibn Al Arabi, wegweisende Philosophen, die leider im modernen Islam viel zu wenig Beachtung fänden, ja von der Orthodoxie gar als Ketzer beargwöhnt würden.

Hindus und Buddhisten haben es von vornherein leichter, auf den religiösen Pluralismus der Moderne angemessen zu reagieren. Denn im Unterschied zu Christen und Muslimen ist es ja ihrer Tradition fremd, an eine eindeutige Erkennbarkeit Gottes zu glauben, und so neigen sie auch viel weniger dazu, die Gottesvorstellungen anderer Religionen als »falsch« zu diffamieren und verächtlich zu machen. Keine der heiligen Schriften ist nach Ansicht der Hindus und Buddhisten von einer Gottheit persönlich diktiert oder inspiriert und damit unantastbar auf die Menschen zugekommen. Stets erscheinen Aussagen über das Absolute durch die »Illusion«, das begrenzte Wahrnehmungsvermögen des Menschen, gefiltert und sind anders gar nicht vorstellbar. Ein Denken in dieser Hinsicht nimmt manches von der Erkenntniskritik der Aufklärung vorweg.

Zu krassen Diskrepanzen und nur schwer überbrückbaren Gegensätzen kommt es dagegen in hinduistischen Gesellschaften, wenn ihr traditionelles Sozialsystem mit dem pluralistisch ausgerichteten Sozialsystem der Moderne zusammenprallt. Hindus neigen ja in einem solchen Fall mehrheitlich dazu, die eigene Tradition als »göttlich« und nicht hinterfragbar zu definieren – und in dieser Hinsicht haben es orthodoxe Hindus schwer, einen Weg in das 20. Jahrhundert zu finden; von einer erweiterten utopischen Perspektive für das 21. Jahrhundert kann hier gar nicht die Rede sein. In abgeschwächter Weise gilt Ähnliches für die Buddhisten. Im sozialen Denken sind sie teils starr traditionsverhaftet und wehren sich gegen Einflüsse von außen, so beweglich sie im Religiös-Dogmatischen sind. Aber da ihre Sozialordnung nicht wie bei den Hindus religiös begründet ist, wird es ihnen leichter werden, Verkrustungen aufzubrechen. Buddhisten kämpfen hier mit Schwierigkeiten jener Art, wie sie die Europäer vor dem Eintritt ins Industriezeitalter mit ihren feudalistischen Traditionen zu bewältigen hatten. Von daher sind die Buddhisten dem 21. Jahrhundert näher als die Hindus.

Geistig gerüstet sein für das 21. Jahrhundert – dies heißt für alle Religionen, den Pluralismus über das bloße Lippenbekenntnis hinaus zu bejahen, ja ihn gar zur innersten Sache zu machen. Dieser Wandel hat allerdings erst in Ansätzen begonnen; er ist mehr Entwurf als schon konkret durchgesetzte Realität. Vor allem ist noch kein Rezept gefunden, eine Brücke zwischen den Vordenkern und den Massen der Gläubigen zu schlagen.

Aber wenn es heute für alle darum geht, den Pluralismus der Aufklärung konsequent zu Ende zu denken, so offenbart dieser Appell eine neue Schwierigkeit. Auch die engagiertesten Aufklärer müssen sich selbstkritisch fragen, inwieweit sie selber schon pluralistisch genug denken.

Wo die Aufklärung noch nicht konsequent ist

Die emanzipatorische Kraft, die in den Idealen der Aufklärung steckt, braucht nicht mehr besonders hervorgehoben zu werden. Wohl aber eine gewichtige, kaum zufällige Fehlentwicklung. Im Sendungsbewußtsein der europäischen Aufklärung selber entfaltet sich ein Denken, das – uneingestanden – an die angeblich überwundenen Absolutheitsansprüche der Kirchen anknüpft.

Liberale ersetzen nur allzugerne das klassische Wertungsgefälle »gläubig« und »ungläubig«, »christlich« und »heidnisch« durch die ebenso unversöhnliche Polarisierung von »fortschrittlich« und »rückständig«, »entwickelt« und »unterentwickelt«, »modern« und »veraltet«. Liberale lehnen zwar durchweg ab, daß »Fanatiker« im Namen Christi nichtchristliche Religionen bekämpfen. Aber viele von ihnen sehen ungerührt zu, wenn Andersgläubige in Asien und Afrika durch den Zusammenprall mit der westlichen Zivilisation eine schwere Identitätskrise durchmachen. Auch Liberale argumentieren oft genug – trotz subjektiv ehrlichem Bekenntnis zur Toleranz –, daß eine fremde Religion, wenn sie dem Ansturm »moderner« Ideen und Lebensformen nicht standhalte, eben ihre »Rückständigkeit« beweise; und das heißt: Man brauche nichts zu unternehmen, um die Zerstörungsmaschinerie gegen sie aufzuhalten, ja, im Interesse des »Fortschritts« sollte man gar das Absterben aller nichtanpassungsfähigen Religionen fördern. (Was unter »rückständig« zu verstehen ist, bestimmen die Liberalen.)

Die ganze Menschheit auf ein uniformes Ziel hin einzuschwören – eine gemeinsame Ideologie (»Fortschritt«), eine genormte Denkform (Rationalismus) und eine einheitliche Lebensweise (westliches Verhalten) –, dies alles erinnert in den Grundlinien an die Zielsetzung zumindest der Weltreligionen Christentum und

Islam, nur daß die Inhalte bei den säkularen Missionen von heute entschieden gewechselt haben. »Wir leben im Zeitalter eines globalen, sich fortwährend vervollkommnenden Positivismus«, so hat dies einmal Alexander Mitscherlich formuliert. »Wie wir auf der Seite politischer Entwicklung nicht die Tendenz zum Einparteienstaat zu hemmen vermochten, so in unserer denkenden Rechenschaft auch nicht das rasante Ausbreiten eines Selbstverständnisses, das sich nur noch in einem einheitlichen Denkstil, nämlich dem naturwissenschaftlichen, wiederzuerkennen vermag.«[2] Gerade von dieser Haltung nimmt sich der Liberale oft nicht aus, so sehr er sonst geneigt sein mag, aus seinem Demokratieverständnis heraus bedrohte religiöse und ethnische Minderheiten in Schutz zu nehmen. Auf höherer Ebene ist er sich häufig genug mit weniger liberal gesinnten Europäern und Amerikanern einig, daß die zukünftige *eine* Welt nur nach einheitlichen Prinzipien unserer westlichen, technisch-rationalen Zivilisation geformt sein kann. In diesem Sinn ist der Aufklärer ebenfalls anfällig für einen totalitären Universalismus.

Demnach braucht es nicht zu wundern, wenn Völker der sogenannten Dritten Welt uns »Weiße« gar nicht so sehr nach der geistigen und politischen Herkunft unterscheiden, ob wir nun Angehörige eines bürgerlich-demokratischen Staatswesens oder kommunistischer Diktaturen sind, ob wir als Christen, religiös Gleichgültige oder Atheisten auftreten. Sie entdecken zuallererst, daß die meisten von uns eine fremde Kultur als »unterentwickelt« einstufen, nur weil diese auf anderen Gebieten als das Abendland ihre höchsten Leistungen vollbracht hat.

Je differenzierter und traditionsreicher die verächtlich gemachte Kultur aber ist, um so mehr müssen sich die Einheimischen in ihrem Stolz getroffen fühlen. Von daher ist es nur folgerichtig, wenn Völker der Dritten Welt sich teilweise sehr aggressiv und ressentimentgeladen gegen den Druck der Anpassung an westliche Normen wehren, besonders dann, wenn dieser Druck ihre religiösen Traditionen gefährdet. Wir neigen gerne dazu, derartige Abwehrbewegungen gegen den Vormarsch unserer Zivilisation als »Intoleranz« zu brandmarken, und wir haben auch das Recht, »Fanatiker« abzulehnen, die »Haß predigen« und Andersdenkende sogar in den eigenen Reihen mit Terror einschüchtern. Wir werden jedoch unglaubwürdig, wenn wir nicht selbstkritisch nach unserer

Mitschuld an manchen dieser zugespitzten Entwicklungen fragen und, anstatt billig zu moralisieren, nicht die Konfliktursachen zu korrigieren versuchen.

Falsch verstandene »Öffnung« zu fremden Religionen

Liberale nehmen naturgemäß das Toleranzideal der Aufklärung am ehesten ernst. Aber gerade wenn Liberale selber religiös sind, ja sich als engagierte Christen verstehen und »im Geist Christi« den Andersgläubigen zuerst einmal als »Menschen« ansehen, können sie in der Bewertung einer fremden Religion sehr befangen – ja abwertend – bleiben.

Falls etwa ein Liberaler voll guten Willens argumentiert, in den fremden Glaubensinhalten sei »auch Wertvolles« enthalten, oder gar, diese Ideale seien »eigentlich sehr christlich«, dann wird ein Muslim, Hindu oder Buddhist seine Religion mißverstanden fühlen. Der Liberale hebt ja nur all jene Denkmodelle, Moralvorstellungen und Traditionen lobend hervor, die sich für ihn ohne größeren Widerstand in den christlich-abendländischen Werthorizont einbeziehen lassen. Er unterschlägt aber alles, was ihm an der fremden Religion unverständlich bleibt, was seiner christlich vorgefaßten Perspektive entgegensteht – er kann dann sogar in althergebrachtem kirchlichen Verständnis verschiedene Tendenzen schroff verurteilen, ohne je tiefer in das andersartige Denken eingedrungen zu sein. Fremde Religionen geraten so in die Lage, letztlich eben doch nur als bedeutsame Nebenströme oder vorbereitend für ein universales Christentum gedeutet zu werden.

Einen entscheidenden Schritt weiter geht erst jener Liberale, der nicht zögert, den Islam, den Hinduismus, Buddhismus und weitere Religionen mit all ihrer Andersartigkeit ähnlich hoch einzustufen wie das Christentum oder gar exakt auf dieselbe Stufe zu stellen. Und doch neigt auch er teilweise dazu, an den fremden Bekenntnissen nur das gelten zu lassen, was ihm als Tendenz ohnehin geläufig ist, wenn nicht in der eigenen Religion, so doch in der eigenen Kultur und Gesellschaft. Er ist »tolerant« genug, um beispielsweise die »progressiven« Ideale innerhalb aller bedeutsamen Religionen gebührend zu würdigen, und möglicherweise geht er noch einen Schritt weiter und wünscht sich eine Zukunft, wo die Weltreligionen sich nicht nur annähern, sondern in ihren besten Qualitäten miteinander verschmelzen. Trennende Unterschiede sollen so weit wie möglich verschwinden, so daß sich der weltbürgerlich gesinnte Christ ohne größere Hemmnisse mit dem weltbürgerlich gesinnten Muslim, Hindu und Buddhisten identifizieren kann. So verführerisch eine solche Zielsetzung ist, birgt sie doch die Tendenz in sich, daß alles, was nicht von möglichst vielen Völkern aus verschiedenen Kulturen gleichermaßen verstanden werden kann, als absonderlich und unwichtig abgetan wird.

Den vielen lokal gebundenen Traditionen räumt der liberale Aufklärer dann bestenfalls eine skurril-exotische, folkloristische Bedeutung ein. Ja, er neigt dazu, solche Traditionen als störenden Ballast zu empfinden, auch wenn er an ihnen keinerlei einschnürende Lebensbedingungen feststellen kann. Selbstverständlich wird ihm niemand das Recht abstreiten können, gegen Witwenverbrennungen in Indien oder gegen die Ungerechtigkeiten des Kastensystems Stellung zu beziehen – hier sprechen viele Hindus ebenfalls von einer bedenklichen Fehlentwicklung ihrer Religion. Selbstverständlich wird er auch seine Bedenken gegen die Unterdrückung der Frau im islamischen Patriarchat äußern können, ebenso gegen die starre Orthodoxie verschiedener Korangelehrter – hier weiß er sich einig mit reformwilligen Muslimen. Selbstverständlich wird er sich gegen den üppig wuchernden Aberglauben im Buddhismus aussprechen können – das tun viele Buddhisten ebenfalls. Entscheidendes Kriterium sollte sein, als Beobachter aus abendländischer Sicht zuerst einmal darauf zu achten, wie nun die Betroffenen einer fremden Religion selber die Probleme ihres Glaubens empfinden. Bestenfalls kann der Liberale als Außenstehender innerhalb der aufbrechenden Fronten Partei ergreifen.

Oft aber orientiert sich der gutmeinende Liberale gar nicht an den realen Konflikt der Andersgläubigen, sondern trifft seine Definition, indem er unreflektiert Wertsysteme aus der eigenen abendländischen Kultur überträgt. Möglicherweise bezeichnet er manche Tradition als »einengend«, nur weil sie seinem individualistischen Lebensgefühl verständlicherweise so erscheinen mag, er hält es aber von vornherein für ausgeschlossen, daß eben diese Tradition für die Mehrzahl der Einheimischen ein unverzichtbares Ordnungsgerüst bedeutet. Angesichts solch verschiedener Perspektiven kommt dann der Liberale aus westlichen Industriegesellschaften in die Gefahr, mit seinen Argumenten von keiner geistigen Gruppierung einer fremden Kultur mehr wirklich verstanden zu werden.

Noch viel eindeutiger stellen sich solche Dialogprobleme für diejenigen unter uns, die den fremden Religionen mit einer Art schwärmerischer Inbrunst begegnen. Sie gehen im Extremfall so weit, alles »Östliche« als Quell der Weisheit zu verehren und alles »Westliche« einschließlich des Christentums schroff als zweitausendjährige Fehlentwicklung abzuqualifizieren. Ungeachtet der Tatsache, daß sie auf diese Weise dem altgewohnten Schema christlicher Intoleranz treu bleiben und nur radikal die Fronten wechseln, beanspruchen gerade sie, toleranter als alle anderen zu sein: denn sie haben angeblich alle abendländischen Vorurteile gegenüber nichtchristlichen Religionen über Bord geworfen. Sie dehnen teilweise ihre »Toleranz« so weit aus, daß sie sich nicht nur einem der fremden Glaubensbekenntnisse mit Inbrunst zuwenden, sondern gleich mehreren. Dieses Kunststück bringen sie fertig, indem sie vorgeben, aus den verschiedensten Religionen die »Essenz«, das »Mystische« herauszukristallisieren (was auch immer sie im betreffenden Fall unter »mystisch« verstehen mögen). Solche Sinnsucher können auf die Frage nach ihrem Glauben sich mal als »Hindu«, »Buddhist«, »Muslim« (hier vor allem als »Sufi«) bezeichnen oder von vornherein behaupten, das »Tiefste« in all den Glaubensrichtungen sei sich ohnehin »ähnlich«.

Wenn solche Sinnsucher aber vorgeben, diese fremden Religionen sehr zu schätzen, dann beruht ihre Sympathie oft nur auf einer sehr ausschnitthaften Wahrnehmung. Falls sie bei Sufis und Yogis auf betont rational ausgeprägte Philosophien stoßen sollten, blenden sie diese Elemente meist aus ihrem Weltbild aus – schließlich haben sie überwiegend der abendländisch »rationalistischen« Fehlentwicklung den Rücken gekehrt und wollen nun im Fluchtraum einer fremden Kultur nicht auf andere Weise wieder durch intellektuell sperrige Inhalte behelligt werden.

Derartige Irrationalisten sind zwar auf ihre Weise »offen« für Fremdartiges und heben sich wohltuend von herkömmlicher Intoleranz ab. Aber Muslime, Hindus und Buddhisten werden in einer solchen Religiosität nur wenig von ihrer eigenen Lehre wiedererkennen, denn es fehlen weitgehend die notwendigen Unterscheidungen, Differenzen, Spannungsbögen und Gegensätze.

Alles verstehen, alles dulden, nichts mehr wirklich ablehnen müssen. Eine solche Zukunftsvision, die im ersten Augenblick etwas Verführerisches an sich hat, setzt voraus, daß alle Religionen und Weltanschauungen sich letztlich ergänzen, nur verschiedene Teile sind und sich bei geschicktem Arrangement nahtlos zu einem »Ganzen« zusammenfügen. Aber gerade dieses Konzept scheitert an der widersprüchlichen, äußerst komplexen Realität der Kulturen und Religionen.

Hierzu paßt die bissige Kritik des französischen Kulturphilosophen Pascal Bruckner, die er bereits 1983 über diese Art von tolerantem Weltbürger abendländischer Herkunft geäußert hat: »Aus seiner Sicht ist es unerheblich, ob das höchste Wesen Gott, Jahve, Allah, Brahma, Buddha, Isis oder Osiris heißt. Er will auf Weltebene und nicht länger auf nationaler Ebene denken. [...] Und er kann sich so gleichermaßen zum Erben Bossuets, Lao-Tses, Platos, Mohammeds und Ramajunas erklären, [...] ohne zu fragen, wie man so viele widersprüchliche Bilder, so feindliche oder unterschiedliche Philosophien vereinheitlichen kann. [...] Die weltumspannenden Denkweisen sind nur noch ein schlecht zusammengenähtes Patchwork von [...] Glaubensbekenntnissen, die wie Perlen aneinandergereiht werden, ohne daß man sich um Stimmigkeit oder eine historische Perspektive bemühte. Diese ungeheuerliche Bouillabaisse verbindet natürlich eine komplette Unkenntnis der verschiedenen Traditionen mit einer tiefen Geringschätzung jeder einzelnen von ihnen.«[3]

Europäer neigen teilweise dazu, Hinduismus und Buddhismus als *den* Schlüssel zur Lösung aller metaphysischen Pluralismusprobleme zu verstehen. In beiden Religionen ist ja davon die Rede, sämtliche Glaubensbekenntnisse seien nur als »Teile des Ganzen« zu begreifen, etwas zutiefst Gemeinsames verbinde alle Gläubigen. Doch übersehen wir im Westen nur gar zu gerne, daß hinduistische wie buddhistische Philosophen betonen, die verschiedenen Denkformen und Kulturtraditionen seien gerade in ihren Unterschieden unaufhebbar.

Hindus wie Buddhisten bezeichnen zwar jede Trennung in der denkenden Wahrnehmung als »vordergründig«, aber je fundierter sie argumentieren, um so entschiedener verweisen sie darauf: Der

Intellekt könne aufgrund seiner Beschaffenheit gar nicht anders, als die Vielfalt des Geistigen nur in schwer vereinbaren Unterschieden, ja in komplexen Widersprüchen zu erfahren. Das Bewußtsein von der »Einheit« hinter den Widersprüchen sei allein eine mystisch erlebbare, allem Begrifflichen nicht zugängliche Dimension. Von daher erteilen diese Denker jedem Versuch eine Absage, etwa aus den philosophischen Grundwahrheiten verschiedenster Religionen intellektuell eine alles überwölbende Einheits-Wahrheit mit klarer dogmatischer Begrifflichkeit herauszukristallisieren. Folgerichtig konnte die einst aufsehenerregende, synthetisch gezimmerte Universal-Religion des Mogul-Kaisers Akbar bei den »universal« denkenden Hindus keine größere Resonanz finden. Dabei hat sich Akbar, wie schon erörtert[4], gerade von hinduistischer Philosophie beeinflussen lassen.

»Der beste Weg, um einem Hindu zu helfen, ist, ihn zum besseren Hindu zu machen, ebenso wie der beste Weg ist, einem Christen zu helfen, wenn man ihn zum besseren Christen macht«, so sagte Mahatma Gandhi stellvertretend für viele Neo-Hinduisten und Neo-Buddhisten.[5] Und: »Was der Augenblick fordert, ist nicht eine Einheitsreligion, sondern gegenseitige Achtung und Toleranz der Gläubigen der verschiedenen Religionen. Wir erstreben keine tote Gleichmacherei, sondern Einheit in der Verschiedenheit. Jeder Versuch der Ausrottung der Traditionen, die aus Erbschaft, Klima und sonstigen Umweltbedingungen stammen, ist nicht nur zum Scheitern verurteilt, sondern ist ein Sakrileg. Die Seele der Religionen ist eine, aber sie ist in eine Vielfalt von Formen eingeschlossen.«[6]

Von prominenter muslimischer Seite kenne ich ein derart eindeutiges Bekenntnis zum Pluralismus der Religionen nicht, es sei denn von denen, die sich zum (hinduistisch und buddhistisch beeinflußten) Sufismus bekennen und hierbei die Philosophie eines Dschelaleddin Rumi oder Ibn Al Arabi zitieren; ich habe vereinzelt auf Reisen, mehr noch in Europa mit solchen Gläubigen gesprochen. Allerdings findet man unter muslimischen Intellektuellen eine ganze Reihe, die den Dialog mit anderen Religionen in dem Sinn befürworten, daß der Islam versuchen solle, »alle Werte, die mit seinem Zeugnis vereinbar sind, zu integrieren«. So hat dies, stellvertretend für andere, Mohammed Talbi, Professor an der Philosophischen Fakultät Tunis, formuliert. Indirekt läßt sich aus seinen

Erörterungen ein Bekenntnis zu einem weitreichenden religiösen Pluralismus ablesen, spricht er doch, was die Situation unserer Gegenwart betrifft, von einer »Welt, die mehr und mehr ohne Grenzen ist«.[7]

Zahlreiche zustimmende Kommentare zur Vielfalt der Religionen und Weltanschauungen lassen sich natürlich für den abendländischen Raum zitieren, wo die Aufklärung religiöses Denken auf diese Richtung hin sensibilisiert hat. Ich will mich mit einer Stellungnahme begnügen, die ganz meinem eigenen Verständnis entspricht, weil in ihr das mir ideal erscheinende Gleichgewicht von Öffnung zum Dialog und gleichzeitiger Abgrenzung enthalten ist. Das Argument stammt vom agnostisch gesinnten Publizisten Gerhard Sczcesny, es könnte aber ebenso von einem gläubigen Christen formuliert sein, sofern er geistig konsequent durch die Aufklärung hindurchgegangen ist: »Und ich beanspruche auch das Recht, andere Menschen von der Richtigkeit dieses meines Weltbildes zu überzeugen. Aber ich glaube deshalb doch nicht, daß ein Mensch nur dann menschlich leben und in eine sinnvolle Beziehung zum Weltganzen treten kann, wenn er meine Anschauung teilt. Wen meine Anschauungen nicht erreichen, der ist in seinem Glauben besser aufgehoben. Und obwohl ich davon überzeugt bin, daß er eine falsche Vorstellung von gewissen Zusammenhängen hat, meine ich doch nicht, daß er deshalb ein verfehltes Leben führt.«[8]

Wenn wir also an einem Dialog der Religionen und Weltanschauungen festhalten wollen, darf dies nicht in der Illusion geschehen, man könne trennende Gegensätze überhaupt beseitigen. Denn dies hieße, eine »Menschheitsfamilie« unter dem Diktat einer Einheitsweltanschauung mit nur verschiedenen Varianten anzustreben. Und ein derartiger Zukunftswunsch hätte letztlich nur eine verhängnisvolle Wirkung. In solchem Umfeld könnten dann um so leichter Ideologien und Glaubensfanatiker Erfolg haben, die gerade ihr Wertsystem als die konfliktüberwindende Erlösung für *alle* Menschen anpreisen.

Wenn wir tatsächlich einen echten Pluralismus, eine bunte Vielfalt an Kulturen und Religionen in unserer Weltgesellschaft wollen, so ist dies nur unter einer Bedingung möglich: Wir müssen jedem Andersgläubigen und Andersdenkenden die Entscheidung selber überlassen, inwieweit er bereit ist, sich einer fremden Kultur zu öffnen. Wir können von niemandem erwarten, unsere Religionen,

Ideologien und Lebensformen auch nur in bestimmten Aspekten für nachahmenswert zu halten – selbst wenn wir selber fest davon überzeugt sind, daß das Abendland allgemeinverpflichtende Werte für die ganze Menschheit zu bieten hat.

Sofern Völker fremder Kulturkreise manche unserer zentralen geistigen Errungenschaften aus uns unbegreiflichen Gründen zurückweisen, können solche Abwehrbewegungen nur Anlaß sein, vertieft über den Konflikt nachzudenken. Umgekehrt können wir von der anderen Seite dieselbe Bereitschaft einfordern. Wir alle werden einen Rest von Fremdsein und Befremden(!) als eine logische und natürliche Konsequenz im großen Dialog zu bejahen haben. Erst dann beweisen wir als Außenstehende unseren vollen Respekt vor anderen Kulturen und Religionen.

Anmerkungen

Einleitung: Die vernachlässigte Perspektive

1 Religionen der Welt auf dem Vormarsch. In: Kurier (Wien), 16.9.87.
2 Die Zahl der Atheisten wächst. In: Rheinischer Merkur, 8.1.88.
3 Quelle: World Christian Encyclopedia 2000. Zitiert nach Der Spiegel 41/2001, S. 162.
4 Eugen Biser: Überbrückt die Gräben. In: Die Presse (Wien), 18./19.3.89.
5 Langer: Warum noch Religionsunterricht?
6 Der Spiegel, 1989/Nr. 30, S. 46.
7 Süddeutsche Zeitung, 11./12.2.89, S. 4.
8 Frankfurter Allgemeine Zeitung (FAZ), 10.11.98, S. 5.

ISLAM – CHRISTENTUM – ABENDLAND. EIN DAUERKONFLIKT

Gegenseitige Vorurteile

1 Neue Kronen Zeitung (Wien), 14.11.87, S. 4f.
2 Der Spiegel, 1985/Nr. 48, S. 180.
3 Profil Nr. 33, 16.8.1993, S. 37.
4 Zitiert nach Der Spiegel, 1979/Nr. 4, S. 100.
5 Werner Schiffauer: Die Bauern von Subay (Stuttgart 1987), S. 220.
6 Darüber mehr im Kapitel: Der Dialog mit dem Islam beginnt.

Was Christen und Muslime gemeinsam haben

1 Zweites Buch Mose 20/4. Das Alte und das Neue Testament werden auch im folgenden, wenn nicht anders angegeben, nach der Luther-Übersetzung zitiert.
2 Eine gute Einführung in die Problematik einer historisch-kritischen Jesus-Deutung findet sich aus religionswissenschaftlicher Sicht bei Küng/Ess: Christentum und Weltreligionen, Islam, S. 147–149, S. 173–184.
3 Koran: Sure 19, 47. Zitiert wird auch im folgenden nach der Übertragung von Ludwig Ullmann in neu bearbeiteter Auflage (München 1980).
4 Koran: Sure 2, 143ff.
5 Apostelgeschichte 9.
6 Durant: Das Zeitalter des Glaubens, S. 247.
7 Koran: Sure 9, 28f.
8 Vgl. hierzu die Anmerkungen von L.W. Winter in der von Ludwig Ullmann herausgegebenen Koran-Übersetzung, S. 153.

Zweiteilung der Menschheit in Gläubige und Ungläubige

1 Fünftes Buch Mose 12/2–3.
2 Fünftes Buch Mose 13/7–11.
3 Aus Platzgründen kann im vorliegenden Buch nicht näher auf Zarathustra, diesen bedeutsamen, in seiner geistigen Nachwirkung meist unterschätzten Religionsstifter, eingegangen werden. Ich verweise hier auf meine ausführliche Darstellung in: Iran. Drehscheibe zwischen Ost und West, S. 23–50.

4 Glasenapp: Die fünf Weltreligionen, S. 183 f.
5 Fünftes Buch Mose 4/19.
6 Drittes Buch Mose 19/8.
7 Lukas 10/25–37.
8 Lukas 18/14.
9 Johannes 8/7–9.
10 Matthäus 7/3–5.
11 Es wäre ein Mißverständnis, wenn wir uns das jüdische Volk zur Zeit Jesu als einen homogenen Block religiös Unduldsamer vorstellen. Neben der machtvollen Gruppierung der Pharisäer haben die Sadduzäer als rivalisierende Partei das öffentliche Leben bestimmt: Sie lehnten die starre Gesetzesauslegung der Pharisäer ab und waren gegenüber der griechisch-römischen Kultur relativ aufgeschlossen, zeigten sich aber an einem religiösen Neuerer wie Jesus wenig interessiert.
12 Lukas 17/13–19; Johannes 4/7–29.
13 Apostelgeschichte 10.
14 Apostelgeschichte 12.
15 Matthäus 5/5–7.
16 Markus 16/16.
17 In der von der Deutschen Bibelgesellschaft herausgegebenen Ausgabe des Neuen Testaments: Die gute Nachricht (Stuttgart 1982), S. 92. In Auftrag gegeben wurde die Übersetzung gemeinsam vom Evangelischen und Katholischen Bibelwerk.
18 Matthäus 28/19–20.
19 Die gute Nachricht, Anmerkungen, S. 429.
20 Koran: Sure 9, 6.

Als der Islam über das Christentum triumphierte

1 Zitiert nach Hofmann: Der Islam als Alternative, S. 54.
2 Zitiert nach Mensching: Der offene Tempel, S. 39.
3 Eine präzise Darstellung solcher Zusammenhänge findet sich bei Hunke: Allahs Sonne über dem Abendland. – Weshalb aber die Muslime eine derartige Weltoffenheit verloren und schließlich vom Abendland kulturell überflügelt wurden, ist ein eigenes Problem. Vgl. hierzu das Kapitel: Orthodoxe und Freidenker im Islam.
4 Koran: Sure 48, 29.
5 Koran: Sure 9, 29.
6 Rondot: Der Islam und die Mohammedaner von heute (Stuttgart 1963), S. 195–197.
7 Lewis: Die Welt der Ungläubigen, S. 176–179.
8 Darüber mehr im Kapitel: Juden unter muslimischer Herrschaft.

Die moderne Toleranz und ihre Vorläufer

1 Lessing: Nathan der Weise, 4. Aufzug, 7. Auftritt.
2 Ebd. 2. Aufzug, 6. Auftritt.
3 Ebd. 3. Aufzug, 7. Auftritt.
4 Zitiert nach Hauer: Toleranz und Intoleranz in nichtchristlichen Religionen, S. 29.
5 Vgl. hierzu Friedrich Niewöhner: Maimonides. Außerdem vom selben Autor: Veritas sive Varietas. Lessings Toleranzparabel.
6 Offenbarung 19/20.
7 Vgl. hierzu die ausführliche Analyse bei Helmuth de Boor/Richard Newald: Die Geschichte der deutschen Literatur. Band 2: Die höfische Literatur (de Boor). 3. Aufl. (München 1977).

8 Zitiert nach Mensching: Der offene Tempel, S. 42.
9 Zitiert nach Küng/Ess: Islam, S. 42.
10 Nähere Einblicke in wirtschaftliche und politische Interessenverflechtungen jenseits aller religiösen Gegensätze, vgl. Steven Runciman: Die Eroberung von Konstantinopel 1453 (München 1977).
11 Zitiert nach Heinrich Heine: Zur Geschichte der Religion und Philosophie in Deutschland, Bd. 5 (München 1976), S. 590.
12 Ebd. S. 541 u. 589f.
13 Goethe: Der west-östliche Divan. In: Goethe, Werke, Bd. 3 (Zürich 1948), S. 290.
14 Ebd. S. 402.
15 Zu den geistigen und machtpolitischen Konflikten während des Ersten Vatikanischen Konzils 1869–70 vgl. Seppelt/Schwaiger: Geschichte der Päpste, S. 420ff.; Jedin: Kleine Konziliengeschichte, S. 122ff. Die ausführlichen Darstellungen dieser kirchentreuen Katholiken belegen, wie sehr damals kirchliche Kreise mit allen nur möglichen Taktiken nachhelfen mußten, daß die Autorität des Papstes bei gewissen Entscheidungen in den Rang theologischer »Unfehlbarkeit« gehoben wurde.
16 Zitiert nach Birkner: Protestantismus im Wandel, S. 24f.
17 Zitiert nach Neumann/Fischer: Toleranz und Repression, S. 72.
18 Zitiert nach Jens: Um nichts als die Wahrheit, S. 15.
19 Ebd. S. 15.
20 E.W. Böckenförde: Religionsfreiheit zwischen Kirche und Staat. In: Gewissen und Freiheit, Heft 22 (1984), S. 18. Zitiert nach Neumann/Fischer: Toleranz und Repression, S. 46.
21 Vgl. hierzu Thiel: Der Kampf gegen neue religiöse Bewegungen.
22 Der Spiegel, 1989/Nr. 31, S. 60.
23 Ebd.

Orthodoxe und Freidenker im Islam

1 Zitiert nach Shah: Die Sufis, S. 132. Idries Shah ist Perser und gilt als einer der bekanntesten Interpreten islamischer Mystik. Er lebt in London.
2 Zitiert nach Pascal Bruckner: Das Schluchzen des weißen Mannes, S. 184.
3 Zitiert nach Shah: Die Sufis, S. 125.
4 Zitiert nach Azzam: Der Islam, S. 16f. Hamdy Azzam, Ägypter, ist der Ansicht, der Islam müsse sich auf seine einst revolutionär weltoffene Philosophie zurückbesinnen. Azzam lebte lange als ständiger Vertreter der Arabischen Liga und schließlich als Botschaftsrat Ägyptens in der BRD.
5 Shah: Die Sufis, S. 46.
6 Ebd. S. 44.
7 Vgl. zu Avicenna und Omar Chaijam meine ausführliche Darstellung in: Iran: Drehscheibe zwischen Ost und West, S. 135–145, 151–156.
8 Zitiert nach Dietl: Heiliger Krieg für Allah, S. 59.
9 Ebd. S. 61.
10 Ende/Steinbach: Der Islam in der Gegenwart, S. 156f., 360f.
11 Tibi: Der Islam, S. 211.

Krieg der Konfessionen

1 Engelbert Kaempfer: Am Hof des persischen Großkönigs 1684–1685 (Tübingen und Basel 1977), S. 177.
2 Über die Bedeutung der Wahhabiten ausführlicher im Kapitel: Christen immer geduldet? Das Beispiel Saudi-Arabien.
3 Vgl. Heiko Flotau: Ein altes Schisma bedroht die Hadsch. In: Süddeutsche Zeitung, 16./17.7.88, S. 9.

4 Zitiert nach Der Spiegel, 1989/Nr. 15, S. 161.
5 Vgl. Peter Gerner: Erwachen im Morgenland. In: Die Presse (Wien), 24. 2. 84, S. 3.
6 Matthäus 7/13–15.
7 Apostelgeschichte 20/28–30.
8 Der Brief des Paulus an Titus 1/7–14.
9 Zitiert nach Glasenapp: Die fünf Weltreligionen, S. 367.
10 Ebd. S. 367f.
11 Köhle-Hezinger: Evangelisch – katholisch, S. 2.
12 Ebd. S. 2f.

»Abtrünnige« und »Ketzer« im Islam

1 Koran: Sure 7, 37.
2 Koran: Sure 9, 6.
3 Karl Toifel: Die Türken vor Wien im Jahr 1683 (Prag 1883), S. 115.
4 Fünftes Buch Mose 13/7.
5 Drittes Buch Mose 24/16.
6 Vgl. hierzu meine ausführliche Darstellung in: Syrien. Religion und Politik im Nahen Osten, S. 119ff., 270ff.
7 Neue Zürcher Zeitung, 5. 5. 96, S. 59.
8 Aus einer ins Deutsche übersetzten Propagandaschrift der Bahai (1982).
9 Nach einem Kurzbericht der FAZ, 24. 10. 87.
10 Zitiert nach Die Zeit, Nr. 9, 24. 2. 89, Dossier, S. 19.
11 Zitiert nach Die Presse (Wien), 6. 4. 89, S. 3.
12 Der Spiegel, 1994/Nr. 4, S. 167.

Religiöse Minderheiten als Prüfstein der Toleranz

1 Vgl. Der Spiegel, 1981/Nr. 38, S. 138f.
2 FAZ, 24. 1. 94.
3 Der Spiegel, 1994/Nr. 7, S. 148f.
4 FAZ, 24. 1. 94.

Die Juden als »Problem«

1 Nach einer Zitatensammlung aus Werken Khomeinis in der FAZ, 8. 1. 80, S. 6.
2 Koran: Sure 4, 158.
3 Zitiert nach Allport: Die Natur des Vorurteils, S. 447.
4 Mensching: Der offene Tempel, S. 75.
5 Ebd. S. 74.
6 Zitat nach Profil (Wien), Nr. 8/20. 2. 89, S. 55.
7 Vgl. dazu die Meldung in der Süddeutschen Zeitung, 11./12. 2. 89, S. 8.
8 Ulrich W. Sahm: Noch immer Angst vor dem Mann aus Galiläa. In: Sonntag aktuell, 19. 8. 84, S. 4.

Der Wille zum Dialog – und die Barrieren

1 Dokumentationsbericht über die Dritte Vollversammlung des Ökumenischen Rates der Kirchen. – In: Gewissen und Freiheit, Heft 6 (1976), S. 89ff.
2 Zitiert nach Fitzgerald: Moslems und Christen – Partner?, S. 125.
3 Seit 1949 bemühen sich verschiedene katholische Organisationen um eine »Begegnung mit dem Orient«, und Muslime in ranghoher geistlicher Stellung haben darauf wohlwollend reagiert. So äußerte bereits 1950 der Großmufti von Ägypten auf einer Tagung muslimischer Politiker: »Christen und Muslime sollten

als Geschöpfe ein und desselben Gottes brüderlich zusammenarbeiten.« Vgl. Mensching: Der offene Tempel, S. 97.
4 Fitzgerald: Moslems und Christen – Partner?, S. 126.
5 Ebd. S. 122.
6 Ebd. S. 138.
7 Zitiert nach Mensching: Der offene Tempel, S. 18.
8 Radhakrishnan, Sarvepalli: Die Gemeinschaft des Geistes, S. 356.
9 Zitiert nach Fitzgerald: Moslems und Christen – Partner?, S. 112.
10 Vgl. Times Literary Supplement, 8. 9. 89 (Literaturbeilage der englischen Tageszeitung »The Times«). Dort wird unter der Überschrift »Fifty Years on« Bezug genommen auf die englische Veröffentlichung eines Buches von Karl Barth 1939 (»The Church and the Political Problem of Our Day«), in dem die entsprechende These enthalten ist.
11 Fitzgerald: Moslems und Christen – Partner?, S. 116f.
12 Ebd. S. 114.
13 Vgl. Kapitel: Gegen die Moderne: »Unfehlbarkeit« des Papstes.
14 Zitiert nach Mensching: Der offene Tempel, S. 69.
15 Zitiert nach Italiaander: Die Herausforderung des Islam, S. 21f.
16 Vgl. entsprechende Äußerungen in Der Spiegel, 1985/Nr. 20, S. 146.
17 Joseph Ratzinger: Wider die Abschaffung des Menschen. Antwort zur Krise der Werte und der Moral. In: Die Presse (Wien), 5. 12. 87.
18 Erklärung der Glaubenskongregation vom 5. 7. 83. Zitiert nach Jens: Um nichts als die Wahrheit, S. 30.
19 Ebd. S. 33.
20 Ebd. S. 35.
21 Zitiert nach Der Spiegel, 1983/Nr. 4, S. 90.
22 Zitiert nach Der Spiegel, 1989/Nr. 42, S. 246.
23 Küng: Wahrhaftigkeit. Zur Zukunft der Kirche, S. 16f. Dem prominenten Reformtheologen Hans Küng wurde 1980 – unter Papst Johannes Paul II. – die kirchliche Lehrbefugnis entzogen, weil er sich gegen das Dogma der päpstlichen Unfehlbarkeit aussprach.
24 Fitzgerald: Moslems und Christen – Partner?, S. 126.
25 Ebd. S. 128.

Moderne Krise: der Fundamentalismus

1 Amnesty International Information, 1986/9, S. 4.
2 Italiaander: Die Herausforderung des Islam, S. 18.
3 Vgl. hierzu Thomas Meyer: Fundamentalismus, S. 157ff.
4 Berger u. a.: Das Unbehagen in der Modernität, S. 201.
5 Vgl. hierzu Jens: Um nichts als die Wahrheit, S. 35ff.
6 Die Beschlüsse des Zweiten Vatikanischen Konzils haben allerdings Vorläufer. Denn schon Pius XII., der sonst eher für starre, dogmatische Abgrenzung bekannt ist, hat in den vierziger Jahren dem Drängen von Theologen nachgegeben und – mit Einschränkung – zugestimmt, daß sich die katholische Bibelwissenschaft den Erkenntnissen moderner Wissenschaft öffnen solle. Vgl. hierzu: Seppelt/Schwaiger: Die Geschichte der Päpste, S. 517.
7 Der Spiegel, 1987/Nr. 13, S. 156.
8 Ebd. S. 164.
9 Henryk M. Broder in: Profil (Wien), 1988/Nr. 51/52, S. 52.
10 Der Spiegel, 1987/Nr. 1, S. 64.
11 Der Spiegel, 2000/Nr. 38, S. 207.
12 Süddeutsche Zeitung, 3. 1. 2001, S. 9.

13 Koran: Sure 45, 18.
14 Bassam Tibi: Wie Feuer und Wasser. In: Der Spiegel, 1994/Nr. 37, S. 172.
15 Zitiert nach Tibi: Der Islam, S. 96f.
16 Vgl. Rüdiger Siebert: 5mal Indonesien (München 1987), S. 360f.
17 Koran: Sure 2, 217.
18 Koran: Sure 8, 66.
19 Koran: Sure 8, 13.
20 Koran: Sure 61, 12f.
21 Darwish, Ahmad Kamil: Was ist Islam? (München 1978), S. 19.
22 Zitiert nach Hartmut Sippel: Die Templer. Geschichte und Geheimnis (Wien 1996), S. 58 u. S. 60.
23 Vgl. hierzu das Kapitel: Moderne Herausforderung für die Orthodoxie: Atatürk und andere säkulare Ideologen.
24 Der Spiegel, Oktober 1985.
25 Der eigentliche Urheber, den schiitischen Märtyrer-Mythos politisch zu instrumentalisieren, ist der iranische Gelehrte und Politiker Ali Schariati (1934–1976). Aber Khomeini war derjenige, der diese Ideologie als erster erfolgreich in die Praxis umsetzte. Vgl. hierzu meine ausführliche Darstellung in: Iran. Drehscheibe zwischen Ost und West, S. 297–305.
26 Die Zeit, 20.9.2001, S. 39.
27 Vgl. hierzu Christa Zöchling: Im Namen Gottes. Selbstmordattentäter. In: Profil, 24.9.2001, S. 34f; Evelyn Roll: Anleitungen für den Todesflug ins Paradies. In: Süddeutsche Zeitung, 29.9.2001, S. 3.
28 Zitiert nach Der Standard, 29.9.2001, S. 2.
29 Zitiert nach FAZ, 25.9.2001, S. 51.
30 So etwa in sehr ähnlicher Grundhaltung die Kommentare von Ernst Ulrich von Weizsäcker, Hans-Peter Martin und Gerald Mader nur wenige Tage nach dem verheerenden Selbstmordattentat vom 11. September 2001. Vgl. hierzu Der Standard, 15.9.2001, S. 8; 17.9., S. 23 und 20.9., S. 38.
31 Zitiert nach Der Standard, 28.9.2001, S. 3.

Modellfälle des Islamismus

1 Kebir: Zwischen Traum und Alptraum, S. 301.
2 Ebd. S. 84.
3 Ebd. S. 74f.
4 Sejjed Mohammad Chatami: Keine Religion ist im Besitz der absoluten Wahrheit. Das Haupt des Menschen ragt in den Himmel, aber seine Füße stehen auf der Erde. In: FAZ, 26.9.98, S. 35.
5 Vgl. hierzu oben die Darstellung von Avicenna und Ibn Al Arabi im Kapitel: Orthodoxe und Freidenker im Islam.
6 Vgl. hierzu meine ausführliche Darstellung in: Iran. Drehscheibe zwischen Ost und West. 4. erweiterte und aktualisierte Auflage, S. 343–440.
7 Vgl. hierzu meine ausführliche Darstellung in: Gehl: Die Türkei – nur im Vorhof Europas? S. 57–67.

Muslimische Zuwanderer in Europa – eine Gefahr?

1 Der Bundesminister des Innern (Hrsg.): Betrifft Ausländerpolitik (Bonn, Januar 1983), S. 92.
2 Zitiert nach Heribert Prantl: Der Gesetzentwurf zum Ausländerrecht. In: Süddeutsche Zeitung, 2./3.7.88, S. 9.
3 Zitiert nach Profil (Wien), Nr. 49, 2.12.85, S. 42.

4 Der Spiegel, 1989/Nr. 45, S. 227.
5 Stuttgarter Zeitung, 8.4.95, S. 4.
6 Zitiert nach Stephen Castles: Wie begegnen wir dem neuen Rassismus? In: Italiaander: »Fremde raus«?, S. 135.
7 Vgl. die Kurzberichte der Stuttgarter Zeitung: Christliche Türken werden nicht abgeschoben (8.8.89); CDU begrüßt Bleiberecht für christliche Türken (10.8.89).
8 Michael Mönninger: Wir sind die besseren Christen. Morgenlandfahrer auf Religionssuche: Wenn Deutsche zum Islam übertreten. In: FAZ, 8.10.88, Nr. 235.
9 Ebd.
10 Ende/Steinbach: Der Islam in der Gegenwart, S. 453.
11 Erwin Märki in: Die Presse (Wien), 5.8.88, S. 10.
12 Vgl. Die Zeit, Nr. 20, 12.5.89, S. 45. Der Anlaß für den entsprechenden Bericht ist ein ähnlich gelagerter Fall in einer oberbergischen Industriestadt: Auch dort verweigerte der Gemeinderat den muslimischen Gastarbeitern ein Minarett.
13 Sonntag Aktuell, 3.9.95, S. 7.
14 Die neue Moschee in Mannheim. Ihre Errichtung und ihre Ziele. Hrsg. vom Institut für Deutsch-Türkische Informationsstudien (Mannheim 1995), S. 6.
15 Ebd.
16 Neue Zürcher Zeitung, 29.9.2000, S. 8.
17 Ebd.
18 FAZ, 4.1.2000, S. 5.
19 Vgl. Werle/Kreile: Renaissance des Islam, S. 122; Hartmut Esser: Ist das Ausländerproblem in der Bundesrepublik ein Türkenproblem? In: Italiaander: »Fremde raus«?, S. 172f.; Werner Schiffauer: Die Bauern von Subay (Stuttgart 1987).
20 Bülent Arslan: Integration als Zukunftsaufgabe. In: Gehl: Die Türkei. Nur im Vorhof Europas?, S. 10f.
21 Zuflucht in der Moschee. Zukunft in der Abwehr? Dossier in Die Zeit, 23.8.96, S. 11–13.
22 Bülent Arslan: Integration als Zukunftsaufgabe, S. 10f.
23 Vgl. hierzu Bausinger: Kulturelle Identität – Schlagwort und Wirklichkeit. In: Bausinger: Ausländer – Inländer, S. 149.
24 Die Presse (Wien), 15.1.2000, S. 8.
25 Die neue Moschee in Mannheim, 1995, S. 7.

HINDUISMUS UND BUDDHISMUS
DER »ÖSTLICHE« UMGANG MIT ANDERSDENKENDEN

Schwierige Annäherung

1 Glasenapp: Die fünf Weltreligionen, S. 8ff.

Hindus denken »universal«

1 Zitiert nach Hauer: Toleranz und Intoleranz in nichtchristlichen Religionen, S. 60.
2 Ebd. S. 61.
3 Ebd. S. 62.
4 Küng/Stietencron: Hinduismus, S. 179.
5 Hauer: Toleranz und Intoleranz, S. 63.
6 Glasenapp: Die fünf Weltreligionen, S. 16.
7 Worauf sich die Gegnerschaft von Hinduismus und Buddhismus hauptsächlich begründet, vgl. das spätere Kapitel: Eine andere Form der Intoleranz: das Kastensystem.

8 Zitiert nach Glasenapp: Die fünf Weltreligionen, S. 366.
9 Bhagavad Gita: 7. Gesang, Vers 6–7. Im folgenden sind alle Zitate aus der Bhagavad Gita der Übersetzung von Robert Boxberger, neubearbeitet und herausgegeben von Helmuth von Glasenapp (Stuttgart 1955), entnommen.
10 Bhagavad Gita: 7. Gesang, Vers 21–25.
11 Hummel: Gurus in Ost und West, S. 87.
12 Bill Aitken: Kumbh Mela Wars. In: The Sunday Observer (Bombay), 30. 3. 86.
13 Hummel: Gurus in Ost und West, S. 89 f.

Indiens moderne Antwort an fremde Religionen

1 Zitiert nach Kraus: Vom Geist des Mahatma, S. 187 f. Da Gandhi stark von seiner politischen Aufgabe in Anspruch genommen war, hat er nie ein Buch geschrieben, sondern hat nur kurze Artikel in verschiedenen indischen Zeitungen veröffentlicht. Seine Aussagen finden sich demnach nur in Sammelwerken indischer wie westlicher Herausgeber.
2 Vgl. Glasenapp: Die fünf Weltreligionen, S. 44.
3 Zitiert nach Durant: Das Vermächtnis des Ostens, S. 548.
4 Zitiert nach Glasenapp: Indische Geisteswelt, Bd. 1, S. 292.
5 Zitiert nach Meiser: Ramakrishna, S. 70.
6 Vivekananda: Erkenntnisse des Hinduismus, S. 45.
7 Ebd. S. 57 f.
8 Radhakrishnan: Die Gemeinschaft des Geistes, S. 332 f.
9 Hummel: Gurus in Ost und West, S. 103 f.
10 Vivekananda: Erkenntnisse des Hinduismus, S. 17.

Nicht Christus, sondern Krishna-Christus

1 Zitiert nach Durant: Das Vermächtnis des Ostens, S. 547.
2 Zitiert nach Glasenapp: Indische Geisteswelt, Bd. 1, S. 280.
3 Zitiert nach Kraus: Vom Geist des Mahatma, S. 189.
4 Ebd. S. 188 f.
5 Bhagavad Gita: 12. Gesang, Vers 13–20.
6 Ebd. 18. Gesang, Vers 59–61.
7 Ebd. 2. Gesang, Vers 27.
8 Glasenapp in seiner Einleitung zur Bhagavad Gita, S. 4.
9 Die Liebesabenteuer des Krishna sind in der Bhagavad Purana enthalten, einer später entstandenen Erzählung, in der die Kindheit und Jugend des Gottmenschen ausführlich zur Darstellung kommen. Die dort geschilderte Gestalt ist fröhlich, ja teils frivol – das Gegenteil des strengen Lehrers in der Bhagavad Gita. Der »Purana« liegt ursprünglich eine andere Gottesverehrung zugrunde, ist aber schließlich mit der Gestalt des Krishna verschmolzen. Vgl. hierzu Zaehner: Der Hinduismus, S. 133 ff.
10 Bhagavad Gita: 2. Gesang, Verse 18 ff.; 11. Gesang, Verse 32 ff.
11 Das Sanskritwort »Hare« ist zu übersetzen mit »Energie« oder »Energie Gottes«, so die Auskunft der Hare-Krishna-Bewegung.
12 Christus, Krischto, Krsna, S. 7. Herausgeber: Internationale Gesellschaft für Krsna-Bewußtsein (Rottershof o. J.).
13 Ebd. S. 49 u. 59.
14 Ebd. S. 59.
15 Hummel: Gurus in Ost und West, S. 139–142.
16 Radhakrishnan: Religion in Ost und West, S. 67 f., S. 84.

Allergisch gegen christlichen »Kolonialismus«

1 Amnesty International Information 1986/9, S. 7.
2 Ronald Daus: Die Erfindung des Kolonialismus (Wuppertal 1983), S. 185.
3 Radhakrishnan: Religion in Ost und West, S. 109.
4 Hummel: Gurus in Ost und West, S. 21.
5 Vgl. Hans Weber/Gisela Bonn: Nepal. Bilder aus dem Kathmandu-Tal (Köln 1983), S. 18.
6 Der Spiegel, 1986/Nr. 6, S. 136f.

Was Hindus und Muslime trennt

1 Zitiert nach Kraus: Vom Geist des Mahatma, S. 226.
2 Religion und Politik in Indien. Salzburger Nachtstudio, Österreichischer Rundfunk, 22.8.2001.
3 Der Spiegel, 1983/Nr. 24, S. 125.
4 Zitiert nach Embree/Wilhelm: Indien, S. 222.
5 Genauere Angaben über die radikalen Hindu-Parteien in: Das moderne Asien (hrsg. von Lucien Bianco, Frankfurt 1982), S. 38f. und S. 202f. Vgl. auch meine ausführliche Darstellung in: Indien. Ein Kontinent im Umbruch, S. 235–254.
6 Die Presse (Wien), 15.2.93, S. 5.
7 Vgl. hierzu das Kapitel: Der andere Fundamentalismus der Hindus.
8 Glasenapp: Die nichtchristlichen Religionen, S. 192.
9 Amnesty International Information 1986/9, S. 7.
10 Duran Khalid: Pakistan und Bangladesh. in: Ende/Steinbach: Der Islam in der Gegenwart, S. 281.
11 Im Kapitel: Islamische Mystiker als die großen geistigen Revolutionäre.
12 Vgl. dazu M. Horten: Indische Strömungen in der islamischen Mystik (Heidelberg 1927) und Emil Brogelmann: Die religiösen Erlebnisse der persischen Mystiker (Hannover 1927). J.W. Hauer greift deren Forschungsergebnisse in den sechziger Jahren auf und schließt sich ihrer Meinung an. Hauer: Toleranz und Intoleranz, S. 39 u. 97. Ebenso Ainslee T. Embree: Indien, S. 221. Andererseits warnt die Orientalistin Annemarie Schimmel davor, die Philosophie der Sufis und Derwische nur für eine islamische Ausformung der Vedanta-Philosophie zu halten; dies hieße, die im Islam selber wirkenden Entfaltungsmöglichkeiten zu unterschätzen. Schimmel: Mystische Dimensionen des Islam, S. 25f. und 486. Auch ist zu beachten, daß indische Philosophen wie Kabir und freigeistige Mogul-Kaiser wie Akbar nicht nur vom Vedanta beeinflußt wurden, sondern ebenso auch von der Mystik eines Dschelaleddin Rumi. Ebd. S. 457.
13 Im Kapitel: Die »Gottlosigkeit« der Bahai.

Eine andere Form der Intoleranz: das Kastensystem

1 Eberhardt Schmitt: Indien. Politik, Ökonomie, Gesellschaft (Berlin 1982), S. 245 u. 252.
2 Profil Nr. 35, 27.8.2001, S. 65.
3 Manu Smriti, Kapitel 1, Vers 87–91. Zitiert nach Traude Vetschera: Einige Bemerkungen zum Kastensystem in Indien (maschinengeschriebenes Manuskript, Wien 1979). Das Sanskrit-Wort Smriti bedeutet: mündliche Überlieferung. Erst im 2. Jahrhundert vor unserer Zeitrechnung ist die in mythische Form gekleidete, historisch nicht mehr klar fixierbare Überlieferung schriftlich festgehalten worden.
4 Bhagavad Gita, 18. Gesang, Vers 41–48.

5 Vgl. hierzu meine ausführliche Darstellung in: Indien. Ein Kontinent im Umbruch, S. 225–231, und in: Indien und China, S. 155–160.
6 Vgl. hier die Fußwaschung während des Abendmahls, worauf sich Gandhi wie Ramakrishna beziehen: Johannes 13.
7 Zitiert nach Glasenapp: Indische Geisteswelt, Bd. 2, S. 313f.
8 Bhagavad Gita, 18. Gesang, Vers 41ff.
9 Hauer: Toleranz und Intoleranz, S. 75.
10 Glasenapp: Die fünf Weltreligionen, S. 45.
11 Jawaharlal Nehru: The Discovery of India (London 1956). Zitiert nach Giselher Wirsing: Indien – Asiens gefährliche Jahre (Düsseldorf, Köln 1972), S. 32.
12 Es würde den Rahmen der Darstellung sprengen, im einzelnen die Konflikte zu beschreiben, die sich ergeben, sobald das indische Kastensystem durch den Zusammenprall mit westlichem Denken in eine Krise gerät. Ich verweise auf meine ausführliche Darstellung in: Indien. Ein Kontinent im Umbruch, S. 146–234.
13 Exemplarische Einzelheiten dazu, gespiegelt am Beispiel Bombay, vgl. meine Darstellung in: Zeitbombe Stadt. Die weltweite Krise der Ballungszentren (Stuttgart 1987), S. 131–137.
14 Zitiert nach Thomas Ross: Kasten: Indiens göttliche Ordnung. FAZ Magazin, 23.10.87, Heft 399, S. 60.
15 Zitiert nach Benz: Buddhas Wiederkehr, S. 122.
16 Ebd. S. 58.
17 Zitiert nach Kraus: Vom Geist des Mahatma, S. 217f.
18 Hummel: Gurus in Ost und West, S. 43.
19 Der Standard, 1.9.2001, Album, S. 3.

Die Herausforderung durch Buddha

1 S.H. der 14. Dalai Lama: Buddhismus – Ein Weg zur Seele und zum Frieden. Eine Rede des Dalai Lama, am 12. Mai 1986 in Wien gehalten. Abgedruckt in: Conturen Nr. 25A/Juli 1986, S. 85–90.
2 Zitiert nach Glasenapp: Indische Geisteswelt, Bd. 1, S. 295.
3 Zitiert nach Brück: Dialog der Religionen, S. 28f.
4 Ebd. S. 29.
5 Glasenapp: Die fünf Weltreligionen, S. 78.
6 Zum Beispiel: Koran, Sure 9, 80; 16, 107.
7 Zum Beispiel: Zweites Buch Mose, 9–10.
8 Matthäus 21/12–13.
9 Johannes 2/4.
10 Matthäus 27/46.
11 Küng/Bechert: Buddhismus, S. 156.
12 In: Udana VI, 4. Zitiert nach Mensching: Buddhistische Geisteswelt, S. 38–42. Der Titel »Udana« ist mit »Ekstatische Worte« zu übersetzen, das Buch bildet neben vielen anderen einen Teil des Pali Kanon.
13 Vgl. Kapitel: Shankara und die Vedanta-Lehre.
14 Vgl. Kapitel: Islamische Mystiker als die großen geistigen Revolutionäre.

Das Verwirrende an buddhistischer Toleranz

1 Merian: Japan. 1980, S. 47.
2 Zitiert nach Glasenapp: Die nichtchristlichen Religionen, S. 268. Das Wort Shinto bedeutet »Weg der Götter«, ein Begriff, der für Japans alteingesessene Religion erst aus Gründen der Abgrenzung gegen den im 6. Jahrhundert eindringenden Buddhismus entstand.

3 Japan. Kunst- und Reiseführer (Stuttgart o. J.), S. 62f.
4 Es würde den Rahmen der Darstellungen sprengen, auf diese »Offenheit« bei Shintoisten, Daoisten und Konfuzianern näher einzugehen. Ich verweise hier auf meine ausführliche Darstellung in: Indien und China, S. 60–100.
5 Hans W. Schumann: Die Lehre des Buddha – Thailands geistige Mitte. In: Merian: Thailand, 1977, S. 109.
6 In: Conturen, Nr. 25 A/Juli 1986, S. 87.
7 Vgl. Glasenapp: Die fünf Weltreligionen, S. 82.
8 Radhakrishnan: Religion in Ost und West, S. 16.
9 Zitiert nach Benz: Buddhas Wiederkehr, S. 121. Es würde zu weit gehen, den Neo-Buddhismus in seinen zahlreichen Ausdrucksformen näher zu beschreiben. Aufschlußreiche Einzelheiten finden sich im hier zitierten Buch.
10 Ebd. S. 124.

Wenn Buddhisten ihre Ruhe verlieren

1 So die Zählung von 1986.
2 Zitiert nach Benz: Buddhas Wiederkehr, S. 74f.
3 Kurzbericht in: Der Spiegel, 1989/Nr. 18, S. 164.
4 Ladstätter/Linhart: China und Japan, S. 347.

ATHEISMUS UND DER DIALOG DER WELTRELIGIONEN

Christentum contra Atheismus

1 Zitiert nach: Die Vorsokratiker. In der Auswahl von Wilhelm Neske (Düsseldorf, Köln 1956), S. 173.
2 Zahrnt: Gott kann nicht sterben, S. 61.
3 Ebd. S. 86.

Verwandtschaft des Christentums zum »gottlosen« Marxismus?

1 Matthäus 25/35–40.
2 Vgl. Kapitel: Gegen die Moderne: »Unfehlbarkeit« des Papstes
3 Heer: Kreuzzüge – gestern, heute, morgen?, S. 221.
4 Zitiert nach Profil (Wien), 1989/Nr. 8, S. 55.

Das östliche Asien vor anderen Alternativen

1 Vgl. die ausführliche Analyse bei Amaury de Riencourt: Die Seele Chinas. Konstanten der chinesischen Geschichte (Frankfurt 1962), S. 42ff., außerdem meine Darstellung in: Indien und China, S. 64ff. u. 74ff.
2 Präsent Magazin Nr. 32, 11.8.88, S. 9.
3 Vgl. hierzu meine ausführliche Darstellung in: Indien und China, S. 245–257.
4 Zitiert nach Meiser: Ramakrishna, S. 197. In diesem Buch sind neben Texten aus den Werken Ramakrishnas auch Texte seines Schülers Vivekananda enthalten.
5 Radhakrishnan: Die Gemeinschaft des Geistes, S. 340.
6 Benz: Buddhas Wiederkehr, S. 270f. Der protestantische Theologe Ernst Benz hat während der fünfziger und sechziger Jahre intensive Kontakte mit Buddhisten in allen Teilen Ostasiens gehabt. Sein besonderes Verdienst liegt darin, neuere geistige Strömungen und Argumentationsweisen des Buddhismus, vor allem des Neo-Buddhismus sichtbar zu machen, wie sie unserer abendländischen Betrachtung bisher kaum geläufig sind.

7 Ebd. S. 283.
8 Ebd. S. 266f.
9 Gespräch mit dem Dalai Lama. Fernsehinterview mit westlichen Journalisten in Dharamsala. 3Sat, 19.3.98.

Faschismus: Radikalverweigerung des Dialogs

1 Zitiert nach Gerhart Binder: Epoche der Entscheidungen. Eine Geschichte des 20. Jahrhunderts (Stuttgart 1960), S. 226.
2 Ebd. S. 276f.
3 Zitiert nach Jens: Um nichts als die Wahrheit, S. 20.
4 Hitler: Mein Kampf, S. 3f. Zitiert nach der Ausgabe von 1944 (München, 1027.–1031. Auflage).
5 Ebd. S. 512ff.
6 Ebd. S. 506ff.
7 Ebd. S. 420f.
8 Ebd. S. 371f.

Dialog und Abgrenzung

1 Vgl. Kapitel: Überraschendes Gespräch mit einem muslimischen Theologen.
2 Mitscherlich: Toleranz, S. 11.
3 Bruckner: Das Schluchzen des weißen Mannes, S. 135ff.
4 Vgl. Kapitel: Die »Universalreligion« des Mogul Akbar.
5 Zitiert nach Kraus: Vom Geist des Mahatma, S. 182.
6 Ebd. S. 196.
7 Zitiert nach Fitzgerald: Moslems und Christen – Partner?, S. 150f.
8 Heer/Szczesny: Glaube und Unglaube, S. 26.

Ausgewählte Literatur

Allport, Gordon W.: Die Natur des Vorurteils. Köln 1971.
Azm, Sadik Al: Unbehagen in der Moderne. Aufklärung im Islam. Frankfurt/M. 1993.
Azzam, Hamdy Mahmoud: Der Islam. Plädoyer eines Moslem. München 1983.
Bausinger, Hermann (Hrsg.): Ausländer – Inländer. Arbeitsmigration und kulturelle Identität. Tübingen 1986.
Benz, Ernst: Buddhas Wiederkehr und die Zukunft Asiens. München 1963.
Berger, Peter L./Brigitte Berger/Hansfried Kellner: Das Unbehagen in der Modernität. Frankfurt/M. 1975.
Birkner, Hans-Joachim: Protestantismus im Wandel. Aspekte – Deutungen – Aussichten. München 1971.
Broder, Henryk M.: Die Irren von Zion. 3. Aufl. Hamburg 1998.
Bruckner, Pascal: Das Schluchzen des weißen Mannes. Europa und die Dritte Welt – eine Polemik. Berlin 1984.
Brück, Michael von (Hrsg.): Dialog der Religionen. Bewußtseinswandel der Menschheit. München 1987.
Cahen, Claude: Der Islam. I. Vom Ursprung bis zu den Anfängen des Osmanenreiches (Fischer Weltgeschichte, Bd. 14). Frankfurt/M. 1968.
Dietl, Wilhelm: Heiliger Krieg für Allah. Als Augenzeuge bei den geheimen Kommandos des Islam. München 1983.
Durant, Will: Das Vermächtnis des Ostens. Bern 1956.
Durant, Will: Das Zeitalter des Glaubens. Bern 1965.
Embree, Ainslee T./Friedrich Wilhelm: Indien. Geschichte des Subkontinents von der Induskultur bis zum Beginn der englischen Herrschaft (Fischer Weltgeschichte, Bd. 17). Frankfurt/M. 1967.
Ende, Werner/Udo Steinbach (Hrsg.): Der Islam in der Gegenwart. München 1984.
Fischer-Barnicol, Hans A.: Die islamische Revolution. Die Krisen einer religiösen Kultur als politisches Problem. Stuttgart 1981.
Fitzgerald, Michael/Adel Th. Khoury/Werner Wanzura (Hrsg.): Moslems und Christen – Partner? Graz, Wien, Köln 1976.
Gehl, Günter (Hrsg.): Fundamentalismus contra Weltfriede? Weimar 1996.
Gehl, Günter (Hrsg.): Die Türkei. Nur im Vorhof Europas? Weimar 2001.
Gehl, Günter (Hrsg.): Zusammenprall der Kulturen? Perspektiven der Weltpolitik nach dem Ende des Ost-West-Konflikts. Weimar 1999.
Gellner, Ernest: Leben im Islam. Religion als Gesellschaftsordnung. Stuttgart 1985.
Glasenapp, Helmuth von: Die fünf Weltreligionen. Brahmaismus, Buddhismus, Chinesischer Universismus, Christentum, Islam. Köln 1982.
Glasenapp, Helmuth von (Hrsg.): Indische Geisteswelt. Bd. 1, Glaube und Weisheit der Hindus. Bd. 2, Weltliche Dichtung, Wissenschaft und Staatskunst der Hindus. Wiesbaden o. J.
Glasenapp, Helmuth von: Die nichtchristlichen Religionen. Frankfurt/M. 1957.
Grunebaum, Gustave Edmund von (Hrsg.): Der Islam. II. Die islamischen Reiche nach dem Fall von Konstantinopel (Fischer Weltgeschichte, Bd. 15). Frankfurt/M. 1971.
Guggisberg, Hans R. (Hrsg.): Religiöse Toleranz. Dokumente zur Geschichte einer Forderung. Stuttgart 1984.
Hauer, Jakob Wilhelm: Toleranz und Intoleranz in den nichtchristlichen Religionen. Beitrag zu einer weltgeschichtlichen Betrachtung der Religion. Stuttgart 1961.

Heer, Friedrich: Kreuzzüge – gestern, heute, morgen? Luzern u. Frankfurt 1969.
Heer, Friedrich/Gerhard Szczesny: Glaube und Unglaube. Ein Briefwechsel. München 1959.
Hofmann, Murad: Der Islam als Alternative. 2. Aufl. München 1993.
Hummel, Reinhart: Gurus in Ost und West. Hintergründe – Erfahrungen – Kriterien. Gütersloh 1987.
Hunke, Sigrid: Allahs Sonne über dem Abendland. Unser arabisches Erbe. Stuttgart 1984.
Italiaander, Rolf (Hrsg.): »Fremde raus?« Fremdenangst und Ausländerfeindlichkeit. Gefahren für jede Gemeinschaft. Frankfurt/M. 1983.
Italiaander, Rolf (Hrsg.): Die Herausforderung des Islam. Ein ökumenisches Lesebuch. Göttingen 1987.
Jedin, Hubert: Kleine Konziliengeschichte. Die zwanzig ökumenischen Konzilien im Rahmen der Kirchengeschichte. Basel u. Wien 1959.
Jens, Walter (Hrsg.): Um nichts als die Wahrheit. Deutsche Bischofskonferenz contra Hans Küng. Eine Dokumentation. München u. Zürich 1978.
Kakar, Sudhir: Die Gewalt der Frommen. Zur Psychologie religiöser und ethnischer Konflikte. München 1997.
Kebir, Sabine: Zwischen Traum und Alptraum. Algerische Erfahrungen 1977–1992. Düsseldorf 1993.
Kepel, Gilles: Die Rache Gottes. Radikale Moslems, Christen und Juden auf dem Vormarsch. München 1991.
Köhle-Hezinger, Christel: Evangelisch – katholisch. Untersuchungen zu konfessionellem Vorurteil und Konflikt im 19. und 20. Jahrhundert vornehmlich am Beispiel Württembergs. Tübingen 1976.
Kraus, Fritz (Hrsg.): Vom Geist des Mahatma. Ein Gandhi-Brevier. Baden-Baden 1957.
Küng, Hans: Wahrhaftigkeit. Zur Zukunft der Kirche. Freiburg, Basel, Wien 1968.
Küng, Hans/Josef van Ess: Christentum und Weltreligionen. I. Islam. Gütersloh 1987.
Küng, Hans/Heinrich von Stietencron: Christentum und Weltreligionen. II. Hinduismus. Gütersloh 1987.
Küng, Hans/Heinz Bechert: Christentum und Weltreligionen. III. Buddhismus. Gütersloh 1988.
Ladstätter, Otto/Sepp Linhardt: China und Japan. Die Kulturen Ostasiens. Wien 1983.
Langer, Klaus: Warum noch Religionsunterricht? Gütersloh 1989.
Lehmann, Johannes: Moses. Der Mann aus Ägypten. Religionsstifter, Gesetzgeber. Staatsgründer. Hamburg 1983.
Lewis, Bernard: Die Welt der Ungläubigen. Wie der Islam Europa entdeckte. Frankfurt/M. u. Berlin 1987.
Lewis, Bernard: Welt des Islam. Geschichte und Kultur im Zeichen des Propheten. Braunschweig 1976.
Maaluf, Amin: Der heilige Krieg der Barburen. Die Kreuzzüge aus der Sicht der Araber. München 1996.
Meiser, Hans Christian (Hrsg.): Ramakrishna. Ausgewählte Texte. München 1986.
Mensching, Gustav (Hrsg.): Buddhistische Geisteswelt. Vom historischen Buddha zum Lamaismus. Texte ausgewählt und eingeleitet von Gustav Mensching. Baden-Baden o. J.
Mensching, Gustav (Hrsg.): Der offene Tempel. Die Weltreligionen im Gespräch miteinander. Stuttgart 1974.
Meyer, Thomas: Fundamentalismus. Aufstand gegen die Moderne. Reinbek bei Hamburg 1989.

Michaels, Axel: Der Hinduismus. Geschichte und Gegenwart. München 1998.
Mitscherlich, Alexander: Toleranz – Überprüfung eines Begriffs. Ermittlungen. Frankfurt/M. 1974.
Neumann, Johannes/Michael W. Fischer (Hrsg.): Toleranz und Repression. Zur Lage der religiösen Minderheiten in modernen Gesellschaften. Frankfurt/M. u. New York 1987.
Niewöhner, Friedrich: Maimonides. Aufklärung und Toleranz im Mittelalter. Heidelberg 1988.
Niewöhner, Friedrich: Veritas sive Varietas. Lessings Toleranzparabel und das Buch Von den drei Betrügern. Heidelberg 1988.
Prittie, Terence: Wem gehört Jerusalem? Stuttgart 1982.
Radhakrishnan, Sarvepalli: Die Gemeinschaft des Geistes. Östliche Religionen und westliches Denken. Darmstadt u. Genf 1952.
Radhakrishnan, Sarvepalli: Religion in Ost und West. Gütersloh 1961.
Radhakrishnan, Sarvepalli: Wissenschaft und Weisheit. Westliches und östliches Denken. München 1961.
Religion und Politik im Iran. »mardom nameh« – Jahrbuch zur Geschichte und Gesellschaft des Mittleren Ostens. Redaktion: Kurt Greussing. Hrsg. v. Berliner Institut für vergleichende Sozialforschung. Frankfurt/M. 1981.
Ringel, Erwin/Alfred Kirchmayr: Religionsverlust durch religiöse Erziehung. Tiefenpsychologische Ursachen und Folgerungen. Wien, Freiburg, Basel 1986.
Schimmel, Annemarie: Mystische Dimensionen des Islam. Die Geschichte des Sufismus. Köln 1985.
Schweizer, Gerhard: Iran. Drehscheibe zwischen Ost und West. 4. erw. u. aktual. Aufl. Stuttgart 2000.
Schweizer, Gerhard: Indien. Ein Kontinent im Umbruch. 2. Aufl. Stuttgart 2001.
Schweizer, Gerhard: Indien und China. Asiatische Wege ins globale Zeitalter. Stuttgart 2001.
Schweizer, Gerhard: Syrien. Religion und Politik im Nahen Osten. Stuttgart 1998.
Seppelt, Franz Xaver/Georg Schwaiger: Geschichte der Päpste. Von den Anfängen bis zur Gegenwart. München 1964.
Shah, Idries: Die Sufis. Düsseldorf u. Köln 1976.
Stürmer, Ernst: Paradies Rishikesh. Die Hochburg der Gurus einst und jetzt. Salzburg 1980.
Thiel, Norbert: Der Kampf gegen neue religiöse Bewegungen. Anti-»Sekten«-Kampagne und Religionsfreiheit in der Bundesrepublik Deutschland. Mörfelden-Walldorf 1987.
Tibi, Bassam: Der Islam und das Problem der kulturellen Bewältigung sozialen Wandels. Frankfurt/M. 1985.
Tibi, Bassam: Der wahre Imam. Der Islam von Mohammed bis zur Gegenwart. München 1996.
Vivekananda, Swami: Erkenntnisse des Hinduismus. Wien 1953.
Werle, Rainer/Renate Kreile: Renaissance des Islam. Das Beispiel Türkei. Hamburg 1987.
Zaehner, R. C.: Der Hinduismus. Seine Geschichte und seine Lehre. München 1986.
Zahrnt, Heinz: Gott kann nicht sterben. Wider die falschen Alternativen in Theologie und Gesellschaft. München 1970.
Zirker, Hans: Islam. Theologische und gesellschaftliche Herausforderungen. Düsseldorf 1993.